U0516439

总主编 李红权 朱 宪
本卷主编 朱 宪 李红权

近代蒙古文献大系

见闻卷

◇ 第二册 ◇

中华书局

目　录

蒙新探险的生涯

——在北平女师院演讲

丁道衡　撰

女师院前日邀请西北科学考查团团员丁道衡讲演蒙新探险的生涯，全文披录如下：

今天承徐院长约到贵院来讲演，自己非常的荣幸，我要讲演的题目，是《蒙新探险的生涯》。我们久住在内地的人，对于边远的地方的情形，大都不很知道，因为不知道，便生了一种好奇求知的心，兄弟以前就是其中的一个，所以中国学术团体，组织西北科学考查团，对于西北方面要作一种科学考查，来约兄弟去担任考查，便受好奇求知的心所驱使，不犹豫的加入了。这次探险的经过，自然知道的事情不少，我想诸位对于这另一生涯，定愿意知道，所以今天来同诸位谈谈。对于题目上的"探险"二字要说明一下。"探险"二字用在中国的地方蒙古、新疆等处，似乎不很合宜，因为这些地方，既没有两极那样的冰天雪地，又没非洲、澳洲那样的毒蛇猛兽，说不上什么险，不过就 Expedition 的原文来说，实系探险的意思，而我个人这一次旅行中又冒过几次危险，所以我叫它做"探险的生涯"。

这一次我们旅行，由北平经过绥远、蒙古、甘肃而到新疆，可以说由中国极东到中国极西，又是黄砂黑砾、崇山峻岭、渺无人烟的地方旅行，自然有困难冒险的事，现在先把我们旅行的方法，向大家说一下。我们因为要作一种科学考查的旅行，所取的方法，与一班〔般〕的旅行不同，不同之点，可分为三项：（一）昼行；（二）不走大路；（三）不怕损失。以上三项，只要走过"口外"的人，没有不认为怪事的，因为三项都是与走"口外"的老规矩，完全相反的。他们为要使骆驼、马匹遇〔得〕到充分的吃草时间，因夜间凉爽的缘故，行路的时间，是由下午四五点钟，走到第二天的天亮，方才住下；若是在白天走，天气又热，住下了，夜间牲口又不能放草，便拿机关枪放在后面，他们也不肯走的。他们走这条大路的，多视为畏途，如果舍大道而不由，定要叫起哀哉来了。至于说到损失，更是谈虎色变了，但是我们除去这种办法，是不能工作的，因此也就顾不了若干牺牲与辛苦了。

每天我们早晨五六点起来，吃了早饭，就出外考查，路近的，回来吃饭再出去工作，路远的，自己带上干粮、水瓶，就在野外一天，夜间从事整理笔记、标本等项，便很香甜的睡到第二天天明。我们的生活是这样很简单的方式过去，无忧无愁的向前走着，所希望是明天能够看见一些有趣味的东西。我们旅行的地方，一处一处，都有不同。我们为要适合环境，便利工作，其间生涯，便有烦恼，有快乐的。现在先将在绥远、蒙古一带的情形说说。我们经过一番的努力，离开了包头，因为携带的仪器、粮食甚多，便引起了土匪的窥伺，最初他们借保安队的名义，想我们出一笔钱，来做买路的金银，被我们拒绝了，后又用种种恐吓的言语及行动，我们都不动声色，静以待之，他们终于销声匿迹的退去了。

但是由于他们的窥视，引起我们的戒严，在这戒严之中，我们卫队的组织，分开两部分，一是放哨员，一是战斗员，一到黄昏，便正式的放哨起来，一夜三班，轮流当值。在一个荒凉地方，墨黑的夜里，有若干帐篷环形的扎住，中间一列一列的放下很多的箱子，又卧着一排一排的骆驼，时时发出一种喷哽的声音。一个穿白衣老羊裘的使者，沿着大队的附近，由东而西，由南而北的踱来踱去。离开帐篷四五丈远的地方，时时有一斗的白光，在地面幌〔晃〕过，随着就听见一汪汪的吠声，好像报告有什么敌人要来到了，那便是西北科学考查团团员放哨的时候。至于说到武装的朋友们，他们是枕枪待旦，和衣而卧的。一闻警报，便可执枪以卫团，土匪闻风丧胆，不敢前来。又走三日，已入戈壁，达到安全之境，但是不幸的，又发生了一种阻碍。

蒙古人民的宗教观念甚深，迷信尤其利害，而且这么大的科学团，又是破天荒的第一次在蒙古走，所以他们对于我们的举动，都持一种怀疑态度。他们在高处用石头堆了一个"包"，上面放了若干盘羊头骨，插了许多旗子，他们以为是天神寄托的地方，是神怪〔圣〕不可侵犯的，到了某月某日，宰羊以祭，据说动了上面的一草一石，便要生病的，"蛮子若果动了上面的一点东西，神也是要迁怒他们，使他们家宅不安，生畜死亡"。有一个喇嘛告诉我说，一年有个外来人动了他们的"老包"，那年他们生畜，便死去若干，他们要求我们的，就是不要到有"老包"的地方去，但是每个山上，每个山头，都有老包，我们画图及地质调查的人，又非上山非到山头不行，这个限制，差不多是停止我们工作。经了若干婉言的交涉，他们便派一人同到山上去，若果你的三角架太近老包，或拾一块石头看，他便且恐且怒的现于颜色了。我们经了几次教训之后，未去之前，就去拜会"苏木"里的喇嘛，同他联络联络，先告诉他，我们不是寻宝贝的，是游山玩水，随便看看的，决不动他们的老包，决不做有害于他们的事，他们听了这种说法，好似谅解。

后来我慢慢的知道，他们骇怕我们到山里去的，还有一种原因，就是怕拿走他们的"镇山之宝"。他们以为有这么大的地方，有这多的人民与生畜，都能够平平安安的生活，山中定有宝贝，才能如此，若果拿走，精怪出来，会使他们不安的。后来的团友经过那个地方，他们告诉他说，一个带眼镜的蛮子，他会找宝贝，拿走我们的宝贝不少，你们是不是找宝贝的。有一次我到山里去调查，路上遇见三个带枪的蒙古人，许是蒙匪，对我注意看一下。我到山里不久，一个会说汉话的蒙古人追了上来，对我说："你由什么地方来，到哪里去，下来，到我房子里去。"我回说："我是到山里打石头的，没有功夫同你去。"他声色俱厉的说："不行。"我见了，知道强不过他，好在今天没有带枪，又没有钱，想了一想，就同他去，也不怕什么。走了一会，就到一个蒙古包前，屈身进去。包内连我一共六个人，坐下来。他就问道："你在山里找着了什么宝贝，拿出来给我们看看。"我说："我不是找宝贝的，是打石头的。"说着就拿我采集的标本给他们看。我偶然的回首，看见身后站了二个蒙古人，很注意的望着我的腰部，见是平平的，也就坐下来了。他又对我说："你们带的枪很多，而且打得很准的，是不是。"我说："不错，外国人带枪，中国人不带枪，你看我不是没有带枪吗。"他听了，笑一笑说："你的胆子真大，一个人竟敢到这地方来。你知道这是什么地方？这是后山，是中国与大库伦交界的地方。今天幸而遇见了我，要遇见了别的弟兄，恐怕对你不起。"我说："一文没有，又没有别的值钱的东西，不怕什么。"他拉着我的衣服笑说，衣服也要的，随后他们倒很客气，拿出奶子、炒面来请我吃。我也就却之不恭，饱餐一顿，出来到山上去看了一回，方才返队。

后来同蒙古人熟了，他们也到我们的帐篷里来坐，看见我们用的东西，都好像见所未见，件件都很新奇的，对于望远镜、钟表、零星之物，一入眼帘，便拿取来把玩许久，见了食的，便要去尝尝，若是心爱的东西，就问卖不卖，他们愿意拿马、羊、骆驼来换，我们摆摆头，他们就露出很失望的样子。我听说有钱之家，为要吃一包糖、一块茶，肯出数只羊去换。蒙古人有一种美德，就是不赖债，所欠的账，无论经过若干久，都承认还，老子死了，儿子还，儿子还不起，孙子还，这家人死完了，便由全苏木均摊的还，所以蒙人只有避债的，没有赖债的，同蒙古人做买卖，没有什么字据，就凭一句话罢了。我们到了善丹庙后，因为要赶到额济纳河，去会合大队，所以走得很快。我们穿了一个小沙漠，找着了很多的石器，不久我们便到额济纳河，见着许多老朋友，又畅谈各人旅行的经过了。

由额济纳河到哈密之旅行，要算我们全部最困难的了，其原因可述如下。（一）因为昼行的关系，骆驼吃草时间甚短，而且有很多地方寸草不生，骆驼饥饿疲乏，到河上后多成病驼，不能任重行远。（二）探询不确，预备之粮食不充足。（三）路途中连日风雪，不能按日按站行走。我们由额济纳河动身以后，都是在戈壁中行走，走了三十多天的时候，我们已知道粮不够，但是在这天宽地阔、四无人烟的处所，就有黄金、白银，也等于泥沙，饿不能充饥，冷不能御寒，反要叫可怜无力的骆驼，负行千里，真是累赘。我们商议的结果，只有遣派健驼前往购粮，返来接济，不料我们购粮官，竟误入歧途，走到另一方向去了，他自己难保，哪有功夫来管我们呢。我们一天一天的走着，一天一天的等着，直到粮尽食竭，烹煮骆驼的时候，运粮的消息，仍然石沉大海。我们在这环境之下，知道不往前走，只有束手待毙，所以就是大风大雪都是往前走。我们所仗恃的，还有几十匹骆驼，总够吃到哈密，我们有了这种仗恃，依然是雄心勃勃的。我呢，还仗着脚力健，还在地上走，沿途遇见雪浅的地方，也打碎几块石头看看，到底是什么岩石。有一次，因为打石头迟延了，赶不上大队，落在后面，而风雪忽加大了，我身上又没有穿皮衣，冷风吹来，透肉而过，且逆风窒息，呼吸更觉困难，三步一停，五步一跌的走，好容易看见帐篷，精神一振，就慢慢走了进去。这也算是不幸之幸，若大队再走十里，其结果如何，就不得而知了。终于没有走不完的路，我们这样直前的进行，于十八年正月，竟安抵哈密。我们的骆驼，在路上吃了二匹，其余的都好好的到了，这也是我们所欣快的。

我们至哈密时，已近旧历年关，家家户户挂彩贴红，也有一番新气象。当时因为后队未来，只得在此度过残年，哈密是回王——沙郡王——所住的地方，所有东部的回民，都归他管辖，征粮草、派差事，都由他自己直接支配，省政府对于此地回民有所命令，也由他转知遵照——新疆全省只有这一处是这样，其他各部，这样的治内法权已没有了。今春他已去世，以后怎么样，便要看他们努力了。我看过他好几次，他虽然能说汉话，旁边却站着一个翻译。他完全是中国老先生的态度，对于我们极其客气，一个外国朋友，想替他照像，他很慎重的对翻译说，这是他们宗法所不许的，但以后有人告诉我，德人奈柯克的书上，曾有一张他的照片。

入境问俗，但我们在路上便知道关于新疆的若干事，什么抓饭、哈密瓜、吐鲁番葡萄、猎鹰抓兔、缠头偎郎，种种好听的名词，所以一到哈密，便先吃了哈密瓜，其次就去观猎，一到吐鲁番，就去叫人偎郎。偎郎即是缠头的一种跳舞，有四五个人奏着他的乐器，两个人对跳起来——男女两方面，都可以互选异性的，或同性的——据我看来，同演"小放牛"差不多，不过跳者的肩臂忽上忽下，用脚底向地面蹬着响，又多几个翻身而已。

猎鹰的事颇有趣，一天我们骑着马，同架鹰的人出外观猎，野兔听得蹄声，就窜出草来逃跑，架鹰的将臂往上一抬，鹰就飞起向着逃兔疾飞直下，人的呼声、马的蹄声，助了鹰扑击的威风不少，有一次就抓住的，有二三次还抓不住的，这是由于兔的狡猾，使鹰无所用其扑击工夫。我看见一只兔子向前逃跑，鹰飞在空中追逐，相距已近，兔忽然一转身向后跑，鹰因向前过猛，一下冲过去，急急回不转身来，只得落下站住，如是者三次，终以人马重重包围，方才把兔抓住，可谓全力搏兔了。鹰既抓住了兔，架者必将兔的咽喉割开，任其啄食，以示奖励，不然它就不肯努力扑击了。据说行猎之前一天，不给食物，饥饿求食，故为人用，那日我们尽兴驰驱，游目骋怀，大家都非常畅快，"见猎心喜"四字的真意义，此刻方才领悟出来，这要算半年来长途跋涉中，稍微领略到一些快乐。

到迪化以后一月中，多半都消耗在应酬上，但静极思动，便都积极预备一切出外工作的事物，新疆虽有天山山脉横梗其中，分成南北两路，但就另一方面看来，直可以说是四通八达。多数在新疆走的人，只知道有天山南路、天山北路，却不知道还有一条大路在天山中间，这条大路东西走，可以由托克逊入阿拉沟，经裕尔都斯、空谷斯，而到伊犁，南北走可以由迪化直穿天山而到焉耆、库车等处。不过山路崎岖，岩坂起伏，沿山走则直上直下，顺沟走则千回百折，非善骑马同耐得辛苦的不能走过罢了。我因为是调查地质，利于跋山，所以采取这条道路。在山中的旅行，与走沙漠不同，沙漠里面水草缺乏，而山中水草茂盛，沙漠中较尚平坦，山中之地则崇峻。因地理不同，故关于运输方面，改用驴马，我们的驴队，由迪化到吐鲁番，而托克逊，入阿拉沟，沿途所过之小村落，他们都空巷而观，觉得很有点稀奇："这些人又不像是商人，又不像是官府，是干什么来的呢?"我们为要走路方便，雇了一个向导，一路行去，都很便利，山中清泉绿水，牛粪枯柴，予取予求，不用一钱买，所有米面盐茶，都是山外带来的，遇着蒙古人家，买羊一支，我们又可以斗酒自劳了。我用了二个脚夫、一个通事、三个中国仆人，连绘图的詹君同我一行八人，我们各有所事，共同工作，每当夕阳西下，人各归来，谈天说笑，乐而忘倦。

十七年六月二十八日，到了焉耆，得知新疆有树青天白日旗的消息，心里非常高兴，不久又发生七月七日杨主席在迪化被人枪杀的事件，因此便引起各地市面上的恐慌，当时谣言纷起，人心不安，又听说现在金厅长做了主席，大致可望太平，我就决定启程，往裕尔都司〔斯〕去，但是有一位老先生他却对我下了一个忠告，对我说："这样乱世，你还胡跑什么，蒙古人是野蛮的，前些年发生过抢劫，你们若去，又有这么多东西，他们不劫夺了去，能逃脱性命出来，都是好的。"我想蒙古人是有人统辖的，怎敢明目张胆的去干这种事，回来我就写了一封信寄给蒙古统领多良材君，去告诉他我们要去考查，第二天早晨便轻装入山了。我们在山里走了四五天，没有看见一顶房子，奇怪得很，从前听说在夏天蒙古人都入山畜牧，这些地方，都是很繁盛的，现在他们到哪里去了，路上遇见了几个赶驴的，他说："不好了，迪化发生了火灾，杀死的人不少，伊犁的军队都追到山里来了，现在蒙古王子正预备防卫，所有蒙古人都搬入深山僻沟里去了。听说焉耆也反了，要杀进来呢，你们刚从焉耆来，到底怎么样，去得去不得呢？火灾，杀人，军队都来了，反了，杀进来……"我们在山中走了七八天，谁还知道山外变成什么样，他所说的事，除了杀进来，有点不像，其余都是可能发生的，而且还有若干的证据。我们队中登时腾沸起来，有的主张住下，有的主张回去，有的就不知道要怎样主张才好了，我也有点发愁，但是两害相权，取其轻，决定往前走，继续工作，并且安慰他们说："我想是不确实的，那有这么利害，就算是真的，他们要打仗，也在平原地方打，到山里来争什么。我们带有一个多月的粮食、几千两银子，山中清泉绿草，干牛粪充足得很，便在山里走一年，也不要紧，你们还怕什么？等到太平了，再出山去。"沿路上看见锅盏零星的东西，错杂的遗弃在地上，真有逃难避灾的情形。我们很平安的到了裕尔都斯，调查几天，又知道前途无事，折往南行，由裕尔都斯到库车的路上，大坂很高，道路多在岩边上走。有一次我们的驴子走滑了，带着箱子滚到岩下去，箱子碎了，驴子伤了，又费去不少力气，方弄上来。过完大坂，也就到了库车，不幸的詹君因为牙病返省，队中只我一人，更觉孤寂了，不久便有冰大坂之行。

冰大坂是阿克苏与伊犁交通的要道，大坂上面全为冰层，每年中三月到九月、五月到十一月是行旅往来的时候，因为冰层时常发坐裂缝，所以官厅派得有附近居民充作冰夫，专为修冰路用的，他们对于斜的地方凿成冰梯，可以步阶而上，因为它高出海表三千四百七十多个米突，所以大坂上行走，一遇天气突变，人畜往往冻死。我听见卡官说，一年总要冻死二三十人，尸身多为雕鹰啄食殆尽，骨骸被雪所盖，也看不见什么了。我调查毕后，就往阿克苏，由阿克苏经柯平而往喀什，由喀什预备后，即往蒲犁。

蒲犁在喀什西南帕米尔之西约百里的地方，全境皆山，水草极好，但崎岖难行，为全省冠，山中出牦牛，长鬣大尾，登山越岭，如行平地，土人塔基克凭此生活，运输方面以牦牛为最适宜，惟雇车颇贵，且非有官府势力，不易雇得，所以一班商人，都很难享受。我这次旅行仍用驴队，随时雇用牦牛，旅行上倒无如何困难，不过有一次我到祥木巴日去调查，经过黑大坂。高出海面三千八百多个米突，到了大坂上，天气突然变了，风雪袭来，呼吸顿窒，步履蹒跚，幸有二个土人挟扶而下，方才免去危险。我在蒲犁一带，整整跑了二个月，酷暑已退，便返喀什，后即返省，今年八月即由西伯利亚铁路来到北平。我此次旅行前后共计三年有余，大半时间，都在戈壁山岭中渡过，绘有地质图百余张。采得地质材料三十五箱，风俗物品三箱。关于科学方面，我们都有重要发现，自当详加研究，著为专篇，以供于世，俾世界，知中国对于学术努力的精神与成绩，庶不负中国学术团体组织考查的一番盛举了。

《女师大学术季刊》

国立北平大学女子师范学院图书出版委员会

1930 年 1 卷 4 期

（李红权　整理）

蒙新旅行之经过及发现

黄文弼　撰

弼于民国十六年夏，以本校考古学会名义，参加西北科学考察团，赴甘、新一带考查古迹古物。日前返平，特述其大略如下。

甲、由内蒙至新疆哈密。弼于民国十六年四月间，离开北平，向新疆出发。由北平赴新疆，有三道：一、由大道经陕西、甘肃；一、由商道经内蒙、甘边；一、由俄道，经西比利亚。余等为工作便利起见，乃取商道。商道系用骆驼，余等由包头至蒙古草地时，因骆驼尚未购齐，停留五十余日。以七月二十日发内蒙茂明安旗之亚木塞河畔，向西进展。九月尾，抵额济勒河畔，休息月余。十一月初间，复发河畔西行，至次年（即十七年）一月初，方抵哈密。时余等均在大队中，与赫定先生、徐旭生先生同行。

其旅行一切情形在中外两团长旅行日记中言之甚详，不待余之赘述，惟于沿途关于考古工作，可略述一二。

一、贝勒庙北之古城。贝勒庙，属喀尔喀右翼，为多罗达尔汉贝勒游牧地，故称贝勒庙。庙东北七十里许，有一故城，时大队骆驼未购齐，乃拟乘间于六月初间，前往视查。在贝勒庙附近，采拾石器后，即沿爱不哈河东北进，二日至姥弄苏木（多庙之意），有古城遗址，房舍庙基，尚能见其仿佛。复在城中觅得汉文、蒙文石碑各一方。汉文碑记，为《王傅德风堂碑记》，乃马扎罕之子八都帖木儿，于至大元年，立为王傅，管领德宁、砂井、净州、集宁等路，在此建设王府也。又其撰文与书丹之人，皆署明净州路，故余疑此城为金净州城故址也。

二、黑柳图。蒙名哈利乌台因果尔。有河，名黑柳图河，经阴山之阳南流，由乌兰鄂博入河套。工作地，即在河之西岸。时大队先行，余留此工作，发掘七日，共得铜、铁器约二百余件，又骨器、陶器之类，约陈两箱，以掘得器物证之，疑为汉代兵营。此地当汉五原北境，盖汉出兵由五原攻匈奴，道必由此也。

三、额济勒河之旧庙，及天仓北古堡。余当大队抵额济勒河休息时，余则乘间出发考查，先由额济勒河故道北行，途中发现一古庙，采拾写经残纸甚多，本地喇嘛称为唐古特文字。字多草体，亦有真书，想非一种。复转西行，经索果淖尔、喀巽淖尔，中国地图称为居延海。复由喀巽淖尔之西隅，沿木伦河南行，在河岸古烽台遗址，捡拾铜矢之类若干，抵天仓后，在其北一古堡中，发现木简数枚，要皆为汉代故物。盖此一带为汉时出兵居延海以攻匈奴之要道也（详见余《额济勒考查记》）。

以上三者，皆弼在蒙古地工作之重要区域。又沿途尚拾有石器、陶片甚多，尤以在巴丹格林大沙漠之东麓，发现石器为最佳。其区域长约十余里，石器种类亦甚完备，缀〔掇〕采三日，约得二千余件，古代人民居住之遗迹与移徙，借此可得一证明也。

乙、由迪化至阿克苏。弼等至哈密后，因赫定先生病途中，遂在此渡阴历年节。于十七年二月初间，雇大车发哈密。三月初间到迪化。新疆当局，尚属优待。略息，即商出发考查事。弼以西域文化之中心点皆在南路，故余决定由迪化至吐鲁番，沿天山南麓西进至喀什噶尔，转行昆仑山之北，东返至和阗、于阗。乃于四月中旬，带仆人四名，发迪化，龚君亦随余行司照相之事。六日至吐鲁番。南路气候较北路为暖，旅行以小驴为最适宜。故在吐鲁番售驼，购驴，准备一切，勾留二十余日。五月中旬，向西出发，经行山中。六月初间，抵焉耆，缠名哈拉沙尔，古焉耆在此。工作四十余日，七月中复由大道西进，八月底至库车，龚君因事返迪。余在此工作五十余日，后由库车山中，至拜城之和色尔，又工作两星期，乃由拜城至阿克苏，时已十二月底也。兹将各地工作情形略述之。

一、焉耆之明屋。余此次之复至吐鲁番也，时气候已暖，不堪工作，略一视查，即至焉耆。当海都河之南，距焉耆四十里，有一旧城，其西南三十里许，有若干废寺，山上山下，自成行列，土人名曰明屋，即千屋之义。会遭兵毁，东西人士，率来游历。有一庙虽遭兵燹，然尚未经前人发掘，料必有遗物保存其间。余于六月中旬，乃开始工作，每日十人、二十人不等，发掘十余日，发现泥塑佛像及石型若干，装陈二十余箱。石型之背面，均刻有当时通行之印度系文字。又在其西之佛洞内，掘拾写经残纸少许。发掘既竣，又踏查海都河沿岸及霍垒山一带古迹，亦多为外寇所毁也。

二、库车。古龟兹国地，疆域甚大，包今之库车、沙雅、托克逊、拜城。余循序先考查库车之西南，经托克逊至沙雅之北面，南抵塔里木河，复由沙雅之东而北，至托和萧山中，而西返库车，行程七十余日，计掘拾铜、铁诸器，及泥塑像、石型、壁画等类，共十余箱。

三、和色尔佛洞。当库车之北山，渭干河西源，经行其间，在河出入山口处，依崖凿洞，石室林立。出口处为库木土拉之千佛洞，入口处为和色尔之千佛洞。和色尔佛洞较库木土拉为多，惟上下二层，被土人及东西游历人士，剥掘尽净。惟上层尚未经前人到过，乃系绳凌空而上，工作十余日，计得木版经纸若干，皆古印度系文书。此外又在仑〔轮〕台、库车间戈壁中踏查，发现古城古址，为外人所未至者，无虑十数，以及山川河流之方位移徙，详余所著考察记中，兹不备录。

　　丙、由沙雅至于阗，西进至喀什噶尔，东返至迪化。余于十八年冬之由阿克苏返库车也，适当冬春之交。思塔克拉马堪大沙漠中，当有许多废城，入春夏而风沙毒热，万不可行，思于此时横穿沙漠而抵于阗。然行沙漠，非骆驼不可，乃购骆驼十匹，整备旅行沙漠行装，于四月一日发塔里木河畔，南行六日至大沙窝，发现干河川，由西来东流。干河之旁有古道遗址，及铜、铁、陶片之类。又思此河必与和阗河通，乃沿河西行，六日至和阗河。复沿河南行，十日至洛瓦克。又经行和洛北之沙漠，五月初间至于阗。由沙雅至于阗，计行一月零三日，辛苦备至。在于阗考查二十四日，复西进，经和阗、叶城、莎车，至喀什，时八月初间也。略息，复由喀什经行大道返迪化，至工作区域，亦可略述如下。

　　一、于阗北沙漠中之古迹。此次路线太长，故施行踏查之时间较多，然在于阗北之大沙漠中，曾觅得一古址，掘获泥佛像九十余件，及残纸少许，不详为何种文字。

　　二、叶城附近之古址。在叶城东二十里许，地名拉一普，陶片、铜件甚多。区域颇为广大，余在此，拾有古代铜钱百余枚，圆无孔，两面均刻有文字，不详为何种。同时拾有宋咸平、天禧、崇宁诸钱，则此地为宋已前之故址，今几及千年也。

　　三、巴楚。缠名马拉巴什，其北一站地，中国人呼为九台，缠名托和沙赖。有古城，分布于秋鲁克塔克之南麓，工作二日，掘获古物两箱，泥像、木器为稍多，残纸亦有少许，要皆为古印度系文书也。

　　丁、由吐鲁番至罗布淖尔。余于十八年冬到迪化后，即在迪化度岁。复思予于十七年之过吐鲁番也，因气候过暖，未及详细工作，必须前往补充。又罗布淖尔为汉通西域要道，亦当前往探捡

〔险〕。乃于二月中旬发迪化，六日至雅尔湖，工作月余，转至鲁克沁、鄯善等处视查。复由鲁克沁南行，经枯鲁克达克，至罗布淖尔，工作月余，仍返吐鲁番。复由吐鲁番西北行，探天山，即博克达山之最高峰，转至迪化。此次工作之重要者，为雅尔岩〔崖〕及〈罗〉布淖尔。

一、雅尔崖。在吐鲁番城西二十里，有旧城，即古交河城。古有两河绕城，因名交河。河流故道尚存。现河底岸高，故又名崖城。余此次工作一月余，计在城中所得者，有畏兀儿文字残纸若干片及木简少许。其在城西坟院所得者，有陶器千余件，墓碑百方，皆为北魏至唐之古物。推其年号，可补高昌世次之阙。

二、罗布淖尔，即古之盐泽，在今海之东北。因地理的变迁，渐次向东南徙，故从昔之川湖久已干涸。近数年来，水复故道，而从前之干河涸泽，现已汪洋一片矣。余抵此地后，尝编方舟泛水漫游，觅得石器、玉器及木、瓦、草类甚多。又在楼兰东百余里，觅得烽燧古址，其烽燧之具尤存。余在此工作十余日，采掘汉代木简残整百十枚，漆器、铜件若干。木简有黄龙、元延诸年号，迄今已一千九百余年矣（详余考查记）。

余抵迪化后，知吐鲁番所采集古物，已由蒙地运平。余乃取道北路，经西比利亚东归，而蒙草地运输之古物，亦先后抵平。此次本团所得采集品已运归者，约计一百五十二箱，关于弼所采集之古物部分，由蒙古草地运归者八箱，由新疆运归者，第一次为四十二箱，第二次为三十五箱，迪化尚存少许，共得古物八十余箱，内中除陶器、墓砖、泥塑、壁画为最大多数外，若木件、铜器、石刻、草器、丝麻织品，及西域文字残纸，均有若干件。

而古西域文字中几及十种，皆中土所未见也。今均安然到平，喜可知矣。沿途照片五百余幅，工作图四十余幅，路图线百余页，余历长途而归，虽一方谋休息，然所得之古物，非余一一注其渊源年代，及发现之地点，他人欲求研究，亦无所适从。而所经过之一切山川故址、民俗遗迹，苟不躬自记述，日久亦或忘之。故余深冀多得暇日，以尽科学之义务，方不负此行也。

附路线图一纸①。

十九年十月，述于北平

《国学季刊》

国立北京大学国学季刊编委会

1930 年 3 月 2 卷 3 期

（张楠楠　整理）

---

① 未见此图。——整理者注

塞外民生的一瞥

杨令德　撰

一　途中

偕妻由甲城返乙县的计画，酝酿已久，现在要实现了。

甲城和乙县的途中，土匪出没无常，如果没有兵士护送，当然是回不成的。现在，乙县保卫团的兵士，因事来甲城，我们便得成行了。

天气是这样的冷！

我们有点走得迟了。当我们出城时，同行的车子都已先我们而去，兵士亦然。我们的车子，飞奔赶去，沿途询问，迄未赶住，走到小路上，偏有一列牛车挡在前面，更令人焦急万状。

偏有一列牛车挡在前面，令人焦急

过了一道小河，始有一骑返来，初惊以为劫劲〔径〕之匪；

及到车前，始知系兵士返来探接，此时心始安然。

赶上了同行的几辆车子，计同行的车子共六辆，我有一年多光景不坐此种车！长途轿车走长路，这样的颠簸，实在苦极！幸亏车子中有妻伴着，既不寂寞，又不沉闷，快快活活，谈谈笑笑，倒也别有风味。

幸亏车中有妻伴着，既不寂寞，又不沉闷

甲城和乙县的道中，自己所往返的次数，已不可记；可是，这样的偕妻而行，还是破题儿第一遭呢。

在"洪津桥村"打尖，这是照例的事，兵士对我们特别招待，那样局促的地方，兵士们尚为我们特别找出一间小屋来。

我们在小屋里休息，方饮水谈笑际，忽走入一气息奄奄的老农夫来，我很客气的让他坐下。老农夫年约七十许，良善质朴，可以看出。村中有名曰"三口斗"者，在此多年，"虚打勤劳"，博人赏金。今天又遇着了，自然他又想着向我讨几个钱，所以照例对我殷勤。

"出去！""三口斗"厉色向老农夫喊着，"在屋子里干什么？看不见先生和太太在这里休憩吗？"

我看了只好笑，也不好作声。老农夫咕哝着骂道："人家还教坐，你偏不教……"同时，他也并不立时走动。

"滚出去！""三口斗"搬兵去了，居然有一个兵士走进来，这样一喊，老农夫自然不敢违抗的走去了。可是兵士接着便骂"三口斗"："你也滚出去！在这里鬼混什么！"

我只好默然而笑。

下午一直走到夜幕垂下时始住店。轿车走上是这样的慢，我们也未免太可怜了，坐汽车也不过几个钟头，如今却须受两天的罪！

因为有兵士相随，我们可以另外找一间民家小屋子来住。虽然是冷冰冰的房，烧柴许久——村中是没有煤和炭的——便也暖了，尤其是土炕，热得很。

我和妻和衣相抱而睡。想起结婚的那一晚，便是这样睡的，俩人说起不由得好笑。当车到"三两村"时，驻有军队，一兵士喊车夫，可否"捎"一人到"什刀登"——我们平常住店的地方。听说是有一个病的兵士。车夫因为都是满载，皆拒绝，兵士便大骂不止。"革命军"之行为如此，殊深诧异。

夜宿"城墙村"。

第二天五鼓即动身，月色微茫，塞风冽凛，塞外风光，如此而已。

在"官士窑"村打尖，店家即民家，一位老太婆，有六七十岁，车夫群呼以"两块钱"。据云今春有匪人来，悬之梁上，老太婆仅存洋二元，即悉数予之。事后泣对人云："千辛万苦，储得二元，预备今年购种籽，如今失去，奈何奈何……"

在昔日，途中可以随便买食物，现在是有钱也买不出来了，所以我们动身时带了一些白面。昨夜住店时，即听车夫云店家视白面为珍物，喝我们剩下的面汤，犹称道不置。村民之苦，一至于此！

今日打尖后，一兵士剩下白面半碗，便给了炕上坐着的一个小孩。小孩不过三岁，哪里会吃。他们叫"两块钱"的那位老太婆，赶忙上炕，拿起碗来装做喂小孩的样子，一面即将面条尽量往她嘴里送，那种样儿，初看了好笑，继而一想，便觉可惨了。

拿做〔起〕碗来装起〔做〕喂小孩的样子，一面即将面条尽量往她自己嘴里送

下午回到家乡乙县，住姊家。一年多光景不返家乡，家乡依然黯无生气，市井萧条，令人凄然。

二　家乡

自家的家乡是一个很小很小的县城，因了历年的兵燹、匪患、旱潦、饥馑，所以现在是荒凉之至，萧条之至，那种落寞的情况、凄怆的光景，真是惯在都市中遨游的人所梦想不到的。

人荒，这已是全绥远的一种普遍现象了，自己的家乡自亦不能例外。年来逃亡的且不说，乡村居民之四散的且不说，就是这一个小小的城市中，今年整年中只被贩卖过的人口也就不在少数了。

当然，所卖出的人口，只是大大小小的女人！所以，稚女、少妇、妙龄女、半老徐娘，无一不有。

财务局是今年始成立的机关。前几天会到一个在财务局服务的朋友，知道地方财政奇窘，一年来各学校以及别的地方机关，完全是以贩卖人口的"挂号费"维持的。

所谓"挂号费"是由山西来的买女人的人买一个便出"挂号费"六元，这一笔"挂号费"倒也收不少，所以得以维持各学校的现状。由"挂号费"的数目来稽考出境的人口，为数实在可惊。

所有买人口的顾客，都是从山西来的，原因是山西"人价"昂贵，这里却便宜。

自己这回到了家乡，住到姊家。姊姊同院住的就有好几个山西的"人贩子"！有的已买过几个女孩子和女人往返了几次；有的正买到手，说是自己的老婆，还在这里住着，不过许多人都说这些女人回到山西仍得出卖的，至于卖到什么地方，那就只看她们的命运了。

前几天一家买到一个六岁的女孩子，据说是"买主"的侄媳，当抱女孩子回来时，是说领她到外祖母家里的，回来之后，孩子着实也哭了几次，后来不知如何便也不向〔响〕了，可是，她的身上却青一块紫一块的，脸上也有了打下的伤痕，现在，已经被搬回山西去了。是否就是"买主"的侄媳，是否仍被贩卖，有谁知道呢，有谁知道呢！

昨天夜里，听说又买回一个来了。"买主"约摸四十多岁，黑脸，满嘴胡髭，高大个子，这几天我在院中碰到几回，说话"呢呢哪哪"的。

买回来的女子只有十六岁，买主说是替自己娶妻，所以在满天星斗下两个人同时磕了三个头，人们说是在"拜天地"。妻为好奇心引动，睡下之后还起来出去看了一次。

接着自然是"入洞房"了。人们说如果不是娶妻而回到山西仍要出卖时便是不入洞房的。世界上也许有这种好人？

不论是买也吧，娶也吧，自然是少不了钱的；同时也短不了媒人——现在似乎应当称为"人伢子"了。这个买主花了二百八十块钱，女子是有夫之妇，婆家得了一百元，娘家得了四十元，其余都由几个媒人分配好拿去了。

听说一年来当媒人的倒很不错，所以许多抽鸦片烟抽得几乎连气都懒得出的朋友，都纷纷起来大做起媒人来了。

今天早上，同院的一个人，也是媒人之一，告诉我一切经过，并述及他昨夜在人家入洞房时他窃听得故事。

"脱了你的衣……罢!"男人命令着。

"听说你过几天就要搬我回山西去吗?"女人哭丧着说，同时他也听见衣服窸窣的声音。

"是的，"男子慢吞吞的说，"这里的饭我吃不惯，我们回去可以吃好的……"

"明年回去罢!"女人哭了。但，男人也不再说话，只听见一阵衣被动弹的响声。

这一个向我转述故事的人说到这里笑了。他说男人昨夜非常喜欢，说是花二百八十块钱甚为愿意。

已经有傍午时分了，妻指着院里走着的一个穿红衣的矮矮的小脚女子教我看，说就是昨夜再作一度新妇的人。

我看见这可怜的女子，只好为她祝福。

"就是昨夜再作一度新妇的人"

三　环环

因了灾情的奇重，买卖人口的事在绥远已是司空见惯的了。

大概是五个月以前，我和妻到了岳父家里，突然看见一个向未见过的小女孩。她不过六七岁光景，衣衫虽然褴褛，但却长得不俗。

两位内嫂教女孩叫妻作姑姑，叫我作姑夫，她居然很轻脆地叫着。

女孩名叫环环，原来是岳父的朋友、某商店的经理许先生买下的。许经理是在山西住家的，买环环听说为得是伏侍他家中的老父。

环环的身价是大洋九十元，听说这已是转卖了。第一次由她父母手中卖出时不过三四十元而已。

从内嫂们口中知道环环是怕说回家，如有人说环环，回家寻你母亲去罢，她必号啕大哭，这并不是她不愿见她的生母，因为当她被转卖时人们都是这样骗她的。她一听见这一类话，便以为又要被转卖了。同时，她在家里挨饿所受的苦处，怕也是使她号啕痛哭的原因。

她就大哭，这并不是她不原意见她的生母，因为当她被转卖时，人们都是这样骗她的

许经理有数月没有回家，环环便住岳父家中寄居了数月。内嫂

们为她剪了发，许经理为她买上新的衣裳，于是一个鹑衣百结的乡村女孩居然变成一个衣裳楚楚的城市中人了。

她的确是七岁了，离过她的家中已有半年之久。我们屡次的询问她家里的情况，她总是在含着泪说有爸爸、妈妈、姊姊、弟弟，至于她究竟是什么地方，哪一个村子里的人，连她自己也说不清楚。

在岳父家中住的久了，她已是很熟悉一切的。平常渌茶、生火、开门、闭门……差不多都是她能做的事。

内侄女莺莺不过三岁光景，和环环混熟了，无形中仿佛也摆出了小主人的架子。平常要什么东西唤环环且不说，就是俩个人在一起玩时，她也总是要占上风的。往往用手爪将环环面皮抓破，环环哭喊起来也不敢还手。

妻因此曾打过环环〔莺莺〕，禁止她这样举动；而对环环的怜悯，也格外浓厚了。

环环，她是那样的灵便，当你在门口唤门时，马上她就会听见来开；在你坐下之后，她便能给你恭恭敬敬的端一杯茶来；此外，至于拿烟取火，她无一不能做，而且做的极其稳当，妥贴。我的女儿也是七岁了，她除过玩耍，差不多是什么也不管的，因此，我和妻不知叹息过多少次，觉得环环太可怜了。

这一回我和妻回家乡乙县住了一月多工夫，来到甲城后，环环已不在岳父家中而被许经理搬回山西去了。

据两位内嫂说，环环和莺莺近来已相处得极好，莺莺非但不打她，并且有了食物也总要给环环吃的。

当许经理第一次动议要搬环环回山西时，是岳父用车子把她送出去的。可是她看见情形不对，便大哭大叫起来，她一路来是叫岳父作爷爷的，这一天便大喊"爷爷"不置。

在她哭叫时，岳父为她买了一些糖果，可是她却一口也不吃，完全藏了起来，而依然哭叫不止。后来，岳父觉得可惨，便没有教许经理动身而仍将她带回家中。

据内嫂们说这一夜环环和莺莺着实哭了一番，后来还是环环抄所藏的糖果取出俩人一同吃着才止了悲哭。

后来还是环环把所藏的糖果取出两人同吃着，才止了悲哭

第二次，许经理的行期是不能再缓了，当环环被搬走时，和莺莺俩个人曾相抱痛哭着。但，她终于被许经理即哄即骗、夹吓带骂的抬到火车上走了。

两位内嫂现在谈起环环来总是在叹息，她们说："不知她的命运如何，在许经理家中亦如在我们家中寄居时安适否？"有时她们甚至于垂着泪说："可怜的环环，她的父母不知在怎样的挂念她呢。"

当我们初由乙县返回甲城时的那几天，差不多总是以环环作谈资的。两位内嫂和妻的那种痴情，我看也着实好笑，因为她们往往谈到环环就要流泪。

近来，岳父接到了许经理的来信，说是环环极聪明，家人待之极好，所以她现在亦甚安适。内嫂们和妻听了非常喜慰，近几天来对于环环也就不再谈及了。

四　逃亡

已经是傍晚时分了。

明天是房主人老太太的生日，今夜举行贺寿，前来拜寿的人也陆续来了不少。

我因为在老太太屋里拜寿的缘故，许久没有在自己的屋里了。

老太太家里的烦嚣，弄得我头脑欲昏，因此衔了一支香烟回到自己屋里。

"一个女人。"妻一见我便偷悄悄地说。

"一个女人怎样？"我登时就是一怔。

"你听我说呀。"妻继续着低声往下说，一个女人今天晚上跑到我们这个院里来，她是被贩卖的，今天下午才被买到，晚上便偷跑出来，打算仍跑回原夫处，因为路径不熟，走进我们这个尽头巷子来，现在，进了我们的屋子，哭哭啼啼要我们救她的命。

妻简单的报告完，便教我到母亲屋里看那个女人去。

我一进母亲的卧室，由母亲身后便转出一个蓬头散发、衣服褴褛的女人朝着我磕起头来。

由母亲身后转出一个蓬头散发衣服褴褛的女人，朝着我磕头

"这是怎么一回事呀?"我故作不知的问。

"我……我……我……"女人含着泪颤声说,我是村子里面的人,家里有田地、树木、房产……我的丈夫四十岁了,一个女孩子十二岁,一个男孩七岁,因为连年荒旱,一家四口食菜根、树皮度日,已有一年之久。田地、树木……都卖不出去,一家四口,无法谋生,因此于月前相偕来到甲城,意欲求一生路,无奈城市中亦无法可想,四口人每日仅能喝半碗米的稀粥,为日亦久,冻馁将死……

"你多少年纪呢?"她在诉着苦,吞吞吐吐,哭哭啼啼,我见了实在不忍,便打断她的话问她。

"我今三十二岁了。"

"现在你肇了什么事了?"

"是这样的,"母亲替她说,"据她说的今天下午以五十块钱卖给一个贩卖人口山西人,她因为舍不得她的丈夫和两个孩子,所以偷跑出来了。"

"先生,您积点德罢!"女人又哭起来了,"救我出去,我……"说着她又给我磕起头来。

"不要这样!"我有点着急了,"有话慢慢讲,我能想法子总可以帮助你。"

"先生,买我的人的确是人贩子,他已经买了三个女人了,都是运回山西去的,这一回是媒人和我的丈夫说好,把我五十块钱贱卖了,预备再教我逃回来。我一时情急,竟跑进这个死巷子来。我们是住在××巷的,一回去就什么也不怕了。请您给我设法罢!"

这时候我非常着急,不知该如何是好,母亲说她是很可怜的,雇一辆车子送她回去好了。在家中常住的表兄已出去打听去了,不知能否雇回车来。

　　不一忽儿，表兄果然回来了，他低声说此时无论如何是走不出去的，因为巷子内现在有许多人，灯笼火把，往来侦视、寻觅逃跑的女人。

　　我也觉得没有办法，一时全都沉默起来。

　　"先生您，可怜我罢！"女人又在啼哭，又在磕头了。"送我出去，我给您们五块钱……"

　　"谁要你的钱呢！"母亲不耐烦的说，我也不由得笑了。

　　过了一忽儿，我把女人安顿好，便一个人跑了出去。果然，巷子里面有许多提着灯笼在寻人的人。

果然，巷子里面有许多提着灯笼在寻人的人

　　我跑到邻近的澄家，闲坐一阵，谈天约有一钟之久，渠们——澄家里的人——说，这几天冷得要命，有时温度在零下四十度，冻死的人实在不少。就是附近，有一家数口，因屋子里火小，吃的不足，整夜全家冻死的。澄的母亲说这数十年来未有的奇灾，反正是人民的劫数，不死于兵死于匪，不死于匪死于饿，饿不死呢，便要冻死了。

　　我因为心里有事，只好冷笑着，后来终于走了出来。

　　天气是这样的冷，冷得你非跑不可。

　　街上连一个行人也没有，初安置不久的电灯放着惨淡的光，站岗的警察缩着颈，只是呛着。

我一路跑着，又沉闷，又发喘，几乎出不上气来。四下放眼观看，见连一个鬼影也没有，觉得这个女人这时候是可以走了。

"可以走了吗?"回家后一进门女人便问。

"可以走了，现在街上无人，巷子里也没有动静，你此时走最相宜，不过你不要害怕，要大模大样的。"我这样嘱吩她，心里觉得趁她的命运去罢。

女人听了我的话，匆匆忙忙地去了，表兄送她到门外，回来说："这家伙走得飞快。"

母亲很不放心，生怕她再被那人贩子捉了回去。

我又跑到外面看了一次，也不见有什么动静，女人是早已无影踪的了。

一，六，一九三〇，于绥远

《时事月报》
南京时事月报社
1930 年 2 卷 3 期
（朱宪　李红权　整理）

追述山西及内蒙古之游

曹亚伯　撰

忆民国十三年秋，齐、卢因争上海之鸦片烟税开战，祸延江、浙两省，十室九空，北兵淫掠骚〔烧〕杀，不忍笔记。予以慈悲心肠，向北兵演说齐、卢之罪，遂被齐燮元之宪兵所捕，押之真茹警局，幸冯玉祥反戈，老友徐朗西、马少卿、唐少川、李澂五、凌蕉安等营救，未遭豺狼毒手，事后石瑛博士约予游北京，予遂借项君松茂旅费千元，偕王将军证澄买舟北去。十四年春，予约陈少白、王证澄游太原，以观光阎锡山先生治晋之成绩。先由执政府刘将军倚仁，及百川先生代表温君寿泉，致阎先生一电，次日即得覆，并曰欢迎。予于是偕陈少白、王证澄登程，由北京前门西车站而向石家庄。石家庄，乃老友吴禄贞于武昌起义后被袁世凯暗杀之所也。及抵石家庄，正值爱祖国之西藏人王班禅，由石家庄入京，山西官场，欢送至此，客栈俱满，且逾夜半，不得不迁就一宿。次晨，即换正太铁路入娘子关，沿太行山盘曲巡行而上太原矣。

太原即太行山岭之大平原，为山西之首都，秦中建都之日，名为河东，古之重镇。山西之名，当以中岳嵩山为界，山以东之地曰山东，山以西之地曰山西。嵩山耸立中原，为中国五岳之一也。又曰太行山以西为山西。山西地势，与四川类似，乃山国之雄，而文化独早，尧舜禹汤文武，圣君贤相，以及忠臣孝子，节妇文豪，具慈悲心、泽及万世者，无代蔑有。俗语有云"山东多名将，山西多名王"，良有以也。据清凉国师著《华严疏钞·如来寿量品第三十一》所传之山西胜迹，与夫古佛应化山西之善缘，聊录一二，以引起旅行家之兴味。

清凉国师疏云：

清凉山，即代州雁门郡五台山也。于中现有清凉寺，以岁积坚冰，夏仍飞雪，曾无炎暑，故曰清凉。五峰耸出，顶无林木，有如叠〔垒〕土之台，故曰五台。表我大圣五智已圆，五眼已净，总五部之真秘，洞五阴之真源，故首戴五佛之冠，顶分五方之髻，运五乘之要，清五浊之灾矣。〈然〉但云东北方者，其言犹漫。按〔案〕《宝藏陀罗尼经》云：我灭度后，于赡部州东北方，有国名大振那，其国中间有山，号为五顶，文殊师利童子游行居住，为诸菩萨众于中说法，及与无量〈无〉数药叉、罗刹、紧那罗、摩睺罗伽、人非人，等围绕供养恭敬，斯言审矣。其山灵迹，备诸传记，余幼寻兹典，每至斯文，皆掩卷长叹，遂不远万里，委命栖托，圣境相诱，十载于兹。其感应昭著，盈于耳目，及夫夏景，胜事尤多，历历龙宫，夜开千月，纤纤细草，朝间百花〔华〕。或万圣罗空，或五云凝岫，圆光映乎山翠，瑞鸟鷔于烟霄，唯闻大圣之名，无复人间之虑，入圣境者接武，革凡心者架肩，相视互谓非凡，触目皆为佛事。其山势寺宇，难以尽言，自大师晦迹于西天，妙德扬辉于东夏，虽法身长在，而鸡山空掩于荒榛，应现有方，而鹫岭得名于兹土，神僧显彰于灵境，宣公上禀于诸天，汉明肇启于崇基，魏帝中孚于至化，北齐数州以倾俸。有唐九帝之回光，五天殉命以奔风，八表亡躯而竞托，其有居神州而一生不到，亦奚异舍卫三亿之徒哉。愿皆修敬。

钞曰：清凉山疏文分六。一、略释经文……然略有二名，言代州五台，即五台县及繁峙两县之界。往者非一，可略言也，表我大圣下，第二彰其所表，多出《金刚顶》（经名），《瑜伽》（经名）亦有，以理椎〔推〕析，言大圣者，即文殊也，不指其名，直言大圣，今山中称念，但云大圣菩萨，即举总称，别指吉祥耳。言五智者，若准佛地经论，五法摄大觉性，谓四智菩提，一真法界，依金刚顶，即一真法界，名清净法界智，故成五智。二、五眼可知（即天眼、佛眼、法眼、肉眼、慧眼）。三、言五部者，一佛部，二金刚部，三宝部，四莲花部，五羯磨部，一切诸天真言，皆属宝部，诸鬼神真言，属羯磨部。四、五阴者，即我五阴，表是五台，中有大觉，即不动智佛，妙慧自在，即是文殊。五、言首戴五佛之冠者，诸大菩萨，多有此冠，而大圣不论戴冠。六、佛常有五髻，然诸五类例大同，谓当中髻，即中台表之，毗卢遮那佛居，是佛部主，法界清净智，亦佛眼也；其东一髻，即是东台，是阿閦佛居，为金刚部主，是大圆镜智，即是慧眼；其南一髻，即是南台，宝生如来所居，是宝部主，是平等性智，即是天眼；其西一髻，即是西台，阿弥陀如来所居，是莲花部主，即妙观察智，即是法眼；其北一髻，即是北台，不空成就如来所居，是羯磨部主，是成所作智，即是肉眼。七、若配五乘，中即佛乘，东菩萨乘，南缘觉乘，西声闻乘，北人天乘，若人天乘别，北即人乘，合佛菩萨，余如次第。八、若清五浊，但取五不同，不必如次，若配五阴，中即识阴，东为行阴，南为想阴，西为受阴，北为色阴，例为其次，识为主故，然五如来皆有种子，一一观行，各各不同，学密教者，方知其要，今但略属而已，然但云〈东北〉下。〈第〉三定〈其〉方所，以经不指国名，但云东北，故引经定所，以此经不指者，以在八方之例，余之七方，皆不指国名，在下文故，今恐浅识者惑，故引经证，此经亦名《八字陀罗尼经》，广说文殊之德，疏引犹略，今更引之，谓彼经金刚密迹主菩萨问如来云，文殊师利，于何处方面住，复何方面能行利益，如来答云，我灭度〈后〉，以下疏文全引。下有偈云，文殊大菩萨，不舍大悲愿，变身为童贞，或冠或露体，或处小儿丛，游戏邑聚落，或作贫穷人，衰形为老状，亦现饥寒苦，巡行坊市鄽，求乞衣财宝，令人发一施，与满一切愿，使令发信心，信心既发已，为说六度法，领万诸菩萨，居于五顶山，放亿众光明，人天咸悉睹，罪垢皆消灭，或得闻持法，一切陀罗尼，秘密深藏门，修行证实法，究竟佛果愿，具空三昧门，习尽泥洹路，文殊大愿力，与佛同境界，下更广赞其德，不能繁叙，要当寻经，其山灵迹下。〈第〉四显〈其〉圣灵，于中有二，初略指诸文，〈后自述所睹，前中〉本传甚广，略有六门，一立名标化，二封域里数，三台顶塔庙，四诸寺庙宇，五古今灵应，六闻名礼敬功德，然今文中，皆已略有，今初二句，通指前五门。地里志云，其山层盘秀峙，路径纤深，灵岳神溪，非薄俗所居，悉是栖神禅寂之士，寞搜造微之俦矣。余幼寻下，二自述见闻，于中有三，先叙至山元由，由此菩萨住处清凉山之文，当时逆寇乱常，兵戈锋〔蜂〕起，豺狼满路，山川阻绝，不惮而游，故云委命栖托，途虽五千，返覆万里，始本暂游，日复一日，倾驰里〔圣〕境一十五年，作疏至斯，正当十载。其山势寺宇下，略指佳境。其山在长安东北一千六百里，离代州之东南百余里，左邻恒岳，秀出千峰，右接孟津，长流一带，北临绝塞，遏万里之烟尘，南拥汾阳，为大国之艮背，回泊日月，蓄泄云龙，虽积雪夏凝，而名花万品，寒风劲烈，而瑞草千般，丹嶂横开，翠屏叠起，排云拨路〔雾〕，时逢物外之峰，扪萝履危，每到非常之境，白云凝望〔布〕，夺万里之澄杲〔江〕，红日将升，见三尺之大海，五峰一一，难具言也。言寺宇者，北齐崇敬，置立伽蓝，见有故壤二百余所，当时栖托，寺有八焉，贞元以来，数早过十，或五峰抱出，或双岭中开，或叠起岩中，或耸居云外，不可具言也。自大师〈晦迹〉下，〈第〉五征元由，兼彰圣迹，初对正叙本源，大集经中，佛将涅槃，委诸菩萨，分卫大千。此土多有毒龙为害，人多爱乐大乘，故妙吉祥菩萨处斯以行化，故云妙德扬辉于东夏。文殊般泥洹经云，若但闻名者，除十二亿劫生死之罪，若礼拜者，恒生佛家，若称名字，一日七日，文殊必降，若有宿障，梦中得见，得见形像，斯人位阶圣果，应化广大，故曰扬辉。次对成上两句，初成上大师晦迹，兼通妨难，谓有问言，常在灵鹫山，及余诸住处，何言晦迹，故今〈答〉云，二圣之本，本皆湛然，二圣之迹，迹有隐显。今灵鹫山尽是荒榛所翳，鸡山即是鸡足，亦鹫岭所管，应现下成上，扬辉于东夏，山似灵鹫，故言鹫岭得名。次下当说神僧〈显彰于灵境〉等者。《感通传》云：宇文后周时，文殊化为梵僧，来游此土，云欲礼拜迦叶佛说法处，并往文殊师利所住之处，名清凉山。唐初长安师子国僧，九十九夏三果人也，闻斯圣迹，跣行至此，礼清凉山，皆神僧显彰也。宣公等者，《南山感通传》云，时有天人，姓陆名玄畅，来诣云，弟子周穆王时生天。余乃问曰，宇内所疑，自昔相传，文殊在清凉山，领五百仙人说法，经中说文殊久住婆娑世界，婆娑则大千之总号，如何偏在此方。天人答曰，文殊是诸佛先师，随缘利见，应变不同，大士大功，非凡境界，不劳评薄，但知多在清凉、五台之中，往往有人见之，不得不信，故云上禀于诸天。又今山南有清凉府五台县，山北有五台府，亦可为万代之龟镜，故无惑矣。汉明等者，按《感通传》云，今五台山东南三十里，现有大孚灵鹫寺，两堂旧迹犹存，南有花园，可二顷许，四时发彩，人莫究之，或云是汉明所立，又云魏文所作，互说不同，如何？天人答曰：俱是二帝所作，周穆王时，已有佛法，此山灵异，文殊所居，周穆于中造寺供养，及阿育王亦依置塔，汉明之初，摩腾天眼，亦见有塔，请帝王立寺，山形似于灵鹫，故号为大孚灵鹫寺。大孚者，弘信也。帝信佛理，立寺劝人，花园今在寺前，后之君王，或改为大花园寺，至则天皇后，与于阗三藏，译《华严经》，见菩萨在清凉山，因改为大华严寺焉。五顶攒拥，中开山心，离坎乾坤，得其中理，千岩耸秀，万壑森沉，拔鹫岭之仙峰，成华严之一叶，信可谓众灵翔集之冲府，参贤觐圣之玄都矣，所以前云鹫岭得名于兹土。北齐等者，《传》云：北齐高帝，笃崇大教，置二百余寺于兹山，割八州租税，而供山众衣药之资，至今犹有五道场庄。有唐等者，自我大唐至于今帝，相继九叶，无不回于圣鉴，言今帝者，当德宗帝，倾仰灵山，御札天衣，每光于五顶中，使香药不断于岁时，金阁岧峣于云端，犹疑圣化，竹林森耸于岩畔，宛似天来，故得百辟归崇，九州持供，云委雾合，市地盈山，非我诸佛之祖师，积万行于旷劫，慈云弥漫而普覆，智海黯湛而包纳，廓法界为疆域，尽众生为愿门，孰能应感若兹，宿善何浓，遇斯遗迹，情跃不已，形于咏言。五天殉命下，〈第〉六劝物修敬，初二句引例劝修，五天竺国，粗云二十万里，孰知其实数耶，若以陆行，途经数百国，云山几万重，或扪索凭虚，或飞梯架迥，或风行雪卧，或木食松栖，或恶兽盈群，或盗贼相继；若水行，洪涛无岸，云岛潜回，精嗣摇风，鲸鲵鼓浪，日月出没于波底，魂魄飘飏于梦中，纵使浪息风停，只见水涵于天际，舟行棹举，犹将息念作生涯。虽此艰危，而三藏名僧，相继而至，总缘大圣，委命轻生，故云五天殉命以奔风

（今工巧已明，陆用汽车，海用汽轮，迥非昔比矣）。八表等者，自东自西，自南自北，天徼月窟，海潮日出，有耳目者，不惮艰辛，远而必至焉，其有居神州下，[二] 正劝即反，举不往之失，以彰往者之得，谓葱岭之东，地外〔方〕数千里，[曰赤县数千里，] 曰赤县神州，即〈唐〉中华大〔之〕国也。去清凉之境，途程不遥，坦然通衢，车马溢路，随方观化，不失家常，往必感征，如何不往，是知不往，即是三亿之徒，故今秉钺分苪，方面之重，无不倾仰。西域诸王，恨生五天，不产东夏，岂唯遥礼大圣，每多仰羡此居，故有游西天者，先问曾居五台山否，若不曾居，弃而不顾。今此国众生，宿因多幸，得诞中华，诸佛祖帅〔师〕，不解修敬，故此劝之。

三亿之徒者，《智论》第十一云，佛出世难值，如优昙华（即无花果之花），时一有之，如是罪人轮转三恶道，或在人天中，佛出世时，天人不见，如说舍卫城中有九亿家，三亿家眼见佛，三亿家耳闻有佛而眼不见，三亿家不见不闻。佛在舍卫国二十五年，而此众生不见不闻，何况远者。故今中华有人曾到五台山，即亦闻亦见，有闻清凉山而不得到，即同闻名不见，只近五台亦有不闻不见之者，况于远乎，故劝修敬。若见文殊，功德之废〔广〕，如前略说，广在经文。

经曰：

东北方有处名清凉山，从昔以来，诸菩萨众于中止住，现有菩萨名文殊师利，与其眷属诸菩萨众，一万人俱，常在其中而演说法。

读至此，即悟中国古昔之圣贤，皆古佛也。佛与中国有缘，故应化中国最早，清凉山不过中国四大名山之一耳，其余四川之峨眉山，乃普贤菩萨道场，安徽之九华山，乃地藏王菩萨道场，浙江之菩〔普〕陀山，乃观世音菩萨道场。古德〔语〕有云，"天下名山僧占多"，旅行家一瞻佛地，身心随喜，岂止日本之箱根、日光擅胜东方哉，吾愿中国善信，对兹佛地，大开国道以赴之，其功德诚不可思议矣。吾友卢君成章，曾游五台圣迹，摄其风景颇多，惜未得其照片。老友田桐，丁卯游五台，赋诗三章，亦饶风味，见之《太平杂志》。曰："花开六月满山香（五台山六月花始开，遍山香黄），采药人来自莽苍（山上多台党、黄芪、大黄诸药）。蛱蝶迎风过断涧，牛羊遍地踏斜阳（每年夏历五月中，四邻千余里，牛羊皆饭于此，过暑方归）。四边青嶂倾云表，万里黄河下朔方。野老祈年话筱〔莜〕麦（即燕麦，南人呼野麦，以为稷〔稗〕稗之类，宜于寒地，五台多种此，口外尤夥，欧美人多煮充早餐），游人闲暇马蹄忙。"其二云："声动西台钟罄清，解鞍池畔午风轻（西台顶上有池）。将军北过明洪武（洪武间，傅友德等北伐过此，尚有碑志其事），我佛西来汉永平。三晋烟云漫大壑，九边雷雨出长城。人间应有慈悲客，洒遍甘霖济众生。"其三云："东望平芜北望沙，恒山丘垤点烟霞（北台顶上望恒山如丘垤）。千年雁塞争胡汉，万里鸿嗷破室家。太古悬冰危鸟道（北台之北有万古悬冰），漫山飞霉走骡车。登高底事烦车骑，可是苏秦抑孟嘉。"

予与陈少白、王证澄抵太原，因时间短促，未及朝拜五台，次日即与阎百川先生晤谈，再次日百川先生又约少白、证澄两先生相见，并派王宪先生招待伴游诸名胜，礼貌极周。第三日百川先生派王宪先生伴游晋祠。晋祠在太原之南三十里，乘百川先生之汽车驰往，费时不过一句钟。晋祠风景极佳，晋水发源处也，源出悬瓮山麓。智伯亡于此，唐太宗兴于此，今有唐太宗所书之碑，字迹秀劲，巍立亭内，苍松翠柏，依然唐代之遗，山僧保此胜迹，任吾辈登临，亦韵事也。田桐先生游后，曾咏诗一章曰："悬瓮山头晋水长，良田无数稻花香（晋水来自悬瓮山麓地中，经极长之石灰岩层，其水极清，但含石灰质颇富，科学家名为硬水是也。晋水经行地，有水田六百余顷，皆种稻焉）。并州城郭留磐石（朱子曰：太行山极高，晋州蒲坂山之尽头，太行自昆仑北支入中国，西南行，历并、冀、三晋抵河东，复与河会。程子曰：太行山千里，长石诸山皆起峰，盖太行形大而原远，连亘数千里不绝，地界夷夏，省画东西，耸为恒岳，融为霍镇，秀如中条，奇如五台，险如三关，灵境名迹，随地异称，皆其支脉云。其曰冀、并者，山西古冀州域，虞分卫水以北为并州也，尧都平阳，舜都蒲坂，禹都安邑，乃唐、虞、夏之名都也。曰晋者，成王封弟叔虞于其地，为唐国，南有晋水，至王子燮改号曰晋也。曰三晋者，晋三卿分晋国，魏取蒲河以东，都安邑，徙大梁，韩取泽潞以南，都新郑，赵取太原以北，都邯郸，仍号三晋也。古并州、晋阳是一城，宋太宗始迁阳曲，故城在水北山麓），赵国山河镇太行。汹涌已经亡智伯，潺湲何事济唐王。古今成败君知否，红枣离离熟夕阳。"

第四日，百川先生又派王宪君伴游太原之新式监狱，及太原大学，并枪炮厂。每日承诸老友如太原大学校长王录勋、枪炮厂长李君，以及武汉三等，招宴于诸君之私宅，或设筵于太原市上之酒家，他乡故知，畅谈民国模范省之政治、实业，愉快逾于寻常。

第五日，百川先生派一大汽车送予与陈少白、王证澄两先生，及侍役二人，自太原游大同。盖山西路政，支干俱多，东西南北，田野皆治，全省无游手好闲之乞丐，举目都见勤俭礼让之良民，沿途平易，不逢风雨，至下午三时越大山，出雁门，斜曲巡行，上山俗称四十里，下山俗称三十里，山高约高于太原五千尺，高峰积雪，尚似群玉瑶台，回想王昭君昔年过此，一曲琵琶嗟出塞，美人宣力报君王，不胜今昔之感也。

出关而后，人烟渐稀，转望长城，空余雉堞，塞外草衰，天边阴暗，不幸车轮破坏，而机器不灵，前无村庄，后无部落，微月寒风，沙漠辽远，若竟御者不修，无怪李陵失意时夜不能寐也。俗语有云："雁门关外少人家，早着皮袍午穿纱。更有一件稀奇事，抱着火炉吃西瓜。"边疆天气，大异中原，即改用外人适用之阳历，于农人无甚不便也。旋因驾车者努力修理，予偕陈少白、王证澄，及侍役工人，猛力推行，而电机复活，遂又勉行四十里，抵一车站，得寄宿焉，亦可谓不幸中之大幸耳。

次日正午抵大同。大同即周大同川地，秦置云中郡，《水经注》曰：赵侯于河西造大城，不就，祷焉，见群鹄游于云中，经日有光气在其下，乃即于此处筑城，故名云中，或云取其地之极高也。五代、唐置大同军，辽升大同府，以大同，川名也，今山川志无大同川，或遗之耳。大同城郭颇坚，惟各城门楼瓦倾颓，仅存昔日繁华之迹耳。城内有上华严寺，殿宇庄严，壁上所绘佛像甚多，惟妙惟肖，画工善巧，得未曾有。又有九龙壁，相传大旱之岁，乡民祈雨，见有九龙出现，竟得甘霖，因造九龙壁以纪之，北京大内北海之九龙壁，即仿大同之美术也。大同附近，古迹极多，至清初仍为繁盛之地，观雍正时年赓〔羹〕尧之秘书长浙江汪景祺先生所著之《西征随笔》一书，内有《步光传》一篇，读之即可想像当日大同之现状焉。其文曰：

余素好狭邪之游，辛丑触暑南还，遘疾几殆，遂不复为之，但客途寂寞，借此以解羁愁，锦衾烂然，共处其中，虽不敢云大程之心中无妓，亦庶几柳下惠之坐怀不乱，所谓姑苏台半生贴肉，不如若耶溪头一面也。二月二十六日，次候马驿，日方卓午，素居无赖，问逆旅主人，此地校书有举止可观，谈笑有致者乎？主人曰："有步光者，色冠一时，善骑射，能为亲〔新〕声，第其人好酒悲歌，固奇女子也。"余急呼之，入门，丰姿绰约，体不胜衣，如姑射山神人，光耀一室，然不平之气，跃跃眉宇间，且其意不在客。余讽曰："卿既失身风尘，宜少贬气节，往来皆俗子也，不徒自苦乎？"步光俯而思，仰而笑曰："君似知我者。"始稍稍款狎，顾见壁间弓矢，反唇曰："文人携此何为？"余曰："闻君雅善此技，可一见乎？"步光曰："诺。"因臂弓抽矢，至屋后隙地，植鞭杆于数十步外，三发皆中。余曰："卿红线之俦，惜仆非薛节度，奈何？"步光笑曰："君乃邮亭一夜之陶学士耳。若作《风光好》一阕，妾当为君歌之。"余心不测其为何如人，细叩之，不答一语。酒半，强之歌，琵琶半面，其声甚哀，聆其所歌之词，则曰："你将这言儿语儿，休只管牢牢刀刀的问，有甚么方儿法儿，解得俺昏昏沉沉的闷。俺对着衾儿枕儿，怕与那腌腌臜臜的近，谈甚么歌儿舞儿，镇日里荒荒獐獐的混，兀得不恨杀人也么哥，兀得不恨杀人也么哥。俺只愿荆儿布儿，出了这风风流流的阵。"盖《正宫调》之《叨叨令》也。余曰："此卿自制曲也。章台一枝，似有所属，不妨为我明言，仆不敢比薛节度，独不能为许虞侯乎？陶学士因缘，老夫计不出此。"步光置琵琶几上，颇有不乐之色，既而曰："月白风清，如此良夜何？"余益骇然。既就寝，余更以言挑之，步光雪涕曰："妾，将家女也，十岁父死滇南官所，嫡母携妾还大同，生母亦病亡。嫡母遂以妾付媒媪，遂失身娼家。假母延女师教之识字，且作北〔此〕曲。顷所歌者，乃北鄙之音，幸勿见笑。"余曰："卿隶乐籍有年，岂无风流儒雅可托终身者乎？"步光曰："有江南进士某郎，以谒选者上，迂道至大同，其亲知莅任此土，竟不礼焉。某郎流离失所，不免饥寒，邂逅相逢，情怀颇厚。妾时年十七，为其所愚，遂有终身之订，留妾家者一年。选期已近，而贫不能行，妾倾囊为千金之装，某郎以诗扇一留赠，妾拔玉钗遗之，约他日即不自来，遣人相迎，以此为信。居二载，音问杳然。后闻其官河南，走一使以手书责践旧约，某郎已别纳宠姬二人，顿乖凤好，呼妾使至署曰：'身既为官，自惜名节，岂有堂堂县令而以娼为妾者。归语妖姬，不必更言前事。'焚妾所寄尺素，掷玉钗于地，推〔椎〕碎之，且朴〔扑〕妾使，械还大同。假母遇妾素厚，因为某郎所负，资用乏绝，相待无复人理，当骂曰：'死奴，曾语汝，书生不可信，今竟何如？某郎高座琴台，如在天上，能插翅飞入，旧〔向〕薄情郎索一钱耶？'顷所歌者，乃答某郎之曲，尚有二曲，请为君歌之。"即披衣授〔援〕琵琶而歌，其望某郎信不至曰："想当初香儿火儿，发下了真真诚诚的誓，送他去车儿马儿，掉下些孤孤凄凄的泪，盼杀那鱼儿雁儿，并没有寒寒温温的寄，提起那轻儿薄儿，不由人熬熬煎煎的气，兀的不痛杀人也么哥，兀的不痛杀人也么哥。闪得俺朝儿暮儿，受尽了烟烟花花的罪。"又某郎薄幸曰："你听那金儿鼓儿，每日里丁丁东东的响，你和那姬儿妾儿，不住的伊伊哑哑的浪，不想着鞋儿袜儿，当日过寒寒酸酸的样，也念我肠儿肚儿，可怜杀痴痴呆呆的望。兀的不气杀人也么哥，兀的不气杀人也么哥。为甚的神儿圣儿，似这等湖糊涂涂的帐。"歌罢，掷琵琶痛哭，余穷途失意，闻之涕泗交颐，止之曰："是将江州司马，我也。"步光拭泪呜咽曰："妾安得为商人妇哉。"挑灯起坐，纵谈至大天明，惘惘作别。步光亦将返云中，以乐户之禁甚严也。从兹分手，后会何时。某郎薄幸至此，闻于去年丁内忧去官，旋以亏币削籍矣。呜呼！某郎一措大耳，步光所赠金帛，皆从床席中得来，乃以此得官，以此赴任，以此赡其父母妻子，以此别纳宠姬二人，而捐弃旧盟，终不一顾，我不知其是何心肝也。某郎不欲言其姓名，盖居然赐进士出身者，可胜慨哉。步光年二十一，不知其姓，小字曰青儿，大同人。

附载绝句八首：

　　搴帘微笑道胜常，翠叶花钿碧玉珰。
　　更换舞衣香满室，葳蕤自启镂金箱。

　　明月雕弓挽铁胎，风流格调小身材。
　　儿家生长云中郡，曾向恒山射虎来。

　　河光清浅月黄昏，琥珀光浮酒满樽。
　　宛转柔情人半醉，这般时节最销魂。

　　弹出哀弦放玉筝，停歌挥泪诉平生。
　　谁怜薄命伤心语，似听花间百啭莺。

　　代云燕月路茫茫，红粉相怜住教坊。
　　百里牵丝名进士，千金肤箧薄情郎。

　　天涯荡子悔绸缪，玉碎钗残翠黛愁。
　　闻赐兰房新半臂，尚分柳巷旧缠头。

　　数奇我亦叹颠连，北里南官共怆然。
　　憔悴风尘沦落苦，香焦烛跋不成眠。

　　背人私语晕红潮，戍鼓沉沉漏渐遥。
　　兽炭已熏鸳被暖，莫将闲恨负良宵。

读至此，可悟世道之苦，而繁华之罪业矣。

大同西南四十里，有石佛寺，佛数无量，皆凿石而成，鬼斧神

工，巧妙无伦，但北方春寒，不易参谒，惟有俟之异日耳。在大
同旅居三日，即乘京绥车至张家口。在张家口旅居一日，遂返北
京。予偕王证澄又与陈少白握别南旋矣。

著者偕王将军证澄在大同旅馆内，为陈少白先生所摄

内蒙境内阴山横亘数千里，此其山南也。乙丑著者游五原，归途中停车阴山
下所摄。昔王昌龄咏出塞诗云："秦时明月汉时关，万里长征人未还。但使
龙城飞将在，不教胡马度阴山。"蒙古屡次寇边为中国患，读王诗可想见
当日蒙古之盛

　　是岁春夏之交，老友黄吉亭牧师、胡兰亭牧师，及刘玉堂先生
等，因耶稣教会议于沪，约予作汉口之游，予因二次革命出亡以
来，至今十余年，未归乡国，遂愿同行。及抵汉口，适冯玉祥邀

请黄吉亭牧师往张家口说法。不久予亦返沪，正值五卅凶案起，英侨欺我主人，在大马路随意开枪击死我徒手无卫之青年学生二十余人，一时公愤勃兴，各省激动，而北洋军阀，反为无礼之外人以强压民气，人心怀恨，北方之武力，因而瓦解。广州共党从此依人民之心理，大肆宣传，是为会师武汉之先兆。是秋，冯玉祥托黄吉亭牧师约予游张家口，予以浪游成癖，得电即行，偕李文辅由沪而汉，复由汉而北京，再由北京而张家口。车中遇刘骥，多承招待，下车即移寓于冯玉祥所筑之新村。村中先有马伯援等在焉，旋冯玉祥知予至，即请会晤，又面托予邀请陈少白先生来游。电致北京，陈少白先生允速就道。老友张纯一，时在张之江都统处居师位，张朗村为冯玉祥边防督办署秘书长，老同志聚首一堂，兴趣弥当。

　　予与陈少白先生游兴更浓，遂与张纯一同作内蒙古之游。沿途承冯玉祥部下招待，自张家口登京绥快车，经大同，过丰镇，上平地泉，越十八台，再绕山而下，停宿于绥远。时李鸣钟为绥远都统，招待极周，次日转车至包头镇。老友孔庚，在包头镇设有漠南公司，开煤矿，欢迎予与陈少白、张纯一三人居停焉。时刘郁芬领军一师驻此，招待备至，又派大汽车一乘，卫兵四人，送予与陈少白、张纯一两先生游五原。张君、丁君春膏伴游焉。五原自民国四年始立县治，位黄河北岸六十里，居河套之中心。河套幅员，东自包头，西近宁夏，北抵乌拉山，南及陕西之长城，东西八百余里，南北一千二百余里，共计一百万方里，黄河直贯其中，地质肥美，气候温和，高于海面约三千尺。一望平原，青草如茵，鲜花遍地，若能广开河渠，引黄河之水，四通八达，则河套天府，永为世界膏腴。今公路已达宁夏，而铁路亦正在建筑，西北之富，即河套一处，可甲十八省，望内地人烟稠密之处，速行移民之策，则五原今日之县治，不难立殖为省会也。按河套地质，乃古日之一死海，四围高山，淤流积塞，黄河上游之水，无此海面之屯蓄，遂生下游泛滥之忧，治黄河者，不可不注意于河套者此也。河套土泥，俱含盐质，而硝碱亦多，足为古日死海之〈证〉。五原有一绅士王同春，直隶人，十二岁时乞食来此，今年七十四〔证〕岁，前数日去世。此地未立县治之先，即王同春称主一方，百政悉出，内地各省来此开垦者，王同春皆乐为东道主，所谓最初来此之一殖民英雄也。内蒙人士颇排外，屡与王同春战，皆败之，而内地来此者亦渐多，今则五原一县，已达二三万人矣。王同春之功德，在能开辟河渠八条，引黄河之水，灌溉平原，受灌溉之地，可及数百里，白菜每根十余斤，萝卜每根七八斤。而蒙人好战，性懒，不治农，而业农最勤者，全世界厥惟汉族，天下大利在此，而民族得以不败者亦在此，予不禁为黄帝子孙作颂祷之词。

五当召，内蒙佛之宫也。蒙人呼庙为召，其建筑颇似西洋，实为西藏古式耳。中立者即陈少白先生

　　次日，即由五原返包头。休息一日，又游漠南公司之煤矿山。山在包头镇之北六十里，骑马四句钟可达，刘郁芬派马队一排护

送。抵山后，次日参观矿场，煤层甚富，而煤质极佳，惜交通不便，徒借驴马之力，背负而行，运至包头镇，费时费力，已不资矣。

第三日，再游五当召。五当召，在矿山之西北三十里，仍由马队护行。蒙古人谓庙为召，五当召即五当庙，汉名广觉寺。有两活佛居焉：一为甘珠活佛，即前世多伦活佛，民国元年外蒙独立，多伦活佛附和之，袁世凯令驻军李某斩之，今年已十三，颈上尚现刀痕，闻李某之名，即生畏；一为济勒活佛，年才七岁，其前世即五当召之活佛，享寿三十二岁，即投生于五当召附近百余里之一蒙古村落，由五当召大喇嘛诣首于西藏之班禅，班禅指示其投生之处，于是证以宿缘，迎而居之。予偕陈少白、张纯一两居士参观佛堂，访晤活佛，见其气象庄严，令人起敬，但活佛年幼，颇畏生人，见予状似不安，予向之行礼，始露笑容。蒙、藏人之崇信密宗，乃有活佛转轮之法，究竟佛法，绝不著相也。五当召有喇嘛六百余人，年长当家，皆执礼招待，并殷勤问孔庚将军起居，缘孔庚于民国二年，镇守包头，对于山西军队之骚扰，严加约束，对于土匪之劫杀，竭力剿抚，内蒙十余大召，皆被焚毁，惟五当召得孔庚莅任之速，得以保全，故各喇嘛戴孔庚如万家生佛焉。孔庚去后，土匪又多，而绥远一带之农商，皆念其德政而不忘。民国六年，段祺瑞当国，小徐操纵政权，五原及包头镇商会，集资六千元，入京运动孔庚复职，小徐索款九万，许其发表，商民亦诺之，适将军团造反，继以张勋复辟，其事遂寝。盖真民党苟稍得志，必有遗爱在民，证之孔庚，其一端也。而冒民党以谋私利害国者，其罪益甚，汉奸当国，更不待言。

五当召在包头镇之北百余里，在阴山、乌拉山之间，风景绝佳，气候亦善，而遍地煤矿，尤称富厚。山下间有蒙古包，乃逐水草游牧之习，种植非其所知也，但以羊易粟，习以为常耳。但蒙古人待宾客极恭，对汉人尤加礼貌，而近年汉兵所至，则淫掠者多，大为蒙人所苦，而内地战场，更不堪言矣。

昭君墓在绥远城南三十里，度过小黑水河便见土堆坟起于平原上，即墓所在也。此墓原有庙，红绿瓦盖其上，康熙时尚存，有碑可考，不知毁于何时何人。今则断瓦零砖犹可捡拾于荒烟蔓草间也

第四日，仍乘马返包头。是日大风扬沙，黄尘蔽日，冲风前进，不见道途，而马队前导，故弗迷焉。在包头休息数日，孔庚约偕行，再游绥远，谒昭君墓。及抵绥远，又承李鸣钟优礼有加，次日，派马兵护卫，皆乘马而至汉明妃王昭君埋骨之所也。昭君墓在归化城南二十里，黑水河边，一堆青冢，不知秭归故里，尚有其生长之村焉。以女和戎，炎刘负德之果，单于称顺，功在美人，明妃亦汉家第一女丈夫也。五族共和以来，昔之塞外，今之域中，大好河山，何分南北，但愿舆图生色，黄河早清，昭君有知，固乐见中国之繁盛无已时也。今将道光十一年长白升寅勒石所刻之诗，抄录以作观感云："乾坤毓秀无遐迩，半出簪缨半床第。才貌岂足定闺贤，总观大节知臧否。呼韩入觐诏六官，愿嫁乌孙挺身起。一枝秾艳入椒闱，三千粉黛皆委靡。画师伏罪汉王

嗔，昭君遂志单于喜。御沟红叶水融融，团扇秋风处处同。回忆
簪花众姊妹，可怜白首甘泉宫。琵琶酥酪日歌舞，宠擅阏氏塞北
空。外无胡马饮江水，内无野鸡兴女戎。宁为鸡口不牛后，谁识
女子真英雄。大青山下黑河汧，旁有孤坟如壁垒。空余牧竖任樵
苏，自昔流传青冢是。当年夫没请还朝，诏令从胡乱伦理。守志
贤妃从一终，君王忍不谅人只。视彼文姬返汉关，失节屡嫁中朝
士。典属老人吞雪终，牧羊又娶胡儿婢。名臣才女纵千秋，贞操
应令昭君鄙。闻道黄河西岸边，亦有明妃旧芳址。噫嘻吁，一坏
〔抔〕黄土易销沉，青冢传疑胜青史。"

　　又有民国十二年马福祥所撰之汉王昭君墓碑如次："余少读杜
诗，至明妃村篇，不禁神为之往。及官宁夏，即闻归化有昭君墓，
而《云中志》以为在拂云堆，不知何据。后读《辽史·地理志》，
拂云堆在云内州，并不言有昭君墓，而丰州下，则直书曰，青冢
即王昭君墓。据此，则昭君墓之在丰州，已无疑义。又考清初张
文端《使俄行程录》云：归化城南有青冢，高二十丈，阔数十亩，
冢前石虎双列，白石狮子仅存其一，光莹精工，必中国所制以赐
明妃者也。又有绿琉璃瓦砾狼籍，似享殿遗址等语，则昭君墓之
在今地益信。窃拟因公晋京，必假道一至其地，以纾景仰，频年
路出归绥，每限于期程，未得展谒墓下，深以为憾。民国十年，
拜绥远都统之命，又以军事旁午，弗敢自暇逸以勤軬驾。今秋岁
丰民和，边徼宁谧，因得一往，偿所愿焉。至则冢高如昔，见所
立碑碣，类皆近人撰拟，所谓石狮、石虎及享殿遗址，俱荡然无
一存者。夫清初距今，不及三百年耳，已湮没若此。回溯元明以
至于汉，其足以增环佩画图之色者，不知凡几。独蒙地文化晚开，
志乘从缺，听其湮没，为可惜也。虽然，汉自和亲以来，公主之
远嫁单于者，存殁多无可考，而昭君独于今为烈，亦可谓不幸中
之幸。倘以昭君长处汉宫，不过良娣贵人之属耳，何足称道于世。

今汉家陵寝，已无寸土，而青冢岿然独存，至使骚人迁客，形诸咏歌，岂不以昭君既出塞，号宁胡阙氏，边境赖以无事，能使呼韩邪稽首称臣，愿保塞自效，其功岂在卫霍下哉。至其生平事迹，散见于传记者，颇不一致，兹弗具录。因念蹈扬边功以慰逝者，与保护胜迹以示将来，皆守土者之责也，爰补树若干株，并立石墓侧。"

又有民国五年天津李廷玉刻诗一章曰："奇策安边付女流，琵琶一曲自千秋。寒凝青冢烟犹惨，声咽黄河水带愁。忍辱肯为胡地妾，论功羞煞汉关侯。炎刘已尽单于没，胜有昭君土一丘。"尚有两碑，不及钞记。

大同西郊石窟之石佛，多不可以数计，伟大
又世莫其匹。乙丑西北行访之并照

因归化大开陈列所，陈列西北实业、教育之成绩极多，急欲参观，遂偕陈少白、张纯一两先生，及孔庚将军、屠义源知事策马归城，不得不与昭墓言别也。陈少白先生亦咏十绝四章曰：

万里丰州谒断阡，离离青草黑河边。
已无翁仲陪陵寝，碎瓦零砖委暮烟。

佳人绝代名千古，当日应推延寿功。
不谱琵琶出塞曲，早随团扇没秋风。

虏氛如草烧难尽，卫霍功高奔命疲。
汉代百年边患绝，应知收效在蛾眉。

痛绝功成不赐环，芳魂寂寞隔阴山。
版图已改匈奴灭，青冢而今入汉关。

　　绥远游罢，仍至大同，孔庚将军旧部，并音乐队，欢迎于大同车站。时赵戴文镇守于斯，导予等至镇守使署。次日阎百川先生派专车来迎孔庚，予偕陈少白、张纯一两先生并大同镇守使署人员乘轿马往谒石佛寺。石佛寺，前属乾河，寺藏石壁，沿山七里，皆凿深洞，洞内四壁，尽雕佛像，中间石佛，四面皆圣像庄严，诚壮观也。山西善信佛子，当宝存此庄严佛地，感化人天，于洞前修治佛殿，招引男女清修，筑一大马路至大同，使汽车易于来往，京绥铁路之名胜，当有以招引天下之游客，饱受眼福，发育心田，自利利他之功德，岂有涯哉。闻日本人已将石佛摄影，印成专书，每于夏日，欧美士女乘专车来瞻仰者，络绎不绝，但愿中国旅行家皆注意及之也。

　　次日，仍返张家口，冯玉祥督办、张之江都统，款待甚优，予等蒙古之游，亦稍增阅历，至今印象，就未能忘，特追述之，以为逆旅过客旅行之一助。

《旅行杂志》（月刊）

上海中国旅行社

1930 年 4 卷 3 号

（李红权　整理）

西北游记

褚民谊　撰

余于《北平西山游记》文中，曾述及一九学术考查团之组织。一九学术考查团者，乃于民国十九年考察留比之学术团体也。比以筹备需时，今岁不及成行，延期至明年出发，则考查团之名称，将易一九为二十矣。余于此团未举行大规模旅行之前，因先作一短时间之旅行，赴绥远等处考察比国人士近年来在内蒙经营之慈善事业，此则中比庚款委员会对其事业已予以款项之补助。内蒙现分三省，热河、察哈尔、绥远是也。余此次考察经过之地，为察哈尔及绥远两省。察哈尔之省会为张家口，而归绥则为绥远之省会。忆余于民十四曾一度赴张家口，斯时李协和、冯焕章两先生均居张垣。余逗留两日，曾于市廛间观瞻一过，并与协和先生策马同赴郊外之赐儿山游览，时协和先生与其夫人及公子偕行，犹忆此行赴张垣有李广安先生同往，渠亦为留法学子，时供职于国民军外交处，后曾任北平市政府公用局局长，今则相违有年矣。

民十四赴张垣，时在八月秒〔杪〕；此次之行，则在十月朔。时令虽交新秋，尚不感觉寒冷。两次游张之气候，无甚参差。据此间人士谓：“严寒时奇冷逼人，肌肤尽裂。”西北奇寒素著，当非虚语也。余此行先赴绥远，得偕李涵础主席同车，方便殊多。后乃折回张垣，在绥停留两天，于十月六日到，于八日晚离。此行携有测量器械，由北平西上，地势逐渐增高。由平至绥，以十八台为最高，计高出北平一千七百米突，绥远则高出一千一百米突，故车行由低而高，徐徐前进，尤以上青龙桥一段，必须贯以两辆机头，始能拽之上驶。车经各地，荒漠一片，童山濯濯，罕有森林。但此处高原，田土龟坼，虽无河流，其为水冲击而成，可无疑义，即此以观，已觉内蒙一带之水利问题亟待整顿。如舍水利而言开垦，则如缘木求鱼，必无所获。曩时未赴西北，理想中恒以为集少数之资本及人才，即可赴西北作小规模之垦殖，以谋发展；今始知此种理想为不可能，必须有大规模之计划，使水利调节有度，方能灌溉耕种。然此种久远计划，决非人民之局部力量所能胜任，全赖政府以整个计划，督促进行，始克有济。以言整顿水利之道，不外开湖、浚河，而二者尤以开湖为重要，盖如不开湖泽，则河虽浚疏，而无蓄处，一旦大雨连绵、山洪暴发，河内不能尽容，势必泛滥四溢。溢出之水，因无湖泽可以容纳，又必一流无遗。如是则天雨时水量虽多，而天旱时依然滴水难求，故上古时代，治水之道，亦不外开渠作池，导水以蓄之。天雨蓄水有所，则天旱水源不致尽绝，或不致酿成巨灾。香港四面临海，为一海岛，全岛人民之饮料，因海水不能炊餐，以天落水为唯一饮料，故于山巅建一蓄水池，将天雨时之水，尽蓄其中，全岛自来水之来源，即在乎此。他如北平附廓，法人经营一荒山，其终岁饮料，及用以灌溉之水，亦全仗天落水而预贮于池中。今日之内蒙古，有不可避之天灾，即旱灾、水灾是，此盖因天雨时既无湖流可以蓄水，使水横决四溢，由高下流，低处则积潦成患，洼地则尽成泽国；天旱时，低处之水，既无蓄积，自无余滴，则无论高处低处，无不农田龟裂、禾苗枯槁。此种靠天吃饭之生活，焉得不坐以待毙。而去年绥远于以上两种天灾之外，更多一冻灾。在七八月间，气候忽骤形严寒，坚冰不解，故居民愈益困苦。此种天灾，虽为气候关系，然非人力所不能抵御。余以为补救之方法，在兴水利，水利问题既已解决，即可广植森林，森林可以储蓄日光、调节气候，未始不能减轻凛冽之苦，且森林又可容纳雨水，亦足调济水量，更可避免风灾。今内蒙地广数千里，因不注意于水利，每年必酿成数次天灾，其人民生计之困难，概可想见。只以绥远一省而论，去年中人口出售者，有十五万人之多，尽属孩童。卖子鬻女，若是其众，实足骇人听闻。人类一若猪仔，言之殊堪痛心。且除去出售之人口外，尚有流为饿莩、转乎沟壑者，更不可以数计。吾暖衣足食之同胞，读此不知作何感想。

人民货殖买卖，则丛集于归化。归、绥相距数里，火车站居其中，成一鼎足形。有长途汽车，道路尚平坦，差强人意。绥远省党部设于昔之电气厂，位于归至绥之汽车道旁。绥远因属新城，故无名胜古迹堪以流连，即各项建筑，亦均因陋就简，要亦民力匮乏有以致之耳。昔年满人居住之房廊，今已阒无一人，四壁尽毁。归化城市景尚不弱，商贾经营，以裘革最为畅销，有大宗葡萄干出产，食物以羊肉居多。归化城内多喇嘛寺，蒙人呼之曰招。招有数处，有大招、小招及舍利土招等，余均往观摩，各摄以影。其间以舍利土招之建筑为最巍峨森严，有喇嘛像。小招内则藏有满清康熙之甲胄、靴及兵器，此为历史古物之一种，亦应善为保存，以示后世，使国人追念满清入主中原之残暴腐败，有所惕励；今置之喇嘛手中，随意乱置，逢人出示，如是甚易损坏，良可惜也。招中有藏经，每经高三四寸，阔半尺，长二尺半，上下夹以木板，此种经亦应保存。小招大殿内有一铜铸之小招模型，约三尺见方，二尺高，为巧匠所作，异常精细，惟不详其时代。顾各招无人修葺，势必日趋衰落，亦为吾国古物中一大损失。

归化、绥远等处，公众卫生之设备，缺乏异常，无私人医院，故比人于此设有归绥公医院，惟其设备则颇简单，然亦聊胜于无耳。院内有张、宋二医师主持医务，刻苦耐劳，殊堪嘉尚。该院为比国教会所设立，此次由中比庚款委员会补助其经费，有十七万之多。想该院得此巨款，定能整顿扩张，力谋改良矣。此间国人自设之学校亦鲜，故比人亦为设立学校，然内容简陋，成绩平庸，据谓内蒙办有学校二十余所，今列表如下①。因念吾国各地，往往因自身不注意于教育、卫生及慈善事业，致使外人喧宾夺主，起而代庖，惭怍何如，故深望负地方之责者，加以努力，力图振作。

十月八日，为绥远省政府主席李涵础先生举行宣誓就职典礼之期，察哈尔主席杨星如特代表国府莅绥监誓，余亦会逢其适，参与斯盛，更承李主席及各厅长暨绥地商民团体频赐盛宴，殷勤款待，肴馔杂陈，殊不料亦一如北平、上海，均为鱼翅、海参之属，反不能一尝本地风味。是晚，余与杨主席同车返张垣，于翌日上午十一时抵张。承杨主席盛意招待，亦宿于省府，下午闲步城中，觉张垣商业市况，胜于绥远，余亟思再游赐儿山，只以道路不良，汽车不能开驶，故至半途折回，归时有民众结队游行，闻为请愿团体。张垣皮裘素著，故余亦市得数袭以归。次晨，往乘九时开驶之火车，时道经大境门外——即口外——蒙人之牲口及皮货市场，门外有河，并无桥梁，其市场即在门外之旷场上，熙往攘来，一如上古时代人民以有易无之情形，为南方所不获经见者。既而乘车返平，兹拉杂记之如是。是行也，他无所得，惟觉西北水利之兴，实亟不容缓耳。

---

① 未见此表。——整理者注

绥远城之西门

归化城内之街市

驻归绥之比国教士

张家口大境门

张垣大境门外之市场

口外之牲口

《旅行杂志》（月刊）

上海中国旅行社

1930 年 4 卷 5 号

（陈静　整理）

满洲西北部及使鹿通古斯族

林德润女士（E. J. Lindgren）　　著　　李城九　译

余最近以考查不甚著闻之使鹿通古斯族，曾至满洲西北部一带。在叙述此次旅行之前，关于其地之地理及历史的背景，必须详加论述，借明其仍被忽视之原因。中东铁路，经海拉尔及满洲里，虽将所有关于经济发展之元精，输出国门，但余深信其地较中国西部僻远诸省，仍少为人所注意。满洲极北之地，华人以阿穆尔河故（Amur，即黑龙江），称之为黑龙江省，以水色玄黑，与其国内之习见黄浊者异也。阿穆尔河及其主要支流额尔古纳河（Argun，按额尔古纳河为黑龙江上游，称之为支流，似属不宜），形成政治上、商业上，及人种分布上，极重要之限界，故为研究斯地各方面情形之中心。其他支流多可驶小汽船，上通鄂洛齐镇（Olochi，俄境镇市名，沿额尔古纳河，与室韦隔岸相望），因之沿岸市肆渐萌，昔日边地荒寒之区，内地对之模糊者，今亦得渐明于世矣。大兴安岭以东，全区皆为阿穆尔支渠所流注，主要者为嫩江（Nonni River）及呼玛尔河（Kumara River）。其西，额尔古纳河支流纵横，主要者为牛尔河（Niuerhko，又名比斯吹雅河Bistraya）、眉勒尔喀河（Marekta）及根河（Gan）。余此行范围，西及北抵额尔古纳河，东至兴安岭，南限海拉耳〔尔〕河。蒙人目海拉耳〔尔〕河为额尔古纳河上游，有时且标之于地图焉。

此区性质，可粗分为二类，南部为蒙古平原，北部为西伯利亚隰原。森林带近于额尔古纳河与兴安分水岭渐辐凑处。海拉尔至根河之间，亢燥多刍荛，荒原上为游牧人天然居处，索伦与齐卜金人（Solon，Chipchin），食息其中。根河、德勒布耳河（Derbul）及哈乌勒河（Khaul）所流贯之三角洲地，俄人称之为"三河区"，乃满洲北部富庶之区，谷宽宜农业，山中丰草便牧畜；其东，兴安岭上，林树郁茂，木材颇易得。极北，山岭环闭，若循额尔古纳河右岸行，直抵室韦，童山濯濯，仍属不毛，河身甚宽，可资暇日遨游，河中洲渚星罗，皆为山之余脉，山势有时分为二歧，回环曲折，复返原处。据伯罗脱夫（Bolotov）云，临根河口之新旧居尔鲁克海推（Tsurukhaitui）两村，其距离陆程仅十五哩，水程则四十哩。沿途旅舍中，多许如戏剧之边事奇闻，成为谈话题目，颇足引起余之好奇心，而欲知河中之大小无数洲渚，其所有权，如何判定，其答覆殊简捷，谓设有一岛，某岸首先高出河槽，接近此岸之国，即有所有权。此种解释方法，仅存于土人之心中（余未以昔日中俄条约一考证之），其含义颇宽泛，可有种种不同之解释。在实行上，自是有强权、无公理，而人之欲于中流（岛）择地牧牛者，必须留心防守也。

　　过室韦后，林山在望，额尔坤斯基以北，山势陡然入水，全境多松桦之类，与西伯利亚隰原性质相近。大道上，辙迹凌乱，从水深流急低谷之下，通于他地，就此点而言，其陆路交通，实令人裹足；能通行者，仅荷物之步行人及乘马冒险之旅客，但此亦甚少也。额尔古纳河右岸，大体皆峭于左岸。其地之荒寒，不能诱华船逾漠河而西；而俄人则有定期至鄂洛齐镇之驳船，以输货物而载旅客。此种设施，系起于大革命之前，最近则有良好之车道，以达乌司特乌鲁夫城（Ust Urov），沿界各地，更有电话之装设。中国沿边之小商镇，皆恃夏季逆流而上之舢板，以资维持，其行既缓，其来又无定期，航路虽只囿于珠尔干（Chuerhkanho）、室韦之间，但为时则须两周，有时风向不顺，更须多日（俄之江轮，只须二日）。仅当冬季，额尔古纳河冰雪积封，雪橇得畅行其上，沿岸荒村，始克常通声息。海拉尔至珠尔干之邮件，须一个月至六个月方能收到。收到时，每致邮足以酬金。珠尔干之北，斯风尤盛；额尔古纳河，岸如峭壁，不重要村店，相隔愈远，直至石勒喀河（Shilka）在浦克罗夫加（Pokrovka）与阿穆尔会流时，河身始宽焉。

　　吾人欲知此地土著与移民稀少之原因，必须观其在疆界史中之要点。中国史乘，诏吾人以不同民族（经学者考订，知为蒙古族、东胡族、突厥族），于不同时期，赓续活动于满洲北部。其中之一，有曰室韦者，曾遗其名称于今日边地一城，或尚有数河流山岭；但此种考释，仅属臆测而已。自满族征服中国，此地乃渐为人所注意。西元一六四四年（清世祖顺治元年），满族初入中国时，有波雅尔克夫（Poyarkov）者，偕可萨克人，由雅库次克（Yakutsk）越雅布诺威山（Yablonoi），出现于阿穆尔河上。俄人急剧伸张其势力于此地，于一六五四年（顺治十一年）建涅尔琴斯克（即尼布楚），更以外交手腕，使达瑚尔（Dagur）酋罕帖木尔（Gantimur）宣布受俄人统辖，而叛中国（其领地由外贝加尔省之陶利亚（Dauria）至嫩江流域），俄人因之，于一六七五年（清圣祖康熙十四年）东向扩展，直抵兴安。迨满人在华势力巩固后，颇有余力以驱俄人，终于一六八九年（康熙二十八年）订立《尼布楚条约》，俄人不得已，允毁阿穆尔北岸之阿勒巴金城（即雅克萨）。此后，俄人迄未获得黑龙〈江〉省任何部分。惟当俄属外贝加尔省迅速发展时，中国迄未对此极北之区，作积极殖民活动。以故，所谓国界者，亦等于有名无实矣。一七三二年（清世宗雍正十年）清帝令索伦、齐卜金及达瑚尔兵数百，携眷移居巴尔噶（Barga，呼伦贝尔）南部，世卫边圉。巴尔噶首邑即海拉尔，彼时为直辖于齐齐哈尔之特别区域，地方长官，则恒以蒙人或达瑚尔人充之。俄国可萨克屯民首领虽未灌输彼等以将来蒙人自治之思想，但对界务，双方颇极谅解。在各方面，此荒寒之森林地带，向未能引华人之注意，而俄人遂得在其地树麦谷，猎貂鹿，一无限制。三五华商，设肆于额尔古纳河右岸，与繁富之雅克萨屯，隔水相望，其货物不外烟草、醇酒之属。

如是者，终有清一代，洎中国革命起，外蒙宣布独立，巴尔噶亦与取一致行动。后中国收回巴尔噶，仍以土人为地方长官，分全区为数县，最北者为限以眉勒尔喀河之珠尔干县，及扩展至根河之室韦县。立县后，中国官署以主权所在，向居民征收赋税；惟居于左岸之俄人，久视田地在右岸者为己物；以故时生有趣之事件……从此时起，右岸中国人口，逐渐增加。除移民情形外，沿边之将来景况，已颇重要。最初，华商与其俄妇卜居该地，其所生子嗣，近已为各团体之主要分子。少许华妇，历尽艰辛，奋勇随其夫来此地，以气候过寒，死者甚众，其幸而生存者，则急归南满或山东原籍。职是之故，中俄通婚，定能继续无已时；设所生之欧、亚混血儿，坚忍耐劳，生存力大，则此荒僻之区，行见经济发达，蒸蒸日上矣。所谓华人，除商贩与地方长官外，尚有少数戍卒，与屯民亦属一致。

俄国大革命，曾间接与中国边民以极大物质的要素。多数俄国勤苦屯民，皆渡江卜居华境，与其故地，仅隔一水；彼等仍继续其狩猎及农耕生活，一如昔日，三河区颇为人所注目，以故趋之者若鹜。二地（室韦与珠尔干）俄人，与三河区二十二屯之二千俄人相较，仅成百分三十五与百分九十之比。惟以其为俄人也，树艺五谷，以与土族作毛皮之贸易，故此区之经济生活，皆随之转移。

散居额尔古纳河两岸之华俄屯民，与当地渔猎土族，颇少接触。土族之与外人交易，盖无不为一尝烟、茶、糖、酒……等物者，故恒以极珍贵之毛皮易之。但除定期交易外，鲜睹彼等踪迹；因彼等皆通古斯族，凡曾至满洲或西伯利亚且见之者，皆知其善羞怯而多疑，即关系密切之部族间，亦相避若浼也。

通古斯族是否有特殊语言及体格，姑不具论。此种北满之狩猎部族，俄国之人种分布学论文上，称之为蛮尼格里人（Manegri，蛮雅尔）及鄂伦春人（Oronchon），列于北通古斯族，而以满人及高尔的人（Gold，赫哲，黑斤）列于南通古斯族。北通古斯族，谅系在成吉斯汗时或其以前，为蒙人所迫，由外贝加尔省或满洲迁往北方者。此族太半仍居北地隰原，散布颇广；其少数有仍回满洲者，至因何故，在何时，则不得知矣。蛮尼格里人，居阿穆尔河两岸；其右岸者，多在呼玛尔河流域；其地水草丰美，宜于放马。此族受中国影响最大，使鹿通古斯人视此族为常据彼等地盘者。此族现虽无使鹿遗俗，但人种学家多信其有此时期，且为由北方移来者。鄂伦春人居处近兴安岭，散布于中东路及根河上源之间，仍记其一代以前驯鹿因疫死绝之事。满洲人称之为"鄂伦春"者，即"使鹿者"之意也。亦在中国势力之下，西部则辖于蒙人。此族与蛮尼格里人，皆经充分考查，其相同之点虽大，但亦有其不同之点也。

又有第三支狩猎通古斯族，居嫩江旁，墨尔根城（Mergen，嫩江县）东北及北方之森林中，较上述二族，皆为重要。近有司徒尼尔君（St? 俉zner），代表德勒斯登邦立动物人种博物馆（Dresden State Museum of Zoology and Ethnography），来此考查，收集多量人种分布学上物品及照片，使吾人对其物质文化，增益知识不少。在序言中，司氏谓此族为索伦人，殊为谬误（按清代载籍上，称达瑚尔、索伦皆为索伦。司氏或许援同〔用〕中国对该族称谓）。巴尔噶之索伦人，自视为特殊血统，乃蒙古化最强之通古斯族，以游牧为生，转徙于海拉尔东、南两方，森林以外水草丰美之区，大部因满洲殖民政策，由嫩江流域，移来今地。彼族虽力称兴安岭以东，已无其族之踪迹，惟准噶尔部伊犁河流域以西，则有其部人屯住也（清代驻防兵）。

通古斯狩猎部族之最不著于世者，厥为居于满洲西北部之人；其人口不过二百五十人，且已死亡殆尽。但仅此族使用驯鹿，且物质上，社会上，能保存其纯粹通古斯文化。其迁徙范围，仅于牛尔河及兴安岭东部之喀穆尔河（一名阿勒巴自河（Albazi））间；蛮尼格里人惧彼等至呼玛尔河域（蛮尼格里人认为自己范围）而消耗其猎品，故屡次焚烧驯鹿所食之苔草，以遏其来。此孤立而饶兴趣之民族，与鄂列克玛河（Olekma）之使鹿通古斯族，有密切关系，人种分布学论文中，有时目之为特殊种类。中国载籍所谓“使鹿部”，不能指为以上所言之任何部族，缘彼等以前皆使驯鹿，然或指南鄂伦春而言也。故其命名，迄今仍为一最难之问题。俄人所谓鄂伦春，系谓鄂列克玛流域及满洲之使鹿通古斯人，但亦称兴安附近之使马者以此名。所有北通古斯皆自称“阿凡基”（avanki），满人亦有时以此称之。以职业区分而名之为“使马”、“使鹿”、“使犬”诸部，因无人种分布学上的价值，故颇为人所反对。至舒润尼客（Schenek）及什罗喀郭罗甫（Shirokogorov）等人称之为南通古斯及北通古斯，则半关方言，半关地理。如用吾人不充足之材料，更命他名，似嫌过早。巴尔噶之华人，称使鹿通古斯族为“寄林”。此名显系引自外人，以在不同时期内，其善〔缮〕写之方法有时异也。有一种写法，二字相合为“居于林中”之意。

余等又在一关于其地土族之报告中，见此名称。报告系前任海拉尔道尹于一九一〇年所作。其拼音名称中之一则为“麒麟”；此报告系根据委员团记录所为者。团系公家所派，以调查此族存在及方位问题。初，齐齐哈尔长吏，因鄂伦春人以射击著于世，欲尽编之入陆军。于是流言风起，谓此等蒙昧部落，因常与俄人通商，自认为俄之人民，不属中国云。委员团至乌司特乌鲁夫后，乃向可萨克人垂询，将所得材料，皆笔录之；惟彼等闻入此地隰原之艰难时，废然气沮，遂顺流而至当时重要商镇浦克罗夫加城。在彼处常与额尔古纳河对岸之使鹿通古斯人相遇。在三十年前，满洲之驯鹿，疫死大半，乃自西伯利亚购来新种；但此后其相互间之交往，因边境上政治关系，遂尔中止。

委员团在浦克罗夫加得一俄商为向导，遂出发寻觅通古斯人。沿途林中潮湿，辙迹毫无，颇感不适；但仍鼓勇前进，二三日后，终见茅舍二。此行若无俄人之助且与土人会谈，则其使命，难期善果，盖通古斯人及其驯鹿皆必匿于隰原中，无迹可寻也。团人以中国皇帝名义，正言劝告，但结果则见土人浑浑噩噩，不知如何回答；团人更欲知其酋长族氏，以便操纵，惟土人则坚不说出。故此报告之结论曰：通古斯族蠢然如犬马，直无与于人类云！

吾人仍疑俄人及通古斯人，并未将其所知者，对委员团尽量说出。由各方面言，华人希望将此怯懦猎徒编入行伍，可谓一无所成。吾人由梅茵诺夫（Mainov）所言，知北通古斯人于百年前出雅库次克，徙至阿穆尔省之故，系为避俄政府之征徭，并因雅库次克人侵其地盘大半。其人为和善民族，仅求居于林木之中，无人扰乱，如有他族，宁避而之百哩之外，亦不愿与之接触，至迫之胁之，使之臣服，亦无反抗。现时珠尔干县官署，年向其地与使鹿通古斯族交易之十家可萨克征银一百五十镑，即已满足。俄人于冬季一定时期，在一定地点，与土人贸易二三次，以面粉、茶酒等物易其毛皮。毛皮以灰鼠为大宗，紫貂则因皮价昂贵，二十年前，已绝迹矣。当夏季时，通古斯人多至珠尔干或漠河，与华人交易其所需；每年惯例，其来时多以五月、六月及八月。

据余所知，此族虽永未成为详细调查之目标，但什罗喀郭罗甫夫人（一九一五年夫人曾偕伊夫自额尔古纳至阿穆尔）旅行记录中，已有简单之叙述。夫人于访求根河上游鄂伦春人未成功后，乃经眉勒尔喀流域至牛尔河上游，遇数家使鹿通古斯族。与之同居二十日后，更越兴安分水岭，至呼玛尔河流域，得遇蛮尼格里人。不幸，什罗喀郭罗甫，本为人种分布学专家，且曾发表唯一关于满族之论文，但此次报告中，除浮泛之记录外，并未对于使鹿通古斯族及蛮尼格里人，作深切之观察也。其所言者，仅属道路情形及风土景况，而其地图，又误谬不当，实难令人满意；即著者亦自承其书有附以修正地图之必要也。惟在余旅行出发前，其简单记载，颇引起余之注意，用能减却若许烦恼，省却若许时间焉。

余以一般对北部巴尔噶之记述，琐碎驳杂，谬误百出，乃于客岁六月出发，以考查此荒远部落之交通状况及使鹿通古斯族之居处情形。余等一行共三人，蒙古马驹及俄国良马各二（俄马后增为三），以驮物代步。队员麦门君（Mr. Oscar Mamen），挪威人，不仅为一摄影家，且以行猎于蒙古有二十年之经验，能利用旅行于平原之简略设备，完成荒林湿泽中之三月艰苦盘游。助手海山（Haisan），负经管马匹及天幕之责，为达瑚尔人，乃海拉尔蒙古衙门所介绍者。渠之氏族，在木土行政上具有势力；渠不仅通达瑚尔语、蒙古语，及华语，以其母为索伦人，故又谙索伦语；因之，渠遂能与使鹿通古斯族相习；此实余之幸也。渠不避险阻，有时艰苦当前，蒙人之不能忍受者，渠则毫无退心，卒助余完成大愿，余实不知将用何术以酬之也。余因有此二侣，遂能于此次旅行，排除万难，以稍抵成功焉。

自海拉尔至室韦，沿额尔古纳右岸行，大路直通根河河口；其支路则由米尔吉尔河（Mergol），经赖达林村，过三河区，越崎岖山岭，始抵室韦。夏日多遵大路，以渡船多在根河及［及］德勒布尔河河口也。冬日河水封冻，多遵支路；即大皮货商号之汽车，亦经此道。第一日至室韦，第二日至奇乾（珠尔干）；至民间笨重大车及驮队，则非两周，不克行如是之距离。自海拉尔至根河，草原连属，有尖站以资休憩，惟中国旅舍，贪婪无艺，其井皆掘于厨下，无论人畜，虽用涓滴之水，亦必取资。沿河细柳，为农场围篱之惟一原料。旅店店主，以旅客稀少，所入不足维持生计，故多以农垦为附业也。

当余等抵根河时，渡船工作，业已过时，两岸车马鹄候，排列成行。时河水已涨，二日后，即马匹，亦不能渡。此种情形，夏季皆然，当九月时，余等归程，不得已，改取上道，择根河及德勒布尔河狭处以渡。因之，余得详细调查三河区新立之数屯。距林稍远之区，如在德拉钩曾加地方（Dragotaenka），贫民皆以柳条构庐舍，用泥土塞二柳篱之间，作为墙壁。侨民中尚有奇异现象，显系受土人影响，以在外贝加尔省之俄国屯民中，甚少见也。樵夫在离家稍远处之林中居留时，多以桦木、桦皮作成圆锥式之室庐，一如土人，仅上部覆以草耳。余曾在一草舍中，见多许滑稽画图及短警词句，系三数青年，当霪雨二三日不止，欲出不得时，发抒情感而作者。

余等沿额尔古纳河北岸行，在根河、室韦间，一日晨起，忽有一华人来幕中，促余等即行。与之茶，亦不饮。询其故，则谓余等安幕之所，乃一凶地；并指河干遥处一土舍告余等，该屋原属二华商，一日，二人散步至余等安幕之处，忽为来自对岸二匪所杀。余等对彼二商人之不幸，殊不措意。盖彼二人若非为贩售禁品以渔利，绝不能卜居于此距集市遥远之所也。海山更冷冷答之曰："一地不能有二次闪光。"余等毫不因其警告而急遽用饭。于是此毫不知趣之华人，遂败兴而返。

　　室韦与俄境鄂洛齐镇相对；鄂镇不仅面积较室韦大二三倍，且为黑龙江江轮航行终点，故颇重要。额尔古纳河至此极狭，隔岸相呼，颇易闻得。当定期江轮来时，俄境乡人，纷纷迎视，在华境立瞩，可闻其装货于大车时之谈笑声。更有人高唱悲郁之斯拉夫曲，众人和之，正调、低声、沉声，皆自然中节；不久，边河寂静之区，充满奇腔异调，喧嚷颇甚。室韦现已半就荒凉，俄国居民在大革命初年，皆匿于陋室中，本拟事平即回，但现已迁于三河区矣。

　　额尔坤斯基（Argunski）为最南之商场，地近森林，以故使鹿通古斯族时来其地。对岸为中国之比拉尔河城（Pilaerhho）。至此，余等下车，将什物寄存于一可萨克人家，以二马分驮食品、帐幕（中有一马为雇来之俄国向导者）。有人语余等以北部雨泽正殷，泥泞多阻，夏季旅行，颇为不易，冀余等不久即回。时河水大涨，湍流汹涌，向导不欲再行，一周内即辞去；所苦者，其马所驮之物须转装于吾人之坐骑耳。余等进行方式，系沿额尔古纳河干而前，至峭壁不能行时，再折回，绕他处以过。

　　路愈崎岖，景愈绮丽，陟巅远眺，林木深处，豁然开朗，俯瞰俄境村落，茅舍数间，星散于荒凉旷野中，其间巍然耸立者，礼拜堂也。河之左岸，低篱绵亘，一望而知为防阻牛马泅水逃逸者。但虽如此，牛马亦有时迷失归路，常闻其主人叫喊呼唤之声，山鸣谷应。额尔古纳河干，有小屋数团，系华人采金者居处。河之上游，如室韦附近之吉拉里（Kelari），产少量金沙，此等人即工作其处。

　　余等途中之最大障阻，即比斯吹雅河。河名为俄语，"湍急"之意。其所以困难者，以渡河须乘狭长之独木舟，而登陆处，因两岸多属峭壁，颇不易易；而余等马匹，在舟中惊怖跳踢，人须紧扼其首，亦不为不险也。独木舟，土名"蝙蝠"，运转随人。惟华人驾驶术不若俄人灵妙，时上时下，摇摇无定。舟以二木干相连，刳其中，极平稳而得用，特不恒睹耳。

余等拟在距河口三哩之处渡比斯吹雅；地有少许华人同其俄妇，卜居林中空场。多蚊蚋，群飞如雾，农耕多于浓烟中工作。当余等行于丛莽，数周后亦能于爝火旁作日记，进饮食，马亦环之，以却虫豸之侵噬焉。其村长以余等拒绝购其故抬重价之劣马，颇恚怒，禁人渡余等由其地至彼岸。余等不得已，乃至河口求渡。舟子与一半痴之俄人如仆从者同居，状甚快乐，再三嘱余等使马自行泅渡，以免危险；继并其二舟，将余等平安渡过。海山乃焚香虔谢河神默佑。惟当余等归程，仅见渡夫之白猫，蹲立污秽之草舍外，继乃知前数日，渡夫以储有米粉，业为人所暗杀矣。惜哉！

珠尔干（奇乾）在俄属乌司特乌鲁夫城对岸，此两地皆因额尔古纳河经其旁而得名。中国境内之俄侨，近日虽有半数迁往三河区，惟由其未迁移者，仍可使人见出外贝加尔省可萨克农人生活之概况。其木舍建筑极牢固，屋脊陡峭，可证其地雪量颇大。较富者，居处轩敞，内部洁净舒适。在田场中，家人与男女佣工，同等工作；或收麦，或刈草，或饲牛马。更有时学西伯利亚人之手技，煮桦皮以制器皿。良以地处荒凉，孤立无邻，日用各物，多须自造；又以钢铁过少，常用木料为雪橇之架。因落叶松皮有补于制革，故时用配以钢刀之轮剥取之。更奇者为水车，余曾见二具于比拉尔河城，仅用一木板连于河干，其中之一系用桦皮为顶盖云。

可萨克人勤苦耐劳，每当夏季，恒从事于各种工作，迨秋冬时，则结伙入林中射猎，所获不外麇〔麋〕鹿、野猪、熊、狐、灰鼠之属。惟在夏令，以林中积潦潮湿，艰于马行，蚊蚋又多，疾疫频作，则不敢往。余等以不知向何地以觅使鹿通古斯族，费却几许唇舌，出极高薪资，始克说动一人，引余等深入林内。使鹿通古斯人，不常厥居，数日一迁，故极难寻觅；即俄人与之交往，亦须预定时间与地点焉。

余等驮物之马，仅存二匹，故所带食料有限；但可借射猎以自给。如遇土人，亦可向之采购米肉。循俄猎人之路前进，沿途见木舍三五，蔽以桦皮，乃猎户休憩之所。其中一室，稍为精致，室旁辟小窗，窗上设桦框，中嵌玻璃二方，可由室中外眺，但微泄气温耳。室旁有高台，上储食品，以防犬及野兽；此法当亦系学自土人者。行三日后，余等至比斯吹雅河上游，距河口约一百二十五哩。普通地图所印，此河皆较眉勒尔喀河为短，且在其北，实则本地之猎户及土人，皆谓较眉勒尔喀河长有二百五十余哩，其源且南入甚远，与根河河源仅距数哩云。

通古斯人虽筑草舍于小溪之旁，但常至比斯吹雅河射猎，因此河之旁，沮洳星布，为麋鹿、水禽麇集之所也。每当秋令，通古斯人恒隐其桦皮小舟于茂草中，以备明春再用。余等向导知其所在，觅得一具，上有双叶桨，长二码，用以由浅水傍岸溯流而上。又有二小桨，向导语余等以土人驶船之技巧，谓能由水中丛莽内穿过，毫无声息，可使薄暮取饮之麋鹿不惊觉云。此种小舟，与其各种物质文化，制作皆极精美。舟以三巨片桦皮为底，上缘配以柳板，底之空隙亦塞以柳板，而以柔条与桦皮相连。

余等循比斯吹雅河右方支流乌鲁吉查河（Ulugicha）流域而行，冀能于流入此河多数小溪旁得一土人踪迹。迨抵湿泽后，陟降毫无行径之丘陵，非但人踪消灭，且无物可猎，所见者野猪、熊类所遗之枯根裸干而已。至第八日，余等热望乃得如愿以偿，但不能谓余等寻得土人，盖彼等知生人远来，除因好奇心驱使，而不隐逃外，鲜能见其出现者。此次余等实为幸运；其地土人，因逐熊而来，见余等炊烟，遂行近而喊叫（土人与俄人之暗号）。

余等之向导应之，彼乃鼓勇由乌鲁吉查河而至余等帐幕。初时，渠颇留意察视，并向俄人询问余等是否为良善人民。但不久因余等态度和蔼，惧心渐释，迨饷以酒肉后，彼遂允邀余等次日至其居处。往程中，余等得纵观草原中之驯鹿，并受优渥之招待；而海山以昔日不信尚有驯鹿之存在，今得睹此，亦惊异不置。不久，余等即至其地，支帐于四茅舍之旁，遂克稍知土人之生活概况焉。

余等初见彼等所预制之棉布，盖为夏季用者。成人多通俄语，殊有失去通古斯人及俄人区别之感。惟在行猎时，荷枪携袋，带长刀以刈草莱，则通古斯人之本色，遂完全呈露矣。其长刀及带鞘小刀，刃皆锐利，华、俄人恒以重价购之；是足证其冶工之精巧矣。土人之鞋及鹿皮各衣，一准北通古斯人模式。凡支搭帐幕、饲鹿、备膳，与夫制造日用之桦皮或羊皮箱袋等什物，皆妇女任之。每当夏季，则缝洗桦皮，以覆茅舍，工作良为乏味。至冬季，更须易以羊、鹿等皮，以却严寒。土人作饼饵之属，并不加酵母，仅焙于铁锅上。此种米谷食品，在近八九十年间，与俄人接触后，始知其重要。至其高、曾以上，则仅以鱼、肉充饥也。

驯鹿昼多徘徊于幕之附近，用时，招之即至。土人取鹿乳三次，当乳量少时，其浓酽一如乳酪。夜间驯鹿觅食，常远至五哩外，食料为苔藓之属，亦吃嫩树及他种植物之叶。移居时，男子前行开道，伐木以构新居，燃火炬以示路。妇女则整理行囊，驱驯鹿行于后。夏日蠓蚋颇多，驯鹿苦之，故行路多在黄昏，以便在火旁将什物扎束妥帖，乘驯鹿安静时装载之。居处定后，炽火幕旁以驱蚊蚋，以减驯鹿之痛苦。当积薪使生浓烟，令人窒息；土人更时将由华、俄人处所购来物品，借烟以却恶魔。当鹿体为虫豸所咬伤时，则用刀去其创部之皮，用一种草以擦其角，谓能使之速愈焉。

装物于鹿背时，简妙敏速。平时包裹皆列置草舍两旁，以备有警时移动；每包皆有鹿皮鞍鞯、桦皮器具，外缘鹿皮，以盛米粉。幕卸下后，置包裹之上，其木架则遗以备将来自己或他人之用。摇篮之制颇精，婴儿在其中，不致倾欹，置于鹿背，亦克保其平衡；上覆布类，以蔽风雨。行路时，儿在篮中虽啼哭甚烈，其父母亦不理会，知其无危险也。昔日，某一寒冬，有通古斯人之为母者与其俄夫旅行时，闻儿啼声，谓此俄人曰："不必焦心，儿自行取暖耳！"

余愿在其地多留数日，以研究此怯懦乖庚之部落；摄其影，记其言，试为改造其已失之旧日社会组织。关此意见，余之二侣亦深表同意。时有一失意青年，与海山不久成为挚友，央其于可能范围内，自南方为渠介绍一蒙妇，因此族女子较少，而渠之意中人，一年前为一俊美之情敌所争去也。斯时恶星忽临，不仅余等猎无所获，即有经验之二猎户，终日狩于近地，亦少有所得。土人语余等，谓彼等自身已两月无肉食，因不惯面食，儿童多死亡，妇女多病，即男子亦沮丧寡欢。空前之大水，泛滥汪洋，使禽兽多惊怖他遁，以之土人多作迁居兴安时〔岭〕迤东之想焉。

斯时各小支流，水势亦皆浩大，捕鱼常少有所获。土人虽有少许储藏面粉，多数则有绝粮待毙之势，因驯鹿当驮物时，不能泅渡，在乌鲁吉查可以涉渡以前，不能往珠尔干河城采购物品也。惟通古斯人天性善于待客，慨然以其所获之鹿，分一部与余等。余等因储藏殆尽，不得不收受之。迨所携食物皆尽，余等以为仰人供给，终非了局，虽彼等为礼法所拘，仍以饼饵、乳茶饷我等，受之〔不〕良不安也。

余等跋涉长途，觅得此族，殊非易易，今若决然舍之而去，实觉不愿；乃决计收买充足食粮，至比斯吹雅河上源，冀再遇土人草舍而获暂居以完心愿，然后由彼处采购大批米粮，经眉勒尔喀及根河流域，以至额尔古纳河。惟以此计划与俄向导商酌时，渠以习见其地人民，习知蚊蚋之苦，而食料又不甚足，大为不愿。因力劝余等未克成功，乃由欠伊债款之土人处，得到相当食料以作归计；又惧由其地至珠尔干城之间，低湿难行，孤人危险殊甚，乃暗禁土人以米粉等物售之余等，且以言语恫吓，谓如不遵其言，俟彼等至商场交易时，即施行报复手段。

土人日用之面粉、烟茶、酒品，久恃俄人接济，以故俄人颇操贸易上之大权。土人虽知拒绝余等请求不合于理，然亦不敢违俄人之指使也。余等对俄人向导阴谋之怀疑，经海山与土人用土语谈话而证实（此俄人不谙土语），然亦无补于解决此厄也。余等不得已，乃抛却己身计划而随之折回，途中仅食其所保存之少许饼饵，情形狼狈不堪。途中不敢稍事迟延，恃射猎以稍充饥肠，枵腹前行五程，遇数由珠尔干河城而来之可萨克人，幕居林内，其喜慰当不言而喻。彼等对余等热烈欢迎，谓余等能生归，实出意外。妇女亦以壶浆款客；当余等进食饼饵、乳酪及腌蕈时，皆环立问讯，态度和祥，蔼然可亲。

通古斯人以诚恳态度劝余等归，余等良有依依不舍之概。彼等所渴望者，为余代彼等所摄之影；余意此物已由市场情人寄至彼等矣。余信余所搜集之材料，足可将之分析，以观察此族由通古斯人与其他通古斯人（已有相当调查）之关系；然仍有多量景况未得考查者也。余以此行之快慰，冀将来能有较好之准备、充足之食品，与夫良好之机运，再往满洲西北部作第二次之旅行，其结果当较首次更为美满——惟成功与否，则不敢必耳。

《地学杂志》（季刊）

北平中国地学会

1930 年 18 卷 2、3 期

（李红权　整理）

蒙疆的风候习俗

胡振铎　撰

南京北极阁国立中央研究院气象研究所，前派徐近之、胡振铎两员随同西北科学考查团，出发蒙古，实测气象，从张家口达内蒙腹地哈丁苏木。最近该所接到胡君五月十三日所发的信，纪述蒙疆的风候习俗，颇有意味，尤其是关于外蒙沦陷、赤俄蚕食的一段，说得亲切沉痛，都是耳闻目见的事实，很有公诸国人、同声一恸的价值。

编者

三月廿一日，我们由哈丁苏木启程，向西北去。同行的有八个蒙古人、两个厨子、郝德、米纶威、徐近之，共十四人，骆驼六十三只，除每人骑一只外，其余的都是驮食物、仪器与应用的东西。走了二十余里，即过张库汽车路，踏荒而行，每日行二三十里或五六十里不等，什么地方有井，就在什么地方住宿。走了五日，遇见了一个顶坏的天气，先热极了，渐渐的卷云满布天空，由卷云而卷层云，再到层云、积云、雨云，极大的风沙如墙而至，吹的骆驼不能前进，顷刻又是大雪随风而至，我们在大雪纷纷的时候，不得已住了。

正要把帐蓬搭起，不料蒙古人的黑狗，把郝德博士乱咬，腿部有几处伤，手腕上伤极重，好在有药，不然就危险极了，因为咬破了一个血管，流血非常的多。第二日不能行，又在二百余里之哈丁苏木去请瑞典教士义大夫来看，他们有汽车，所以第二天就到了。休息了三天，郝德可以动转，但是不能写字，绘不成地图（路线图），但又不得不走。设〔没〕法子想，他就把绘法教我，沿途绘制，可是我们的骆驼，用一个蒙古人拉着走，颠拨〔簸〕着笔，第一天觉得困难，第二天渐渐的对了。这样的八九日后，郝德的手可以写字，于是他自己做，教我也另做，给了我一个指南针，好在我买下的信纸很多，日间绘下的地图，晚间与郝德的对照一下，虽然大概不差，但我觉得总没有郝德的好，很抱歉的。

沿途因风大而住止的，倒很有几日。我们经过的地方，多半荒凉，人口极少。我们是沿内外蒙古之交界处而行，有很多的喇嘛庙（蒙古语，庙为苏木），庙倒建筑的很阔气，有的还是西式的建筑，雕梁画栋，堂堂皇皇，但是人住的尽是蒙古包，因为他们常常搬家，逐水草而居，包比较的便利。我们整走了四十五日，到离外蒙古不远的特拉不立哥河之南数十里，听得蒙古人说："离外蒙古近的地方，绝对不能去，若去时，红党就来共产了！"

现在的外蒙完全"赤化"，而且属于俄国，而不为中国所有了！中国的商人，不能入外蒙古一步，即绥、察二省之北部，被外蒙强占去的地方亦不少，他们现在仍在蚕食着向南侵略。交界之处，每隔数十里，即有军队驻扎的包，倘有中国人（即内蒙古人）到外蒙交界以内者，财产不论多少，完全没收，人则带至库伦，有枪毙者。凡此种种，皆为蒙古人所说的。说此话之蒙古人，对于外蒙的情形，很为熟习，虽不可全信，但总非无因，所以我们在路上暂住了数日，到东公府的王府去问了一次，结果他们也不敢保险，惟云："在绥远省内离外蒙四十里以内者，则可安居。"于是我们就不得已，决定在一个平坦的沙滩上住定了。

五月三日是到此地的第一日，好大的风，晚间又是雪。四日，虽然雪不下了，风仍然吹，至今日尚在大吹而特吹的不休息。有两个较大的风力计，因风过大，尚未安置，现在已经安置好的有两个百叶箱，一个内置干湿球温度表，与最高最低温度表各一，又掘了一个地窖，内置四个空盒气压表、三个自记气压计。在沙滩上安置更多了：地温表与草温表共八个，地下温度表与地面温度表共五个，Open Air 最低温表五个，已经安置好；风力自记表一个，Jordan 日照计、Compell Stoke 日照计各一具，又蒸发器一具、量雨器一具、口器一具，各器皆按日六时起观测，至二十一时始止，气压表每日看三次。阿斯曼干湿球温度表三个，分置高低不同的三处，同时观测。放风筝的仪器，还未安置好。我本来要预备另将所有的纪录抄写一份，寄归本所，并且按月统计抄寄，但是郝德说："且待我们做好后再寄。"他的意思是等到印成书之后，送奉一份。

我们到此地的那一日，天气极冷，棉袍子穿上还觉得冷，但是有的时候也非常的热，单衣穿上都觉热，气候极坏，今早的土雾在一百米突以外的东西即不可见。但是工作极忙，每日我一个人自七时起，至二十一时止，每点钟观测，又帮同郝德安置，没有一刻时间的休息。二十一点后，还要将一日的纪录整理一次，睡觉时已二十三时了！差幸我的身体倒极强壮，比在南京时强的多了，所以不觉其乏。我们的吃食亦极好，前日宰了一个牛，还有三只羊未宰，此地的羊肉极好，味尤鲜美。

我们住的地点在绥远省东公府之北约百里（与往外蒙古之大路不远），四无居人，也没地名，我们就在一个沙滩上住。此地去年雨量倒不差，现地极湿，所以草也长上了；还有一种黄花儿与马连花儿，倒也很好看，飞鸟有鹰，有南来的雁。

我最佩服蒙古的女子身体强健，蒙古人的生活，有十分之八靠女子维持，牧马、放羊、拾牛粪（蒙古的燃料）、打水、造饭，所有的事情，都是女子做的。男子余〔除〕闲游而外，多余的时间，晒了太阳了。还有一件事，就是她们有终身不正式与男子结婚而人人可夫者，姑娘生下私生子，他们很不以为意的抚养起来，这一点虽似乎觉得过于随便，其实能抚养私生子，倒是很讲人道的。蒙古人死了，拉出去就放在野地面给狼、狗吞食，鸷鹰果腹，他们是不理的。

　　此地因为人极少，所以也没有一个土匪，比之内地，安静得多了。

《社会杂志》（月刊）

南京社会杂志社

1931 年 2 卷 1、2 期合刊

（李莉　整理）

内蒙旅行记

胡振铎　撰

今天是记者从汉族居住地走入蒙族居住地的第一天，所有从前从西北归来的科学考查团团员所告诉我的蒙古风味，今天都约略尝到了。早上六时，中法考查团团员七人，分乘大气车两辆，离张家口，由西沙河向西北进发四十里，从万全县城外经过二十里至膳房堡，今已废，有"留人小店"数家，过是为万全坝，迤西所见到的店，都是"车马大店"，二者不同的地方，在后者有多一院坝，是以容置车马也。经二十里坡道至坝顶，高四千七百尺（张垣为二千四百四十尺），四十里至张北县，一路汽车添油加水等等小的停顿，到县已十一时五十分。

张垣至张北县

据云，张垣至张北县，大车道为九十里，汽车因绕道之故，为百二十里，而实际上此种蒙古地道里极不准确，里长实远较内地为大。驻县骑二师张诚德师长，已先得张垣电话，派骑队部迎中央委员褚先生，全城并悬挂国旗，在新叶春备宴招待，饭后又派武装兵十余名，登车顶护送至四里崩，闻过四里崩全属蒙古地，蒙人不让汉兵过去云。据说前两天还下雪，今日早晴午阴，风阴惨惨可怕，姚君说太阳晒在肉皮上，熟熟地，风吹来又觉得很冷，地旷风紧，气候无常，这是塞上与内地不同的地方。

塞上气候无常

此地司法官某君告我们一个当地的故事，如〈牲畜〉下午在坡间冻死了，牧者归告主人，同去剥皮收肉，及到坡上，肉已因太热的天气而烂了，虽未免言之过甚，气候剧烈变化，亦可以想见了。在许多许多老百姓围观中，午后一时行二百十里，五时到加卜寺，去张北县后，即各蒙古草地，绝未见一颗树皮及任何木本植物，草深尚未及二寸，杂以去年衰草，成一块浅色大毯毧，地起伏作坡绞〔波纹〕式，好像海浪一般，到处一样。蒙人没有空间观念，对道里总是糊里糊涂，问他多远，各人回答的完全不一样，或说一留烂就到了，这一方面固然由于知识太低、生活间〔简〕单，一方面却也由于地旷人稀，地形没有多大变化，不大容易辨识。

人口少，旷地多

从张垣至四里崩，为通库伦要道，张北以后道路在草地上蜿蜒的开展，这由于多年大车、骡驼所踏成，地系沙土，原本就很平，车辙马迹所经草遂，后有成为很好的马路，其实遍地平衍，随处都可行车。每三五十里见村落、耕地，多为汉人所耕的，也就是一小部分，所有的人力太少，于是旷地太多。看看中国，除了东南一隅是人口满满的而外，其余十分之七，地面空虚的很，而内地游民，年有增加，不为恶军，便为盗匪，彼攘夺纷争者，未免所见太狭也。路上羊群、马群、牛群、驼群，均看到了，令人想到"风吹草低见牛羊"的名句，只是现在，草还实在低得远，不能掩蔽牛羊罢了。车顶蓬上的兵，不时放枪，枪声响后，看见三五个黄牛拼命的跑，一会就不见了，时有小灰雀二三，在车头前飞，没看见别样的马，见城滩一，足有颐和园中太液池般大。

加卜寺，蒙古包

加卜寺，高四千七百尺，为汉蒙杂处之地，亦即汉蒙居住地分界的地方。汉人数家，蒙古包念余家，都是穷人，每家不过三五只牛羊而已，包系土筑的，顶铺皮或毡，墙高不过四尺，顶高亦只七八尺，有一蒙古老妪，坐包前缝鞋底。记者要求参观，延入内，地边上铺皮，中置一炉，烧兽粪（是草地唯一燃料），上煮茶作淡黄色，妪将茶盛壶中，加牛奶三分之一，飨记者，有一点淡淡的茶味。这算是第一次亲近蒙古生活了。过加卜寺，全属蒙古地，无汉人居，一片牧场，无耕地，见山阿犹有残雪，晚风甚急，时怯在单行一百里，过九时始到四里崩，宿汽车站内，邻近有蒙古包七家，见昨午先开之新省汽车二辆（沿途储汽车油者）尚停站内。九点半又照灯往西北开了。站内只备小馒首，无处贾小菜，鸡蛋遂成为唯一的菜肴。

蒙人体格强壮

今天一路所见的蒙古人，尤其是孩子们，比汉人壮得多，我想是由于下列的原由：（一）吃的是滋养的膻肉酪浆；（二）寒地的牧畜生活，令人抵抗力强，身体趋于健壮，文弱的黄帝子孙们，移到塞外生活，包管他变为强种。汽车夫告诉我，张家口长途运货汽车商行，共廿余家，所有汽车被外蒙扣去七十余辆，现有五十余辆，省府没〔设〕有汽车管理处，划一价格，使各行换以装运商货。现刻汽车往返之途有四：（一）张垣至白陵庙，约一千二百里；（二）张垣至多伦；（三）张垣至喇嘛庙；（四）张垣至贝子庙。以上三路，都数百里，张垣为洋广各货分散之中心，运往各处之货，均蒙人日用品，运回张垣者，则属皮张之类，一车每月能输到一二次运货云。又据他说，匪徒不敢劫汽车，只劫骡驼大车，因为劫汽车，军队就得打他，便无可容身云，不知信否？

鄂博王府一瞥

二十一日晨六点起行，三十里到乌兰诺尔山，冈上有一蒙古包，蒙人持旗招车，旗上书乌滂守备队第二棚，对来往车辆，须加察验。据称包内十余人，均有枪械云。过此十五里，为与通库伦之道分途处，沿路所见电杆，亦随张库路而北去，闻电报现仅由〔至〕蒙边境二连地方。外蒙政府对内地商人，百般刁难，商旅汽车已完全绝迹了。再行百三十五里，到西苏尼王府，将到时，远远望见山冈，顶上叠成石堆，中立一杆，为蒙古神祇所在的地方，名曰鄂博。王府院落很大，完全洋式，房式颇讲究，只是比内地的矮些，前有蒙古包八九个，顶大的高可二丈，〔取〕蒙毡上饰有花纹。东为王府兵营，西为家庙。据称府中有蒙人八九十，营中有蒙兵三百余。府门立蒙卫兵二人，长衣束带，持五子快枪，望之别有风味。王爷以国民会议赴南京。王子年十五，名道尔济，看之很文弱，能写汉文，但不甚能讲，我等请入内参观，王子年幼不敢作主，或云幼王子年仅二岁，恐生人入内冲犯，于他不利，故不让入。此番汉蒙交涉，即以此和平结束，只照了几张像而去。

往西入绥远境

过此则草不甚好，小草之外，长一种丛生草，枯叶尺余长，其根聚处，恒坟起如覆笠。渐多少〔沙〕碛，有些细沙，以少黏性，极松，这大约是预示我们前途的戈壁与沙漠了。途中时见死驼遗骸，从尸到骨，可以看出他们倒毙的时间不同，这些沙漠中的兽，到了倒地不起，然后卸下他们的重负，宜其如赫定的游记所说的驼队经过，必径绕迟回而过，悼亡之情，只发于同类罢了。往西经爱里根孛，有蒙古包一，为第二卡，亦住守备队，过此即入绥境。沿路旁有脊梁隆起约三尺，若断若续，车夫说是边墙，我想顶多不过是边墙遗址罢了。东巴那如苏午饭，该处有蒙古包五六家，正预〔遇〕着包内煮羊奶，各人用大碗作牛饮。再往西至玻璃台庙王府，至此二百十里，高约四三二尺，有四五院，仿汉式建筑。

庙皆汉式建筑

庙墙涂白石灰，殿墙作封大墙式，上数尺涂红色，有木格窗，脊顶饰金，远望极为堂皇美观。因汽车有地坏，蒙古包又不易见，过庙十里，方晚六点钟，在德楼斯住下。此地仅蒙人一家，颇富足，羊四五百，马、牛、驼均备，包四周用绳系，恶犬数头，以资守卫。主人共八蒙古包，经交涉后，蒙假一大帐棚住莫，地上铺毡，盖以老羊裘，已足御寒。

念二日晨，行九十里，至斯那莫伦庙（俗称毛驴庙）。约十余院殿，殿前壁画很可观，闻有喇嘛千余人。以喇嘛不同意，不克入佛殿一观，犹闻乐声、诵经声也。此地高三九二〇尺，往西百

廿里，为九根大庙，二百四十里为白陵庙，高四三七〇尺，一千
里不见木本植物，近庙一二里，始见老树三四株，一破旅途之单
调。此行由张到白，计程千二百八十里，此地庙之外，有勾通汉
蒙商务之山西商约数十家，居处饮食，完全汉式，数千里蒙古旅
行，尤如又回到汉地一般。（二十三日，百博庙发，三百六十里到
绥远邮寄）

《社会杂志》（月刊）
南京社会杂志社
1931 年 2 卷 1、2 期合刊
（李莉　整理）

库伦之行

谭伯克　撰　秦立凡　编

友人谭伯克君（波兰籍?）近受通用汽车公司的使命，驾了一辆"宝塔克"汽车，从天津出发，往外蒙进发，直达库伦，考察当地情形，事后，取道西伯利亚回哈尔滨。承其将沿途情形，作一简单之报告，重述如次，想亦为读者所乐闻吧。

俪范志

我驾着一辆"宝塔克"汽车，从中华古土，向那神秘而富于幻觉的外蒙古进发。陡的听见砰然巨声发于车前，我跨下车来，把车胎约略检视一下，但是毫无发见，登车重复向前驶去，但行不多远，又是来了这么一响，使我疑虑得什么似的，向四围打量了一回，很清楚地，并没有什么人的影踪，真是出于我意料之外。离前方不远，眼见得许多上枪杆的刺刀，从几个土丘的背后，透露出来了，那时我方始明白，原来我所听得，确是枪声呢。

记得那天是民国十九年九月二十一日，我在天津和一位中国汽车夫商妥，决计与他结伴作库伦之旅行。因为那个中国车夫，对于从天津到北平、张家口等处的道路，是十分熟悉的。

从天津到张家口，沿路税卡重重，通行的困难，真是意想不到。各车经过，都得出钱买路，虽穷乡僻壤，都有那种税卡的设置。我驱车其间，好似山阴道上，应接不暇。捐额向无定例，讨价还价，一如卖买。同是一车，他们须索的所谓捐税最高五百元，低至五十元不等。有一次，到了南口、张家口间某村，我正和某卡职员论价，我的车夫也来助着我理论，不幸被他们捉去，拷打起来了，据说他的罪案是"协助外国人"，经我再三解说，费了四小时的时间，方始把他解救回来，结果也不过化了墨银五十五元，算是我汽车的通行税的。

　　从天津到北平的道路，比较可观，但自唐山起点，又当别论。那里的道路，实在坏得太不成样了。有时路迹，是泥沙淤塞的河底，杂着巨大的石块，沿途满布，有时须升越怪石嶙峋的山境。将抵离长城不远的南口，更为险峻，崎岖的岩石和天然的石级，倾斜度至少三十五度，要在那些地方行驶汽车，十分费力，而且在许多情形之下，很是危险的。在南口相近的许多山径，实在狭得可怜，我们非得下车把它用石块填满，汽车万万不能通过的。在此种乱石块上行驶时，我们二人中一人——我的车夫，或是我自己——须得在车前指导，使左右车轮，先后攀登石顶，然后缓缓渡此难关。

　　不但如此，险峻的岩石区，虽然给我们战胜，行不多远，那辆"宝塔克"不幸又陷入了深没轮迹的细沙之中，动弹不得。我们很费力的，就近雇了三十五位工友，把它重行曳出。那片沙层，至多也不过一百多码长，但据工友们说，"除非借重人力或是马匹，从来没有一辆汽车能飞越过的"。

　　过了上述的山境，和著名的南口之后，我们那辆"宝塔克"，便长驱直入，所向无阻了。到得张家口，正是九月二十三日下午四时半钟。

　　在张家口探听的消息，我们如要继续我们的旅程，向外蒙古进发，非取得特别护照不可。这事真使我们踌躇极了。幸而我的第一次请求，即蒙照准，但又得缴纳车辆通行税四百四十元。车夫尚不在内，例行的议价，又复开始。费了九牛二虎之力，和十天的光阴，当地局员，毕竟发给了一张护照给我。我所缴那辆汽车的通行税，是二百四十八元。我另纳了六元，还得自己驾驶，我那中国车夫，因为得不到此种护照，便不能同我到外蒙古去，不得不折回天津。

十月五日那天，孤独的我，驾着我惟一的伴侣，那辆"宝塔克"号，独自从张家口出发了。汽油与其他糇粮，都充分的携带着，因为从张家口到库伦，足足有八百多英里的路程呢。在内蒙古中国势力范围以内，一路驶去，并无问题发生，直到最后边境，时为十月七日的下午一时，从那处再向前进，便真的是外蒙古境界了。

华人方面的报告说，在内蒙古境内，不到与外蒙交界的乌台地方，不致遇见寻衅的守卫兵的，真的，当我离乌台约有三十英里的地方，便蒙受到来福枪的欢迎了。当时的情形，就是我开始所述的。

他们中间，有一个人向我扬手示意，要我折回原路，当我尚未有充分时间奉行前，又被奉敬了一枪，那时我眼见得他们来势汹汹，不得不停下车来，随后便立刻跳上几个穿着苏俄制服的蒙古兵，他们强制我两手高举，几柄枪刺，抵住了我的胸膛，余人忙把全车搜检了一次。那些蒙古兵中，没有一个懂得俄文的，和他们言语虽然不通，然而从他们的态度上看去，因为受了第一次警告，而并没有把那辆汽车回头，使他们着实恼怒了。

这样被困了十余分钟，我终于被枪刺的威严屈服了，不得已折回原路驶去，约有二英里多路，傍着一个蒙古包停下，遇见一个蒙古人，身上也穿制服的，承他登车，伴送我到边境，约有三十英里之远。但经此一番折回，已是下午五点多钟了，到了边境，蒙古税卡员，把我的护照拿去，以备检查，同时我即被看管起来，直到明天正午，始蒙准许放行，别无他种留难。

　　路上除了在内蒙古边境，饱受了一番惊恐外，有一次在外蒙离库伦不过八十英里地方，我车突然驶入了一群无数的羚羊群，当时车行速率，为三十五英里，而他们前进的快慢，亦不减我车，后来我想驶出重围，把速率加到每小时四十或是四十五里，他们毫不客气的取起攻势来，争向我车的散热器上，乱冲乱跳，迫得我只复缓慢下来，真是弄得无法可施。

　　过了内蒙边境，并未受任何阻碍，那里路政修明，一切甚为顺利，将到库伦，车行尤为畅达，十月十日，午前十钟，抵目的地。

　　至于蒙境内攀山越岭，和横渡那旷无路迹的沙漠地的那种情形，安德烈博士在他那本《戈壁沙漠之旅》一书中，描写得甚为详尽。但我驾了我那辆"宝塔克"，通过全程，毫无困难。沿路也曾见到他种汽车的行驶，像有一次，看见一辆通用出品的"卡笛拉克"，满载了二吨半货和八个乘客，从张家口出发，往外蒙库伦方面去，在外蒙，看见许多"别克"、"雪佛兰"在交通界甚为活动，货运载客，异常忙碌。

　　抵库伦时，倍受欢迎，外蒙政府，交通当局，重要领袖，为种种问题，也曾数度接洽，结果均称圆满，居留了二十余天，始行离去。

　　但我有意视察当地情形，决计取道西伯利亚，重返沈阳，离了库伦，再向西北之阿尔屯、布拉克地方进发，那里河流满浮冰块，虽已结冻，尚不胜车重，到得阿尔屯，离库已二百三十五英里了。天忽大雪，一连二天不停，借宿飞机场附近某小屋，夜中辄闻狼嗥，不能成寐，三日放晴，飞机飞往乌定次克，俯瞰所经，尽属险峻的山岭，计程一百八十英里，费时一小时有半，即在离乌定次克不远之飞机场降落，入乌市，受赤俄当局的检查，护照、行李，无一得免，当晚投宿密界罗卜里斯旅舍。以客满，与赤俄某军官同室。休息了二天，五日晨七时，搭乘西伯利亚铁道列车，离乌到哈尔滨，已七日朝晨。

《道路月刊》
上海中华全国道路建设协会
1931 年 33 卷 1 期
（朱宪　整理）

蒙古探险记

Roy Chapman Andrews　著　　张辛南　译

在一个单独的讲演里，把在蒙古五年的工作，作一个详细的叙述是不可能的。我只能把这次旅行绘一幅百花镜式的图画，对于组织、工作的方法，及各种科学上最重要的成绩，加以简单的说明。

二十年前，美国博物馆馆长何斯奔教授（Prof. Henry Fairfield Osborn），曾预言中央亚细亚高原，要被证明是哺乳类演进及分配的中心。他相信在那个地方，要找到北方哺乳生活的各种古代的方式；自这种方式里，许多波涛流到欧洲及北美洲去。这个原则差不多完全以归纳的推理作根据，他只有很少的事实作证明。

在亚洲各部分作了十年的动物学上的工作以后，阿斯奔教授原则的计画便渐渐发生于吾脑中，遂以在可能范围内，改造地文、地理、气候状况，及中央亚细亚高原地质学上各时期的动物生活的方法，以证明其原则的真实。

在我相信唯有把能帮助此问题之解析的各种科学都拿来应用，我们才可以得到圆满的结果。一群受过高等训练的专家们必全体到野外去。每个人的工作是可以帮助另一个的工作的。

这种互相关系的工作的价值是连续的表明了。当我们晚间坐在一个很杂乱的帐幕里，讨论白天的工作时，很有趣味的看着怎样地质杂乱的情形要被古生物学家弄明了；怎样的地形学家查出了重要的特点以解决地理上的困难；并怎样古动物学家与地质学家帮助古生物学家来解决地层上的问题。因是之故，我应当重行郑重声明，在野外互相关系的工作是这旅行的基本计画。

我相信这是第一次有这大的规模而应用这种种方法的旅行。我还要预卜这是将来科学探险的一种固定的方式。

对于中央亚细亚远征成功的两种要素，很明显的是充足的时间与金钱。五年的时间，后来延长到八年，和而需要的资本为四十万金元。这个旅行虽然是在美国博物院保护之下，但是博物院除协助它的科学团团员的职务外，经济上的供给是很小的。所以私人的供给变成一种很必需的事实，并且这种供给须来自美国二十六州，亦必是一种很重要的事。这种金钱之取得，不受任何条件之拘束，纯粹以科学为目的，并无物质偿还的义意。

蒙古在科学上比较暧昧，其中有许多理由。第一是它隔离在一个大陆的中心，及他的广漠的面积，和迂缓的运输。在我们工作之初，只有骆驼在西部大戈壁中可以应用。一个骆驼队在一个长路程中，平均速度一日只行十英里。

第二，严酷的天气是一种大困难。冬天温度降至冰点下四十度至五十度，并且夏天是很短的。在蒙古有效的科学工作只可以在自四月一日至十月一日的期间去作。

第三，在据占蒙古的一大部分的大戈壁里，食物与饮料是很少的，作一种扩大的旅行必需有一种很充分的预备。

我相信这些物质上的困难，都可用迅速的交通利器来解决，汽车最好。但是，假使我们要说我们要用汽车旅行到戈壁最深处，我们简直的是傻子。这件事不能实现的原故，按我们所能发见的，只是因为从前没这样作过。如果能有一种完备的配合并有两位汽车工程师如杨格（Mckenzie）和娄伟尔（Nounan Lovell）等，我相信可以用汽车走到戈壁中的任何地方去。汽车的胜利可以用一种事实表现出来，在头两季的时候，用同一的汽车在一无道路的区域里，走了一万英里的路程，到后来把这汽车照原样卖出去，并未修理，比在美国新的时候价值还多。

一个骆驼队一天只能行十英里，汽车一天可以走一百英里。这样，我们的旅行比纯用驼队有速度上的方便，我们在一季里可以作十年的工作。

我们的旅行，于西蒙古的区域里，在用汽车运输上有意料所不及的结果。商业紧跟着我们的脚踪，并且当我们第一次旅行回来的时候，许多商人就来问我们怎样可以达到内部各商站购买那贵重的皮货及其他商品。现在总有一百辆汽车在蒙古各部行驶，但是当我们初来的时候，运输只有驼队可供驱使。

我们在科学方面失望之程度与使用汽车成功之程度一样大。除阿布鲁柴夫（Obruchev）于一九〇九年发见犀牛（Rhinoceros）齿外，在蒙古并未找到化石。但是，从前的工作我们认为偏于政治、经济方面太多，对于科学的工作太少。我觉得，如果我们招集些受过高等训练的专门家到蒙古专从事于科学的探讨，一定有相当的结果。

这个预言的真实被证明的很快。在一九二二年，我们起程四天的工夫，我们就发见了一条通加尔甘（Kalgan）和库伦（Urga）的大道，这条大道——有许多人走过，中间涵有地质学家——穿过三个很富化石床——一是渐新纪（Oligocene），一是第三纪中之最古纪（Eocene），一是白垩纪（Cretaceous）。进一层说，一九二二、一九二三，及一九二五的旅行不仅证明河斯奔的预言，并且为地球的生命史默示一种新的纪录。

虽说前两个野外季的工作致力于古生物学（Palaeontology），但第三个夏季要起始作考古学（Archaeology）的工作，这种工作在将来要占我们很长的时间。中央亚细亚是第三纪（Tertiary）人类如太古世石器时代（Eolithicor Dawrn-Stone Age）的巢穴，所以很使一个科学的探讨者发生一种希望。

　　自这次旅行的起始，人类祖宗之研究即是我们最上的目的，一九二五年一季的工作得到了这样丰富的成绩后，使我们旅行的愿望更为增加。

组织

　　这次旅行包涵下列的几种科学：古生物学、地质学、古植物学、考古学、地势学和动物学（动物学涵有哺乳动物学、爬虫学及鱼学）。一九二五旅行团共四十人，外国团员有二十位美国人、两位英国人；中国团员，中国①和蒙古人共有二十四人，其中有些是受过高等训练的。

　　我应当把这种情形弄清楚，我们这种工作之成功并不依靠我们这个领袖或任何个人。这种荣誉应当平分给各团员，因为每个人所作的工作均是极好极好的。这个旅行团是一个机器，除非每部分工作得平静无阻，他很难有正确的效用。我不信任何往旷野去的旅行团能比我们的团体更忠实、有效，和专一。

　　这个团体代表这样多的科学，所有的团员在同一时间同一地点都找到工作是不可能的事。所以这个团体分为四个单位，每一单位有一辆汽车并带有车夫、翻译员、助理员，及帐棚所用之物。遇必要时，每一单位均可离开基本帐棚而独立支持数星期之久。事实上，这次旅行差不多永远分离着，除非我们全体往新地点进行的时候。

---

　　①　意为汉族人。——整理者注

　　我们的蒙古旅行可谓奢侈的旅行，因为须预备最高度的帐棚及生活的物品。我可以说，无论如何我们的设备没有一样不是应有尽有的。我们一队人在野外工作的很紧张，永远没有五个月的休息。一个军队的军饷若不充足，绝难打仗。除非我们的人若得有物质上的安适，绝不能完成我所希望他们所作的工作。假如可以避免，我是不信有艰难的，因为艰苦减少效率。

　　很明显的，若是对于时间及努力没有什么无味的牺牲，则第一季的工作是纯粹的侦察。最先必须在那巨大的旷野之中作一种普通的测量，以确定我们特别工作的地点，并估计其在这新的区域的价值；并用不着什么周详的工作。第二年的工作是一种缜密的研究，时间是要费到一个曾经计画的地点。这个精密的工作比那草率的侦察所需要的团员是不同的。例如，在一九二二的夏天，格即吉尔先生（Mr. waltor Granger）是惟一的古今〔生〕物学者。在第二次旅行时就须有三位很娴熟的采集员、两位受过高等训练的中国助理员帮助他，因为在我们发见的这样丰富的化石床里，我们需要众多的团员。这种先侦察而后为缜密工作的办法是惟一有效，并可免去牺牲时间及努力的方法。

政治上的困难

　　在这样远的一个地带里，举行这样大的一个旅行，物质上的困难虽然这样大，但是与政治的障碍相比，尚远不如之。在工作起始之前，这种障碍是要扫除的。蒙古是各种政治势力竞争的舞台，在这些不同的政治势力中间，找出一条旅行的安全道路，是一年比一年困难。这种政治势力是阻碍大戈壁的道路的。

　　去年夏天我们完完〔全〕没上野外去，这是因为中国的内乱暴发于蒙古的边界。这个内乱把我们放逐到北京，我们三次都想冒大险穿过战线走到蒙古去，但都归无效。我们牺牲了一季的工作和许多金钱，但是在第二年夏季我们似乎有到大戈壁工作之可能了。

地形学

现在所有的蒙古地图差不多都是依据俄国的地图，但都是靠不住的。很明显的，许多得自蒙古的地图上的，是绝对靠不住的。画山的地方没有山。许多骆驼的道路被删去，并其重要的天然特点都把位置弄错。例如，我们的帐棚扎在乌兰淖尔（Ulan nor）附近，据俄国的地图这是一个大湖。普通所认为大湖者，我们发见出是一小湖，并且那时候是个干湖床，地图上的地位总错五十英里。

所以很明显的，详确的地形学的工作是很需要的。我们很庆幸的得到落卜斯（Mayor L. B. Robevts N. S. A. R.），他是美国一位最有经验的地形学者。路伯次〔落卜斯〕也有两位有经验的助理：一位是卜提拉（Lient F. B. Butler），一位是罗宾荪（Lient O. H. Robin Son）。

落卜斯少校，对于此次测量工作，经了很大困难，他由已知高度之点，向前作水平时，他必使后点相待不动，同时他又须乘汽车携带水平仪向前速奔，所以非有能力及有经验之人，此图不易成功。落卜斯少校有见于在无显著自然物之平地内，测量工作不易加速，乃创造以汽车代地形组标尺之法，轮心、防卫物、放热物，及避风盾等之高度，是已知道的，所以一两英里之内如能看清，这些点已足够应用，距离远近，依速度之记录，巴特勒中尉作地图之法大略如下：

野外工作，地形地图，用平板仪，无足经纬仪，量高度之差，用竖角测量而得，比例尺用二十万分之一，等高线每五英尺一个，距离之远近有时用斯坦底亚法（用经纬仪及地形标尺），有时用地形组车上之速度计，草测时方向依带三□镜之罗盘而定，高度之差，依空盒气压表而定，距离依速度计而定，在面积测量中，比例尺二万分之一，等高线每一英尺至二十英尺一个。

测量所经路线，系全季的重要工作，测量开始，必须自一基本标点起始，地形组于地组未开始工作以前，由张家口往蒙古先测出三十六英里，在测量范围中，首先应作者，为正线测量，在正线测量时，不用气压表，而用水平仪实地工作，自张家口至庙滩开始工作之三十六英里，其距离系用新〔斯〕坦底亚法（用经纬仪及标尺）作成。

落卜斯决定正线测量用平板仪，及无足经纬仪，定线之方向，利用巴尔得温氏太阳运行表，若太阳为云所掩，则改用罗盘定线之方向。

为我们工作加速计，地形组利用两个车，作前视及后视两点，代替地形组标尺之用，当此车用作后视点时，其余一车速寻他点，作为前视点，当后视完备时，车即前进，当正作前视点时，车正过我们眼前，如是两车更替互作前视点，用此法工作，普通每日可作 58 英里，最多时可作 734 英里，依照此法总计测量 1040 英里，并作成地图。

我们常携带水平仪，每次安放水平仪，必有相当之记录，我们常常用斯坦底亚线量高低之差，用比门弧时甚少。我们量距离利用地形组车上之详细校正速度计，在野外已用斯坦底亚法（用经纬仪及标尺）测妥之线，必返回校正自 15 至 20 英里。利用速度计量距离，似乎是个考验法，但此次结果之良好，使人信而不疑，此次所作诸线，皆相交于诸管辖点上，实地工作，与核算所得，结果相同。

普通天然地势，两地高低之差，为两地距离之差之函数，故速度计所量之距离，对于高度及距离，皆有重要关系。但有时地形升降极不规则，速度计所得结果，易生错误。对与〔于〕此种地带，则用斯坦底亚法（用经纬仪及标尺）测量距离。为定正线附近之山，及其他之自然物之位置，我们曾用过 25 英里远之视距。

　　一班未用此法测量之人，必觉此种方法，大有问题，是定而不可疑的，但是这一年的工作，足以证明此种方法准备〔确〕，并且此种方法将来必能发达。我们对于校正工作，除用诸边连接及管辖点外，有时从各方定远地著名高峰之位置，使各线相交于峰顶，亦可作一校正。对于基本线之方向及距离，此不变之三角形之错误，是个永久的校对。此外又用气压计所得高度，与用以竖角测量以上所云诸高峰之高度，两相比较，作一校对。

　　第二种之预测法，系用罗盘，经用多边形之计算，证明结果不甚确准（测量工作之正略诸线，始终两点，相交于一点。诸线作成之多边形，由核算及实测结果，两相比较）。此测量所包面积广大，所得一切记录，可以修正及增大蒙古从前之地图。

　　此次预测，未在野外绘具草图，纯用记录，及详细之备考。待回帐棚后，始作草图。此次测量，总计直线长要 950 英里以上。

　　面积测量，共计四块，皆代表样式之造成，其价值可作教科书之用，其中之两个有对古生物学新发见之价值，其第一图，系在哈利乌苏附近所作，图中详载草地带中之模范式山涯溪谷地形。其第二图，系在乌拉乌苏所作，图示近代造成之劣田，及峭山坡地形，并附有假盆地之风洞。其第三图，系在沙巴兰克乌苏所作，图式模范式之低田、峭山坡，及在峭山坡中开发之劣地及沙土拥塞之山谷。其第四图，系在参乾湖所作，图示一模范沙漠湖，湖边又有许多显著之古沙滩。此沙滩之形状，在长久历史上，可以指示世代之变迁。所有面积测量，皆用斯坦底亚法工作，大湖测量，地图太大，统制之点，未得放至甚安全处。湖边皆用三角测量法实测，及各处皆有号志旗表示。为表示古代湖迹之变迁正确起见，偶然此图用每英尺一个之等高线。以上所述四图，共计面积为 78 方英里。

所有纬度，均依北极星及子午线之关系而定。时间、角度，经算出后，再加以改正。时间及经度，皆依天象离地平线之高度相等法，而观测太阳及诸星。我们带有三个哈米尔顿极准之时晨〔辰〕表。其中之一为 950 号（动作与表针同方向），其余之两个为小船式之钟，我们原计划，沿途用无线电。但已入外蒙政府范围，未能办到，所以依时晨〔辰〕钟而定之位置，是个弱点。因我们终日在行动之汽车内，我们所带之极准时晨〔辰〕表，时时在可怕之地位，为校正此种现象，有时用去很长时间。

在我们回途中，在原经各工作站，又用此同一之方法，或更长之时间，以期得最正确之结果。自末次之观察，至回北平之结果校对，所差时间极微，所以自始至终，中间各次定度，足见准确。最可喜者，在野外定度计算出之时间错误，适合于在北平用无线电校正错误，在我们回来后三星期，其时间之定度，与在野外所画定度图诸点，仍在一最规则之曲线上。

我们每日在工作路程图上，按太阳运行表，作真正子午线，并画磁石子午线数次之多，依此所作之子午线甚为正确，且可以校正罗盘上之磁针。有一件事，很有趣味，就是我们已经横过东半球磁石子午线与真正子午线相同之线了，许多局部磁石吸引，曾经发现，许反向，曾经记录，此种现象，使我们不得不以太阳运行表为最可宝贵之引导。

瑞与气压表（柏林式）是一件结果最好之仪器，并且比平常空盒气压表好的多。

《西北研究》（月刊）

北平西北研究社

1932 年 6 期

（李红权　整理）

最近游绥的见闻

丁道衡　撰

今年三月间，因为搬运采集品的事情，到绥远去了一趟，我就顺便到贝勒庙附近去调查一个铁矿，行期虽只十天，但是听见的、看见的却是不少，写了出来，也可供给研究西北状况的一些材料吧！

由绥远到贝勒庙约有二百九十里路，已通汽车，只须四五小时，就可达到。现有汽车行三家：

（一）克利汽车行　是天津商人经营的，有汽车四辆。

（二）利民汽车行　是军用汽车，暇时兼营商业的，有汽车三辆。

（三）吉农汽车行　是蒙古贝勒王府自乘而兼营业的，有汽车一辆。

它们最大的生易〔意〕，是望甘肃贩来的货物的运输。照向例说，甘肃每年向绥远运入的货物，大约有三四百驼，走贝勒庙的也有二三百驼，运费一项可有二三万元，这几家的汽车，自然望着它生活了。贩货的商人，因为利用汽车的当天可到，可以减少停留的危险，所以虽比较雇用骆驼的运费，高出五六倍去，都愿意雇汽车。不过今年因为东三省及上海等处受日本的侵略，商务都停顿下来，西边的货，也不敢往东边来，到贝勒庙的货物，也就不如往年的多了。运脚多，货物少，便互相的斗争起来。正当我在那里的时候，它们为运货的问题，起了一场风波，结果大家暂时都不能运，待有了公平分配时再说，当我离开绥远的时候，尚没有解决的消息。它们营业的担负，据克利的人说，每年向建设厅纳费五百元，因为贝勒庙属蒙王管辖，每年尚须缴费三百元于王爷府，作为保护及停留的费用。沿途的保安队，每年也须津贴数百元，大概每年总在千元上下吧。客票每位十元，可带行李二十斤，多了，每百斤照加六元；不过它们搭客，是一种附业，因为那里并不是交通的要冲，也没有多少客人往来，即有，大半都是坐骆驼同骑马的，所以它们虽说是三天开车一次，若果客座不够的时候，就许等待十天半月，是常有的。它们在武川设有一个分站，归、武之间的交通，是很方便的，大约一小时便可到了。还有一件事情，值得注意的，就是蒙古地方多半是平坦的，汽车可是直达贝勒府、茂明安旗、东大宫等地，将来修理西北交通，实在是很大的便宜。

在贝勒庙的东边，约一里，有三四十家做买卖的，鸡鸣犬吠之声相闻，形成一个小小的村落。据说从前蒙古人不让在其地建筑房屋，几年努力的结果，已得到允许，不过每年须向王爷缴纳地租，及营业税若干，大约买卖大的，每年须纳二三百两银子，小的几两至几十两不等。房屋的建筑皆为北方式样，也有仿照蒙古包式而建筑的。他们除了在该地门市而外，就派人出去，周游于各地蒙古人家，将货物换取牲畜、皮毛。他们一小商队的组织是牛车一辆、赶车一人、大伙计一人、小伙计一人。蒙古人所要的东西，如绸缎、布匹、油、盐、茶、面、酒、烟……种种，应有尽有，货物高巍巍的捆在车上，车夫吆喝着往前走，今天住在这里蒙古包，明天又往别处去了。除吃的东西自备而外，茶水都是蒙古人的。他们与蒙古人的交易，大半是赊期，三四月间出去放账，六七月间便去收取兑换得来的牲畜、皮毛了。凡是在蒙古做买卖的，都要在王爷府领票，且只能在其旗内通行，一过了界，又得领取他旗的票了。据商人说：近年的买卖也不好做了，好多的货物蒙古人都自己上城去买，赊出去的一时也不易收齐，而且处在王爷的势力范围以内，一有不对，轻的便要处罚，重的便令停业，限期出境了，果然遭此，从前置下的房屋、家具。都要废弃，放出去账更是难收了，所以大家都小心翼翼，俯首听命的，但求能够做生易〔意〕。这个年头，一切都不能认真了。他们除了纳税之外，还得分担差事，譬如遇有公事，要草料、马匹、骆驼的时候，就按户分派，有马、骆驼的出马、骆驼，有草料的出草料。一个养马的商人告诉我说："派马还不要紧，最苦的是马匹到别处去了，不论三天五天的路程，还得自己去牵了回来，蒙古人是只管取不管还的。这样一来，谁敢养马、骆驼呢！"所以在那里的商人，都是养牛，因为牛走得慢，拉车还用得着，别的差事就轮不到，而且奶是最好的饮料，粪是最好的燃料，尤是住户所需要的东西。在那里的手艺人也不少，如鞋匠、铜铁匠、裁缝等类，不过手艺既劣、价钱又贵罢了。在那里居住的商人，还得遵守一条禁令，就是不得随带家眷及容留女人，违者重罚不贷。这条禁令不知是因为附近庙宇的关系，恐渎犯了神灵呢，还是免去商人就地繁殖起来？尚待详细的研究了。那里的庙宇，在一土坡上，水抱山环，倒也形胜，而且建筑极是辉煌，大的小的，不下二三百所，喇嘛也有好几百人，香烟袅绕，佛号喧扬，红僧白马，出入其间，另有一番气象。离庙十几里地，方有人家，唯穷人居多，半是依庙宇为生活的。王爷府尚在庙北七十里之处，远看去是小小的一座城池。在城的东边，就山石起一座碉楼，想系作瞭望之用的，唯不甚高，离地不过三四丈，上面也没有人。泉水经城的南部，似不甚旺，草也不算好，就大体说，是一个很小很平的盆地，较诸庙上的风景，差得很多。他们采取这个地址，据说是经风水先生看过的。城内的房屋，为中国北方式，不同的就是沿着墙边都起有很低的土炕，土炕上面铺着毡子，中间放着炕桌，没有椅子，盘脚趺坐，或曲腰跪坐。在院子两边，有二个大蒙古包，好像做装饰品似的，中间却是一座佛堂，前面竖有椳杆，上面系有不少的人发，中间放着一个石槽，里面存有不少的洋钱式的冰块，说是前一天上贡水结下的冰块。他们的妇女见着生人去了，都出来看西洋镜似的望着来人，汽车开行的时候，便有蒙古男人拉着汽车的后板，吊着腿，天真烂漫的嘻笑着，汽车走得快了，或是急于下来的时候，一不小心，轱轱辘辘的滚了下去，旁边看的人都拍手大笑起来，他也就在灰尘中，红着脸跋了起来，一溜烟的跑了回去。你要求他们照像的时候，他们都走开了，但是你要替别人照的时候，他们又凑拢起来，那时你照像，他们也就不言语了。

　　我这次到绥远是坐三等客车去的，因为我听见说，坐三等同坐头等是一个样子，因为头等里也坐满军人，三等里人要不多的时候也就等于头等。车上茶水，倒还方便，不过走数站，要收一回茶资，坐通车的有不胜其烦之感。我们是上午十二点开车，下午七点钟到张家口，过大同在半夜里。听说大同的铜器很好，样子大半都是仿西洋式的。客人都说着："要不误车的话，明日午时大概可以到绥远了。"但是直到次日的下午四点钟才到绥远。车站在旧城的北边，离城有十来里路，可以通车。车站的西南一二里，就是塞北关，专管征收货物税款的，建筑颇为宏大。我们雇车至和盛公，在路上同车夫作了以下的谈话。

　　"你们这里的收成好吗？"

　　"不好，旱得厉害，前数年一粒也没有收，去年收了不过二三成！日子真不好过，票子一天一个价，东西也一天高过一天。"

　　"票子没有价吗？一块大洋换多少钱？"

"一块现大洋吗！一块大洋换一百多吊钱，哪里有准，今天这样，明天又是那样了，从前一块当一块，不久落到八毛、六毛、五毛，现在一块大洋换二元六七了，将来怕不……买卖的人都不敢存票子，白天收进的票子晚上都〈换〉成现洋，有若干家的铺子出入都只用现洋了。"

我们都沉默着，骡车拨起地上黄土，一阵一阵只往车上扑来，路旁边种的二排杨柳，慢慢的往后移去，虽然只有权丫，却配了不少景致。远远的却见着一缕一缕的旋沙，我们便深深的领悟到塞外的风光了。

和盛公的掌柜是回教人。走新疆古城子的骆驼队，在绥远要算曹家和孙家，曹家是德厚堂，孙家就是和盛公，曹家有五六百骆驼，孙家有三四百骆驼，由绥远至古城子沿路的蒙古人都知道他们，而且他们同各地王爷都有联络，路上要缺乏骆驼及钱财的时候，可以向王爷通融。他们骆驼队的组织，在一百以下骆驼，走一顶房子——帐篷，在一百以上骆驼，走二顶房子，带队的叫着领房子的，一切走路的事情，都归他管理。当领房子的，是须在这条路上走了若干次，对于各地的水草，由哪里到哪里有多远，由哪里又哪里到哪里，都应该清清白白，骆驼的生死、商队的安全，都在他一人身上，责任非常重大。骆驼掌柜自然很优待他，报酬也格外的多，路上还有不少的"外水"。其次则为伙夫、骆驼夫，伙夫管理住下的烧水及做饭，骆驼夫则做上下驼子、拉骆驼、放骆驼等事，各做各的事情，一丝不乱。出发起来，大概都联帮走，多的时候，有数千骆驼，一二十顶房子，住下来，是黑压压的一大片，驼子放得是整齐极了，上下的时候，都极其敏捷，百十多个骆驼驼子，一个钟头，地上没有一件东西了。要是临时发生变故，需要改道的时候，各家领房子的都聚拢起来，大家商议往哪里走，决定之后，便一齐顺着决定的路线走去。他们的行程，大概是下午三四点钟走起，一直走到第二天早晨，方才住下，遇着水草好的地方，便停留一二天，放骆驼。由绥远到古城子，每骆驼可驼二百八十斤，脚价约银六十两，人座每位约银八九十两，沿途供给伙食。又还有一种驼轿，用一个骆驼上两个大木匣子，三面开上窗孔，一面悬挂帘子，人可卧在里，住下来的时候，还可作为帐篷，据说是很舒服的，每辆约须银五六百元。行期普通是八九十天，但是因在路上发生事故，也有迟延一二个月的。一年大概可以来回一次，在二三月里动身，四五月间到地，八九月间动身，十、十一月间到地。譬如以一百个骆驼计算，脚价是六千两，在路上的调费约需二千两，一次生易〔意〕可以净存四千，不过有时因为水草不好，风雪陡至，或是骆驼照顾不周，便要发生死亡，也有赔上一万八千的时候。有时因为想避开税卡的征收，绕道过外蒙的边子，不幸教外蒙的卡兵发现，就会全部没收，也是他们一种损失。最近听说去年由归化城出发的商队，约有二千多个驼子，不幸走过外蒙的边界，叫外蒙古卡兵发现了，货物及骆驼都全部扣留，他们愿意拿出二三万元的代价，尚未释放。此次损失之大，真正不少，即以骆驼一项而论，价值也达二十余万元，连货的损失，总在百万元以上，将来不知如何办理。

说到界线，蒙古本是一片沙漠及戈壁，内蒙与外蒙相交的界线本来很难划分，加诸近年外蒙受俄国的指使，逐渐南侵，界线更没有一定。中国内地年年战争，边省的长官又时时更动，一切听诸王公的处理。内蒙王公既无雄厚的实力，自然要感受外蒙的种种的威胁，对于界线的事情，也就不敢十分认真了。我们自己虽然不知道真正的界线在哪里，但是俄国化的外蒙古人已替我们预备下了，因为天然的界限不容易找，他们也不愿意找，就想了一种人为推进的界限，用一种特制的铸花胶皮轮，沿着他们认为外、内蒙交界的地方，滚印着若干道花纹，你若过了花纹，就算过界，而且他们随时派人去检查，看地下印着的花纹动了没有！要是动了，看看脚迹是向南向北，便知道过界的人，是逃出来的，还是跑进去。在紧要的口子，他们都扎得有一排卡兵，虽没有电报，但是消息也很灵通，遇见重大的事情，便派人到附近去投信，附近的人，又派人到别处去投信，他们用这种驿站的办法，一传十，十传百，不久的工夫，便会聚集若干人来。外蒙的男子年龄达到十五，便须当兵，轮流的训练，就成了军国民教育，无事为民，有事为兵。现时外蒙虽只有常备兵一万多人，但用时就可增多，后面又有俄国的背影，其势力自不可轻视。著者个人的意思以为，现时国人注意西北，有种种开发的计划，固然是极好的现象，不过不要忘了西北与俄国毗连甚广，关系密切，沿边的天险又与俄人共有（请参看本刊第二期松声君的《西北边防的危机》），中国对俄国的政策，苟不先行决定，而在这种半绝半交之中，而说开发西北，而实行开发西北，很容易惹起俄国的注意，恐怕不待中国实力巩固，也许就先下手，学一学日本侵占东三省的故智呢！这点我希望研究西北的及开发西北的同志，要特别的注意一下。

最近四月六日的报上登着内蒙王公呈请中央派蒙古宣抚使，并请任命锡〈盟副〉盟长德穆楚克栋〈鲁普〉为宣抚使一节，原文如下：

（衔略）窃自民九外蒙独立，名义上宗主权虽属我国，其实际已等苏俄附庸。去岁辽宁事变，东蒙复成多事，国防前途，何堪设想。兹者，我国边藩，仅余察、锡、乌、伊各盟部，方今日俄冲突，愈形紧张，利用蒙古，势所必然。以我素无相当指导之盟部，对于政府，本多隔阂，兼以地理关系，难免受其蛊惑，若不先行设法，结其内向之心，势必复蹈外蒙覆辙。事实俱在，无可讳言。国家兴亡，匹夫有责，况职等负地方付托之重，值此国艰，何得缄默。经几次集议结果，咸谓挽此危机，惟有设置蒙古宣抚使，遴任素孚重望之蒙人，负其专责，宣达政府扶植之至意，晓以存亡之利害。在政府所费无多，其收效正不止西北各部蒙其福利，即东北之收复、外蒙之反正，亦将便利多多矣。至人选问题，经职等考虑至再，熟悉边情、众望所归、堪胜此任者，惟锡盟长德穆楚克栋鲁普，镇守蒙疆，嘉靖昭著，蒙族仰赖，佩服湛深，如荷任命，最为适宜。时机迫切，不容稍缓。同人等激于爱国之直诚，用陈管见，推荐贤能，伏乞赐准，速予设置蒙古宣抚使，以资相机指导。并请任命德穆楚克栋鲁普为宣抚使，以济时艰，而慰民望。不特蒙民之福，亦国家之幸也。临电迫切，不胜待命之至。

他们建议设置的理由是二，外蒙独立，边藩仅余察、锡、乌、伊各盟地。方今日俄冲突，愈形紧张，利用蒙古，势所必然，必须"宣达政府扶植之至意，晓以存亡之利害"，以免"受其蛊惑"。这实在是西北边防的一大问题，中央当轴诸公必定有神〔缜〕密慎重的处置！作者在前已经叙述边界的情形，稍加己意，不防〔妨〕再补充几句。地〔他〕们这种建议的动机，自然是感受了日、俄种种的威胁，一方面是"负地方托付之重"，一方面也感觉本身地位的危险，因为要受日本的侵略，便会成了朝鲜人的繁殖地，要受俄国的侵略，那就生命财产都不能保，现在中央的力量，既顾不到边远，省府的力量又嫌薄弱，自卫之策，只有各王公互相团结起来。老实说，在这种国难的期间，各自为政，互不相谋，事权既不统一，力量又不集中，边疆一旦有事，只有土崩瓦解一途了。在个人观察，他们这种建议，是可以允许的，因为一方增加巩固边疆的力量，一方可以示表容纳蒙人的意见。不过有几点是值得考虑的，现在蒙人尚无领袖，诸盟亦不相谋，但在他们盟内，政府命令的效力，已经薄弱极了。汉人在该处做买卖的，所受种种的限制，也不胜其繁了。假若设有蒙古宣抚使，他的势力很大了，从前在各王爷府所不能解决的事，都到省府去告，还有个上诉的地方，蒙人因此有所顾忌。今若有蒙古宣抚使，恐怕要取省府而代之，办理能否持平，实为疑问（因为我在蒙古地见的许多事情，都是蒙古人欺负汉人，汉人不敢反抗的），将来成为尾大不掉，不特不为"国家之幸"，亦非"蒙民之福"。此应考虑者一。此次通电，列名共计十七部落，地包察、绥二省，其中各盟，对于人选的问题是否已属一致，否则外侮未御，边防未固，而倪墙之争先起了。此应考虑者二。在宣抚之外，政府对于此种状态下的内蒙，是否有别的切实的办法，若凭一纸空文，发表若干头衔，增加国家若干担负，就以为可以防边御侮，那末还是多一事不如少一事，倒可免去后来的纠纷。此应考虑者三。至于这件事应当怎样处置，方为得宜，乃是执政诸公的事，著者不敢越俎代庖，只能提出注意的几点，作为刍荛之贡。

说到绥远的垦务，年来确有显著的进步，他们设有垦植〔殖〕局经理其事。我遇见一个开荒的农人，他说开一顷地，每年缴纳大洋二十元。近来民地闹土匪，到这里来开荒的人很多，不过因为没有河水，只靠雨水的原故，每年的收成，只好仗着运气，就是靠天吃饭。我由绥远到贝勒庙，沿途看见开成的田地很多，农人都在那里勤勤恳恳的工作，中国人耐苦坚忍的精神，真是朝失而求之于野了，不过他们都全凭人力，全凭经验，要能够加以垦殖上专门技术及学理的指导，成绩当不只此。北平平民学院拟设一个垦殖系，预备造成垦殖人材，将来对于西北的开发，必有若干的贡献，甚望他们切实努力。

末了，再说几句个人这次游绥的感想，作为这篇的结束。绥远一带出产本来不丰，土地也多数未垦，它是一个口内口外货物交易的地方，西面的买卖是全靠新疆、甘肃的，北面的买卖是全靠库伦前营、后营等处。外蒙现在既入俄人之手，贸易便行断绝，甘肃年年的纷扰，商务已不兴旺，现在指望的，就算新疆，不过今年因日本侵略的影响，商务停滞，货物销售不易，西边的货也就不敢十分发往东边来，又加以土匪遍地，到处扰乱，绥远因此金融奇窘，便成了一种不景象〔气〕的状态。要补救这种困难，自非由生产一方面着手不可，使本地出产增多，人民渐次自足，慢慢的可以不受外界经济变化的影响，如像开垦、纺织、矿业、制革、牧畜等项，都要不顾一切困难努力进行，以期底成。这次游绥，由各方面看来，绥远在军事上、边防上、商务上、农业上，地位都是重要的，我希望绥远当局本着坚忍不拔的精神努力做去，并且祝他们最后的成功。

一九三二，北平

《西北研究》（月刊）

北平西北研究社

1932 年 6 期

（丁冉　整理）

蒙古游记

[法] 许克 著　　[吴江] 陆翔 译

第一章

启程之准备　翁牛特旗之困苦

千八百四十四年岁首，西王之书，忽焉递达。西王者，蒙古传教区之首邑。吾侪欲从事考察鞑靼之风土人情，与夫是区之幅员疆界，主教遂致书相告，以助远征计画之实行。是游也，商榷久矣。今乃确定，即遣一近今归依吾教之青年喇嘛，往觅放牧于奈曼旗（翔按，奈曼旗在热河东部）之骆驼数头。吾辈当静待其归来之际，即将关于蒙古之著作，急速完成。盖是类著作之编纂，历时已久也。

度此寂寥之时日，吾侪仍继续寓居于乔治公旦基。是为翁牛特旗（翔按，翁牛特旗在今热河省赤峰县）之属地。其地似经重大之变革，今日居民金谓：古代据有是土者，实为高丽民族，后因战败而被逐，遂窜居于今日所生息之黄海、日本海间半岛中。在此鞑靼区域，时逢名城遗墟，及堡垒残迹，与欧洲中古时代所遗留者相同也。于此遗址垦掘，不难获得古代戈矛矢镞残遗器物，及满贮高丽钱币之盆盂。

十七世纪中叶，汉族始"侵入"是地。是时其地尚甚饶沃，岭巇之间，林木蔚翳，水草丰盛，蒙古行帐弥满于深壑邃谷之间。华人稍纳租税，即可获其地之耕种权。由是土宇渐辟，鞑靼被迫流亡，驱其牲畜而他牧，地方情状，因而大变。群木尽拔，岭巅濯濯，畜牧之场，多被焚毁，其地之富源遂尽为此客居农民所朘削矣。

今则是地几尽为汉人所占，且气候剧变之为害于地方，推其原因，似由于汉人之摧残太甚。是地旱灾叠见，一岁之中，土地膏液几尽为春季烈风所吸收，天容惨淡，群众战栗以待大祸之临。劲飙叠起，绵延至夏季而不已。尘沙障天，旋绕驰舞，空气之中，厚浊昏暗，虽当正午，若在深夜。且其昏暗，浓重幽深，实较最黝黑之深夜，尤觉可怖。狂风既起，大雨旋至，民间战怖益甚。盖雨势绝猛，天际时或开裂，所挟之水，尽量倾泻，若瀑布之突至，田亩屋庐尽淹于泥海之中。其掀天之波涛，循山谷而下驶，所过之处，无不扫荡。水退亦速，数小时后，土地又露。然庐舍、草木，渺无遗子，所存者，惟满堆碎砾之深坎而已，不复能重施犁锄矣。

是地时降冰雹，颗粒之大，逾越恒状。吾侪目睹之雹有重至十二利佛尔（法重量名，合半基落格姆）者，可尽毙牲畜于俄顷之间。千八百四十三年，狂风暴雨之际，天际风吼，其声可怖。有顷，距吾侪寓舍不远之田间，落一冰块，其大过于磨盘，居民碎之以斧，虽当温度最高之季，亦须三日，乃能使之全体融化。

水旱叠见，饥馑以成，居民尽罹其殃。为害最烈而历久不忘者，厥惟千八百卅二年，即清道光十二年之灾。闾阎间先有一普遍之预言，根据安在，莫从究诘。至千八百卅一年之冬，而此可怖之风说愈炽，谓明年不论贫富，血溢山岭，骨填溪壑。是类传说，众口一辞，儿童游戏，往复播诵。至千八百卅二年岁首，而此惊人之预言竟实现矣。是岁春夏，久旱不雨，秋间霜降，麦苗尽萎，收获荡然。居民既无所资以为生，不得不舍其田宅、牲畜以易谷，谷与黄金同价。山间之草既尽，饥民遂掘地以求食，虽树根，亦无遗子。此耸人听闻之预言，竟如量而征验。盖饥民有踯躅赴山以求草荄，遂死于岭上者。道路之间，尸骸枕藉，屋舍之中，死者充仞，炊烟绝于村落，饥馑之祸遍于闾巷，固无分乎贫富也。

星期一，镇日准备远征之行装。全体服役，有补缀蓝布大行帐者，有斫削应用之木杙者，有楷〔揩〕拭铜锅者，有修整三足架者，有配置驼鞍者。缝工、木匠、锅匠、绳工、鞍工，麇集于吾侪寓舍之小院中。盖凡吾基督教士，不论品位高下，皆知其司铎非充分准备，必不贸然远征也。

星期二晨间，诸事皆备。惟待穿驼鼻，贯木于中，以资牵引耳。此事委诸青年喇嘛。驼当穿鼻时，发凄烈之呼声，村中教士，闻声毕集。斯时喇嘛，至足自豪，群众对之围绕骈列，皆欲观其所为。彼轻掣系于贯木之绳而牵引之，驼即驯服，惟其所欲。既而彼将两远征司铎之行李，装列缠缚于驼背。华人之睹是者，无不引为奇观。准备既毕，吾侪饮茶一杯，群赴教堂，作启程之祷，与众流泪握别而行。桑特兴拔①（即喇嘛归依基督教后之名）乘壮硕之黑骡以前导，后为装载行李之两驼，最后为茄勃②与许克两司铎，〈一〉乘牝驼，一骑白马。

吾侪之远行也，立志捐弃归〔旧〕俗而为鞑靼人矣。然起程之初，尚不能尽脱汉风，不特上道时汉籍教士或乘骑追随，或徒步相从，以壮行色，且不得不以乔治公旦基著名教士所设之旅店

---

① 后文又作"桑达歇拔"、"桑特歇拔"。——整理者注
② 后文作"茄倍"。——整理者注

为首日行程之歇宿处焉。

汉蒙混合式之旅店　基督教徒易喇嘛装

吾侪既抵旅店，旅店主人殷勤招待。旅店主人，汉语谓之掌柜。在鞑靼区域距中国边塞不远处，时有旅店孤立旷野中，此类旅店，率为方形广场所构成，四周绕以丛棘，方形中央，土室踞焉，高仅丈余，陋室数橼，离立左右，庖厨、膳堂、卧室、尽萃于是矣。旅客既至，直入污秽、幽暗、气味恶劣之大厅，中有广长之炕，专供旅客之休憩。彼处所谓炕者，乃一灶型建筑物，占地之广，达厅事四分之三，其高四尺，其面平坦。炕上展以芦席，富室则于席上更铺毡毯，或皮褥。炕之前部，陷以三大釜，乃为旅客煮食物用者。燃烧巨釜之灶门，直通炕之内部，借以传达热力，故虽冬日严寒，炕上恒能保持高温也。旅客既至，掌柜即邀其登炕，盘膝围几而坐，若缝人然。炕几面甚广，而足之高仅五六寸而已。厅事卑处，专供旅店仆役往来煮茶水、揉麦粉及釜下添加燃料之用。是类汉、蒙混合式之土炕，实为人生奇丽之剧场。盖饮食、吸烟、赌博、歌唱、搏击，无不表现于是焉。炕于日间，既充食馆、烟室、博场，而于夜间，则化为寝舍。旅客挟卧具者，展其被褥，否则蒙衣而骈寝。客或众多，则分成两列，抵足而睡。众客虽同时就寝，未必能同入睡乡，于是有在他人鼾声起伏之中，吸烟、啜茗而剧谈者。此离奇诡诞之活剧，皆演于惨淡灯光之下。此类灯光，令人睹而生怖。凡旅店所用之灯，皆至朴质，率以碎碗，盛油，而浸纸条于其中，其装置之法，剜壁作穴，以此碎碗陷入穴中，或以两木条作架，置诸架上。

掌柜特为吾侪整备一小卧室，吾侪即于是进晚餐焉。然雅不欲宿于是室。盖吾侪既为鞑靼之旅客，且有美好之行帐，当立帐而习野外生活，众谋佥同，此议遂决，非蔑视旅店也，乃爱好新生活而出此也。行帐既建，即展鹿皮于地。夜色侵临，寒威凛冽，乃燃树枝取温。甫就枕席，钲声大作，盖巡夜者出矣。静宵得此，声震山谷，旷野多狼虎迹，以此慑之耳。

天色未曙，吾侪即起。起程之前，首当举行一要事，即吾侪当易衣而行也。凡在中国境内之基督教士，其服装皆如常人，不能辨其为教士，抑为商贾。今当易服，实非所愿。然在鞑靼中，所谓黑人（常人蓄发，故名黑人，以别于剃发秃首之喇嘛）者，若言辞间涉及宗教，即为人所非笑。盖黑人仅理世俗事，宗教则专属诸喇嘛，而非黑人所当预闻者也。易衣之理，既甚坚确，中国教徒作常人装之旧习，不能不舍弃，改装之念遂起。因思斯时也，改为教士装束之时机已至，而主教前函所指示者，正与吾侪意见吻合，遂毅然决定，易作西藏喇嘛装。盖是为纯粹之宗教衣冠，当入庙拜佛时，即御是服，且与随从之青年喇嘛衣冠相同，尤为吾辈所乐从也。

吾侪遂以此意宣布于麇集旅店中之基督教徒，谓吾辈继自今将不作中国商人装，截去垂辫而尽剃顶发矣。消息一布，众皆大诧，有汪然欲泪者，且有数人抗议劝阻。然吾辈意志绝不因之摇撼，惟于箧中捡出一剪，权作答辞耳。以剪授桑达歇拔，俄顷而自离法国即蓄于吾顶之长发，悉委于地矣。吾侪乃御黄色大袍，右襟扣五金钮，腰围长垂红带，衣领以紫绒为之，冠红结之帽，此吾侪之新装束也。

装束既毕，继以晨餐，全体静默，状至严肃。既而掌柜持满贮中国酒之樽罍至。吾侪以为，今既易服，起居习惯亦宜变革，乃笑谓之曰："是酒，尔可持去。自今日起，吾侪不亲烟酒，操行精进之喇嘛，有不以饮酒、吸烟为戒律者乎？"是时围绕吾侪之基督教徒无作笑容者，默然凝视，恻然有矜怜之意，以为吾侪将遭困乏而死于鞑靼大漠中矣。晨餐既毕，旅店仆役折行帐、理驼鞍、整行装，吾侪遂取面包就蒸汽上炙之。并循邻溪，撷野树之实，作餐后果品。既而仆役以整备完毕告，吾侪遂乘骑起程，取笃龙瑙（Tolonnoor）大道而行。斯时为吾侪伴者，惟一桑达歇援〔拔〕耳。

桑达歇拔

前曾言此次远征，惟一桑达歇拔为吾侪伴侣。此少年既非中国人，又非鞑靼人，亦非西藏人。然一望其形态，即可知为蒙古人之苗裔。隆准巨口，唇厚而凸，肤作紫铜色，鄙野之状，溢于容颜。小目厚睫，当其凝眸而视吾侪也，绉其额肤，使人生恐怖心。面无绉痕，非若中国人之狡谲，非若鞑靼人之伉爽，亦非若西藏人之勇毅，然彼于是三者，实约略兼有之。至少年之身世，吾将述之如下。

桑达歇拔十一岁时，苦其师僧管束之严，即离喇嘛庙而潜遁，其少年光阴，遂尽耗于流浪漂泊之中。时居中国城市，时走鞑靼荒漠，以此放荡之生活，养成粗犷之习性。智识全未锻炼，而其膂力之坚强，则超轶伦辈，彼恒以此自豪。既而加贝主教教养之，且为之行洗礼，彼遂愿为基督教服务焉。此次远征，实与其流浪冒险之天性谐合。然度鞑靼之荒漠，彼实未能为吾侪任指导之责，盖彼昧于是地形势，无异于吾辈也。于是吾侪所视为向导者，惟一指南针盘，及盎特利伏果仲（Andrivean-Goujon）所绘之大清帝国精密地图耳。

良山　盗匪有礼

自出旅店，行程之中，未逢艰险，惟逾越山岭时，略遭汉族贾人之消罝耳。盖汉族贾人之车，皆以长轭驾骡，骡睹驼队行近其旁，则大惊思遁，左冲右突，车辙大乱，有倾覆者。贾人怒其纷扰，遂訾骆驼粗暴，并及吾侪黄衣之触目，以事报复耳。

　　吾侪攀登之山，名曰"圣乌拉"，译其意，即"良山"，是殆以反义名之耳。盖意外祸殃，习见于是山，地方人士几无不闻其名而震怖也。山径崎岖，乱石纵横。吾侪循峭峻之路而上陟，行至半途，忽逢一庙，乃祀是山之女神者，神名圣娘。庙住一僧，山径为溪水冲击而损坏，是僧时之担土以补其阙陷。因是任务，彼乃得向过庙之车辆，征收微资，以维持其生活。

　　攀跻历三小时，直造其巅，乃一大平原也，自东至西，需一日程，自北至南，其远莫测，踞此平原高处而远眺，则见蒙古行帐罗列于鞑靼平原中，绕麓环拱，密若蜂巢焉。有河数道，导源于是山，其最著者为晓赫暮杭（Le Chara-Mouren）（黄河）；纵目远望，尚可见其驶流而入才显曾（Gechekten）旗（原注云："不可以晓赫暮杭与中国境内之黄河相混。"翔按，是即热河东境之潢河），浸灌才显曾旗，及奈曼旗后，即出塞而流入满洲。其流自北徂南，而入于海，其入海处，即辽河也。

　　良山以浓厚之寒雾著，每岁冬季必有多数旅客死于是者。往往全队旅客，逾期不至，后乃发现于是山中，人与畜俱冻毙矣。气候既恶，又益以盗贼、猛兽之祸。盗贼屯匿山中，旅客有往来笃龙瑙者，即出而邀袭之。苟落其掌，无不遭殃，不特银钱、牲畜尽为所夺，即衣服亦不能幸免，剥掠既尽，乃弃之，任其冻馁而死。

　　是地之盗，颇能矫为温和状，一睹旅客，不即以手枪拟其喉，亦不作"留下金钱"之咆哮，煦煦然趋前而告曰："老友，余疲于奔走，君愿以马假我乎？资财告竭，君愿助我乎？今日严寒，君能授我以衣乎？"若此老友，慷慨大度，悉以予之，则盗称谢而去，否则撑巨杖于地而威之；又不予，乃拔刀杀之。

　　暮霭渐起，吾侪尚未降自高原，因欲觅一歇宿处。在此荒漠之区，所首宜注意者，乃觅一适当之所，即燃料、水泉、草地三者俱备之地，以是三者为游牧部落屯驻之要素也。良山既以险恶著，拟得一静寂孤悬之地而居之。吾侪既不健斗，而游牧生涯又属初试，盗匪之临，时萦绕思念，吾侪遂不敢屯驻于行人往来之处，恐入夜而遭劫掠也。其后于丛林幽深处，得一隙地，释驼解装，植立行帐。其地盖邻皇室围场，有泉滴沥，自松林出。建此帷幕之小行宫，吾侪不胜劳疲，初固疏劣，继则苟完，后渐粗备，最后乃无所缺乏矣。

游牧生涯中初尝恶劣晚餐

居处设备既毕，吾侪即置司阍于旁。此次远征队中有一司阍者参加，乃前节所漏述者。以一大铁钉插入土中，仅露其顶，而围以铁环，环连长练，练末接以颈圈，即吾侪忠实之犬名"雄狮"者系焉。异客行近，彼即嚣叫。所居之地既臻稳固，吾侪即往拾取兽粪与枯枝，俄顷炊烟大起，迨釜水将沸，即倾挂面数片于其中。挂面者，以面粉作条，糇〔揉〕成饼形，与寻常面条略同之行粮也。为增美滋味计，加以奶油，是乃基督教徒所赠。釜中物将煮熟，各探怀中出木匙，挹取掘〔挂〕面，然此次晚餐实至恶劣，不甚〔堪〕下咽。吾侪相视微笑，心殊悒悒，盖饥火中烧而无可食之物也。制挂面者，恒和以盐，俾可久藏。今吾侪所购者，咸味尤烈，非再煮不能食。乃以首次所煮者饲雄狮，彼亦不欲食也。于是取出洗涤而重煮之，重煮之后，仍未能较胜于前，面汤仍极咸，将弃去矣，而桑达歇拔胃力至强，一切食物，皆可下咽，乃趋釜旁取而食之。吾侪至是，无可奈何，不得不有赖于干冷之品，乃于行箧中取小面包数枚食之，为兴奋食欲计，闲步于皇家围场之丛林中，因此闲游，遂使游牧生涯中初次晚餐之粗劣，尚不致造乎极度。盖邀天之幸，斯游也，于丛林中得佳果数品，其一名渥吕佛（Mgao-Lu-Ful），其一名山里红（Chan-cy-Houng）。渥吕佛状若野樱桃，味至鲜美，果结于小干上，高仅四五寸［?］耳。山里红形如极小之苹果，作深红色，味颇酸，人多撷之，以制糖食，山里红树矮而枝丛。

皇家围场

　　皇家围场，占地甚广，自北至南，百有余里，自东至西，垂八十里。康熙帝亲征蒙古时，曾区划是地为其猎场，其后继承诸帝，率遵前规，直至嘉庆，是典不废，惟嘉庆帝于一次行猎时，曾遭雷击，自是迄今，皇帝不复行猎，已二十七年矣。道光帝为太子时，以行猎为险事，故践位后，未尝一履热河，围场内之丛林鸟兽，因是消耗，虽法律规定"凡持军械入围场者，处以永远流放之罪"，而私人者、樵采者，仍络绎于道，守卫之士，固星罗棋布，然彼辈实为出售木材及禽兽之主人翁耳。苟盗窃者允与以赃物之大份，彼辈即竭其权力以保障之。自四月至七月，私人盗窃者为最多。斯时也，鹿角生枝，枝含半凝之血质，土名鹿茸，在中国药料中居重要位置，价至昂贵，鹿茸一枝，有达百五十两者。

　　在此广漠之围场中，鹿与山羊结队游行，往来不绝，虎、豹、熊、狼，踪迹亦繁，樵夫、猎人，或冒险独行，或仅合小队，往往失踪，无从探其音耗。

　　吾侪恐遭猛兽之袭击，不敢久滞，且夜色苍凉，遂返寝帐。歇宿旷野，此实初试，然尚安谧。迨晨曦初放，吾侪即起，以面粉和茶而食之，聊作晨餐。继将行李置诸驼背，重复起程。斯时仍在良山之高原中也。未几而伟大之"屋薄"（Obo）忽起于前，"屋薄"之下，乃鞑靼人祭山神之处也。是乃石块乱叠而成，形殊高大，下置石制巨盆。顶礼者所燃之香，皆投于是。顶上枯枝丛集，皆偶投石窍而粘着者，枝上悬人兽骨及飘带，乃蒙、藏人之纪念标帜也。凡佛教信徒过是者，不特焚香、顶礼而已，必投若干银钱于巨盆中。华人行经此间，亦必徘徊于"屋薄"之下，屈膝膜拜。然蒙人布施之银钱，则尽为彼辈所拾取矣。

克什克腾旗　蒙古为汉人蹂躏

时将正午，土地渐现斜坡，知将脱离高原矣，吾侪遂降自峻坡而入深谷，中藏一蒙古小市集，行经其处，未曾停留，至小池之畔，乃建行帐，其地属克什克腾旗。克什克腾，山岭丛杂，河流纵横，林木草地，皆极丰饶。惟其地盗祸甚剧，汉人"侵入"是地，历时已久，实一莠民之逋逃薮。克什克腾之居民，现已成为无信义、无法律、无忌惮之匪类，地方经其蹂躏，变成苦瘠，每岁收获，仅得黑麦，居民无所得食，遂亦甘之。商埠仅一处，蒙人名曰阿尔当粟眉，意即金庙也，是地本一大喇嘛庙，住僧几及二百□十，既而华人渐渐移殖，与鞑靼人贸易，至千八百四十三年，吾侪曾游其地，则已成城市矣。自金庙北向，有一大道，循是以行，历喀尔喀，渡干虎浪河，登金刚山，而达西比利亚之讷尔津克城。

白日西倾，吾侪方居帐煮茗，忽闻雄狮大噪，知有生客。马蹄之声，渐接于耳，一骑士涌现帐前，拱手至额，作礼趋入。吾侪即邀其啜茗，彼乃系马帐桩，傍炉就座，而言曰："喇嘛，君辈生于何地？"答曰："吾侪西天人也。""君之故乡安在？"曰："敝乡在北方，是谷之底，即居吾乡之右。"曰："贵乡克什克腾，乃一乐土。"蒙人闻之摇首，愀然不答。有间，吾侪又问曰："克什克腾族〔旗〕草地甚广，其中岂无甚佳之畜牧场乎？弃此沃土而不耕，果何为耶？得丰裕之收获品，不更佳于丛草耶？"是人毅然答曰："生息行帐之中，而驱牧其牲畜，乃蒙人之天性也。苟克什克腾族〔旗〕而能长保此习俗，吾侪蒙人自能富庶安乐。今则异是，蒙人皆耕田筑屋，遂趋贫乏矣。自基德（Les Kitat，即中国人之称）侵入此土后，牲畜、土地、屋庐尽为所占，惟余草地数处，仅有少数蒙人支帐生息于其中，不致流徙他乡耳。"曰："汉人既若是凶暴，奚为任其侵入？"曰："斯言诚当，然吾辈尚未知悉其底蕴。蒙人天性椎鲁而仁慈，汉人之来此也，皆涕泣以求布施，蒙人怜其贫困，与之土地，任其垦植，蒙人渐〔潜〕移默化，效其所为，游牧生涯，遂以放弃，饮其酒而吸其烟，无以为偿，则贳欠耳，迨结帐期届，华人复故增其价以索之，于是蒙人不得不尽弃其土地、屋庐、牲畜以偿矣。"曰："君等曷不诉之官厅乎？"曰："诉之官厅耶，蒙人与华人讼，万无胜理，盖华人擅应对，而善为饰辞也。吾克什克腾其休乎。"蒙人语毕，起立作礼，策骑疾驰。俄顷，人影灭没于荒漠中矣。

开采金矿之纷扰

吾侪更历二日程，乃尽克什克腾境，无往非民生困苦之象。然是地之天然富源，令人惊叹，金矿、银矿，尤为丰饶，而肇地方之巨祸者，即此富源也。矿禁固甚严厉，然华人至是者，往往合伙挟械，搜索山岭，其中不乏善察矿苗之人物，循行陵谷，考其形势，觇其草木，即可知矿产之所在。苟有一人具此才技，即足以启地方之纷纠。盖彼足迹所经，从之者往往数千人，是地即成扰攘之区。其中若干，方事开采，而其余则以掠夺为生涯。不论财产、人口，无不受其蹂躏，穷凶极恶，出人意外。此类扰攘，历久不已，必俟勇毅果敢之长吏履其地，乃能一举而扑〔扑〕灭之也。

克什克腾旗屡遭此毒，然较翁牛特旗千八百四十一年所被之祸，则相去远矣。斯时有一华人能识金矿，曾登一山，知其中蕴藏甚富，乃召伴侣以开凿之。各地盗匪，闻风四集，至万二千人，此无纪律之军队遂于其地肆行暴掠，历二年之久，山之蕴藏，为之一空，采得之金，数量至巨，中国金价，因是减半，其地居民，不胜其扰，诉之华官，均不得直，盖华官以斯事无利于己，不欲干预之，而翁牛特王以盗匪日增，亦不敢与之较也。

某日，克什克腾旗之王妃往祭其先人之冢墓，行程必经矿军屯集之谷道，忽被围，强迫下舆，至尽舍其珍宝而后能前进。王妃返宫大恚，痛责王之昏弩，曰："在王境内，妃亦不能得安谧之行程，可羞孰甚焉。"翁牛特王激于是言，乃召其两旗之壮丁，进朴〔扑〕矿军，矿军恃险负众，抗御颇久，后卒为鞑靼骑士所击破，大遭屠戮。其一部分遁入矿内，蒙人觉之，以大石杜塞矿门，矿内号叫之声历数日犹闻于外，然卒无有人怜而救之者，任其葬身于幽穴中耳。其幸脱于锋镝者，俘而献之王，王命剜其目，而后释之。

迨吾辈行尽克什克腾境，而入德嘉尔（Thakar）也。忽逢营垒，中有华兵数人，系用以捍卫旅人者，时将歇宿，此华兵数人不足为慰，且以增惧。盖是辈即盗耳，吾侪知之审矣，遂就崖壁隐蔽处而立帐焉。

筮家之桑达歇拔

布置行帐甫毕，忽睹群骑自远处山坡疾驰而来，神态急遽，似追逐一猎狩之物而未得者。其中两骑望见吾侪，策马狂奔，既至跃下，对帐作礼，仓皇言曰："佛门子弟，欲邀君等占卜一事。今日吾侪有两马为人所盗，调察盗迹者久矣。佛法无边，君等必能告以马之所在。"吾辈告之曰："君等误矣，吾辈非佛家之喇嘛，故于卜筮，非所信仰。谓有权力能使失物复得者，皆欺人之谈耳。"鞑靼人复请，吾辈仍坚拒，彼等乃上马登山而去。

斯时桑达歇拔默然，似绝不措意及此，憩坐于炉火之旁，手持茗碗贴于唇际，既而蹙眉起立，趋至帐门。斯时两骑已远，彼乃大声以呼，举手作势，命其返辔。蒙人以为将为之卜矣，乃勒马而返，行至声息相闻之距离，桑达歇拔呼而告之曰："蒙古兄弟其志之，异日凡事当求审慎，其于牲畜，监视严密，则人自不敢偷盗，君等其永志斯言，盖斯言价值实胜于任何卜筮也。"语毕悄然返帐，仍坐炉旁而啜茗。

吾侪睹此举止，初颇骇诧，继见两骑不因是而愠怒，为之失笑。桑达歇拔低声言曰："异哉！若尔人也，其于牲畜，疏于监守，迨既被窃，乃皇皇焉乞灵于卜筮耶，竟无人焉以实言告之者。喇嘛辈遂暂〔借〕以维持其生计，盖此实喇嘛辈之绝好利源也。"桑达歇拔语至是，举手作势，以示兴奋，复言曰："应付是辈，别无妙法。告以不善卜筮，彼等亦不信，以为吾辈不愿为之尽力耳。故解除困难之简捷方法，惟宜予以不着边际之答辞耳。"桑达歇拔言已大笑。吾侪谓之曰："尔曾为人占卜乎？"曰："余少年时亦曾为之。忆余十五岁时，行经德嘉尔之正红旗地，蒙人数辈邀余赴其帐中，谓三日前失去一牛，今不知其何往，恳余推断之。余力辩素不知书，何能卜筮，而彼辈不信，曰：尔欺人耳，凡来自西方之喇嘛，安有不知卜筮之理。余既无法解此困难，因念昔日曾睹喇嘛为此，乃命人往求羊粪十一堆，须干燥者。既至，余即整襟危坐，先计其数，然后按其大小而部分之，复置于袍之下幅而运转之。斯时蒙人静候解答，已呈烦燥之状。余乃告之曰：'苟欲得牛，当向北方求之。'余语甫毕，四骑之辔鞍已整，四人跃而上，向北疾驰而入荒漠。偶徼天幸，竟获是牛。余因是受其优渥之款待，历八日之久。迨余启行，复赠余奶油与茗荈。今余皈依圣教，知是类事实干戒律，否则余为两骑士卜，今晚或可为君辈赚得奶油茗荈也。"

由蒙人失马一事证之，知今日支帐之地，实非乐土，当较昨日更求审慎，乃于日落之前，即驱骡马拴于帐门之两铁钉上，而卧骆驼于其旁，以阻往来，如是则有人潜入，吾侪必为骆驼所警醒，盖驼闻微声，即长噪，虽深眠熟睡者，必惊起矣。继于帐干上悬一终夜不息之灯，然后就枕，然辗转不能入睡，至桑达歇拔则安恬如平时，终夜鼾声不绝。

多伦诺尔之近地状况

侵晨即起，整理行装。盖吾侪急欲离此乱邦而达多伦诺尔，其距离不过数海里耳。途中忽遇一骑士疾驰而来，既相值，即停辔，凝眸问曰："君等非乔治公旦基之基督教首领乎？"吾侪诺之，彼即策马急行，屡回首以顾吾侪。是乃乔治公旦基稽察畜牧之蒙人也，屡于教区中与吾侪会晤，第以吾侪更易新装，初见似不相识耳。继又遇鞑靼数人，即昨日来求占卜者，彼于黎明之前，即驰赴多伦诺尔之马市，冀获失物，然亦徒劳耳。

途中汉人、鞑靼人熙往攘来，知其地离多伦诺尔繁盛之市区已不远矣。俄顷，金色灿烂之屋顶，煜耀眼帘，城北崇伟之喇嘛庙二所也。吾侪踯躅冢墓间，历时至久。盖人烟密集之区，亦即冢墓罗列之所也。丛冢之间，时缀小圃，竭尽辛劳，始有蔬菜数品，零落生殖于其间，自此蔬菜外，多伦诺尔之邻近，绝无产品，地皆沙瘠，水泉极少，仅数地点有水源甚微之泉，一至夏季即涸矣。

第二章

就餐于中国食馆

吾侪既入多伦诺尔城，殊觉疲劳而怅惘，盖不知置身何地也。街衢狭窄而屈曲，人物往来，连袂接踵〔踵〕，人行其间，若穿丛榛，而骆驼之步履尤困苦。既而入一旅店，卸去驼背之负载，叠置行李于小室，是室乃店中为吾侪措办者。复往市集购草料，以饲牲畜，踥蹀往来，无片刻之停。既而店主循例授吾侪以锁钥，遂扃室扉而就食于城中。饥火中烧，不可复忍也。行未久，睹一三角旗飘摇门外，是即食馆，遂入。循长廊以达广厅，其中小桌按次相对列。既坐，即有人以茗壶进，人各一壶。餐前必畅饮沸水之茶，以资导引，是盖此间之习俗也。茗饮之际，侍者进谒，状至活泼，辞至恭顺，各地状况，凡事曲折，无不谙练。闲话既毕，即问群肴序次，凡传一肴，彼必引吭高唱其名，以达庖厨，煮办神速。然进食之前，例必起立环行厅事，遍邀座客，举手招呼曰："请移座共饮一杯。"全厅之人答曰："谢谢。请君举座以就吾侪，奉邀一叙可乎？"是礼既毕，乃可进餐，餐毕起立，侍者又至。当客行经厅事之际，彼又高唱顷所进群肴之名，而殿以应付之代价总数，行达柜前，如数付之。中国食店主人号召座客之技术，实不亚于欧洲也。

多伦诺尔之商业及冶金术　西方宗教之影响

此次远征，必先至多伦诺尔者，其意义有二：欲于是购置远征需要之物品，又欲与是间喇嘛联络，以期获得游历鞑靼之重要常识。以第一端之故，吾侪遍走多伦诺尔全城。多伦诺尔之意义为七湖，汉人名之曰喇嘛庙，满洲人名之曰讷唐亚木，而藏人称为蜀塘，要其意义，皆七湖也。多伦诺尔无城垣，乃一参差秽陋之屋庐麇集处耳，街巷狭隘而屈曲，人行其间，第睹尘沙飞舞而已。当徒步者踯躅鱼贯于凹凸之侧道上，负重之车，列队之驼骡，络绎往来于泥泞之通路，覆车之祸，时时演之，其混乱阻塞之状，殆非笔墨所能形容，牲畜有窒息而死于泥土中者，货物落地，匪类竞来掠夺，纷纠乃益甚。

多伦诺尔少美好之观，其邻近地亦瘠苦，隆冬严寒，夏日酷热；然居民繁庶，商业殷盛。俄国货物循基亚督大道而下输，鞑靼人驱其牛、马、骆驼，络绎奔赴，迨其归也，挟布、烟、茶砖而去，因容〔客〕商之往来，多尔〔伦〕诺尔遂呈繁荣之象，小贩奔驰于道，呼路人而求售，商人则深立肆中，抒其佞媚之辞，以饵顾客。喇嘛衣红黄之衣，其色夺目，策骏马驰骋于行人纷阗之间，以表骑术之精练。多伦诺尔城中，山西商人尤众，然定居于是者实鲜，数岁经营，囊橐充盈，即归故乡。此广大之商区，汉人皆致富以去，而鞑靼则日趋穷困，是盖一伟大之吸水机，蒙人储蓄，尽由是而竭矣。

多伦诺尔工冶金术，伟丽之铜铁像，皆其所铸，声誉之著，不特遍播鞑靼，且远及卫、藏焉。凡崇信佛教之地，所需钟鼎祭器，几无不取给于是。小像一片融成，大像则合数片而凑接之。当吾侪游多伦诺尔时，方运一大佛像，以八十四马撵〔挽〕之而行，乌显〔珠〕穆沁旗王往朝拉萨，将以是献之达赖喇嘛者也。吾侪既道经是间，即命铸一耶苏像，而以来自法国之紫铜像为范，其制作之精，几无异于原范，华匠程功速而取价廉，且不胶持己见，能师欧洲之长技，不惮牺牲成见以迎主人之意，当其初制略具形态，如不合意，不惮改作，直至无可訾议而后已。

居多伦诺尔时，时游喇嘛庙，与僧侣谈。喇嘛学识似甚浅陋，以大概论，仅具常人之信仰心而已，所持学识，游移肤泛，一推究竟，皆瞠目不知所对。彼此互诿，弟子曰："吾师知之。"师曰："大喇嘛知之。"大喇嘛则曰："名刹中之圣僧知之。"金言："吾道西来，愈向西方，吾道愈明。"迨吾侪告以基督教之真理，彼等亦不加辩论，第言"西方之喇嘛自能为君等阐发玄妙，吾侪惟知敬守来自西方之相传旧习而已"。凡一喇嘛苟游拉萨而归，即得全鞑靼之信仰，人人视为上圣，谓彼足以窥见人之隐秘，而操幽冥中赏罚之权矣。

佳帐　精肴　茶砖

咨询喇嘛之后，加以审慎考虑，吾侪决定向西进行。十月一日，自多伦起程。在此秽陋之城市中，结队而行，事至艰困。骆驼踯躅于泥泞中，时有倾跌横逸之虞，此类可怜之牲畜每一举步，往往失其平衡，吾侪辄为之战栗。偶逢燥地，得稍憩息，将行李加以拴束，辄引为幸事。桑达歇拔状甚恚愤，往来料理，不发一言，惟啮齿于唇，以表其怒耳。迨抵城之西端，行人稀少，不复有纷扰之虞矣，然他种困难又起，盖吾侪举目前瞩，既无大道痕迹，亦无蹊径可循，惟见山阜岭脉，委迤丛杂，弥望无际，细沙活滑，人行其上，步履绝艰。在此沙碛，热气酷烈，几不可耐，负重之驼，汗下如雨。吾侪烦渴欲死，四顾傍〔彷〕徨，欲求一滴之水以解渴，不可得也。时已暮色苍茫，吾侪殊以不能得善地支帐为虑。既而土壤渐坚，草卉露痕。有顷，浮沙渐减，地面渐呈坚壤与绿色，吾侪之左，忽得一谷口，茄倍司铎策其骡，急行以察之。俄顷，司铎呈身于小冈之巅而大呼，且举手作势，吾侪遂向之疾走，盖造物主为吾侪得一佳胜之安顿地矣。至则小池一泓，其水半为丛芦萍藻所掩蔽，小冈之上，荆榛起伏，此正吾侪所需要者。饥渴困疲之后，得此已足，不复作其他奢望矣。

驼甫息足，吾侪即竞出其木制之杓，往挹萍藻掩蔽中之池水而饮之。水颇凉爽，而硫磺气剧烈触鼻，与余在比海耐山麓阿克思城中所进之饮料颇相类似，此种饮料，法国惟药肆中有之，其净洁者至低价须十五铜币。

休息稍久，气力渐复，乃立棚帐，人各努力事事：茄倍司铎斩枝作薪，桑达歇拔拾芦苇于裳幅，而许克则坐帐门之旁，试煮食物，刲割一鸡，剜其脏腑，环而观者，无不垂涎欲滴。吾侪偏欲于横渡沙漠之困苦生涯中，作法国式之肴馔，切鸡作块，投之巨釜，浸以盐水，佐以椒蒜，不久釜水沸腾。盖是日燃料甚富，故得速效。既而桑达歇拔以手探汤，取鸡一脔，加以验视，宣告曰："熟矣。"于是取釜下架，置诸草地。吾侪环坐，膝接于釜，各以二箸探沉浮汤中之鸡脔而食之。晚餐既毕，即祷谢真宰之厚赐，以其于沙漠中贶以盛馔也。桑达歇拔遂举釜往池畔洗之。吾侪为完成今晚之盛宴，取蒙古茶而烹之。蒙古鞑靼人所用之茶，其焙制之法，实与汉茶不同。汉人大率以细嫩之茶叶置之沸水中，蒸成金色而已。至蒙古茶则异是，粗叶与细枝杂糅，以磨盘压碎而胶合之，俾成坚块，形式、厚度，一如圬者所用之砖。茶砖制成，鬻诸市场，名曰鞑靼茶，盖惟鞑靼民族需此耳。然俄人嗜此，俄国亦茶砖之大销场也。鞑靼人煎茶，先取茶砖，碎其一块，加以洗涤，置锅中而沸之，至水色微红为度；旋以盐一撮投之，更煮之至沸；迨流汁几成黑水，乃加牛乳一匙，然后倾于盘盂而饮之。桑达歇拔狂饮不已。吾侪以渴故，不得不饮，盖舍是无他种饮料矣。翌晨，既卷棚帐，即与此淹留数小时之胜地告别。

途遇喀尔喀后

　　行一小时余，忽闻马蹄声起于后，杂以隐约之人语声，回首一望，则见一旅行大队疾驰而来，继有三骑追及吾侪，其一作鞑靼官吏装，大呼曰："喇嘛长老，贵乡何处？"告之曰："吾辈来自西天。"曰："曾于何邦宣布教化？"曰："吾辈顷自多伦起程耳。"曰："途中平安否？"曰："迄至斯时，骑行殊安适。君等途中安好乎？贵乡何处？"曰：　"吾辈为喀尔喀人，隶属于摩尔日望（Maurguevan）王国者。"曰："贵国雨水丰裕乎？畜牧蕃盛乎？"曰："牧区之中，一切平安。"曰："君等今向何处去？"曰："吾侪今将膜拜顶礼五台之前。"简短会谈，历时未久，而大队至矣。

斯时吾辈立于溪畔，岸旁皆丛树。旅行队之首领即下令止步，成列而行之骆驼遂环成圆周。圆周中心，一四轮车在焉，驼夫连呼肃克，群驼即同时伏地，于是列帐展于溪畔。有蓝顶官吏二人趋至车旁而启门，一绿色长袍之鞑靼妇自车下降，是即喀尔喀后往山西五台山进香者。是妇既见吾侪，即举手作礼而言曰："喇嘛长老，吾侪将暂驻于此，未知地方安靖否？"对曰："摩尔日望王后，尽可安驻于此。至吾辈则仍须就道。盖当卷帐起程时，红日高悬矣。"语毕，即与摩尔日望之旅行队作别。

睹此王后及其侍从驰骋荒漠而往远地进香，不禁令我起无穷之感。由是可见此辈真朴之蒙人，其天性中早具宗教之信仰，费用之巨，旅行之险厄困苦，悉非所计，彼辈萦绕于脑际者，未来之世界而已，若尘世之物质享受，彼辈殆不屑一顾，虽生于世，视若未生，故不耕土地，不构屋庐。彼辈之视人世，仅如逆旅之过客而已。此类思想深印脑际，遂能作此悠久艰险之旅行而无所惮矣。

暴雨　鞑靼之所以制胜英人

吾侪既远离摩尔日望之进香团，始追悔未曾追随彼辈，建帐于水草肥美之区而休憩焉，迨观乌云弥漫空际，穹苍渐趋昏黑，心中恐怖，不觉激增，彷徨四顾，期得一歇足之所，然遍觅各处，不得水泉，正周张瞻顾间，而巨滴纷落，使吾侪不复能犹豫矣。桑特歇拔仓皇呼曰："速止！速止！斯时尚可从容觅水泉处耶？天尚未崩，速即建帐。"吾侪急答曰："尔言固当，然将安从得水以饮牲畜？尔每晚茗饮，须尽一锅，将安从得水以煮茶乎？"桑特歇拔曰："水乎？诸司铎慎勿以是为虑。雨将猛下，吾侪所需，乌足尽之？速即建帐，慎勿畏怯，今日万无渴死之人，掘地作穴以饮雨水可耳。"既而，桑特歇拔复言曰："否否，不必作穴。君等不睹彼处有牧人乎？有羊群乎？是彼处必有水泉矣。"吾侪聆是，果见一人驱群羊而来。吾侪遂舍现循之大道，急行以赴之。斯时雨如倾瀑，行步益促，颠沛之中，一驼所载之物忽坠腹下，不得已，引骆伏地，从事捆束，迨行抵一浊水汇萃之小沼，吾侪衣履已尽湿矣。是晚不必商榷设帐之所，盖遍地浸水，无从选择矣。

既而雨势渐懈，风力转猛，展一棚帐，其事至艰，是无异取一滤沙布绷于水中也。迨吾侪欲张设之，其事愈艰，使非秉负〔赋〕神勇之桑特歇拔为助，殆莫能济。棚帐既建，吾侪遂得一防风堵雨之所。桑特歇拔慰告曰："神父，今日吾侪必不死于渴，殆将死于饥，我实无术以措此。盖吾侪居此，无从取火，既无树枝，又无树根，搜索牲畜之粪，亦必不能得，大雨之后，此荒漠之惟一燃料，已融成液汁矣。"吾侪遂决以麦粉调入冷水以当晚餐。忽睹二鞑靼人导一骆驼至，行礼后，其一言曰："喇嘛长老，今日君等必不能举火矣。"曰："吾侪无兽粪，何能设灶？将奈何！"曰："凡属人类，均是同胞，理当互助，且平民当为事神业者服役，因是吾侪助君等举火而来此。"盖吾辈彷徨以求设帐处时，彼等已洞烛其因，故今以兽粪二篓馈赠。既得此意外之贶，不能不感谢上穹之厚惠。桑特歇拔遂煮麦粉，且增其量，饷〔飨〕彼两人。

当晚进餐时，觉此二鞑靼人中，其一似饱经战役者，遂询以蓝旗中彼居何阶。答曰："二年前，讨伐南方叛徒之役（斯时英人方与中国起衅，鞑靼人遂称英人曰南方叛徒），察哈尔八旗皆行，余曾任楚项达（Tobouanda）之职。"曰："异哉！尔乃参预此烜赫之南方战役耶？尔等牧人，乃有战士之勇气耶？尔等习度和平生活，彼此屠杀之惨剧，当非尔等所优为？"曰："唯唯，吾侪诚为牧人，然未尝忘其为战士。盖八旗者，大君主之后备军也。大清帝国之政典，想为君辈所熟闻。设有敌国外患，最初御侮者，厥为地方防军；或不能克，则发索伦劲骑以讨之；仍不能平，则征察哈尔诸旗，其马蹄声即足令敌人胆落。"曰："南方之役，察哈尔诸旗，悉被征召乎？"曰："然。战事初起，以为癣疥小患，仅地方防军往御之耳，既而知为劲敌，发索伦兵，仍不能克，皇帝乃下诏征集吾侪，于是吾侪各赴牧群选骏马，拭弓矢积尘，刮戈矛锈秽。各帐刲羊作饯，妇孺无不悲泣。吾侪乃晓以大义曰：'吾辈受大皇帝恩，已历六世，未尝服役，今日需用吾辈，岂可退缩耶？大皇帝畀吾以察哈尔之乐土，恣吾畜牧，且作防御喀尔喀之屏藩，今叛徒来自南方，当赴南方以讨之。'喇嘛长老，斯言合理否乎？是乃天经地义，吾辈不可不行。圣旨黎明宣读，至午吾辈已聚集于首领处。是日即行，遄赴北京。既抵京师，旋赴天津，屯驻三月。"桑特歇拔问曰："君等曾战斗乎？曾见敌兵乎？"曰："否。吾辈驰抵之后，彼等不敢露形矣。防军屡为吾等危惧，以为徒供牺牲，无裨实事，其言曰：'君等安能与水中怪物抗乎？彼等生息海中，有若鲸鲵，防堵稍懈，此类怪物即浮涌水面，乱喷着火之西瓜（华人名欧人炮弹曰西瓜弹）。迨吾侪觉察，弯弓以射之，彼等即自沉水中，若群蛙焉。'彼等虽以此相胁，然吾辈八旗战士，不因是而畏缩。当吾辈尚未开拔之时，大喇嘛曾阅神秘之天书，以卜休咎，云：'此次战役，必得佳果，每旗皆有皇帝选派之硕学喇嘛任医卜事，有不服水土者，彼能治愈之，海怪来侵，彼能克服之。'吾侪复何畏哉！叛徒闻常胜军察哈尔群旗将抵海滨，震栗乞和，大君主抱海涵地负之量，慨允其请，吾侪遂归故乡而从事畜牧矣。"吾侪聆此重要战役之史事，心中至为兴奋，竟忘置身于沙漠中之苦趣，尚欲再集中英战役之史料，而暮色苍茫，二鞑靼人竟觅路而去矣。

红旗 鞑靼平原中所得之深刻印象

两人既去，顿觉寂寞，愁闷情绪，涌上心头，长夜漫漫，今方起端，百无聊赖，何以遣此。偶一念及，不禁战栗，将用何术以休憩乎？行帐之内，泥浆流溢，虽久燃烈火，而湿衣未干，仅能蒸发其一部分之水量耳。至展于地上之皮毡将用以捍御睡眠时之湿气者，状绝可悯，殆如落水之兽皮。居此凄恻之状况中，惟时诵《圣经》以自慰耳。夜不成寐，困疲特甚，最后交手于胸，以首抵膝，作片刻之梦寐。迨此愁苦之夜，行将引去，吾侪忽感不可思议之乐趣。晨曦初临，天空作蔚蓝色，明净无云，天公将以是稍偿昨夜困苦。既而晶莹日轮照耀大地，湿衣可望于道途中曝干矣。吾辈整束行装，旋即欲行，斯时天气清朗，平原丛草被雨而下坠者，渐昂其首，道上土壤亦渐坚硬。吾辈行日光中，渐觉温暖。迨入红旗平原，而吾辈乃益愉快，盖是为察哈尔境内最秀丽之地也。

察哈尔者，蒙古语极边之意。是地东临克什克腾，西界西图曼（Le Toumet occidental），北接苏尼鸟〔特〕（Le Souniont），南达长城，其面积纵百五十海里，横百海里。察哈尔之居民悉为皇家兵士，每岁按级给饷，步兵岁饷银十二两，骑兵倍之。皇家之优良牲畜，悉豢于是。牧群以牛、羊、马、驼合成之，其地共有三百六十群，每群牲畜千二百头，按此计算，皇家畜牧，其数了然矣。凡一鞑靼人，其官阶能至白石顶戴者，即可任每群之牧监。朝廷阅时命官查察，若见缺少，即勒令收监，以私财购足。法令虽峻，而鞑靼人仍能舞弊以牟利，私行换易，实其要诀。设华人有一驽马或病牛，可牵往牧监处，饷以微利，即能于牧群中任意择最骏壮者取之。运用是法，畜牧之数不减于旧，而彼可安享厚利焉。

在晴霁之日光下，行秀丽之乡，此实吾辈生平第一遭也。沙漠固觉可憎，然时亦可爱，鞑靼风景，至为奇特，非其他居民稠密之乡所可比拟。居文物进展之邦，旅迹所至，惟见稠茂之种植、千奇百怪之工艺制造品、商业之周流不息而已。若居文物尚未发露之乡，则异乎是。目之所接，惟林木幽蔚，花草蓬勃，人之性灵，若为此伟岸之自然界所震慑。彼鞑靼风景，实有异乎是二者，既无城市屋庐，又无植物森林，弥望皆草地，间有汪洋之湖泊、澎湃之河流、险峻之高岭点缀风景。时遇一望无限之平原展拓于前，渺无畔涯，寥廓杳冥，静默居此，几疑置身大洋中矣。蒙古之草地风景，既不足吸引欢乐，复不足感触愁闷，然二者实能因是而浑合，幽穆之情绪、宗教之思潮，实能因是而涌现于性灵。人居其间，藐视尘世，而亲天国，是实人类归本还原之绝好居处也。鞑靼平原，非永久寂寥，时亦呈露活泼之气象。盖水草肥美之处，时能吸引蒙古人民挈其眷属而来游。容量各异之棚帐，罗列各地，状若充满轻气之群球，行将飞昂天际。然背负小筐之孩童，驰逐往来，以求兽粪，既有所得，堆积帐旁。群妇或猎犊，或煮茶，或准备牛乳，壮丁悉策怒马，挟长斧，分道驰骋，驱其牧群于草地，自远望之，俯仰起伏，若海涛然。然此活泼气象，俄顷即灭，人、帐、牧群杳无踪迹，第见堆积之灰烬、未灭之灶火，与夫群鸟竞啄之尸骨，以此征蒙古游牧部落曾取道于是耳。若于行踪飘忽之故，加以究竟，则彼辈一如兽群，睹肥草被野，竞趋啮噬，迨草已尽，首领下令启程，即卷棚帐，驱牧群而他去，不问东西，惟求新鲜之草地而已。

鞑靼风俗　往来仪节　帐棚形制　骑士与猎人

往访鞑靼人家，其仪节殊简朴，凡汉人之繁文缛节，一切屏弃，登门进见时，惟祝阖第平安。主人对门跌坐，客则坐于其右，继即各探腰囊，出壶中鼻烟而互献之，并致寒暄语曰："牧场肥美乎？牲畜壮硕乎？马悉僄悍乎？游牧时，途中安谧乎？"寒暄既毕，婢媪一人安步而出，对客伸手，不发一言。客急探怀，出一木匙与之。有顷，婢媪以满盛乳酪之茶进。若在舒裕之家，容座之前，往往设一小桌，桌上罗列乳膏、麦粉乳饼及糕，此小食四品装于涂漆之木匣中，来客可任意选取，和乳酪茶而食之。若蒙古酒，则非款待上客，不轻献焉。是酒盛于土罐，罐藏于灶边热灰中，酒以薄乳发酵，经过蒸滤而成，味淡气烈，非生长蒙古之人不惯饮也。

蒙古帐棚，自地至人身高度之半，作圆锥体，其对径八尺至十尺，上装一截体尖锥，形若灯罩。帐棚之架，其下部用交错之细干，可任意舒敛如渔网然。木干自尖锥底圜起，聚敛而达顶尖，若雨伞之细干然。架上蒙以粗厚之毡，帐门有二，既低且狭，门之上端设横木以当闩，须屈膝低首，乃能长〔入〕帐。自帐门外，尖锥体上又开一洞以散灶烟。洞口覆兽皮一片，皮缘有绳，系于门之上端，以司启闭。帐内划分两部，门左为男子居处，即为招接宾客之所，苟有人焉，入门向右，即为大不敬矣。门右为妇女居处，一切杂物器用，群萃于是。其间设一大瓦盆，以储应用之水，又有大小异量之树段，剜成孔穴以盛乳酪。帐之中央，地上设一大三足架，乃用以置巨釜者，釜为铁制，其形若钟。门前灶后，设一长形椅，在鞑靼人家所见之用器，以是为最奇。椅之两旁极端，饰以涂金雕刻之铜版。凡行帐中，几无一不设此椅，是殆为蒙古民族必须之用器。然其间有使人难以索解者，当吾侪游历时，从未发现一新制者。吾侪所遇，未尝无富厚之家，而此奇异之椅，则皆破旧，椅虽日趋败坏，而主人郑重保守，不敢遗弃，故在蒙古各城中，未尝无旧货铺及质库、代销所，从未见有此类长椅陈列于中而求售者。长椅之旁，在男子区域中，往往置一方形小橱，橱为存储零星稀呢之所，又作供养小佛之座；佛像或木或铜，交膝趺坐，衣黄袈裟；前列铜杯九，其量仅与吾侪习用之最小玻璃杯等耳；鞑靼人每日以水、乳、麦粉等盛于杯，以资贡献。佛旁又置黄绸包裹之经典数册，佛堂壮严，于以完成。凡剃发秃顶而独身者，乃能触佛座上物，若常人以不洁之手指动之，则为大不敬矣。帐干之上，遍悬鹿角，是亦藏〔蒙〕古居民需要之用具，盖牛羊肉、乳油瓶与弓矢、小铳悉悬于是焉。鞑靼居民无家不备军械，鲜有例外。若非习居蒙古之人，骤入其帐，必感恶臭之强烈侵袭，气味之猛，令人心怖，此皆乳油及腥膻物占〔沾〕润衣服、用具所致，故汉人名鞑靼人曰臭鞑子，然汉人自己亦不清洁，其气味亦令人作恶也。

鞑靼人其家事悉由妇人任之，凡榨牛乳、制乳膏、汲水于远地、搜集兽粪而晒干堆积之，皆妇人任其劳，余若缝衣、制裘、作毡，亦皆妇人专责。惟未成丁之童子或可稍分其劳耳。至男子之任务则甚稀简，惟驱其牧群往肥美水草地耳。自幼龄习于骑射之人观之，斯事不特不以为苦，且以为乐。惟牧群中或有逸去者，不得不四出寻逐，则稍觉劳苦耳。当其寻逐也，纵辔狂驰，其行若飞，或登山之巅，或穷谷之底，直至遁兽归伍而后已。鞑靼人时出行猎，然亦迫于需求，非以为乐，鸣枪发矢以杀兔、鹿、雉者，为王庭贡献品耳。至其捕狐也，悉以追逐得之，盖彼等宝爱狐皮，用他法捕之，恐伤其皮也。华人捕狐，悉于夜间设阱以陷之，鞑靼人则痛诋其奸黠。曾有一红旗中著名猎人告吾侪曰："吾辈行动光明磊落，见狐则策骑逐捕之已耳，不设诡计也。"

鞑靼人自驰马外，无所事事，其生涯至为闲适，镇日趺坐帐中，或偃卧，或饮乳茶，或吸烟斗，然鞑靼中未尝无游荡之人，且其游荡也，或尤甚于巴黎人士，惟其方法则不同：彼不持手杖，不御目镜，偶然兴发，抽身疾起，取悬于门上之马鞭，跃登马背，盖彼之马，恒系帐前桩上，以备用也，直向荒漠，渺无定向。若于远处睹骑士之影，即纵辔追及之；若见炊烟起于他处行帐，即疾驰赴之，别无意义，惟欲与他人闲谈以消永日而已。

觅水　暴风

留居察哈尔平原中者二日，是未尝无益于吾侪，盖借是可曝干衣服而整理之，且可详察鞑靼居民之习尚，及游牧种族之风俗。迨吾侪整备行装，将复起程，鞑靼邻人为之卷帐，并为之装置行李于骆驼上，且告曰："喇嘛长老，今日君等可歇宿于三湖。是处水草肥美，苟行程无误，日落之前，必可驰抵，舍三湖而觅水，则遥遥矣。敬祝君等道路平安。"吾侪答曰："还祝君等居处安适。"桑特歇拔遂上小黑骡而启行。吾侪离此而去也，无所留恋，与离他处同，惟有微异者，建帐之处，遗灰烬一大堆，四围之草，尽彼〔被〕践踏耳。

晨间天气虽凉，却极晴明，午后北风忽起，狂吹猛撼，既而峭厉，不可向迩。吾侪皆自悔未戴皮帽，不然面部或可多受蔽荫。急行以进，求达三湖，俾得蜷伏于帐中。发现三湖之心至渴，左瞻右瞩，目光还旋不已，然终无所见。其时已晚，窃疑今日惟一之投宿处已越过矣。既而尽力遥瞩，山谷深处，忽现一骑，离此固远，然不得不试往一询，茄倍司铎遂策驼驰往，骑士闻驼鸣，即回顾，见有人来就己者，即返辔疾行以迓之。彼至声闻相接之距离，即呼曰："圣徒，尔曾睹一群黄羊乎？余久不得其踪迹。"曰："未睹黄羊也，余求水不得，未知泉源安在。"曰："尔来自何处，去往何地？"曰："彼处尔所见小旅行团，即余之伴侣也。人言今日吾侪道途中可得湖沼环流之绝妙建帐地，迄今尚无所得，奈何？"曰："尔等曷为而迷道耶？顷尔等行径〔经〕之处，已近水区矣。喇嘛长老，尔愿余任向导乎？余将为尔等指示三湖所在。"语毕，以鞭策其马者三，俾得急行，随驼以进。有顷，即与候于中途之小旅行团相合。猎者告曰："教徒乎，尔等行程，已觉过远，宜即折回，尔等曷不一眺彼处乎？"语时以其弓端指示曰：

"有一天鹅在草地上，掠空而行，此即三湖所在也。"吾侪答曰：
"谢君指示，君以三湖告，而吾侪不能以黄羊消息奉报，无任惭
愧。"蒙古猎人遂拱手至额而别。吾侪即循其指示处而行，行未数
武，湖沼气象，盎然在目，丛草稀微，碧色萎淡，状殊憔悴，盖
牧群饮于湖畔，草被践踏而然也。吾侪自骑跃下，从事建帐，风
力绝猛，竭尽气力，乃得巩固。桑特歇拔为吾侪煮茶，镇日劳疲，
斯时渐觉苏苏。驼啮细草，状至愉快，而吾侪尤爱其伸长颈以饮
于湖，水汩汩上升，殆无异于吸水机也。领此闲适之趣，为时至
久，忽闻纷呶之声，起于后方，绝类舟上巨帆为烈风所摇撼，既
而此暴风中流露剧烈呼声，审之乃桑特歇拔所发者。吾侪急趋以
赴之，幸驰援尚早，帐棚尚未为飓风所飘拔。风之方向，适对帐
门。帐中适燃兽粪以煮茶，劲飙环旋，足肇火患也。吾侪乃努力
重插帐架，俾臻安固。桑特歇拔因是挫折，心绪烦闷，终宵悒悒
不欢，盖大风灭火，煮茶为之延缓故也。夜色渐深，风声渐靖，
既而晴霁矣。天际净朗，月色皎洁，星光灿烂，居此旷野，四围
寞漠，惟见绵延峭突之峰峦，刻划辽远空际，幻成诡伟之形态而
已。惟闻湖泊中水禽千百成群，竞啄残枝败叶之鸣号声而已。然
此恬静之荒野风景，非桑特歇拔所能欣赏者，彼惟燃火煮茶、引
杯鲸饮而已。吾侪以其嗜茶也，任其偃息茶于炉之旁。

灰鼠窟穴之毁灭

时方过午，吾侪忽遇三井，彼此距离不远，时虽甚早，即拟建
帐。斯地平原辽廓，弥望无垠，居民绝迹，以意度之，是处必乏
水源，不然鞑靼奚必凿井于是耶？吾侪既建帐棚，忽悟是非善地，
盖不特井水咸劣，且乏燃料，遍觅兽粪，毫无所得。其后桑特歇
拔以其锐利之目光，忽于远处得一岭峦环绕之广区，是必牛群牧
场，彼遂驱驼往收燃料，迨其返也，囊橐皆满，累累皆优良之兽

粪也。惜未干燥，无从燃烧，桑特歇拔必欲一试，遂取铲掘地作灶，以土筑一烟突。是灶形态甚美，然无功用可言，桑特歇拔尽力排列兽粪，且尽力吹之，然徒耗气力与光阴耳。烟气笼罩，火星绝迹，锅中之水，绝无动作。吾侪不复作煮茶、煮麦之想，惟欲稍得热气，使井水稍减恶劣之气味耳。百端思索，竟获妙策，蒙古平原中，往往产灰毛之小动物，穴地而居，是盖鼠类也。是类之鼠，率于其窟穴之口，运用技巧，以错综之草茎，构一小圆顶，借以障蔽风雨，此顶久为日光所曝，干燥可资燃烧，其形其量，殆如地鼠穿穴土壤所得之泥丸。吾侪立帐之地，灰鼠至繁殖，吾侪烦渴欲死，不得不毁此小动物之庐舍以济急。当吾侪行近窟穴，从事拆顶之际，彼等狂窜入地。赖此暴力，燃料遂集，是日所赖以解渴之井水，遂得煮沸矣。以燃料之艰，每日进食虽力从节省，然所携食品，渐趋匮乏，若乳饼，若麦粉，所存皆已不多，途中曾遇一骑士云："去此不远，有一商埠曰晓薄旦（Chaborté，即泥城之谓）。"吾侪赴之，当取迂道，然舍是地，别无食物可得，则当未抵蓝城之前（蓝城距此尚有百海里），不得不向左斜行，以达泥城。

第三章

月饼节

吾侪于八月十五日行抵泥城，是日适逢华人节庆。此节起源甚古，名月饼节，乃因祭月而设者，以表示庆祝，故全市休业。凡仆役、工人，主人皆给以节犒，御其新衣，闲游街衢，家家户户，喜气充溢，饮酒博弈，尽欢极乐。亲朋之间，相赠以饼，饼形正圆，小大不一，饼面绘一月形，即绘一兔，伏于树下也。自十四世纪后，是节实染政治意味，其掌故历久传播于华族，而蒙人则不知焉。当西历千三百六十八年时，成吉思汗创立之鞑靼帝国已历百年，华族思欲脱其羁绊，群起反抗之思想，潜滋于各省，欲于八月十五日各地同时起事，击杀驻防华人家中之蒙古兵士，其传令之法，即以纸条藏诸月饼中，循例馈赠，蒙人不防焉。屠杀蒙兵之事，遂起于各地，而蒙古军队之散居民居者，遂全数消灭，蒙古帝国因以倾覆。故华人之庆月饼节也，在今日其意义非庆月神，乃庆民族之复兴也。蒙人于此，似已遗忘，盖每岁庆月饼节，一如华人，不知所庆者，乃其敌人摧灭其祖先而胜利之节日也。

蒙人帐中之宴会　　羊尾进食时之受困

离吾侪屯驻地约一枪射击之程，有蒙古帐数处，容积甚大，扫除甚洁，知为高级蒙民所居住，且牛、羊、马匹，围绕甚多，亦足征主人之富厚。当吾侪举行晚祷时，桑特歇拔驰往访之，有顷，一白发老人忽现于前，察其容颜，盖上流人也。老人携一幼童，并有一少年喇嘛随侍。老人告吾侪曰："喇嘛长老，凡属人类，均系同胞，然凡生活于帐棚中者，彼此关系尤密，不啻骨髓之与肌肉。喇嘛长老，曷不枉顾敝庐一坐乎？八月十五，一年佳节，君等客游，今夜不克居家庆祝，则可至吾家欢聚数日，是实为敝庐之荣幸。"吾侪即答以"盘桓数日，势所不可，惟当于夜祷后，赴翁帐中啜茗畅谈耳"。此诚朴之鞑靼人遂兴辞而出。顷之，随侍之少年喇嘛复来云："主人已鹄候矣。"吾侪以其意甚诚，不可复拒，遂命桑特歇拔守候帐棚，即从少年喇嘛往访之。步入帐棚，觉其中一切整洁，与他帐迥异。帐中不设灶，故庖厨所需粗笨器具，皆不触于目。其中陈设，秩然有序，望而知为庆祝节日而设者，吾侪遂趺坐于大红毡上。有顷，有人自设灶之邻帐中，持饼饵、乳茶、葡萄干来献。吾侪即与围坐之蒙人，通姓名，道寒暄，谈次不觉渐及月饼节之故实，吾侪谓之曰："吾辈西方人不知有月饼节，惟敬天主耳，是乃构造天地日月及万物之主宰也。"老人拱手，惊呼曰："是真圣道也。鞑靼人本无拜月之习，彼等见华人庆祝，亦从而敬之，不自知其所以然也。"吾侪答之曰："诚然，君等遵从华俗，不知其渊源，是语实含至理。吾侪所闻于中土者，可为君等述之。"吾侪遂演述月半之惨史。当演述时，鞑靼人皆表惊异，其年少者低声相语，老人则极端静默，俯其首以制老泪之下堕。吾侪睹状，谓之曰："君年事已高，闻此史事，似不以为异，而感慨绝深，何也？"老人拭泪仰首曰："智哉长老！少年闻此，固以为异，若余则未尝不知斯事者，第不忍置之念虑之中耳。盖偶一念及，使人惭愧欲死。鞑靼虽服属于华夏，心固未尝忘祖国也。吾侪大喇嘛深知之，一旦机缘凑临，吾侪必能为前代流血之祖宗复仇也；启发吾心之圣人一旦降临，吾辈必听其指挥，揭竿起事，相率向汉族兴问罪之师。至蒙人所以每年庆此节日者，其多数皆视为无足重轻之礼仪耳。实则月饼深踞蒙人心坎，正足激发惨痛之回忆，而引起其复仇之心也。"老人默然有间，复言曰："贤智长老，往事且勿论，今日实一可庆之良辰，盖君等惠然莅临，实一可庆事也。因是吾侪可不复置念以往之惨史矣。"语次顾坐于门限之少年而询曰："羊肉若已煮熟，尔可取之以来。"是人闻命即起立，扫除帐内，而老人长子已举一圆桌自外来，桌上堆满熟羊，分为四脔。迨圆桌置于宾座之中央，家长即出其腰间之佩刀，割截羊尾，分为二段，献诸吾侪。在鞑靼部落中，以羊尾为盛馔，用以献客，最表崇敬。鞑靼羊尾，状至特异，宽匾〔扁〕而厚，其中脂肪之丰，可得六与八利佛尔重。家长既献羊尾于吾侪，众客各出佩刀，割取羊肉。鞑靼宴会，例无刀叉，客皆置所割之羊肉于膝上，而以手指随意撕之，脂肪流溢指间，即以衣之前幅拭之。彼等已成习惯，而吾侪则至感困苦。以羊尾献，礼至崇敬，然按之吾欧习俗，无盐与面包，将何以食此肥脆？于是吾两人作欧语以相商榷，将用何法渡此难关？置此羊尾于桌上而不食乎，主人必不怿；商之主人，任吾侪舍此美馔乎，必不容于鞑靼习俗；后乃决定办法如下：将羊尾割为数块，分赠众宾，以表佳节之福利与众共之。众宾初皆坚拒，吾侪与之力争，乃强受之。此类羊尾之味，实吾侪有生以来所未尝者也。

招铁木儿之魂

此饶有风趣之盛馔既毕，所残留于帐中者，惟光泽皑白之羊骨一大堆耳。一童子即取悬于帐干羊角之三弦琴呈之，家主即转授于一少年。少年伛偻受之，状至恭恪，然琴一入手，两目即呈兴奋象。家主告吾侪曰："余邀一歌者讴唱故事，借以点缀今晚之盛会。"老人作此语时，少年已拨指作试弹状，既而引吭高歌，意气悲壮，时或顿逗，间以叙事之语调，发扬蹈厉之概，盎然流露。斯时鞑靼听众，无不侧身就之，且随歌声而舞蹈。歌之本事，皆爱国英雄之故实也。听者无不动容，至于吾侪，蒙古史事既非素习，凡此歌曲中之人物，皆无与于吾辈，自不能激发其情感焉。歌唱既久，老人即酌牛乳酒一大杯与之，歌者置琴于膝，啜此甘浆以润枯喉，饮毕，复以舌收杯畔之余沥。吾侪谓之曰："尔顷所赋之曲固美善矣，然铁木儿之丰功伟烈，尔未尝讴唱及之。《招〔招〕铁木尔之魂》非蒙古之名歌乎？"众皆和之曰："然，然，尔可歌《铁尔木〔木儿〕招魂曲》。"歌者默然有间，似有所搜索者，继乃杼〔抒〕其伉烈之音调而歌曰：

> 繄铁木尔，赫若神人。诞降吾土，国威远腾。一嚬一蹙，地轴为倾。普天万族，沸荡纷纭。彼一张目，云消雷沉。繄铁木尔，赫如人神。伟大之魂，何日重临。魂兮归来，企伫屏营。噫铁木儿，瞻望殷勤。

　　蒙古青年，铁腕鹰扬。雄韬伟略，能服蛮疆。明驼出没，荒草迷茫。彼具鹗目，能瞩远方。缘何自弃，祖业荒凉。缘何自惰，任敌纵横。噫，铁木尔，赫如神人。伟大之魂，何日重临。魂兮归来，企伫屏营。噫，铁木儿，瞻望殷勤。

　　瞻彼高冈，绯衣飘拂。喇嘛来兮，怀望郁集。噫尔喇嘛，宣尔玄密。当我祈祷，杼〔抒〕以热烈。未来幸运，能否刈获。噫铁木尔，赫如神人。伟大之魂，何日重临。魂兮归来，企伫屏营。噫铁木尔，瞻望殷勤。

　　翳铁木尔，神像之足。炷以香木，伛偻俯首。膜拜匍伏，陈以碧茗。献以乳酪，整装以待。蒙古脱缚，我弓慨张，我矢已镞，惟尔喇嘛，畀以福禄，噫铁木尔，赫如神人。伟大之魂，何日重临。魂兮归来，企伫屏营。噫铁木尔，瞻望殷勤。

　　迨鞑靼讴人奏国歌既阕，即起立鞠躬，悬其乐器于帐干之钩上而退。老人曰："邻家庆节，亦需讴人。然君等之聆鞑靼歌曲，似有深味。吾家有一昆季，博通蒙古歌曲，惜其不善和乐，未能成一讴人耳。"老人语至此，笑而他顾曰："宁薄，尔来前，西天喇嘛，聆汝歌曲，此实罕睹之荣遇也。"

蒙古讴人

　　有一蒙人，倦〔蜷〕伏帐隅，吾侪初不注意，至是倏然起立，即据讴人顷所占之座。是人状貌怪特，头颈深陷广肩中，目巨而白，沉凝不动，错置于为日光熏炙而黑之面部中，首发蓬勃，纷杂撩乱，结辫两股，垂于左右，直一蛮獠耳。是人踞座而歌，歌声亢朗，其特长处在能延长声浪高度，使不间断，听者往往因声烈而昏眩。吾侪聆此高歌，不胜困疲，欲俟其暂歇而辞出，然久久不停，无术以间断之，且彼似已洞悉吾侪之隐哀〔衷〕，一阕甫毕，他阕即续，绝不径顿，吾侪不得不困坐静候。斯时夜色已深，良久乃止，歌者取茗碗一举尽之，既而微咳，似将复歌，吾侪急起，呈鼻烟一小匣于家长，与群众作别，遂归寝帐。在鞑靼区域中，此类讴人，所在有之，游行各帐，所歌者皆祖国故事及英豪事迹也。此辈类皆贫窭，别无长物，腰间一琴一笛，而已。然蒙古居民无不优遇之，有款留历数月之久者，迨其行也，赠以旅资，馈以饼饵茶酒，此辈与古希腊讴人相类，其足迹满布于中国本部，他处罕觏，在西藏则时时遇之。

鞑靼青年之教育　蒙古人与马匹

节日翌晨，晨光熹微中，一童子忽来吾帐，手挟一满盛乳酪之木盆，而其臂上则悬一组织粗拙之篮，篮中贮新蒸之饼及乳膏一片。有顷，一老喇嘛踵至，一鞑靼人荷兽粪一囊随之。吾侪邀之入座，喇嘛曰："西天长老，区区簿〔薄〕物，奉主人之命而馈赠，君等其受之。"吾侪仰首致谢，桑特歇拔即匆遽煮茗。吾侪欲其稍候，彼即告曰："是晚余当再来，今则未能领受盛情，盖日间应诵之祈祷文尚未授于吾徒也。"语毕，以手指馈送乳酪之童子，即携其手而归。此老喇嘛即家庭之塾师，其职在授童子以蕃文经典。鞑靼之教育，范围至狭，惟剃发者始习诵读书写。在鞑靼区域中，绝无公共之学校，惟富室始延师教童子诵读。青年喇嘛例须就读于喇嘛庙，此实为艺术、工业、学问之中心点，舍此别无他途，故喇嘛不特为传教师，且为其地之医师、画史雕琢师、建筑师，实有领袖群伦之资望焉。至不入喇嘛庙之蒙古青年，其教育仅注意于武艺之练习，弯弓发枪。自幼即优为之，至骑术则几为其终身事业。童子既达成人之期，体力已届发展，即练骑术，初仅徐行，继则驰骋。当驰骋时，少年骑士，坚持其师之衣裾而伏于马背。鞑靼人自幼即娴习马上之动作，故迨成年，与马相习，无不如志矣。当蒙古人之追逐悍马也，颇呈奇观：持一长而重之木杆，其端系一缠一活结之绳，疾驰以逐之，循奔马之迹以赴之，聘〔骋〕突于崖堑乱石之间，驰骤于斜坡之上，激烈追逐，必及之而后已。迨其及也，以齿衔辔，两手持杆，倾其前身，掷活结于野马之颈。此种动作，不特勇悍，且极敏捷，虽间有碎杆断绳者，然吾侪未之见也。蒙古人娴于骑术既若是，故当践地时，即呈局促不安之象，行走迟钝，股胫弯曲，胸部前倾，左右瞻顾，凡此皆足为骑士之征象，半生驼马生涯，乃有此态度也。鞑靼人之夜行也，往往休卧于驼马之上，苟遇旅人而问以夜宿之所，彼必愀然答曰："驼背耳。"苟遇水草丰美处，虽正午，必停歇，群驼散牧，优游龁草，而彼辈则偃息鞍上，酣然入睡，若高卧于榻上。因此不息之驰骤，久长之旅行，遂使鞑靼人之筋骨，日趋强固，虽严寒砭肌，彼辈漠然也。在鞑靼荒漠中，如喀尔喀等处，其寒可怖。在冬令中，温皮〔度〕表以水银凝固而失其效用，往往全地皆雪。西北风起，平原震撼，雪随风卷，恍若巨浪，层冰旋舞，气象阴惨。斯时鞑靼人以护其牧群，而奋勇奔赴，急行导之，大呼促之，俾避深谷以免祸，间有持以神勇、不屈不挠、兀然立风雪中而不动者。

妇女之教育

　　鞑靼妇女之教育，亦以造成劲毅性质为捐〔指〕归，盖与男子所受之训练，无以异焉。弯弓放枪，虽非素习，然于骑术，则其灵敏勇敢，较之男子，殆无愧色。惟当旅行时，或牲畜有逃亡时，始一显其好身手耳。平居无事时，畜牧、骑猎，固非妇女分内事也。妇女惟理幕内事，若烹饪、缝纫等，运针之巧，鞑靼妇女，夙负盛名，凡蒙古装束之衣裳及冠履，皆彼邦妇女所裁制。彼辈所制之革履，固嫌质朴，然其坚固，令人惊叹。盖运用粗拙之工具，而竟能制成历久不敝之革履，实使人无从索解。当裁制时，非历时甚久，用功甚多，必不能成此佳构也。鞑靼妇女，又善刺绣，此盖出于天性，花纹之精细，色泽之错综，见者莫不叹赏，大地之上，殆无其匹，惟吾法兰西最精美之绣品，或能与之颉颃耳。蒙妇之运针也，与华妇异，华妇施针，自下向上，蒙妇则自上向下，法国针法，异乎二者，盖取自右向左之横线而运桌者，三种针法，何者为善，吾侪无从悬断，此关于缝纫学之探讨，存而不论可也。

晓薄旦城之衰落　　乘骑走失之追获

为购办粮食计，月之十七日，清晨，吾侪返抵中国市镇晓薄旦城，是地沮洳卑湿，屋庐率以土筑，四周绕以高垣，街巷屈曲狭隘，城大如斗，景物凄恻，侨居之华人，其狡黠较他处为尤甚。凡蒙人需用之货物，率可取给于是，麦粉、奶油、棉布、茶砖，无不备具，鞑靼人则输其大漠土产，若盐，若菌，若皮革，以贸易焉。

吾侪购物归来，即整理行装。当收拾食器行箧之际，桑特歇拔在外寻觅放牧未归之牲畜，有顷，牵三驼而归，低声呼曰："三驼在此，然马与驴安在耶？吾尝羁其足，以防其逸，未久，吾曾见之，今殆为人盗去矣。君等岂未之知耶？"吾侪闻之，若中雷霆，然斯时忧虑，亦复何益，迅求盗踪，乃为上策。吾侪遂登驼背，分道追搜，而令亚萨朗守帐，然久之无所得，乃访邻近之蒙古帐幕，而告以驴马失踪事。按鞑靼法律，凡旅行而失牲畜者，其邻近之人当代为追搜，追搜不复，当以己之牲畜偿之。此类律文，至为奇特，固不适宜于习用欧律之人民。有人焉就蒙人居处而建帐，夙昔既不相识，临时亦未通告，而人口、牲畜、行李，悉由地主负保护之责。推蒙律意义，以为侨寓之人，或有所失，地主实盗之，借非盗窃，实犯嫌疑，因是律文，追踪逸畜，遂成蒙人之绝技。苟于草野间探得一缕痕迹，即可断定是兽何时经此，是否有人骑乘，一踏踪迹，千回百转，必得乃已。吾侪既以驴马失踪事告诸蒙古邻人，其首领即言曰："喇嘛长老，君等慎勿忧虑，驴马决可无恙，此间无盗贼，亦无窝藏之匪类，余即遣人四出搜索，若竟不获，君等可于吾侪牧群中择其健骏者取之，必令君等安靖而去，如来时也。"斯言甫毕，鞑靼八人，即持拘马之长钩，跃登马背，飞驰侦察。初皆分道疾驱，盘旋数匝，再三往复，既而联成一队，直向吾侪来路而狂奔。蒙古首领凝视其去，而告吾侪曰："喇嘛长老，君等可至吾帐中休憩啜若〔茗〕，以待驴马之归来也。"两小时后，一童临门告曰："骑士归矣。"吾侪仓卒起立，举目遥瞩，见尘埃中，群马奔驰，捷若飙举。有顷，状渐清晰，八骑果曳驴马以归，行抵帐门，状至欣忻，谓此地决无失物事也。吾侪遂谢其为我服劳，赞赏其骑术之精妙，旋即辞别，乘骡马以行。吾侪直向蓝城而去，顷以往晓薄旦购粮而绕过者也。

蒙古之古城遗迹

行役三日，忽于沙漠中，得伟大古迹，乃一废都也。雉堞之堡，眺望之塔，四方之门，巍然尚存，惟四分之三陷没土中，丛草覆之。此城废后，沙土高积，今已侵及雉堞。吾侪行抵南门，即入城凭吊，而令桑特歇拔仍遵大路以前进。既履城闉，顿生感慨，遗址废迹，荡然无存，惟存深陷土中之城形而已。荒草离离，略如冢墓，土冈起伏，略能推测当日街衢殿阙之位置。踯躅之际，遇一牧羊之蒙古青年，持管吸烟，坐于小阜，状至静谧，其羊群则正啮草于废堡荒衢间也。城建何时，昔为何族，因何事变，遂致荒废，以是数端，问诸牧人，皆不能答。盖鞑靼人知识简陋，仅知为古城而已。此类古城遗迹，在蒙古荒漠中时时遇之，然其源流，则皆渺茫无考。对此遗踪，感慨交集，希腊废都，埃及荒城，固成陈迹，然犹可以目击者推测当年状况，而揣度其当年事变之经过，至活埋之爱合举朗禹末（Herculan⟨e⟩um，意大利古城，昔因火山爆裂而陷没者）城，在今日固仅一伟大之尸体，然火山之历史纪念，则仍留存于人类之脑海中。今在鞑靼中所遇之古城则异乎是，微渺忆念，无从追索，此直未树碑碣之冢墓而已，终古寂寞，永永无已，间有游牧之鞑靼部落，纵牧其地，盖丰饶草地，恒在此等处也。此类废城，虽无从考其历史，然可断其建筑，必在十三世纪时，斯时蒙古民族，宰主中华，运历百年，考诸中国史籍，鞑靼北部伟大繁盛之名都，皆兴建于斯时。降至十四世纪之中叶，蒙古朝廷被逐于明永乐帝，军行所至，三次亲征，经行大漠，离塞至二百海里之遥。

既离古城，即达自南向北之大道，与吾侪所行之东西向者，适相正交，此即俄国使臣赴北京之大道也。

为病妇祈祷

此胶萨（Kiaktha）大道，令人油然兴感，吾侪指而相语曰："此往欧洲之大道也。"祖国之思萦回于胸，不觉连辔而行，不得不纵谈法兰西矣。乡情郁勃，娓娓而谈，鞍马劳顿，冥然罔觉，忽睹蒙古帐幕列于冈阜，始恍然悟身居游牧部落中矣。有顷，大声忽起，远处一鞑靼人举手作势，状至迫切。吾侪莫明其意，继续前进，旋见斯人跃登帐外之马背疾驱而来，迨既追及，急遽下马，跪而呼曰："喇嘛长老，君等慎勿前进，吾母将死，请为救治，君等有伟大之威权，乞施祈祷以拯拔之。"吾侪迫于恻隐之心，遂还辔而驻于病妇之帐旁。当桑特歇拔布置帐幕时，吾侪即往视病，验其征象，已陷绝境，遂宣言于众曰："大漠同胞，吾侪非此间土著，不谙其习俗，切脉诊病，又非素习，惟祷诸柔亚佛（Tehovah）耳。柔亚佛者，能制死生之主宰也。此威权无上之主宰，君等或尚未之闻也。"斯时众皆切虑病人，吾辈陈说，绝鲜注意及之，急行反帐，从事祈祷。病人家主，亦来伴诵，见吾侪所持小本经典，即问曰："顷所言柔亚佛祈祷，即在斯乎？"曰："然，有效祈祷，惟斯经耳。斯真能拯拔人类于困厄者也。"斯人稽首至地，捧经亲额，以表敬意。当诵经时，跪于帐外，状至静肃，祷毕复稽首，言曰："圣徒蒙此无穷之赐，将何以为谢乎？余至贫困，无马与羊以相赠也。"吾侪告之曰："蒙古同胞，尔勿自疚，柔亚佛之传教士非为财帛而致祈祷，尔一贫士，领斯菲仪可耳。"语毕，授以茶砖一方，鞑靼人感莫能语，泪盈于睫。翌晨，欣悉病妇渐痊，信心之萌芽，已因祈祷而蕴伏。吾侪未尝不欲稍留以滋长培养之，然行程拘缚，不能留也。鞑靼数人伴吾数程，以表感谢。

蒙古医生

鞑靼部落之医生，率由喇嘛充任，余前已言之矣。有人患病，其家即赴邻近喇嘛寺延医。医见病者，即按其脉，两手同作，往复不已，若音乐师之拨琴弦焉。华医之异于蒙医者，华医按脉，先抚一臂，后及其他，非同时并进也。喇嘛诊察既毕，即下断案，遵鞑靼宗教之习俗，患病之人必被鬼祟，服药之前，必须驱鬼。喇嘛又兼任药剂师，矿质绝不入药，所用者均草料捣炼胶合而成丸，若所需之丸药，药铺告罄，喇嘛绝不忧虑，即取纸数幅，书藏文药名于其上，湿以唾沫，揉而团之，病者虔诚服之，视若真丸。鞑靼人之言曰："服药与服药名，盖无以异焉。所以服药者，便于驱鬼耳。"故喇嘛下药之后，即施却祟之祈祷，祈祷之辞至为简短，亦无盛大之礼节，仅表示逐鬼之形式而已。

驱鬼祈祷

喇嘛为治病而诵经，其仪式至堪惊骇，许克司铎曾任黑谷小教区之传教事，与一蒙古人家久相往还，故能略知其习俗及其语言。有名笃古哈者，蒙古世家贵族也，忽患疟疾，笃古哈曰："余将延喇嘛治之。然彼若宣言有鬼为祟，吾将奈何？其费足以倾我家。"数日之后，病仍不愈，遂决延医，所料果不谬。喇嘛宣称有鬼作祟，宜速驱逐。仓皇措办，至晚，喇嘛八人，翩然莅临，祭礼始矣，缚草作人，名为疟鬼，以干贯其胯，置于病者之帐中。祭礼始于夜间之十一时，喇嘛环列帐之深处，手执铙、钹、钟、鼓等乐器，鞑靼家人亦加入，合成圆形，共计九人，比肩而跪，老人则跪于代表虐鬼之草人前。医士喇嘛之前，置一铜盆，满盛小麦及面制佛像，兽粪数堆，燃烧作光，烟气氤氲〔氲〕，状至可怖。布置既竣，首领喇嘛下令作法，乐声大作，震撼原野，帐中人又鼓掌喧呼以助威。良久乐止，大喇〔喇〕嘛取驱鬼经典置于膝上而诵之。当诵经时，撮取盆中麦粒散播之。大喇嘛之诵经也，其声或幽咽，或高张，时或默不作声，人谓其盛怒以对鬼也。驱魔祈祷既毕，大喇嘛伸其左右臂为号，诸喇嘛即大声急呼，众乐整奏，帐中家人匆遽趋出，鱼贯而行，绕帐疾走，以棒击帐，且呼且行，如是者三次，然后复位。既而众人以手掩面，大喇嘛起立，举草人而焚之，火焰方升，彼即大呼，众人和之，于是佣仆取焚余之草人，投之距帐甚远之草地。当焚化疟鬼、众人喧呼助威之际，喇〔喇〕嘛皆跪于帐中，以庄重严肃之声，讽诵经典，追家人凯旋返帐，诵声始止，而欢笑声大作，以表庆幸。既而众皆步至帐外，手执火炬以巡游，俗众居前，次为患疟之老人，两家人挟其左右手而行，八喇嘛撞钟伐鼓殿其后，导老人至邻帐中乃止。盖医士喇嘛谓，非历一月之久，病者决不能返原居也。奇异祷礼，举行既毕，病人率多痊愈，寒热往往停歇，盖祷礼率行于寒热将作之际，病者神经慑于强烈之兴奋，恐怖之动作，寒热因而中止矣。虽多数咧〔喇〕嘛为保持利益计，竭力设法伸张鞑靼之人信仰，然吾侪所遇咧〔喇〕嘛中颇有非议之者，谓是类祭礼，直一骗局耳。咧〔喇〕嘛庙之住持僧，一日告吾侪曰："人而患病，诵经祈祷，乃当然事耳。盖佛祖有制人生死之权，人类变迁，惟彼足以宰主之，世俗服药，意亦犹是。盖药草亦佛祖产生以嘉惠人类者也。谓人类患病由于鬼祟，事亦可信，然因驱鬼而须办衣服、马匹，则愚妄喇嘛辈故神其说，籍〔借〕以敛钱已耳。"

葬　礼

鞑靼人之营葬也，礼式各异，至召喇嘛以襄窀穸，乃葬仪中之最盛者耳。临近长城各地，蒙、汉杂居，已渐为汉风所浸被，汉家礼仪，触处可睹，死者尸体纳于棺中，运至墓地而营葬焉。至大漠中之游牧民族，则尸体须运至高山之巅，或深谷之底，弃尸于是，以恣猛兽、鸷鸟之唼食，残余尸体，旅行鞑靼大漠中，往往遇之，鹰狼竞噬，骨肉狼藉，状至可怖。

鞑靼人之至富者，往往火葬，其仪节殊隆重，先泥土筑成圆锥形之大灶，功将毕，植尸于其中，环以燃料，然后更筑，务令全体掩盖，惟留一孔于顶，而开一小门于下部，为通气及散烟之用。当燃烧时，喇嘛环而诵经，尸体将成灰烬之际，毁灶取骨，送至大喇嘛所；大喇嘛碎骨成粉，杂以等量之面粉，调和惟谨，揉成饼形，大小石〔均〕同，叠成一小尖锥体，然后置之预筑之小塔中。以是之故，富者往往捐地为喇嘛埋骨之所，故高山之巅，喇嘛庙之旁，时时可睹骨塔之罗列。又昔日蒙人游牧之乡，今已为汉族所扫荡矣，此类骨塔，往往遇之，其地蒙人遗迹，荡然无存，寺庙、帐幕、牧群，渺无遗痕，惟睹新兴民族之熙往攘来，及其建筑物之巍峨耳，而此类骨塔仍悄然兀立，若表示其地昔日属于蒙族者。

以蒙古骨塔著闻者，首推山西省，因五台山有喇嘛寺也。鞑靼人恒言五台寺实为埋骨最佳之地，斯为圣域，苟能葬身于是，来生必得善果。数百年前，吾佛曾栖身于是，故成圣地。千八百四十年，吾侪曾加叙述之笃古哈，运其父母遗骸至五台山，因得瞻礼老佛。彼曾告吾侪曰："寺后一山甚高，匍匐而行，乃跻其巅的最高峰之下，石壁凿户，蛇行而入，中漏一孔，仅如旱烟管大，由此微孔而窥瞰，初无所睹，良久乃于山谷深处见老佛之面，肃然趺坐，各地喇嘛，环侍于旁，作瞻礼状。"虽笃古哈之语，未可尽信，然鞑靼人与西藏人对于五台山之喇嘛寺，有剧烈之热忱，则确然可信。蒙古人肩其父母遗骸结伴往五台山者，在鞑靼大漠中，时时遇之，此辈皆欲以巨金购数尺地于山中而建骨塔者也。蒙古人民几无不欲历一年之旅程，千辛万苦，以朝礼五台山者。

用人殉葬　　水银灌毙之童男女

若欲尽揭鞑靼人之真相，不可不一述蒙古诸王公葬礼之残酷。王公薨逝后，其尸即运至陵墓之寝殿。寝殿高广，以砖筑成，饰以石像，像有狮、虎、象，及神话中古英雄之形。寝殿中央，凿一地穴，王公之尸，掩埋于中。殉葬之物，有金，有银，有冠服，有珠宝，生时所需，无不具备。此盛大之葬礼中，往往牺牲无数人之生命。盖以美貌之童男女，迫其吞服水银，至气绝而止，如是而死，可永保其鲜妍之容貌，熠熠如生时焉。凡此牺牲，环立于王公尸体之旁，如服役状，有执烟杆者，有持扇者，有握鼻烟壶者。凡王公无聊之点缀，无不陈列于殉葬者之手。为卫护殉葬宝物计，地穴中装置弩机，群矢骈联，贯以勒索，索苟一弛，则众矢齐发，群矢紧系机上，作待发状，其装置弩机也，务令地穴门开之际，赖此摇动而发第一矢，第二、第三继之，矢尽乃止，如是装置，则盗葬物者，一入地穴，即为众矢所丛射。是类弩机，售者任装置之责，汉人亦往往购以防盗。

爱富王国　习斗之儿童

吾侪历两日行程而达爱富王国。当经历爱富王国时，有一鞑靼骑士与吾侪同行，途中斯人时时指点远处搏击嬉戏之儿童而告吾侪曰："是类嬉戏最为吾爱富国居民所酷嗜，盖吾侪之人生观，二者最要，一为骑术，一即战斗也。"曲径之旁，时遇儿童三五成群，习武为戏。吾侪揽辔徐观，历历在目。彼辈睹吾侪之注目也，战斗益烈。儿童之最大者，不过八九龄耳，而能于伴侣中取一同等身材之健儿，挟之而趋，时或投掷之，至相当高度，俟其坠而接之，如抛球状。此类嬉戏，往往复演至七八次，每演一次，观者无不战栗，以为生命危在俄顷矣，而儿童皆若而〔无〕事然，顿足拊掌以表愉快而已。

路遭三狼　猎兽之状况

八月三十二〔二十三〕日，当吾侪甫离爱富国境时，即登一山，山半松柏杂树，交柯敷荫。吾侪睹此，不胜愉快，鞑靼旷野，弥望濯濯，足迹所履，无往非不毛之土，故途中若遇树木数株，即觉心花怒放。然此类愉快，未久即敛，盖于山径析〔折〕角处，忽睹巨狼三头，狙伏以待。吾侪不胜恐怖，即停辔止步。斯时桑特歇拔自骡肯〔背〕跃下，猛拉骆驼之鼻。此法殊妙，牲畜被拉怒叫，其声锐烈可怖，三狼闻声，跳跃遁走。吾侪所畜之猎犬阿尔斯郎者见之，以为狼之遁走实由于彼，尽力逐之。有顷，狼忽反身击犬，使非茄倍主教大声狂呼，并拉其驼之鼻以救之，则阿尔斯郎危矣。狼既被吓，反身复遁，吾侪亦不敢复事追击矣。鞑鞑区域中，虽地旷人稀，野兽易于繁殖，而狼尚罕见，此由狼于牧群，为害甚大，蒙古人视为大敌，猛力追剿故也。凡蒙古帐之旁，苟有狼群发现之消息，群众无不策骑出发，每帐马匹，无不预为整备，消息一布，骑士即满布原野，手持长竿而追逐，狼虽狂奔四驰，总不能脱其网罟，山无林木，骑皆灵活如鼠，久久追逐，必捕之而后已。既得，即牵往邻近帐中，贯其鼻孔而系之，施以酷刑，活剥其皮而纵之，此去皮之狼，若在夏日，其生命尚有数日之延，若在冬季，则不胜严寒而即毙矣。

第四章

蒙古民族之宗教热忱　喇嘛庙之创建　诵经之状态

喇嘛庙之建，间有皇家拨内帑银而兴筑者，然其数至寡，盡立于荒漠中之巍峨建筑，多数皆蒙古人民所捐造。其服食起居，至简极陋，然一遇宗教上之兴建，无不慷慨解囊。偶有佛寺兴建，计划既定，任募化之喇嘛即毅然首途，持一护照，证明其任务之合法，周游各帐，为佛祖祈施舍钱，每抵民家，说明来意，即呈储施舍钱之钵盂，民众皆欢欣接之，无不踊跃布施，其富者捐其金银约指，中等之家则捐牛、马、骆驼，贫者随其所蓄而布施，有舍乳饼者，有捐马鬃绳者，历时既久，捐物遂多至不可计，而穷荒沙碛之中，壮伟巍峨之佛寺，翼然以起，睹此大厦，几疑是地为富蔗〔庶〕之邦，此与欧洲之情况无异，各地教堂，固极雄伟，实出于竞争之豪举，不能即以是断其民之热心宗教也。

鞑鞑佛寺，建筑方式属于何系，殊难臆断，率用奇异之伟大宝盖式，旋栌高陛，望之俨然。与大门相向者为石制或木制之佛座，形若倒置之截顶圆锥，佛像即设其上，盘膝趺坐，罕有立者。

此类佛像，皆极高大，其相皆极和善，惟两耳之长迥异恒度，此盖高加索式也。与中国本部所塑之菩萨像绝不相同之佛像之前，设一金色座，高与佛座等，此即寺中大喇嘛活佛之座也。殿中其余隙地，皆布长凳，凳卑几将贴地，罗列于大喇嘛金座之两旁，此即众僧之座位，凳上铺毡，旁留隙地，以便行走。迨祈祷之时已临，职司召集僧众之喇嘛立于庙门之外，持螺向四方而力吹之，螺声宏锐，可达一海里之远，故离寺稍远之喇嘛，皆可闻声奔赴，挟袈裟，持礼帽，麇集寺内庭院。迨祈祷将始，第三次螺声复振大开辟，而活佛临矣。迷〔迨〕其升座，众喇嘛皆脱其朱履，跣足静肃而进，既入殿，三稽首以礼活佛，然后按级雁行，相对趺坐于殿上，作佛事之主人振铃为号，众僧皆低声诵经，如戏剧之序幕然。经典置于膝上而旋展之，并以带志其诵处。诵经时间甚短，既毕，继以静默，既而铃声复振，正式诵经乃始，其声严肃。西藏经典，剖分章节甚详，极便于声调之谐和，每遇诵经停顿之时，众乐齐奏，其声嘈杂，〈与〉诵经声之庄严者不同，其器有钹，有鼓，有螺，有笛，吹击者皆竭尽气力，若盛怒然，故声高而杂。

宰鹿　不速之容〔客〕

当吾侪行抵红旗，即遇一蒙古猎人，马上置一最近猎获之肥鹿。吾侪已久不得美味，所存食粮惟余麦粉、乳油而已，一见是鹿，食指大动。吾侪胃纳，既因食物贫乏而衰弱，不得不需滋养料丰富之食品，遂与猎人为礼，询以此鹿愿出售否。答曰："喇嘛长老，当余设伏以捕此鹿，固未尝作贸易计也。遮基山之巅，汉人之驭车者屯驻焉，曾欲以四百文易此鹿，余未应其请。喇嘛长老，余雅不欲以对待汉人者对待君等。鹿在此，君等取之而去，斯已耳。"吾侪遂嘱桑特歇拔酬以钱五百文。既以鹿悬于骆驼之颈间，吾侪重复起程，钱五百文，合之法币，仅与四十铜圆等，乃鹿脯代价之最平凡者耳，一羊之价，盖三倍之。鞑靼人与汉人皆不甚嗜鹿脯，以为肉不如白肉，然中国大都市中，官僚宴集，皆以黑肉为上品，此风北京尤甚。盖物以稀有为贵，得此足以调剂口味也。然持此以论满人则谬矣，满人好猎，其于野味，几无不好之，而于熊、鹿、雉肉，则尤酷嗜焉。行至正午，忽置身于风景秀美之区，两崖壁立，高入云霄，凿在〔有〕通道，既经狭径，即入四面环山之广原中，四山古柏，交柯离立。泉源盛大，潴为溪涧，穿越丛莽，环原急流，奔赴石门外而去。此石门盖与吾侪顷所经之崖间道盖相类也。当吾侪流连风景之际，桑特歇拔忽发意见，谓宜即立帐于此，曰：“吾侪不必更行，逮〔建〕帐于斯已耳。今日行程甚短，日轮尚高，然今日固宜早息以从事鹿脯之烹煮焉。”斯言既发，众皆和之，遂择地于泉畔而建帐焉。

　　桑特歇拔恒自夸其屠宰手段之灵敏，今日得鹿，其喜欲狂，颇欲借此一显其绝技。彼即悬鹿于古柏之巨枝，而就逮〔建〕帐之铁桩以磨刃，卷袖至肘，而询吾侪以宰割之式曰：“突厥式乎？中国式乎？抑鞑靼式乎？”吾侪于此无所容心，任其所为斯已耳。去皮沥血，顷刻竣事，既而全体去肉，不复支解，所悬于枝上者，仅存全身骨骼耳，此盖突厥式也，长途旅行者恒用之，以行走时不必此运〔运此〕无用之骨架也。

　　宰割既竣，桑特歇拔即于全体鹿肉上剡去数大脔，浸于羊油中煮之。此烹鹿法甚不合于烹饪原理，然途中绝少准备，无过善于此者矣。鹿脯甫熟，首赏〔尝〕此异味者，乃非吾侪也。吾侪方环大锅而坐，疾风忽起于半空，一巨鹰下扑，迅若闪电，瞬息间已将锅中鹿脯攫脔而去。迨吾侪惊魂甫定，而事已莫救，惟相视一笑，以表穷荒遭遇之奇异而已。至桑特歇拔，则面无笑容，且含盛怒，盖巨鹰下扑时，彼为鹰翼所击也。

鞑靼农夫

经历数日行程，吾侪离八旗而入西土默特。清兵入关时，土默特王从龙建勋，清帝赐以北京北方长城外膏腴之地以酬其劳，自是遂有东土默特之名，而其故土，则以西土默特之名，两土默特之间则察哈尔也。西土默特之鞑靼人不复度其游牧生涯，而从事垦植，并弹〔殚〕心于文明民族之艺术。经行沙漠，已将匝月，每日徙帐而居，所习见者，顶上惟天，足下惟广漠无垠之草源〔原〕而已。离世独立，历时已久，盖吾侪旅程中，惟睹零落之鞑靼骑士，驰驱草原，迅若飞鸟而已。吾侪性情，变迁于不自觉中：蒙古荒漠，静寂之概，暂为吾侪胜友；迨入垦植之区，浮动纷扰障碍之象，触处发生，吾侪若为文明现象所压窒，空气缺乏，随时有窒息而死之虞；然此仅暂时之感觉而已，历一日程，印象即变，文明现象，究便利而愉快。每日行役之后，皆可投宿旅店，其中气候既温暖，而食品复充足，以视荒漠旅行，休憩之前，须建帐、拾柴、烹煮食物者，其劳逸相去远矣。

西土默特人之于蒙古种族习性，丧失殆尽，皆同化于华族，其中多数竟不能作蒙古语矣。其视荒漠中逐水草而迁徙、不能持来把犁之同胞，皆存蔑视之心，以为往来畜牧，居处无恒，不能垦地以享乐，是真无用之人耳。且此辈以为垦植优于畜牧，亦殊合于所居之地理。盖此辈所居，皆饶沃之平原，河流纵横，实最适宜于耕植者也。当吾侪行抵此间时，收获登场，旷野间，禾堆弥望，足征其产物之丰盛，且土默特境内，到处皆呈丰乐之象，屋庐无倾圮残毁者，乡民衣履皆整洁无褴褛者。此又可征之于茂盛之树木，环村落列大道者，皆乔木也，他处鞑靼境内汉人耕植之区，均无此郁郁葱葱之象，其他树木不能久寿，即有意种植，亦不能长成，盖今日种树，明日即为贫民拔去作燃料矣。

归化城　居民中满州〔洲〕土著极少　长于骑射

吾侪行土默特垦植区域中，历三日程而达哥哥霍脱（蔚蓝城），即华言归化城也。归化有二城，相距五里，俗以旧城、新城别之，或以商业城及军事城呼之。吾侪先进新城，是为康熙帝所建以抗北敌者也。雉堞壮伟，欧中亦罕其匹。然此就城郭言之耳，若考内函，则华式屋庐，卑隘简陋，殊不与城阙相称，稍堪称道者，自东向西之街道宽平整齐耳。是为将军驻节之所，部曲万人，日须操演，不啻一广大之堡垒。新城军队，皆以满、蒙人充之，然实无异于汉人，骤聆其语言，无从测其为异族，此万人中几无一人能了解本族之语言者。自满清入主中国以来，已历二百余载，此二世纪中，满、蒙人之特性，日趋泯灭，风俗、语言，无不同化于中国，时至今日，满洲之特性，可谓荡涤无遗矣。在此具体之变化中，有若干部落，若西巴（Sipo），若索伦（Solon），倘〔尚〕守其满洲特性，直至今日，其国土尚未垦植，尚未为华人所移殖，尚度其游牧生涯，而效力于皇家之军队中。满人精于射击，迄今尚能传其绝艺，而索伦部尤为人所乐道。凡屯军处，无不按日习射，长官民众，联合校阅，制三草人，长与生人等，彼此距二三十步而植立，骑士置身于草人之平行线上，距第一鹄约十五步，弯弓接矢以待，令下，即策骑疾驰，对第一鹄发矢；继取第二矢，按之而射第二鹄，更射第三鹄。斯时马在划定之线路疾驰，按鞍宜坚定，取矢宜迅捷，毋使身离鹄的太远，当其射第一、第二鹄也，距离尚近，取矢按矢，不必匆遽，马已过鹄，稍反其身，即可发矢。至第三次，则距离甚远，非全反其身，不足以中的。三矢全中，乃成名家。满洲著作家有言曰："能擅射击，乃鞑靼部中最重要之艺术也。"事虽简易，成功实难。日夜练习，不知其有若干人，抱弓而寝者，又不知其有若干人也。然成名者能有几人，会射之时，其能合标准者，果占多数耶。植躬直而坚慎勿摇曳，两肩须坚牢稳定，矢须确对鹄的，如是则能成各矣。

归化旧城之外容

自新城行半小时，即达旧城。吾侪遵大道而行，两旁园圃罗列，树树〔木〕茂密。迨既入城，而气象迥殊，巍峨于空际者，惟喇嘛庙耳，余皆湫隘之小屋杂沓凌乱。全城雉堞，完整无损，然居民众多，充溢郭外。附郭之区，较之城中，尤繁盛矣。吾侪入城，初行通衢，触于眼帘者，惟一五台寺耳。此寺得名，以有壮伟之方塔，突起于其南部，塔之近巅处，复建锐顶之四小塔，大塔之巅，高矗云霄，而小塔踞其四隅，若与之为伴者。既过五台寺，通衢即尽，徘徊左右，仅得二狭弄，污积狼藉，不堪入目。吾侪择一较清洁者入之，初行尚无阻碍，略向前进，积秽渐多，潦水纵横，作深黑色，秽气四隘〔溢〕，行走其间，心为之颤。盖行潦之中，或藏巨石，履之甚艰，或匿深潭，不慎将溺，仅行五十步，而驼马已遍体泥涂，流汗不止。然吾侪之不幸，犹未为尽于是。忽闻喧哗声起于巷曲，盖车马一队疾驱而来，恐与行人冲撞，故发声以警也。退步乎，抑让至两旁乎，皆非吾侪所能，于是吾侪不得不大呼以应，仍向前进，以待灾祸之降临。乃路一转，而艰困即解，盖群骑睹驼，大惊而避，各觅小路而逸。吾侪因是不必让道而得安然达街面较宽、市肆较整之通衢。吾侪左右顾盼，欲觅一旅店，而不可得。中国北方之习俗，每一旅店仅留一种旅客，有招谷商者，有招马贩者，皆按所留商人之性质而布置用具，外此则绝不招待。只有一种专招游历之人，名曰过客旅店，惟此乃适宜于吾侪，然周览良久，无所得也。

华人之狡狯

吾侪止步片刻，询问路人，求其指示招留过客之旅店。忽有少年自肆内匆遽来，告曰："君等觅旅店乎，我任导引可乎？"语毕，即与吾侪偕行，复言曰："城中旅店，合于君等居住者，实难其选，居民繁多，品类不齐，有善有恶。喇嘛长老，以余言为然乎？人性不齐，恶人多于善人，此余由衷之言也。欲于归化城中，求一良心用事之人，至不易得。夫良心者，人类之宝藏也。君等皆鞑靼人，当知良心为何物，余则知之甚审。鞑靼人皆良善，其心地多坦白；至吾侪华人则异乎是，性皆狡恶，万人中恐无一人能以良心用事者。归化城中，几全体华人皆以诈取鞑靼人金钱为职务。"当少年肆其如簧之口，其身忽左忽右，时以鼻烟呈于吾侪，时轻相〔拍〕吾侪之肩，以表亲昵，时拉马缰而牵曳之。然于此动作之中，可窥测其用意：实注于马背驮负之二巨篚，锐利之目光，灼灼四射，欲攫篚中物为己有而已。行约一小时，而是人许觅之旅店，渺无所得。吾侪告之曰："浪费辛勤，至为抱憾。君究欲导吾侪于何地？祈有以告也。"斯人答曰："任我所为斯已耳，余必导君等至堂皇富丽之旅舍，慎勿以吾之辛勤置之齿颊，苟一言此，余将愧恶。吾侪非同胞乎？鞑靼、华人，有何歧异，语言相同，服装则异。然人类之心，无往不同，良心正理，各地皆然。长老等姑稍待，余即复来。"语毕，趋入路旁店中，有顷，果复来，反覆陈辞，以吾侪久候为憾，曰："君等怠矣，人当旅行时，往往若是，安居家弄，无此现象也。"语次，别一华人忽趋至吾侪之旁。是人容颜，不如首一人之活泼，面部瘦削，两唇锐薄〔薄〕，目睛甚黑而小，疾转眶中。一见斯人，即生异感。其言曰："喇嘛长老，君等今日低〔抵〕此乎？甚善甚善。一路平安，全为快事。君等之驼，殊健俊，以此游历，必能神速。"语至此，顾首一人曰："尔可导鞑靼贵人至旅店中，务觅一最安善之旅店。当导至永宁店中，此店，吾侪曾住留宿，设备至佳，店主，吾挚友也，吾将为此鞑靼贵人亲往介绍于店中。若不自往，心中不安，吾侪同胞，幸而相遇，当为之求福利。长老等非吾侪之同胞乎？"语次，手指少年曰："吾两人同服役于一店，鞑靼情形，至为熟悉，在此五方杂处之归化城中，得可托肺腑者相处，亦一快事也。"

两人怀抱之忠忱，可谓宣泄无遗，以旧时目光观察，当可引为良友。然吾侪颇能明晰华人之习性，吾侪思想又不若鞑靼人之简单，知此两人决非善类，盖欲觊觎吾辈箧中物耳。

（待续）①

《殖边》（月刊）

上海中国殖边社

1932 年 1 卷 5、6 期，1933 年 1 卷 7—12 期，

1933 年 2 卷 1、2 期，1933 年 2 卷 5、6 期合刊，

1934 年 2 卷 7、9—11 期，1934 年 2 卷 12 期、

3 卷 1 期合刊，1934 年 3 卷 2 期

（李红权　刘悦飞　整理）

---

① 未见续文。——整理者注

乌兰察布盟横过记

徐近之　撰

旅行习癖，自幼养成，跋涉晨昏，至茅舍如归故里，鸡栖报晓，过板桥霜履增妍。然出塞长征，情境迥异。去春蒙竺藕舫太老师之介绍，加入西北科学考查团，实践草原沙漠生活，诚我生最可纪念者。往返历时十四月，极西仅至额济纳河；去时由张家口北行四百余里，至一小庙停住，新组驼队，踏荒横穿绥远、宁夏二省北部，返时在宁夏境内，仍取原路，入绥远，则改趋归绥回北平。征途曾有通讯载于《地理杂志》，深惭浅薄；近迭经师友砥砺，鼓气整理日记，成斯篇及《阿拉善额济纳往复记》，借补前函不逮云耳。

长征之志弥坚，以为非捣亚洲中心不可，若然，须数年在外，故未行之先，归蜀省视，上下长江；及入西北，更逾家乡所在地之径〔经〕度而西，漫游轨迹，已成四边形三边，他年苟得完成之——自额济纳穿青海、西康，所见当别饶佳趣。有志竟成，此肇其端，左诗足以代表鄙意，尤壮行色，血气方刚，旅行狂热，雕虫小技，维高明教焉。

一月廿七夜泊巫山县

午夜孤衾多所思，巫山雪满断肠时。

男儿誓去征西域，那怕沙场革裹尸！

出蜀将抵首都，诚恐出发期错过，不能北上，慨而作此（二月二日）。

> 已从巴峡穿巫峡，为出阳关征绝国。
>
> 雪地冰天连地白，夜来好看天山月。
>
> 满目篷篙蜀道难，教侬久滞在故乡。
>
> 廿四年间大机运，从兹丧失莫能定。
>
> 白下明朝见故交，故交责骂临阵逃。
>
> 请命竺师无要领，怅怀休用发牢骚。

雪后上长城一堡，名明峰台，台在张家口北五十余里圣经堡近，汗脑堐子村山上，山坡名为黄花坪（三月五日）。

> 明峰台上望长城，遗垒残烽感有增。
>
> 放眼南郊河若线，凝眸四野地成文。
>
> 长车踏破阴山缺，壮志横穿瀚海心！
>
> 六出停飞无石燕，黄花坪变白花坪。

哈丁舒木至益恒公

出发地点、团中概况　考查团在北平聚齐，至张家口，雇马车沿张库汽车路行四百余里，至绥、察界上哈丁舒木（海拔一三〇〇公尺）暂住，购驼整队，得该处瑞典教堂之助不少。设立一百叶箱，请其代为测定气温气压，俾与我等在内蒙中部、西部记录比较，相互发明。从此哈丁舒木之名，将闻于气象学家之林也。其地虽隶察省，特以出步即入绥远，为此行真正之出发地无疑。

团员者　气象组指导德人郝德博士（Dr. W. Haude）与总务米纶威（F. Mühlenweg）、助理员余与胡振铎君，都四人，厨役丰镇贾氏兄弟，骆驼夫墨伦父子及其他共七名，皆蒙人，肥驼六十二只，骑乘、载行李之外，皆负食品、仪器，设备之全，可以概见。骆驼步伐有章，冬令毛长，行草原、沙漠中，如长蛇阵，为状至美。离哈丁舒木，乃去年三月廿一日，随处安住，野营有帐幕五幢，箱件排陈有叙。

　　途程述要　驼队旅行习惯，首日每不远走，因距离渐次增加，人畜始能安稳。离哈丁舒木之日，十许里即住，次晨跨库伦电线路而西北，隔日过咸布喇嘛庙（海拔一〇三〇公尺）。庙宇占地颇广，弥望有盈野之概，闻喇嘛百余居之。过此直趋西苏尼王府（海拔一一二〇公尺），王之家庙曰红豆舒木，译言高庙，甚宏丽。王之官邸近兵营，门禁森严，邻近不许摄影。又三日至阿耳特哥冷舒木（意为长河庙，海拔一二四〇公尺），庙貌驾红豆舒木而上之。是后六七日，皆无路，行向对准西及西南间，因恐误入外蒙也。途见蒙古人家无几，地势日形下陷，似由高处渐入低地，至托霍明舒木（意为盆地庙，海拔八七〇公尺）达极点。西南五十里为梭根舒木（海拔一二〇〇公尺），地始渐升，美人安特鲁（Andvews）旅行蒙古，曾至其处。登山回顾，托霍明舒木犹在望，如浮釜底，东南迷离一带，则内蒙最大之锡拉木伦河也。其后十日，仍无正路，所过有波耳蠹霍（海拔九二〇公尺），有路出外蒙，大湖泊已干，四周沙垤不少，爱渥迦引果耳，在湖东南，取水供饮，在蒙古内为第一次由河所吸〔汲〕，令人清快。乱行至茶咸哈丁舒木（海拔一一八〇公尺，意为白石头庙），地在小乱石山中，庙西南西八九十里，又有大干泊，岸上盐葫芦等草盛多，碱质极富。及过乌兰俄堡（海拔一二四〇公尺），转向西南，四十余里而至富略果耳（驼商称库列根，海拔一三六〇公尺）。上小西路，其处有小庙，庙前见古边情〔墙〕，上乌里雅苏台之大西路过庙前。富略果耳有汉商数家，地当茂明安旗、贝勒王、东德公之界，形势重要，河流泽润所及，蒹苣弥望皆是，风起萧萧有声，数〔牧〕群起处，见"风吹草低见牛羊"之实况。

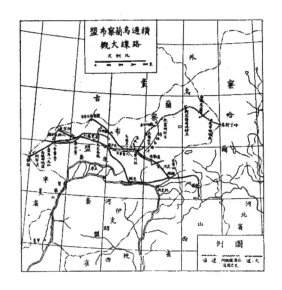

横过乌兰察布盟路线大概

上小西路，所经皆东德王地，初遇商队而来，探悉至乌尼乌苏最多七日，果也，过阿乐忽蠹格舒木（一三五〇公尺）、三胡都克（意为好水井）、阿耳哥冷舒木（一五〇〇公尺）、茶咸果耳（白河）、乌兰黑少诸处，即至八音果耳（一三八〇公尺），各处皆有草料商，乃当然住地。八音果耳，意为富裕河，常有涓涓清流，羊肠不窘，然乃塞北尤物。河之南，有山向东南而去，尚高峻，山下肢被黄沙一带，山北原野，殆皆沙垤，可见风之影响。山麓有小庙，为至包头路所经。八音果耳西一站为克沙图，有东德王兵营，第二站即为乌尼乌苏。我团目的，不在乎此，乃由八音果耳西北行，与欲至塔拉布勒果耳，设台测漠南天气，殊不得东德王同意，乃住于中途之益恒公，总共费时四十日，风雪、飞沙停止不计外，载道一月，行程不减千五百里。

途中之意外与困难　郝德博士，坐驼背测绘路线图，故旅行不急，加以牧草不劣，故无驼惊驼死之事。惟索〔出〕发未久，郝

德于咸布喇嘛庙附近，被爱犬"以利瓦"嚼伤，修养二日，卒告
痊愈，安知非福。过荼咸果耳不远，遇瑞典人贝格曼博士
（Dr. Bergman）与王华南君等，率考古队自额济纳归，携有极丰富
之发掘品，相与共住一宵，朔漠遇科学专家，诚决大快事，在郝
德与米纶威君，于异域邂逅遭遇素相识之欧洲团员，其为快自无
以复加也。

　　蒙古旅行困难，驼商类能道之，然驼商队沿一定路线，知站口
之所在，习井与井之距离与乎牧草状况等，自然化险为夷，若夫
科学考察队，则不如是简单，请人引导，每为所惑而入于陷阱，
实增戒心，如比年以来，外蒙仇华，汉商不能越雷地〔池〕一步，
否则捕解库伦，此行路近界坂，又无正路，时虞迷途，但凭罗经
定向，未曾失足。

　　旅途半日休息放驼，半日行走，拾驼、马、牛粪充燃料，带水
随行，起卸箱件等，皆由蒙仆行之，有时亦须互助。春季风沙大
起、银雪交飞之际，骑行偶然僵冷失措，直至能见度劣至极点或
路不能辩〔辨〕时，乃停住，犹须搭帐幕、扫雪，久而安之，不
以为苦。

　　地势与生物　　此月余间，所过地域之形势，自西徂东，标准草
原居多。冬夏塞外草里，到要〔处〕呈童〔黄〕赤褐紫之色，秋
草自属有限，雪后银毯蒙被，令人惟有"雨雪纷纷连大漠"感想。
草原起伏微小，远望似山脊横亘，行近不过高岗一道，或则为较
高原野边际，绝少山口溪壑。河流皆内类灌溉系统，每系干沙砾
之河床，有水者，二三见，湖泊不大，就其形状观之，惟夏季有
水；干后一片银灰色，土质极松，为富碱之征。草原中因风之作
用，生成无数圆形沙土垤，大小不一，上生数种植物，多刺，常
见为猫儿刺、白刺、布豆，与美国西北部之 Sage-brush 平原如出
一辙，原因由大风吹过干燥无植物或植物稀少地面，植物之根，

固持其四围土壤，但是等植物丛簇之间，其他植物甚少，风遂将其土吹去，致各单个植物丛簇突起数吋或一二呎不等。是等沙土垤，一部常由尘沙堆积于若种灌木周围而成。草原中，是项地形约居十之一强，如劣地（Bad Land）——为美国西部特种之地形——之地形无多，流沙尤属罕觌。

湖畔富盐性植物，尤以盐葫芦为最，驼久食淡草，每遇辄饱食之。河床每多蓐苢，高可齐顶，偶生芦草；关关而鸣，一阵沙鸡惊起矣。白刺丛中，鼠兔出没，征人疲闷，常喜见之；随犬嗅至，虽九窟不得其门而入。有时黄羊成群，野色为变，枪击之不中的，犬进，初若无事，及近乃行竞赛，奔腾之速，叹观厥止。初夏沙葱渐肥，嫩者可食，其花娇紫，颇足添媚草原。黄羊交媾期即在当时，故成群特大。新雨之后，蘑菇出土，旧羊栅畔，产额尤丰。长河庙西南西百四五十里，道旁生发菜，无人采集，是诚〔诚〕弃货。夏至蜴蜥、甲虫先出，其次为蚁，稍后燕舞蛾飞，格咯与绛翅蝗虫大起，彻夜清歌，破凉秋之寂寞。雏菊花放，马连花蕊蔚蓝，仍摇曳于风前。然旅行月余，不见一树，此草原之特色，此草原之大观也。

牧畜业，关系民生衣食，此行所经，适当"中国阿根廷"南部，至可称述。绵羊、山羊、骆驼群皆大，马群次之，牛群最小。各牲畜稚子，极玲珑泼活，方之孩提天真，或不为过。蒙妇放牧、取乳、剪毛、携幼带犬，既防狼加害于羊，又破孤闷；胡儿勒马优游，纵横四野，红衫毛箬，或持杖，或把竿，或缓步，或坐骑，毡袜皮靴，终生如一日，朝夕斜晖相映，成宇宙绝妙图画，非亲临此境，莫明其真像。言念及此，便引吴钦泰君译日人松本隽著《东蒙风俗谈》，于卷末所题一诗，以为座〔佐〕证，去年蒙行，常歌欲〔讴〕之，诗道：

水草依居西复东，圆庐尚守古来风。

　　　　频年走马胡尘黑，旷野驱羊夕照红。

　　　　充耳未闻新世界，称尊犹有旧王公。

　　　　何时感觉乾坤变，尽入文明化育中？

　　益恒公测候四月　五月初旬内，一切普通测候仪装置完竣，正式观测。专攻〔供〕办公之帐幕一幢，百叶箱两具，测候园内，则安各种温度计、日照计、风力计，二等气象台仪器几全备，所缺惟一水银气压表，但有 Hypsometer 数具，可以代替。郝德博士，更从事白金温度计及日光辐射等测定。五月廿四日，带气象表（Meteorograph）之风筝升起，在我国以风筝探测高空，当为破题儿第一遭，惜成功荣誉，皆他人博得。

　　郝德一人，带数轻骑，取道塔拉布勒果耳、阿不勒恒果耳，先一月至额济纳，我等九月下旬乃行。益恒公海拔一四〇〇公尺，东南至包头五百余里，常派信差往返，专取递邮件。西南至乌尼乌苏五十里，团中肉食，多购牛羊于该处自杀。东德王府在南六七十里，不过数蒙古包而已。益恒公雨多在初秋，温度最高三十八度许，天气变化至为迅速。

离益恒公至银根入阿拉善

　　秋高气爽，塞外亦然，固宜长征。九月廿三离益恒公，此后昼夜星驰，期早到达。草原秋色平分，尚称洽意，夜则明月在天，境地清凄无状，不有长歌，何申怀感，歌曰：

　　　　秋月黄金波，徘徊照我歌。

　　　　我歌夜继日，西去弱水河。

　　　　行行重行行，千里亦无多。

　　　　山原看不厌，云雁影婆娑。

　　　　安得传尺素，为报乐绥和？

至乌尼乌苏（海拔一五二〇公尺），复得小西路。益恒公西南不出廿里，有古边墙一道，横过原上，破堡一，东西长九十五步，南北广九十步，发见古破泉货，忖度之明代犹戍守其处，太息而今已矣！乌尼乌苏西去项里舒扒谷（一三七〇公尺），初见树，古榆成荫，至慰行客。过此至库尔董哈剌乌苏（一二三〇公尺），又遇同前之边墙，以西直相伴至上八音鲁鲁（一〇四〇公尺），始别路向西北去。边墙在原野，为土堆成，在山岗则砌石成之。残废城堡，犹有高逾丈者。"闻道黄龙戍，频年不解兵"，"中天悬明月，令严夜寂寥"，皆为此区而吟之诗也，今□何如？外蒙觊觎日亟，汉商手无寸铁，蒙边之塔拉布勒果耳、阿宝虎诸处，一切贸易，咸假手于外蒙守边之兵，无防务，不抵抗，皆速我亡之道也。

曾忆于库尔董初见 Tamaricaceae 之一种，汉蒙皆呼为结干，条长如线束，富水分，澄碧可观。及绕道至阿宝虎，则结干高可二三丈，已成短林，奇柯乃如万麻数之组织，非材之木，干后宜燃烧，商队每携带，辄呼为"柴火"。八音鲁鲁以西，沿途极为普遍，诚戈壁沙漠旅行天赐之品也。库尔董与八音鲁鲁之间，植物有数种特出，如实赖风媒，俗所呼为"麻乳乳"者是。其他二三种，别处从未之见，颇表示为草原、戈壁之分野处。红柳为 Tamavix 之另一种，学名或为 Tamavix chinisis，则初见于八音鲁鲁西第三站之干及汗毛杜附近，高不逾尺。阿宝虎产葱蓉，药名梭阳，国药名品也。

上八音鲁鲁高台行，夜下一谷，古榆不少。出谷至叠耳八毛杜（九八〇公尺），谷近地皆 Bad land 之状，其东北诸岗，形相安合，眼帘以内，似有干泊，路若掠其南而过者。西行路在结干林中，久之入流沙区，沙波纹清楚，如江海汀滩之状，登沙丘高处凭眺，南北视线以外，皆迷漫眩目沙岭，令人生畏。沙岭东西广袤十里、二十里不等，两麓俱多结干，因沙随时移动，死者颇夥。此一带沙岭，似将干泊或沙河横断。过此地势渐落，过合眼那妈图（九四〇公尺）、干及汗毛杜、阿布淡诸井，三处之中，惟前者有汉商数家，与叠耳八毛杜南去三德庙四五日程，更进即为王爷府。阿布淡一日而抵东德王、外蒙、阿拉善三交界之银根（五四〇公尺），遂出乌兰察布盟。益恒公至此，为时半月，已行至额济纳路程之半。银根南有大干泊，恐为此行所经最低处。合眼那妈图与此之间，戈壁之形已具，沙土垤仍不在少数。

乌兰察布盟东南部

　　库列根至贝勒庙一段，为今年归途所经，驼行仅五六程，皆绝佳之草原，牧群特大，蒙古包多见，河溪每多少有流水，可见有开垦之可能，现时晋、冀人移殖，最北至贝勒庙南百二十里之叉叉地方。此一段中，每与古边墙相依而行，或与库列果儿、乌尼乌苏、库尔董、八音鲁鲁诸边情相连属，殆三道边欤？因贝勒庙南数十里，又过边墙一道也，贝勒庙最称伟大，建筑尤精，喇嘛数百人，经会时廛市殷阗，汉商筑屋久居，蒙兵拱卫，与归绥现有汽车联络，八小时而到。蒙古文化，以喇嘛庙为代表，今观贝勒庙益信。

《国风》（半月刊）

南京国风社

1932 年 1 卷 6 号

（张鑫　整理）

外蒙一瞥

刘阜民　撰

蒙古问题，现在已成一般人视为重要的问题了；尤其是外蒙的问题，更为人所注意；俄国固不必讲，日本不是虎视眈眈么？美国也因满洲问题而联注及她了，问题虽重要，报纸虽常有她的消息登载，可是对于外蒙的情形仍然令人未能明白；而能亲身到过外蒙，将观察所得的报告出来的也是很少，报纸所载的亦不过其中之一二而已。两年前我幸得有亲到外蒙的机会，虽时间不多，也费了半年之光阴；虽不能"尽窥全豹"，亦可得其七八；虽时间上有了两三年之距离，也许情形有多少变更，但大体尚还对。故不避简陋，将外蒙的情形略为一谈。

一　去蒙原因

这是一个夏天的时间，我从欧洲乘火车回国，当火车停在西伯利亚途中，伊尔库次克站时，三等客位中适来了一位年约五十多岁光景的"老乡"。我们因异地逢同胞，少不免大家会倾谈起来，谁知一谈起来，就是从前在北平时所认识的一间商店的老板；因隔别了许久，所以一见就不能认识。我们自北平别后，他已由他的朋友拉拢往新疆和外蒙经商了。这次适他由新疆出来而往外蒙（由此路是自在和快便），于是我就和他谈起新疆及外蒙的情形，尤其是外蒙的情形更令我谈得有趣和注意，故引起我入蒙的念头。我要求他同我入蒙，他为这个问题弄到他不舒服，且答以是一件不容易办到的事。因为蒙古近来对于入境之人取缔甚严，尤其是中国人，而且是智识分子的。大家商量了很久，乃归结要到了上乌金司克才有办法可设（此处乃由俄入蒙之道）。车过贝加尔湖（闻为苏武牧羊之北海），差不多行了一天，经过了五十余山洞，见水平如镜，一望无涯，但邻近湖山，仍有濛濛白雪在其顶上。从贝加尔湖又行了十多个钟头的车，乃到了上乌金司克。这个上乌金司克的地方，是布利雅族蒙人之都会，是苏俄的自治邦。此地华侨不少，多做苦力与小买卖。我们到了这个地方，跑了大半天，才得到入蒙的圆满结果。我怎样得到这个圆满结果呢？我是靠他，他又靠他的同乡（在此地开菜馆的）去外蒙商务处讨人情来的。因他的同乡同那个外蒙商务处的主任认识，且有相当之感情，故由这位"老乡"用手段把那张证明书领来，以当护照用（护照要相片，证明书则否）。到了第二天晚上，我们就乘了小火轮而向外蒙那方面去。

二　入蒙之路

入外蒙的路，约有数处。现在大概将这几处的路讲出来，然后乃讲由俄入蒙这条路的情形。入蒙的路：一为由张家口，一为由宁夏，一为由哈尔滨，一为由新疆，一为由苏俄。从张家口那一路若用汽车，四五天可抵库伦，用骆驼要二三个礼拜，如用牛车则要三个月。从前未有汽车时，此路唯一之交通器具，就是骆驼与牛车。现在已多用汽车，而亦有运货尚用牛车与骆驼的，这是可以省费。有一次我遇着几个拉牛车的"老乡"刚刚运货到库伦，我问他这批货行了多少时间，他们谓已经差不多有三个月了。故每年往返有时亦可三次，普通多是两次。所得的运费只不过六七元，至多十元，亦有时是三四元的（若用汽车，运费要多几倍）。

由宁夏这一路，比较麻烦，因要经过大戈壁之故。这一路只用骆驼与汽车，而多是用骆驼。因用汽车非时时可以，要曾经下过雨的天气才可以用，在蒙古要这种天气，不能话无，只不过很少而已。用汽车十天可以抵步，用骆驼要两个多月。因乘骆驼要昼息夜行，故甚为延时。从前冯玉祥联俄时，所有的接济都是由此路而行。至于由哈尔滨这一路，是多用汽车，时间也较为少，三两天便可抵步了，欧美的商品，多由此路而入。新疆那一路是很少人往来，闻犯人判决充军的，则行此路。这几路的情形已简单地讲过，那么，现在我来谈谈从俄入口的路程罢。

三　恰克图与买卖城

由俄入口，可分两种路程：一为直接坐汽车，一为半船半车。如直接坐汽车，则两天多可到库伦，否则要三天或多些。但半船半车的路程，只在夏天用之而已。半船半车的路程是这样的：从上乌金司克坐船到恰克图，然后换车到库伦，我们当时既是夏天，是采了半船半车的路程，因为这样较为舒服一点。此河是色楞格河之支流，只能行驶小火轮。从上乌金司克到恰克图约十八小时的水程，但这只不过到恰克图之码头而已。从码头要乘六七小时的马车，方得到城中。我们抵恰克图码头时，适为下午七时，故乘马车所过的时间尽为夜里。那个时候虽在盛夏期间，但在马车时要穿皮衣，否则不能坐。所过的都是崎岖的山道，所听的都是呼呼的风声；天上的星光为乌云掩蔽，路上又无村舍可见灯火，有如行鬼道一般。在恰克图等了两天，才得到往库伦之汽车。这种汽车，是货车之式样，行李在下，人坐其上，如运猪一样。从恰克图坐半小时的汽车，就到买卖城，这是蒙古的地方。恰克图里面华侨也不少，而最特色的就是以红砖筑成的兵房特别多，一连约十余二十座，不论行到什么地方都遇着兵士，这是一路来所未见过的。据闻这城驻有二万红军，可知俄国对于边防之注意。从恰克图出口，要经过俄国税关和国家政治警察处之严重检查，持了已检之证，才可通行无阻。

在恰克图与买卖城之间，已有蒙兵守住，他们见我们车到，即喝令停车检查护照，检查过后，于是带我们到税关处检查，然后方得自由行动。买卖城之商业俱华、俄人为之，蒙人则除一间实业银行与合作社之外，绝不关事了。从此晓行夜宿，在路上过了两夜，才到库伦。途中约百余里有一站，站中有人卖食物和茶水，以便旅客休息之用。一路都是山过山，岭过岭，几百里不见人烟，只有荒山白草触于吾人眼帘中，间亦可见牛羊，成群成队地跑来跑去。忽然在荒郊中有很多帐幕——蒙古包——如星罗棋布，畜物亦很多见到，这是所谓外蒙共和国之都城库伦的附近了。无何，见着一枝红旗竖立在一间房子之上头的，这是库伦的税关了。既见红旗，几疑我身尚在俄境，殊不知蒙古的国旗也是红的，国徽也是星形，只少了斧头与镰刀而已，否则又是苏维埃之联邦了。到了此地受检查之麻烦，差不多要被困一天，然后方得自由行动。

外蒙的检查，尤其是库伦的，麻烦与严酷，为我所走过的地方所未见过的。俄国的检查本是很严的，但多少总有点西方人的色彩，举动较为文明些。且不检查身体，而所检过的东西仍照样放回。一到了蒙地，尤其是在库伦，就把东方的文明表现出来了。他们先把受检之人困在一所粪气扑鼻、苍蝇满地的黑房子里面，至少有三四个钟头，然后那些蒙官老爷才叫出来受检查。不仅要将所有的东西乱翻乱拆，破烂得不堪，而且要将衣服脱得光光净净，赤身裸体，随他检查。从口、头发，而至屁股，统统都要看过，没有一点怀疑的东西找出来，然后乃放开。若是有条据、书信等东西，总之凡有字迹的纸张检出来，就有受罪之虞。幸得这种情形，我们预先已经明白，故无事情发生。检过后，领得一张检过证，将它交与国防处，这样方得入库伦市里面，方得自由行动。他们这种检查之方法，只施于我国人，但是俄人，又较为随便，这可明白其中的情形了。

四 库伦的一般

库伦，是旧时的名称，现在则叫做乌兰巴图尔哈图。所谓乌兰是红色，巴图尔是英雄，哈图乃是城市；一气讲，就是红色英雄城。我们由红旗为她的国旗之情形观之，便知道其意义了。虽然改了名字，但中国人仍以库伦为称。此城有东西之分，故有东库伦与西库伦之别。因西库伦是政治、经济之中心，故一般人所讲的和所到的库伦都是西库伦，由它而代表全库伦。东库伦俗叫东营子，与西库伦约距离二十余里，从前商业繁盛，现则已市面萧条，商店关门者居多。盖因前几年外蒙纷乱时，商店受劫甚大，过后已不能复原，尚留余者亦多移于西库伦了。库伦的居民约有五六万，至于东营子方面，也有万余人。在这几万的人口中，华人占了一半，其次则为俄人，又其次则为蒙人。这三种人所住的地方都自然而然地成了一个区域，好像租界一样。中国人所住的区域大，俱是北方式的泥房子。俄人则住洋房，蒙人则住帐幕——蒙古包，有点钱和政府的人物也多住洋房。这是一件很奇怪的事，凡到晚上，各人不能乱走，若是华人走到蒙的区域，则他们的狗，会成群成队地向华人来吠，而且走近来咬；反之亦然。这是在库伦最要小心的。因蒙古的狗，世界上最有名恶且毒的，这种狗是一种野狗，所以常常有咬死人的事听闻；一到夜晚，整个库伦城都是一片汪汪的狗吠声。

在这样游牧生活情形下的地方，一定有人以为此地是凄凉寂寞，荒芜不堪。谁知竟不是这样，她已是一个有现代化的城市了。凡我们在大城市，新式都会的地方，所能享受的物质，此地亦多能享受；如西式戏院、洋式旅店、餐馆，和各国各式的商品等等。且市内交通比上海尚文明的，就是没有人力车，只有马车与汽车。一定有些人以为库伦是这样的城市，觉得奇怪。但这并不足奇，这是必然的，凡明白目前经济组织情形的人就知道了。虽然她是一个有现代化的城市，但因地理上的关系，在温带地方住惯的人，一到此地，颇觉不适。如气候之不良，风尘之巨大，食水之肮脏，骨头遍地，尿粪满街，这些都是令人生厌的。食水是用郊外颇清之沟渠水，冬天则将外面之冰块取回使之融化，故每年都有霍乱与痢症之发生。一日三时变，早寒，午热，晚冻，这是库伦之气候。若遇天雨则更冷，要穿皮衣。大风起兮尘飞扬，这是在库伦常遇着的。若遇风起时正在路上行走的，必要站定，待风稍杀，方可行动。因风起时尘土吹个满面，直不能开眼，否则就会有变瞎子之虞。但是一下雨，则路途泥泞不堪，有"行不得也哥哥"之叹。天晴一炉香，落雨一缸酱，这两句话，可以将库伦的路上情形形容出来了。至于在人多广众之中随便大解小便，已成为此地之习惯，平常之事。上海人也是一样的随处小便，若大便亦如小便一样的随便，那么也不是与蒙古人一样么？这又可以不必笑人是落后，半开化的地方。

五　经济的情形

A. 地势

凡欲明白一个地方的经济情形，必先要明白该处之地势。盖因地理关系之影响，经济之情形亦必受影响，这是必然的。故未讲经济情形之前，要先讲外蒙之地势。

外蒙之地势，东界黑龙江，东南一小部界辽宁，南界热河、察哈尔、绥远及宁夏——即俗称西套蒙古，西南界新疆，西界俄领之塞密巴拉敦斯克省（Semepalatinsk），北界俄领托木斯克、叶尼塞斯克、伊尔库次克等省。国境延长约一万五千七百余里，接于我国的虽有千五百余里，然接于俄国的亦有三千里[①]。据王金绂那本《中国分省地志》所载的面积数目为四，八八六，四三二方里。满铁俄人那本《外蒙共和国》所载，则不过约二百万方里。约当俄国面积十五分之一，较之战前英、法、德三本国总面积还大。约等于中国面积九分之一（中国面积合外蒙计算为四四九，一七五，三六方里），大于日本者约二部〔倍〕半。全境位于我国内地之极北，大戈壁、大沙漠横亘其南部，故外蒙全境系一有名的高原。

B. 气候

外蒙既是高原之地，故去海甚远，因是发生大陆性之气候，寒暑皆烈。且全境风多雨少，秋后更多西北风。八九月之交已渐飞雪（岑参诗云：北风卷地白草折，胡天八月即飞雪）。冬期冰厚达五六尺，常冷至零度下五六十度，须至四五月之交，冰雪才能融化。

C. 产业

她的地势和气候，我们已经明白了，那么我们才能明白她有什么生产，才明白她的一般经济情形，若照地势和气候的情形看来，

---

① 原文如此。——整理者注

她当然没有什么东西生产，畜物〔牧〕就是她的生产了。故外蒙的产业，是畜牧业；她的社会性质，是游牧社会。

虽然，它有丛杂的山脉，高原的地势，但是森林和野兽之生产皆不甚盛。盖外蒙因气候严寒，故植物不繁，境内森林极少，只北部有之，至于牧畜的畜类上，以牛、马、骆驼、羊，及山羊五种为最主要的。而牛类之中又分牦牛与蒙古产牛之别。故外蒙每年之出口皆以此等物和皮毛为主要，这就是她的生产，他们的产业。因他们经济和文化之落后，故每年产业受自然支配过甚之损失很大。如冬天青草断绝，家畜受饥而死的很多，尤其是小畜牲生于冬天，更不能免于一死，没有防备豺狼之方法，致每年为狼所毙之家畜很多，据外人统计，年达数万至数十万。冬天太寒，受冻而死的小畜牲也不少。至于家畜生了病则无法可施，只有眼睁睁地看着家畜一群一群地病死。因此，他们的财产，是靠不住的。常常有很多人，早上是富翁，晚间便变为穷鬼了。

D. 家畜之数目

外蒙既以家畜为产业，故外蒙人所有家畜之统计，是很重要的。他们有多少家畜呢？他们对于家畜之统计很少，不过有些外国人常肯费点气力去研究统计。外人对于外蒙家畜之统计，以马、牛、羊等五种为标准。如俄人的恰克图铁道敷设计划会议的一位参加者谓，外蒙的家畜数，有马二千五百万匹，牛二千万头，骆驼二百万头，羊七千五百万头，合计为一亿二千二百万头。俄人的织物会社攸米尔兹伦登里氏则谓，蒙古的家畜数，在二十世纪初期，马一千二百五十万匹，牛七百五十万头，骆驼百万头，羊二千五百万头，合计四千六百万头。一九一十年莫斯科的商业探险队，估计外蒙马有七百五十万匹，牛一千万头，骆驼及牦牛二十二万五千头，羊及山羊二千万头，合计三千七百七十二万五千头。包罗邦氏的调查，马二百万匹，牛一百万头，骆驼十二万五千头，羊八百万只。日人吉田氏的调查，马二百二十万匹，牛一千五百万头，骆驼三十万头，羊二千二百万只。又俄商大布勒西氏当欧战时，曾费去年余的功夫，五千元资本，亲往外蒙调查，计有马二百四十五万匹，牛一千零五十四万头，骆驼二十七万头，羊一千一百五十万只；其中三分之一是蒙古自己消费，其余是运往外处。俄国工商组合会，在一九一九年组织俄国贸易特别调查委员会，推定马三百万匹，牛二百万头，骆驼二十万头，羊及山羊一千万头，合计一千五百二十万头。俄人马依斯基，在一九二一年出版的《现代蒙古》一书，根据蒙古一九一八年的调查统计，及他自己的调查，据他自己说是比较的靠得住。他的统计是共有马一，一五〇，五一一匹，骆驼共有二十二万八千六百四十头，牛共有一百零七万八千四百零七头，羊及山羊共有七百十八万八千零五头。上面这些数目，就是全外蒙人之产业，也就是他们的财富。他们除了这些东西之外，没有其他的东西了。

E. 经济的势力

因他们是以畜牧为业，故农产品很少，工业品更谈不上，故如粮食、日用品都靠外来。因是整个外蒙的商业都为华、俄所占，经济势力尽在华、俄人处，虽蒙古政府中人和国家亦有数间大商店之开设，但是其力量尚未甚大，不能操纵一切，假如不用政府压力的话。库伦最大之商店为俄国合作社与蒙古合作社，华人那间汽油公司亦不小。这几间合作社，有如上海之小规模百货公司一样，专售欧美各国商品；买卖城、乌梁海等地皆有其支店。我国同胞多卖日用必需品，俄人则多卖装饰品，如俄国和欧美之商品。因粮食和日用多来于我国和俄国，故我国北部如有战事，也影响到库伦。闻当奉直、国奉战争时，很多物品不能运到库伦，因此忽然百物腾贵起来，尤其是粮食。但是后来就不同了，粮食已多由俄输入，俄人也一天天的增加，故蒙政府对待华人之手段也不同，一天天的高压和重税剥削起来，欲使我同胞受不过而离去。闻华商之不道德，多做欺骗生意，如一件物品本来是卖一块钱的，若遇着蒙人来买，则要三四块钱，或用假货代真货等等，常令蒙人之不满，这也是自取灭亡之道。因是俄人和他们自己所开之商店，一天天的繁盛，华人的则一天天衰落。现在凡是大商店，华人的是很少了。乃因一方面为蒙政府之高压，一方面又不够俄人之竞争，华人的商店只不过多而已，由这样看来，中国人的商店，恐不久的将来就会到危险的时期了。

F. 金融

外蒙的金融流通，有几种银币：一种是她自己的银币，一种是中国的大洋，美金与英镑则最受人欢迎。当我初到库伦时，中国大洋用得十分起劲，但不久就为政府禁止行于市面了。后闻因蒙政府要将大洋收罗净尽，以铸蒙币。盖大洋之成色高于蒙币多多。蒙币之印铸俱在俄国监制，故铜元、银币、钞票之形式俱与俄国的一样。币制划一，不像国内这样的紊乱，致令人莫之所从。所有钞票之发行与兑汇，俱由蒙古实业银行为之。该银行之资本，闻有数百万，为国家所办的。而与该银行有联络的，闻为俄国之远东银行。该银行虽名为蒙古银行，但可以讲得实际是俄国的。盖该银行所用之人员与部据皆俄人俄文。虽内中有几个蒙人，只不过要来好看而已。不仅是这样，凡蒙政府之商店，实权也是由俄人操纵，蒙人只不过听其驱策而已。至于邮局、电报局等重要机关，更不用讲，这完全是俄人管理。

G. 生活程度

外蒙既不能有农产品、工业品之出产，致令各日用品皆靠外来，整个社会寄于外人经济势力之上。这样一来，虽想用便宜物也不可得，故外蒙的城市地方的生活程度并不低。除了牛羊肉比他处低廉外，其余都是很贵。如飞发一次，最平的要五角，上等的要一元或元半；一个人食一餐平常的中国式客饭，至少要六七角，中等的要一元；这是以库伦的生活程度而言。

兹将库伦的几种物价，略述于下：

物类	价格	量数
上米	$ 1.0	四斤半
中米	$ 1.0	六斤
面	$ 1.0	八斤
柴炭	$ 1.0	十斤
烟（地球）	$ 0.1	每包
猪肉	$ 0.8	每磅
牛肉	$ 0.15	每磅
羊肉	$ 0.2	每磅

这个表不过是一个大概。但香烟凡是俄国的，皆比其本国便宜得多，这或者是俄国的"探拼"（Dumping）政策不定。

H. 社会性质

以外蒙之本来经济情形看来，她是一个游牧的社会；若以库伦的经济情形看来，则又是一个商业资本主义的社会。以社会进化之程序言之，由游牧社会进到的是农业社会，而至商业资本主义社会，而至近代的社会。但外蒙一方面是游牧社会，同时又是商业资本主义社会，这好像有点奇怪。若照经济组织的道理讲，并不是奇怪，这完全是受现代经济之影响而促成的。

现代的社会，人人都知道是帝国主义——资本主义最高度——的社会。这个时代的社会之经济是世界性的，这个时代之经济组织已成链环式了，故不论怎样荒僻的地方，都为这种经济势力所打破。任你怎样的防备，都防不来。我国从前不是"夜郎自大"，闭关自守么？现在怎么样？这种情形大家已经见到，不用多讲。我们看见库伦市面上充斥了各国之商品，其他小城市，如买卖城与乌梁海等也是一样，便可知道帝国主义这种杀人不见血的势力之厉害，无孔不入，无处不到。因此外蒙虽处高原之地，荒芜之区，也为这种经济势力所震荡而缩短了进化之路程，走入商业资本主义社会之路了。

若是研究社会发展史和经济史的人，能对于外蒙这种社会来研究一下，是多么有趣呵！也是值得研究的，其帮助我们对于社会之发展的认识实为不小。

六　政治的状况

A. 政府

我们既已明白了外蒙之经济情形和社会性质，那么其现存之政府当然不同从前了。从前统治外蒙的，完全是王公、喇嘛、活佛等东西；这种东西完全是阻碍商业之发展，延滞社会之进步。推翻王公统治后，现存之政府虽不能十分称意，然为其蒙人计，实胜一筹。盖能吸西欧文明之气，能采外来有用之材，这是现在胜于从前的。但其之有政府组织，实受苏俄之影响，全为苏俄之帮助，故其政府之组织也有类似苏俄。

政府之组织为委员制，属于党治。但政府之产生，并非直接产于党部，而产于国民代表大会，党只居监督之地位，使其奉行政策而已。此种方式，乃表示此政府是由人民之产生，而非党之产生，故人民与其之关系也较为直接及密切，此种方式，也是苏俄之方式。因苏俄政府之产生，并非产生于共产党，而产生于苏维埃代表大会。

B. 政党

外蒙之政党，乃外蒙国民党。此党与内蒙国民党各自独立的。此党之纲领，为蒙古民族在国际上平等，发展经济，振兴生产等等（大意是这样的）。其组织方法有类共产党，年青者入青年党，由青年党之训练，然后递升至国民党。党员之数闻有数千，青年党闻有两万。以外蒙这样稀少的人口，而有这样多的党员，亦算不少了。青年党照组织上是属于国民党的，但实际上她已和国民党对立了。

C. 党争

外蒙国民党之领袖为旦巴氏（据报载已为人杀死），年约三十余岁，曾在俄国念过书。后来有不从苏俄顾问之言，不听第三国际代表之指挥（第三国际有一代表长驻库伦，指挥蒙古政府的），致为苏俄所不满。于是俄人乃鼓动亲俄派的人物反对他，拥护假旦巴（陆军总司令，青年多属之）上台。谁知他与旦巴忽然合作起来，而且旦巴又有一部分民众拥护，故仍然不动，使亲俄派垂头丧气。因此，他的地位，后来无日不在飘摇之中，危险之域，我以为他被人所杀，就因此亦未可知。现在旦巴既死，我看必是亲俄派得势；因军队之干部和青年多入亲俄派手中，别人上台，很难抵御他们之攻击。当他们开党代表大会时，我由一个蒙人之介绍，允许旁听，故见着他们斗争之实情。凡开代表大会，第三国际之代表一定在场指挥，当时见那个代表演讲时，专向旦巴攻击，旦巴一派又起来辩论，故两派争论得很激烈。这种斗争之内容，乃是那个蒙人——国民党员——告诉我知的。

D. 旦巴

旦巴我曾经见过，他已染了多少西洋人之气味，穿西装，讲洋话。他对于中国话只会讲些些，外国文是识俄文，德文亦识些些，故我们谈话时要找翻译。他的家庭之布置是西洋式，他摆了很多俄文书，德文的也有，而且有几本马克思的《资本论》。厅中高悬列宁与冯玉祥之像。我问他关于蒙古的事情，他甚不愿讲，所答的甚为含糊，常以比从前进步为对。至于问到苏俄之态度，他以一"好"字答之，但观其眉宇间则溢不快之状，可知其内心之痛苦了。至问到中国的事情时，他很望中国快快从帝国主义解放出来。冯玉祥氏他很钦佩，谓中国不可多得之人（观其高悬冯氏之像，便可知之）。闻系冯氏前次往俄经库伦时曾与他见过面，且有拜把之谊，这是冯氏之手段。盖冯氏拟国内失败，则退兵外蒙，所以他有代表长驻库伦，极拉拢之能事。旦巴与中国要人见过的是很少，故一见冯氏便上了当。

E. 一般

由我的观察和询问多人的答覆，外蒙社会实比从前进步，这是不能否认的。虽然新官僚颇为奢侈，物欲甚高，但肯前进，改良，且治安上还好。就以监狱和抢劫言之，它已比国内好得多。监狱中每犯人都有床睡，每天都有运动、晒日光之时间规定，且无刑罚，这是我亲问犯人和眼见的。至于抢劫之事，从前在库伦一到夜晚常有的，路上也常有土匪，但现在已很少了。这或是因有统一之政府，社会之安定，而且人口稀少，容易管理，亦未可知。外蒙之政府虽受苏俄操纵，但无共产党之设立，有的只不过三四名，他们是布利雅族蒙人，已入俄籍了。我曾问过旦巴来，为何蒙古无共产党，他答以蒙古无工农，何有共产党。至于行政人员，新旧人物都有。那个政府的主席，是一个六七十岁的老头儿（前年已死），从前之王公，旦巴是他的学生，但他对新派人物甚表同情，而且帮助之。闻旦巴去外国念书是由他帮助的，而且在民众中有大的影响，故政府主席的地位，非他莫属。现在他已死，又不知怎样了。现在不论什么机关，都有俄人指挥，而且受俄国政治训练回来的青年一天天的加多，恐怕蒙古的政治不久就会完全俄国化了。

七　人口

外蒙现在既已有了自己的政府，则其有独立于世界之心已现，虽其背后有人操纵，虽其僻处荒野之地，虽然无人承认，但无论如何，我们不能否认其地位之重要而轻视之，而且目前又仇视华人，故更不能忽视。况此民族在历史上又干过一次大武功，名震欧亚，在世界历史上她已经有了地位，因此，我们就应知此民族之人口情形之必要。盖人口之多少，可以影响民族、国家之地位如何。

蒙古人口说者不一。如照外人之计算，将内外蒙及西蒙，如宁夏、新疆与青海等处，全体合计，其大数当在数百万。据一八四二年俄人约亚金夫所出版的《统计上之中华帝国》所载，则蒙古人口，计有三百万。其后四十年，又有俄人蒲尔塞里斯基谓，蒙古人口约三四百万。在一九一十年《英国政治年鉴》所载，蒙古人约由〔有〕二百万至六百万。此为已包括内外蒙、青、新各处而言。除此之外，如专就内外蒙而言，则说者亦不一。如洛克奚尔（Rockkhill）氏的统计，蒙古人口，计一，八〇〇，〇〇〇人。

维廉（William）氏的统计，计为一，〇〇〇，〇〇〇人。光绪二十六年，因庚子赔款之关系，曾公布全国的面积与人口，是时蒙古人口，统计为二，五八〇，〇〇〇人。在光绪三十四年后，因为预备立宪之故，所公布的人口统计，对于蒙古的确仅有一，八〇〇，〇〇〇人了。又据俄国探险家科基莱夫氏的调查，内外蒙人口，约一百万。但有人以为此数过大，以至减至六十万。且谓若以所有游牧民〔牧〕，尽行并入计算，则内外蒙的人口，约为二百万。又如专就外蒙而言的，若王金黻之《中国分省地志》，及刘虎如的《外蒙古一瞥》等，皆谓外蒙人口，有一百八十万。至于外蒙自政府成立之后，俄人与政府方面究有调查与否，因未见确实记载，固无从详知。而根据外人的调查，则可如下表：

年代	人数
1918	647，504
1922	650，000
1926	750，000
1929	810，000

其中由一九一八年至一九二二年之数年间，人口增加的甚少，不过数千。而自一九二二至一九二六之数年间便增加十万。又自一九二六至一九二九之数年间亦增加六万。在一九二二以后增加之原因，据外人所记，谓系由于内蒙人口迁入外蒙的突然加多之故。

若以外蒙二百万方里之面积与数十万人口之分配，真可谓无人之野；人口之密度，其稀薄可知。若与国内人口之密度比较，则相差远矣。虽然她是这样稀少的人口，但他们的雄心很大，他们常以忽必烈自雄，要恢复他的地位，才能满足；故他们与华人谈话时，虽晓华语，亦常不用，要用他们的语言。由这，可知他们的民族精神。他们这种自雄之心理，若同蒙人倾谈多一点，和观一般蒙人对于华人之态度，便可知之。我们不可因她的人口稀少和地处荒僻而忽视，若以科学方法整理之，则将来之地位未可限量。国人其注意乎！

八　军事

我们已知道外蒙之政府，乃为苏俄所操纵，故其军事亦当然为苏俄所操纵。因此，军队之服装和编制，俱采自苏俄，军械与教官亦仰给于苏俄。军队以骑兵为多，亦以骑兵为精。盖蒙人因地理之关系，在孩童时期已精于骑术，骑兵之精，不言而知了。我在库伦时适逢两次他们的纪念日，故有机会参观他们的阅兵仪式。阅兵时，军容甚盛，各种军器都有；最奇者飞机不飞于空中，而摆在阅兵场里。后来骑兵表演技能，令人百观不厌，叹为奇绝。常备军闻有数万，实行征兵制。至军队之生活，闻尚还好。每兵有月饷十余元（包伙食），每年发衣服两套，皮靴两双，还有皮衣一件。每一兵营都有俱乐部一所。官长之薪，高一级则多五十元。如排长每月五十元，连长一百，营长百五十元，团长二百，师长二百五十，军长三百，总司令则三百五十元，蒙人都以当兵为荣，甚至当一警察，亦以为荣，可知蒙人心理之一斑了。

九　文化

蒙古文化之低下，这是人人都晓得的。一方面因经济之落后，一方面因文字上之关系。在库伦想找一本蒙文的科学书是很难，其他之地更可知了。后闻人言，蒙古很少科学书籍，直可以言无；盖因蒙文很难表达科学之名词和其意义，未知是否？若稍为晓得一点科学的人，都是从外国文直接学来的。学校在库伦的，有党务政治学校、军官学校、中学，各一所，小学数所。各学校之建筑都采西式，校中所教之外国文是俄文与德文。那间中学的校长，能操英、德、日、中等国方言，对于科学亦晓得。闻他曾在北平、东京、柏林等处念过书。我看他是蒙古之不可多得的人才了。那位陆军总司令也能操流利之英、俄语。俄文在外蒙之势力，直等于英文之在中国南方一样。与蒙人谈话时，若能以俄语，多能领会，华语则次之。报纸我直没有见过，只见过用俄文出版的有两间，而且是周刊。闻以蒙文出版的也有一小张，但销数不多。俄文书店有一间，但蒙文的则没有，这是非好景象。往外国去留学的学生多去俄，闻近日政府亦派有数十人去德国和日，专攻工、理两科，因政治之关系，蒙古之教育，多受苏俄影响，外蒙文化前途如何，殊难预料也。

十　风俗

外蒙既受经济与文化落后之影响，故其风俗亦有奇特之处。外蒙之风俗，有原始社会之景象。男女关系甚为自由，贞操视为闲事。有夫之妇可以和别人性交，丈夫知而不理；反之亦然。婚姻皆由自己主持，父母不干涉。有一事颇奇的，就是当食饭时若帐幕门口有人站住，屋内人必要请他入来同食，若此人不用请而直入取饭来食，也是应该，断无拒绝。每年有几次在嘛喇庙那里，各人戴着面具乱跳，且和以乐器，谓此可以除不祥，谓之"跳鬼"。每家都有一人去做喇嘛，谓此家乃得兴旺。但近年来此风已稍杀，而政府亦有相当之取缔，从前的喇嘛亦有些还家了。蒙人所穿之衣服都是很漂亮，稍为有钱的，多穿有色之绸缎。但他们都将衣服揩手，揩得光可照人，这是表示他食肉食得多，所谓丰衣足食之意义。至于用衫袖来揩面、抹鼻涕亦成了习惯。这些都不过是他们风俗之大概而已。

十一　华人与苛税

英谚谓"太阳所到之处都见着英国旗"，华人亦然，凡太阳所
到之处，都有华人。外蒙与我国接近，华人当然不少。闻华人之
在外蒙的约有七八万，单在库伦的已有二三万了。其职业做买卖
的虽多，可是做苦力的则更多。其中以河北、山西人最多。盖他
们因地理上较为接近之故。他们的辫子仍未肯掉弃的，不在少数。
很多直不知国内如何，有些人都以为尚有皇帝在。蒙政府不准华
人携带或寄书与报入口，如检查出来，不仅没收，而且要罚，故
我同胞之在外蒙的直如盲人一样。由此看来，可知蒙政府手段之
毒了。自蒙政府成立后，我国已无负责之官员，凡关于华人之一
切事宜，皆归华商总会理之。此商会之权，差不多与衙门一样。
凡华人想从张家口入境者，须先将本人相片三张寄至库伦，再由
三家商店加盖水印呈请商会，转呈内防处请领护照，经过数月之
久，始能将护照领出发回内地，本人持照入境。至于各关卡检查
之苛酷，前面已经讲过，不必再言。所有运往库伦之货物，经过
数道兵卡，百般留难。迨至库伦税关，将货卸在该处，先行呈报
各机关查验，然后购买俄蒙文之三联单，填写货包数目，呈报税
关估价纳税，这种税联单，每张纸费为一元零五分，只限填写货
包十三种。按商店所发各种货物，每次必有数百或数十种，按报
税联单纸费一项，竟达数十元或百余元之多。其估价办法无一定，
任由关员信口开河，以喜怒为转移，往往是有税额超过货价数倍
的。及至报税之后，最早亦须半月或二十多天始能验讫，甚至积
压两月之久而不能查验的。在税关纳税时间，除估价完纳外，另
有秤过捐、看护费等。

凡在蒙华人都要有护照，到期即须遵章换领；倘或逾限时日，少则处以重罚，否则驱逐出境，并将财物充公。若贫苦无靠之同胞，轻则逐出境外，重则以奸究论罪。若出境之人，除护照外，得领限期一月之路照，方能通行。但属于冯玉祥之人，则不用护照，而且出入自由，不用检查。每人只准带路费二十元，并不许多带行李，如带稍新之衣服，即征以重税，否则以最低之价收买之。华商有因不堪受其苛捐重税，无力负担，而呈报歇业的，蒙政府即声言如报歇业，不许从银行汇兑，如将来想再行营业，亦所不许。如商店因特别捐之款无处筹措，求该政府可否以货作价抵补筹款，即指该商有意抵抗其定章，即将该商所有货物全数没收，勒令该商迅速出境。

兹将捐税略述于下表：

种类	税率
丝织品 化妆品 烟	30%
皮革 磁、木器	15%
铜铁锡 糖	16%
棉织品 纸 一切粗笨品	6%
出境皮货 细皮	15%

种类	捐率
税关过秤捐每百斤	$ 0.03
税关看护费每百斤每日	$ 0.12
出入税关门件捐每件	$ 0.50
税关打包费每件	$ 0.20
转运局车费每百斤	$ 1.10
报税联单每张	$ 0.05
护照每人一张限期照费	$ 9.00

营业照捐分八等，列表于下：

等级	人数	时期	捐率
特等	不限	每年	$ 9000
头等	不限	每年	$ 4500
二等	不限	每年	$ 2500
三等	十二人	每年	$ 1500
四等	八人	每年	$ 1000
五等	六人	每年	$ 500
六等	四人	每年	$ 250
七等	二人	每年	$ 150

门牌捐分八等，列表于下：

等级	时期	捐率
特等	一年	$ 1200
头等	一年	$ 800
二等	一年	$ 600
三等	一年	$ 300
四等	一年	$ 200
五等	一年	$ 150
六等	一年	$ 100
七等	一年	$ 80

地基捐分三等，列表于下：

等级	时期	每步
头等	一年	$ 0.18
二等	一年	$ 0.14
三等	一年	$ 0.10

房捐如下表：

房类	时期	间数	捐率
住人房	一年	每间	$ 15
厨房	一年	每间	$ 5
存货房	一年	每间	$ 30

其余尚有薪金捐，商店执事人一百三十元；资本捐，每千元抽二十五元；流水捐，每年抽百分之二十，按实数加三倍或五倍，任由捐局估加。红利捐，每年抽百分之五十，不论有无余利，即按流水数目每千元作红利一百五十元。房院捐，按实加二倍估算，每千元每年六十元。衡度捐，尺子一杆每年捐三十元，小秤一杆，每年捐八元。烟牌捐照，不论何种烟，凡整售的每年一百二十元，零售的八十元。至于酒类，乃系政府专卖，私人不能营此业，故酒类甚贵。

我们由上面那些捐税表看来，我同胞在外蒙之受苛待，并非虚言。这又何独外蒙，而无地不如此。试观国内军阀之苛抽勒索，尚有甚于外蒙，这又岂怪外蒙么？总之，中国人真是可怜，国内既无生活之可言，国外又受人之欺侮。帝国主义者固然欺侮中国人，当中国人是猪是狗，但在这个从前是属土，文化、经济落后的民族的国家也欺侮中国人来了。未知那些"夜郎自大"，以为国为民为口头禅的人见此生何感想。望有机会能入蒙之人，最好请到外蒙行一行，看一看。若到欧美，尚无此处痛心之甚，然后知我国之地位不堪言，知国人在外之贱，谋生之难了。这是谁之过，请读者自己想想便罢。中国人呀！世界虽广，但已无你容身之地了。呜呼！中国人！

后闻人言，蒙人对于华人之所以此般仇视，盖有来由。其原因为几年前徐树铮当边防督办，驻兵库伦时，各兵士之蹂躏，徐某之残杀，在在皆引起蒙人之反感；故后来蒙人对华之仇视也日深。由此可知军阀害人之深且大，可知欲提高中国地位，必先要铲除军阀。军阀一日不灭，则中国一日不兴，铲除军阀，是为振兴国家之重要问题。

结尾

外蒙之情形，已如上述，可知此问题已是一个不能忽视的问题了。外蒙现既已独立，既已组织政府，此后我国仍想以属土视之，仍想归入中华，恐非易事。除以武力征服，别无他道。若以武力行之，为现时所不许，且其后背有人操纵，挑拨。若此，更使民族间之恶感日深，国际纠纷不已，实非良策，而对于中国国民党之政纲亦相违背。盖中国国民党第一次代表大会曾宣言，国内民族一律平等，各民族有自决之权。故此后外蒙之问题只有以方法吸引之，不能以武力压迫之，否则不仅毫无所得，且会有所失也。徐树铮前车之鉴，其可忽乎？

此文所讲的，多是回忆写出来的，因当时不能带片纸只字出来，纵有记录，亦归乌有，否则有定罪坐牢之虞。虽然世界是时时变动，不能以现在比之当时，情形或有所不同，但这是一种游记性质，故只将当时之情形略述，供个人之一览而已。简陋、不对之处，定不能免，望读者原谅。

《现代学生》（月刊）

上海大东书局

1932 年 2 卷 5 期

（李红权　整理）

谜之外蒙古

胡沙征人 著 魏崇阳 译

弁言

　　蒙古旅行在现在已非稀有的事情，但在我国（日本），通常所称的蒙古，即是所谓满蒙，也就是东部蒙古及内蒙古地方。在此以前一般所谓的蒙古旅行，大概为旅行满洲而顺便一往蒙古之一部。其中许多的旅行者，仅一视察东蒙古之科尔沁，或洮南府附近之蒙古，即成为不得了的"蒙古通"。若更视察内蒙古之各盟旗，则更以为作了一次非常大旅行，而世人亦为震惊而赞叹其成功。

　　但视察科尔沁也好，调查盟旗也好，总不出内蒙古之范围，从广大的蒙古来看，依然不过是边境之地，就一家屋来譬喻，无非门口罢了。然此方面或接联于满洲，或已划入华北行政区域，所以所谓蒙古，实际已不是如何奇异的地方。自然，就以内蒙古来论，旅行其地者亦极为劳苦，常须遭受沙漠、暴风、土匪等危险，故内蒙古仍不失为大蒙古之一部。

　　蒙古分大蒙古（即外蒙古）及西北的奥蒙古诸部。此大蒙古及奥蒙古可称为蒙古之心脏。假如要想看蒙古的真确状况，这些地方是不能不到的，故世界探险家的目标地之所谓蒙古，即指彼处而言，至于内蒙古，自不在其眼中。

加之，外蒙古地方不惟因地理的关系，一度旅行者不易得其真象，而且现在政治上各要地均实行严厉的封锁，为用寻常的手段所绝不能进去的秘密所在。且其封锁排外，对于日本人更特别严厉，通常想作外蒙古的考察旅行，似为不可能的。

因此，到现在为止，国内（日本）关于蒙古的著述，虽有东蒙古（即内蒙古）的旅行记及考察记等书，但关于外蒙古的则全不曾有，所以我们日本人对于外蒙古这块天地，完全视为一封锁的神秘境地，但此种情形现在才是如此，以前则不尽然。

现在外蒙古的重要地带，实行排日最严厉的地方要算库伦，但此都会在去今廿余年前，已有少数的日本人前往经营而获得成功。如三井物产会社且于其地开设分店，作购买原料与贩卖日本商品的贸易。二十余年前张家口与库伦间一千里的戈壁沙漠，尚不曾如今日之有汽车可通，故中国人及日本人均利用骆驼跋涉此一千里之沙道，此种劳苦，大陆人尚可忍耐，而日本人则颇为难堪，但彼等终能进入库伦而努力扩张日本商品的销路。

从明治四十四年至〈四〉十五年，中国发生革命，将二百六十八年历史的满清推翻，而外蒙古亦乘此机会，图谋脱离中国而宣言独立，两者之间，形势严重，于是在外蒙古的中国商人有许多被迫而逃回内部。当时日本在外蒙古的侨商亦有误为中国人而被杀害的传说，但实际并无此事，其时，中国人确受迫害，而日本人则因受新树立的喇嘛教主活佛尊者的政府之保护，极为平安。

当时在库伦居留的日本人有多少呢？计男女共有五十人，再加入卖淫妇（此种人虽为日本人，但从精神上讲，乃是蒙古人或俄国人），合计共为二百〇七人。此等日本人的职业，主要的为商人，其次为医师及其他杂业。商人中，三井物质〔产〕会社外，其余主要营业为绵布、杂货、卖药业，均已有相当的地位。

其时一般对于日本商品均表欢迎。库伦地方以大喇嘛寺为中心，每年有二度圣市的举办，到时全蒙古各地的人均来参拜，非常热闹。这些参拜的人均集于市场的日本人商店争相购买其商品，故得利甚多，又日本人医师亦大为蒙古人所信任，故终日门前如市。

其次外蒙古与我国（日本）的政治的关系如何呢？当时日本驻北京公使馆曾派遣武官及书记官前往蒙古，喇嘛教主而同时又为大蒙古皇帝的活佛对于日本处处颇表好感。

从明治四十四年顷的情形来看，外蒙古与日本人的经济状态确是很有希望，如果顺利进行，至于今日，至少可有四五万日本人在库伦居住活动。

但此种有希望的发展，于明治四十年已臻绝顶，自此即愈趋愈下，这是什么理由呢？因为外蒙古一方虽脱离中国的羁縻〔縻〕，同时俄国的势力却日向外蒙侵入，因此对于日本人的发展，各方面均大受其阻害。

俄国与外蒙古的关系，当然不能与日本作同样的看待。俄国在地理上与外蒙古毗连，特别是库伦与其相近的贸易市场恰克图有密接的关系，故俄国人之向库伦发展自不足怪。库伦的俄国人在明治四十五年以前，已先一切外国人占优越的势力，这是无待述的。

但俄国之向外蒙古发展，除经济的事情而外，还含有重大的政治的意味。所以自活佛宣言外蒙古独立以后，俄国的策动，更表示积极而露骨。

其后，因欧战爆发，使俄国对于外蒙古之积极略侵政策，受一顿挫，更因其国内发生大革命，遂无力顾及外蒙。当时，中国即乘此良机，努力挽回外蒙古的固有势力。此种努力，一时表面上似乎已奏功效。

大革命后，苏俄之向外蒙古侵略，实较帝政时代，尤为猛烈；从军事方面及思想方面同时并进，其政策愈益露骨。中国对之只有作有名无实的外交抗议，自然不能防止苏俄的南下。

苏俄之侵略外蒙，不用说是要先使之"赤化"。但有些有心的蒙古人却组织国民党从事国民革命运动。苏俄对于此种组织，极为嫉视，遂煽惑一部分的蒙古人（鞑靼蒙古人），组织青年蒙古党（极左翼），给与武力的援助，使将国民党扑灭。于是外蒙之"赤化"遂在苏俄武力援助之下成功，而有今日之苏维埃大蒙古出现。

如上所述，苏俄事实上已占领外蒙古（库伦及其他诸要地），中国的政治的势力，不用说已完全被其驱逐。外蒙古之极端的闭关排外，即由赤俄之"赤化"成功而开始。库伦地方现在所有的外国人，除极少数已宣誓投降主义之中国人外，其他一人不留，全部驱去，日本人亦于一九三〇春天全部被暴力所放逐。

以上是关于日本人在外蒙古活动所受阻碍的政治的事情，但这里尚有一重大的事情，为我们所不能忽略的，即日本人在库伦的活动，明治四十四年到了绝顶，其后所以日渐衰退者，除因俄国之侵入外，日本商人自身亦有其原因。

这是什么原故呢？可以说是在外蒙古的日本商人与本国的商工团体的经济的联络未能十分密切的原故。别的且不说，三井物产起，日本的各业商人，虽有许多的利益，但依然年年走入不振之途，例如铁制品、茶、糖、绢、线〔织〕物、绵布等类商品，其销路虽极好，但因与本国商人缺乏联络，故未能充分畅销。

库伦地方小卖不用说，即各地的蒙古商人亦不少来作大批的购货，此种贸易于每年二度的喇嘛市中行之。但日本商人的存货欠缺，故大批的需要，即无法供应，因之生意即无法成交，彼等虽明知恶劣，不得不向中国商人或俄国商人购入同样的商品而为之推销。但中国商品与俄国商品既不受人欢迎，故常有饰作日本品而用诈欺手段以出售的事情。

又三井物产会社，究与本国有无联络呢？不用说，当然是有联络的。三井实际上是以购进原料为主要的目的，而于日本品之贩卖亦颇有利；可是不幸因外蒙古之"赤化"，三井早已中止原料的购入，而完全从库伦市场退出。

三井所以放弃将来很有发展的可能性的外蒙古而自动的退出市场，不用说还有特别的理由，我以为此事即为阻害日本人在外蒙古活动的最大之一原因，但根本上还是因为日本在对外蒙古的外交上没有力量。

我于此事件殊不愿多发表意见，但一国之大商业团体及大资本团体，如向外国发展的场合，必须以本国的外交的威力为背景，这是不待说的。在外蒙古的日本商人完全无日本的外交作背景，故大资本家三井不得不自动收拾。

由上所述，日本商人在外蒙古的经营，无论经济的和政治的，现均全陷于绝望的状态。但吾人能因此即谓外蒙古为难于接近的秘境而完全抛弃不顾吗？自然不能！现在的外蒙古无论如何"赤化"，如何排斥日本人，但时势之推移，吾人决不能忘记。中国政府于南京的国民会议中曾明白宣言："外蒙古为中华民国之领土。"故中国之统一如果完成，外蒙古的形势将有若何变化，固难预测，而其变化的结果，将使外蒙古开放于世界，则似可断言。大亚细亚的宝库之键投向世界之日，那块地方将生出如何的影响？此吾人所不能不注意的。

但，那尚是将来的事情，在现在的外蒙古，固不仅库沦〔伦〕一市场，其他如西北蒙古的乌里雅苏台、科布多、金山国、唐努乌梁海等值得吾人注意的都市尚多。而此等都市市场均尚有未受苏俄之侵略，而有对日本人开放的。此等市场中，对于日本商品之需者为何，及贸易上如何有利？这都是本书所将叙述的。总之，外蒙古中现在可以供日本商人的经营及将来的无限发展的处女宝藏地到处均是，这是值得我们注意的。

本书所述，间有非外蒙古地方而属于新疆、西藏及青海的，因地理邻接，宝藏亦至丰富，故著者亦就亲自见闻者而并述之。因在这些地方，日本人能到之处，亦可为良好的市场。

我作此书，非仅为满足一般人的好奇心，实因十数年来放浪于中国及蒙古，欲将此种经验与智识贡献于现在及将来的日本人吧〔罢〕了！于此意味，希望这本书作我们日本人的读本或教科书。现今欧美人称"世界之富在外蒙、新疆"，而屡作盛大的探险。其探险之结果已随时有所发表，我敢作一前马，将此一本日本人的探险书，贡献于我八千万同胞。

冒险潜入库伦

封锁的神秘境

从张家口出中国有名的万里长城，西渡浩茫的千里戈壁沙漠，则云烟迷漫，大地横亘，这就是世界上千古的秘境——外蒙古的天地了。

所以称之为秘境者，因此地不仅在地形上非所谓（十日间）普通的旅行者所能到达，而且在政治上，现在外蒙古全土在苏俄统制下，对于外国人（尤其是日本人）采封锁政策，其中究竟藏些什么？如何活动？这些都为我们日本人所不能窥测的秘密。

自一九一九年至一九二三年，我曾有流浪于外蒙古的要地库伦及其附近各地的经历，于是昨年（一九三○年）六月，再作踏破那秘地的企图，到了今年（一九三一年）年初，潜入库伦的计划虽已幸告成功，但其各重要地带的纠察侦探网非常严密，使我这位日本人的邈小之躯，几乎没有容隐之所。我在库伦潜伏仅约五个月，不得不更返西逃入科布多。科布多距库伦约有五百余日本里，而为赤俄的魔手所尚未曾伸及。我遂栖止于其地的中国人张姓家中，打算寻一机会混在中国人的骆驼队，逃往甘肃省境。

在此，为顺序起见，先从潜入库伦这件事叙起。前面曾经说过，日本人之入库伦为非常危险的一件事情，如此难事，我如何竟能成功，现在回想起来，不能不说是意外的奇事。

谁都知道不容易往库伦的原因第一就是道途困难。无论经满洲里或出张家口，其间云烟万里，如何涉渡，首先即为一般旅行者的脑子中所踌躇的一大难题。

可是，这决不是像我们放一张地图在桌上所想像那样的困难。戈壁的沙漠，诚然是困难的途道，但现今汽车已经通行，所谓"驼行四十日，九死一生大难行"，这种沙漠纪行的描写，已成过去的事，今日利用汽车，仅四日间，即可横断千里砂丘。现代文明的利器，已非复野蛮时代了。

而且所谓"驼行四十日，九死一生大难行"这种说法，即在昔日的沙漠旅行中，亦为一种弱者的表示。从前利用骆驼以旅行沙漠的中国人和蒙古人，实际对于这种骆驼的交通，也并不曾感觉如何的痛苦。

外蒙古旅行尚有一点愉快的，即在满洲及内蒙古旅行，常受马贼之侵害，到了其地则无此种危险。可是，在骆驼背上或在马曳的轿车中经四十日的时光，在仅费二日即飞过太平洋的人们看来，或者以为是一种极困苦的旅行也未可知，但在日在砂土中往来，一生长在行旅中的大陆人，则或又处之泰然，而视为快乐的旅行了。

但戈壁沙漠中，虽无马贼之患，而暴风雨（但雨不常有，即有，亦极少）的危险则常遇着。这是跋涉沙漠的人们所最恐惧的。

可是实在说起来，这种在沙漠中遇着情形不一定就有危险的。自然，暴风这种东西固是危险，但现在张家口、库伦间一千里的沙漠道中有三十几处驿站，这对于旅行者为很好的避难所，所以一到有暴风模样的天候，即可在这些驿站暂避。

而且在这沙漠中旅行者大概为蒙古人，此外的旅行者亦必以蒙古人为向导，这些蒙古人先天的即通沙漠的气候，自然巧于趋避暴风。故旅行者如与蒙古人结伴同行，事实上有很少遭暴风之难的。

不仅此也，原来沙漠的暴风，有一特征，即常起于冬天或夏天，外蒙古沙漠地带之大寒，在十二月至二月，而极暑则在五月六月间，暴风即大概发于此两时期，其他的季节虽不能说完全没有，但为一种微风，卷砂尘，夺人命，这种恐怖可以说没有的。

就以秋季来论，蒙古的秋天为七、八月，在此时节也有暴风袭来的事情，但这是一种稀有的现象，五六年内或不能遇着一次。故春秋二季可以断言没有风沙暴起、危及生命的事情。在起暴风的大寒、极暑的时候，沙漠之交通，事实上完全停止，即文明的利器——汽车在此期间亦停止行驶。

因此，这种千里沙漠的旅行，我们亦不能谓为如何困难。不用说地方不同，自然不能像徒步旅行东海道那样容易，但平安无事的旅行一次，实不能说是不可思议的奇迹。

那末，我前面说潜入库伦为一种不可思议的奇迹，其理由在哪里呢？

如狼似虎的苏俄纠察队

前面说过，库伦及其他外蒙古一带的要地正厉行赤俄的专制压迫的总督政治，其结果库伦及各要地对于外国人严厉封锁。但这里应注意者，所谓外国人实即以日本人为目标，其排斥的手段非常毒辣，严令所属，凡查出日本人即行逮捕下狱，但共产党员则特别待遇，故苏维埃官吏侦缉日本人极严，如系被其禁止入境，或被驱逐者再行被捕，立即投之狱中，这实是暴乱之极。库伦的监狱不啻地狱，一经投入其中，纵能免于虐杀，终难逃无期徒刑的命运。

库伦的入境检查，不用说是非常严重的，欲潜破此严重的检查网，其困难又非驼行四十日、五十日可比。日本人潜入的手段大半是化装中国人。但无论如何巧妙的化装，终难逃苏维埃检查官锐利的眼光，所以这种蒙混的事情常常是不可能的。

我深知此种情形，所以今回潜入的时候，不化作中国人，而化作旅行向导的蒙古人，变姓名为蒙古式的秦额。可是这种情形后来才知道是极冒险的。现在回想起来，我这样一位奇怪的伪蒙古人竟能无事的渡过难关，实不能不说是一种幸运。

我在张家口听说有一位叫做约翰斯敦的美国人要入外蒙古，这就是我这一次变装作旅行向导的外蒙古人的动机发生的缘由。

美国人要入外蒙古，无论如何，必须一位蒙古人作向导，已如前述。因为我曾在外蒙古各地流浪多年，所以蒙古的地理很熟，蒙古语亦颇堪自信。这又是我想作美国人的向导而企图潜入的第一种理由。

在那里，因某君的介绍，我向约翰斯敦申述愿作向导的意思，他即欣然允许。事情这样容易，是因为我多少懂得一些英语的好处。我的一知半解的英语，竟发生如此的效用，实在出乎意料之外。

关于约翰斯敦这位美国人的一切，我并不详细知道，只听说他是属于美国亚细亚地学协会的地质兼矿物学者，今回之入蒙古，是为参加于一九二九年以来以外蒙古的某地为中心而作大规模的探险的安得留博士的亚细亚探险队工作。他同我约定从张家口往库伦，在那里要办若干事件。

约翰斯敦氏当时携有十万美金，在这笔巨款内打算拿一万五千元，在抵库伦的时候，用作贿赂青年蒙古党执行委员，由此可见他之入外蒙古，必然与苏俄先有谅解的。

因此，我无意中得着这个机会，非常高兴。私幸随从约翰斯敦，则伪蒙古人的假面具可以不致揭破，而我的目的可以达到。由是来说，与其谓我为约翰斯敦的向导，不若谓他是我向导还要切当。

横断千里的戈壁沙漠

一九三〇年七月九日，我们由张家口乘汽车向库伦出发。

黄沙千里，借汽车旅行其间，如何的苦处也不会有，不过那部汽车嫌大，防沙的设备也不完全，车体的震动又很利害。虽说戈壁沙漠中秋天无风，但也决不是我们住在内地的日本人所想像的那样平稳无事。自来中国有"黄尘万丈"之语，这并不是一种夸张。满洲及中国北部的七、八月间，多西北风，蒙古的沙漠被风卷扬，常是大地晦冥，白昼无光。漫漫黄沙旷野中，汽车冲行风沙中，若航海之遇巨浪，一不留心，即有被埋没在黄沙中的危险。

我们虽饱浴沙尘，眼鼻均为之闭塞，但约翰斯敦氏的精神却非常焕发，不时之间，一面流览沙丘的起伏，与窗外的各种景色，一面向我述说："戈壁沙漠即太古的亚丁（Eden）花园，阿达姆（Odam）曾住过沙漠。"这一类有趣的故事。

由张家口出发后一日，约翰斯敦突然问我是不是真实的蒙古人。这使我大为惊愕。

我自始即自认为是一个蒙古人，当然对于这位美国人也不曾说明是日本人。在此以前，我以为他对于我的变装一点没有怀疑，自己非常安心。现在他突然发出这种询问，我自然要为之愕然了。我觉得纵然约翰斯敦知道我是日本人也没有什么妨害，不过我这样变装，连不常在大陆的白人都容易看出破绽，如何还能够逃过边境检查官的锐眼呢？我觉得无论如何，蒙古人的假面似还未脱，于是我真切的答应说："达尔那。"（按，"达尔那"为蒙古语，即"诚如尊见"之意）约翰斯敦更向我说：

"我是初次旅行外蒙古，所以蒙古人的情形不很明了，但你与蒙古人相比，似乎过于敏活，而且蒙古人懂英语这件事，也是可怀疑的。"

这实是一种明锐的观察。因无论蒙古语如何流利，而其自然具备的性格是不能隐讳的。他看出我虽然同为东洋人，但风采、容貌究与大陆人的特质有多少的差异，其眼识真非寻常。由此看来，这个人似乎是自始即疑我为日本人，而发出这样的质问。但狐尾一露，大为不妥，于是我故意大声作一种奇异的发笑，希图掩饰。这种笑声为蒙古人所特有的，即名叫"蒙古笑"。但约翰斯敦氏本来不懂蒙古语，对于这种有来历的笑声全然不懂，所以仅仅用一种奇异的眼光注视着我。于是我更用英语竭力解释他的疑惑：

"不是，我决不是很敏活的，在蒙古人中，我算是极平常的。我之所以多少懂得一些英语，非有别的，是因我在张家口时曾在某美国人宣教师那里学过一点简单的会话，这是使君生怪的原因，但此次为君服务，我的英语一定更要进步了。"

约翰斯敦笑颔其首。

由此又经一日，我们渐渐要进库伦了。约翰斯敦又向我说：

"秦额，看看明天要到库伦了，在到以前，你不能不预备一下哟。万一你不是蒙古人，而为日本人的场合，你就要当心。你是日本人或蒙古人，于我是没有关系的，但在库伦的检查官就不行了。如果查出你是假的蒙古人，那末事情之麻烦，你是知道的吧。

我自然是极力设法卫护你，但我的力量不及的时候，你自己不可不预筹脱身之计。"

是吧，他仍然还是知道我是日本人的。于是我的自信，完全失掉，不安之念，涌上心头。才踏入外蒙古地方，我这连美国人的眼光都瞒不过的伪蒙古人，如何还能逃得过虎狼般的苏联检查官的目光呢？看看明天要到库伦，我好像要攒〔钻〕进恐怖的虎狼之穴了。

但无论如何，我还是对约翰斯敦说是蒙古人，一面依然向他要求庇护。约翰斯敦亲切的允许在万一的场合设法援助。

到了地狱的第一重门——库伦

一九三〇年七月十二日午后三时，我们的汽车到了东营子（即东库伦）。汽车刚一到站，意想中的宪兵、纠察队等立刻就围拢上来，其中库伦政府的税关检查官（蒙古人）也在。

我们的汽车中，除约翰斯敦外，尚有司机的中国人三名。只有我一个人是化装作蒙古人，其他均为应受检查的外国人。不可解的是这三位中国人，自张家口出发以来，即把我当着真的蒙古人，丝毫不疑。

我随约翰斯敦之后下车，七年以后的今日，重访旧游之地，风景已无心流览，目光只不住的探看一群检查的人们。原因是我记起在东营子地方有些中国人是认识我的。如果在这个时候，有这样一个人来认出我的面貌，就会不得了的。我机敏的自然的向四周一看，幸而不见一个认识我的中国人影子，我才大为放心。

入境者的查问开始了，由库伦共产蒙古政府的宪兵（蒙古人）、苏维埃纠察队（苏俄人）及库伦政府的税吏执行，依次先从美国人约翰斯敦开始。

查问约翰斯敦的时候，极为简单。前面已经说过，这是因为与劳农俄国之间，事先已有谅解，宪兵纠察队的检查，不过形式罢了。其次是行李的检查。这是蒙古人检查官的职务，比之前两者，非常麻颊〔烦〕，我在约翰斯敦与他们之间充作翻译。结局约翰斯敦氏所带的金元作用，得以无事的通过。

其次为三位司机的中国人，这些人与俄人纠察队及蒙古人宪兵相识，所以并未受特别的诘难。

最后临着我了。在审询约翰斯敦的时候，宪兵和纠察队对于我的态度已深切的注意，似乎不曾有怀疑的地方，我暗中高兴，以为或者可以容易蒙混过去。于是我极力装着很从容的态度向他们说：

"我也是蒙古人哟，蒙古人到自己国内的库伦也要受检查吗？"

假面具险些揭破

约翰斯敦氏既受检查后，我就将行李收拾起来。这个时候我的旁边一位好像纠察队的头目，突然走拢来，我刚一起身他就执着我的手厉声的说：

"有些事件要讯问，往保安部去！"

我大吃一惊，以为既已被人识破，别无办法，只好默然将肩上所荷的主人的行李依然放下，随着他去。

正在这个时候，向街那面走去的约翰斯敦突然回过头来，看见我的危机，立刻跑了转来，立在俄人面前这样说：

"什么事？这个人是我的翻译，名叫秦额的哟！"

"不干你的事。这个人有可疑的地方，所以要带他到保安部去！"

"但是，秦额是蒙古人。他作已经得着贵国许可旅行的我的使用人，还有什么可疑呢！"

"不相干，无论如何都有带去查问的必要。"

"那是于我有不便的。我在库伦只能停留两星期，办完事情就要走，如果没有翻译，如何行呢！而且不说出理由，就要把我的使用人随便带去，这似乎是不对的吧？"

约翰斯敦这样大声的与之作激烈的争执，无论如何要他们说出里〔理〕由。

纠察队的头目，在这时候态度似乎软化了些，但依然执着我的手不放，一面用如下的理由和平的解释：

"库伦现在革命的行程中，虽然政权已完全归于青年蒙古党的手中施行劳农专制政治，但反动的势力尚然存在，随时蠢蠢欲动，因此现在市内虽然不曾发布戒严命令，但戒备很严，所以对于入境者必须严重的查询。假令发现有可疑的人物，无论为蒙古人或别国人都是要拘捕的。"

"先生的翻译秦额这个人，虽说为蒙古人，但有很可怀疑的地方。第一就是他会英语这件事，因为蒙古人中，会英语的，可以说是没有的。因此，我们怀疑他是日本人化装也未可知，所以必须要带到保安部去讯问一下。"

"如果先生在库伦办事上需要兼通蒙古语和英语的翻译人，俄国人中也有不少，可供使用的。但无论如何这个人务请许我们带去！"

绝望以后的"蒙古泣"

因为不曾听说有懂得英语的蒙古人所以可疑，这种说法实很奇妙。这好像在汽车中的时候，约翰斯敦所说的一样，但那个场合与现在的场合就不同了。现在不仅是受人怀疑，而且要被带往库伦的黑暗地狱受罪，事情是如何可怕呢！

这个时候，有一位默默站在旁边注视许久的蒙古宪兵，好像想起什么似的，突然向他的头目说：

"老〔考〕夫斯克君！这位叫秦额的确是蒙古人，不是日本人。蒙古人中不一定就没有懂得英语的人吧？"

"不要说空话！带到保安部一问就明白，你知道什么！"

纠察队的头目考夫斯克怪宪兵之多言，怒目斥之。原来蒙古的警察权完全在俄人手中，所以俄人的气焰极盛。

"秦额在张家口时跟我国的宣教师学得英语，我由这位宣教师那里听说，才把他雇来作向导，所以确知其不是日本人。"

约翰斯敦仿照我过去向他解释的话替我解辩。

考夫斯克对于这些话完全不理。也不知道他是忠于职务，或是故意为难？否则或者他早已看破我是日本人化装成蒙古人的也未可知。

我在这时知道已无办法，如强为解辩，还有危险，所以自始即一言不发，见机行事。最后解辩已告无效，考夫斯克顾视部下，好像在下命令，即有二三个纠察队将我包围。

"父哟！母哟！快来救我啊！"

这个时候，我于是大声泣叫，故意作出这种蒙古语所固有的哀号。

原来外蒙古语在绝望的时候有两种求救的方法：一是唱活佛尊者的名号；还有一是像上面这样叫法作求乞的表示。所以除了盗贼及罪大恶极的人外，无论何人，在求救的时候，必定都要用这种方式。这是一种地方的迷信。可是，到了最近讲说活佛尊者的名号，已经没有显著的灵验。这是因为近年苏俄的"赤化"侵略，外蒙古的国教喇嘛教受非常的压迫，活佛尊者的庄严也因此大受影响，祈愿的人已不大灵验了。

但近来"阿普（即父）、乌雅以（即母）"这种叫法却极普遍。这在把宗教咒骂作阿片①的"赤化"侵略者，或者也认为不

---

① 后文又作"雅片"。——整理者注

当，而我也只好这样叫了。

先前把我认为同胞的这位蒙古宪兵，至是也因为我的哀声而感泣。

"事已至此，怎么办呢？我在库伦这短时间暂且请你们不要把秦额带去，可不可以呢？只有二星期呢，我缴一千金作保证金怎么〈样〉？就要求在这期间给我一点方便。"

最后约翰斯敦向他们这样要求。

可是考夫斯克完全不理，随向其部下示意，再转身向约翰斯敦说：

"对不起，无论如何办不到！"

用尽千方百计依然无效，我只好闭目以待这三位凶暴的苏俄纠察队摆布了。

神圣助我革命突起

我正被两个人左右挟持向街之那面走去，突然好像是由喇嘛大本山那方发出惊人的枪声，一时机关枪与炮声连续不断，杂然并作。

最初，我以为那里的军队在演习枪炮，可是我一看见旁边的一些纠察队都面呈惊愕，立刻就感觉着一定有特别事故发生。转身看一看考夫斯克，他两眼直视西南方天空，目瞪口张，神色大异。这时烟火蔽空，满天为赤，机关枪声与野炮声越响越近。

这些蒙古宪兵们彼此面面相睹，呆不作声。有一位纠察队突向注视天空的考夫斯克叫了一声，考夫斯克依然屹立不动。于是约翰斯敦走到我的面前很担心的问我：

"秦额！那是怎么一回事呢？"

这时前面有一位好像赤卫军传令兵样子的俄人骑着马飞跑，一面大声的在叫：

"革命起了，东营子的火药库要紧，各位快去警备。火药库如果被国民党夺去就不得了，快去，快，快!"

"革命! 不得了! 喂! 大家即刻往吉尔思去，快跟我来!"

考夫斯克一面这样叫，一面就跑。吉尔思即东营子火药库所在地。于是几位包围我的俄人，也跟着他的后面跑向前去。

我目送这一群人往烟火那方面拼命的飞跑，渐次去远，才倒抽一口冷气，心中自忖已经有了活命，不禁喜出望外，赶紧跑到约翰斯敦的面前急促的向他说:

"革命起了! 国民党举事! 先前考夫斯克说的话现在应验了!"

"革命? 元来是革命的革命啊!" 约翰斯敦这样回答。

"是的! 现在纠察队都跑到吉尔思守火药库去了! 快些，就在这刻时候，失掉了这个机会就不行了，立刻逃吧!"

"秦额! 我是没有逃的必要的!"

他将我得了活命这回事并不重视，冷然的这样回答。在这种非常的场合，他还是像平常一样的冷静，不失大国民的气度，我实佩服。我仍然沉着的向他说:

"诚然! 但在这个时候，在这里你也有危险的，不如寻一地〔在〕方暂避一下好些。"

"往哪里避难好呢?"

"我以为蒙古人街顶好，你的事情是与苏俄的人们有关系的，但现在和他们在一起非常危险，故不如暂时寄居蒙古人街的人家，观看形势较为妥当。"

这时街上的战事愈益激烈，机关枪声与野炮声振〔震〕耳欲聋，我和约翰斯敦氏都不觉停止谈话，凝视空中不断的流动的火焰。

蒙古人街在西营子的中央部，等我们走到某一人家的时候，天已经黑了，大陆的夜间激烈的寒气，使周身像刺一样的痛。炮火的声音不知道在什么时候已经停止，我们寄宿的这条蒙古人街，现在已复返于静寂，想不到不久以前在这同一区域内曾发生那样的骚动。在这静寂之中，约翰斯敦氏所说的"革命的革命"又在脑子中重忆，无论何时都拿这件事来思考。

国民党的反抗运动

外蒙的"赤化"与国民党

外蒙古的政治状态，前面已述大概，现在我想再将今回我们刚入库伦的时候，突然发生国民党的反抗运动这回事，稍述一下。

如前所述，外蒙古地方以库伦为中心的各要地，均完全受苏俄势力的支配，因此，外蒙古的名称，现在也称"劳农大蒙古国"，或称"苏维埃联邦"。

自然，外蒙古的总面积百万哩之地，现在还不曾完全受赤色的统治，但其枢要之地，悉行劳农独裁政治，则为事实，各重要地方有所谓青年蒙古党这种共产主义的组织，它是在苏俄的保护之下而掌握军事、警察、经济的实权的。说明白些，就是外蒙的现状，无非在苏俄的势力之下，行总督政治吧〔罢〕了！

可是，从帝俄时代起，经数世纪，俄国早已虎视耽耽〔眈眈〕，着着伸张其势力，故此外蒙古的百万方哩之地，俄国今已掌握其实权，但这种政治的侵略的成功，不能即据以断言外蒙四百五十万人民已完全"赤化"。革命的发生不一定是大多数民众都参加的，少数党中的少数的势力的活动，即足以支配国民的运命，这才是历史的真实性。

库伦及各地的政治运动，向有两种主义对立。一是现在掌握各地的政权的青年蒙古党所崇奉的，即在苏俄的保护、指导之下，要"赤化"外蒙古的。其他一种是与前者正正反对,而努力国民革命的,即不愿受苏俄的保护,由蒙古人自己奋起,以建设新国家的蒙古国民党的主义。

此以苏维埃为宗国的共产主义与建造蒙古人的蒙古的民族自决主义,对于外蒙古的国教——喇嘛教问题,争执极烈。宗教如为信仰它的国民之血,那末它常常会掀动革命的大风潮,这是历史所诏示我们的。

共产主义是否认宗教的。外蒙古的共产主义者们,对于其国教——喇嘛教之着手破坏,不能不说是当然的。但蒙古国民党的人们却想加入一种新的力量与生命于此国教中,借图民族的团结,故共产青年党以为革命就先要扑灭喇嘛教,而国民党则竭力反对之。

因此,外蒙古的革命运动,自始即专以此喇嘛教为中心,关于此点于我们有不少颇有与〔兴〕味的事情。我们到库伦那一天所发生的国民党反抗运动,实即发动于放火焚毁喇嘛教大本营以摄制电影片这事件,其经过之有趣,也好像看电影。于此足见外蒙古中,共产党的破坏运动是怎样的暴乱了。

国民党首领雅本丹萨之被杀

在叙述此事之前,关于国民党首领雅本丹萨这个人,有一说的必要。雅本丹萨是在去今七年前被共产青年党的暗杀团所杀害的。他实是一不可多得之人物,其声名留在外蒙古的国民运动史上,永远不会被人忘记的。

雅本丹萨的取名即是表示仰慕日本的意思,原来雅本即俄国人称日本人的略语。他爱读日本的历史,故对于日本维新的成功,由于国民的努力这件事,非常欣羡。日本的维新给别国的国民运动以刺激而作其模范,自然是不必很远的去引统一意大利的加尔、马志尼的例子。如果外蒙古的国民运动有成功的一天，那末这位雅本丹萨的大名，当然又是一个被称赞的人物，而永垂于蒙古史上的。

雅本丹萨在蒙古人种中，是属于额尔额〔喀尔喀〕蒙古这一族的。此所谓额尔额〔喀尔喀〕蒙古人，占外蒙古人口约四百五十万中之三百余万，他们是成吉斯汗①（蒙古语叫作秦古纳斯波古德）的后裔。至其余的一百万人，则为鞑靼蒙古人。共产革命运动，大概即由这些鞑靼蒙古人的"赤化"分子所主持。但这决不是大蒙古人种的基本分子，这是不能不注意的。

额尔额〔喀尔喀〕蒙古人到现在仍自以为是大英雄成吉斯汗的子孙而自夸，因之，此等蒙古人，其国民间自然有一种传统的思想存在，这是不能忽略的。雅本丹萨即是在这些蒙古人中，具有最强烈的国民的热情的一个人。

丹萨氏于组织蒙古国民党后，他最尽力的一件事，就是外蒙古教育之普及。他最早感觉到要团结外蒙三百万国民，贯注新的生命于他们的血管中，非借教育的力量不可。因之，他有向日本招聘学者数十人的计划，并认为自己有先往日本考察文物制度及与一般朝野人士接洽之必要，所以他曾一度留学日本。

丹萨氏到日本后，所闻为何？所见为何？我们固无由知道，但丹萨氏之留学日本，确为有名的人物。"雅本"（日本）这个名称，就是由此起的。如前所述，雅本为俄罗斯语，在俄人看来，或者含多少轻蔑的意味，也未可知。丹萨氏常被共产青年党诬骂为日本帝国主义的走狗，故雅本之名，或者又为诬蔑的宣传语也未可知。

---

① 后文又作"成吉思汗"。——整理者注

外蒙古的国教——喇嘛教的改革，与教育之普及，均为他所最努力的。喇嘛教成为外蒙古的国教，是由古代传到现在的，但现在之所谓喇嘛教，不过一种躯壳，内里实腐败不堪。丹萨氏更想从日本迎去些智慧的名僧，借资改良，但此种计划，因遭惨杀，未能实现。

丹萨之被害，实与蒙古国民党以致命的打击，在他死后不久，共产革命即告成功。同时有国民党员二百余人被杀，因之，国民革命的势力，遂完全没落。

喇嘛教大本营之被焚

喇嘛教大本营之被焚毁事件的真相，是在潜入库伦后数日才听说的，所以我不知道就是与我们到达的那一天救了我的性命那件事是同一内容的。

苏俄是视"宗教如鸦片"而奉非宗教主义的，所以对于喇嘛教力图破坏，这在前面已经提及。但在这里有一点值得注意的，就是他们为达其目的而对喇嘛教大本营的喇嘛等所取的态度。

库伦的喇嘛教大本营中，男女喇嘛合共一万数千人。这些男女喇嘛为外蒙古四百余万人的信仰指导者，而为其所尊重的。如果共产青年党要扑灭此喇嘛教，本来只消用其常用的残杀手段，就是再比这些喇嘛人数多些也没办不了的。但一直到现在还不敢用那种直接的手段，这是什么原故呢？就是怕激起反动吧〔罢〕了！固然，杀戮万余个喇嘛，在他们本可以不算一回事情，而且实际上又是很简捷的办法，不过他们知道虽是简捷，却有麻烦。因为如果杀掉喇嘛，恐怕会有给潜伏的国民的势力以一大刺戟，而促其爆发的危险。

这是他们所认为最难处置的问题。即为外蒙古革命的安全，无论如何不能不以喇嘛教为敌人，而现在的喇嘛教虽然腐败不堪，但其为外蒙古的国民的势力的根源，则为不可争的事实。

屠杀既不可能，他们只好用宣传"赤化"这种方法。因之，他们用种种方法，以外蒙古为背景，而摄制许多电影片。例如大家新近所看见的《亚细亚的岚》这一幕影片，就是其中之一，我们不能仅仅将它看作一件单纯的有趣味的故事。《亚细亚的岚》的意味是怎样的呢？就这一套电影来看，是表演一强大的资本帝国主义的国家，用恶辣的手段侵略蒙古，蒙古民众被迫起来反抗。电影的情节大概是这样的。如像这样的影片，此外还有不少。

共产党对于扑灭喇嘛教这回事，更借电影作宣传的方法。这就是所谓喇嘛教大本营的焚毁摄影事件。共产青年党的人们是这样想：

"元来外蒙古的喇嘛教这种宗教，是一种崇拜偶像的，而作喇嘛教信徒的信仰之对象，就是这库伦的伟大的嘛〔喇〕嘛寺院。一般人对于这些偶像，相信有绝对法力，所以对于其宫庙也是五体投地，故如破坏那些佛堂和宫殿，即所以破坏他们的信仰。"

因之，他们觉得对于此种偶像，最好是仍假手于蒙古人自己，而且将他们用自己的手破坏的光景摄入电影中去。于是他们想一种方法，使共产青年党去库伦的大喇嘛寺放火，同时使许多的共产党员变装作库伦的喇嘛，教蒙古人向大本营进攻，而将这种光景完全照样摄入电影里去。

库伦的信教徒们看见喇嘛这样腐败，一定会奋然而起，破坏他们的偶像了！

"打倒喇嘛教！"

"铲除腐败堕落的喇嘛！"

在银幕上更借这些标语以作宣传。这种电影一经流布外蒙古各地，将与一般的喇嘛教徒以如何的印象呢？这实在是一种很可怕的宣传电影啊！

七月十二日，数百名苏维埃电影队突然在喇嘛教大本营的北方欢喜佛堂那里放了火。这是大喇嘛寺的有名的宫殿之一廓，中有无数的大小寺，欢喜佛堂也就是其中之一小寺院，但现已荒废，仅存瓦屋。火势熊熊，因大陆干燥的风的吹煽，愈益猛烈。不用说，这是共产党要摄取影片，其目的是在扑灭喇嘛教，所以对于在那里的一万余喇嘛，并不曾先行通知。嘛喇〔喇嘛〕们一见起火，大为惊愕。他们并不知道是有意的放火，还只当是失火而张皇的奔去灌救。可是那些摄影队已预先在欢喜佛堂四周埋伏许多俄人赤卫队，不准喇嘛们前去救火。

可怜喇嘛教的末路

在这焚烧中，豫先假装作库伦的喇嘛教信徒的数百名蒙古共产党壮汉，口里大声叫着"打倒喇嘛教！烧毁喇嘛寺！反对喇嘛！"等口号，向着喇嘛寺进攻。那所摄的并不是发声的影片，本来没有喊出声的必要，但这不仅是摄制影片，同时又是一种实演，其意义是很深刻的。数百人高叫的声音，从宫殿区至西营子一带均为震动。于是这使东西库伦二十余万蒙古人恐怖的烧毁喇嘛寺、扑灭喇嘛教的电影摄制，就照着预定的计划而进行了。

但有许多的国民党人知道这种举动实是共产青年党的电影宣传策略，自"赤化"革命成功以来，国民党遭受共产青年党的压迫，都已完全销声匿迹，以待时机，现在目击这种暴戾的行为，自然不能再事忍耐。于是动员令这时在国民党志士中间飞檄起来了！

这时国民党的领袖陶克明（蒙古名叫以姆来）奋然而起，倡出"保护法城！防卫喇嘛寺，喇嘛教是蒙古人的生命！"等口号，向库伦的喀尔喀蒙古人鼓动，立刻就有三百名纯粹的喀尔喀蒙古人与之同情。他们不忍看见自己的"法城"被凶残的鞑靼蒙古人和苏俄共产党所蹂躏，所以具着悲壮的牺牲的决心，起而斗争。

这三百名护法的敢死队，个个手中执着割草用的镰刀，或打猎用的小枪等类武器，向着喇嘛寺奋勇前进。共产党早已知道这件事情，认为护法队到了喇嘛寺，殊不得了。护法队人数虽只三百，但如这一帮人到了喇嘛寺，那末其中的一万喇嘛必然会起而响应。这是很明白的。

那些作焚毁喇嘛教电影的监督的苏俄赤卫队及共产党人，看见事情弄僵，大为狼狈。现在已不是摄影忙乱，而是着急。这一般〔班〕不久以前还在有趣味的叫笑着的摄影者，忽倏之间早已变成真正的巷战战斗员了。于是摄影的舞台大喇嘛寺中，顷刻间机关枪也架起了，大炮也运来了，一时枪炮之声，震动库伦。

时正七月十二日午后四时，在东营子汽车站，俄国纠察队队长考斯夫克〔考夫斯克〕要将我带去保安部的那一瞬间，传令兵跑到来说"国民党反叛快去防守火药库"的时候，那无怪他要大惊失色了。

这件事情似乎比小说还要稀奇，但入外蒙古第一步即陷于穷地的我，不意因其地突然勃发的国民党反抗运动而获救。这件事，谈起来好像是空空洞洞的，如果作成小说或电影，我想一定是有趣的材料。

国民党护法队后来究竟〔竟〕怎样呢？他们未到大喇嘛寺，即与赤卫军冲突，开始作猛烈的巷战，并曾一度占着优势，赤卫军几乎有退却的形势。但无论国民党军如何勇敢，受机关枪和大炮的猛烈射击，自然不能支持。所以交战仅三小时，陶克明所率的护法军终于全部覆没。大喇嘛寺中的喇嘛初时听说国民军蹶起的消息，气焰大张。及接护法军覆灭的报告，极为沮丧，全山一万余僧侣均销声匿迹，没有一个人敢站起来守护圣地，真是懦弱极了！市中潜伏的蒙古国民党徒也都隐藏起来。于是此震惊全库伦的大暴动，到了晚间就完全平静了！

电影的摄制，因此也宣告失败，如果那一次成功，或者现在又有像《外蒙古之岚》或别的题目的电影输入我日本，耸动一般人的观感，也未可知，那种失败，自然是不足惜的。此次不幸中之幸的是喇嘛教大本营，只烧去欢喜佛殿，其余本殿及库伦第一壮观的活佛尊者殿得以无事。

宫殿虽然保全大部，不幸大喇嘛寺中的一部喇嘛在暴动的第二日被认为有暗通陶克明的嫌疑，遭共产党赤卫队所屠杀，其数共有五百余名。当将这些人聚集在宫殿区的一大空场上行刑的时候，五百僧侣仰天悲号，其声远达东子营〔东营子〕。我在这悲惨的声中，感觉着外蒙古的喇嘛的末路。

日本妓女

苏维埃政府怕日本人

约翰斯敦氏和我在十二日逃脱危险后，夜间即潜宿于某蒙古人的家中。我在那里勾留二日，注意的打听市内的各种情形。那一场纷扰既很快的镇定下去，市街的秩序也就即刻恢复，因之约翰斯敦氏就于十五日离开那里，迁居于库伦中为外国人而设的某旅馆。

照理，我应当随他一同迁往新馆，但我入库伦不是公开的行动，所以不便同去。约翰斯敦氏和我离开，我好像黑暗中失去灯火，非常感觉不安。但要他作我永久的护身，是办不到的。我只好这样想：入境检查这一大难关，我总算逃过了，以后只好见机行事，纠察队或者已不会如何注意。纵然注意，在这二十万人以上的库伦市内蒙古人街混迹，纠察队不见得就会查出。在这里我离开约翰斯敦固然是很危险，但已经随着他到了这里，以后一个人自信大概也不至于有什么。而且自那天以后，纠察队为防范蒙古人反动，正倾全力来检举国民党分子，一时或不会想起我这位渺小的日本人。这样一想，我于是乎安心许多。

此事暂且不提，以下打算叙述一点外蒙古的经济状况及社会情形。兹先述苏俄何以封锁外蒙古、不愿日本人入境这一回事。

前面说过，俄国在帝政时代，久已怀着侵略外蒙古的阴谋，着着伸张其势力。革命以后的苏俄更积极的进攻，现在几已达成功的境地。但苏俄何以要这样积极的侵略外蒙呢？

在我们日本人中，或者还有不少人以为外蒙古是缺乏天然的资源的沙漠不毛之地。这真是不明白外蒙古情形的错想。他们以为外蒙只是一望千里的大戈壁沙漠。这样广大的黄沙地方，想像起来，自然不会埋藏丰富的天然的资源的。但外蒙古总面积不下七十万方里，其中硗确不毛的沙漠地方，不过十万方哩〔里〕，其余的六十万方里可以说都是天产极富的宝藏地。这些地方，我可断言比较阿非利加、中央亚细亚、小亚细亚乃至南洋各地的富源并不稍差。世人往往将这块土地视为交通不便或气候激烈而轻忽之。这尤其是住惯了四季温暖的土地，缺乏向外移植的日本人的通弊。外蒙古交通之不便，不惟于日本人如此，即世界各国人亦有比之作阿非利加的内地或南北极地的，但其富源则为我们所不能轻视。其地是属于大陆气候，自然寒暑相差很远，但大体与西比利亚①或北满洲无大差异，决非不适于人类居住的。故能在满洲的气候中生活的人，即能在外蒙古乐居无碍。

关于外蒙古的天然富源，打算以后详述。苏俄之积极侵略外蒙，其理由就在这里。但尚不仅开发资源这一点，同时因外蒙又

① 后文又作"西伯利亚"。——整理者注

为苏俄商品的一大独占市场。由此可知苏俄之侵略外蒙，实有极重大的意义。

外蒙古的贸易，以前完全以中国人为主，故苏俄极力设法驱逐中国人在外蒙古的经济势力。结果，现在中国商人在外蒙的势力受其压迫，已日渐消灭。目前库伦及其他外蒙地方，虽尚有多少中国商人居住，但其经济的势力实不足数。苏俄认为与中国的经济战已不足惧了。

因此，苏俄在外蒙古，现在可以随意左右，独享经济的利益。但，他们觉得还一个不放心的敌人，就是我们日本。他们以为日本在外蒙古作经济的活动，其不利于苏俄，比中国更可怕。但现在就我们日本人看起来，苏俄这种日本观，实在过于神经过敏。可是他们就借此理由而封锁外蒙古，拒绝我日本人了！

此外苏俄封锁外蒙的理由，还有一点为我们所不能不知道的，即苏俄之"赤化"与日本的国体关系。

苏维埃之忌视喇嘛教

苏俄现在固已大体将外蒙"赤化"完了，但这里他们认为还有一件可虑的，即外蒙喇嘛教尚未完全扑灭。喇嘛教如果存在，那末外蒙古的"赤化"——换一句话说，苏俄的侵略，就不能说已经完全成功。这是他们所苦心焦虑而无法解决的。前述的焚毁大喇嘛寺事件，这是苏俄对付喇嘛教的一个例子。

外蒙古中信仰喇嘛教的均是以成吉斯汗为祖先的纯蒙古人（即额尔额〔喀尔喀〕人）。这些人占外蒙古人口的大部分，而为蒙古的中心，所以外蒙古的国民运动的发生，必须是这些奉喇嘛教为国教的纯蒙古人。那蒙古国民党首领雅本丹萨想注入新生命于喇嘛教中而图民族的团结，虽然不曾实行，但他这种志趣，是为一般明白的蒙古人所同感的。所以苏俄对于这一件又引为可虑。

此蒙古国民党的人们，思想上颇倾向于日本。他们甚至以为外蒙古的独立，必须借日本的力量才行。例如雅本丹萨之打算欢迎日本的僧人，及其自己之亲渡日本考察文化，其动机是否想求日本对外蒙古的独立与物质的援助，虽不能知，但国民党人精神上之倾向日本及仰赖日本的心理，则是有的，就是现在也是如此。

我听说曾有许多居留外蒙古的日本浪人与其地的智识阶级（即被革命推翻的王公贵族）及喇嘛教的高僧勾结，作一种驱逐苏俄在外蒙的势力的运动。又据共产党的宣传，居留外蒙古的日本浪人与其地的白俄联络，阴谋建设白俄的外蒙。因此苏俄总觉得日本人是极危险的人物，外蒙古中决不能容留我们。

苏俄本国和日本的关系，近年来，已缔结日俄通商条约，国交已渐亲密；又艺术、文化方面，先年又有欢迎市川左团次往俄都，宣扬我国古代艺术的事情。就这些看，苏俄的态度，已经采门户开放主义了。但在外蒙古中则采暴乱的排日政策，对于日本人则不问理由如何，一律逮捕下狱。现在的外蒙古对于日本人的戒备，就好像是苏俄的要塞地带。

这件事一见似乎是不可思议的，但将前面讲过的一切事情合起来看，就可知并不足奇了！

以上是述外蒙古排斥日本人的重要理由。但还有一点要补充的，就是我觉得苏俄极端敌视居留外蒙的日本人的原因中，还有一种是心理的现象。原来日本国内对于共产主义的运动，是作极严厉的取缔的。这一点当然是为共产主义的国家所最痛恨的。日本帝国主义对于苏俄式的共产主义用弹压政策，因此而成为外蒙排日的一原因，这也是不足为奇的。

日本有"在长崎讨江户敌人"这一句话。在苏俄的场合就可以说是"在外蒙古讨江户敌人"。因心理的作用竟超越土地的远近。这一点我们日本人应该要大家稍加考虑才对呢！

库伦日本人之消灭

　　全外蒙古中究竟有多少日本人，并无详确的统计。仅就库伦一地言，在一九三〇年四月以前，约有日本人五十名。这个数目仅指男子，女人并不在内。苏俄侵略的结果，有将日本人全部拘捕之说，这五十名遂于是年五月离去库伦，一人不留。他们离开的时候，并不是安安全全的，而是从死中逃出来的。他们之中，也有些有相当的不动产和财产的，但均无暇处理，一身以外完全抛弃。此等情形实是悲惨之极！照理，苏俄应该要规定一定的日期，令其退出国境，过期如尚不去，然后加以逮捕才是。今竟不预先通告，而突然出此乱暴的处置，殊堪惊异。

　　从一九二八年到二九年间，日本人有七八十人，但仍属男子人数。不用说，这些人也因受苏俄的压迫不能居留，渐渐离去库伦。但其中有些不知何故被捕下狱，以后即不闻关于他们的消息。大概依然在库伦监狱中渡其不幸的运命吧！

　　这些日本人在库伦做些什么事呢？高尚一点的，是些医生、药材商及杂货商。其次是饮食店、理发及演马戏的等。后一类的且不说，至于医生、药店等营业则颇为发达。此种情形，后面还要详说。原来全外蒙古中，花柳之病蔓延非常可怕，因此日本的医生、药店大有应接不暇之势。

　　库伦的人口，二三十年前，蒙古人五万，喇嘛僧人二万，合计不过七万人，现在则已多至二十余万。人口激增的原因是因苏俄以库伦为侵略外蒙的中心地，而作种种政治的、经济的活动的结果。人口的膨胀，自然随着文化的发达，故今日的库伦显然已有进步，与三十年前完全不同了。如果中国继续握着外蒙古的宗主权，库伦的这种发达，恐怕是不会有的。苏俄侵略的结果，不仅使库伦一地的文化发达，即全外蒙各方面均有显著的进步，这是不能讳言的。就这一点说，外蒙古的"赤化"，不一定是外蒙古四百五十万人的不幸了。虽然如此，外蒙古所偿的代价也是很大的。他们是因此而牺牲了民族自决主义。外蒙古的物质文化无论如何发达，但其国民的自尊，和精神文化的消灭，乃是蒙古人不可补偿的损失。

日本人以外，别国的居留民又是怎样的状况呢？库伦中俄国人有四五万，欧美各国人约一千，中国人现有二三千。其中苏俄人居住，当然没有问题，欧美人的居留也是经过许可的。至于中国人，十年以前有二三万，现在减至二三千人。此二三千中国人都是宣誓信仰共产主义，然后准许居住，故外蒙古的排外，无非专对日本人吧〔罢〕了！

但很奇怪的是库伦之排斥日本人，仅限于男子，女子则为例外。库伦现有日本女子四五十人，或者说在百人以上，比较日本男子还多。这样多的人在这样激烈的排日中心地，能够平平安安的过活，岂不奇怪？

卖笑的日本女

但此百余日本女子完全是些卖淫妇，这种姑娘与我们所想像的至少是二十岁前后的这种妙龄女郎大大不同。其中最年轻的也有三十岁，年长的有超过四十岁的老姑娘。在日本内地，也有头上的发都落了的唱曲的，连小孩，都有多少的少女歌剧，这自然是不足异的。可是，这些日本卖淫女子在库伦的娼妓界中以"日本以喜特孤启尔（蒙古语，即日本姑娘之家之意）"著名，一般趋之若鹜，生意颇为发达呢。

这些妓女大概是从西比利亚绕道而辗转流落于外蒙古，系从饥饿线上而逃到无耻线上的。一般人谓，在世界上无论如何偏僻的山野，没有一地无日本卖淫妇，她们向外发展的力量实在是很大的。故有"日本的殖民是借重妓女"的评判。这种的发展，我们自然是不能满意的。

库伦中，除日本妓女外，其他俄国、中国、蒙古，以及欧洲各国的女人无不具备，可以说是万国妓女竞赛会。欧洲妓女大概为犹太人；苏俄妓女多属布里雅特人，而斯拉夫女人亦不少。库伦全市中，这种堕落的女人在三千以上，殊堪惊异。

这些远离本国、跋山跋水、流落异国、作买笑生涯的日本姑娘，对于在那里的日本人抱怎样的态度呢？我想读者一定听过从外国旅行回来的人讲述日本姑娘的一切故事。这种谈话大概是说这些在异国的薄命女郎对于出生的故乡——日本，是非〈常〉思念的。就常理论，这种推想自是不错，凡属日本人，谁不予以同情。但就我在库伦所见的那些所谓薄命女郎，却〔确〕乎不是如此。她们不惟记念生身的故乡和亲爱自己的同胞的心理异常淡薄，而且现在库伦的日本女子，她们反作了苏俄纠察队的侦探，而敌视日本人。固然，她们之中，有些是受日本人诱拐以致堕入火坑，因此常常对于日本同胞抱非常的反感。但像库伦的这种日本姑娘，可说是狮子身上的虫，完全没有一点善良成分的。

苏俄"赤化"外蒙以后，日本男子极受排斥的原因，是关系于外蒙古的政治的和经济的事情，这在前面已经说过。但我以为这里面有与日本妓女关涉的事情，也为我们所不可不知的。留库伦的七八十名日本人或被拘捕，或者逃亡，有人说都是由于这些女人造谣诬陷所致。如果这话确实，那末我真要为我们日本人太息了！

变作了魔术家逃脱危险

我这次入库伦之先，已经听说有日本女人作蒙古官厅的侦探的事情，所以我入库伦以后，即十分注意。自与约翰斯敦分手后数日间，我依然隐居蒙古人街，不敢往来街市，以免惹人耳目。但照我默察，纠察队似乎已经忘掉了我这件事情，到处都风平浪静的。于是我以为危险已经过去，非常安心。

可是，在某一天——恰恰在我到库伦后经过二星期，我在寄宿的蒙古旅馆中，听着馆主人与客人闲谈：

"昨天听得卡姆夫斯克说：在大火的那一天，有一位日本人混入库伦，现在正在搜查呢！"

"日本人？一个人吗？"

"是！听说是化装成蒙古人，而且有人说恐怕还藏在这一条街也未可知。"

"大火是哪一天？"

"十二日。"

于是主人默然不语，好像想起什么，同时眼睛向着我住的这一方张望。

"那位日本人的姓名，你知道不知道？"主人再这样问。

"听说叫作秦额。"客人这样回答。

这里还要补述一句：当我们来这旅馆的时候，我和约翰斯敦商量，已经将姓名改变。如果不是这样，真不得了。我听他二人讲话，不禁大吃一惊。客人所说的卡姆夫斯克，照他的话推测，大概就是纠察队之一人。就此看来，他们依然还不曾忘掉我的事情。或者待十二日的事件告一段落后，他们已开始作严密的搜查也未可知，我决定非十分留意不可。

客去了以后，旅馆主人就来到我这里，招呼我说：

"雅克火君！（我的变名）适才听说，纠察队的卡姆夫斯克说，有一位日本人混入这里，打算要来搜查。先前那位美国人，你说是在国境与他会见，引他到这里来的。在那时候你曾否看见一位从沙漠引导他来，名叫秦额的蒙古人？"

"不知道！我是从恰克图来这里的。有一天我在东营子街上走，那位美国人走来问我蒙古人街中有没有旅馆，我就带他到这里。"

"这样说，你并不是沙漠向导人呢！"

"不是啊！"

"那末，你是做甚么买卖的呢？"

我被他诘问，立即回答说："我是玩魔术的。"

我知道，最近几日，这旅馆中有一群蒙古人的魔术团寄住，因此，我也想加入那里面去。这事情实际上在我入库伦以前已经有这种打算。因我前几年流浪外蒙古的时候，曾有短时期加入这种卖艺生活的经验。如果不如此做，不惟旅费要生问题，而且形迹也不易隐藏。况现在又听说要严厉搜查的话，眼见危险已迫，这里不能再住，所以我立即决心取预定的行动，并就这样回答旅馆主人。

从此变作了魔术家（冯额）的弟子

"我一个月前合着一个魔术团在买卖城、恰克图一带表演，此次因事脱离，才来到这里，打算看一看有没有适当的机会。"

我信口的这样说。

"既是如此，冯额怎样？"

旅馆主人这样一说，我就知道所谓冯额大概就是我所见过的那位魔术家，但我依然进一步的问：

"冯额是谁呢？"

冯额都不知道吗？他现出警〔惊〕讶的样子，表示魔术家为什么不知道冯额。我恐怕他怀疑，急向他解释说：

"不是的！姓名是听说过，只是怎样的一个人却不知道。这样说来，这个人大概与你认识吧？"我说话时态度很自然。

"现今就住在本旅馆呢！你如果要寻机会，可以去和冯额谈一谈看！"

我听他这样一说，不禁欣喜，于是就请他介绍。因此我就与这位同住的有名的魔术家相识，以后就常常与他一同往来于库伦街市。

库伦的魔术家究竟是一种怎么样的人呢？那是与我们在日本内地所见玩把戏的中国人大概相像。外蒙古中，这种玩把戏的中国人向来很多，但现在情形如何则不知道。冯额为蒙古人，但蒙古魔术家也和中国的相似，就是在把戏中加一点滑稽戏吧〔罢〕了！冯额的技艺依然是用使用的器物作种种把戏，同时做出种种的滑稽形相，以取笑于观众。剧团只有三人，代代都作同样的把戏。此次加我进去成为四人，我在里面是作敲铜锣的职务，这是入魔术之门者，无论谁人，最初必须练习的一项职务。冯额的剧团，一个月要在东西库伦周演数次，我于其间遂得以充分的考察现代库伦的各种事情。

冯额这位蒙古人，性情是非常和平的，对于我颇抱好感。他大概在四十岁以上，面色紫黑，也像一般的大陆人，颜面平板，皱纹深刻。他视魔术师好像是一种天职，天天总是快活的过着，且好饮酒，一到晚间，常常和我一同出去沽饮。

奇怪的日本女子侦探

自此次后，我就加入冯额的剧团，往来于库伦街市。这自然还是如我所想的一种最好的隐身的手段。纠察队以为秦额必是混在这条街的浮浪者中，而不知就是在戏台前面敲铜锣的。我以为总可以安心的过下去了！

这是某一天的事。那天停演休息，晚上，冯额来叫我一同出去。我以为又是照例出外饮酒，就默然跟着他走。这天所走的街道却和往常不同，离我们的旅馆稍远，走到了中国人街。街的两侧都是些奇怪的酒店，到了一家门口，他就攒〔钻〕了进去。原来是一家中国人开的不洁的酒店。冯额和我就在屋之一角坐下，痛饮起强烈的中国酒来了。

不久之间，那位好像中国人的酒店主人走到我们面前大声招呼冯额。

"怎么样，那件事？"冯额笑着问他。

"不！不行，不行！这一向'这个'很严。"说时从裤子旁边伸出他的食指。

所谓"那件事"是指赌博，所谓"这个"大概是指官厅禁止赌博那回事。

"可是，你们的生意还好吧！"中国人说话时转向着我。

"不行啊！各行都不景气，我们卖艺的也一样困苦。"

冯额本来没有感着什么不景气，这样说说，不过一种口头话吧〔罢〕了！日本国内，恐怕没有一个人不说这种口头话的，不料外蒙古也是一样。于是酒店主人又继着说：

"冯额君！马上就有发财的机会，你知道不知道？五百卢布！"

"怎么一回事呢？"

"听说，这次有一位日本人混入这一区中，纠察队正悬赏搜查。如有知道前去告发的，赏给银五百卢布。据说那个人是化装成喇嘛僧呢！不是吗？你每日出去卖艺，就可以随时注意。如果查出来，五百卢布就是你的。"

冯额面现惊异之色，吹着香烟，看着我，大声笑说："这个家伙危险。"

那个时候，我早已知道纠察队的搜查未停止，所以听着这种谈话，也不觉得怎样的惊骇。我揣想他们一定用过种种方法搜查，不得结果，所以我的胆子就壮起来了。我好像很有趣味的听着他二人谈话，一面吸着香烟。

"喔！去吧！"

大醉了的冯额君走出中国人街，又向着别一方向跑。

"往哪里去?"我问。

"去看看日本姑娘。"他说。

我觉得这是很危险的。前面说过，日本女子是与我们这种秘密入境者为敌的。如果走到那个地方去，必定有人会认识出来。"君子不履危地。"于是我推说：

"我不愿去看，请你自己去吧！"

但他拉着我的手不放，一定要我同去。我没有法子，只好跟着他去。

这样，我好像要作库伦的花柳界的探险了。如果在东京的话，早已"喔"的一声，唤着五十钱（日金五角）一部的汽车乘去。但在外蒙古库伦，自然不能有这样方便。

库伦的卖笑所在，共有两大营垒：一在东营子，一在西营子。拿东京来比，就好像东的银座，西的新宿。但在库伦，东部的才算是大本营，各国的妓女均麇集于此，日本姑娘亦在这里大张艳帜。

苏俄对于外蒙古的赌博和雅片严厉禁止，而对于酒和妓女则完全开放，听人欢乐淫纵，但规定不劳动的人不能享乐。苏俄的共产主义在这一点是很彻底的。这一件事打算以后再说。总之，性欲的共产主义在库伦已经是尽量实行了。所谓不劳动不能享乐，也是出发于不劳动不得食的这种共产主义，那自然是合理的，但我不知道不劳动者与劳动者是怎样的区别。难道我们这种玩把戏的也算作真正的劳动者而可以尽情的娱乐么?

东营子的市场颇为繁盛，商店、饮食、咖啡店等林立两旁。市场两侧有很狭的巷道，即所谓"魔窟"。这些只能容一个人过身的狭小巷道中，总有一两家饮食店和咖啡店。这些店铺，表面虽是饮食店或咖啡店，实际里面大半是卖酒、卖淫，各色各样的娱乐随人的嗜好而享受。欧洲姑娘的家是欧洲姑娘的家；俄罗斯的是俄罗斯的风味，各有专门。日本的姑娘们，在有名的所谓"迎阳楼"。据说，合东西营子，只有这里的女人最漂亮，客也最多。此外，其他的外国姑娘的情形不必细说。

在大街上逛了一阵，冯额就向一条狭巷道窜去，我没有法子，只好跟他走。一走进小巷，就看见一堵齷齪的土墙，上面张着一张大大的纸贴，是用极拙的日本字写的。原文是：

> 告库伦的日本人！我们都是日本的女子，不幸被可恶的中国人诱拐，堕入火坑，不胜悲惨。请求你们来我们这里，有事相恳，不胜盼望之至！

东营子中国街迎阳楼日本难女泣拜

如果别的日本人，看见这种贴纸，定然即刻跑去那里，但是，我知道这是那般无廉耻的卖淫妇诱卖日本人的诡计，所以不去上当。她们作苏维埃政府的侦探，大概是出于纠察队的教唆而为此悖谬的勾当，可怜亦复可恨！

事实如此，现在冯额偏偏还要带我往这迎阳楼去，在这些恶毒的日本妓女面前厮混，岂不危险！但先前既已答应同往，现在不便转去，而且违背他的话，若是引起他的疑惑，反为不妙。因此我只好壮起胆子，随着他去。

日本妓院的形色

在大街上走的时候，冯额已告诉一些关于迎阳楼的事情。他说：迎阳楼是中国人经营的，俄语别名"米耳"，即世界之号。蒙古人称为"日本以喜特苦〔孤〕启尔"（意即日本姑娘之家）。这里的日本姑娘，有库伦第一美人的称誉，顾客多为苏俄上等人物，及现正得势的蒙古青年共产党中的人们。冯额并不算是顾客，只是有些名气，会演滑稽剧，所以那些姑娘都喜欢他。

"有人叫我作蒙古的卓别林，卓别林是美国的滑稽大王哟！"冯额教训式的向我说。

赤色电灯和绿色电灯闪灼〔烁〕着的迎阳楼，我们刚一推门，那些姑娘们都拥出来欢迎。我在这种场所的日本姑娘中已经混惯了的，所以一点也不惊异，但那些女人如果是在平常的时候见着，我一见就会逃走。可是这竟称为库伦的第一美人团，可见世界上无奇不有。

随时都是独行的冯额君，今天同着我一道，所以她们好像有些诧异。

"这位是谁？"一个人先问。

"这位是我的弟子，名叫稚克火，我替你们介绍。"

于是一群人不客气的向我周身上下打量。

"那末，今天有客人，怎么招待呢？"冯额说。

"爱拉瓦可以吗？"一个女人问。

"爱拉瓦，好！"

在这种地方，中国酒、西洋酒，各色各样都有，但蒙古人大半欢喜饮这种爱拉瓦酒。这种酒是用华〔牛〕乳制造的，不仅酒精成分很多，而且有一种特别的臭味，所以如果〈非〉住惯外蒙古的人，饮一口也会呕吐，至于普通的日本人，那是绝对不能饮的。据说，这也是日本姑娘用来侦查日本人的一种方法。但我却很自然的饮下去，一点不怕呕吐，很安心的和冯额对酌。

这时女人们都围拥起来，大家说说笑笑。我细细的看，尽是三十已过、上了年纪的人物，而且好像都染了恶疾，声音完全相像男子。其中瘦的很少，大概都是肥肥满满的。讲到皮肤，一个个又粗又黑，好像煤炭，面上满涂贱价的白粉，无论用如何照顾的眼光，都找不到一点好看出来。

逼着胯下攒〔钻〕　忍辱作韩信

"老师父！玩一套把戏来看看，好吗？"有一个女人这样要求，那时冯额和我都已经有些醉了。

"不行，今天我是客呢！"他这样推说。

"行哟，行哟！今夜我们作东，请你玩一玩。"

"正好今晚上没有客，大家乐一乐。"

这些姑娘，她们不曾把我们当作顾客，却视为演魔术的，而希望"蒙古的卓别林"演一点给她们看，所以她们这样一说，马上就搬些酒和肉来，"饮哟，饮哟"的叫笑。我和冯额都觉得酒很利害，但这些日本姑娘们豪饮起来，真令人卷舌。姑娘们各人倾了十数杯，渐渐大家的面孔都有些红了。

"喱，玩点什么？"先前那位女人又向冯额催问，她们手中握着若干卢布。

"大岛姑娘要你作，你就作吧！肯作的话，将来或者会给你好处呢！"

于是冯额不得已站了起来，一面唱歌，一面舞踊。

"启启兹克，多启喀尔基，巴拉——（花开了，恭喜哟！）"

这是蒙古的民歌，调子非常有趣，加以冯额的姿势又很滑稽，那些女人都欢喜喝采。

冯额歌舞完了，那位叫作大岛的突然跑来向我说：

"现在要请你演一点呢！"

当时我真难起来了，如果敲锣或者玩一点手戏法，我倒还可以，至于跳舞，就完全不会。于是我推说：

"我是敲锣的，别的都不会。"

"真的？"

在那个时候，大岛面颊不快，并用十分注意的态度看着我的面孔，像在思索什么，既而又和旁边站着的两位女人附耳细语，突然有一位女人操着日本语问我：

"你是日本人吗？"

我出于不意的经她这一问，颇为惊愕，但又不敢现在外面，只好装着听不懂的神气。

"你的面貌一点不像蒙古人。第一，眼就不同。"大岛更补充的说。

她们看见我笑嘻嘻的表现不懂日本话的神气，于是一位叫作安子的家伙，用蒙古语向我翻译：

"她说你的眼睛极像日本人的眼睛呢！"

"皮西！皮西！（否！否！）"

我故意作出惊异的表情，加以否认。

这时候大岛突然跳在椅子上站着，西〔两〕胯分开，用手卷起衣服，露出下身，招呼我说：

"来！攒〔钻〕一攒〔钻〕！"

外蒙古有一种迷信，男子在女人胯下攒〔钻〕过，女人就不会生产，而且可以使女人活到七八十岁还是像年青人一样。这是一种很奇异的风俗。但从来外蒙古中，女子的权力很大。中国的女子对男子之不客气，不如美国，但外蒙古和中国的女子，使男子匍匐攒〔钻〕自己的胯下这种事情，是很寻常的。攒〔钻〕别人的胯下的韩信，至今大家还称赞他有能忍的美德，但在外蒙古中，韩信这样的人很多，所以并不觉得可以佩服。

这本是外蒙古人中间常行的一种习惯，现在她叫我作，自然是别有道理的。她怀疑我是日本人，以为如果真的日本人，一定不知道外蒙古的习惯，不肯去攒〔钻〕女人的胯。但我流浪于外蒙的下层社会已久，这种风俗早已知道，只是实际攒〔钻〕胯的经验，还不曾有吧〔罢〕了！

　　可是，没有办法，环境所迫，只好变作狗的姿势，匍匐从她的胯下攒〔钻〕过，我的身子刚刚攒〔钻〕在女人的臀部下面，她突然一坐，肥大的屁股正好骑在我的肩上。

　　"哈，哈，哈……果然攒〔钻〕了！真是蒙古人！"大岛这样说着，顺着我的肩头再往下溜，并且两股紧夹，我在下面一点动弹不得。

　　"好了！放了他吧！"一位女人这样笑。大岛更一度用力，然后笑着立起，我乘势爬出缓缓的站了起来。

　　"这是谢礼，请你收着！"说着就放三个卢布在我手里，同时又紧紧的抱拥着我。这时她已酒醉，满口臭气还逼着和我接吻呢！

　　"哈哈哈……好玩！好玩！"

　　冯额看见我吃这苦头，不禁捧腹大笑。

　　"大岛！你喜欢这位戏子吗？"

　　我回到自己的座位以后，有一位姑娘这样说。

　　"不错，我很喜欢你呢！你喜欢什么，我作东道。"大岛说着用她的手腕来抱着我的头。

　　"啤酒！请给我啤酒！"我对她说。

　　女人的唇和鼻子的气味正臭得我不好过，饮了些冷的啤酒，觉得心里好些。我看一看冯额，这时已经大醉，伏在杯盘狼籍的桌上，口中不知喃喃唱些什么。

　　我们急急的出了迎阳楼，一到街上，我才觉得脱离了危险，心里轻松许多。

活佛的末路

喇嘛教的两阶级

　　外蒙古的"赤化"运动，八年前我在库伦各地游历的时候就看见已经着手。各重要地方，革命的空气，已经浓密的笼罩。但在当时我默察外蒙古的自然环境，觉得其国民尚为游牧民族，智识程度甚低，而其国民全体之上，有一种威严的势力存在，即喇嘛教的教理和习惯，故像今日之苏维埃联邦同盟，这种成功，做梦也不曾想到。自然，革命的运动是持续的，但一方尚有国民主义的势力存在，故我以为"赤化"运动决不容易实现。可是我这种揣测，拿今日外蒙古现状来看，完全不对。现在外蒙古全部的政治、经济尽归苏维埃手中，所见所闻，无不值得惊叹。

我打算在以下详述外蒙古最近的文化状况，但在最先，首述一点与其国民的生活有最深切关系的国教——喇嘛教的事情。关于喇嘛教的事情，前于国民党的反抗的一节已述大概，现在再就其内情，试作一番考察。

八年前的外蒙古和现在的状况，呈非常的变化，固可惊异，但其中变化最激烈而特别值得惊异的要算喇嘛教的教主——活佛尊者的地位。

喇嘛教主——活佛为外蒙古四百多万人崇拜的中心，其势力非常伟大。外蒙古人实即为喇嘛教而生，喇嘛教即蒙古人的生命。这是因为活佛不仅为宗教的教主而支配人民，并且位于人民之上而为外蒙的政治的统治者。元来，外蒙古原是属于中国宗主权之下，但在一九一一年中国革命成功，满清灭亡的时候，活佛即乘此时机与中国断绝，一九一二年率王公贵族在库伦宣言独立。活佛即以喇嘛教主而兼大蒙古帝国皇帝。这初代的蒙古帝国皇帝即喇嘛教的第七代活佛。蒙古既脱离中国，遂渐渐与俄国亲近，一九一四年更缔结俄蒙铁道协约，于是俄蒙的关系种种方面日益接近。当时帝俄正醉心南下政策，对于外蒙古早已眼红，但因中国的势力尚未可轻视，故怀之已久，不即实行。革命以后，中国在外蒙古的势力渐渐衰微，俄国遂乘此机会，积极开始向外蒙侵略。

第七代活佛死后，其皇后马耳他即继承第八代女活佛之位。现在的活佛为第九代，系男子，但活佛的运命，亦如人世之转变，已经非复从前时代了。

蒙古青年党的"赤化"外蒙古运动成功以后，即用种种手段以图扑灭喇嘛教，这在前面已经说过。外蒙古的"赤化"固然是借力于俄国的武力侵略，但革命的成功由于蒙古人自己先受共产主义的洗礼，这也是一种事实。此受共产主义的洗礼的蒙古人主为鞑靼种，占全蒙古人的四分之一，约有一百万人。至占四分之三的蒙古人乃是成吉斯汗的后裔喀尔喀种。鞑靼蒙古人虽同为蒙古人，而非纯粹的蒙古人，可是信仰上还是与喀尔喀蒙古人一样奉相同的喇嘛教。此两种族信仰虽同，但其社会的地位则大相异。喀尔喀人大概是占外蒙古的上流社会，而鞑靼人则多为贫贱者，而代表下层阶级。此代表资本阶级的喀尔喀人和代表劳动阶级的鞑靼蒙古人这两者间的关系如何，我们不难想像。特别是就外蒙古的阶级的对立这一点来说，其最特异的地方就是占压迫阶级的喀尔喀人比较被压迫阶级的鞑靼人为多。这是与别的国家正相反对的。在这种情形之下，被压迫阶级的生活状况是如何的难堪，又是不难想像的。此二阶级，于信仰这一点虽说一致，然其热诚实有云泯〔泥〕之差。喇嘛教的活佛为喀尔喀人，即其他的此宗教的喇嘛亦均为此一种族所占。

蒙古共产党之压迫喇嘛

苏俄企图"赤化"侵略外蒙古之先，即注意于此被压迫阶级及缺乏宗教的热情的鞑靼蒙古人。外蒙古革命之如此容易成功，要不外此少数的被压迫阶级之意外的兴奋罢了。前已说过，我在八年前观察外蒙古的情形，决不曾料到共产革命的成功有若是之快，由今思之，这是完全由于我不曾见到此少数阶级中久已激化的向压迫阶级反抗的心理这一点。

共产革命就这样的成功了，但这里有一问题，即此之所谓革命，完全是由于外蒙古的极少数者而成这一点。成就外蒙古的"赤化"者为鞑靼蒙古人。但这决不是代表外蒙古的舆论的，不过是秉承苏俄的意思而遵照实行吧〔罢〕了，借苏俄的武力为唯一的背景而成的这种革命，当然是常常有令人不满意的。

苏俄所最恐惧的即国民的反动，故对于未参与革命运动的三百万喀尔喀人不能不注意。但此喀尔喀人的国民的意识的中心，即喇嘛教，喇嘛教领袖——活佛的政权纵然被夺，但在国民间的势力则殊不可小视。苏俄为完成外蒙古的"赤化"侵略，无论如何，不能不消灭喇嘛教，而且着手即进攻活佛。因此苏维埃蒙古青年党对于喇嘛教大本营发一严厉的训令，大意是说：

"外蒙古的革命是以劳动为原则的政治，所以就是喇嘛也不应不劳而衣食的，至于骗取善男善女的布施金钱，尤不应该。"

此项训令在将宗教视如雅片的共产主义的立场来看，自然是应有的，但对于喇嘛教的一万喇嘛实为极严厉的压迫。

蒙古共产党颁发此项训令，同时就将蒙古人民奉献于活佛的布施金，完全使归政府管理。一面更于所谓"喇嘛无财产的必要"的宣言之下，而将活佛一家的财产完全由政府没收，这是为喇嘛所最不幸的。原来活佛的财产有广大的游牧场、农地、猎地、矿山等，所值甚巨，而且活佛的宫殿及有名的托拉河的避暑宫殿，均为壮丽的建筑，一概均被没收。托拉河的避暑宫殿，一般传说有宫女三千人均受活佛的宠幸，就此一端，即可见活佛的生活为如何的华奢了！

苏维埃政府既将活佛的政治上的权力和宗教的特权概行剥夺，财产没收，宫殿封禁，于是活佛的一家，其生活遂陷于困穷的状况。生的"如来"的运命，实在太悲惨了。就我们的眼光来看，这种办法未免太过，但在视活佛为剥削蒙古人的资本阶级的共产主义的立场来看，自然是不算一回事的。

"生如来"作矿工　宫妃变私娼

现在活佛的状况究竟是怎样的呢？最初苏维埃政府的方针打算是将他流往西比利亚，再用惯用的残暴手段将其结果，但经活佛再三哀求，并发誓不反对共产党，并信奉共产主义，放弃喇嘛教，蒙古青年党才免他一死。于是喇嘛教主活佛尊者，竟脱去法衣，换着粗服，而变成"马克思幼徒（Marxboy）"，其变化实值得惊异。

于是蒙古青年党使活佛服劳动之役，不劳动，即不得食。至是，纵然是"生如来佛"，欲维持生命，也不能不流自己的汗以求面包。其始蒙古青年〈党〉中人有使之在库伦作搬运夫之议，但有人反对，认为恐激起民族的反感，所以中止。当然的，无论如何他总是作过外蒙古四百万人的王而为国民尊崇的活佛。此活〈佛〉的神圣，一旦使在库伦作最低贱的搬运夫而出现于他们的眼前，他们无论如何懦弱，决不能默然无睹。这是蒙古青年党所认为最不妥的。于是蒙古青年党乃使活佛离开库伦而去作金矿的坑夫。在托拉河的支流有矿山，距离库伦约十里（日本里）。此地以前即为活佛所有，河中产砂金，因而有名。现已为政府所没收，听俄国人专门经营开矿事业。可怜的活佛竟被驱在曾为自己所有的矿山之中作坑夫的苦工。人事之转变，实没有再比这悲惨的了！据说，后来活佛习劳既久，反较健康，时往附近的乡村酒店中饮酒自娱云。

活佛的运命——也可以说蒙古人的生命既是这样，其他喇嘛的情形可想而知。活佛一家中有宫女三千之称，后奴、侍女，为数甚多，且此等妇女，大多出于蒙古的贵族名门，为一般蒙古人所尊敬的。活佛被蒙古青年党驱逐的时候，这些后奴涕泣要求随行，未蒙许可。不得已，这些女人只好自己脱去绫罗锦绣，改着黑色衣服，连活佛都要作坑夫，这些妇女当然更不能免于劳动了！

这些妇女从宫中驱出，一物俱无，突然临到生活战线，柔弱之躯，当然不惯劳动，不得已，只有走卖淫这一条路。昔日的宫奴，今堕入皮肉生涯，这实是共产党的罪恶。侍女以外，宫中的许多贵女亦因活佛的没落，大半走入卖笑之途。原来苏维埃的治下，表面上是女工，暗里作私娼的这种女人，官厅依然公认为一种劳动者。

饥寒交迫的高贵喇嘛

活佛以外一般王公贵族的状况究竟是怎样呢？不用说共产党革命成功后，已一网无遗，完全打倒。或被杀戮，或被没收其财产，而成为所谓"一匹马的贫民"了！

外蒙古的革命完全以剥夺喇嘛、贵族的特权为目的，不择一切手段，但喇嘛教的大本营现在依旧存在。这在前面已经说过，喇嘛教为外蒙古大多数的喀尔喀人崇拜的中心，故不能即时毁灭以激起反动。现在活佛纵已驱逐出去，但如破坏喇嘛寺，依然尚有危险，故不如徐徐设法使国民的信仰自然消灭，较为相宜。

因此理由，围绕大寺院的喇嘛区，现尚有一万余喇嘛居住，但其境遇则非常困苦，衣食无着，近来常有饿死的事情。共产党政府曾劝告这些人，设如欲得食，必须停止诵经念佛，从事劳动。这许多的喇嘛起初还可以在库伦附近托钵化缘，借以糊口，到在最近，托钵化缘也被禁止。他们为生活所迫，不得不脱去法衣，投入劳动者之群。但此一万余的喇嘛中也有不少的女尼，这种人到底不胜劳动，故最近听说也有蓄发作卖笑生涯的。现在西营子地方且有十数名女尼作女工了！

以上为外蒙古的回教——喇嘛教的现状。就此来看，现在喇嘛教的中心大喇嘛寺虽尚存在，而其实际已濒于灭亡，历史告诉我们，一切宗教上的压迫比政治上的压迫更危险，外蒙古的喇嘛教受苏维埃武力的压迫，是否因此而完全消灭，这是值得我们注意的问题。

人类的信仰，据说是不会因法律的刑罚，或别的压迫而消灭的。如果这是事实，那末外蒙古的喇嘛教，现在虽在极端的压迫之下，其形体似渐消灭，但其国民的思想中的信仰之源泉不渴〔竭〕，我们不能说它就没有一个突然爆发、再事扩大势力的时候。就拿我国来说，德川幕府压迫耶苏教，用所谓"改宗门"的方法对于每一人实行调查其宗教，如有信奉耶苏教的，即处以磔刑、火刑、斩刑等罪，其压迫实非常严厉。因此，宽永十三年九州岛原地方发生耶苏教徒之乱，幕府派兵十二万征讨，死伤一万余人。其后岛原之乱虽平，但耶苏教的根基决未消灭，信徒等四方逃窜，至到明治为止的约二百年间，教徒虽久受压迫，而其信仰依然维持，遂成有名的佳话。我现在看见外蒙古宗教的被压迫状况，不禁想起这历史上的事实，但柔弱无力的外蒙古喇嘛教的将来，究竟是否如此，则尚未能断言。

按喇嘛教为小乘佛教，念佛唱名，口称阿姆、妈纳、斯美、阿姆，翻成汉文就书作"南无阿弥陀佛"。据某智慧的喇嘛向我说，喇嘛教大体与日本的净土真宗相同，但现在外蒙古的喇嘛教完全腐败堕落，如不加以改革，灭亡之期当在不远云。

逃脱了危险的库伦

日本技艺医学大博士山田剧团

前面说过，我加入了剧团往来于库伦的街衢，因而幸免旁人的注意。团长冯额对我亦照常亲信，一点不变。就是纠察队也不曾料想到我会加入这种团体中，所以不来探查，后来好像渐渐忘记。我以为从此可以高枕无忧了。某日，我在库伦的街头散步，突如有一张奇怪的广告映入我底眼里，上面写的是：

日本技艺医学大博士山田剧团表演

我当时觉得很奇怪。我想：现在库伦盛行排日，连我这一个人都要拼命的搜查，却任这种广告大大的张贴，岂非怪事，他号称日本博士山田，恐怕不是真的日本人，否则大胆的在这库伦表演，一定有别的缘由。或者这又是纠察队惯用的诱敌的策略也未可知，因为"日本医学博士剧团"这种名称，根本就很奇怪。

于是，当我回寓的时候，我就从各方面采听出山田剧团的真像。原来这位日本大博士山田，本来确实是日本人，但在七八岁的时候，已经流落西比利亚，推想起来，大概是被人拐卖去的。因为去的时候只有七八岁，所以后来把日本话通忘记了，现在的国籍，已经变成俄国人。

这位山田先生所以自称日本技艺医学博士，不过是为献艺而随便乱凑的。他似乎也多少知道一点医术。因为库伦是花柳病的都市，所以要借医学博士的头衔以资号召。此山田剧团以依尔库次克为根据，现在是作了西伯利亚苏维埃的御用剧团。男女合共三十余名，全部都是俄人与日本人的混血儿。今回他们之来库伦，是由苏维埃政府出资招聘，用以慰劳当地劳动者的。

剧团的来历既已明白，我也就安心下去，不再担心。话虽如此，我还想去参观这位博士的剧团以资查考，于是第二天，我就和我们的伙伴一同前往观光。

日本共产党起事剧

会场中观众极多，可见一般蒙古人对于这位日本博士的大名的仰慕。开演时有戏剧，也有跳舞。戏剧最有趣，其情节是表演日本共产党起而革命打倒资本阶级，建立劳农日本。这不用说又是苏维埃宣传"赤化"之一种把戏，用这位日本大博士来表演日本共产党活动的剧，自然可以使蒙古人误信日本也变作了苏俄同盟，其结果自然要与外蒙古的"赤化"共鸣了。敌视日本人的库伦官宪，其欢迎日本大博士剧团的理由，表面上是为慰劳劳动者，而其实就是在作这种宣传。

当日表演的节目中，有叫作"日本舞，都舞"的，并标明全部的女演员出场舞蹈。听起来好像是多么优美有趣，实际不过是一种西洋的流行蹈舞。其次又有三人出场，表演日本式的"伞踊"，这使我不禁失笑。最后又有所谓"东京舞"，好像是作九州乡村的"盆踊"一样。这样一阵乱跳，到底是舞蹈，还是滑稽剧，简直莫明其妙，我始终笑不可仰〔抑〕。

开演当中，我们大家都十分有趣的参观着。可是"东京舞"这一幕一终，就有一位男演员跑出台来，向着视〔观〕众演说。这个人是剧团中一位善于说日本话、名叫富士太郎的混血儿。他用日本语说：

"如果观客中有日本人，请举手！我们剧团同人想同他攀谈攀谈。务请不必怀疑，举手一下！"

我一听，甚为惊愕。我明白这自然不是剧团的本意，而是受当局的嘱托，来诱骗我的。好固执的苏维埃政府啊！我于是觉得还要十分谨慎，不可稍事疏忽。那些看戏的人们当然不知道富士太郎说的是什么，我也装作不明白的样子，向同伴们谈话。观客中，除我以外，并没有一个日本人，所以演说一番，也诱不出一个人举手。

戏剧终了，回到旅馆后，我自己想：纠察队的侦查至今还是这样严密，纵然在这剧团中，恐怕也不能始终安全，说不定会用种种手段侦察出来也未可知。我在库伦滞在这些时日，这地方的情形，大概已经知道，我要想方法逃出这里才好。但我在库伦还有一个目的尚未达到，就是还不曾登过汗山。

汗山大岩洞的宝藏

登汗山是我从来的希望，所谓"汗山"这座山是在库伦的南方，高约五千二百呎，在蒙古中与喇嘛教发祥的大灵山同被尊视。山上有四百年以前建筑的古寺院，寺院的后面，有著名的大岩洞。此大岩洞的岩全部是由金矿而成，岩洞中珍藏蒙古古代的文献、佛像、书画及其他美术品甚多，与中国甘肃省敦煌的岩洞宝藏同样有名。这是我在某学者那里听说的。

因此，我想既来库伦，就一定要登一登这座汗山，探一探那汗山的宝藏，可是久而不得机会。事有凑巧，在参观过戏剧后数日，我就听说有一群参拜的人要上这一座山去。我想此机会不好失却，于是与同伴们商量，打算加入这一群参拜者中，一同前往。

为什么我一定要加入参拜群众中上山呢？因为加入这种团体中，可以瞒纠察队的耳目。汗山本为喇嘛教的灵山，但与圣市的大本山并无关系，圣市的喇嘛和贵族也和这里不相涉。活佛们都不曾上此山去过。因此，纠察队对于这座灵山尚不十分注意。但喇嘛教中，学识和志行高尚的僧侣，大多居此灵山，大本山和其他的场所，一有事件发生，此灵山亦有所戒备。我为防万一起见，因此以前不敢单独上山。

最后我们终于加入参拜者群去登山了！登山一看，果然是一座绝好的大灵山。我们和参拜者一同在寺院休息，从僧侣口中得知关于这座山的一切（关于此点，有许多很有趣的谈话，但因嫌冗长，故略去）。参观寺院以后，大家就打算去参观大岩洞，可是，抱歉得很，竟不可能。原来最近苏维埃政府已下令将大岩〈洞〉

封闭，绝对禁止入内参观，只许在外面看看。

岩洞之大，殊为可惊，入口的两扇大石门坚〔紧〕闭，就其形势来看，好像甘肃省敦煌的岩洞。敦煌的岩洞也很伟大，但其中所藏古代的贵重文献、书画和器物之类，大半已经取出，现在尽入欧洲人之手。这于中国，是很可惜的！如能完全保存，实不失为世界的一大宝藏啊！汗山的岩洞和其中的宝物幸能保全无恙，殊为可贵！

我们出了些捐助金，得以参观本殿和降魔殿，随后一同在本殿享受茶的宴会。我和同伴正休息啜茶的时候，听着隔壁一室有谈话的声音。仔细一听，好像是一位会讲蒙古语的德国人和僧人热心的商量什么问题。

"岩洞的宝藏中，有发思巴著的《忽必烈大王传记》，但谁也不曾读过。内中的珍藏，现因库伦政府的禁闭，不能参观。"

僧人这样说。所谓发思巴这个人，原是元世祖忽必烈聘请的国师，并为当时一般所尊仰的大圣人。现在的蒙古文字也就是出于这位发思巴所制作。其人所著的《忽必烈传》，历史家视为最难得的文献，其价值极为高贵。

忽必烈为极著名的人物，其大名载在于日本历史，几乎无人不知。日本历史上记载：他在后字〔宇〕多天皇的文永十一年，率大军来攻，进领对岛、壹岐、肥前、平户、能古和鹰岛，更由长滨迫博多，水陆并进，势极危迫。幕府大为震惊，派遣北条时定及向广在镇西努力防御，相持至二十日，忽然神风突起，元船多没海中，溺死者达一万余，元兵遂总退却。其后弘安四年又侵入日本，突于当时闰七月一日，博多海面又起神风，元兵败退，十余万大军逃归者仅三人。我听说有元世祖的传记，而又为同时代的硕学发思巴的遗箸〔著〕，不知不觉的探身窥视，耸耳窃听他们二人的话谈。

发觉我是日本人赶快逃走

僧人向那位外国人谈论岩洞中宝藏的话，很惹起我的好奇心。在那时候，那位外国人忽然向僧人说：

"可不可以使我看一看岩洞里面？"

和尚摇首说：

"那不行，因为政府绝对禁止人往里面去。"

"可是，请你通融一下！"

外国人也一面这样说，一面在袋中取出若干金币，塞在僧人手中。虽然这样，僧人依然表示不肯，外国人仍极力的向他央求。

极欲一见岩洞里的我，听着这种谈话，不禁垂涎欲滴。我想：外国人这样一办，僧人恐怕终要答应的。如果这样，那末我也有办法想了。因此我更注意的窃听谈话的下文。

可是，这样一来，几乎弄出大事。我对于这件事之疏忽，是因为听着僧人的谈话使我忘形。原来窃听他人的谈话这种举动，蒙古人是不许的。他们除了探查强盗以外，决没有窃听他人谈话的事情，这是大陆的蒙古人的光明磊落的精神之一种表现。我将这件事忘了，遂遭失败。我本来已有嫌疑，加以又是加入参拜团中来的低贱的玩魔术者，这样一个人去窃听外国人和僧人的谈话，自然更使人怀疑。

我正注意的探身窃听谈话的时候，突然背后有一个人大声的叫着：

"火尔喀启鲁耳，火尔喀启鲁耳！"

我大吃一惊，回头一看，原来是引导那位外国人到这里来，名叫阿托纳的蒙古人。所谓"火尔喀启鲁耳"，即蒙古语"强盗"之意。我觉得事已至此，无可逃避，于是冲至其人面前，愤然诘问他说：

"什么强盗？谁是强盗？"

"强盗，强盗！你适才窃听别人的谈话。作这种事情的就是强盗！"

阿托纳极力骂我为强盗，毫不退让。这时我的同伴们赶快跑来，极力的解释说我是他们剧团中的一员，决不是强盗。

阿托纳也知道我是冯额一伙的，自己觉得适才强盗的话，未免失言，向我道歉。一场纠纷，相互一笑了事。但阿托纳似乎终于觉得我窃听外国人和僧人谈话的态度有些奇怪。

强盗的嫌疑，虽然解释清楚，可以无事，可是参观岩洞宝藏这件事，已无希望。外国人虽向僧人极力交涉，但僧人回答说，现在一定办不到，要他自己去向库伦政府要求。因之我之窃听，结局一点没有益处，不但无益，而且招受强盗的恶名，真不值得，后来，我想参观岩洞宝藏这种愿望，只好打销了。

我们和参拜团一同在汗山的寺院住宿三日，然后下山。参观大岩洞的里面虽终于未能，但我这一次攀登汗山，亦大有所得。尤其是见着汗山的喇嘛，其伟大高洁的姿容，高出大本山的喇嘛万万，这一点使我大为感触。我觉得圣市的喇嘛纵然退步了，只要汗山的喇嘛存在，外蒙古的喇嘛敢〔教〕决定不会亡的。如果，这块地方，发生拥护喇嘛教的反革命运动，那末那种锋〔烽〕火，必定要由这些喇嘛之手举起。

冯额救我逃出库伦

我们走下山来，回到冯额的寓所后，他就着手准备率领剧团（其时人数已大增）往西北蒙古一带表演。这是我求之不得的好机会。我早已觉得再不离开库伦的市街，恐怕终不免于危险，所以我暗中非常高兴。

可是，就在这第二天，突然保安部来传唤冯额。大家都以为出了什么事情，很怀疑虑。经过二三小时后，他才回来，回来时的态度非常急迫的，一进门就叫：

"雅克火，快来，快来！"

我知道关于我身上一定已发生了什么事情，不禁心里一跳，随即跑到他那里。

"雅克火，今天保安部唤我，不是别的，原来是纠察队中人说，最近汗山的寺院内发现了一位奇稀的蒙古人，这个人就是我们剧团中的演员。你知道的，保安部纠察队近来闹着日本人混入库伦，正极力搜索。保安部以为在汗山发现的奇怪蒙古人，恐怕就是日本人而混在我们剧团中的，所以向我仔细的诘问，我极力解辩说没有这样的人，他才放我回来，但我虽然这样解释，纠察队似乎不肯相信，或者还要到这里来也未可知。他们所指汗山发见的奇怪的蒙古人，是我们剧团的演员，这自然是除你以外没有别人。我很知道你并不是那样的怪人物，不过纠察队方面就不是这样容易讲话。所以，雅克火，到现在已不是争辩你是蒙古人，还是日本人的时候，为安全计，你应该早逃为是。我自然不愿使你离开，但看见你被纠察队逮捕，尤其不忍。纠察队恐怕不久就要来，我们不愿耽误你，请你快逃吧！"

冯额为我打算，叫我赶快逃走，我也知道事情危急，当时即立刻决定离开库伦。冯额一面催我赶快动身，一面亲切的教我一切途中应该注意的事情：

"逃去的目标，最好是西北蒙古，往张家口和满洲里方面都是很危险的。"

"一向多蒙照看，感谢不尽！"

一切已经收拾好了。无论在哪里，我都不曾觉得过人的恩情像当时那样的可感，仅仅在库伦居留五个月，这位冯额把我完全当作亲人一样看待，而且他对新来的我特别的亲切，或者竟是在他已经知道我是日本人以后也未可知，如果是这样，那就更〔外〕值得感激了。

"喂，这有一点钱，请你带去！"

冯额说着就将若干银币已握在我的手中。我本来早有预备，在身中秘密藏有外蒙古，尤其是在西北最有信用的中国山西庄票，所以旅费一层并不担心，不过冯额的好意不好拒绝，只好感谢领受。最后就要实行动身了！

"雅克火，祝你一路平安！"

"冯额君，祝你健康！"

我们互相道别，不禁泪下。时为一千九百三十一年，二月三日。

这里，为参考起见，特将以库伦为出发点，往各重要都市的途程，记述如下：

至满洲里　　二百十二里（日本里）

至威尔充诺捷斯克　　百四十四里

至乌里雅苏台　　二百八十里

至科布多　　四百二十五里

至唐努乌梁海的库湖　　五百七十里

至阿尔泰山脉的哈剌〔剌〕乌苏　　四百三十里

我接受冯额的劝告，向西化〔北〕奥蒙古方面前往，其第一个目的就是距库伦二百八十里的乌里雅苏台。如果乘骆驼去，须要二十五六日，乘马车赶快一点，只需十八九日便可达到。但因行李的关系，不能不用骆驼。途中的第一驿站便是赛伊乌苏，由那里起，才改乘马前进。

我到达赛伊乌苏，还怕有人追缉，但注意的察看，似乎没有，才觉放心。

在那里作旅行的种种准备，整整的费了四五天功夫。在这期间，如果纠察队追来，那是很危险的。幸而风平浪静，我的胆量也就大起来了。过了四天，我于是混在向阿尔泰方面去的蒙古人骆驼队中，从赛伊乌苏出发。

由赛伊乌苏西至乌里，为清朝以来的官道，所以交通尚属方便。库伦的西北地方（即奥蒙古），也有些沙漠地带，但这是与戈壁隔绝的，可以说是地方的一部沙道。其面积并不广大，大概只走二三十里也就完了。由赛伊乌苏往乌里的中间，也有多少的沙漠，但都很小，此外均为游牧地。这种外蒙古游牧地，其规模实很广大，旅行于赛伊乌苏和乌里间，每隔二三十里才有蒙古人的村落，过此，则每日所见，只是些马、羊、牛，和骆驼群而已！

二百八十里的骆驼旅行，所过尽为游牧地，想像起来，似乎是很无聊的，实则在那种旅行中，却有为寻常的旅行者所梦想不到的有趣。千辛万苦的从可怕的纠察队的追缉中逃了出来，自此稍可安心，兹述一点沿途的奇观，与读者共乐。

山动　马朋友　狸军队

第一，在我眼里认为最有趣的就是"活动的山"这一种奇观。这是在奥蒙古旅行中常有的，你如果注意的向前一看，突然前面的山渐渐在移动的样子。说起来，这简直是一种奇怪，但实际也并不是山在移动，不过是游牧地的丘陵上有几万的羊子，这些羊子在睡着的时候，从距离很远的地方看去，羊耳上的毛就像森林，这时无论如何看不出是丘陵，只当作是一座山。可是，偶然是无数的羊群中，有少数的突然一动，其他的也受其影响，千百万的羊群立刻就总动员起来。这种光景，从远处看去，就像山动一样。

其次，旅行游牧地中，还有一件有趣的就是"马朋友"。在游牧地，一走到马多的地方，驾御我们的马和骆驼的蒙古人只要用口笛一吹，立刻那些游牧的马就会跑到我们这里，其数并不是十匹、二十匹，至少有二三千匹这样多的马，集合在我们的面前，确是非常壮观。跑到来的马，眷恋不舍的跟着我们要一同走五六里之远。在动物中，马本来是最有感情的，尤其在这单调的蒙古游牧地旅行中，这种动物所给与我们的真挚的热情，实在比什么都安慰。

最后，还看见所谓"狸军队"这种东西也很有趣。狸类常是二百或五百一队，在旷野中行进。"狸军队"这个名称似乎不伦不类，实则与军队完全相同。其行列一点不乱，整整齐齐的前进，领队的狸有时还立起来发号令呢！狸的世界中是否有军事教练，虽不可知，但其整队行经原野的光景，实为一大奇观。这种狸，其皮毛非常珍贵，一头之价，即在科布多市场中，亦在俄币五十卢布以上。

狐姑娘出嫁和女参拜

在那里又有一种"狐姑娘出嫁"的奇事，这是在乌里道中有名的驿站，叫作阿加斯的蒙古部落中，无人不知的事情。在日本国内，乡村间也常常有狐姑娘出嫁的这种传说，可是谁也不曾真正的亲眼见过。但在阿加斯这块地方，实际真有狐姑娘身衣红布出嫁的事情，不知道的人看见，一定是很惊愕的。

阿加斯这一个村落，为有名的产狐地域。这一村的女子嫁往附近的哈里图村的时候，一定要带一百只狐（活着的）作妆奁，女婿方面则用骆驼百头回赠女家，已经成了通行的习惯。这是一种什么理由呢？原来阿加斯地方狐多而骆驼很少，但在哈里图方面则狐少而骆驼多。因此，彼此有无相通遂成为一种习惯。新娘出嫁时就带起这一百只狐过去，最有趣的是那些狐类也与新娘一样衣着红布，鱼贯而行。这就是所谓狐姑娘出嫁了。这种事情听起来好像没有什么，但这是一种非常奇怪的婚礼习惯，游牧之国，奥蒙古的一切由此可推一般。

此外，还有"女参拜"这种团体也是常常遇见的。往西北蒙古旅行的人们，随时可见道旁的"阿波"（石佛）。"阿波"为蒙古语，即灵地之意，往各处参拜这些"阿波"的就是奥蒙古的"参拜"。附近地方的石佛，亦和日本的参拜一样，徒步前去。这种叫作"女参拜"的中，常常可以看见年青美貌的少女混在里面。

可是，奥蒙古的参拜，并不是专是步行。因为远的常有二百里、三百里的道程，步行是很困难的。从阿尔泰方面往库伦等地的"女参拜"，完全都是乘马。她们大概是组成二十人、三十人的骑马队出发，多为十四五岁至二十岁左右的姑娘（蒙古语叫作"以西特"）。这些女子秉赋着大蒙古游牧民族的血，马的操纵比我们用汽车还轻便。她们乘马的灵活自在，实在男子以上。其重要的原因就是蒙古的女子随时劳动。而且在西北蒙古这方面，还不曾感受新思想的恶影响，其纯朴为他处所未见。她们终日驰马往来牧场中，快乐的操作。

可是，这里有一点很奇怪的就是在那些"女参拜"中，偶尔也有八十岁以上的老太婆混在里面。这是除蒙古外，别的地方看不着的。在日本，已经老衰不堪、步履维艰的老太婆，在那里还能雄纠纠的骑在马上往四五百里外的库伦大本山参拜，其强健实堪佩服。

关于成吉斯汗的黄金城这一件故事，打算留在后面详述，这是在有名的狐姑娘出嫁的阿加斯以北约百里的和林地方。和林由中国陕西省去最方便，即由建〔西〕安往内蒙古的鄂尔多斯，更由那里经戈壁沙漠往北行，向着翁金河前进，即可到达。我由库伦出发，是先到乌里雅苏台，然后由那里再往和林作种种的考察，所以在这里先述地名。

西北蒙古与乌里雅苏台

乌里是黄金极乐世界

乌里雅苏台原为清代外蒙古政府所在地，即唐努乌梁海亦属于此政府管辖。当时，库伦本为蒙古的宗教之都，而乌里则为政治之都。清末以来，政治〔治〕之都渐渐衰微，库伦的活佛，总揽宗教和政治的统辖权，外蒙古的中心遂移往库伦。自此库伦日益繁昌，而乌里则渐见衰微，只是通科布多和乌梁海的街道的一驿站尚能维持旧观。

但就地势来说，乌里将来决不是没有希望的地方。那里不仅是西北蒙古与俄领西伯利亚（其中的托木斯克）联络的要路，并扼着往山西和陕西两省方面的孔道。此方面，途中虽有沙漠，但决不是很难走的。而且乌里的附近都是游牧地方，甚为有名，故其地作此方面的交易地，不惟有十分发展的可能性，而其矿产和农产亦极丰富。

此外，乌里还有一点好处，就是都会风景极佳，决非库伦所能比拟。库伦临托拉河，对汗山，都会之美，也相当具备，可惜东南邻近沙漠，致一年三百六十日，长为黄尘所蔽，暴风一起，飞沙扬尘，天日为蔽，白昼昏暗，较之伦敦之雾，还要甚些。库伦境内的肯特山，虽稍可以防遮暴风，但以之作大都会，无论如何，决不能说是占着地利。喇喇大本营何以建立在这块地方，其由来且不说。总之，库伦如无汗山和托拉河，恐怕会是不宜人居的沙漠地区。现在苏维埃总督政治的中心是设在那里，但如苏俄一觉得没有经营中国北部的必要，必定又会将其政治的根据地移往别处。这是很明白的，并非是我一人的妄断。

乌里雅苏台，从来被称为"杨柳之城"，在蒙古高原中，算是稀有的风光明媚之地。杭爱山山脉耸峙于其东南，遮断沙漠的风沙，西北控肥沃的农业地，而其周围均为广大的游牧〈地〉，实为最富于生活资源的地方，将来有变为最好的工业地带，而充分发达的可能性。市中托吉思河的支流纵横流通，杨柳成自然的街树，平添城市的美观。而且空气新鲜，河水清澈，就卫生来说，也是极适宜的地方。又其地人民纯朴，与彼淫靡堕落的库伦相较，实有云泥之差。

工业的发展具有可能性，自无待说。近年已能制造羊毛及其他毛织物，其他猪、狐狸、猿和鼠等类毛皮制造业亦已着手创设。又其地产桑，听说养蚕事业已渐渐开始了。

原来是这样好的一块地方，为什么苏俄不将她侵略蒙古的中心放在这里呢？这一方面是因为苏俄对于内蒙及中国本部怀有野心，同时还有一种直接的原因，就是库伦的人民在外蒙古中最是轻佻浅薄，"赤化"起来甚为容易。加以库伦以前曾为白俄的温紧将军所占领，后来才为苏俄和外蒙古的革命军所驱逐，有了这一次的事情，所以苏俄也不能不将政治的中心置于库伦。还有一层：库伦在经济方面为苏俄经营外蒙的根据，这也是我们应该知道的。

世界上稀有的广大富源地

一位研究西北蒙古并且曾尽力于蒙古商业的发展的柏古哀夫曾说："俄人必须在恰克图的西方开拓新市场。大蒙古之富是在西方和北方，但我们先要着手的是乌里雅苏台。"

又他于其多年的研究中，述及西北蒙古的富源，其结论是：

"这样广大无边的富源，恐为世界上任何国家所难见的，西北蒙古显然将成为世界各国的竞争地；尤其是那些人口过剩、原料不足的国家的国民（特别是日本），不久恐即将蜂拥至此。依我的推算，只是西北蒙古已足安插五六千万人，营自给自足的安乐生活，实为受现代机械文明威胁的国民所垂涎不已的快乐天地啊！"

由此，可见乌里的价值了！俄国遵奉氏的论断，遂着着从事于外蒙的经营。

满清时代，俄国借《伊犁条约》，于乌里设领事馆，开贸易市场，但其后，因为前述的原因，专门作库伦的经营，所以此地的商业遂渐渐衰落，可是近年来，苏俄又转移目光于此方面，现在比斯克和乌里间的交通，已经完全开通了。

比斯克属于俄领西伯利亚托木斯克州，为阿比河畔的一小都市，自与乌里的交通联络以后，人口遽然增加，十年以前不过五六千人，今已增至一万有余。因此，托木斯克市日益繁盛，成为西伯利亚的重要贸易市场。

一九一一年中国第一次革命的时候，乌里人口仅有三四千人，可是因近年来经济的发展，蒙古人之迁来者激增，现已多至三万人；俄人亦已陆续移殖，但这里全为商业区域，与库伦不同，故政治的棍徒很少，生活殊为安乐。

外蒙"赤化"以后，乌里也建设赤色的共和政府，其经济方面的机关大概握于俄国人之手。中国人也有少数在此经营商店。这样中国商人尚可自由贸易，不像库伦之受压迫。又近来德国人也大为增加，据最近的调查，俄人有五千，德国人约五六十名，比较起来德人虽然还是很少，但在二三年前，在那里的仅有以探险为目的的五六人而已。故与现在相较，自然不能不说已大为增加。现在此五六十位德国人都在乌里市街经营商业，将来德人之增加发展，殊未可以限量。

挂赤色共和政治的招牌的乌里，其政治状况，到底是怎样的呢？原来这里虽说"赤化"，可是蒙古的国民性那种东西，却并未丧失。所谓"赤化"，其程度不过是破坏旧日的躯壳，而进于共和政治吧〔罢〕了！元来以乌里为中心的三音诺颜部的蒙古人，其数约万余人，大半为游牧民族，其中智识阶级分子，都以大蒙古的复兴为其理想。此之所谓三音诺颜部，即为喀尔喀蒙古的中心部分的名称，而具有掀动四百余万蒙古人的原动方〔力〕。彼成吉思汗的都——和林，亦在此部之中。此三音诺颜部的人民，尚保持蒙古人的特质——质实豪健的美风，而民族的意识亦最强，他们常以称"我是喀尔喀蒙古"为无上之夸。所谓喀尔喀，就是伟大的意味，同时又是表示"我们是成吉斯汗的正统子孙"的荣誉。苏俄的"赤化"运动，一经起于外蒙之地，他们自始即抱不抵抗主义，遂于乌里树共产政府。但他们并不是愿意存在于俄国的保护之下，不过，因现在"赤化"的势力甚盛，全蒙古都在混乱状况之中，故暂时取放任的态度。

诈欺取财的俄国人

因为这种理由，所以乌里的"赤化"，与库伦的"赤化"，却又大异其趣。这是由于苏俄深知此地人民的心理，故对于此地的右派，不敢过事压迫，而用和平的经济政策以培养其势力。

库伦中，赤色政府盲从苏俄的总督政治，压迫中国人，仇视日本人，封锁库伦方面外蒙古与中国的边境。经济的利益遂完全由俄人独占。至于乌里则与中国的山西、陕西、甘肃三省相互交通，茶、烟和布匹等类生活必需品的输入，甚为自由。现在乌里中日本人一人俱无，但由以上的情形来看，这地方的人们是甚希望日本商人去的。

以乌里为中心的三音诺颜部，试将其商业状况考察一下：先就俄国人经营的来看，最发达的是铜、铁制造品，就中尤以苅草镰为最畅销，其次就是布匹、糖和其他杂货。

从蒙古人方面来看：主要的原料，不纯是由三音诺颜部所出产，而是由西北蒙古的各地汇集拢来的。俄人及其他商人即购买此等原料以博巨利。

乌里原料品市场中，占交易的首位的是土拨鼠，俄人呼之为"达哈丹"。据说，全世界没有像这种达哈丹需用之广的。俄人来到蒙古，一跃而发财的人，虽有种种活动的结果，但商业上多作此种鼠的交易，这就叫"发鼠财"，会集乌里的土拨鼠的皮，其质比较库伦市场的优良，其余羊毛、熊、猪和狐、狸等皮，亦属佳品。

其次，这里有一事值得特别注意的，就是乌里近年又成了金矿的市场。这是因为阿尔泰方面金矿的开采，而运至这里集中的，但这种金矿已差不多可以说是金块了，前面似已提过，蒙古人是喜银而不喜金的，这在我们看来原是极不可思议的风习，而他们也因此之故，与外人交易常受许多损失，而亦全不在意。俄人用世界上价值低贱的银，向蒙古人，换昂贵的金，其利益实赚得不少。乌里的金矿市场，常由女人们用马运来金矿，那些女人喜欢向俄国商人买现代的文化商品，例如肥皂、白粉、丝带和香水等类物品，一块之价，不惜出百圆或千圆那样值钱的金矿。世界上更向哪里找得着这样受人欢迎的姑娘呢？

由乌里往阿尔泰

又会着头目冯额

以上是我勾留于乌里时所观察到的。在我逗留那里的时候，无意中，得知冯额一班人也在同地献技，不禁大喜。我马上往访他们于旅舍，互谈逃出库伦后的种种情形。据他说，那天我刚逃出库伦，随着就有数名纠察队的俄人，跑到他的家里，严密搜查，到底寻不出这位奇怪的蒙古人，才悻悻而去。

"如果迟一步，你的脑袋恐怕已经离掉身子了呢!"

冯额这样笑说。

我在那里本有再行加入冯额剧团的意思，但因他向我说，库伦的纠察队与乌里的共产党已有联络，似乎有注意冯额剧团的形迹，恐怕仍有危险，所以不得不中止加入。

会见冯额的第二日，我在共产党的机关报——《蒙古新闻》中，发见"日本人潜入"这种记载，把我之潜入西蒙古认为有危险性。我又感觉留在这里，身边仍有危险，于是最后决定与山川秀丽、杨柳依依的乌里及亲爱的冯额告别，而向阿尔泰前进。

这里，我打算叙述一点大蒙古（除内蒙古外）的人口问题。这本应写在最前面的，但这种调查，是由住在乌里的某学者所作，我也是在逗留乌里中才知道的，所以前后虽似有些倒置，也只好附加于此。

大蒙古的人口，一般说是约为二百万或二百五十万人，如果这种推算是确实的，那末大蒙古的人口比较满清初代的时候，并没有一些增减。

除内蒙古外，大蒙古的面积约为百万方哩，其中沙漠地约四十万方哩，所余六十万方哩概为游牧地，即适于人畜栖息的地方。人口之稀薄，自不用说。但就人口稀薄这一点，就说自清初到现在，一些没有增减，这种话，恐怕谁也不能相信。

固然，有人举外蒙古男女淫乱的事实，而作人口不增加的理由。又如前面所述，残杀胎儿的恶习惯，也为人口不增的原因之一，但据我听乌里某学者所说，所谓二百万人或二百五十万人，都不过是一种推测，纵然承认以库伦为中心的一带及东南部的人口不曾增加，但西北蒙古的人口之增加，则确为事实。即如以科布多为中心的一带，阿尔泰的金山额鲁特方面，其增加率，实非常显著。因此，谓大蒙古的总人口为二百万或二百五十万的话，都靠不着，实际恐在四百余万至五百万之数。

乌里的人口，他认为已有增加，□也相信是事实。这就是西北蒙古显著发展的可靠的证据。但此广大的蒙古地域，若与日本的人口密度相比，即此已是天差地别。二百万变成五百万也罢，一千万也罢，其于蒙古不过九牛之一毛，再加五根、十根也不算事。可是，无论如何，外蒙古人口的增加，则为明白的事实，这于外蒙古不能不说是好现象。

我离开乌里，最后到着了阿尔泰。我想逃到这里，大概纠察队不会追起来了。于是中心稍安，打算在这里稍作勾留，调查地方的情况。

阿尔泰为阿尔泰山脉附近诸村落□总名称，这里距乌里百二三十里，距新疆省及俄领均约三百五六十里。

阿尔泰诸村落，通常又称为金山额鲁特，其名称的由来，就是此地方为产金之地。集中于乌里金市的金子，都是由此地所产，这在前面已经说过。

原来，阿尔泰一语，即鞑靼语"金"之义，中国人呼之为金山，普常称金山的，比较阿尔泰还要流行。又蒙古人叫作"乔所西兹"，同为金山之意。

阿尔泰的金是属于山金矿，金的成分很高，据说是普通矿石十万分之一成。从前成吉斯汗曾经自豪说："我们有阿尔泰金库。"这话确实不错，阿尔泰诚为外蒙古的无尽宝藏。

从来产金丰富的阿尔泰这样地方，有一点不可思议的，就是连一处像都会的所在的都没有。这是什么原故呢？原来是由于科布多历来即把此地方的繁荣夺去，到了现代科布多更有种种的都市建设，今已俨然成西北蒙古的大市场，所以阿尔泰诸村落别无建设都会的必要了。

　　原来蒙古的都会多由喇嘛寺及政治（即祭政）关系而发达，以外就是以原料及制造品的定期市场为主要的基础而发达起来的。此种定期市场，均属于历史的产物，不能随意建设的。科布多自来为西北的一大市场，久已有名，这是大家知道的。

　　因此，阿尔泰虽为外蒙古的金库而占重要的地位，但在这些地方竟无一处像都会的所在。但近年以来这地方的人口确有显著的增加。其原因虽有种种，但主要的是由于农业的勃兴，及乌布萨湖的周围和乌伦古河附近的原料品出产日益增加之故。此乌布萨湖及乌伦古河的原料均向科布多及乌里雅苏台两市场输出。

　　阿尔泰地方除采金外，游牧当然是基本生业，又鸟类和动物极多，尤其是鹫、鹰、雉、熊、鹿、猪、狐和狼等类，甚为繁殖，狼、熊类中以白狼、白熊为最珍贵，价格极昂。又阿尔泰山脉中一般传说产金毛九尾狐呢。因此，这一带地方盛行打猎，每年十月行猎，有名的"捕大蛇"即于此时节举行。

　　打猎用的枪械，大概购自俄国，但俄国不良商人多以破旧之物蒙混，所以近年蒙古人多向德国人购求新式优良的枪械。此种交易依然是用金块作交换；德国商人因此获利巨万者不少。日本商人如何？只是安居内地作不景气之叹，未免太怯懦吧？

　　这是我逗留在那里所观察到的。我想由这里往中国去，就可以完全脱离危险，但一转念："既来这里，如果不看看科布多，终是遗憾。"所以又决定更向内地前进。以下就打算记述一点我在科布多的见闻。

科布多的商业与黄金市场

　　科布多属于金山额鲁特部，就地理学上来讲，似乎应该不属于外蒙古，但我却称之为西北的"奥蒙古"。即是说这地方的语言和宗教与大蒙古都是相同，人种也没有什么差别，所以我觉得没有特别划分的必要。

此地西方与俄领色米巴拉秦斯克相接，地域广大，面积十万方哩。不仅占大蒙古游牧地的首位，而且近年来农业地日辟，简单的工业也渐渐兴起来了。

科布多以外，此地方的市场还有乌兰固木和承化寺二市。承化寺为喇嘛教的大利承化寺的所在地，从来蒙古人参拜者极多，因此遂成市场，其始仅为参拜者的集合地，故市场很小，到了近年，因与俄领的杂山斯克开通贸易，已和从前的市大不同了。乌兰固木，因乌布萨河方面的蒙古部落人口增加，故市场亦渐见发达，近来俄人移住者日众，将来是很有希望的。可是乌兰固木也罢，承化寺也罢，都不过是像作科布多的支店，市场之小，迨难与科布多相比。

科布多的政治状况，究竟是怎样的呢？那里现在已经脱离中国的统治，而建自治的共和政治。苏俄的势力，虽已侵入，但大概是属于商业经济方面，至于政治方面，尚与所谓苏维埃同盟全无关系。实际科布多是由中国的政权的没落而完全变为科布多人的国家。因此，这里并不曾看见像库伦及其他邻近地方那样压迫外国人等事。我到科布多，表面上仍然是装着蒙古人，但我所依托的中国人却把我当作日本人张某。如果这是在库伦或乌里雅苏台，恐怕立刻就遭逮捕，但在这里是不要紧的。赤俄对于日本人之入科布多，自然是非常忌恨，可是他们在政治上没有权力，所以无可奈何。因此，我觉得就在外蒙古内，科布多地方如有日本商人前往经商，决定不会有防碍的。固然，俄国人在经济上也会作少的妨害，可是我觉得那也无顾虑的必要。

就科布多的人口来说，在十七八年前，蒙古人仅有三千余人，现在已增至五六万。中国人有一个时期非常减少，其根据地——买卖街亦呈衰微之势，但近年又渐渐复活，其商店也渐增加。俄国斯拉夫人亦增不少，但大概都是由中央亚细亚移殖来的。这些人不能说完全是俄国人，何故呢？因为他们不是纯粹的俄人，而多属土耳其系族或吉尔吉尔斯人，现在科布多经营商工业的，虽叫作斯拉夫人，但实为犹太系俄人，其人数年年增加。属于土耳其种的吉尔吉尔斯人，大概从事于科布多沃野的开拓，经营农业，但这些被一般通称为俄人的，合市及耕作地计算，现达五六万人，其他尚有英国人、德国人和波兰人等多数国民居留，而且有逐年增加之势。

努力啊！日本商人！

就科布多的商业状况来说，第一值得注意的就是科布多的动物市。此种动物市，其规模之大，恐怕世界上任何国的市场，也不能比拟。那里牛、马和骆驼等畜产的买卖，固不用说，其余羊毛、贵重动物的毛皮、太古之龙、象类之骨及其他珍贵的原料等物产，都是大规模的交易。欧美各国需要黑狐、黑貂、白狸、白狼、白狐、银鼠、红熊和栗鼠等极多，都是向科布多市场购求，所以交易极盛。农产物，近来棉花生产甚富；麦及其他谷物每年运往中央亚细亚、中国和俄国的极多。在市场中，外国人大概是卖洋杂货，但他们最获利的是收买贵重动物。这是值得注意的。

金和宝石的买卖，亦为科布多市场的重要交易之一。这是由金山（即阿尔泰）所出产，所以科布多能占着西北蒙古的唯一大市场的地位，即得力于阿尔泰出产的金和宝石。此在前面已经说过。英人、德人除作贵重动物的交易外，更兼营金和宝石收买业，但近年俄国人在阿尔泰的产地设置矿区，已占有优先的权利了。

科布多附近，除阿尔泰外，还有值得注意的，就是乌伦戈河的沙金。那里尚完全是未开辟的处女沙金地带，由此河至东托尔吉斯丹（即新疆的搭〔塔〕城）一带，全为金、银、铁及石炭的埋藏地。阿尔泰之金，现在从事采掘的蒙古人，不过是带着一半游戏，仅用人工掘出其表层，但就是这样，科布多及其他地方的贸易额已达非常的巨数。据德人黑纳肯的调查，各市场的金交易额如下：

科布多市场	百五十万圆
承化寺市场	三十万圆
乌里雅苏台市场	五十万圆

此外欧美人不由市场而直接向金矿地交易的有五十万圆。通共计算，每年为二百八十万圆。这还不过是蒙古人带着一半游戏所采出的金额，如果他们把这作为一种生产的时候，其总额恐怕会达一千万圆。若是再用现在欧美的新式方法积极的从事采掘，我想会有五千万元至一亿圆。我相信那样时代的到来，决不在很远的将来吧！这是充分的告诉我们近来日益发达的科布多的企业热的实况了。

总之，现在的科布多，于外国人实为一攫千金的黄金市场，卖制造品也是利益，买原料也是利益，无论从事何种事业，都不会遭受损失。只是交通不便这一点，未免是白玉微瑕，但外国人却不惧此种不便，而勇猛精进其商业。现在科布多中，日本人一人俱无，就上述的情形来看，殊为遗憾，我很希望日本商人不惜此种远征。

黄金城的考古

秘往和林

成吉斯汗的黄金城的考古，是我此次潜入外蒙古中最有意义而又是最有兴味的一节。我居留科布多的时候，听说有一位英国人想觅一能说英语及蒙古语的翻译，我就去访这位英国人，问他雇用的条件。他说：要经乌里雅苏台往哈剌和林，须雇一蒙古人作翻译，只是作翻译就行，至于地理向导，已经另外雇得。并且说：翻译并不困难，只要能懂蒙古人和英国人间普通的说话就可以了。

"往和林去"这一句话，我立刻触动了。如果我想起的是事实，无论如何就要同他们一道前去，等我再详细问他的目的，确是同我所想的一样。

他们是英国人三人同伴，其目的想探考哈剌和林的成吉斯的城址。和林的地位，前面已大致说过，如经乌里雅苏台就可以不走沙漠，但如由科布多直去，就非跋涉四五十里的沙漠不可，所以通常都走乌里这一条路。他们雇来作地理向导的蒙古人，曾往来和林和科布多间多次，而且熟知成吉斯汗的历史，好像还有相当的学识。

和林和成吉斯汗的历史的关系，我以前已由乌里的某学者那里得知种种，而且关于这方面的事情，我久已作种种的调查，只是一次去的机会没有过，所以常引为憾事。不意现在竟有这样的机会。乌里在苏维埃纠察队的探侦圈内，我经过那里，本有多少危险，但化装成蒙古翻译，大概没有要紧。我觉得这是千载一时的机会，不能听其失去。

在那里我马上就声明愿作翻译的意思，英国人也欣然承认雇用。但契约上是规定由科布多至和林。他们在和林考查完了后，更预定转往中国，视察北方各省。

一群人除英国人三名外，翻译、向导者和骆驼夫五人，合计共为十人。道中经过，不必赘述，现在就直接讲一讲和林的事情。但在最先，当略述过去黄金城探考的故事。

和林的考古，最有名的是考米诺夫博士。他在过去十余年间，不断的来作和林的成吉斯汗的黄金城（即历史上的万安宫）的探考发掘。其间曾有种种惊人的发见。即在二三年前，还在城址的地中掘出成吉斯汗的坟墓及其他珍贵的东西，引起欧美各国新闻界的注目。可是，考米诺夫博士的发掘，现只黄金城的一部，仅及宝藏的外廓而已。成吉斯汗城的发掘，则尚待努力。现在考米诺夫博士正继续的向此种目的进行。

因此，此次英国人之往和林，其目的就是想去参观或视察考米诺夫的发掘状况，并不是要去与他作考古的竞争。

其次，还有一点要说明的就是和林的位置与成吉斯汗的历史关系。这一点预先弄明白，然后才知道所谓黄金城，究竟是什么，由是对于考古的话才有更多的趣味。

作过成吉斯汗之都的和林，其位置从来有种种的传说，这里不必一一叙述，但其正确的位置，现已由考米诺夫考查决定。即今之三音诺颜部的东境，杭爱山的东方，曷尔根和特米耳①两河之间，即为都城的遗址。关于城址的位置，已经别无疑义，所以不必多赘。其次再考一考历史，就成吉斯汗的事迹及和林城的由来等，略述一二。

和林的文化与成吉斯汗的即位

成吉斯汗，蒙古人称之为英雄成吉斯汗。他于西历一二〇六年六月即蒙古大王之位。其即位的场所，普通的蒙古史上都说是曷伦河畔。但这是错误了的。正确的地点，应该在和林的大元帅府。其即位之地，所以误为曷伦河畔，实由于其出生的故乡是在曷伦河一带地方。他不是在和林即位的证据，只要将当时的历史仔细的研究一下就会明白。

---

① 后文又作"他米尔"。——整理者注

原来，曷伦河一带之地，为成吉斯汗生身的故乡，土地多属沙漠。就蒙古的地理来看，偏于东南，地位殊为不便。他想成统一蒙古的伟业，当然不会选择这块土地。当时，他用兵蒙古各地，有战无不胜之势。后来更赌着兴亡，与乃蛮部酋长太阳汗决一大战。

其时，乃蛮部是由土谢图和三音诺颜二部而成，面积三四万方哩。其酋长自称太阳汗（汗即王之意），其势颇盛，而以和林为其都城。和林的蒙古语为"加拉戈尔姆"，语的来源，出于鞑靼。"加拉"是黑，"戈尔"是土，合之即黑土之意。黑土的意义，就是土壤肥沃、富源无尽的土地。和林的土地确与其名称相称。

和林位于曷尔根和特米耳两大河之间，为四万数百里的平原。此两河流域之地，产米、麦等谷类以及桃、梨、西瓜等果实极茂，而其地又与沙漠隔离，无风沙荒尘之害。太阳汗定都于此乐土，自然是极占地利。但领土大概为不毛的沙漠或游牧地，成吉斯汗［的］对于这块土地，自然不免垂涎。太阳汗的领土，除和林外，其西北方面，大部分都与沙漠隔绝，为极好的游牧地，其他并含有不少富于金、银、铁等矿产场所，这又为成吉斯汗所眼红的。

受如此天惠的土地，其文化自然亦随之而进步，故其文字亦发达甚早。这恐怕就是西方的鞑靼文明的影响，又织物及其他工业亦颇兴盛，其中铸造工业更为发达，能造优良的刀枪、火箭等类。此种刀枪是于长枪的末端附着金属制造的三角形锐利尖刀。又其火箭中当时已经知道火药的装置。于此可以推知其文化是如何发达了。

太阳汗与成吉斯汗的争战，起初成吉斯汗之军屡次失利。这是因为太阳汗的武器、兵马比较优良的原故。但成吉斯汗用兵如神，太阳汗终非其敌。后来太阳汗兵败被杀，和林也完全归于成吉斯汗的手中。太阳汗失败的原因，固然是由成吉斯汗之武勇，但太阳汗对于部下倨傲寡恩，以致民心离叛，亦为致败的由来。

吞并太阳汗的领土，完成统一蒙古的大事业的成吉斯汗，其先本名铁木真，即位后才改为成吉斯。成吉斯一语，即蒙古语最大最强之意，自此，和林就为成吉斯汗之都，他的十万军队，及其一族都迁居于此。因之，蒙古人之移住此地者顿形增加，成吉斯汗于是招请鞑靼木工建造房屋，并为农人、商人设置买卖区。

可是，这里应该注意的：成吉斯汗虽建都和林，但这只是大元帅府的形式，即位之时，并不曾着手作都城宫殿的建筑。他以为蒙古的统一虽然成功，但只是这样还不满足，其野心还想夺取中国，进攻中央亚细亚，更进而征服全世界。至于都城宫殿的建筑，只是小问题而已。但这里要附带说一句：以前和林曾为突厥建都之地，这块地方有很久的都城的渊源呢！

成吉斯汗的即位时代，拿日本的历史比照起看，为日本的北条义时当权时代，即在建永、承元之顷。当时镰仓文化，正源赖朝创业以来，三代的实朝继将军之职，神庙、佛殿的建筑，极为壮观，虽与和林的文化完全异趣，但于亚细亚的东西，同时开灿烂霸业之花，实是最有趣味的对照。

成吉斯汗之远征

成吉斯汗即位后六年，大蒙古统一的基础已经巩固，就开始出兵讨伐当时蟠〔蟠〕据中国北部的金人，攻下北京，继着又征服辽东。其后回军蒙古，征服阿尔泰诸部落，更进攻当时的西辽，即今之新疆。

征服西辽后，他更进攻中央亚细亚的门户，西土耳其斯坦的花剌子谟国。当时花剌子谟国王为模罕默德。关于远征花剌子谟的故事，就诸种史书所载：成吉斯汗在出征之先，曾派遣三位使者向模罕默德王要求通商贸易，并赠送模罕默德王二十五万个金块。

传说当时成吉斯汗实藏有一千万个金块之多。但两国的和平交涉竟至破裂，遂实行开战。一二一九年八月，成吉斯汗率领二十万大兵（全部骑兵）进攻花剌子谟国。模罕默德王的军队号称四十万，但连战连败，交战八个月后，花剌子谟国的第二都——布哈拉，竟被成吉斯汗攻下。

成吉斯汗更进而占领首都——萨马耳康德，长驱略取中央亚细亚各城市。到了一二二五年一月，中央亚细亚全部遂完全征服。自和林出发以来，约七年间，他竟作了大蒙古王兼西辽及中央亚细亚全部的大皇帝。

但他犹不满足，更命秋倍和斯巴泰二将由中央亚细亚出兵进攻俄国。历史上有名的拔都将军征服俄国及欧洲，事在九三七〔一二三七〕年。此二将的出兵，可以说是那次的先锋。

一二二五年二月，成吉斯汗凯旋和林，当时的俘虏中，最值得注目的就是中央亚细亚各都市的妇女二万，及技艺职工二万人。原来萨马耳康德和布哈拉两都城中，回教堂区最为有名，其建筑之美，直与欧洲都市的文化相若，故有小罗马之称。成吉斯汗由这些都市掳去精于技艺的工人二万，凯旋归去，当然是准备作和林都城的大建筑。又其俘虏中有妇女不少，其用意或者是想输入南欧之花以改良蒙古人粗野的风习。此等美的女性俘虏中，尚有模罕默德王的母亲——托尔堪在内，这很值得注意。托尔堪为当时花剌子谟国内有名的女文学家。她被掳往蒙古以后，曾用回教土耳其文学，歌咏和林之美，并努力于蒙古文学的创造。

前面说过，成吉斯汗的富有，号称一千万个金块，照现代的金价计算，至少在五亿圆以上。这些金块自然都是由奥蒙古阿尔泰的无尽的宝藏那样采得的。当时全世界恐怕没有像他那样富有的了？他常很骄傲的说："我有阿尔泰山金库。"这并不是自己夸大，阿尔泰山确为名实相符的金山呢。

话又似乎说支离了，书归正传。照书上所记：成吉斯汗凯旋的道程，先由中央亚细亚出发，次于西土耳基斯坦的布拉哈检阅俘虏和战利品。俘虏中，除技工二万、妇女二万外，还有数万将卒，战利品中金银财物山积。据说用来运输的骆驼已有十万头之多，其得意可想而知。由巴〔布〕拉哈回西辽（即新疆），更由此归蒙古领阿尔泰。

阿尔泰中留守的大蒙古国宰相，一般尊为雄才卓识的伟人——耶律楚材率领臣僚千余，恭迎成吉斯汗。他到了阿尔泰，受宰相及一般臣僚朝贺的时候，宰相的旁边站着一位五六岁的幼孩，突然用他的可爱的声音，呼说：

"祖父陛下！安木尔以，安木尔以。"

成吉斯汗听着声音，转眼一看：小孩非他，就是他最钟爱的长孙——忽必烈。他一面说："哦哦！忽必烈吗。"一面伸手将幼儿抱起。

"安木尔以"一语，就是蒙古语的"恭迎圣驾还幸"之意，这位幼孩今与宰〈相〉相伴一同出迎成吉斯汗于距和林的四百里外，对此聪睿的宁馨儿，英雄如成吉斯汗，亦不禁感动了。

这位健壮的幼儿——忽必烈，即为后来轰动世界的元世祖，北条时宗的时候，率海陆军十万，攻入日本，使日本蒙所谓"元寇之难"的，不用说就是此人。

成吉斯汗之死与黄金城之营造

成吉斯汗欢欣凯旋后，宰相耶律楚材及一般臣僚，即借此机会，决定大事营造和林都城，奏请成吉斯汗裁可。成吉斯汗以之咨询于元帅府的元老院，元老亦大表赞成。成吉斯汗才许可作都城的营造。时为西历一二二六年七月。

大都城的设计及建筑，即令由布拉哈、萨马尔康德及巴克达特等处俘掳回来的二万职工担任，成吉斯汗既期都城的壮观，同时对于市街之美，亦大注意。他看见有"都市之母"之誉的萨马尔康德市之美，也想将和林造成那样的美都。其都市计划，规模之大，由他的下面的谈话中，可以推测出来：

"世界的俘虏男女百万人，归化于和林的时期，不久即将到来。那时候，将和林的城市推广至三四十里，或尚觉其狭呢！"

其抱负之大，虽与凯撒或拿破仑比较，殆亦有过无不及。至其伟业在当时既已并合二百余万方哩的土地人口，而且事实上并伸其势力于中国本部，真不能不说是古今无二的大英雄。

一二二七年，成吉斯汗出兵再攻中国，大军由甘肃侵入中国本部，进攻陕西，扰及河南，有乘势夺取北京之势。但此铜筋铁骨的大可汗，在夺取北京之前，于六盘山休息中，感患重症，无术挽救。千古英雄，竟以七十三岁之龄而完了其历史。其临终遗言，仅有"强大我们的和林"一语。

大王的遗骸，纳入由和林取来的金和铁所造，并用六盘山采取的兰麝香薰制的棺中，第三子窝阔台（即大〔太〕宗）率禁卫军随护，送归和林厚葬（中国传说：用兰麝香置于棺中，死骸永久不朽）。据说：成吉斯汗之墓，是在地中设四方一里的茔域。四方用金属铸造，中建金殿，然后将棺纳入其中。这也可以参照后述的发掘一节。

成吉斯汗虽在伟业的半途崩殂，但其遗志依然继续，和林都市的营造，日益精进。一二三五年十月，黄金城的建造始完全告成，太宗即于此时正式通告以和林为大蒙古的首部〔都〕。此种通告一出，蒙古人不待说，远如中国、中央亚细亚和俄国等，均派遣代表前往万安宫（即黄金城）祝贺奠都。但其时的大都城和林的城市全部，实际尚未完成。

都城的建造尚未完成，太宗即告崩殂，定宗时，大体虽近完了，但实际最后的落成是在宪宗时代，时为一二五三年。即自黄金城完成后，更经十三年的时日。当时，正是日本北条时赖当权时代，亦即日莲上人唱《南无妙法莲华经》，日本的佛教发生大革命的时期。

和林的宫殿，普通又称为万安宫，但蒙古人则叫作"鹊锁城"，即黄金城之意。何故将万安宫称作黄金城呢？不用说，因为那是用黄金建造的。"鹊锁"就是黄金，城为中国语，蒙古亦借用此字。所谓黄金城是用黄金建造，并不是说什么都是黄金。金以外，铁及松、桧、杉等类木材自然也是用的，但大体以金为建筑的主要材料则是事实。其壮丽灿烂，殊非笔舌所能形容。黄金城以外的建筑，不待说也是差不多和这一样的华丽。

这里还要申述一句：和林一名哈剌和林。哈剌一语在创造蒙古语的元朝国师——发思巴的蒙古字中，即都之意。前面说过：此和林之地，曾有突厥国王之都——建牙城，又匈奴单于之都——龙廷殿亦在此地，故哈剌（即都）的名称，或即由此起源。和林地方，在蒙古兴起以前，已有都城，且有进步的文化，这在前面已经说过。

黄金城的堙殁与黄金佛陀之光

其后，黄金城和大蒙古帝国的隆盛共同繁荣。就当时的历史来看，前往黄金城朝贡的，实包含西欧的一切国家。例如在定宗时，罗马使者喀尔平和露克布尔克两人捧教皇的国书，向帝"谨乞和平与友爱"（一二四八年），又法国皇帝亦于宪宗蒙哥帝二年，派五使臣来朝。其他俄国、匈牙利、奥国和德国等亦争遣使者前来修好，史上所载："西方诸国使臣来聘者，络绎不绝，东西文化，咸萃于此，光辉灿然和林的盛名，著于世界。"足见当时之盛了！

除各国的使臣来朝外，私人来这里的也很多，马可保罗等也曾一度来访黄金城，这在其旅行记中可以看见。西欧的学者和商工业者来往者亦不少，亚细亚和欧洲的文化，汇于一所，雄大壮丽的一大文明，浑然出现。

如此萃东西文化的精华的黄金城，后来究竟怎样了呢？

自忽必烈奠都中国本部的燕京（即北京），改元元朝以后，和林仍为蒙古之都，与北京之交通非常频繁，互相扶助，以希大蒙古帝国的繁荣。其时和林地方，有名叫"海都"的西北部落的酋长谋叛，一时其势很盛，但都城的繁荣依然不衰。其后，经元一代，盛衰虽然叠见，但至元末顺帝至元二十七年，明朱元璋兴兵以前，和林依然不失为盛大的都城。

明，朱元璋攻陷北京，在忽必烈创设元朝以来一百六十年以后。其时元朝的君主顺帝的太子及元朝最后的英雄元保保等合族均逃往蒙古，回到和林。当时黄金城的壮观依然未改。

其后，明永乐帝大举进攻蒙古，和林的蒙古一族出降。至是，自成吉斯汗以来二百余年，以华荣见夸的黄金城，遂为明所占领。但其时永乐帝为怀柔蒙古人起见，很平和的占领和林，所以壮丽的宫殿幸得免于兵火。因此，至永乐帝时为止，黄金城之完好无恙，这是很明白的。但自此以后就不明白了。

永乐帝以后，不知何时，黄金城竟自然湮灭去了。不仅黄金城呢，被称为蒙古的"都市之母"，集欧亚文化的精华的和林市街全部，也不知道在什么时候毁灭完了。杭爱山现仍高耸，曷尔根和他米尔两河今犹横流，可是，其间只见沧漠的旷野，昔日荣华之迹已和露消散了。但这块土地，确为和林的遗迹，这在三音诺颜部的蒙古文书中可以看见，别的证据就是后面要述的考米诺夫博士考古队的发掘。

在什么时候不知道，不过成吉斯汗的万安宫黄金城已埋没于地下，则已证实。城和街市，一切都整个的埋没地下。现在这地方的蒙古人呼这块虚墟为"德哈伦",即神怪之意,据说这是因为地下埋有喇嘛的宫殿,和仁宗皇帝捐纳的一切金字的经,所以地中时时发出黄金之光,显现菩提。他们不知历史,自然要以为神怪了。

去今十年以前,有叫作"厥所火特"的地方,发现一种鞑靼文字的铁碑。此所谓"厥所火特",即汉文字之百百都或莫莫都。日本字也是百百都之意。此铁碑的文字,虽不能正确认识,但照某俄国学者所说,"万国的王城"这一句是可以明白认识的。此种碑文建造于鞑靼时代,为成吉斯汗以前的东西,但无论如何,这"厥所火特"在古代原有王宫则属确实,此事又为发掘黄金城的可贵的参考。

关于黄金城的湮灭的结论,照现在蒙古的智识中人及喇嘛教的高僧并中国的学者等的推测:和林原与沙漠隔绝,但因戈壁中发生大地震或大地陷,和林遂埋没于地下了。其大地震、大地陷的年代,大概在明宣宗以后,因为明宣宗征伐乌梁海的时候,曾率军过和林,其时城尚存在,乃是确定的事实。

考米诺夫博士的考古

黄金城之发掘

黄金城埋没的缘由,已如前述。我觉得在西蒙古,即今之新疆省地方,或者尚有与黄金城同时埋没的城市。元来西域号称三十六国,可见这块地方,在古代实有许多的国家,其中所谓乌孙国,即在今之伊犁,这也显然是埋殁〔没〕于地下了。新疆省的中部,有大沙漠,名曰大戈壁。这些国家的埋殁〔没〕,大概是因为大戈壁的大地震或地陷的原故。

去今七八年前，大家确认和林的黄金城是埋殁〔没〕于地下，而着手去发掘，发掘者主为欧美人，而尤以苏俄人为最多。外蒙古久已在苏俄的政治势力之下，所以苏俄人之作此种考古，亦特别便利。这些苏俄人中，最有名的就是上述的考米诺夫博士。他从事于蒙古各地之考古，过去已费了二十余年之时光，其费用一般都以为是由苏俄政府资助的。最近四五年来，更有大规模的考古团的组织，据说每年费用达二三十万圆之巨。

可是，到了最近，大家才知道考米诺夫博士的蒙古考古的巨额费用，并不是苏俄政府所出，而大部是由英国出的。但英国并非支出全部，据说是英国出百分之六〈十〉，俄国出百分〈之〉四十，合组一团体，以为考米诺夫博士的后援。

考米诺夫博士的考古团，费如此多的经费与精力，长时间的从事与〔于〕蒙古之考古，究竟做了些什么呢？过去已久的不可知，最近他们专门向西蒙古方面努力的发掘，常常有惊人的收获。

考米诺夫博士的蒙古考古团以外，现在另有一大规模的考古组织，就是美国安德里博士的考古团。这一团目前是以戈壁为中心而继续不断的作探考研究。但安德里博士的考古，决不是止于戈壁一处，其最后，必然是要向着西蒙古方面去的。我在乌里看见《蒙古报》载：他们的工作已完成若干期，照着预定的程序，准备向西北里〔奥〕蒙古方面探考了。安德里博士认戈壁沙漠为古之"亚丁花园"，人类最初之国，即在于此。他于此作若干万年前原始生物的考古，现已得着种种贵重的收获（例如由戈壁之岩层而得到古生代的金块）。因之，世界的视听，现全集中于此二大考古团。

成吉思汗墓之发现

一九二六年十一月，伦敦的《Sunday Express》突然发表了下面一段惊人的消息：

　　费了二十年的岁月，从事于蒙古及中央亚细亚考古的苏俄考古家考米诺夫博士，最近因发掘埋殁〔没〕沙漠中的蒙古旧都——和林的废墟，而发现了世界的征服者——成吉斯汗之墓。

此种发现，实较那埃及的苏丹喀们王墓之发掘更有价值。

此次掘出来的成吉思汗之墓，极为壮丽。大王之遗骨，盛于一银壶中，而置于被王一生所征服的七十八位王公的王冠之上。其墓所由七位喇嘛守卫，墓上吊一黄金的大梵钟，这在昔日是每隔七小时由守卫的喇嘛们撞钟七次，以报时间。

此外，墓中满藏无数贵重珍奇的东西，内面还有一册英国教徒所书的《圣经》呢！

因为他们尚在继续探考中，所以详细的报告，尚待完了以后，才有揭载。此惊人的考古报告，在世界上仅载于《Sunday Express》一种报纸，特与考米诺夫订约，关于此种发掘，由她独自发表。

《Express》的此种记事，引起欧美社会上非常的注意，但其内客〔容〕尚属简单，故一般犹有多少怀疑。

其后《Express》更发表如下的消息，似为前载消息之补遗：

　　考米诺夫博士考古团之发现成吉思汗之墓，是于前两年，由数百之蒙古人劳动者与白人技师，在和林营幕而居，作好了种种的准备，然后费了七、八、九三个月的时光而发掘出来的。

　　前述安置大王遗骨的七十八位王公之王冠，皆系金银所制，守卫七人也为金银制成的人形。这些人形持有如现代的钟那样的时针，可以撞钟使鸣。

　　又上述英国教徒所书的圣书，实际并非英国人所书，而是当时派作使者前往和林的罗马使僧所书的。

此等记载虽未必绝对可信，但就《Express》所载来看，大概考米诺夫博士所发掘者，确为成吉斯汗的坟墓而且有很多的珍宝，这一点是可以想像得到的。

与《Express》的记载相前后，西伯利亚伊尔库次克的某报纸中，亦有如下之记载：

> 成吉斯汗之墓中，现发现裸体女子殉葬者二十五人，均若木乃伊的状态。其中十人为蒙古女子，十五人为白人。其全部均戴金制的宝冠。

我们所已得知的考米诺夫博士考古的成绩的全部仅止于此，其后《Express》上关于此种消息，即已完全不载，所以以后的情形，已不得而知。不用说，考米诺夫博士依然是继续进行未辍的，然而《Express》何故将这类的消息完全秘密起来呢？据说是因为有许多欧美人因见该报之记载，而用种种方法，想参加考米诺夫博士的事业，以夺取其优先的地位的缘故。

殉葬的女子

我们就现已发表的发掘情形与历史对照起看，其盛成吉斯汗遗骸的棺和茔〔茔〕域的模样，实已大为改变，此种变换自不足奇的。原来黄金城之完成，是在成吉思汗死后，宪宗帝之时，因此其坟墓比较其病殁之时，无论规模和内部的装饰，自然都要更加扩大而愈益壮丽了。又伊尔库次克报纸所载殉葬女体的形态，亦显然是蒙古女子的殉死的旧习，所以在大王的墓中发现此种事情，亦并不足奇的，不过这些女尸究竟是大王的嫔妃，或是同一墓地而葬下的其他大王的嫔妃，这是不得而知的，至其中所以有白人女子，是因大王攻入中央亚细亚及俄罗斯等国时所掳白人之女而选择以充下陈者，这在历史上也可看见，更不足异。

由此看来，上述两种报纸的记载，显然不是捏造的新闻，其报告虽不详，但其所发掘者确为成吉思汗之墓，则是确定无疑的，因之，其地黄金城之埋殁〔没〕，亦属无可怀疑的事实。

以上是我此次前往和林的黄金城前所具备的预备智识，我具着这种预备知识，随从英国人亲自看见考米诺夫博士努力的情形是怎样的呢？关于成吉斯汗之墓，大概与上述的相符。可是有一点遗憾，就是不许我看一看黄金城发掘之迹。因为我和他们的契约，只是作途中的翻译，无可如何。于此，我不禁有"虽入宝山，空手而回"之感。

虽然如此，幸而我在和林的时候，认识一位在考米诺夫博士手下服役，名叫荣达的蒙古人，由他那里，我得闻种种关于黄金城的事情。荣达不仅久已在考米诺夫博士手下，亲身从事过黄金城之发掘，而且是在蒙古中，关于和林和成吉斯汗都城的研究的威权者。我因他而得着许多宝贵的智识，实为我此次前往和林的一大收获。

考米诺夫博士之黄金城考古，目前犹在绝对的秘密中，这好像演剧舞台上的名角，不到最后，是不肯轻易示人以色相的。我以一翻译随从英国人去，自然是无法眼见的。但我由荣达的谈话，已窥见一部的秘密，以下是他所述的概要。

铁骑兵与阿弥陀佛

开始我问荣达："埋殁〔没〕地下的黄金城是否已经破坏？纵或未经破坏，城中的各种宝物是否曾因战乱而遭掠夺？"他说：

"我认识一位蒙古的喇嘛贵族，名叫加米喀尔，是蒙古学术协会会长，学问很丰富，收藏蒙古的古文书极多。他在乌里雅苏台，曾以《黄金城与北京城》为题而有如下的一段演说：

'万安宫黄金城之雄壮华丽，比元时代的北京实有过之无不及，后来因为整个的玉宇银楼全部埋殁〔没〕于地下，所以未曾经人之破坏掠夺。明朝军队入和林时，地方虽有扰乱，但在明军进驻黄金城后，即极力从事保护，所以其中的宝物，大体可以说是未受损失。'"

此次考米诺夫博士之发掘，其详细报告虽尚待其事业完成以后，但其工程现已作到百分之六十。目前一切消息，虽严守秘密，但据我所知，最初他们所发见者为一大窟洞。此窟洞之广，实不可测；入其中，于黑暗世界里，随处有光芒闪耀，近前一看，发见有许多的铁骑兵，并排立着，弈弈如生。由此推测，这或者就是黄金城宫苑之一部了。

又另一队发掘着一佛殿，其中供佛二尊：一为南无阿弥陀佛；其他一尊为法华。

此两尊佛像中，阿弥陀佛是无问题的，至于法华究竟是一位什么佛尊呢？

法华，或有人谓即欢喜佛，但欢喜佛的蒙古语为"华西弗夏"。欢喜佛在嘛喇〔喇嘛〕寺中是常见的，故在佛殿中也并不足奇，但法华则显然不是的。考证起来，法华当即为中国之所谓法华佛，在日本有法华宗，即日莲上人所创倡者；但此法华宗佛像如何会在蒙古和林呢？原来这有一段历史。

黄金城日持上人说大乘《法华》

日莲大师门下十哲之一的日持上人，曾于元朝仁宗皇帝时代入北京，谒帝说法，这件事具见于帝之秘书史曹哥所记录的《东僧晋京》，中称"东僧法华行者日持前往和林"云云。曹哥为蒙古人，《东僧晋京》一书，系用蒙古文所书，而又译成汉文者，汉文本久已遗失，只有蒙文本尚存库伦的喇嘛寺中，一般有识喇嘛，均曾见及。

上述这一位蒙古大知识加米喀尔也承认东僧日持在和林宫殿讲

说大乘《法华》的事实，其他的蒙古学者更有人认日持上人是在和林圆寂的。

更就史迹来考。和林中今有一法华井。因凿井汲水原为蒙古人所未知者，日持上人始授以此种方法，蒙古人称此法华井为"索林诺尔"，即妙法水之意。

由此推测，所谓法华，即法华佛，为日持上人在和林时所供奉于黄金城者，于此足见日莲大师所谓"一天四海，皆归妙法"，早已证映于蒙古了。

传说黄金城中尚有日持上人的法华堂，这在将来或者也会发掘出来的。

最后，荣达更有一段奇妙的谈话，他说：

"发掘中，曾发现有许多奇异的东西，这且不说，最有味的是地下的洞穴中，尚有各种各样的动物。"

大家都知道，蒙古人为游牧生活，动物即为其贵重财产。例如唐努乌梁海之貂，是当作一种通用的货币，俄国人往乌梁海贩卖商品，都是收貂皮以折合货币。在此场合，一般商人不称之为皮而直称之为金币。又在某时代，库伦亦有以鼠为货币之事。即在现在，仍极有价值，外蒙古和西北蒙古之鼠，为世界上最好的毛皮，普通称为土拨鼠，但其中又有栗鼠、黄鼠、白鼠等之分。

外蒙古中，猫类亦极有价值，但买卖上，鼠是比猫高贵的。在蒙古原野中，鼠常百数成群，捕获尚易，而猫则捕捉较难。

成吉斯汗是源义经？

源义经即成吉斯汗的传说

世界上有"成吉斯汗即源义经"的传说。这种传说，由来已久，日本明治年间，伊藤的女婿，以文才见称的末松谦证氏，曾在英京伦敦与英人合著《义经一代记》一书，是以英国学者的史料为根据，而译述的，颇蒙世人的称誉。

在末松氏以前，从事于《义经》之研究者，为与日本幕末史有深切关系的和兰人西波尔特之子——亚立山大·西波尔特；他曾著有英文的《义经记》一书。其后，关于《义经》的研究之文字更续有发达。即在今日，一般学者尚视为很有趣味的研究，而继续从事不辍呢。

此等著作中，大多都是断定"源义经即成吉斯汗"。不用说这些都是一种史料，但其史实的根源是什么呢？重要的是在西波尔特及末松氏等的著作以前出世，而为仙台藩士佐久间洞岩所著的《奥羽观迹闻老志》，此书叙述义经离了奥羽，即往今之北海道，由彼经满州〔洲〕以往蒙古的事迹。此书流传外国，遂为学者的研究史料。

在伦敦也有以这种著作刊行，而其根据也是源于《奥羽观迹闻老志》，这是明治时代英国驻日公使萨藤所公认的。

谓义经即成吉思汗这种说法，既久已喧传海内外，同时持反对的意见，谓"源义经非成吉斯汗"的这种著作也不少。其论点大概是从史学的立场，证明成吉斯汗与源义经为不相干的两个人，而谓"同一人说"为好事者之牵强附会。

此两说仅各以不同的史料为根据，故其议论亦各有缺点。因两者对于成吉斯汗所兴起的大蒙古及其事迹，均不曾有实地的考察与研究，故其所争论者，仍然不甚切实。

我前读此类书籍，久怀着有遍历大蒙古的机会，定当就此问题，亲身作一番考察之想。今幸得随英国人往和林的好机缘，我自然要对此问题注意调查。

以下所述，即为我此次巡游蒙古和林及其他地方，亲身见闻的一得。但这里须得预先说明，我之潜入外蒙古是化装成蒙古人的，今随英国人而往和林，亦有期限的约定；期限满了，即须离开，不能随意停留的。所以关于义经的考察，既无丰富的史书可供参考，且对于事迹，亦不能作十分详尽的调查。我之希望，只愿在和林能够得到关于义经的事迹一二端，已算满足；因此，我的记述，当然不免有无历史的根据，或不充分之处，尚希望读者原谅！

九游之白旗是否与源氏有关系

开始，我们先研究一下义经是不是去过蒙古。或者有些人对于这一事先就怀疑，但我觉得义经之到了蒙古是无可否认的。我在前面叙述过日持上人驻锡蒙古的事实。这于法华佛及其他史实，早已证明其确凿。一介文弱的僧人，尚能踏破万里黄沙；武勇如义经，其踏足蒙古，自更不足奇的。又义经之所以由北海道以上大陆，这在当时是因为由日本往满洲、蒙古，从北海道去是比较便利的原故。北海道中，现尚有日持上人的遗迹，同样，爱奴（注：日本北海道现存的一种日本原始民族）部落中，亦有义经神庙的遗迹，这是人所共知的。

据我所知，史书上有一件史实值得注意的，即成吉斯汗的白旗。我读《蒙古史》，记得成吉斯汗即位的时候，有所谓"揭九游之白旗"这件事。此白旗即为其军旗，我以为树立白旗这件事，或者就是以成吉斯汗为义经之一种根据。现在喀尔喀蒙古人——即成吉斯汗的正统子孙的纯蒙古族，其一族一家中，遇有庆祝等事，尚有悬挂白旗的风俗。但蒙古种族通常对于颜色是喜欢红色或黄色的，例如喇嘛教即分为红教与黄教，而以黄和红冠其教，可是，他们遇有庆祝等事，独喜用白色悬挂白旗，这是什么理由呢？这不用说是肇源于成吉斯汗的白旗。故成吉斯汗用白旗这件事，不仅史书，即于现在蒙古人的习惯，也可看见。一方义经的家族——

源氏之旗原为白色，亦是事实，因此我觉得此源氏之白旗的事实，与成吉斯汗即位时，特用与喜欢颜色的蒙古人的性质相反的白旗这件事，或即有若何的关系。

其次，尚有一点值得参考的，即源义经与成吉斯汗之名之相似。源义经三字，照喀尔喀蒙古语的正确的发音为"铁美真"，而成吉斯汗为原名的铁木真，两者仅中间一字，稍有差异。又蒙古人称成吉斯汗为英雄。此英雄一名词，蒙古语叫"拍托纳尔"，而"源将军"这一语，喀尔喀蒙古人的正确发音为"拍托成"。这又足为两者同属一人的一个根据。

以上是从史实，及言语学上证明成吉斯汗与义经同属一人的论据，以下再将此次在外蒙古所亲自见闻的事迹一述。

从事迹上得来的考据

欲述外蒙古中源义经的事迹，最好是先将上述的蒙古学者荣达的谈话一述。他说：外蒙古齐齐尔里克那地方，有一喇嘛教形式的庙宇，名曰源义庙。此齐齐尔里克的所在，是位于包括和林的三音诺颜部的中央地方，自来为各王公会盟的要地。此处据说现尚有源义庙存在。最抱憾的是我因无功夫前往齐齐尔里克，一视此源义庙，故不能完全证实此言；然以意度之，荣达之语，或非完全无稽。

其次，就我此次在和林及其附近所实地调查的结果来说，我曾在达尔苏那地方看见有所谓"白旗社"，又在布多图那地方看见"源义塔"这种遗迹。白旗社是位于和林附近的一村落的名称。村中并不是特别的揭有白旗，不过是从来的一种名称。据我所曾调查者，白旗社这种部落名，除和林外，别无第二个。因此，我觉得和林既为成吉斯汗的都城，这与源义经或者就有某种关系。

所谓源义塔，现在已无此种塔之存在，不过塔的遗址今尚依稀可辨而已。其附近有大约百余户人家光景的一村落。村民虽别无关于义经的传说，但讯之他们，均称此地昔日曾有英雄居之。于此虽不敢断言即与义经其人有何关系，但我觉得也是足供参考的。

此外，我觉得最有兴味的调查，是乌布尔那地方的"义雄十二铁人堂"。此堂如果现尚保存，于考证上原是非常便利，可惜堂宇已完全湮殁，仅有名之残留。这或者也与黄金城一样埋殁〔没〕于地中了。

此乌布尔的义雄十二铁人堂之遗迹，今犹以英雄故居著名，一般蒙古人于其地堆积石块，尊为除魔之神，敬礼勿替呢！最有趣的是中国商人队经过此地时，常用纸书"义雄十二铁人神"七字，埋于铁人堂的残迹，祷祈平安。此种习惯至今依然存在。

我觉得此义雄十二铁人神，或者与源义经有若何的关系，并曾举以请教于荣达氏及考米诺夫博士。

义雄即义经？

先述荣达的意见，他说：

"中国字'义雄'二字，就蒙古语译意，即英雄之意。又可作为一姓名。我以为即以之为成吉斯汗，亦无不可。其次所谓十二铁人，或即为英雄之臣僚。大概是十二位身穿铁甲的志士殁于其地，故建立铁人堂以祠之。"

荣达氏此种推断，考米诺夫博士也表示赞同，但博士尚有意见补充，他说：

"成吉斯汗之军队，全部均为骑兵，手携金属制造的武器。但因马的原故，身体不能过重，故穿着铁属是不许的。如果真是铁人，那恐怕是普通的卫士。总之，此铁人堂也打算要发掘的，如果十二位铁人全部掘出来，那才有趣呢！"

依我的推测，义雄或者就是义经。所谓十二铁人，或即着日本甲胄的武士。如果我的推测不错，十二铁人确为日本的武士，那末其中恐有武藏坊辩庆、龟井、片冈、伊势、骏何等在内。回溯义经被攻于奥州的藤原泰衡之历史和大英雄成吉斯汗传，这实在是东洋史上最有趣味的问题啊！

我这样一想，觉得非常愈〔愉〕快，但再仔细一思，遂又怀疑义雄十二铁人堂的义雄何以会是义经？安见得不是判然的两个人？元来人类是有好奇的习惯的。特别是我们日本人必以源义经为成吉斯汗而引以自豪。但实际从公正的学问的立场来说，单以义雄相似义经一事而遽认两者为同一人，这是不对的。况所谓白旗社、源义塔、铁人堂，元不过是，将蒙古文字写作适当的汉字，而为中国人所取的名称。实际，这些文字或者竟与源义经没有一点关系也未可知。总之，此事犹是疑案，必待考米诺夫博士发掘之结果，始能判明。其发表后，由此点来说，也是非常有味的。

荣达氏又说：

"发掘黄金城以后，或者要发现日本古武士的铠，这种有价值的收获，不久的将来就可看见。"

他何所根据而发出此种议论，我不知道，不过所谓古武士，仍不能不连想及源义经其人。义经的历史，这里无叙述的必要，但《源平盛衰记》一书中，描写他在京都院的御所六条殿参见时，"着赤地锦的直垂萌黄丝绒之铠"。发掘黄金城时，若于其中发见这样的铠，或义经在战场上常用的白旗，那又如何说呢？我想像将来发表的黄金城发掘之情形，不禁雀跃三百。

唐努乌梁海之富源

科布多之行

我跟英国人作翻译，因有契约的制限，最后终于不能不离开和林。我往哪里去呢？如果是回日本，那么，由此往中国去是最便利的。但我想还要调查一下外蒙古的现状，所以决定不去中国，再折往科布多。

由和林往科布多的途中，比较来时格外热闹。除前和英国人一同来的几位蒙古向导外，并加今回由库伦来和林考察的五位德国人。我于是乎又作了这些德国人的临时翻译。

我在和林勾留不过十日，但和那里的人士极相得，尤其与蒙古人——荣达甚亲密。他或者已知道我是日本人，但表面依然认我作蒙古人而随时照拂。现在我要去和林，和他分别，不禁有依依之情。

出发之前一夜，我特别往他的包屋（考米诺夫考古团的帐幕）去向他告别，他欢然出迎，置酒共饮，彼此倾谈，至于夜深。我们谈兴甚浓，娓娓不倦，偶尔话及库伦，荣达竟破口大骂，咀〔诅〕咒"赤化"运动不置。继而谈到日本，他很有意思的向着我说："我喜欢饮日本茶；我的妻在乌里雅苏台，她也很喜欢日本的粉和香水，可是这里得不着呢？"

我虽然领会他的意思，但我不好说回日本以后奉送，只答应他到了科布多，有机会一定照办送来。但我到了科布多以后，因为那里一个日本商人都没有，到底只有回日本后再送了。于此，对于日本商人之不往外蒙古，亦引为憾事。

第二晨，我即与荣达握别，离开了和林。由和林往科布多，如果照来时一样，经过乌里，那是最安稳的，不过路要绕远一些。因此，德国人都主张横贯沙漠，一直前往。我们也觉得沙漠并不怎样难走，所以就听他们的话，直向科布多进发。

蜥蜴与山猫　大鹫和狼之斗争

道中别无可述，只是在阿尔泰附近看见了两件奇事，值得一谈。我们在沙漠中，连一只老鼠也不曾见过，但于将到阿尔泰的地方，却见着各种各样的动物。其中最有趣的是蜥蜴与山猫两大群之斗争。其次，又看见大鹫二三十只，成列的飞翔空中，有如飞机之编队飞行，殊为奇观，据说，这些鹫并不仅是有趣的在空中飞舞，而是在狙击陆地上的动物呢！

原来大鹫是喜欢狼、狗类的肉的，只要一发现这些动物类，它就会近着地面低低飞起，用其尖锐如铁的利爪以搏杀地上的动物。于是猛鸟和凶兽开始斗争，而鹫常占着胜利。但此两种动物的斗争，常遭别一种动物的暗算，就是蒙古的猎夫。所谓"渔人得利"，可说是"猎人得利"了。此次之旅行，我们看见空中的鹫鸟，以为可以见着这种争斗的奇观，可是后来竟未曾得见，大概是因地上的狼类早已逃入山中的原故。

此外，此次在途中我们又看见狸军队的行进，像前面所述那样三四百匹之狸类，整然成列，俨如军队，煞是好看。除狸以外，我们又看见羚羊的行军。这些羊见着人并不恐惧，仍是驯驯然前进，而狸则一见着人就逃走了。但虽是逃走，其队伍依然整列，不稍紊乱，纵然后面敌人追来，也是如此，真是难得。

我们一行人，一路欣赏种种的野外剧，经过愉快的旅程，最后终于平安的到了科布多。我随从的德国人是打算由此再往新疆，我呢，仍然落在前次打扰过的中国商人家里，长途劳苦，至此始得休息。

这里打算叙述一点在科布多的见闻及由各方调查而得的里〔奥〕蒙古的种种秘密消息。我觉得这些消息之有趣，并不下于前述黄金城的故事，现在就先从蒙古的秘密宝藏境——唐努乌梁海叙起。

唐努的地理

我对于有西北蒙古的宝库之称的唐努乌梁海，曾经作过一番研究。这大抵是由俄国人、蒙古人及中国人的著作或报告书所得来的智识，多属纸上之谈。今回我考察黄金城后，再回科布多来，就是希望对于乌梁海作一番实地的调查。

但我在科布多一打听乌梁海的情形，知道那里已经属于苏俄"赤化"的地域，边境地方，均经纠察队严重的封锁。这是很讨厌的，我巴巴的再折回科布多，好像是白费了气力。不用说，我今回潜入外蒙古是具着冒险的决心的，所以就是乌梁海，也要冒险前往，以求最后的成功。但我之出入库伦已属万幸，现在秘往乌梁海，实无异投入死地。

乌梁海之行，正踌躇中，忽然得着一好消息，知道科布多中，现有几位非共产党的俄国人和蒙古人，及中国人。精通乌梁海的事情。又苏俄虽严禁乌梁海和外部的通信，但科布多发行的蒙古文报纸中，常常有关于其地的富源和地方新闻的片断的记载。我由这几位乌梁海通和报纸，仔细探察的结果，对于这神秘境的情形，大体已经知道了。

这里，先就乌梁海的地势来说。乌梁海原分唐努、阿尔泰及阿尔泰诺尔三部，合此三部的面积为十八万方哩。但其中阿尔泰诺尔之一部，在满清时代已为俄国所吞并，所以现在之乌梁海，正确的说，仅为唐努和阿尔泰二部。

此二部中，其最为世人所注目者，即以富源著名的唐努乌梁海。至阿尔泰乌梁海，也决不是不重要的，不过这一方面是属于阿尔泰山脉的富源的范围，可以说是科布多的富源的延长。因此，我以下所述的，其主眼点即在唐努乌梁海。

唐努乌梁海，位于外蒙古之西北端，形成乌梁海中之中心地，而夹于萨彦和鄂拉两山脉之间，此两大名山成自然之外廓，而其间则别有天地横焉。

此一天地，其面积几何，尚未有精确之数字，据一位对于乌梁海很有研究的俄国人别格列夫博士说：

"萨彦山脉和鄂拉山脉之间其相隔为一百俄里以至三百五十俄里，又东西向蜿蜒七百俄里，其间的面积为十万二千二百二十平方俄里。这是唐努的中心的面积。"

但英国有名的探险家夫纳夏则谓：

"萨彦、鄂拉二山脉之间，合以外的库苏古尔湖而为唐努之中心地，其面积为四万五千方哩。"

又据一位以研究药物著名、曾往乌梁海探险的德国人哈尔根氏之报告，推测其中心地之面积为五六万方哩。总之，其确实的面积尚不明了，但大概为四五万方哩。

到了最近，俄人以上述的唐努中心地为内唐努，而于其外，由大楚雅河方面起，包括库里的两湖及伊达尔的一万方哩之土地，更加入乌布萨湖而称之曰外唐努，如合此内外唐努而单称之为唐努乌梁海，则其面积与前者即大相悬殊。

我所述者，主为唐努之中的内唐努（包括库里湖）之形势，但如综合蒙古人、俄人和中国人之说，则内唐努在萨彦、鄂拉二山脉之间，而形成一里〔奥〕蒙古高原中的大平野。即就其平地来看，也要高于海面一千七百呎以至二千八百呎。其境内有哈克姆河及乌洛克姆河二大河的本支流纵横流贯，灌溉土地，尽成沃壤。最有趣的是此哈克姆及乌洛克姆二河，俄人从来称之为叶尼塞河。叶尼塞河为俄领内的河流，其源诚然是发于唐努之此二大河，但连唐努之河也称为叶尼塞河，却是很妙的。这是因为俄人夙有夺取此富源地的野心，所以将唐努之河与本国之河作同一的称呼。因此，常常有地理学者受其蒙蔽。

唐努与中俄之关系

内唐努之住民（即乌梁海人口）约有十万，其人种虽有种种的说法，但大体为鞑靼蒙古种，现与一般蒙古人并无何等的区别。言语是蒙古语，宗教也是喇嘛教。十万乌梁海人大抵沿哈克姆及乌洛克姆二大河流域及库湖之周围，营部落而居，自然成为三大城市。此外萨彦及鄂拉二山脉之麓，亦有部落，成一约五千人之乡村。沿二大流域和库湖周围的三大城市，近来因俄人之移住，受欧洲文化之洗礼，俨然成了现代的都市，与西伯利亚的伊尔库次克、欧俄的克夫，及布尔加河之喀赞各市并称。

库湖有类日本的近江琵琶湖，但广则倍之。水源出于蒙古雪山，清澄涟漪，四季常满。萨彦山脉之青峦，横于湖之东南，成自然之背景。此库湖为外蒙古唯一之佳景，而乌梁海人则怀神秘之湖的恐怖。这在昔日有一种传说，谓蒙古山之雪，化作美人，游于湖中桦松之岛，而作云霓之舞。可是，到了最近，"赤化"的势力一侵入，湖中的游人已非常之多了。

日本参谋本部出版的《西伯利亚志》乌梁海部中，载着："萨彦山入苏古之旗界，达库苏古尔湖，湖岸之旷原，面积为二十二万百五十七启罗米突。"此二十二万余启罗米突之地，在乌梁海又名安格拉，现在居民甚众，旷野之区，已成繁盛的城市了。此安格拉地，俄人之移住者，年有增加。

地理的形势，略如上述，其次当一叙乌梁海的政治状况；但在最先必须明白者，即唐努乌梁海和俄国的政治关系。简括言之，乌梁海从前本是中国所有的地方，但后来已被俄国夺去了，关于此唐努乌梁海，中俄两国间，曾有不少的纠纷，如果细说起来，恐要费不少的篇幅，所以只好简括的一提。总之，俄国对于乌梁海久已眼红，无论政治方面和经济方面，早已不断的从事侵略了。

等到中国知道注意，出面过问时，俄国竟强词的主张："唐努是属于俄领的。这由唐努之西北、东北之二面像大楔子一样，伸入俄领西伯利亚的叶尼塞斯克这一点，可以证明。"

当时，如果中国能够据理力争，或者俄国也会让步，但其时中国正值义和团事变发生，国内骚然不宁（一八九九年——一九〇〇年），因此交涉停顿，而俄国即乘此机会，取极积的行动。

诚然，即在现在中国并不承认唐努乌梁海是俄国的地方，而唐努本身也宣言唐努决非俄领，但同时并不认为是中国的领土而认为是乌梁海人之土地，科布多政府则主张唐努受本政府之管辖。

因此，现在唐努并未明确的定为俄国的领土，但阿尔泰诺尔乌梁海则已公然成为俄国的领土了。然就俄国在唐努的政治的、经济的势力来看，事实上也可以说是俄国的了。现在唐努的俄人已有五六万，最近的将来，有增至数十万之可能。由这一点，也可以推知唐努的内情了。

丰富的天产物

唐努为一世外桃源，其人口十万，虽非全属富有，但大半均甚优裕，其余亦全不感觉生活之困难，其原因盖由于其地天产物之丰富。

唐努为绝好之游牧地，且其地之适于小动物之繁殖，更为他处所不及。此等小动物之毛皮，价值非常昂贵，即如黑貂一物，世界的需要甚广。唐努之羊毛，据说与澳洲所产者不相上下，最适宜于作毛织物的原料。又其他畜类之毛与皮，比较其他地方的，亦有过无不及。这是因为这地方的牧草，有乳草之称，特别的富于滋养料的原故。上述为采集药草而往唐努的德国人，就是为研究此种乳草而去的。

其地牛羊乳滋养料极富，颇为著名，这依然是乳草的关系。又鸡类到处野生，其卵较优于中国山东所产，这也是因为乳草和谷物丰富的原故。

骆驼及马，尤为著名，有亚细亚第一之称；而小动物类，一说是唐努出产，即特别值钱。土拨鼠生殖极富，通常青、黄、白等色外，更有红白二色之鼠。元来，全外蒙古中，鼠产非常丰富，俄国商人中有专门作此种买卖的鼠商行，但红白二色之鼠这一种，则为唐努之特产，异常珍贵。

黑貂一物，出产的地方很多，但唐努所产，仍属第一。其在萨彦、鄂拉二山脉所获者，尤受人之欢迎。一八九九年以前，有一位名吕奎的中国山西的商人，组织公司，获得此种黑貂的专卖权，据说其赢利在一千万元以上。现今则由俄国人和德国人占专卖权，而享大利。

其次谷类及其他天产物亦非常丰富，哈克姆和乌洛克姆二大河的本支流，最适于麦及其他谷类之生殖，地质肥沃，每年可以不必施用肥料。故其地陆稻随处丛生，不待人之种植，致居民反以过多为苦。

不仅此也，其蔬菜、果实甚丰富，花卉亦有名。果实中，最有名的为西瓜之类。唐努之西瓜有亚洲第一、世界无比之称；但全为野生，而其大亦三倍于通常所产。果实类以梨、葡萄、柑橘等为有名。花卉中，大牡丹久已为世人所称赏，其次石竹、百合、菖蒲、藤等均属野生，随处原野中，百花开放，美丽无比。

唐努遍地是黄金

更就唐努的矿物来说，乌梁海自昔以产金著名。成吉斯汗时代，萨彦山之金，曾经大规模之开采，但其后似乎停止了。到了近年，因俄人和欧美人的探考，大家都承认唐努是外蒙古的黄金中心地。

据说，萨彦山的金矿，在其山脉达于唐努乌梁海的库苏古尔的倾斜支脉中，有金岩层，而安古之一部则全山悉由金矿而成。又萨彦山的东金峰这一座山，其峰产金，顶上有金岩窟数处。

鄂拉山脉之麓，有阿雷克、鄂里、罕达戛三村，面积三百方哩，据说其土地全部，均由金矿而成。

以下我摘录苏俄的蒙古通与矿物地质学者合组的乌梁海探险队的报告书的一节，读者由此，可以明白唐努的黄金，为如何的丰富了。

由西伯利亚往唐努，有伊尔库次克及密斯新克斯两条通路，从便利之点来说，后者有叶尼塞河的轮船之便，比较仅有车道的伊尔库次克这一路，自然好些。

此密斯新克斯为相近克拉斯诺雅尔克斯的小都会，由此陆行，先达喀拉托兹斯喀驿，次至克基巴尔驿，更进即到阿尔泰诺尔乌梁海。一入乌梁海，最先到达的是乌苏旗阿尔额雅克村。此村一名"金矿村"，住民多为矿工，这是因为流经其地的西斯其克木河产砂金，采金者日多，遂成一村。现有人口，合蒙古人、鞑靼人和俄人共约三四千。这地方所需的粮食，均由唐努输入，而不由西伯利亚。

由此本来可以利用叶尼塞河的水道前进，但前面说过，叶尼塞河的船行，可以直达密斯新克斯，所以由密斯新克斯也可上船。但如于去唐努途中，尚须考察陆地的形势，那就不能不由此陆行。

由叶尼塞河入唐努境，进而达达布的这百六十俄里的道路，即称黄金道路。因沿途陆有金矿，河产砂金，故名。

此唐努二大河流的本支流，其全长五六百里，均产砂金，但现在除一小部分外，均未经人采取。

以上大抵是就内唐努来说，至外唐努亦产砂金甚富，但似不及哈克姆和乌洛克姆二流域。据曾实地考察过此二河流的人对我说，此二河流域砂金均浮现表面，到处可见，故采取极易。此大砂金道所蕴积的金额，据人推算，将达十亿元之巨。

商业和人口

这里当一述唐努的商业状况。如前所述，唐努的人民大抵均属富裕，并不感觉生活之困难。他们中间因无经济的竞争，故商工业非常幼稚。其地现在虽亦有毛织工业，但其规模毫不足言。关于工业方面，实无特别可述之处，其唯一值得注意的，是其贸易。

唐努的对外贸易，输入方面为铁制品、绵布、丝织物、糖、茶和杂货等，近来因妇女多趋于摩登化，故化妆品类，已有不少的输入。至于输出方面，则全靠黑貂、鼠皮、羊毛、金粒、金块等天产物，以为外国货价的抵偿。在唐努的俄国人以及西洋人，经营此种买卖，非常有利，到了最近，唐努人虽已渐渐觉悟与彼辈交易之不利，但因现为俄人之独霸市场，故仍无可如何。听说，他们为抵制俄人之贪欲，很希望日本商人之前往呢。但此事如果苏俄不解放对外的封锁，自然是不可能的。我们对于此点，实大有研究的必要。与其他的"赤化"了的地方一样，唐努是准许德、英、美等国人自由经营商业的，这当然是这些国家和苏俄间已成立谅解的原故。

关于唐努的人口，前已略有述及，现在还有一点补充。

前述唐努的人口约为十万，此数是指纯唐努人而言，外国人是不算在内的。其中男子约为四万，女子六万。即唐努的男子少于女子甚巨。这是一种很有趣的现象。

唐努的人口，十五年前约为五六万，现在已到十万。这好像是人口增加率很高的表现，但十余年间，增加四五万人，实在并不很高。就其人口稀薄这一点来推测，其增加率恐怕是很低的。这自然是因为男女两性人数不调和的原故。

因此，唐努人之不能很快的增加，恐怕就是将来也未能免于此种状态，但就外国的移民来看，其情形就不同了。过去三十年间，俄人不断的移住其地，到了义和团事件的时候，虽然暂时停顿，但自一九一七年革命以来，其势又趋于激增。现在内外唐努全部，俄人之居留者，据说在十万人以上。彼等大半从事农业，而开采金矿和砂金者，亦颇不少。

苏俄革命后，失业者极多，劳农政府为防止此等失业者之反动，故积极作移民于唐努及外蒙古其他各地的计划。苏俄向外蒙古移民的结果，外蒙古将成怎样的情形呢？不用说，其经济的开发，必然是加速度的发展，而政治方面，则将与蒙古人以种种的难问题，这是我们不能不注意的。

昔之西域、今之天山南北路

埋没了的西域三十六国

我于科布多滞在中，除探得上述唐努的各种事情外，尚有一点值得向世人介绍的，就是关于新疆省探险的有趣的报告。我自身虽然没有往新疆省的机会，但科布多接近新疆省境，且多相互贸易的关系，新疆省的居民（喀什喀尔人）中的智识分子，多往科布多游历，所以很容易获得关于新疆的种种新消息。以下所述的，就是由这些喀什喀尔人或科布多人之熟习其地情形者，直接告诉我，或由我自己从新疆报纸及其他报告书中所搜集而得者，编辑起来的。

新疆省是以天山为界，而分成南北二路；其北路称准喀尔部，南路称回疆部。欧洲人称新疆为东土耳其斯坦，是指其南路；通常所谓之新疆省，是指准喀尔部。此新疆省，即昔之西域。在昔西域中，原有不少的国家；这在历史上可以看见的。史书上有"西域三十六国"之称，就是指此。历史上的三十六国，自然不是全在今之新疆省内，例如其中之身毒国，即今之印度；月氏国在今之西土耳其斯坦；其他散在新疆省以外者还有不少。但三十六国中，其以文明著称的乌孙国，则确在新疆，而形成西域之中心，则为无疑的事实。

不用说，新疆省现在是属于中国的统治领域，但这里也与前述的乌梁海一样，自清朝以来屡屡与俄国发生纠纷。现在新疆虽尚未被赤俄所吞并，依然为中国的一行省，但实际上观察省内的情形，新疆省有一特点，即其地虽属中国之一部，而中央政府只有外交权，此外新疆全部俨然是一自治体。因此，表面上虽为中国之一部，而中国的政治势力，在其地是很薄弱的。

新疆省所以能免于赤俄之侵略，而保持这样半独立国的状况，一方固由于地理的关系，但其主要的原因，是由于其住民中之主要分子——喀什喀〔噶〕尔是信奉民主和回教的，对于共产主义能断然防止其侵入的缘故。虽然如此，新疆省将来是否能防止赤俄之侵略，颇属疑问。这在外蒙古各地，即有其例，实为中国之一大患。至今中国政府对于新疆省取严厉之封锁政策，禁止外国人往来，一若外蒙古对待日本人之方法。因此之故，新疆省现在亚细亚尚保留一秘密宝藏境。

探险家斯坦因博士之被逐

到了近年，中国似已渐有改变从来封锁政策的情事。其理由固不十分明白，但大概是因为中国政府自觉对于新疆的政治势力，极为薄弱，实际所谓封锁，几不可能，故不如开放于世，以从事开拓富源。

　　近来欧美人盛行亚细亚探险的原因，显然是由于中国的政策之转换。现在新疆已有成世界探险家的目标的情势了。

　　但中国虽把新疆对世界探险家开放，决不是放任他们自由行动的，就是现在，尚实行颇为严重的取缔，这由最近斯坦因博士之被逐这件事，可以看见。斯坦因博士为英国人，于去年六七月顷，往新疆探险，被中国政府强制的命其出境。此事之起因，是由于斯坦因在天山北路发现大油田，不向中国政府报告，而与其土地所有者喀什喀尔人私订契约，攫取利权，后为南京中央政府所知，遂令其出境。

　　此事正发生于我留在科布多的时候，当地的报纸，关于此事的记载，还疑惑斯坦因除发现油田外，尚在各地方发掘许多的宝物，而窃取以去呢！

　　新疆的天山北路（即准喀尔部）为什么会成世界探险家的目标呢？以下当就我在科布多所调查者略述之。

迪化和吐鲁番的石炭地

　　新疆省之天山北路，由甘肃省的安西前往，为中国去的大道。安西之敦煌，有著各〔名〕的千佛洞、莫高窟，由此洞窟曾发现古佛典及古书画数万卷，这是世人所知道的，此数万卷古籍，大半均已流往外国，中有少数的佛书则已运入日本。由安西往新疆省的途程，是先至哈密，由此以达新疆的省会——迪化。又由科布多去的道路，是先到塔尔巴哈台（即搭〔塔〕城），由此以入新疆的北路。自塔城至迪化间，沙路线延五六十里，道路不平，颇为难行。但这是在大戈壁沙漠以外，如果利用马或骆驼，而惯于大陆旅行的，那也不怎样难走。

　　迪化虽为新疆的省会，但自清末以来，中国的势力不振，所以政治方面，好像是成了新疆的中央政府所在，而大见繁荣。现为新疆的第一都会，因天产物之丰富和生产业之发达，故日益发达了。

新疆的天产物，当首举石炭。旧迪化府所属的昌古、阜康、绥〈来〉三县，现在是有名的石炭产地。满清时代，这里已从事采掘石炭，运往中国内地及中央亚细亚的萨马耳康德。但关于石炭产地的调查，近年才有人实行。先是英国人从事调查，其后俄、德两国的矿物学者，均证明确实可靠，调查的结果，连亘上述三县，其所分布的石炭层，延长百里；炭层并产硝石，宝玉亦颇丰富。

其次动物方面，最有名的是天山的虎皮，自清以来，迪化即为其集散地。此外羊毛、羊皮，亦为新疆之名产。

更就迪化的商业来说，其地为布、铁制品、糖、茶、杂货的市场，而为新疆商务之中心；贸易上，外国商品之输入亦多。

迪化之人口，近年非常增加，号称十三万人。其中蒙古人约七八万，回人约一二万，喀什喀人约一万余，汉人约一万，此外尚有俄人及欧美人。外国人之增加，其主要的原因，就是由于大石炭层之发现而致地方之发达。

以上为极简单的迪化的现状。新疆中，除此以外，尚有若干都会。前面说过，新疆昔日（汉代）号称西域三十六国，有不少著名的国家。其都城之迹，如果今尚存在，或者会成为相当的都会；但这些都城多埋没地中，或自然荒废，现已完全绝迹了。现在天山南路，尚有显明的史迹存在，例如温宿、琉〔疏〕勒、沙车、和阗等均是。北路方面似已全部湮灭，所有古迹，现已无从探考，但北路则有五六处现代的都会发达起来，兹概述如次。

先述哈密。哈密现在人口三万余，位于由甘肃往迪化的途中，为天山北路之门户。就地形上来说，其地是位于大戈壁沙漠中，但仔细考查，哈密全部土地是与沙漠不同的。即四面沙漠，而中为一大沃野，其面积之广，据说东西为五十里，南北约三十里。

哈密之天产物及农产品均输往中国内地及天山南路。

自哈密渡一有小戈壁之名的沙漠，即达吐鲁番。这里与哈密同是在往北路之途中，为一重要的都市。在唐时代，即属乐安城高昌之所在，现犹有其遗迹。汉时西域三十六国之一的车师国交河城，亦在此处，其各种遗物，现为世界探险家所宝视。

昔日文明国——回鹘宪法之发现

目前，吐鲁番之为世界的学者所注目者，除发掘出来之各种宝物外，尚有关于回鹘文明的贵重史料。回鹘这一国，宋时极为隆盛，中国视之为野蛮之夷狄部落。但就发掘出来的史料来考，实在并非野蛮部落，而是一有宗教，有文学，有艺术的文明国家；且在当时已经发布宪法政治，尤堪惊异。

回鹘输入印度的佛教，将佛书之一切经本，翻译成回鹘文。佛书虽已有汉文及西藏文译本，据说回鹘的译本，比这些更能传述印度佛教的真精神呢！

回鹘人之信仰，最有趣的是玉和佛的关系。这就现在吐鲁番人之信仰来看，即可察知。据说，七八年前，德国人在吐鲁番之撒拉圣地方，发现一藏回鹘文《华严经》的玉壶；又有一位外国人在斯昆塔附近发掘出一用亚剌〔剌〕伯文字雕刻回教经典的大宝石。由这些事实可以看出当时回鹘人对于佛和玉实抱着同样的信仰虔敬之念。其意以为玉是千古不朽的，佛经也是与天地共永的；合此两者，遂成信仰的对象。

回鹘本为佛教之国，而发现回教的经文，刻在玉上，这似乎很奇怪的。但这是因为回鹘自灭于元后，其地即有回教流入，教徒阿托拉汗曾于此布教。这种玉显然是在这时候刻的。

现在吐鲁番一名“宝玉之都”，元来，新疆自昔西域时代即产玉。从攸伦、加拉两河流域所采之玉，有夜光之玉之称，颇为珍重。现今从此处所采宝石中，最有价值，真可宝贵的，是由昆仑山脉的达孤山（达孤即金或玉之意）及鲁彦加拉山所采的。鲁彦加拉山在天山北路，其名称殊有趣：回鹘语"鲁彦"系佛光，"加拉"即玉之意，合之即为佛光玉，这也可以看出回鹘对于佛和玉之信仰了。达孤山之真玉，和阗也产；据说鲁彦加拉山所产者，比较这些更见优美。

这地方既然自昔盛产美玉，为其地方所珍视，自不足怪。现在，吐鲁番人一方以过去之文明自夸，同时又以玉自夸，可见彼等对于玉之尊重了。

回鹘之信仰，与玉有密切之因缘，已如上述。此事不仅宗教，即回鹘文明之全部，可以说均与玉这件东西有关系。这由过去所发掘出来的各种宝物来看，即可明白。例如，在回教之古寺，曾发现玉刻的神女像。据人鉴定，是阿托拉汗传布回教之际，自己雕刻的东西。这也可以看见宗教和玉的关系。又如数年前所发现的宝石上雕刻回鹘宪法这种珍品，也是回鹘人重视玉之好例。此外，所有发现的回鹘美术品，大抵都是宝石的雕刻。

其次，吐鲁番的人口，究有多少呢？据说，吐鲁番人约有四万。外人之数，时有增减，平常约为三百人；英、德、美、土耳其、波兰人则比较俄人稍多。至于人口增加之状态，已随近代生产业之发展，而日渐繁殖，比较满清时代，约增二万。这里也与唐努及其他外蒙古地方一样，妇女多开放，所以地方颇为发达。又其地不欢迎欧洲人，而喜欢亚洲人，这大概是因为回教之流行的原故。

最后，就吐鲁番之商业状态来说，在满清的广安城时代，原为新疆首屈一指的繁盛都会，即在现代，商业亦颇盛。生产业极发达，米麦谷物且不说，棉花之出产甚丰，且有养蚕、制丝等事业，又其地的特产——葡萄酒，尤著名于世。这种酒味极美，与不合外人口胃的蒙古酒不同，所以很受人之欢迎。贸易输出，主为宝石类；输入则为洋杂货。

附注：吐鲁番在地理上本不在天山北路，而是属于南路之西方，但因邻接哈密，且距北路之迪化不远，所以记在这里，现代所称之亚细亚探险，大半是以此吐鲁番为中心地，特此附注。

延长二千里的一大油田

由科布多往新疆，第一大站为塔城，已如前述。塔城人口约有八万五千，多属蒙古人。其政治状况，现在完全是俄国的势力范围，俄人之居此已达二万，且犹逐年增加。塔城的俄人增多的原因，是由于这里和俄领塞米巴拉秦斯克间，道路发达，且与阿姆斯克之间，有伊尔启斯河之便的缘故。但无论交通如何便利，塔城这地方必定有某种东西引诱俄人，他们才会来的。

引诱俄国人的是什么呢？首先要说的是这里为新疆、科布多及唐努乌梁海等都市的物产的重要集散地，其次是这里的天产富源。羊毛及其他的原料品之优秀且不说，先说塔城的一大富源，即其石炭，据俄国地质学者的调查，以沙拉台为中心，绵亘百方哩的土地，俱属大石炭层。距今六七年前，英国人所组织的中国土耳其斯坦探险队，曾以北路的迪化为根据，详细调查这方面的地质，就其所发表的结果来看，有这样的一段记载：

由迪化至伊犁有延长一千里的大石油岩层，其规模之大，实非土耳其、伯尔西亚、罗马尼亚或拍克等处的油田所能及。

此项报告，当时曾发表于英国的报纸，日本报亦有揭载，大家想还记得。塔城之大油田，从来常有德国人、俄国人等共同调查，但均秘不发表，自英人调查研究的结果发表后，世人始得知其真相，而为之惊愕不置。

最近调查的结果，此大油岩层是由塔城起，纵断迪化、精河、伊犁、唐尔喀剌乌苏等天山北路（即准喀尔部）的都会，即名之为准喀尔大油田，亦殊相称。

精河为人口四五千的小都会，在昔金的时代，曾于此筑亭罗城。其后成吉思汗征伐中央亚细亚时，据说曾以此为营，于各河流架桥四十九座。桥之一部，今尚残存。

精河之产物，以硝石、曹达为有名，每年运往西伯利亚及中央亚细亚。又此处属于准喀尔大油田地带，虽然尚未精确测定，但据一般所说，准喀尔大油田的中心，是在精河，即在郎库一地，总面积六百万方尺，其已与陕西延长县大油田不相上下。

库尔喀剌乌苏，为一人口二千的小都会，清代称绥庆城，今尚有相当的繁荣。

金砂和马羊之粪

最后当一述库尔。这里十年来因外人之探险，发现全境为一大金矿。德国探险队（逢里西列夫的一队）曾往考查，其所发表的报告中，有所谓"金砂和马羊之粪"之语，极为世人所注目。

元来，库尔自昔即以出产金沙著名，清朝盛时，曾用作禁苑御用沙，禁止一般人之采取。当时清廷是以此种金沙播撒禁苑，以增饰宫庭的美观，其砂中之金，常有人前往窃取。此金砂之源的库尔地方，其居民蒙古人的天性，对于黄金原不重视，所以此类金砂，即视作沙土而以之播撒道路，道路之上，牛、马、羊类通行，遗粪遍地，于是金砂与粪遂混为一起。说起来似乎可惜，我们看见墨西哥的银砂，不禁也有同感。

准喀尔的大油田，是与库尔层脉也连亘的。近来欧美人之陆续来此，从事于金矿和石油的富源的探考，自亦不足怪的。

世界的神秘境——大宛国之发掘

新疆的天山南北路，在昔原有若干的国家存在，而具相当的文化。这不但在历史上可以看见，且其中已有被探险队发掘出来了。由此发掘而发现的无数宝物中，有不少的东西可以证明为现代人所未能企及的一大文明之迹。近来欧美学者所以不断的组织大规模的探险队，以从事大亚细亚古代文化之探考，自然不是没有缘由的。

就亚细亚之探险来说，像那想由蒙古的戈壁沙漠中发掘出亚丁花园的安德里斯博士的美国探险队及正在和林发掘成吉斯汗的黄金城的考米诺夫博士探险队，均已有相当的收获，将来成功后，其所与世界之贡献，当然是很大的。

过去美索不达米亚地方，曾经发掘了旧约圣书时代的克西街、阿不拉哈姻的诞生地——乌尔街、阿兹西里亚时代的里纳倍、戈尔萨巴特街等处，这些都在纪元前四五千年以前，有宫殿，有市街，并有纯金之琴、宝石首饰、金的王冠、金之墓、裸体女子的雕刻等等，使世人为之惊异。这些东西都是由沙漠发掘出来的，所以美索不达米亚以前有西亚细亚的神秘境之称。

到了此种消息传至欧洲后，有一报纸，曾有这样的一段记载："美索不达米亚为西亚细亚之神秘，而更神秘的则在东方之蒙古、乌梁海、中国土耳其斯坦（新疆）。此等无限的宝藏之开发，不能不说是我们现在所残留的唯一可贵的任务。"

这话实在是不错的。大蒙古及乌梁海的事情，前已述及，关于新疆的古代文明之发掘，实与前者有同样重要的意义，此大亚细亚之无限的富源与其神秘的埋藏物，一同出现于世界，以供研究，乃是或〔我〕们所切望的。

西域三十六国，其全部固不尽在新疆；今之印度，昔日亦称西域，而名身毒国。身毒即是印度。此外大月氏国、安息国等，均似已逾葱岭，而在西土耳其斯坦的南部。据此我们可以推断汉武帝前后所谓西域三十六国，不一定全在今之新疆，只是其中有二十七八国在那里罢了。

新疆的二十七八国中，现在已考查出来者，最大的是大宛国和乌孙国。乌孙国在现今之伊犁一带，已为一般所证实；至大宛国究在何处，则现尚无一致的定论。

一千余年前埋没的古国

自吐鲁番的回鹘文和亚拉伯文的宝贵文献发现以来，世人始知大宛国之所在。即据此□文献所载，当时的大宛国，是以搭〔塔〕里木河流域（即现代之喀什喀尔）为中心，而以河之流域全部为领土的一大国家。搭〔塔〕里木河方面为相近吐鲁番的所在，地理上是属于南路的；所以吐鲁番又有塔里木盆地之称。因此河之灌溉，土地极为肥沃。现在我国及欧美学者，所以以吐鲁番为亚细亚探险的中心，其重要的理由就是因为吐鲁番是在相近大宛国埋没地——塔里木河的所在，关于大宛国的文献，这里容易得着的原故。

且就远近来说，由吐鲁番至喀什喀尔，相距二百余里。在蒙古、新疆中，二百里是不算远的。这并不是说那里有火车、汽车之便，而是因为有马、骆驼可利用，道路也不怎样困难。

汉武帝遣张骞出使西域诸国，事在西历〈前〉百三十八年顷。自此起算，现已为第一千七百九十三年。大宛国在何时埋没地下，虽不确知，但总在一千余年以前。发掘这样的古国，本来地位和手续等困难都不成大问题的，比较起来，不容易的，恐怕还是研究或发掘时，所要费的努力和经费。

现在大宛国发掘的成绩是怎样的呢？这似乎尚不曾有关于大宛

国的重要的发现，但就由加尔戈姆一带所发现的种种埋没物来考，大宛国之埋没于其附近某处，则已为确定的事实。

现在我们就汉译的回鹘文书籍来考，关于大宛国有如下之纪录：

大宛国有三十六宫殿，并有三十六市街。

有三十六黄金佛殿和书库。

有三十六座铁人馆。（铁人即指武装的兵士；所谓铁人馆，等于现代的兵营）

有三十六座嫔馆。（即嫔奴的宫室）

此等记述，殊为可惊；发掘以后如何，尚待将来之证明，现在我们自然不能绝对相信。这些如果都属事实，那末将有一比较美索布达米亚所发掘出来的更壮丽雄大的古文明都市出现于地上了。

昔之乌孙国——伊犁之现状

西域三十六国中，最大之一国——乌孙国之所在，即为今之伊犁。就伊犁的历史来看，乌孙国之后，占领此土地者为唐时之突厥。其后，成吉斯汗时代，封其第二子察合台于其地，而建察合台汗国。其领地除今之伊犁外，并占今之新疆南北路之大半，且及于印度方面。自现在来推测，其总面积实计五十余万方里。其人口号称百万，集东西文化之粹，与大蒙古的首都——和林，并以富强轰动于世。

到了明代，察合台汗国，犹强盛不衰。其都城名曰伊犁七城，极为壮观。现在，因时势之变迁，城廓〔郭〕兵备，已非复旧观；七城虽在，多已残破了。

现代之伊犁，在中国第一次革命时期，都市颇受损失，人口亦非常减少，殊现衰落；但因物产丰富，而地势又和中央亚细亚相接，与俄国及欧洲的陆路贸易颇盛，所以不久之间，已渐次恢复。

现在人口约三十万，为新疆之第一大都会。现在其地绝少政治的纷扰，故居民均安心从事于商务之发展。居民之中，俄国人最占势力，其数约五六万，内一部分是沿伊犁河流域自成村落，以从事于农业，而大多数则从事贸易。中国商人约有三四千，但其势力远不及俄商。其次德国人近来亦多进出于伊犁，英人、法人次之，于贸易市场上作竞争，其人数则不详。这些人表面似乎很少，但仔细一查，他们为营业的方便起见，多有借俄国人之名，或和俄人合伙，所以确实的人口数，据说约及二千。

伊犁的特产为谷物。这是因为土地膏腴，极适谷物的原故，因此，不但是新疆，即全部西土耳其斯坦，伊犁亦算是第一谷物出地。

其次就矿物来说，最有名的是金银矿和铁矿，金则山金、砂金随处均富，金矿所在，实达二十余所之多。其中最大者为伊兰、波罗、塔勒三处，沙金则伊犁河本支流约六百哩之长，到处均产。原来伊犁发源于阿通戈尔岭；因阿通戈尔为金山，上流加克斯河、汗达加克河、托克河皆产沙金，因此，欧洲人称伊犁为自然的 Gold Toning 而垂涎其利益。实际上伊犁全部虽未必有如此之甚，但其富源不亚于重要产金地的澳洲东海岸诸山脉及美国可诺拉德加里佛尼亚，则属确实，即西伯利亚之产金地——托木斯克州，比较伊犁恐尚不及呢！这不是我信口乱说，而是由最近欧美学者确实证明了的。

伊犁为世界的大油田

近来因良质的石炭和丰富的铁之出产，使伊犁的制铁业日渐发达。现在虽尚属小规模的，但其将来实大有希望。制铁业以外，别的种种工业，亦已渐次发展，这是值得注意的。

其次当一述伊犁的大油田。前述准喀尔大油田绵延东南，其岩层占极广大的面积。但此油田，目前尚未有一人着手开采。这是因为北路各地，多产石炭，用手即可采取，故对于燃料，毫不感觉缺乏的原故。但此伊犁大富源，决不会永远放置的。早晚恐怕会像小亚细亚之莫斯尔油田一样，成欧美列强间的石油战之中心地呢！

以上是我在科布多滞留中，就天山北路（即准喀尔部）所调查的情形，但尚有一点要补充的，就是如前所述，中国对于新疆全境，今尚严密封锁，不久以前，英国之斯坦因博士且被骗〔驱〕逐出境。因此，新疆之富源，以前虽有俄人及欧美人前往调查，但亦不过一小部分而已，若就北路的总面积二十万方哩之广来说，实不过九牛之一毛，我之所述，亦此仅小之一部，将来调查之结果，如何发展，殊难想像。现在世界各国之视听，均集中于此亚细亚之富源，且常有种种大规模的探险队之组织，这是值得我们特别注意的。

乌孙国是千七百年前的文明国

关于乌孙这一古国，历史上有种种之传说，但其为去今千六七百年前繁荣的文明国，则已属无疑。就史书来考，乌孙国有七珍七宝的宫殿及七层的金塔，三千宫女，衣绫罗，佩宝玉，市中买卖者多属金银、美术品及丝织品等，其文明之程度，由此可以概见了。

此庄严的古文明国，已与前述的大宛国同一命运，不知何时，已埋没于地下了，现在欧美的学者们，正在想设法发掘，虽然尚未着手，但已从事准备了。

以上大体为我所调查而得的伊犁现状及大宛国的情形，但在天山北路之研究既了，尚有一点遗漏，所以次序虽嫌不顺，只好附记于此。这是什么呢？就是关于奇台的岩窟的事情。所谓奇台之岩窟，是在迪化以东的一奇异的岩窟。因其接近古城，所以又称"古城岩窟"。但奇台和古城是不同的两地，所以正确的讲，应该是奇台的岩窟。这里与甘肃敦煌的莫高窟同为一可惊的大宝库。岩窟的内部甚广，曾往内部参观者，外人中，仅俄国及德国的两三位探险家，故其内部，尚为一世界的大神秘。

迪化人视此为奇怪的神窟，如果窥其内部，即将遭神怪之谴责，使两眼昏迷，故不敢入内。岩窟之入口，为坚硬之石门。土人传说，石门难于开启，但俄、德学者入内参观，似乎不是如此。

就史书来考，此岩窟之所在，即宋时高车国之所在，岩窟为高车国之宝藏云云。又传说，宋以前，唐李靖于此地筑造古城，岩窟即古城之宝藏云。

据参观过内部的俄国探险家说，其中为一用大理石和金银所造成的大殿，殿上并悬挂许多的壁画，壁画多为佛像，以外并有不少佛像的雕刻，又有书籍数万卷，均为西域时代的珍本。此岩窟中之珍宝，一件未失，尚完全保存着的呢！

关于此奇台的岩窟，有一事可以参考。就是曾经瑞典的地质学协会所派遣，而从事于天山北路探险的赫定博士所摄制的《西藏与蒙古》电影。这是一种很有价值的电影，曾在日本放过。但此电影中，说是摄于"吐鲁番和哈密间，巴萨克里克地方发现的一大岩窟"。据我推测，所谓巴萨克里克，实即奇台之误。如果属实，那末此大岩窟内已有不少的欧美人去过，其中之宝物，或者也如敦煌莫高窟一样，已经彼〔被〕人盗去不少了。总之，我对于岩窟中之无限宝物是否尚完全保存这一点，实抱很大的怀疑。

新疆天山南路之概况

新疆天山北路之概况，前已述及。这些都是我留在科布多的时候，由各方面调查而得的。我虽然不曾亲往北路实地考察，但我相信和我亲去——甚至比我亲去考察所得的还要精确。何故我在那里坐着不动，就能得着这样精确的材料呢？原来科布多为里〔奥〕蒙古的重要都市，当新疆南北路的交通要道，因而与新疆的居民接触的机会很多，加以我流浪外蒙古很久，通晓那里的语言、风俗，这也是一大帮助。这似乎近于自吹，但我以上及以后介绍的新疆的一切，自信与其他想像而得的探险记之类有不同之处，这是要请读者谅解的。

以下要介绍的是新疆天山南路。往南路去，在我是没有什么不便的。那里与北路各地不同，既无苏俄之封锁，而中国之排外政策，又不像外蒙古共产党纠察队那样利害，所以在我是不会有什么危险的。

但我终于决意不往南路。这，一来是为着我的日程，二则因为南路的交通，非常不便之故。原来新疆的天山南北路中，过去外国探险家所以都着眼于北路者，一则是觉得北路的富源和宝藏较胜于南路，而其主要的原因，是由于南路的交通，颇为不便。北路之交通，如前所述，不论由中国或科布多都不必经过大沙漠，尤其是从西土耳其斯坦或俄领前往，交通极为便利。南路则不然，由甘肃的安西去，必须横断有名的大戈壁沙漠的中心；由印度去，要越葱岭之险；由科布多去，则须利用蒙古人骆驼队，更为难行。因此之故，过去一般人对于南路比较放任，完全是因为难于接近的原故。

除交通以外，尚有一点，使我决意不往南路的，就是由于我在科布多对于南路的事情，已经详细调查清楚了。原来科布多中，除有上述的精通新疆南北路事情的学者外，更有南路温宿府的回教徒来到科布多。由这些教徒，可以得知南路的种种事情。而且这些教徒中，学者也有，我真叨教不少。

　　此外，还有一点便利，就是科布多中，有不少南路来的商人。这些商人来到科布多市场，购买绵布、杂货、茶和药等货物。为什么他们不怕交通不便，不远千里而来呢？因为其附近的北路的伊犁市场，为俄国商人所独占，俄国商品价极昂贵的原故。科布多中，现在和南路商人作买卖的，大半是中国人。每年南路人来到科布多贩进商品后，多往南路各地去作行商售卖。我由这些商人那里，详细探得南路的情形，所以决定不再去了。

西托伦汽车公司的亚细亚探险队

　　不嫌冗长，在叙述南路情形以前，尚有一件事打算一述。那就是本年五月准备出发的西托伦汽车公司的亚细亚探险。

　　此一大探险队是以世界有名的大旅行家——安德氏为队长的本队及以班氏为队长的一分队合组而成。班氏一行中，有美国探险家卞登博士及中国方面的地质和古生物学者褚民谊等十余人参加。据最近的消息，已有爬行汽车七辆及露天用的大天幕等运到北平了（卞登博士一行，称为北平队）。

　　巴黎之本队，则称为巴黎队。其中有巴黎集美博物馆长阿兹甘氏和地质学者、古生物学者以及其他对亚细亚有深切之研究者参加。据说，已经完全准备妥当了。

　　此两探险队的行程，北平队是由甘肃入新疆，巴黎队是打算，越帕米尔高原，直往南路，将来两队在南路的都会——疏勒（喀什噶尔）会合。

　　此两队备有二十辆以上的西托伦爬行汽车及大天幕，并有无线电机，有声无声的活动摄影机等，为具备所有现代科学的精粹的大组织。合计两队共达四十人之多，其规模和人数，都算是空前的壮举，其结果自然是很有望的，且此次探险，是得着中国政府的许可的，这一点也可以想见其将来的成绩一定比较从前的秘密探险为多。我们伸着颈项望他们的报告吧！

这里谈一谈此两队往南路疏勒的途程。本队——巴黎队越帕米尔高原入新疆，大抵是没有问题的，至于北平队大概是由甘肃的安西前往。那末到底是先渡大戈壁经南路各地以达疏勒，还是迂绕北路以往，这在我执笔写此时，尚未得到报告。但利用爬行汽车，涉渡大戈壁，大概是没有什么困难的。如此说来，北平队的途程，大体可以推测得着，又此两队是要遍历南北两路，而作大规模的进行的，所以往喀什噶尔的道程，纵不属于北路，而两者都要集合在喀什噶尔，所以对于新疆一带的地方，自然都要从事调查的。

此亚细亚探险的报告，听说世界各国的大报纸都要登载，日本是由东京《朝日新闻》特约发表。我这里所记述的，是占一切之先了。不用说，我的研究，于科学的精确的这一点，或不及彼等的调查，也未可知，但我相信关于富源宝藏及各古都市的地文方面是不会有大差的。

疏勒的裸舞

以下我就占着安德探险队之先，一述南路的概要。依着次序，先从疏勒说起。

疏勒是南路的第一都会，为越帕米尔高原入新疆的旅行者寄足之所，或于此作必要之准备，或于此作长征的暂憩。其人口，合疏勒及其附近之回城，现约十五万；有喀什噶尔君士坦丁堡之称。这是因为那里是南路的唯一的贸易市场，商业殷盛，市街繁昌，有如土耳其的首都，而同时喀什噶尔人多属土耳其族，语言又通土耳其语的原故。

喀什噶尔，一名回教之都。原来南路这一带，喀什噶尔人最多。此等人既多属土耳其族，所以回教盛行；南路各地，回教之寺庙极多。疏勒中，现有俄人七八百人，但无一属于共产党者。苏俄虽曾努力于其地的"赤化"运动，但因其为回教之都，喀什噶尔人具有强固的精神，所以终于失败了。

疏勒并不是特别有名的秘密宝藏境。其土地极适于农业，但到处可以看见工业都市的景象，出产丝、丝织品、布毛织品等类，颇为有名。又因其为南路贸易的中心市场，所以物产的交易颇盛，输入以茶、糖、面粉、铁制品、杂货、食器等为主，其中铁制品的需要尤多。从事于此种贸易的外国人，有俄、英、印度等人，连汉人合计，总数约二千人。

就疏勒的文化风俗来说，那里人口有十五万，有喀什噶尔的君士坦丁堡那样的称呼，其文化之发达，可以想见。市街已近代化不用说，连各种新的娱乐机关也有设备了。因之，居民之受近代的教育者，也非常之多。又其地的喀什噶尔人中多美人，经阿非加利斯坦沙漠或帕米尔高原而来的旅客，至此尘眼为之一明，心胸为之一舒。

疏勒中，最有名的是夏天的裸舞。这是五、六、七三个月间，喀什噶尔河常常举行的。喀什噶尔人男女数千，以河为舞台，裸体欢蹈，极为可观。如果前述的探险队，在六月到了那里，此种景象，必能摄成活动电影，以供世人之欣赏。

温宿和乌什两地，均在天山南路，但探险起来，其地势应属于北路一队的范围。安德一队到达喀什噶尔后，是否前往那里，现尚难预料，但无论如何，这是不能不去考察的地方。

先就温宿来说，其地（合附近的回教村落）为人口十余万的大都会，其繁盛次于喀什噶尔。那里不是外国贸易市场，所以欧洲人居留者不多，但因商业尚称繁盛，故有不少俄人、印度人和中央亚细亚人等出入，除此以外，外人似不知道有温宿。

温宿为南路之大宝库，实值得加以考察，其富源，现已得知者，为拜城县之铜山、塔木哈的石炭、阿克斯河的沙金、别楼得山的金矿。农产物亦颇丰饶，即如棉花一项，产额颇多，今犹输往中央亚细亚。

其次，这里为汉代的温宿国，其遗迹现尚历然可考。又汉代以后的古国之迹，亦有三四处遗留；其中姑墨国的宫殿已埋殁〔没〕于此地了。据说，其宫殿中，满贮金银财宝，光耀夺目，华丽壮观，此次的大探险队，既已得中国政府的许可，且有中国的学者参加，此姑墨国的宫殿，大概也要发掘的吧！

（译者按：中法合组的新疆考古队，于二十二年由北平出发，抵新疆后，因法人违约失信，致中途折回，一无结果。此事经过，具见当时〔见〕国内报纸）

玉之都叶尔羌

其次乌什地方，现有人约一万二三千，据说，有百分之七十为女子，好像是一个妇女国，其妇女终岁劳动，而男子则游手好闲。人种大体是属于土耳其系，回教极盛。其地富源则以金矿为最有名。

乌什即元代倭赤国之地，如果发掘，一定会发现许多的珍宝。

叶尔羌，一名沙车府，又有"玉都"之称，为唐代斫句迦国之迹。现有人口七万五千，为新疆最有名的产宝玉之地。南路中，产玉之地，尚有数处，但叶尔羌之玉，则属玉中之王云。

因之，名胜古迹，亦多与玉有关。奇灵山之玉寺，爱里之玉台，昆仑之玉冈等，均属惊人耳目的。所谓玉寺，即用玉所建筑。玉台在回教寺，为四方一丈，厚五尺的玉台，全部共有五座。玉冈则为由玉层所成的冈。这些均为五六百年前的遗物，极为美观。又玉寺中，藏有价值百万圆的宝玉，这也似乎是佛像的雕刻。

这些仅为现已得知的叶尔羌的珍宝之一部，将来一经发掘，尚不知道要发现多少财宝呢！

自昔那里即有不少关于玉的传说，其中最有趣的就是以下的爱里之玉的故事。

传说从前这里的一个国家和他国交战，兵败势危，忽然爱里之玉，化作美人，混入敌人阵营，斩敌将之首级以归云云。此种传说，各地亦有不同，但玉化美人，以拯国难这种传说，遂为玉都的由来。

焉耆为人口不足一万的小都会，但在昔日，则此地曾建过一大文明国——楼兰，而大呈繁盛。

其地为新疆有名的毛毡产地，天然之富源则有石油，但尚未经开采。

旧焉耆府及其所辖各县，颇多历史上贵重的遗迹。现已知道者，至少有三四个国家埋殁〔没〕于地下了。其中之一，有所谓"轮台"，即为汉代西域文明国——楼兰国之迹，现犹未经发掘。数年前，英国的东洋学者，曾考查轮台，证实由这里可以发掘楼兰国，这也是要待大探险队来努力的。

库车之宝物

库车人口约一万三千，为南路的第一富源宝藏地，比较北路，并不稍差。主要者为矿物，盛产金、银、铜、铁及硝石、硫黄之类，其中金矿一项，其埋藏地以托和茶为中心，面积亘百余里，其量无限。动物，则以虎为最有名。

库车为唐代龟兹国所在地，据说，佛教的史迹，以此地为最。自龟兹国以来，其文献珍宝，完全保存，一物不曾流往外国，殊为难得。

此种文献珍宝，据我所知道者，有丁谷山的古刹佛像，壁画金字一切经以及千佛洞之佛书、佛画、佛像等。又千佛洞中，藏有梵字写的太古亚细亚史千卷，其内容尚无由知，如果是全部保存着的，那未〔末〕将来研究的结果，或者会将我们现在所读的亚细亚历史根本推翻，也未可知。库车之宝物，幸好不像敦煌的莫高窟那样，被外人所窃取。今回之探险队，必然是要调查千佛洞和丁谷山的佛迹的，其结果如何，当拭目俟之。

这里要补充一句，库车及焉耆，虽说是南路，但由交通上来说，从北路去，是更便利的。

和阗州之和阗为瞿萨旦那国之遗迹，现在合其附近的各市邑计算，人口约有三十万。就人口来说，是南路的第一大都会，但商业则不及喀什噶尔。

那里的天产品和库车不相上下。农产物不用说，蚕丝、绸、毛织物等，工业亦颇盛。

和阗之名产为葡萄，所酿葡萄酒，味极美；旅行新疆者，无论贫富，视此为唯一之安慰。又其地产宝玉，亦颇有名，仅次于雅尔康德；并产夜光玉。和阗的大酒菜馆中，常有用夜光玉杯盛葡萄酒以奉客者，某蒙古人曾对我说："登高楼，倾玉杯，南眺昆仑高耸，北望沙漠浩瀚，快何如之？"惜乎我不去和阗，未能领略此种景象。

和阗也和库车一样，有不少与佛有缘的神妙洞窟。元来所谓库库〔车〕，所谓和阗，都曾为印度佛教流入中国所必须通过的要道。彼印度的传教师们，先在库车、和阗布教，然后东渐以入中国。此二地佛教遗迹之多，即以此故。

阔帕为大金矿地，颇为有名，由阔帕经波洛往西藏的百余里间，全为金矿脉。此大金矿脉尚未经人开采，全为一处女宝藏地。

以上已将南路各要地的实况及其富源和史迹，大概叙述，此种记述，先大探险队的报告而发表于世，如果能使那种报告，更增兴味，殊为欣幸。

最后还有一点要说的，就是俄国对此地的政策中所表现的铁道事业。苏俄现完成了西土耳其斯坦、西伯利亚铁道大工程，已于一九三〇年四月末通车，其敷设费共为一亿七千五百万卢布。将来苏俄的计划大概是想由西土耳其斯坦延长至准额〔喀〕尔部（即伊犁线），并合天山北路之富源，更将铁道展至科布多、乌里雅苏台而深入唐努乌梁海、阿尔泰，以叩其宝库之扉，其活动实值得注意。

由北平往新疆迪化

山西之石炭和天然木炭

上述新疆探险队北平队的路程，我现在尚不知道是经山西的北部，直往南路，抑或是绕道北路前往？如果采后面这一条路，那末就要经山西的大同、朔平、宁武、保德入陕西省，再由那里通甘肃，渡大沙漠，以达北路的迪化。

我现在假定他们是走这一条路，来作北平与迪化间各地的研究。这一路的富源宝藏和名胜古迹，与上述外蒙古及新疆南北路者，殆有同样的兴味；要开大亚细亚的宝库，这些地方是不能放过的。

兹依次由山西述起，在叙述各重要地方的状况以前，先说一说这一省的石炭。

山西为中国第一石炭产地，其埋藏量，号称二〇〇〇亿吨，实为世界上数一数二的大炭坑。据欧美学者的调查，山西的石炭，可以供给全世界数百年的需要，其埋藏量实无限量。

山西的主要石炭产地为太原、平定、泽州等处，合计这些炭地，其面积之广，较之日本之九州，十倍有余。这些地方虽不当由北平往新疆之冲道，但一谈到山西的石炭，是不能不知道的。至于当冲道的，则有大同、朔平，其石炭埋藏量之富，据说在日本北海道以上。

（译者按：北海道为日本有名的石炭产地。）

此惊人的大富源，现在虽广事开采，但规模均不大。目前只供本省及华北的需要，仅有少数运往天津及上海，其开采额，不过埋藏量的九牛之一毛而已，说起来真是可惜。其原因，听说是由于交通之不便及资本和技术之缺乏，石炭纵然采出许多，也是没有输出的设备的。而且更坏的，是纵然能够输出，而各省要强征通过税，到了市场上卖价太高，难与外国的竞争。加以中国内地，连年战争的结果，军阀攘夺地盘，遂使石炭之开采，受其阻害。

因此，现在山西的石炭，在经济方面很难与外国炭竞争（例如日本九州之石炭，运到天津，即比山西炭的价便宜）。这完全是由于运输机关不完备及秕政之结果；要想改善，自非一朝一夕所能做到的。如此世界数一数二的石炭，恐怕仍然要放置些时候呢！

山西的石炭，质的方面是非常优良的，其埋藏量之百分之四十为无烟炭，又其炭矿中，并产与日本的木炭同样的天然炭，将来如果认真开采起来，恐怕会给日本一大威胁呢！

五台山的天桥

大同为由北平入山西所必经的第一重镇，人口约三四万。

其富源即上述之石炭，且盛产铁，大同市上最有名的是沿南方恒山山脉及北方阴山山脉一带所产的天然木炭。这和日本的木炭一样，无烟无臭，其埋藏量，据说有万千亿吨之多。去今六七年前，山西人因乘日本木炭之涨价，打算将此种天然炭运往日本；经过一二年之试验，成绩甚佳。可是依然是因为内乱和运输机关不完备，运往日本市场，货物缺乏，且比较日本木炭，价又稍高，因此此种计划，又中止了。这在将来中国的政治安定和运输的机关完备后，恐怕还要进行的，如此，不及日本木炭的半价的山西天然木炭，必然是会在日本市场上风靡一时的。

大同的名胜古迹，可举的是其东面的古城，这在昔日汉高祖讨伐匈奴，曾遭其袭击，于此被围。现在城廓〔郭〕虽存，已多残破，传说曾发现汉代的古物呢！

朔平、宁武位于由晋往陕的冲道，均为人口一万内外之小邑。其所辖境，产铁和石炭甚丰，此二地均邻近长城，旧朔平府之右玉县即在长城之杀虎口，有通蒙古之道。杀虎口今尚巍然存在。

保德州为邻近陕西的一小都市，除矿产丰富外，别无可述。

过保德州即入陕西

代州地方最有名的是中国佛教之圣地——五台山。有金矿山之名的五台山，为文殊菩萨出现之佛地，同时即华严宗开山的地方，从最大的清凉寺起，现在尚存唐代以来的名刹百二十余所。关于佛教的贵重宝物和典籍，虽有多少散失（传说为外人盗去），但重要者尚多保存。

五台山中，不仅佛寺，且有喇嘛庙十所。因全山都是中国佛教的灵迹，故朝拜者四时不绝。

提起文殊菩萨，就想起日本的俚曲——"石桥"。这一种曲是指那寂照法师入唐之际，为往参拜五台山清凉寺的文殊菩萨而渡过的石桥。此石桥中国称为天桥，架于大显通寺和清凉寺间的岩上。桥今犹存在，其下有千寻的溪谷，清泉潺潺不息。桥的形势极险峻，曲中形容尽致。原来五台山是海拔一万尺，而高出于高原三千六百呎〔尺〕的高山，石桥的风景，不用说是极幽美壮大的，现犹传说，此桥恶人渡不过去呢！

曲中谓石桥是岩石自然成架，李太白诗所谓"天梯石栈"，萨都剌诗所谓"悬崖虹栈"，均足形容其壮观。总之，此石桥今在五台山，石桥的建筑者，其识见之伟大，实值得佩服的。

唐代之长安

一入陕西省，首先到达的就是西安。西安为陕西之省会，合其附近之咸阳计算，共有人口二十六七万至三十万。

西安在昔为秦、汉、唐之都，盛极一时，但最盛时要算唐代。其时有名的长安城，即为今日的城市之一部；市街虽已大经改变，而城之一部今尚保存。其建筑之壮丽雄大，在现在存在之东亚古城中，当推第一。

历史上有名的阿房宫，其宫殿久已朽败，而宫址则在城西，犹历然可指。一看其宫址，则历史上的阿房宫之豪华，可以概见。

此外陕西地方，秦代以来的帝王及英雄之陵墓，今尚完全保存。其内部所有的贵重遗物，得免于盗掘劫掠之厄，不仅中国之幸，抑亦东亚之幸啊！如果就这些一件一件的来说，实嫌冗长，兹仅一述塔寺（即大雁塔寺）。这里原为玄奘三藏的道场之寺，今犹存在如昔。其中，玄奘以来的佛像、佛经、古书、绘画等亦多存在。此外回教之清真寺及宗教上成为世界学者的疑问的景教之中国碑等，亦与大雁寺齐名。

提起陕西，就会想起白乐天的《长恨歌》。歌中之丽人——杨贵妃，为蜀州司户淡之女，十五岁以前，育于长安附近的渭水之滨——南里的杨家，名曰太真，其受玄宗之宠，正是她十六之春。

南里今在距西安四里之地。历史上称玄宗携杨贵妃归，奏霓裳羽衣之曲。《长恨歌》中所谓"骊宫高处入青云，仙乐风飘处处闻"的骊宫，即骊山之华清宫，现犹存在。虽无唐代之美观，但就其构造之雄大，可以想见昔日之繁华。

玄宗在长安帝都极尽人世之荣华，《长恨歌》中有几句描写最为香艳，其词云：

春从春游夜专夜，后宫佳丽三千人。三千宠爱在一身，金屋妆成娇侍夜，玉楼宴罢醉和春。

玄宗得此绝世美人，更加耽于逸乐，不理国政，因此遂有安禄山之乱，而国事遂日坏了。

杨贵妃复于马蒐〔嵬〕坡为兵士所杀，至今马蒐〔嵬〕驿前，尚有"泪池"及"华冢"存在，一代美人，只落得悲惨的下场。

闲话少说，这里当一述西安的商业状况。西安承长安之旧迹，物产丰富，商务繁盛。其中有少数的日本人和中国人杂居，但无一正式的商人。欧美人连传教师，共约二百余人。

陕西的情况，大概述及，末了尚有一点要说的，就是陕西的棉花。现虽出产很少，规模不大，但如加以改良，其出产品之优良，有和印度及美国棉相比的希望。将来因资本之增加和栽培方法之扩张，有足以供给日本需要的可能性。

又以延长县为中心的石油，为中国之一大油矿，过去日本也有投资的关系，后因华人之利权收回运动，而与日本断绝关系了。

兰州之兰麝香

以上已略述陕西的情况，其次我们就要入甘肃了，其途程是经乾州、邠州（均属西安），以达甘肃之泾州。

乾州、邠州及泾洲等地，均不过一小邑，别无可以记述，现在就直接来谈甘肃的省会——兰州吧！但由西安往迪化，兰州并不是顺道。即由泾州，过平凉，经固原，入宁夏，即有达新疆省的官道，所以不经兰州，直向宁夏进发，才是顺路。但如无急务，能越六盘山，访兰州，虽稍绕道，也决不是无益的。

往兰州所必须经过的六盘山并不像传说的那像〔样〕险峻。现在山中已有商人、邮政的道路，可以利用骆驼来往。六盘山的山麓可以看见土耳其系人的穴居生活。

一越六盘山，即可看见黄河及洮河二水，其流域一带地，就是兰州。兰州省会为人口六十万的大都会，并为与中央亚细亚、新疆、蒙古、中国内地交易的大市场，山河襟带，风景极佳。

物产，谷类甚少，主要者为烟、雅片、药材、兽毛等类。烟、雅片、药材的买卖为兰州之特色：其地之繁荣，即全靠这些货物之集散。这些货物中，雅片一项，其质和产额，均为中国第一，省城内有雅片大商行，各县的上等阿片，大概均集中于此。

其次兰州最有名的产物即为兰麝。麝香之王就是兰麝，而兰州则为产草花——兰花之名地。麝则捕自南山山脉的祁连山，麝香即在其脐际的香气强烈的皮腺。这是非常贵重的东西，各地商人集于兰州者，除雅片、烟、药材外，都是为买此种兰麝而来的。现在一般所得的麝香，多为人造物，天产兰麝，向为极难得的珍品。

兰州固少谷物，而甘肃各地，亦均缺农产品，这是因为栽种雅片和烟比较种谷有利的原故，所以我们不能说甘肃的土地不适宜于农业。

甘肃平常既缺农产物，一遇天灾，粮食即起恐慌。谷食纵然缺乏，如果雅片、烟类有收，还无大碍；如果这两项的收成不好，那就不得了了。全省人民一千一百万，一遇饥馑，惨遭饿死者，据说常至数十万人。这种天灾，并不是很稀奇的；近年的报纸，就常常看见这种悲惨的消息。而且天灾而外，时常又有所谓宗教的冲突，被屠杀者亦不在少数。

因此，甘肃商业虽然繁盛，而贫民之多，却为他处所少见，结果奴隶买卖制度亦非常盛行。所谓小孩、女子买卖馆，听说兰州也有，而狄道地方尤盛。一般五六岁至十岁的男孩子和女孩子，在买卖馆中，千百成群，公然买卖。通常有一种人口贩卖人，向各地用每名二三角的贱价买来送至兰州。其出卖的市价，最高者每名二圆，普通则多为五角至一圆。

被买去的孩子，男的驱使劳动，备极虐待；女的则至十四五岁即被卖为娼。从人道上讲，这实在是悲惨之极，但他们为生活之故，或亦有不得已之处，也未可知，传说一九二九年的大饥馑，此处市场上买卖的可怜的孩子，共达五六万之多。

长城之铁瓦是无价的宝物

兰州之情形，略如上述，现在当顺道一谈宁夏。这里为往新疆的官道的起点，由此先至凉州，经甘州、肃州以至安西；更由彼向新疆进发。

宁夏为人口一万四五千之都市，物产依然以雅片为主要品，其次为畜产，近来农业亦有进步，市街中多住回教徒，回教寺院，多有可观。宁夏中，此外别无可述，兹请一述凉州。

凉州为宋代以来的府城，人口约二十五万，为次于兰州的大都会。

凉州农产物相当发达，畜产及石炭之贸易尤盛；因此市街殊为热闹，又凉州的特产，有名的是豹。这是一种名叫土豹的动物，与普通的畜类一同饲育，性驯可爱。豹皮即为凉州重要特产之一。

凉州附近为羊、马、骆驼之游牧地，旅行宁夏、凉州之间者，常见数万羊群，遮断道途，故凉州的动物市，比较兰州尤盛。

其次凉州地方，值得一述的为其所辖的古浪县为中心及毗连的平番、永昌二县一带地方的炭矿。这是近年才发现的，其一部已从事开采。此外凉庄地方，据说也有金矿。

又有所辖之庄浪，亦产麝香，其质颇佳

由凉州往甘州的途程，比较发达，行旅亦较快乐。甘州的人口号称十三万至十七万，物产以烟为主，畜产之买卖亦盛。

甘州昔当中国与西域交通之要路，所以西域佛教之灵迹，现犹随处遗留。

肃州为人口三万之都会，农产物之出产，占甘肃省的第一位，而水果之丰富尤为可惊。甘肃省中，谷物缺乏，已如前述，因之一遇饥馑，常至死亡枕籍〔藉〕；惟肃州一地，据说纵遇如何之天灾，亦少饿死之事。这是因为肃州出产农产物，比较他处丰富的原故。

肃州即汉时称为酒泉郡，唐代号曰"西方有酒泉之乡"的地方。这是好饮酒者喜欢的名称，而实际肃州确为酒都。现在此地犹以酒产出名。这是因为米产丰富，与日本殆有类似。酒之酿造方法，与日本相同，其味亦颇似，此外，肃州地方并用水果酿酒，其中西瓜酒、桃酒、梨酒等味极甘美。又有一种高粱酒，则不合日本人之口味。

肃州之名胜，值得举的要推嘉峪关。关之主要部分，为玉石，自秦始皇以来，巍然保存无恙。著名世界的万里长城，即东起山海关，西向贯河北、山西两省之北部，经陕西、甘肃之北边，而止于肃州之嘉峪关，延长一千五百里，实为一伟大的城壁。长城之景象，一入甘肃，格外壮观；登肃州嘉峪关眺望，雄壮万千。

长城之材料，内部是以泥土筑固，外围则用砖。但在肃州，某外人曾掘出珍奇的铁瓦。这自然是昔日用以筑造长城的，如果再行发掘，恐怕还可发现不少。一砖〔瓦〕之价，现值二三千圆，故旅行其地者，均极注意。

敦煌的千佛洞

一过肃州，就是安西，安西以西，即属新疆。安西原为一州，所辖玉门、敦煌二县，殊为著名。玉门即昔日之玉门关，谈起来殊嫌话长，且无多大趣味，故略而不述，直捷的来讲一讲敦煌。

敦煌之名，所以著称于世者，因有千佛洞莫高窟之故。千佛洞在敦煌（人口二三千）附近之南方，不仅为中国第一古代宝库，且为世界首屈一指的宝藏。

千佛洞，一名雷音寺，由其古碑来考察，当为秦汉时代的古寺，因洞中有千尊佛像，故名千佛洞。此种佛像，大概是西域传来的，传说其中还有纯金铸造的呢！

千佛洞中又有无数之古碑，是用中国西域及印度诸种文字雕刻的，欲知古代的历史文化，没有再比这丰富的材料了。

其次，千佛洞中，有一莫高窟，为世界上之宝藏。此窟为自然的大岩窟，有窟门满刻梵字、汉文和其他象形文字及佛像之类；最高处其"莫高窟"三大字，宛如额椽。莫高窟之取义，是说此岩窟之崇高，无物可与比并之意。

莫高窟中，秘藏有数百万卷的古佛经、史籍、绘画、佛像及其他古代的各种美术品。这些东西，到了清末，尚完全保存。莫高窟所以能从古至清末全然保存无恙的原故，是因为传说此窟之门，不可开启；如有破戒者，必遭谴罚云云。这由最近在千佛洞附近的土中所发现的古碑可以看见。碑上用梵字刻着"岩窟为无上之宝藏，传之永久，不得开启；如果开启，当受谴罚"等字。

可是清末以来，此严密封禁之门竟被破开了。此事的祸首乃是欧洲人，他们不懂得"不可开"的宪法，乘清末，中国第一次革命爆发，时局纷扰的机会，开启其扉而盗去了其中的宝物。其作俑者是法国白列特人（Paul Pelliot）氏。他久已注意此千佛洞，革命发生，遂乘机作敦煌之旅行，而从事古图籍之搜集。

其后，英、德、法等国人更陆续前往，用巧妙的方法，贿买千佛洞的寺僧或岩窟之看守人，使开启窟门，而盗出其中之图籍、佛像等物。此种盗窃之行，继续至二三年之久。

等到后来中国政府知道这件事时，贵重的宝物差不多都已运往外国去了。这是如何可惜啊！不惟此也，听说地方高级官吏亦有与寺僧或看守人通同作弊，盗取宝物的情事呢！

现在，政府已知道注意，对洞严密监视，以防盗贼。岩洞虽说被盗出入二三年，而其中尚有不少的宝物，故有严重监视之必要。虽然如此，每年尚有十件八件被窃，这大概都是外国人用巧妙的手段盗出来的。

传说，盗窃千佛洞之瓦（每片值数千元）而发财的外国人、中国人已不在少数呢！

山西、陕西二省中日本商品的现况

敦煌地方，除参观千佛洞外，别无可称。物产除金矿外，亦少可述，现在我们就进而谈安西。

安西为人口五六千之都会，市中虽别无可记，但其附近有金矿，且为与新疆贸易之孔道，故市街尚相当繁盛。

过安西，经博塔台，渐渐的就要到新疆了。由北平至安西，途程约四千里，口说是一下就过去了，实际走起来却是非常困难的。这些我打算暂时中止，回过头来，一述山西、陕西二省各重要地方日本商品之状况。

由河北至山西、陕西二省间，在五六年以前，各都市均欢迎日本商品，销行颇旺。例如棉布、丝织品及其他杂货类，属于洋货者大半为日本货。可是，现在呢，其销路已经渐渐减少了。

这是什么理由呢？有人说：日本货销路减少的主要原因，第一是由于中国货之进步发达而驱逐了日货；第二是由于银价之下落。

这种观察，当然是确切的事实，但如进一步来考察，似又不尽如此。例如，就陕西西安来调查，现在中国的出品，自然不能不说是很发达进步了，但决不曾到达能够驱逐日本货这种地步。在市场上，要想和日本货竞争，可以说还在很远的将来。目前银价之下落，也不是永久会落下去的，如果到了某程度停止，那末中国的工业制品要与日本输入的货品竞争，实很困难，因此，日本货在中国决可不必悲观！

　　那末，现在日本货的销路不好，到底是什么原因呢？这就西安的市场来考察，大体是这样，日本货销路之不好，与其说是中国制品之发展，毋宁说是日本货之退让。换言之，即日本商人不向西安市场谋进展，所以日本货的销路自然不好了。

　　我想这是一种正确的观察。日本货销路之减少，是由于日本货推销之不努力。关于此点，现在政治方面，固然有种种的事情，妨碍日本货之发展。例如日本货欲运入甘肃，必经天津，而其所经各地，或因道途之不靖，或因捐税之繁重，纵能平安的运到，其原价已非常昂贵，自然不能和他国货物竞争了，虽然同为外国货，而英国和俄国货由沙漠那面运来，征税较轻，故其价亦比较便宜，现在俄国制造品是由蒙古及新疆北路，英国货由印度经天山南路运来的极多。又俄国近因鉴于甘肃谷物之缺乏，大批的输入小麦。这都是由于比较日本得着地利之故。

　　因此，现在日本货之销路不好，是由于中国的政治不安定及日本商人之不努力，故今后华北方面，希望其渐次安定。现在兰州及甘、陕各地，均正待日本货之发展，此正日本商人努力奋发之秋也。

沙漠中之演剧

　　现在我们再回转头来，向新疆迪化进发。由安西往新疆的第一都市——哈密之中途，要经过所谓大戈壁的沙漠。

　　安西、哈密间的沙漠，虽称大戈壁，但其中途有许多的沃野，所以也不怎样难走。而且沙漠道中，也有乐趣。因自北路往中国内地及由内地往迪化或伊犁者，均不能不取道于此沙漠，故行旅往来，络绎不绝，殊为热闹，全不觉得是在沙漠的道中。沙漠中且常有他处所不能见之风景，兹略述一二如次。

第一种风景是人种博觅〔览〕会。所谓博览会，并不是真是在沙漠中开会，不过沙漠中有各种各色的人种通过而已。这是一种希有的光景，举其人种，有汉人、蒙古人、喀什噶尔人、萨尔德人、哥萨喀人、东干人、土耳其人、伊该人、通古斯人、印度人、阿尔安人、洛布诺斯克人、俄罗斯人及西洋人等，多至不胜枚举。元来新疆是以喀什噶尔人为主要人种，极占势力，蒙古人次之，外有多数其他人种杂居。此等各种各色的人种，于沙漠中，不期而成人种展览会。

其次沙漠中的演剧，亦殊可观。这恐怕是世界上任何沙漠中所不能得见的奇观。此沙漠中的草野地，有名叫横流井子的地方，为蒙古人和土耳其人集居的小部落。旅行沙漠者，经过此村的时候，村里的蒙古人即演剧以娱客。其用语即为新疆最通用的土耳其斯坦语。旅行者于是将骆驼和马放之原野而参观。原野中有草，故骆驼或马不至奔逃。

漠沙〔沙漠〕中之贩卖店，是住居草原者为行旅而设的店铺，以卖药为主，且卖酒及烟类。卖药者多揭"日本灵药"的招牌，实际都是伪造的。

沙漠中也有卖卜者，在通衢中，开着店，为通行人卜吉凶祸福。这种买卖，实在是很好的生意。沙漠中的行旅，常常是千里长途；这些人自然是随时挂念着自己家里的亲属，故时借卖卜先生以问休咎。其卜占的方法，并不是真正的用《周易》，不过书字于纸，用火焚之，烟为吹向旅人之乡里，即曰大吉，殊为滑稽。卖卜先生先问乡里，然后烧纸，施用手法，务使烟向吉利，于是旅人大喜，施钱而去，真是一种很好的生意。

诸如此类，沙漠中不少有趣之事。不用说，这是因为行旅往来颇繁之故。记得去今三年前，报纸上载着丹麦的探险队在此沙漠中看中国剧，如此沙漠的道途，自然快乐。

日本娼妓之发展

同是大戈壁沙漠，也并不是各处同样的。例如汉名叫哈顺的这块地方，即非沙漠而为岩石之脉，通行颇为危险。因此，现在除冒险家前往探险外，多不经过此处，而向东绕道。

愉快的沙漠之旅途既终，即已入了新疆。其第一大站就是哈密。

哈密的情形，前已言及，此外别无值得特述之处，惟须补充一言，这里土耳其人颇多，故回教甚为流行。

由哈密往迪化的途程，是先至灯草汉台这地方；自此分两路：一往镇西、迪化；一往吐鲁番。由镇西经古城即达迪化。道中虽到处有类沙漠的沙地，但风景甚佳，全无危险。

哈密、迪化的途中，值得一述的当推三台堡的壮观。这是西域时代的堡之遗迹，当时是用以防敌人的。堡为大台三座，全部为岩石所筑成。附近数十里，以金矿地带著名。

其次有所谓黑贼窝子，为昔日北魏时蠕蠕人据守的城迹。蠕蠕人究为怎样的民族，现在无暇研究，中国的古书称为匈奴之别种。总之，此民族曾一度占领今之迪化地方，似为一极强悍之民族。彼等营穴居生活，今之黑贼窝子，尚有若干洞窟；洞窟之中，以前曾发现铜制的魔王像。此为俄国的探险家——米尔克里等所发现，据专家鉴定，证明为西域时代的遗物。此外，西域时代的遗迹，尚有大泉塘及北极山，那里也发现过各种各样的遗物。

迪化之情形，前已谈及，兹可不赘，惟有一事值得一述，就是有日本的娼妓约十人左右，在那里大张艳帜。这些都是四十岁前后的老太婆了，而生意却很发达；嫖客多为俄国人。日本的妇女真是比男子勇敢啊！

戈壁沙漠横断记

戈壁沙漠是陆地之海

戈壁，即蒙古语沙漠之意。中国的地图，将外蒙古的沙漠称作戈壁，而将新疆的沙漠称为大戈壁，所以从面积上来说，新疆方面是比较外蒙古方面大些。

以下要说的戈壁沙漠，自然是外蒙古方面的沙漠。前面已经说过，这是由中国内地或满洲里往外蒙古者不能不经过的难途。到了现代，虽说文明进步，此难途已不是如何的难，但无论如何，千里的大沙漠中旅行，也决不是很容易的。因此，此一戈壁到底是妨碍中国和外蒙古交通的一大障害。

可是俄国和外蒙古间，其途程大体为高原带的陆地，就有沙漠，也不过偶然遇见十里二十里那样的几小块，且其沙道与戈壁有异，利用马和骆驼，都不是难走的。又俄国和外蒙古的交通，且有水运之便，例如，由西伯利亚的上乌丁斯克往库伦，则借色伦格河水道，甚为便利；又由色米巴拉丁斯克赴伊犁，则可利用伊犁河之便。加以现在苏俄对外蒙古的侵略日益急进，故此方面的交通，已大事人工的开辟了。例如，由俄领往新疆省北路及南路的喀什噶尔方面的交通，已有汽车往来，而乌里雅苏台和伊尔库次克之间，也修成功汽车路了。

俄国和外蒙古的交通，所以能如此发展，自然是因为没有戈壁沙漠。如果有像中蒙间那样的大沙漠横亘其间，蒙俄的交通，也不会有这样便利的。

可是，虽说戈壁沙漠是交通的大障害，但也决不能因此而忽视现代文明的利器。现在张家口和库伦间的一千里途程已通汽车，从前利用骆驼，须费四十日的时光，今则只需四日即可到达了。其间设兴和城、乌得、滂江及吹〔叨〕林四大驿站，供汽车之加油，及旅客们之休息住宿。将来张、库间铁道之修筑，也决不是不可能的。那样一来，此被视作亚细亚的怪物的戈壁，将渐次为文明所征服，黄尘万丈的大沙路，或者会变成绿色平野，也未可知。

自昔一般传说："戈壁中无人，无草木，无水。"似乎连一匹老鼠也不会生长的，实际则人也有，水草也有，就在现代文明的利器未发达的时候，也决没有完全不适于生物栖息的地方。中国人称戈壁为瀚海，这用来形容戈壁，非常恰当。沙漠实陆地之海，戈壁中有或高或低的沙波，亦如大洋中之有波涛；旅行沙道者，恰与乘巨船航海者有同样之感。人在船上昏晕，戈壁中也会昏晕；在沙漠中发见绿地，亦如海洋中发现岛屿。因发现绿地而忘旅途之苦，亦如因发见岛屿而脱却危险，安慰疲劳。

因此，戈壁沙漠决不怎样可怕而是愉快的瀚海啊！

亚丁花园即戈壁沙漠

现今横断戈壁沙漠的道路有二：一条是电报线道（汽车道），另一条是官道。此两大道的途中，有许多的驿站，均为有名的沃野。例如汽车道的四大驿——兴和城、滂江、乌得、吹〔叨〕林均为水草丰富的绿地。官道则自清代以来即设有驿站，专供骆驼和马之用，而途中驻宿之地有四五十处之多，其中也有缺乏水草之地，但大部则为沃野，故行旅绝无缺水之虞。不用说，所谓官道，也是沙漠路，自然不能像在柏油马路上面跑汽车那样的舒适，但除突遇暴风雨及非常的寒暑以外，在官道中，也很少有遭沙漠的危险而送命的。

因此，蒙古人并不把沙漠当作可怕的东西；不惟不怕，而且还安然相处呢！这是因为他们的祖先——成吉斯汗也生长于这沙漠的地方的关系。蒙古人常自夸的说："成吉斯汗是我们的英雄。"同时认沙漠是英雄的发祥地，非常得意。蒙古语之"波克德"，即圣雄之意。蒙古人之使用汉字者，常书圣雄成吉斯大帝。又蒙古语的"贝勒"即与"恭喜"之意相通。

关于成吉斯汗的一切，前已述及，彼即生于沙漠中的河流——鄂嫩河之畔。那里现属车臣汗部，依然为沙漠地带。河之北方，有名叫安邑的村落，为一沃野。成吉思汗即养育于此，似乎不能说是生长于沙漠；但安邑虽属绿地，而其四方均为浩渺无涯的沙漠。成吉思汗幼时，自然是要呼吸此浩渺的沙漠的空气。——否，我觉得锻炼大英雄的精魂壮魄，养成高崇的气宇的，不是此一小绿地，而是其周围浩浩无垠的沙漠的大天地呢！

故我以为蒙古人之以成吉斯汗相夸，而又以沙漠自炫者，除了单纯的乡土观念以外，还有是大英雄和大自然结合的一种高崇的感情。

这可以说是蒙古人的沙漠观，但有趣味的沙漠观尚有一个。即前述美国人安德里博士所研究的，沙漠观这句话，似乎不大妥当，但博士曾说："西洋神话中的亚丁花园即戈壁沙漠。"他于一九二六年春至一九三一年的数年间，曾前后六次作戈壁之探险，其研究之态度颇为积极；其探险队曾深入连骆驼队都不通的沙漠中心部。

安德里博士从事大规模的戈壁探险的结果，竟着着成功，其详情虽尚未经发表，但就过去的报告来看，不但有史以前，甚至被认为人类创生的最初的种种遗物，均有发现，例如，在约七百万年年龄的岩石层中，发见古代动物的卵及其化石，又发见龙类（恐龙、剑龙、蛇颈龙、翼手龙种种）之卵。我在库伦时，并听说他们掘出"有角人的木乃伊"，未知是否确实。有角人即有角的人类。如果确实，那末亚丁花园之亚当和夏娃都是像牛和鹿一样生角了。他们在戈壁的中央部又发现绿野，据说那里生的草是长生不老的药。戈壁中本来常有圆形的碧玉，传说探险队还发现红玉及像鸡卵大小的纯金块呢！

由这种种的发现，安德里博士推断："人类之祖先——亚当、夏娃所住居的太古时代的亚丁花园即是此戈壁沙漠，且外蒙古为欧洲及美国的大多数哺乳动物的故乡。"

戈壁沙漠中的极乐地

关于戈壁沙漠，尚有非常有趣的通信。那就是由安德里队的通信主任送达报告于美国大亚细亚探险本部的报告，内称，他们在沙漠之中心发现极一〔一极〕乐地，而树立了美国国旗。这自然不是占领之意，而是纪念珍贵的发现。

此之所谓极乐地，是在沙漠的中央，而偏于西北方面的大沃野，恰如太平洋上的布哇岛。那里林木葱郁，鸟语花香，河流清漪，适于饮用。原野蔬菜繁殖，并产美味的西瓜，草地上更有无数羊群游牧。

其地住有蒙古人约二百名，内中百岁以上者有三十人，生活均极优裕安乐。探险队因在其地打扰一番，特送给酋长二百金元，以作酬谢，彼竟笑而不受。因为他们还不知道货币这种东西的用途呢！

更有趣的是其地有一古剌〔喇〕嘛寺，寺中仙女二三十人，均为十五六岁的可爱的少女，她们的职务，自朝至晚，从事跳舞。跳舞这件事，本是其地的人们所同好，但仙女则以此为职务，其舞蹈与西洋的跳舞相同，殊为可爱。

其中的人们均极真挚，只知笑而不知哭。故纵遇死亡，亦相与欢笑舞蹈。

其次极乐地的产物，为世人所注意的是药草和玉文枣。此种药草，中国叫作月精芝。传说所谓长生不老之药，就是由其地取出来的。玉文枣这种东西，是由古代的大哲学家——老子所发现的，现代似只极乐地中才有真的东西。这种枣，据说也是长生不老的仙药呢！安德里博士将月精芝和玉文枣送往美国以供药物学者之研究试验，结果此两种东西，均极富于荣养分。

极乐地的人们，虽说只知笑而不知哭，但他们也有一件苦恼的事情。那是什么呢？就是他们的羊常常有被大鹫这种猛禽扑杀的事情。这种鸟在正在快乐的游牧的羊群的上空，像飞机一样突然落下，用其铁般的嘴，扑杀之而啄食其肉。极乐地的人们唯一的苦恼，就是这件事情。本来羊群动辄有数万头，其中失去一头，于天真的快乐地人似乎是无关得失的；但羊也是他们家族的一员，纵然一头，他们目睹其遭受残害，自然是要恻然了。因此，他们常常考虑如何去防御这种大鹫和大鹏的为害。安德里博士知道此事，特赠与枪械，他们非常高兴，因而对安德里等之探险，尽力援助。探险队即暂以此地为根据而从事调查。据说，在那里没有［有］一个人生病，大家都很愉快的过活。

这种传说，或者不尽确实，但据我想来，在戈壁中或者也有这种极乐乡也未可知。总之，把戈壁沙漠视作无人无水草的荒漠土地这种错误，由此更可证实的。

库伦附近的金矿

戈壁沙漠的叙述既了，关于库伦当拟作一些补充的追述。库伦的事情，前已详叙，但尚有未尽之处，故于此补叙。

元来库伦的都市，决不是适宜于作都市的地方，且其本身，亦缺乏富源，这在前面已经说过。但就距库伦以北约百里、二百里之山川来看，则富源甚丰，为金矿、金沙的大宝藏地。沙金一项，图拉河久已有名，但其附近的山金矿则全为未经开采的处女金山沙金，不仅图拉河，即伊罗河的本支流，亦甚丰富。俄国的蒙古研究家——孟洛佐夫博士发表在伊罗河本支流发现二十五处沙金地带。

俄人在去今二十年前，以〔已〕注意于库伦附近的沙金。从古罗特、鲁休里考夫二氏开始经营，以后采金者继续不断。现今伊罗河最盛，已成了二三所金矿村。各村中有三千、五千或万人的多数矿工的集团，因此村中非常繁盛。

库伦附近之沙金用手即易采取，与西伯利亚地方的沙金不同。托洛戈达河各产金地，有布里雅特种的俄属妇女矿工四五千人，宛若女人国。据说，这些女人每日所得报酬，常在日本币五元以上。

就库伦赤色政府所发表的来看，库伦附近的沙金地全部，共有劳动者五万五千人，而劳动者常患不足，经营者甚感难于招工。因此，近来有向中国招募华工的计划。

一提到图拉河，就想起活佛。这里的沙金地原为活佛所有，以前曾有某美国人愿出一千万美金买收此矿区。但此矿区曾经一德国技师名梭尔根者试采，据测可值三亿美金。因此，活佛遂拒绝了某美国人的要求。后来赤色革命成功，即由政府没收了。

托拉河之沙金，现在并不若伊罗河开采之盛。这是因为后者近于恰克图，有交通之便，致俄人竞相开采的原故。大沙金地的托拉河，现仅一小部开采，大部分均尚委弃于地，殊为可惜！

金山国探险

金山国的一般

蒙古中，有一种与所谓额鲁特族蒙古人相异的民族，名曰喀尔玛克人；与西藏、青海的喀尔玛克人亦为同种。不过，两者相异的是西藏、青海的喀尔玛克人崇拜恶魔，为一种甚野蛮的民族，而蒙古额鲁特的喀尔玛克人则有相当发达的文化，兼营游牧和农业的生活；且其一部现从事于蒙古的富源的开发，及小规模的工业。

额鲁特中，有一种邻接内蒙古，看起来好像和内蒙古人同种的，名曰河西额鲁特。这在日本人中，许多考察过内蒙古的人所著书中，已有详细的叙述，想此大家都很知道的。

但额鲁特中，除此河西额鲁特外，尚有一支，名曰金山额鲁特。金山额鲁特地名与阿尔泰地方的名称相同，而那是指外蒙古西北，其西之一端和西土耳其斯坦连接的地方。

往这方面去调查过的日本人，只有带有某种特别任务的极少数人，故关于这方面的记述，尚未见过。

我久已有作金山国探险的志愿，今次借往外蒙古的机会，乃于由科布多的归途中，幸达此种目的，以下所述，即金山国探险的情形，我相信这种叙述，是极有价值的。

金山国即金山额鲁特，为西北蒙古人之通称，原来所谓额鲁特本是种族之名称，为方便起见，地理学上遂以之作地名。但阿尔泰地方的人们，并不知道地理学为何物，所以现在依然称曰金山国。

先就金山国的政治状况来说，这地方自昔即为一自治体，不属外蒙古政府的行政系统，从来与中国亦无何等政治的关系。到了近年，已成为一纯粹的独立国，其名称即如通常的称呼，名曰金山国。由地理学上来看，科布多也应属于此额鲁特之一部，但前已说过，科布多与额鲁特分离，而形式可称为科布多国的一自治国，所以并非一地。但因为是荒漠的蒙古土地，其领域自然不能划然区别的。

次就金山国的交通来说，这里由俄领土耳其斯坦的色米巴拉秦斯克去，于俄人是很便利的。至于中国人或日本人则由中国山西省的归化绥远（现属绥远省）前往，乃是本道。此外尚有由新疆的哈尔哈拉台去的道路，但比较前者殊不便利。其他还有由张家口经库伦前往之一路，亦不如经归化城之直捷。

我往金山国，依然是由归化城的本道去的。因此，在叙述金山国事情以前，拟顺序一述归化绥远至金山国间途中各要地的事情。

归化绥远为塞外之大城市，人口三十万，市街繁华，商业极盛。这里又一名"蒙古市"，因其商业是靠中国和蒙古贸易而发达的。人口三十万之中，多为蒙古人，信奉宗教。其喇嘛寺可比内蒙之德罗洛尔寺，善男信女，朝参不绝。市街之繁盛，驾于张家口，洵为边疆的第一大市场。

归化绥远城的日本人的状况是怎样的呢？按明治三十二三年，义和团事件后，日本人的势力，渐向北方伸展。其时市街中已有多少日本人经营的旅馆及饮食店，其商业亦颇茂盛。可是到了后来，因反日的结果，那里已没有一个日本商人的影子了。只有一些中国人经营的酒店中，还保留着若干的日本娘子军。这些娘子军依然和库伦等处的一样，都是四十以上的老太婆，皱了的面皮上满涂着脂粉。一看虽然会使你吃惊，然而其勇气是值得佩服的。她们的主顾，据说大半是蒙古人。

包头的日蒙混血儿

由归化城出发，次站就到了包头镇。镇临黄河之北，为一贸易市场；人口五万，街市颇为繁华。那里有一事很奇异，很使我注意，是什么呢？

在包头镇中，有三四位母亲是日本人，父亲是蒙古人而籍贯是外蒙古的日蒙混血儿，在那里贩卖日本杂货。其人均为三十岁左右的壮年男子，不懂日本语，而其父母似已于其幼时即已死亡，故其日本母亲生于何地，姓名为何，均已不可考了。

我一到包头，即得知此事，于是马上就去访晤其中之一人。其人名"Hocher"（汉字作何健），看起来全不像蒙古人的面貌。原来蒙古人的颜面大而扁平，鼻大而揭〔塌〕，看起来很为美观。身体极健康，而胸部突出成弓形，这是蒙古人种的特征。可是"何健"则无论颜貌或姿势，一点都未具有此种蒙古人的特征。于是我先问他："你的双亲是日本人吗？"他说："母亲是日本人。"继着又说："我很想去日本。我秉受日本人的血，对于日本是很怀恋的。"

依我揣想，他的母亲，大概就是那种娘子军之一人吧？现在包头虽无一日本女性，可是听闻三十年前有过二三十人呢！大概这位就是日本妓女和蒙古人往来，生下来的。

我在包头勾留了十天，其间和这位何健往来甚熟，并承他的种种照拂。他不仅容貌与蒙古人不同，即其脑筋也很聪明，与普通的蒙古人有异。我在那里，因别无忌讳的必要，所以公然自认为日本人。后来我们二人竟成了莫逆。

何健告诉我包头的种种情形，他曾说：

"我现在所贩卖的日本杂货，都是伪货。我早想贩一点真正的日本杂货来卖，可是目前银价低落，日本货的价值很高，不易卖出。日本的制造品，不论哪一种都比中国及俄国的优美，价钱自然应该高些，不过包头这里，价钱不便宜，是卖不出去的。银价一安定，我想日本货一定会大批的运来的。那时中国货一定站不着了。包头的商人都希望有这样的一天——否，不仅包头，就是库伦和张家口的商人，都渴望日本货快跌价运来呢！"

他又向我说起库伦的事情，颇为感慨，他说：

"苏俄之活动，日益积极，第一期的政治革命已经完成，现在第二期的经济计划又开始了。而且苏俄的侦察队已作成新战术，准备侵入华北。在最近的将来，这里或者会发生重大的事情也未可知，真担心！"

后来又说：

"我母亲虽是日本人，但我已是蒙古人了，我既然是成吉斯汗的子孙的喀尔喀蒙古人，所以我也是国民党之一员。蒙古各地，因共产青年党而受赤色之侵略，实为蒙古国民之最大不幸。"

我由他那日本人之面貌中，看出大英雄之子孙的那种优美的热情，不禁大为感动。

日本酒五升换狐皮十张

某日，何健带我去到一家蒙古人开的酒店。他的酒量甚豪，于是二人边饮边谈，不记时刻。我的蒙古语尚属流利，豪不感觉困难。

酒店中的女堂倌均为蒙古女子，其中一人鼻子颇高，面貌甚美，不类蒙古人种。何健告我，她是包头有名的美人，而不是纯粹的蒙古人，她原是一混血子，父亲是汉人，母亲是蒙古人，这无怪乎她的面貌很像汉人了。

于是我向何健说：

"你也是混血儿呢！蒙古人的混血儿，似乎都是美貌和聪明的吧！"

"先生，这是确实的，我也觉得如此。蒙古人不论男女，与汉人或日本人结婚，产生的孩子一定是优良的。因之，如果开放蒙古，欢迎日本人来住，那是很好的。如果变成蒙古国民党的天下，这种事情那一定可以实现；现在的状况，是不行的。"

他很诚挚的发挥他的人种改良论。继着他又谈及库伦的情形，表示非常之愤慨。于是他招呼那位美丽的女堂倌，叫她："取日本酒来。"我听说日本酒，殊为惋〔诧〕异，我想这里哪得来日本酒，大概是冒充的吧！可是，等我一尝，咄！真是一点不假！

我很惊异了。包头虽属山西省（注：现属绥远）境，但已为蒙古地域。在这里会尝着真正的日本酒，我做梦也不曾想到。于是我向酒店主人询问来源，他告诉我的话，殊为有趣。

"不久以前，我和土地商人同往天津。去时我带有百张狐皮，在那里大部卖去，最后还剩十张。于是我就将这十张，拿到日本人开的酒店，去换来这些日本酒。"

"十张狐皮换酒一定不少，共有多少？"我问。

"不多，只得五升。"他说。

"五升？"我又大惊异了，狐皮的市价，一张顶贱也要值十圆〔元〕，十张就是一百元；把它拿来和三元一升的酒交换，才得五升，价值十五元，与蒙古商人交易，利益之高，殊为可惊。

我久已不尝日本酒了，一旦得之，极力〔为〕高兴。而且这种酒是与道地的日本酒不同的；它在这里是价极昂贵的东西了。我们欢饮之余，不觉大醉。

赴金山途中

在包头住了十日，我即和何健握别，再上我的旅程。由包头至金山之间要经过若干的村落，其最著者为图黑克、哈剌、三音乌苏、库库乌苏、戛顺、平树阴等地。一过阿拉善额鲁特的西南境，即入外蒙古的札萨克图汗部。

此等村落，均从事游牧而兼农业，也有开采石炭的。近来因汉人移住者日众，故农业之进步，已大有可观；同时文化亦大有进步。

就富源来说，值得特述的，矿物方面，除石炭以外，为鄂〈尔〉多斯部之铁矿；其他的产物则为盐、曹达以及药草；动物方面多羚羊、野鸟、野驴、羊等。马之畜养甚夥，体虽小而质甚良。偶经牧场，蒙人口笛一吹，则马类千数成群，蜂拥而来，道路为之阻塞。现在仅内蒙古地方，每年常有十万匹以上运往中国内地及东北数省。

其次就这一带的贸易来说，输入品以棉布、茶、铁制品及烟草为主，现在全部均为中国货。铁制品中，蒙古人所必需者为镰及食器，这种货物如由日本运去，大可与中国货竞争。

因农业之进步，近年已出产棉花了。规模虽小，但纺绩〔织〕厂也有若干的建设。自然在我们看起来，尚极幼稚，不过妇女们之一种家内工业，但其将来是很有希望的。工业方面，听说近年阿拉善已有用羊皮为材料的毛织业，可惜我仅经过阿拉善的边境，未能前往视察。不用说，这也是与上述的纺绩〔织〕工业同样幼稚的。

以上是我经过的内蒙各地的现状，虽很单简，但此外已别无可述的了。

除上述外，我于旅途中，尚听着一种传说，值得一述。那就是正当我经过三音乌苏的时候，恰好有一位由外蒙古的翁金，为贩买中国货而来的蒙古人，也到那里。他告诉我近来外国人已侵入翁金而将那里的一蒙古部落占领了。

翁金被侵的谣传

这消息很突愕，我就去寻着这位蒙古人询问究竟。由他的话，我察出这件事似乎是不可靠的谣传，事情大概是因为美国的安德里探险队之一部与俄国考米诺夫探险队之一部在翁金河流域的蒙古部落附近屯驻，而一般就以为外国人来侵占了。

读者一定要怀疑：为什么考米诺夫和安德里探险队要在翁金屯驻呢？这是不足奇的，翁金在和林黄金城的遗址附近约二百里，蒙古人急驰，一日即可到达。且翁金在外蒙古中为稀有的清流之地，除冬季结冰以外，河流滔滔不已。河水丰富这件事，在我们是无关重要的，但外蒙之河，多属涸竭，河水丰富，是颇为难得的。翁金地方，河水滔滔，沿河流域有灌溉之便，故此一带土地膏腴，产谷物、蔬菜、果实甚富，其村落亦比较殷盛。而且那里寒暑之差并不甚巨，在外蒙古是气候很好的地方。考米诺夫探险队之一部所以在此屯驻，实在不是侵占，而是来休养。

至于安德里等之来此地，如前所述，他们原是渐次向西北进行的，自然也不足异。

可是，这只是我由他的谈话而来的想像，事实究竟是不是侵占，尚待证明。如果确为事实，那末不用说又是苏俄由库伦向翁金伸出其赤色侵略之魔手了。

但一面我又这样想：假定侵略的事实纵属误传，而苏俄之图侵入华北则久已有此计划。否，于某方面且已经实际侵入了。其侵入的手段，自然是潜行的，而且是从军队下手。其指导者即在库伦的赤俄或蒙古的共产党员。

因此，苏俄或蒙古的共产党，原有借翁金寄足的必要，所谓外国人之侵略，或即指此，也未可知。

红猫与青鼠之斗

由包头再向前进，渐渐到了内蒙古路的终点——平树阴。由包头至此，约日本里百八九十里（注：日本一里，合中国约七里），过此，即属外蒙古札萨克图汗部。札萨克图汗部虽属外蒙古，幸尚未经“赤化”。但近来听说此部的政治中心地——札克必剌诺尔已有蒙古共产党从事活动，早迟这里恐怕也免不了要发生政治的变动。不过，此处为蒙古国民党之大本营，纵然暴动，或不致像库伦那样吧！

　　札萨克图汗部之南方，即属沙漠，但亦有山有水。道途相当的艰难，每隔百余里有一驿站，旅行其地者，于此交换骆驼。此部大体为游牧地，但河川的流域间有平野，从事农业，又北方多森林，产珍贵的动物，所以土人多以狩猎为业。一般富源，可举者为石炭及铁矿。目前石炭仅从事小规模的开采，而铁则全未着手。

　　此地所产珍贵的动物之中，有一种非常珍奇，那就是红色的猫猫。猫猫为汉语，而札萨克图汗人也同样称呼。通常的猫都是黑、白、黄等色，红猫为那里的特产，殊为珍贵。

　　这种红猫，在春天或七月顷的好季候，此部之南北沙漠中，常见千百成群，于沙中掘穴攒〔钻〕入。据札萨克图汗人说，沙漠以下，一到春秋佳季，常生一种虾子。这是别的沙漠所没有的，而为札萨克图汗南方沙漠的特征，这种沙漠，表面虽是沙漠，而地中则有沼泽，故生虾子。我对于地质学和动物学都是们〔门〕外汉，未知这种话是真是假；即使是真，而沙漠地下如何会生虾子这件事，总不明白，只好不加批评。

　　红猫是极喜欢这种虾子的，到了发生的时节，即攒〔钻〕入沙漠，觅取而食。其攒〔钻〕进沙漠，并非一匹二匹，常是千百红猫，争先攒〔钻〕入，于是沙漠为之生动。不明白这种情形的旅行者，看见这种光景，或者还以为沙漠有足呢！又猫入地下，常常号啼，其声闻于地上，不知者还以为沙漠会叫呢！

　　猫类在地下吃饱了虾子，再复攒〔钻〕上地来，于是猫群的跳舞即行开始。自然它们跳的并不是"狐步"之类，不过无数的猫在广大的沙漠上跳跃嬉戏，这种光景，却是难得的奇观。

　　此外尚有一种奇观，即红猫队与鼠队的格斗。那里有一种名叫青鼠之鼠，其嗜好虾子，与红猫同。春秋之季，亦同样在沙漠中攒〔钻〕进攒〔钻〕出。一旦两者相遇，即发生大争斗，见者殊为有趣。

争斗之结果，自然是猫占着胜利，但鼠很敏捷，逃走时往往为猫所不能追及，鼠逃走以后，猫类疲劳之余，即寝息于沙漠，看去恰如铺设的红毛毡，极为可观。

这些红猫和青鼠的毛皮，运往中国内地、俄国、欧洲及印度方面，价值甚昂。

不知金价的金山国人

一入扎萨克图汗部，最先到伊河驿站。由此更经五六处驿站，前进即抵阿尔泰山脉。其山脉中有叫和通鄂博的地方，即最初到达金山国之一部。金山国中，就市邑来说，托尔哈托部的赛因济雅哈图及乌鲁古河流域之地，从来即颇发达，近来则新和硕特也渐具市邑之形了。

金山国之总面积，殊不明确，大概约十二万方哩，其人口亦难得正确的数字，大约是十四五万之谱。居民大部为喀尔玛克人，近来蒙古人渐向其地移殖。最近，有一点值得特别注意的，即俄人之移民。这在现在虽不如蒙古之盛，但苏俄政府不认金山国为独立的区域，而主张是属于外蒙的领域，故拟强制向其地移民，因此，迟早恐怕俄人是会大规模的移殖的。而且这些俄人，大半是属于西土耳其斯坦和中央亚细亚的土耳其种。他们是回教信徒，而金山国的喀尔玛克和蒙古人都是信奉喇嘛教的，这一点，将来必然要发生种种问题。这些移殖的俄人，已在乌伦河的支流——喀尔伊尔齐斯河沿岸，选择广大的区域，而形成特别的俄人村落了。

金山国人多营农业，目前农业地概在乌鲁古河流域。因为面积有十三〔二〕万方哩，而开发者仅为十四五万喀尔玛克人及蒙古人，所以进步非常缓慢。这大概是要待外国人来开发了，但喀尔玛克人和蒙古人都不欢迎俄国移民的。

金山国的富源，第一要算金了。所谓金山额鲁特（即金山国）

自然就是因其地富于金矿，所以得名。实际上，名实也很相符，这里与金山脉阿尔泰相接，其河川流域以外各村落，几均在金山脉之麓，自然构成金山国之形势。

金山国的金矿，最丰富的部分，为俄人所谓蒙古阿尔泰（与俄领阿尔泰对称）。关于此点，某俄人的调查报告中，有这样一段叙述：

"蒙古阿尔泰（即金山额鲁特）的地层组织，其结晶种类中之花刚〔岗〕岩比较俄领阿尔泰为多。但其中的石英脉则全蒙古阿尔泰纵横蔓延，矿物，尤其是含金岩层蜿蜒不绝。其金矿床，不仅山脉，即山麓原野之间，亦随处分布，故其富源，实为可惊。"

由此可见金山国一带，如何富于金矿了。但此为专门家之意见，至我虽缺乏矿物之知识，但因实地前往视察，由所见闻，益证金山国之所以为金山国真是名不虚传。

可是金山国的居民，并不是以采金为生业的。他们虽也采取，但只是为用以和外来的布及其他织品、铁器、杂货、茶、糖等奢侈品交换，故完全带一种游戏的性质；他们一点不曾想到把金作货币以为富之代表物，或以为资本，或以事贮蓄，他们只是觉得：金矿可以和外国的奢侈品交换，是一种好东西。

因之，他们之采金，其目的只是为满足当前的欲望。他们对此所费之精力，不及农业、牧畜或狩猎的十分之一。不过因为需要布类，妇女们需要粉、肥皂及香水之类才去采金。等到有了布或香皂，则金也不复采取了。金与奢侈品之交换，完全是超越了现代的经济观念的，所以他们用值百元、二百元的金块，交换香皂一个，这种事是很平常的，他们视金是无多大用处的，故他们觉得值二百元的金矿一块，不及一个香皂。

好舞的女性

金山国的居民，他们用金与输入的奢侈品交换，最初是把金矿的原块，带到杜尔伯特市场，后来因外人觉得金矿交易不便，最近乃有粗制的金条或金粉运往市场。其方法是先将矿石击碎，更置入石臼，捣之成粉。将此粉矿，置于幅三尺长六七尺的倾斜板之上，使水流过，经一番淘汰，即成金粉。

最有趣的是：在金山国中，淘金这件事，主为妇女的职务。金山国的妇女是极欢喜跳舞的，她们欢喜香粉类化妆品，但更喜欢跳舞。到了事情一完，随时都跑到外面去跳舞。春秋佳日，野原外更是成双成对的舞蹈。一到夏天，即群趋河滨游戏。金山国中，抛了事务去跳舞，这种事情是毫不以为怪的。跳舞这件事，似乎是她们的本分。

跳舞就这样开始：起初是有十个女子放下事务，跑到旷野中去跳舞，其他的人也跟着跑去参加，于是这里那里的妇女们都群趋而舞，立刻就是百人聚集，凑成一大跳舞会。

更有趣的是无数牧羊的女人们，赶起羊子，在草地上跳舞。元来此地的牧畜，羊子是女人的专责，女人们常有二百三百成群，赶着万头羊子，到处游牧。这些女人们，一时高兴，跳舞起来的时候，那些羊子看见她们欢跃的情形，听着她们美妙的歌声，也跟着跳跃起来了。这种光景，殊为有趣。

这里要补充一点：上面说过牧羊的都是女人，但万头羊子随着的女人，多至二三百人，或者有人会以为疑怪；因为通常照顾羊一万头，只需十个女人即够用了，为什么那里要这样多呢？这是因为一些无事的女人们，常常爱带着游玩的性质，随着羊子去跑，自然人数就加多了。元来金山国中，女子是多于男子的。假定其人口为十五万，则其比例为男子七万人、女子八万人。至于日常事务，女子也不繁重，所以事务一了，女人们就大家追着羊子出去游玩了。这种太平的景象，实为外蒙所仅有的行乐图。

闲话休提，书归正传，且说那里采取金子的方法既很幼稚，而能事采取的女人们又是息多于作，所以其能率自然是很低的。近来这些女人们对于外来奢侈品之需要增加，故其采取者亦渐多了；但她们的跳舞潮，决不会因此而衰歇的。

现在奢侈品之输入，大半是由科布多而来，所以多为俄国制品。中国货虽有小部分的输入，但种种方面，均较俄国均差。自然，日本货是一点都没有的，我很盼望日本商人努力啊！

这里要略补述的，即金山国的人口是在停顿的状态。金山国的人口，目前号称十四五万，但与十年前之数比较，似无变化。同属外蒙古，科布多方面已有增加，而这里则依然不变，这是什么原故呢；其确实的原因，虽不知道，但我以为其地的文化之闭塞，这件事是有大关系的。关于此事，我曾向金山国的某识者请教，他说：人口之停顿，现在已达顶点，今后即将转向增加之途，不足为虑。其理由如何，并未明言，但他似乎是指俄国的移民及因此而使文化渐次发达这件事。

尼古拉二世尚在人世的传说

记得一九三〇年一、二月顷，欧洲各报纸，曾载有一段奇妙的消息。就是说前俄国皇帝——尼古拉二世现尚生存。此种传说之由来，是由于前尼古拉二世的秘书某氏（美国人，姓名已忘）在柏林及巴黎，曾这样语人：

"尼古拉二世被革命军烧杀这件事是不确的。帝在行刑以前，已秘密逃出了监狱；其被杀者非真的尼古拉二世而为一替身。帝逃出以后，即由某蒙古勇士领导，由西伯利亚入外蒙古以至阿尔泰（金山额鲁特）。帝现仍在阿尔泰山脉的某山中，渡其寂寞的生活。元来蒙古人这种民族，是惯于作奇伟的工作的。救帝出狱的，即此蒙古人。这种神秘的举动，是为欧洲人所不能想像的。我作帝之秘书，亲见其逃出，且曾同行至外蒙古某地，故事情是很真确的。等到有了机会，帝准备在科布多及黑里（也在金山国，但城廓〔郭〕堙灭，仅有遗址留传），集合白俄，讨伐赤俄，雪仇复国呢!"

此种谈话一出，一般均为之惊异。同时巴黎旧俄皇族则加以否认，谓：事实完全无根，这种谈话，是为某种目的而故意捏造的谣言。当时有识之士，亦认此种谈话，太属滑稽，不与置信。

但这位美国人作过尼古拉二世的秘书确为事实，其所说的话当然是有多少根据的，因此也有一部分人相信这是真的。

对于此项消息，最关心的是苏俄，苏俄政府虽力反其谬妄，但当尼古拉被刑的时候，其被禁的处所及其附近，确有蒙古系的人民居住，所以对于这件事也有多少疑惑。

因此，苏俄政府表面虽加否认，而暗中则派人赴阿尔泰山一带调查。于是一九三〇〈年〉夏天，就有约二十人一群的俄国调查队，由库伦来到金山国。

调查队先在和通鄂博作种种的准备，即于"源九郎"这地方攀登谣传所指尼古拉二世住在的阿尔泰山。一行二十人不顾金山国政府的禁令，秘密带着了若干枪械。

调查队的失败

登山一看，真是伟大险峻的阿尔泰山啊！一山又一山的侦查奔波，到后来竟迷了道路。这一来，尼古拉二世的生死还不知道，而他们自身的生死，倒发生问题了。

因为这一队人的生死不明，于是库伦政府及乌里雅苏台政府再派百余人组织一搜索队，由原路攀登，经若干的辛苦，始于山中发现十人，行将毙命，而其他十人，则已不知死所。

据救出来的十人报告：他们在迷失之际，曾发现一大金岩。走近一看，有一大洞。他们怀疑尼古拉就藏在洞里，遂鼓勇进去窥探。

洞大且深，行行无所底止。再向前进，突然出现数百巨狼，凶凶的，向着他们奔来。他们惊恐之余，一面用枪抵御，一面向外奔逃。以后他们又遇着风雪的袭击，自以为不免于冻死了，幸而搜索队去，才救出他们。

尼古拉二世的搜索终于失败，苏俄政府空闹一场笑话。

当我此次去金山国考察的时候，我曾经把这件事问过一位蒙古人。他告诉我的话，非常有趣。

“旧俄帝是隐居在阿尔泰山中或村落中的民家，不与世人见面，想要侦察出来，殊不容易。这是因为阿尔泰山的灵异的金毛九尾狐常在他的身边护卫的缘故。”

“帝元是耶苏教信徒，现在信仰喇嘛教，日夜诵经念咒；灵狐之保护，即因咒文的魔力呢！”

阿尔泰山中有金毛九尾狐是事实，而念咒来保护皇帝，这完全是奇怪的神话了。

成吉斯汗之研究

难免有误的蒙古史

目前外蒙古中，有一种叫作蒙古研究会的学术团体，专门从事于蒙古的种种研究。此会分政治研究会、科学研究会及文学研究会三部。

科学的研究方面，正从事于矿物学、地质学等之研究，关于文学的研究，则专事研究自成吉斯汗创业以来，至元世祖忽必烈为止的蒙古大帝国的史实。其最大的目的，是在就现代外蒙古各部落的遗迹，实地调查，以之与史书对证，而编纂一正确的大蒙古帝国史。

此蒙古研究会的人物，大部分为蒙古人；其出身有北京大学毕业者，有俄国大学亚细亚科毕业者，及一部有知慧的喇嘛，在喇嘛大学中从事喇嘛的文学和蒙古史之研究者。各方学者咸被网罗，其研究的态度，亦颇有精神。

其结果，科学方面则努力于外蒙古的富源的开发，而文学方面，则有种种新史料的发见，对现有的蒙古史，有不少的改正。

关于蒙古史成吉斯汗传，过去世界上的历史家的研究，都是以古记录、《元史》及其他古籍作材料，其研究的结果，可以说只是旧籍古史的重述。例如：日本的史家多有成吉斯汗传这种著作；这不过是搜集现有的材料而已，并不曾有亲身前往蒙古，考察其遗迹而实地研究的。

诚然，也有少数学者，曾旅行蒙古，从事于古物之发掘及其他种种考证的工作，而给与蒙古研究者以不少贵重的材料；但其范围，现犹仅限于东蒙及内蒙，盖大蒙古之本部乃外蒙古，所谓内蒙可以说是她的附属地。就面积来说，固较外蒙狭小，而其遗迹及富源宝藏，亦不及外蒙古。

因此，从来一般史家研究的结果，当然是与生于蒙古，习见其史迹的现代蒙古学者所研究的结果，有不少的冲突。

以下我要叙述的，即蒙古研究会所研究的关于蒙古史成吉斯汗的史实的一部之介绍。这于一般读者，不惟大有兴味，且于蒙古史之研究，亦足供参考。

在介绍之前，我打算先就我所闻于研究会中之某一学者者，略述一二。

成吉斯汗之议会和今之国民会议

其一是现在大蒙古共和国（？）的首都库伦的国民会议与昔日成吉斯汗的议会的关系。

现在库伦的政治组织，大体与赤俄相同；国民会议即为全蒙古民众代表会议。这不用说，非共产党员，是不能列席的。

其次，政府组织中，有人民委员会，其会址即为昔日活佛的宫殿。宫殿之壁，满敷赤色，列宁之像，高揭于上。又蒙文的"赤化"标语，随处张贴，中有"赤化中国及日本"这一类口号。

议会开幕之初，第一任议长为蒙古共产党特加特莫夫，名誉议长为赤俄基洛维哀夫、加里宁及启哀宁三人。又议会的重要分子中，有第三国际的代表路易斯克尔夫及布里雅德共和国代表爱尔巴洛夫等；故名为蒙古国民会议，实则并非蒙古人之议会，而为蒙俄联合或赤俄指导下的议会，蒙古国民党人对此大为攻击。

然外蒙之革命，自始均借赤俄武力的援助而始成功，故俄人之取得政权，自不足怪。

议会之赤俄代表，初为斯丹林所派，其后虽经改派，但均能继承斯丹林的蒙古政策而渐谋发展，遂成今日极左的大蒙古总督政治。其当第一任总督者为瓦西列夫，现已改派他人。

蒙古政府之一切重要事项，均须请示苏俄代表而听其指挥，而苏俄代表则可不必商之蒙人而直接干涉政治。

故库伦政权之所在，现有两重：即一为蒙古人组织的政府；一为苏俄的总督政治。

苏俄的总督政治，表面上是秘密的。库伦中现有一种秘密警察，暗中监视蒙古政府中人的行动，所以表面上政权似在蒙人，而实际则蒙古人全无一点自由。此所以蒙古国民党人要骂蒙古的革命为投降苏俄，自甘属国了。

进步的议会制度

蒙古国民会议这种制度，据说是由大蒙古帝国的始祖成吉斯汗所创立的克尔泰（意即大会或议会）制度而来的。成吉斯汗所创立的克尔泰这种制度，由现代的眼光来看，实为一种极进步的制度，其条文中有这样的现〔限〕定：

> 议会的代表，限于蒙古人，别种人绝对不能参加，蒙古应由蒙古人自己建立。

议会代表，不许外国人充当，这在现代，无论何国的法律，均有如是的规定，不料蒙古在成吉斯汗时代，已经认为有此必要了。

当时，成吉斯汗更创设"约喀里纳"这种制度。所谓"约喀里纳"，译即顾问。其法制中规定：

> 被征服的国民中，颇有优异之士。这种人应特加拔擢，备作政治的顾问，以促进蒙古帝国之文明；但顾问乃是客卿，绝对不可使干与政治。

这就是说：外国人虽不宜使其干与政治，但不妨咨询其意见，以改进本国的政事。由此，可见成吉斯汗识见之卓越：与今日库伦政府的情形，两相比较，其得失为何如呢！

今日之国民议会〔会议〕，可以说是成吉斯汗的克尔泰转化而来的，但名存而实已亡了。类于成吉斯汗的顾问制的苏俄代表，隐然是掌握着政权的。其正当与否且不论，而成吉斯汗在天之灵，恐怕会要叹息的。

其次库伦政府对于喇嘛教之压迫，前已述及，兹因谈及库伦政治，特再就最近的消息，略作介绍。

据说：库伦政府虽已将活佛、贵族和喇嘛一律废除，但对一般之信仰喇嘛教者，则仍取放任之方针。这自然是为缓和蒙古人对"赤化"之反感而出的。

一方又因发〔废〕止喇嘛教以后，库伦市面，非常衰落，俄国商品的销路大受影响，因之，蒙古人中，现有将喇嘛教的中心移往阿尔泰地方的计划。

车臣汗部之地理

这里有一点我觉得是蒙古人研究蒙古而得到的有价值的发表，那就是车臣汗部之地理。车臣汗部东接黑龙江，为由满洲里至库伦所必经之地方。从来的地理书中，均谓其全境为一大沙漠，故过去外人之探险者均以此部无调查的必要而任弃之。

可是，此部的蒙古村中，有一叫作哈顺，而人口不过二三百人〈的〉村落。那里，有一位极为著名而名叫"巴尔阿巴"（汉字作虎见生）的蒙古学者。

这位学者最近在库伦的蒙古报纸上，曾详述车臣汗部的形势。照他所述，目今所流传的该部地理，实有不少错误的。

据他说：车臣汗部诚然是沙漠地带，但只是部分的；把全境当作沙漠，那是见着一隅而推测全般的错误。其沙漠中，有不少的大大小小的沃野。这些沃野，现有蒙古人及汉人从事于牧畜及农业，农业在克鲁伦河流域极发达，到处可见大农业地。

以下拟少述其地理。先就交通来说：由内蒙古境往者，必须经过沙漠。戈壁沙漠的交通，前面说过，并不是很困难的。但那是张家口至库伦间的本道才是如此，至于往车臣汗部的道路，则非常困难，骆驼也很疲劳，即惯于沙漠的蒙古人也多视为危险。最安全之道，为由满洲里去的一路。此路即满洲库伦间的大道。

车臣汗部内的交通，为通库伦的重要道路，其间有沿克鲁伦河及沿鄂嫩河的二道。部内连一个类似都市的都市都没有，因为库伦道事实上成了此部枢要地，所以此方面的交通，最为发达。

克鲁伦和鄂嫩两河源出于肯特山，流入黑龙江省，遂合而成黑龙江之水源。西兴安岭山亘于此两河之间，山脉之西北及东南二方面，则为平野。此平野与两大河，为车臣汗部最沃腴之土地，蒙古人的部落，多集居于此。

辽时代的美术品

此部的富源，主为石炭及铁。其中石炭已着手开采。外部劳动者多趋之。

其次此部的政治中心，究竟在哪里呢？那是在克鲁伦河以北的巴尔和屯，为一人口不满三千的村落。这里满清时代，为车臣汗部王公贵族会盟之所，由当时起，即为此部的政治中心。现因当库伦道之要路，已遭"赤化"，无复有如昔日王公贵族之会盟了。

次就此部之史迹来说，这里为昔日辽时代的河董城所在。据巴尔阿巴所述，现今河董城时代的遗物，犹时时掘出于地呢，其掘出之物中，最珍贵者为金银制的裸体女像。

这是一种辽时代的美术品，其中有用契丹文雕刻的"美神女"这类文字。据说，这恐怕是当时的宫女的肖像，其制作非常精美。在约近千年前，蒙古地方已经有这样的艺术，实堪惊异。

发掘出裸体像这件事，传至库伦，入了外人的耳里，于是一向不为人注意的车臣汗部，突然出名。到了最近外人之往巴尔和屯探考者极多。

元来外蒙古中，一掘城郭或陵墓，必定会发见贵重的遗物。即如河董城，不知何时已埋殁〔没〕于地中了，将来发掘之结果，不但裸体女像，或者会发现宫殿、寺院，为辽史工作研究划一新纪元也说不定呢！

以上是巴尔阿巴在库伦报纸上所发表车臣汗部之大概，颇引起外人之注意；同时又对于从来外国人研究蒙古的态度，给以一种鼓励，这是值得我们注意的。

成吉斯汗的诞生地

闲话少说，书归正传，现在打算再来对成吉斯汗的研究，作一番介绍，这种研究，是现代的蒙古学者，就车臣汗部（其中的鄂嫩河）为中心而着手的。

成吉斯汗的研究，何故要以鄂嫩河为中心呢？这自然是因为鄂嫩河为其诞生地的原故。

此鄂嫩河，前已提及，在车臣汗部；一些比较热闹的村落，如齐和达、黑林、克鄂博、安邑等均在其流域；同时沿河又为由满洲里往库伦的驿站。

因此，欲作成吉斯汗的研究，当然先要由鄂嫩河出发。但关于此事，过去以古史古记录为蓝本的东西史家，其见解是怎样的呢？大体是这样：

成吉斯汗实生于鄂嫩河边，但其确实地址则不详。鄂嫩河属于车臣汗部，更流入俄境，其流域在本部内即有六七百里，故漫指河边，是甚含混的。

又成吉斯汗之父（爱斯喀）和母（惠伦）之生地，即蒙古族发祥之地，一般仍漫云鄂嫩、克鲁伦两河之滨。这是和前说一样，甚至比前说还要含混；因为克鲁伦河流域绵亘六七百里，故正确之地，仍然是尚待决定的。

总之，只讲河流之滨，依然不知其诞生地之所在；且旧书籍中的地名，今日车臣汗部中已完全没有，而其传说，亦多不可考。

某欧西学者所著的蒙古史中，谓成吉斯汗之生地，为鄂嫩河畔的额林班达山。这比前之"鄂嫩河滨"已稍确定。但现代蒙古学者沿鄂嫩及克鲁伦河一带详细调查之结果，并没有这样的一座山。

纵然这座山已埋殁〔没〕于地下，其地名或遗址应该是存在的，而蒙古人中亦不会不有这种传说。然而关于此事并无任何传说，足见其说之不甚可靠。

或者说，额林班达山虽称为山，实则是沙漠，隆起如山，因而得名。然鄂嫩河流域虽有多少沙地，但极为平坦，与戈壁沙漠是不同，所以像山那样高大的沙漠，是不会有的。

更有人说：距北满齐齐哈尔不远的所在，有名叫成吉斯汗的地名，今犹存在，其附近有鄂嫩河的支流。故所谓成吉斯汗的生地的特林班达山，或者即指此地。

但成吉斯汗这一地名，乃其征服满洲后留作纪念的命名，当然并不是额林班达山。总之，据现在蒙古学者的调查，这座山无论如何是寻不着的。

因此，过去的蒙古史及成吉斯汗史，把成吉斯汗的生地，只是含混的指定在鄂嫩河流域；此种史书之不正确，由此可以想见。

蒙古研究会的蒙古人，曾就鄂嫩河流域实地调查，从所发见的几多遗迹、古物，加以细密的研究。现在将其研究出来的成吉斯汗传中，关于其生地一节，简单的介绍如次。

成吉斯汗之母是有名的美人

先讲成吉斯汗之父——爱斯喀的生地。那就在今之安邑。安邑为汉译，车臣汗部的蒙古方言则名"愿乌"。其地位于鄂嫩河上流，现为本流域中最大的村落。

蒙古人以此为买卖之市，村中也有街道。其地非沙漠，农业物亦富。因其地自昔即为成吉斯汗之父爱斯喀的根据部落，所以可信其为他的生地。

其次，成吉斯汗之母——惠伦的生地，究在何处呢？那依然在鄂嫩河之上游南岸，叫作额林达班的这块地方。其地人口现约一千左右，以牧畜、农业为主要事业，为比较富裕的地方。

额林达班地方，惠伦自出生至嫁于成吉斯汗之父——爱斯喀，均居于此。

惠伦极美，其族中比之如月，蒙古地方，月色之美，无与伦比。借月来赞美惠伦，就好像现代人之投票选举标准美人，而惠伦获得第一，号曰密斯蒙古。

惠伦与爱斯喀结婚的经过，兹不赘述。总之，上帝为造成成吉斯汗的伟业，乃使彼二人结合。

这里有一问题，成吉斯汗的生地，竟究在安邑，还是在额林达班，普通人的心理，必定以为当然是在父亲的生地——安邑。但车臣汗部以及外蒙古的习惯，结婚的仪式，必须在新娘的家中举行，而临产的时候亦必须回娘家去分娩。

这是蒙古从来的习惯，尊重旧习的喀尔喀蒙古人当然要这样的，因此，惠伦一定是遵守此种习惯，而成吉斯汗也当然是出生于其母亲的乡里——额林达班。

可是，又有人要怀疑。安邑和额林达班相距二百余里，虽说蒙古习惯，或不会跑这样远，特为回去生产的。

这是不明白蒙古人的生活的说法。安邑和额林达班，同属蒙古族的势力范围，二百里虽似不近，但在蒙古人，则有马及骆驼等交通工具，向来女子乘骑，已成习惯，所以惠伦为分娩而回到娘家，自亦不足奇的。

惠伦生于额林达班而于其地产生成吉斯汗这件事，现有多少遗迹可以考证。第一，村中现在尚有贤母碑。这是为纪念惠伦而立的，为元代国师——发师巴①所制作，碑文为蒙古文，中记惠伦生于此处。

又额林达班村中，现尚有所谓"御产所"的遗迹，蒙古人至

---

① 后文又作"发思巴"。——整理者注

今尊敬不替，并称之曰斡〔斡〕耳朵。斡〔斡〕耳朵一名，见于《元史》，意即"产宫"，其详容后再述。

由此可见成吉斯汗之生于额林达班，是毫无疑异的。

惠伦生长子成吉斯汗及拙赤合撒儿、别克帖儿及别勒古台四人，其中长子（幼名铁木真）及合撒〔撒〕儿生于额林达班，而三子及四子则生于安邑，这是什么原故呢？因为生产三子、四子的时候，正值其父爱斯喀与他部作战，鄂嫩河一带遭受兵祸，所以不能回到额林达班去了。

惠伦生第四子后，爱斯喀即被鞑靼人所杀，于是成吉斯汗及其三弟均由惠伦一手抚育，其时仍居安邑。蒙古人称安邑为发祥之地，即由于此。

惠伦为一贤母，史上已有记载；大英雄之成就，不消说是得力于慈母之陶冶教养。

成吉斯汗之成功，固得力于母教，但尚有为我们所不能忽略者，即成吉斯汗之妻，后来尊为皇后的孛儿帖。孛氏极贤淑，为惠伦之侄女，也生于额林达班。

成吉斯汗之伟业，得力于内助者亦颇不小，故大英雄之成就，可以说一方面是由于母亲之教养，而一方面是得力于贤内助。

成吉斯汗未发达时，于今之车臣汗部地方战役，其妻——孛儿帖竟为敌所俘。孛儿帖不为敌所屈辱，乘隙逃回。其被掳之所，即今之东库伦，当时汉名称为昭莫多。

其后铁木真为报爱妻之仇，攻入昭莫多，杀敌无算。传说其附近河流均为之染赤，托拉河昔名红河，即由于此。

以上为蒙古研究会的学者〔仍〕实地调查鄂嫩河后，参考古史而研究出来的成吉斯汗史之一部。此外，在其研究之内，最有兴味的，当为斡〔斡〕耳朵之研究。

斡〔斡〕耳朵在《元史》和《秘史》均有记载，为研究成吉斯汗最重要之一事。前面说过,当地居民之所谓幹〔斡〕耳朵,即"御产所"之意。

但在《元史》和《秘史》中的幹〔斡〕耳朵,其意义并非御产所而为宫殿之意。此种宫殿,共有四处,其中第一、第二、第三均在鄂嫩及克鲁伦两河之间。

第四宫殿在色伦〈喀〉河之上游,似建于今之土谢图汗部内的河滨,此说见长春真人所著的《西游记》。

此四宫殿均为成吉斯汗所建,此外他就没有宫殿或城寨类之建造了。和林之万安宫黄金城,非为其所建筑,而是完成于太宗在位之第七年,这在历史上已有定说。

因此之故,可作成吉斯汗的遗迹的,此幹〔斡〕耳朵(即上述四宫殿)实非常重要。这是与黄金城有同等的有价值的。

＊　　＊　　＊

关于幹〔斡〕耳朵这一事,蒙古研究会的学者们所实地研究者是怎样的呢?请看下述。

这里先看一看《元史》及其他史籍中,关于幹〔斡〕耳朵的记述:(一)幹〔斡〕耳朵即宫殿,在克鲁伦(即今之克鲁伦);(二)在萨里川附近;(三)在托拉河之南;(四)在色伦喀河之上游哈尼牟河之滨。

《元史》为元的正史是不错的,但那不是出于元朝而是由明朝编纂的,所以关于蒙古部分,有不少的错误。关于幹〔斡〕耳朵这一事,现在就《元史》之所记与实际的史迹调查的结果参照来看:上述(一)(二)(三)三处是完全符合的,特别是第一处宫殿谓在克鲁伦河,由今调查以后,已完全证实。

至于第四处所在地,《元史》中并未明记,而系长春真人的《西游记》所载。这也由调查其上流哈尼牟河后,证明其大体不错了。

如上所述，关于斡〔斡〕耳朵（即成吉斯汗所筑四宫殿的位置）之事情，《元史》及其他古史与现在的实地调查是完全一致的，但成吉斯汗何以不在自己的发祥地——鄂嫩河的安邑或额林达班建造宫殿，而是要在克鲁伦河、萨里河、托拉河这样分开数处建筑呢？

这实在是很有趣味的问题，关于这一点，现代蒙古史家曾有极详细的研究，现在简单的介绍于次。

先说第一处宫殿。其所在地克鲁伦河流域，适于游牧且富天产物。现在农业也渐渐发达，但克鲁伦河之南，则已紧接戈壁沙漠。元来车臣汗部中，所谓平野，大抵在鄂嫩、克鲁伦两河中间之地，而克鲁伦河之南及东、西方面，均属沙漠，鄂嫩河也有多少沙地，全河流域，并非尽属草地。

鄂嫩河流域的沙地，并非戈壁沙漠，故沙漠之害，并不著，而克鲁伦河方面，则因邻接戈壁，故沙漠为害，非常之甚。

成吉斯汗时代是如河〔何〕的形势，无从知道，就现在克鲁伦河的形势来看，则与从前一样，接近沙漠的。由此看来，沙漠之为害，显然是今古相同的。成吉斯汗，何以会在这种不适人类居住的地方，去建造宫殿之类呢？无论成吉斯汗为怎样不可及的英雄，其在紧接沙漠的克鲁伦河等处建筑宫殿，总是很奇妙的。可是，仔细将当时四邻的状态拿来观察一下，就知道实不足异。

即这种可以称为政略的宫殿，而是为对于当时的满洲（金）表示蒙古的威力而建造的。即就交通来看，很可以明白克鲁伦河之克鲁伦，实为蒙古对满洲示威的最好的地方。因此，这第一斡〔斡〕耳朵（即宫殿）当然不是成吉斯汗居住的宫殿。

第二宫殿所在地的荫里行，其古代的形势依然无可考，但由现为沙漠地这一点来推测，恐怕七百年前，也是接着沙漠的。果然如此，那末此处宫殿也与第一处宫殿一样，是不适于人类居住的。

既然如此，他在这里建造宫殿，是不是依然为政略的目的呢？

不是的！这不是为政略，而是为其妃——斯托拉基古特而建造的。这一位妃子，蒙古史中也曾提及，因其父是以萨里川附近为根据的。此第二宫殿应称为离宫，名为宫殿，乃临时的而非为永久居住的。

斯托拉基古特为蒙古族某可汗之女，极爱慕铁木真之英雄，但铁木真已娶妻子，伊遂以嫔妃自甘而下嫁之。

可是名虽为妃，因其出于名门，故铁木真称汗后，即于伊之故乡——萨里川，建第二宫殿。在此以前，妻、妃共在第一宫殿，第二宫殿建筑完工后，因一同移往。

萨里川虽为妃之故乡，但因接近沙漠，故伊亦不满意，成吉斯汗乃为另建一宫殿，即托拉河以南的第三宫殿是也。此事由喇嘛大学文库的《图拉河志》一书，可以证明完全属实。

第四宫殿的位置与其策略

第一、第二两宫殿，就现在的地势来看：其昔日是接连沙漠，不适人居的，其第三处托拉河的宫殿是如何的呢？

这里比较前两处，虽离沙漠是更远些，不过即就现在的地势来看，大风一起，尘沙飞扬，其为害之情形，不难想见。这也是使成吉斯汗和其后妃不能安心居住的。

由此看来，上述的三处宫殿，都不是以供人之安居为目的，而是一种离宫。所以此三宫殿中，就成吉斯汗的抱负来说：第一处为对满州〔洲〕（金人）示威，或有存在之必要也未可知，至于第二、第三两处，则只是为后妃而建，并无很大的用处的。

且此三处宫殿，若从广大的蒙古的地势来看，未免偏于东方边陲。如果仅为经略满洲，那是可以的。如果要想统一蒙古，更进而向中国西域及中央亚细亚各地进取，以大展其抱负，那末以这样的边陲为根据，决不能说是占着地利的。

由此来看，即发生一疑问：为什么成吉斯汗一定要在这样不便的地方建造宫殿？纵然第一处是为政略上的必要，而第二、第三两处又为什么不避开接近沙漠的不毛之地，去选山水明媚之所在呢？

这真是一件疑问，关于其理由，蒙古学者们曾有简单的解释：第一，以上三宫殿均邻近成吉斯汗之故乡——鄂嫩河之安邑及额林达班，这里为其最初发迹之地，所以有纪念之意味。其次有一个目的就是要团结鄂嫩、克鲁伦两河流域的蒙古族。

此外还有一点是为他完成蒙古统一之业，即可汗位起见，有于其地建造宫殿之必要。总之，这些宫殿都不是以安住为目的，而系一种临时的离宫。

至于第四宫殿呢，那是建于色伦哈〔喀〕河的上流哈尼牟河的。此哈尼牟河流所经，现属三音诺颜用〔汗〕部。其流域与上述三宫殿所在地迥异，而为不近沙漠、很少风沙之害的地方。自然，到底是蒙古地方，所以暴风一起，总不免有飞尘蔽天、沙石如雨的情况，但这可以说是稀有的非常的天变，平常则甚平安。

第四宫殿之所在，现称喀尔喀中路，地当库伦之西北，就外蒙古四大部——车臣汗、三音诺颜汗、土谢图汗、札萨克图汗——的全部来说，其他〔地〕位于中央，有河，有山，并有沃野，其所蕴藏之富源甚丰，与现当沙漠之车臣汗部，有天渊之差。

车臣汗部鄂嫩河与克鲁〈伦〉河之间，也有平野；那里也有相当的天产，但不及第四宫殿所在地的三音诺颜汗部。

第四宫殿是合族的安住地

又此部之地势，还有较优于他部的。即其交通，例如：由此往中国内地，则沿翁金河，入内蒙古，由那里往甘肃或陕西，更可直达北平。又西向越阿尔泰山，并可至昔之西域，今之新疆省。

因此，自昔这块地方之于蒙古，得势则为进而侵中国等地的根据地。就史书来考，汉时之匈奴及突厥即以此部为根据，建筑城廓〔郭〕，各养数十万之大军。

成吉斯汗所以在此处建造第四宫殿，自然是有借中路作大本营，以完成蒙古之统一，更进而吞并中国之野心；与前三处宫殿完全是别有用意的。他之重视此第四宫殿，以之作大蒙古之都城，而为合族安居之地的缘因，由此可以推知。

然就过去的蒙古史及成吉斯汗传来看：关于这一点，其观察大体都错误了。

一般的蒙古史都说是成吉斯汗重视第一、第二、第三宫殿，其经略四邻的大本营，亦即置于此三处，甚至有人说他是死于第二（萨里川）宫殿，或者说其陵墓是奉安于胪胸河（即克鲁伦河）。此等论说，显然是错误的。例如，萨里川的第二宫殿，前面说过，是为斯托拉基妃临时建造的。又喇嘛大学文库之《图拉河志》中亦称"萨里川"宫殿于成吉斯汗攻入中国本部时，已为风沙所破损，不适居处，彼亦不事修缮，任其朽败。

不用说，当时斯托拉基妃已离开那里，迁往托拉河的第三宫殿，不久更移居色伦喀河上流的第四宫殿了。

此《图拉河志》多属信史，故谓成吉斯汗死于萨里川之说，实属错误。

成功那样煊赫的伟业，被蒙古人尊如父、崇如神的成吉斯汗，决不会有死在破损朽败的萨里川宫殿的道理。

又就其陵墓奉安于克鲁伦河这一点来考，如果属实，即在现代，亦应有一些遗迹，但现代蒙古学者们于鄂嫩河一带调查的结果，并无一点可征的痕迹。这可证明其不确。元来成吉斯汗之坟墓，前面说过，经考米诺夫探险发掘，已发见其在和林了。

总之，由此来看，可见从来的蒙古史及成吉斯汗传之如何不可信，同时可见现代蒙古史家的新研究有怎样重大的意义了。

以和林为大本营作四征的准备

成吉斯汗在色伦喀河的上游哈尼牟河营造第四宫殿，以作自己经营大事业的根据地，这在上面已经说过，但因他的事业日益发展，于是乎，他更注意去寻得更适当的地方，作为大蒙古帝国之首都。那就是现在考米诺夫博士所正从事发掘的哈剌和林。

关于哈剌和林，已详前述。现在打算再补述一些蒙古史家的意见。在成吉斯汗定都色伦〔喀〕河上游时，和林已为乃蛮部太阳汗之都，筑有城廓〔郭〕，颇具文化。其地与其第四宫殿所在地的哈尼牟河同属三音诺颜汗部，其距离亦不远。

成吉斯汗怀抱统一蒙古之大志，哈剌和林之被他所注意，乃是当然的事情，这里比较哈尼牟河地方，更有种种的优点；欲大展其抱负，实为最好的个所。因此，他就想夺取，在那样〔里〕营造第五宫殿，以为蒙古中央的大本营。

成吉斯汗与大〔太〕阳汗之战，前已叙述，兹不再赘。总之，他的军队，攻破大〔太〕阳汗后，他即照着原来计划，率领合族，徙居和林，以之为大本营而树立征服四方之大计划。

成吉斯汗之兵威，自此益盛，战无不胜，攻无不克，其勇名遂驰远近。但彼自迁都和林以后，并未事都城之营造。因为蒙古虽已统一，尚有中国本部及西域诸国，彼正忙于作战，无暇及此。

成吉斯汗奠都和林以后，虽未即建造城堡，但曾事宫殿之营造，其所建者即万安宫。

不用说，这不是考米诺夫博士现正发掘的万安宫，而是其前身，现今所遗留者，乃成吉斯汗死后从新建造的。

第四宫殿与万安宫

一般以《元史》为根据的蒙古史都载有："成吉斯汗之子大〔太〕宗帝七年，建万安宫。"那像说，其本身并未在和林建造宫殿。这由上所述，即可证明其误。

《元史·地理志》载："太祖成吉斯汗十五年，建都哈剌和林。"即彼于即汗位后第十五年，建都于和林，这是真确的事实。既然建都，自然要建宫殿。不过和林之具备都城之美，是在其殁后大〔太〕宗帝时代。

以上为成吉期汗在哈尼牟河建第四宫殿及于哈剌和林建万安宫之大概经过。更就现代蒙古史家实地调查的结果来看，关于第四宫殿之遗迹，有如下之记述。

哈尼牟河（即色伦喀河上游）地方，经调查之结果，已发见成吉斯汗所建宫殿之遗址，并于其处掘出种种珍贵的东西。其中最珍贵者有"皇后镜"这种古物。这经鉴定后，认定为成吉斯汗之妻，后来作了皇后的孛儿帖所用的东西。

由此来看，可见皇后曾居第四宫殿，而其妃斯托拉基之曾住此处，亦不难想见。因是更可以证明前述第一、第二、第三三宫殿之为临时的建筑，实属无误。其次还发见一珍贵的东西，就是所谓铁军令。即在铁牌上刻着军令，其文字为汉文；这是因为当时尚未制造蒙古文字的缘故。可惜因在地下埋藏了数百年之故，牌之表面腐蚀毁损，其文字已难认出，只是"令"之一字尚依稀可见。由这一令字以鉴定其为成吉斯汗之军令，大概是不错的。

和林都城之规模与古文书

关于哈剌和林的情形，前已述及，现在再就蒙古学者们在那里调查研究的结果，简单一述。

万安宫虽确为成吉斯汗所建，但此万安宫并不只是宫殿，且具有城之形态，这由万安宫这一名词的蒙古字义，即可推知。

大都城和林设计于成吉思汗，大体完成于大〔太〕宗时代，而其成为世界的大都城，内容、外观，备极善美之形，则在经第三代的定宗以至第四代的宪宗时代，即西历一二五〇年前后。不过完成其为一都城之形式，则为大〔太〕宗帝。蒙古史谓"大〔太〕宗帝建和林城"，一定是不错的。

关于和林城情形，前已述及。蒙古史之所谓和林城，即此黄金城。但和林中，就城来讲，是不是只建造黄金城这一座呢？不是的。黄金城可以称为本城，此外，和林中还有几座城是由几位皇帝建造的。

例如大〔太〕宗帝曾于本城之外，筑扫邻城及图苏湖城，定宗筑贵甲城，而宪宗更建春城、夏城、秋城、冬城四城。这些均是他们为黄金城之营造或为求内部外观之美备而另外建造的，均在今之哈剌和林地方。

因此，和林中，除黄金城外，尚有若干城廓〔郭〕，所以都城的面积是极大的。乌里雅苏台所发现的古籍中载："和林之都四方数百里，十五宫，十五城，兵备三十万，住民五十万，买人十五万，异奴十五万。"其规模之大，可以想见。

此古籍中之所谓买人，即今之商人。商人十五万居于和林，足见其经济之繁荣。即此一事，可以想像其都市之大。又所谓异奴，就是俘虏。这是自成吉斯汗以来，各代征服各国所带回来的异国兵士及其他民众，其大半为中央亚细亚及西土耳其斯坦人，也有若干的欧洲白人。此等异奴，住在和林，为蒙古帝国之顺民而臣属者，其数有十五万之多。

关于此种异奴，史书上有种种的传说。或谓成吉斯汗曾杀俘虏五百万人，或谓异国人之被杀者，有一千万之多。但由上所述有如许多的俘虏，归顺以后，安居和林来看，则所谓残杀俘虏这件事，不惟不足信，且可以证明他对于降者是非常宽大的。

其次上述古籍中载：和林的街市，整然具备都市之形态，有宫殿区和买卖区之分。买卖区中，有各国人居住营业，并有工人从事于工业制造及纺制棉布、毛织之类。

此种古籍，为研究当日的和林的极好资料。从来关于和林的事情，除古史籍外，别无可考。此种材料，是由某蒙古学者发见于乌里雅苏台的。元来乌里为外蒙古中极富古文书的地方，与和林同属三音诺颜汗部，从来蒙古之有智识者，多居于此。

成吉斯汗时代议会之图

关于成吉斯汗之议会，前已言及，兹再就乌里雅苏台的古书籍中所载，略述一二。

议会的底细，由乌里的古书籍才得以明白。过去一般都以议会这种机关只是为商议蒙古帝国的帝位之承继而设，但就此种古书籍来考，才知道不仅帝位继承问题，即关于一般政治，亦采合议制，一如现在的国会这种机关。

议会之议员，为由各部落派出之代表。此等代表之产生，其形式与现代文明国所行的选举制度大略想〔相〕似。

议会最初设在克鲁伦河的第一宫殿，继移于哈尼牟第四宫殿，最后更移至哈剌和林。移往和林以前，议会是设于宫殿之内的，但自定和林为大蒙古帝国首都以后，乃另建议会；不仅于都城添一伟观，且因此而使因立法机关附属于行政府内而发生的种种弊害，得以除去。于此可见成吉斯汗识见之远大了。

议会组织之情况，虽尚未能备悉，但大体似乎与今之立法委员会大略相似，而取议长之制。开设议会之初，第一任议长即为著名的大宰相——耶律楚材；成吉斯汗亦时往议会训话，一如今之施政演说。

议会之情形，略如上述，但其究在和林的何处呢？

现在之哈剌和林，昔日之痕迹，一无存在，已完全荒芜了。只有蒙古部落稀疏分布，从事于牧畜、农业。居民为向来的土著，中有继续着至三四百年那样悠久的旧家。

因此，考米诺夫博士的探险队，纵不曾发掘出议会遗址，而由这些旧家来调查，也很便利的。蒙古学者们向这些旧家调查以后，发现着很像是遗址的地方了。

据老年的蒙古人传说，和林之都克这块地方，以前为牧人集会之所，其遗址，今犹存在。此都克，照发思巴大师所造蒙古文字，即聚会之意。由此推测这里或即为当时的议会之遗迹。蒙古学者们着手于都克之调查，结果在地下发现一绘画雕刻的铜版。

此铜版甚古，其绘画虽已模糊不清，但尚可辨认似乎是描写会议的模样的东西。因为七八位男子聚会一起，中有好像议长的一人高踞上位。铜版上似曾刻着蒙古文字，但已完全磨灭，无法认出。

其次，三四年前，某法国人往和林探险，曾发见契丹文之瓦，带回巴黎。这也是与上述的铜版画同在都克附近发掘出来的。

因此，就蒙古人的旧传说与这两种发掘物来看，大体可以推断昔之议会即在都克。都克是在距宫殿的遗址约二里之所在，由此可见成吉斯汗区隔宫殿和国会之用意了。

成吉斯汗享年七十三岁

成吉斯汗的享寿几何，世间有种种的传说。蒙古史作六十六岁，是一般认为相当正确的。但乌里的古籍中则作七十三岁。蒙古史家的意见，自然是认此为正确的。

这是什么原因呢？原来和林蒙古人中，从来有一种习惯，谓七十三岁死的人是很光荣而应受人庆祝的。这就是说成吉斯汗是七十三岁死的，与其同一岁数死去，是非常光荣的。由此可以证明，他是七十三岁死的。

其次成吉斯汗死的地方，是在哪里呢？这在前面已经说过，是在中国内地的六盘山。但关于六盘山也有种种传说，或谓在甘肃的灵谷，或谓在清水县，总之，他在侵入中国内地后得病暴卒这件事是众史家所公认的。

至于成吉斯汗之陵墓呢？如前所述，过去的史家或谓其灵柩迎归萨里川之老营（车臣汗部），然后全国发丧，或谓建陵墓于萨里川。

这种说法显然是错误的，萨川里〔萨里川〕虽有宫殿，但系沙漠地。那里原为临时的宫殿，成吉斯汗出兵中国内地时，即已破损而成废宫之形了。他的灵柩决没有奉安于这样所在的道理。实际还是奉安于哈剌和林，而其陵墓亦即营造于此，这是非常显然，无待证明的。

神道碑之由来与金虎符

以上关于成吉斯汗的事情大体终了。此外蒙古史家关于和林之研究，极有兴味，兹略述之。自然和林之研究，同时就是成吉斯汗的研究，故虽未述及成吉斯汗，而其事迹仍然是分不开的。

兹先讲耶律楚材的神道碑。这是由和林的拜达那地方发掘出来的。元仁宗帝皇庆元年四月，帝因宰相耶律楚材辅佐太祖成吉斯汗，完成大蒙古建设之大业，于元朝之创建，有极大之功勋，特建碑以纪念之，碑之材料为铁，碑文为汉字所书；其文字磨灭甚多，已不能读，仅能看出其为耶律楚材的神道碑而已。

耶律楚材神道碑建立之年（皇庆元年），即仁宗将和林改作岭北等处行中书省之年，碑之建立并有作此纪念之意义。和林之改称，只是行政上的改革，于和林十五宫、十五城之壮观，并无何等变化。

神道碑是为表彰耶律楚材之功德而建的，碑中尚有"中书令相耶律公"七字显然可见，耶律楚材享年五十五岁，于大〔太〕宗三年五月卒于和林，这是蒙古史家已考证确定的。

其次在拜达地方尚发现与神道碑同样有兴味的东西，就是金虎符。这是成吉斯汗当时的官符。彼向蒙古各部落征发财物、人马的时候，即用以宣达命令。所谓金虎符，是以金制造的，故名。

官符中，除此以外，尚有银制的银符及铜制的铜符，因命令之种类而别其用途。金虎符系用于最重要的命令，通常使用的场合，是在向人民征发财物、人马的时候。

此种官符是与征发物交换而给予人民的，即对人民的直接的赔偿。成吉斯汗之不肯苛敛诛求，由此可以看见。大概此种官符制度，也是由耶律楚材建议的，所以金虎符与纪念他的神道碑在同一场所发掘出来，也即是此种因缘。

日本人怡土氏曾往和林

乌里地方发见的古籍中，有一种《和宁路志》。和宁路即和林，因元朝仁宗时和林又有此称呼。故《和宁路志》即《和林志》，为研究当日大蒙古首都事情的极好材料。

《和宁路志》中有许多有趣味的记载，兹略介绍一二。

和林中，大〔太〕宗时即有一种所谓番教堂。所谓番教，即基督教；番教堂不用说就同于现在的教堂。就史书来考，罗马使者之来和林，是在第三代的定宗时，而乌里古籍则谓在第二代大〔太〕宗时即有教会，可见一般史书之误。

但此种番教堂，在元仁宗的和宁路时代已遭禁止，代之而兴者为红教寺及东佛寺，所谓红教寺，究竟是什么呢？这很容易知道即由西藏传来的红教喇嘛。至于东佛寺是什么,则现代史家犹尚未考知其真相。

如果是西佛寺,那末可以说是由西域印度传来的佛教之寺,而东佛则不敢妄加判断。有人以为或者是东方之佛之义,即由日本传来的佛教。这在前面已经说过,日本日莲大师门下十哲之一的日持上人,经中国以抵和林,后即圆寂彼处,这件事是确实的。如果东佛寺确为日本的僧人所开创,那末日持上人必与之有关系——否,日持上人或即东佛寺的开山祖师呢!

又《和宁路志》中,记有太祖成吉斯汗及大〔太〕宗、定宗、宪宗,即大蒙古帝国的极盛时期的"迎宾馆"的情形。所谓迎宾馆,是为欢迎及接待外国贵宾而建造的,为一种旅馆而兼宴会的场所。

当时和林为世界有名的大都,文化灿烂,各国争来朝贡,迎宾馆之设,确有必要的。

关于迎宾馆的记述,颇多趣味。中有"日本人怡土氏来朝"一段记载。由是可知当时有一位日本人怡土氏曾往和林。这实是极珍贵的史料。关于此事,将来蒙古学者的研究,或者会使日本史学界为之震惊也未可知。所谓日本人怡土氏,就其姓名来推测,大概是九州(日本地名)人,但日本历史中,镰仓幕府时代,并无代表日本出使蒙古者,故怡土氏或者是个人冒险前往和林的。

如果属实,则其勇气,殊堪赞佩。其人大概是日本国内一位隐遁的豪侠之士呢!

关于怡土氏之游历和林,很有趣的是"怡土"这一音,蒙文即源流之意。一提源流,又会联想到源氏。

源流是否即源氏,是不是可以作"成吉斯汗即源义经"的史说之资料,我很怀疑。这虽似牵强附会,但我觉得也是一件很有趣味的问题。

成吉斯汗之奖励运动

如上所述，因蒙古学者之研究，发见了许多的遗址和古书籍，遂为大蒙古史上添一光彩而贡献于世界的史实者，殊为不少。

以下所述，依然是这些蒙古学者最近所发表的有兴味的研究，为考证蒙古史尤其是成吉斯汗史之极好材料。

关于和林之文化，蒙古史中有诈马、分〔布〕库、贵由赤、什榜等名称，这些名称，从来学者的解释是：

诈马即今日之竞马；

布库即今日之角力；

贵由赤即今日之竞走；

什榜即今日之演剧。

即从来史家谓，这些都是当时和林民众所常习的娱乐。

但现代蒙古学者之研究，诈马、布库、贵由赤、什榜，虽均为一种娱乐，但与今日一般所说的娱乐是异趣的。那些都是借游戏以鼓舞蒙古人之士气而强健其体质，故成吉斯汗的意图，乃在实行体育的训练。

此外他们更于和林，就这些遗迹中，探索得不少的资料，因是而证明种种有趣味的事实。

第一，诈马即今之竞马，至今达兰图这块所在尚有其遗趾〔址〕。此处之居民，现在春秋二季所举行的竞马，当即昔日的遗风。

其次布库即今日的角力，但似与上述之竞马同在达兰图。关于贵由赤（即竞走），现在虽无遗址，但现在和林居民间，尚有一种有趣的传说，由此可以揣知当时的贵由赤是一种什么东西。

据说，当时的竞走，大半是十二三岁的少年举行的，其方法不惟奇特而且规模之大，也非今日长距离竞走所能比。几十个少年，分为青、红二班，由和林出发，至阿尔泰山麓往来，那像是很普通的。然而当和林至阿尔泰山麓有二百里之遥，今人为之惊异。

更可惊的是此二百里之途间，有十里二十里之沙漠，且有山有水，通常走起来已经不是容易的途程，而乃令十二三岁的幼年孩子去跑，且沙漠中须乘马或骆驼才可以的，在现代的人们看起来，真是一件难事。

红、青两组的竞走者到了阿尔泰山麓后又怎样呢？红组就捕红色之狸，青组则捉青色之狐，携回和林。总之，成吉斯汗是借贵由赤之举以培养国内少年的体力，其方法有类于昔日之斯巴达，在现代人看起来，是很勇壮的。

所谓什榜，即今日之演剧，就古籍来考，有音乐，有舞蹈，其热闹殆与今日的中国剧可以相比。而其乐器之进步，亦与今日所有者大概相同。演剧大抵是在宫殿举行的，但其遗址，今已不存。

但在那里有似乎用来演过戏的宫殿的地名，尚且存在。那就是所谓阿哈奎的所在，阿哈即异国之女，奎是花街柳巷之意。和林人又称为"妓馆"，实际这里决不是异国人演剧的地方。

前面说过，和林之异种奴隶有十五万，此种阿哈奎或者就是由俘房中选择出来的美女，于市内设一区以为其住居的场所。

总之，此种阿哈奎可以说就类于现代的妓馆，即成吉斯汗诸帝为一般人的娱乐及人口的繁殖、种族之改良起见，而设立此种制度。

马可保罗访和林

关于和林尚有种种之传说，但因篇幅的关系，既在只简单的叙述一二有兴味者，以终此篇。

第一就是马可保罗之访问和林。这大概是读者们都知道的，他的旅行记中，记有哈剌和林的事情中谓：他在和林的隆盛时期旅行那里，更由彼而往西域以至中国本部。现在和林尚有保罗的遗迹，即在察罕泊附近有保罗这一地名，居民传说是因某异人的名而得名的。

这显然是马可保罗的遗迹，而为保罗当日曾到和林的明证。又关于保罗的旅行记，尚要补述一句，即保罗在其旅行记中，记有日本的事情，因而与欧洲的冒险家以很大的冲动；但实际他并不曾去到日本，故其所记，大概是在和林或中国时听人所述而记上去的。

就历史来考，元时，成吉斯汗一族中，有名叫海都的一位英雄，他与元世祖忽必烈交战多年，世祖至元二十六年，更攻入和林，这是在古书上，可以考见的。海都与和林之战，非常激烈，一部城廓〔郭〕曾被兵火，而和林幸保全无恙。

关于海都之根据地，从来有种种说法，据现代蒙古史家的调查，认为即在今日之库伦。海都据库伦，抱大蒙古皇帝的野心，随时侵犯和林，但屡被击败，元成宗大德五年，终为元所灭。

红教古寺与老僧

西藏红教喇嘛之衰落，与代之而起的黄教喇嘛之勃兴经过，系关于喇嘛教的历史问题，这里不必多述，总之，红教喇嘛本为一种邪教，现在库伦的喇嘛教乃系黄教，而是在明永乐年后传入的。

红教之传入元宫廷中，是在什么时候呢？那是在忽必烈时代，由西藏来元被尊为国师的发思巴所传来的。发思巴当时被尊为圣僧，对于元朝有莫大的功绩，而红教之广布元朝，亦由彼始。

元时红教之入哈剌和林，究在何时，已不详悉，大体似在元朝之第四代宪宗以后世祖的时代。但传入库伦的黄教，其寺院现犹保存，而传入和林之红教，则其寺院已与宫殿、城廓〔郭〕共同毁灭，现在那里已无一点痕迹了。

　　但最近因蒙古学者调查的结果，竟意外的在马尼图的森林中，发见红教喇嘛寺。这于考证和林历史及研究喇嘛教史上，实为一极大的收获。

　　寺为六百余年前之建筑，全部为砖瓦所造。寺内现犹有老僧十四五人；房屋已破坏不堪，仅略能避风雨而已。

　　虽然如此，那是外蒙古唯一的古寺，而过去许多外蒙古探险家均不注意，似甚奇怪。

　　最有趣的是古寺中老僧们的生活。这些老僧日常与狐狸共起居。偶尔也有西北蒙古一带的喇嘛至此朝拜，其中且有女尼。这些老僧就赖此等朝拜者带运食物以资生活。

　　据说，与彼等同居的狐狸，也为他们搬运食物。这在我们看起来似乎是很神奇的，但蒙古中，村邻往来，无论数十里百里，其旅伴中必有马或羊、狐狸以及野驴、鹿、羚羊、猿猴这些动物伴同前往。其中狐狸尤为亲切的向导。蒙古之狐狸，决不是如日本所传能化成人身那像〔样〕神怪，实如一种忠义之犬，为人保镖。

　　此古寂的马尼图中所供奉的是什么佛呢？那是所谓欢喜佛，为铜所造，已历三百余年。这种佛像并不是〔足〕奇，在库伦喇嘛寺中很常见的。

　　佛殿之后有转生堂。所谓转生堂，其意即谓人若信佛积善，来世必转人身。喇嘛教称此为释迦牟尼世尊堂。

西藏、青海之现况

西藏、青海是世界的秘密国

　　以上我已将外蒙古各要地及唐努乌梁海、金山额鲁特、天山南北路等地的情形，就我所直接见闻者，择要叙述。这些地方，现在或被苏俄或为中国所封锁，外国人尤其日本人是轻易不能进去的。

例如库伦以及外蒙各要地，上面说过，因苏俄严厉的排斥外国人（尤其是日本人），故除了特许的少数为探险而往的欧美人外，是绝对不能入境的。到了最近，其取缔更加严重，连通常的旅行，也遭禁止。

又中国政府对于新疆的态度亦颇严重。最近虽允许法国探险家玛耳往天山南北路，但系中国学者参加前往，故属例外。恐怕今后外国人要想前去，已绝对不可能了。

最奇怪的是中国及苏俄之排斥外人，对于日本人特别严厉；一经发觉是日本人，立刻即遭拘捕。

其理由已如前述，是因为恐惧日本人之经济势力之侵入。但只是经济的关系，不会如此严厉；必于经济的原因以外，另有恐惧或嫉妒日本人的理由。

这里要特别声明，外蒙及新疆虽然排外，但也有多少的例外。即外蒙古中，德国人是被许公然入境的。这是因为德国是苏俄的亲善国的关系，所以他们可以自由往来经营商业。其次新疆方面，因回教的关系，亚细亚、土耳其人不用说，即欧洲的土国人之入境，亦无法禁止。因此，往那里去的许多的欧洲人，都化装成土耳其人。

因是之故，上述各地的宝藏富源，均为苏俄及中国所严密封闭，以杜外国人之觊觎。自然虽说不许外国人一人入境，然因不能如私人家室关闭之严，所以因种种的关系，例如上述的化装土耳其人入新疆以及我之化装蒙古人入库伦，在此等特殊情形之下，也有外人潜入。故纵属秘密国，而其中秘密，也常有泄漏于世，这是苏俄和中国政府所无可如何的。

我今回之潜入库伦，决不如欧洲人化装土耳其人潜入新疆之易，实在是偶然的幸运。我能因此而详细调查外蒙及新疆各地的现况，以介绍于读者，诚为幸事。

严厉的封锁政策

西藏、青海与外蒙、新疆同为秘密国，欲知其内情，实极困难。而且西藏、青海可以说是现代绝对秘密之境；知道外蒙、新疆的事情，尚有可能，而西藏、青海之内情，则绝对不易漏出。

不用说，关于西藏、青海，从来也有□本地理书传世，即在日本也有。《入藏纪行》及其他有关藏事的少数著作，但这些大概均不出关于拉萨的喇嘛寺及政治或风土人情的见闻录之范围，欲求一部探险的，对内部有深切的考察的著作，实在难得。

尤其关于西藏、青海的最近情形（一九三一年顷）的介绍，到处均无从觅得。英京伦敦方面最近虽有关于藏事的报告书发表，但此仅因英国与西藏有特殊的政治的通商的关系，而由印度方面探访以传达于英政府的；但其报告书中，亦绝少详确的记载。

又中国之于西藏，现仍握有宗主权，似乎西藏的事情，中国应很明了了。但中国的宗主权，实等空名，自西藏活佛达赖宣布独立后，因中国力量之不足，现今几乎完全断绝了政治的关系。因此之故，旧日当属别一问题，今日之西藏、青海的内情，中国也是非常隔漠〔膜〕的。

因之，西藏的事情，世人视之，殆有类谜。但西藏、青海何以要禁止外国人入境而不愿公布其内情呢？其主要的原因，是其地的当局深恐外国的思想，尤其是"赤化"的思想侵入其境内，例如，西藏中现在是喇嘛教的活佛以教主而兼国王，他鉴于外蒙的喇嘛教，因苏俄之"赤化"侵略而蒙非常之压迫，致活佛之教权完被剥夺，故对于共产主义非常恐怖，因而对于外国人之入境亦严厉禁止。

喇嘛教之改革与宗喀巴

西藏、青海既经严厉封锁，外人几难进去一探其内情，何以我又会探得其中的秘密呢？原来是这样的。

前面叙述新疆的事情时，已将由甘肃往迪化的途中各城市的概况，大略谈及，而对于西宁则完全未提；因为西宁是不当往迪化之道的，但西宁与西藏则有重要的地理的及宗教的关系。我游历甘肃，并曾视察西宁；在那里，我得着调查西藏及青海之便。

西宁位于甘肃之极西（译者按，西宁今已划归青海而为其省会），而与青海相接，青海昔属西宁府管辖，当然是中国的行政区域，今称之曰"西藏及青海"，似乎地理上是与中国本部划分开了。但无论政治上或地理上的形势如何，西宁仍属中国，而不属于西藏，因此那里不像西藏那样严厉的排斥外人。

因是之故，西宁实为探查西藏的秘密的最适当的地方。于此有一事要特别一述的，即西宁与西藏的宗教关系。

西宁地方，有名曰孤姆布姆的所在，为黄教喇嘛的创教者宗喀巴诞生之圣地。此孤姆布姆的尔萨尔地方，有供奉大圣宗喀巴的塔尔寺。寺之规模极宏大庄严，洵为喇嘛教主的诞生寺。

此喇嘛教主宗喀巴，究为何如人呢？他是喇嘛教史上最有名的人物，如果详写其传记，将与日本之日莲或西洋之路德一样，费千页之纸，尚不能罄。现在只很简单的介绍其轮廓。

宗喀巴是黄教的开创者

原来西藏在元之忽必烈侵入中国，定都燕京的时候，其地即为红教喇嘛的势力。关于红教喇嘛，前已述及，仍为佛教之一种，惟其内容甚腐败，僧侣多无知识，唯事念咒说教以蛊惑人心，败坏风俗，但在当时，竟无一人倡言改革其弊者。

此腐败的红教喇嘛，后竟侵入元朝宫廷，元世祖忽必烈后，其淫风恶习已蔓延宫中。到了贤明之仁宗驾崩以后，其势尤甚，几至不可救药。

原来蒙古种族，其性质以朴实勇猛著称，其能成元朝之大业，即由于此。但自入主中国以来，其民族已流于文弱，更因传染红教喇嘛之弊习，风教日益堕落，遂于第十五代顺宗时，为明所灭。

这是蒙古方面的情形，其在西藏，红教喇嘛之弊害，亦极显著，因之喇嘛这种教，已濒于衰灭的状况。其奋起以图改革此腐败堕落之红教喇嘛者，即宗喀巴其人。

宗喀巴于明永乐十五年，生于西宁之孤姆布姆，壮年入西藏，在甘丹寺出家得道。他在未入西藏以前，曾于甘肃敦煌（即千佛洞寺）研习大乘佛教。他入西藏以后，鉴于红教之遗害于佛教的喇嘛宗，且有害于世道人心，因立志改革红教，结果遂有新喇嘛教——黄教之出现。

黄教为红教之对称，红教之僧侣着红衣红帽，而新教之僧侣则着黄衣黄帽。宗喀巴叱红教为小乘邪教，而尊黄教为国民所当信奉的大乘正法。他的雄辩与热情，既渐为西藏人所接受，黄教喇嘛遂风靡全藏，而喇嘛教之改革，亦大告成功。

宗喀巴的诞生地孤姆布姆地方，众人为纪念此改革宗教之大圣起见，乃建塔尔寺以崇奉之。寺建于明宣宗六年，去今约六百年。

有名的塔尔寺

闲话少说，书归正传。话说西藏与中国，宗教上自昔即已发生关系，因之两国的僧侣，常往来不绝。现在西藏虽绝对禁外人入境，但汉人则属例外。汉人往来，虽非完全自由，但亦未严厉取缔。

至西藏人之往中国内地，则完全自由，毫不禁止。西藏之贵族、僧侣，与政治有关系的人物以及学者等，均常往来中国内地无阻。只是这里要注意的是西藏与中国内地的交通，主要的是西宁与西藏之交通，上述这些上流人物以及一般商人，均常往来西宁，借此为根据地，以与中国内地交通。

因此，西藏与中国之交通，实即与西宁之交通。这就是前面所述中国内地对西藏内情，不很明了的缘由。原来西宁位于甘肃的极西，无论地理方面或政治方面，都是接近于西藏的，所以这里与西藏虽自由往来，而西藏的情形，依然不容易传之中国内地。

因是之故，西藏的内情，中国内地虽颇不容易知道，而西宁则比较容易探得。西宁既有黄教圣人发祥的塔尔寺，且更有许多庙宇，故西藏人之前来朝拜者，常络绎不绝。寺庙共有二十余座以上，且均宏大庄严，总计同一时期，可以容留一万以上的人住宿。因之，即在西宁地方尤以塔尔寺附近，西藏人特别众多。在这里自然会得着西藏的一切新消息。

我在西宁，所以能探着西藏的事情，也是因为和聚居塔尔寺的西藏人的接触；我因是而详细探得最近的西藏的种种情形。

于我还有一点特别便宜的，是我和兰州的两位中国朋友，一位姓鲍，一位姓范的同行。此二人对西藏人的语言及习惯均甚谙熟，得此两人的援助，我与西藏人接触的机会很多，故有许多不容易得到的消息，也被我探到了。

我们在塔尔寺附近中国人所经营的旅店中住了下来，每日至寺庙参拜，与到那里的西藏人交接。在我留在那里的时候，恰巧遇着不少西藏的高僧和与有关政治的人物以及一些事业家等均来那里，我和这班人时间虽短，而交际则甚融洽，殊为欣幸。

我在那时已无隐瞒我是日本人的必要，所以堂堂正正的用日本人名义，与他们交际。他们大概都是一听说日本即表示非常亲热的样子，询问日本的种种情形，尤其喇嘛教的僧侣，喜欢讯问日本的佛教状况。

他们都慨叹中国佛教之衰而洋教（基督教）之盛，认为非好现象。又西藏人对于日本茶均表示非常喜欢，殊为有趣。

以下先略述青海的事情。

青海人之限制生育

青海为海拔一万呎的高原，总面积十万方哩，人口约十三万。既为海拔一万呎的高原，与其称之为青海，毋宁称之为青山，其地势似更与名称相称。但青海之所以得名，是因为其高原中，有长五十哩阔四十哩的大湖，其水常呈青色，故名青海。因湖之名，遂以名其地。

青海之风景，在湖中央之五小岛，岛不大，上有村落及喇嘛寺；居民和僧众共约二千人。距今二三十年前，岛人即以湖为天下，完全与陆上人断绝往来，故无一艘舟楫。

先就青海来说，关于其地的事情，旧有之地理书中已略有记述，据其所载，并无值得奇异之处，但我此次在西宁，由西藏人那样〔里〕，听着关于湖岛的种种有趣的故事。

据其所述，青海岛上的居民，实非西藏人，而全部均为喀尔玛克族，其人数男女合共一千五百乃至二千人。最奇怪的是此一千五百至二千人口之不增不减，似为全岛居民间所共同的公约遵守。既然男女共处，要使人口不增加，他们自然不能不实行限制生育。值得注意的是其限制生育的方法。

现代文明国是用什么方法来限制生育，我不很知道，纵有所知，这里也未能细谈；至于青海岛人之限制生育的方法，则不妨一述。因为那种方法是非常野蛮，为我们所不能赞成的。

岛人之限制生育，普通是残杀婴儿。此种习惯，是由于岛人崇拜一种与喇嘛教不同的恶魔神教，就是说，湖岛中有一种恶□之神，喜饮婴儿之血，岛人为息神怒起见，生下孩子，即以之祭神。其法即将婴儿置于岛上人迹罕至的恶魔庙中，而供其享用。

供祭的婴儿，自然是大快恶魔之朵颐，但偶尔也有不为魔鬼所害而被人救起来的。这是极稀的事情，一经供祭，迨无生还之望了。

滑稽的避妊法

可是，喀尔玛克虽然迷信恶魔，但人类怜爱子女之情，总不免的。恶魔诚然可怕，而生生的得〔将〕自己养下来的婴儿以供鬼神啖食，当然也有所不忍，于是他们又想出不生产的方法，而实行避妊。

喀尔玛克的女子为早婚制，通常十四岁即结婚，也有十三岁的。十三岁结婚，在我们看起来，似乎是很奇怪的，但喀尔玛克谚语称十三岁为"康启"，即初夜之意，女子等了此时，即已发育成熟，而有性爱之要求了，故在她们是并不足异的。

喀尔玛克妇女以与十五人以上的男子发生关系，即可不妊。他们避妊之结果，虽乏正确的统计，但据西藏人讲，似乎是很有效果的。自然，避妊决不是完全可避，生也仍然是有生的。这就是岛人能够到现在还保持一定的人数，不会绝灭的理由。

岛人实行此两种限制人口的方法，喀尔玛克人势将有灭种的危险，这也是岛人所引为忧虑的。关于此点，某西藏人曾和我作如下的有趣味的谈话。

好吃婴儿的怪兽

西藏之识者及有智慧的喇嘛，都以为岛人之迷信恶魔，用孩子作供馔这种事情是很愚的行动。世间既无鬼魔，更何处有恶魔喜欢婴儿之血，要求牺牲之事，如果青海的岛上真有啖食婴儿的恶魔，那一定不是鬼魔而是一种好吃人肉的怪兽之类。

有人根据此种见解，暗中向一般所称恶魔出没的场所去调查，结果发现了确实不是什么魔鬼，而是一种水栖的怪物。

这种兽名曰猲。藏文《山海经》载：

> 猲头部似鬼，具两身，长不及大蛇，而立则如鬼；全身色红，好袭游牧人而吸其血；多栖于青海。

又中国古书中又有：

> 水之精生猲，一头两身，水之魔、水之怪兽也。光头国秃发氏之西平王祭之而封于青海。

西平即西宁，光头国秃发氏为昔日割据新疆南路的一族，以勇猛鸣。所谓光头国秃发氏，因此族头发皆秃，因而得名。现在的日本，光头的人正是得势，中国自来亦不少光头，又有什么足奇呢？

据此来看，猲这种动物，确是一种很可怕的怪兽，一头而两身，乃为现代生物学中所未知的生物，这种动物栖于青海而永享岛上居民所供奉的婴儿。

据说，近来为除此种怪兽，拟邀请西藏的勇士来青海帮助，如果猲能除去，破除岛人之迷信，真是幸事。

湖与岛的情形，略如上述。关于青海的富源方面，据西藏人告诉我，并无特别可称之物。青海之人种，大多数为蒙古系的民族，并混有少数之喀尔玛克人、通古斯人及阿姆达人，均以游牧为业。其部落均极贫苦，迨少都市之形态。

不见于地图的秘密地

青海之情形，略如上述，以下当一谭西藏。这是我此次赴西宁所渴欲打听的，幸因上述的缘由，故意外的竟能如愿而偿。

大家都知道西藏是世界上最高的高原，其中最高的地，实达一万六七千呎。其总面积，除青海外，共为三十五万方哩。人口无正确之统计，但大体约六百四十五万人。

但此为满清时代的概算，现在合青海计之，当在七百五十万以上，故就人口之密度来说，比较外蒙、新疆更要密些。

西藏之人种，以蒙古系的西藏人占最多数，此外并有约十种民族，此等民族为数极少，均在西藏人之势力下，受其支配。

一般地理书中所见的西藏情形，大致如此；但这只是粗略的调查，并非详确的报告。所谓西藏、青海面积四十五万方哩，实为极概括的推测，实际要比这数目多些也未可知。关于此点，某西藏人告诉我：

"中国人及西洋人著的地理书中，称西藏之面积为四十五万方哩或五十万方哩，这种说法，是靠不着的，西藏现犹有多少土地未经记载于现代亚细亚地理书之所谓西藏部分。这些地图中未有的秘密地方，其面积或者还要比日本大些。此秘密地方的位置，现虽未能确指，但大概是在西藏之南方喜马拉雅山脉或昆仑山脉地方。"

"地图上所不见的秘密土地。"这是多么有趣的话啊！惜乎西藏人亦属漠然，不能明确的指定其地点之所在。总之，西藏中尚有为人迹所不到地方——否，全世界人认识以外的神秘境——这件事是确实的。

其次西藏的政治状态是怎样的呢？那里完全为一宗教、政治合一的组织，喇嘛教之教义，即为其法律，教主达赖喇嘛即为首都拉萨的喇嘛寺的教主，同时即为政治的领袖，总揽一切政务。故拉萨的喇嘛寺，同时又为西藏的中央政府。

藏中除达赖活佛以外，原尚有一班禅活佛。班禅活佛，座〔坐〕镇后藏，管理后藏二大部（面积十五万方哩）之土地。

西藏之人口与工商业

西藏的首都——拉萨为人口十万之大都会，市街划分为宫殿寺院区与商业区。寺院区之中心，有十三层的活佛宫殿，即布达拉宫。商业区，商工业颇为繁盛。

拉萨之人口，据清末之调查为五万，现约十万。此就高原地的都府来说，自然是很发达的。其原因第一是由近年来拉萨的商工业之急激的进步。

原来拉萨并非外国贸易市场，不惟外国人之往来，受严厉的禁止，而其一般国民之生活，亦不感觉困难，故商工业本不发达。这是因为拉萨是在四面高峰之中，海拔有一万二千三百呎之高，本是不怪足〔足怪〕的，然最奇怪的是拉萨的商工业，为什么近年会发达起来呢？

关于此事，西藏人说是由于近年拉萨市民之经济的自觉。原来西藏为天产极富之地，非其国民有经济的自觉，各方面都是要受很大的影响的，现在虽说发达，但与各文明国比较，尚极幼稚，例如工业仅是以矿物（金银铜铁）为材料而制造粗率的器具，或以兽毛而制毛织物，或从事于某种药品之制造，如由文明国之制造工业来看，其前途尚属辽远；但在西藏则已属非常之发达，故中部西藏人都群驱〔趋〕于拉萨市。

这是拉萨市人口增加之主要原因，此外尚有一点值得注意的，即近年拉萨市附近的农业非常发达。这是因向来有"卫州（西藏别称）之平野"之称的曲水流域之开拓，遂又为拉萨人口增加之又一原困〔因〕。

西藏之对外贸易，以与印度交易最为濒〔频〕繁。藏印贸易地，在后藏之日喀则以及亚东、东丞、江孜等处。这些地方虽属藏领，但因在后藏边境，与拉萨相距太远，故与印人贸易，畅行无碍。

西藏是有名的大金矿地

西藏之富源，首推金矿及沙金。西藏之金，非在现在始著，自清以来，即颇有名，而为世界探险家所注目。但西藏之金矿、金沙究在何处，并有多少？向来无人知道。即在现在，除西藏人外，恐怕知道的亦属无几。我因某西藏人之谈话，得知其详细，特为介绍如下。我敢相信这是最有价值的记事。

原来西藏政府对于富源之开发，是不很关心的，但对于金矿、金沙之调查开采，则自昔即努力进行不懈。这就是西藏之金，与外蒙古的情形相异，而久已著名的原因。西藏人虽未具备矿物学及地质学之智识，但对于金银铜铁这种天产品的开采，则先天的即具有深湛的智识。这或者也是使西藏之金有名的一个原因。

以前西藏所已发现的大金矿地，有如下几处：

乔班布　　　　　矿脉延长六百余里

拉列　　　　　　矿脉延长约四百余里

央德　　　　　　矿脉延长约千里

特克雅洛　　　　矿脉延长三百余里

特克德拉克巴　　矿脉延长二百里

除上述外，最近又发现下列诸处：

前藏方面：

藏顺山陕〔峡〕

库兰河（沙金）

阿兰多

得陀坡

洛隆

其他数处

后藏方面：

吉普喀拉

楚三山坡河（沙金）

桑桑高

藏布河（沙金）

藏尔喀

其他数处

以上金矿，其质多属优良，稍次者仅二三处。大体此等金矿的金产额，总计据说约七亿五千万吨。自然，其计算并不正确可靠，不过其产额之多，由此不难想见。

有希望的日藏贸易

采金的方法，比之现代科学发达的国家，自是幼稚；锻炼之术，亦不进步，因之，西藏人与印度之贸易，大体即以原金矿交易；但金制的器具，向为西藏之名产，即使是无用的废物，因其含金成分甚多，故中国及印度商人之收买此种旧具，亦有大利可获。

与西藏之金矿或金器交换的外国输入品是什么呢？是绵丝织品、毛织品、棉纱、茶、烟、谷物、糖、香料及武器等。武器一项，交换的价值极高，一支旧式之枪，可以与价值五百圆以上之金块或金制的佛像等交换。又火柴、手巾、洋伞、肥皂及白粉等类化装〔妆〕品卖价亦极高。一位由此种交易而发财的印度人告诉我一件故事，他说有一次某印度商人用仅少的茶和香水换得一很大的金制的牛马用的水盥。如果属实，世界上再没有比这容易发财的了。

最后某西藏商人告诉我一段话，我现在要转达读者诸君：

"西藏的商人，极希望日本商品之输入。日本之茶、烟和糖，最为西藏人所欢迎，就中对日本茶尤为喜欢。对于输入的日本货，用金块作价也可以，用金制品也可以，甚至用世界著名的麝香交换亦无不可。总之，日本的绿茶如果输入西藏，那是再好没有的。"目前西藏对于外国人之往来是禁止的，但对于日本则不比对俄国之有思想问题之顾虑，故两者如经切实交涉，西藏对于日本或者竟会开放也未可知。这是很盼望日本当局作充分的研究和努力的。

《新亚细亚月刊》

上海新亚细亚月刊社

1932 年 4 卷 1—6 期，1933 年 5 卷 3 期，

1933 年 6 卷 3、6 期，1934 年 7 卷 1—6 期，

1934 年 8 卷 1 期

（李红权　整理）

风

林庚　撰

　　蒙古的风吹到京华时，西山顷刻不见了；天上只是一片黄澄澄的。工厂烟筒冒出的黑烟，被反映成深深的紫色；太阳像云中的月亮，惨淡的青光，会令人想到一些可怕的预兆上去。

　　和一些人在清华大学的门口等公共汽车，时间已过了，还不见来，有些人竟猜想车在风中遇险了，因为风是这样的大，没有人敢保险，那车夫不会有一时的疏忽。

　　这样的风使我想到从前燕赵多慷慨悲歌之士的时代，那是何等令人追想的一个时代！多少身佩长剑的少年，仗义豪侠的义士，在那时是到处可以会见的。那时的风，该是怎样的自豪！它有它的天下，有它的侣伴，那一些烈马高嘶的英雄；头裹单巾、扬鞭天下的朋友，是如何的使这狂奔千里的风，感觉得并不孤独！想到那时自刎的人，顷刻间头便被黄沙一裹吹上天去了，觉得生死真也不算什么一回事。

　　心里胡乱的想，眼睛却注意在覆在两排大树下的汽车路上，这廿世纪的大路本就很平，再被一层黄沙细绌〔细〕的铺上，看过去正像是为了御辇走过的黄土道，这种平静安详的感觉，走上心来时，和适才迥然是不同的，自己也不禁得好笑了来。

　　车还没有到，有两个人为了这风起了争辩，起初一个人显然是南方的口音说：

"南方就没有这样的风，真讨厌！吹得人嘴脸都不知怎么才合适。"

另一个人立刻不服起来，他说南方没有这样的风，何以就见得这风讨厌？嘴脸不合适，那只怪嘴脸生得太没出息。这说话的人也是个南方口音，这样引起了我的兴趣。我听那先前的人又说：

"这样的狂风也只有你说好，你念过'春风又入江南岸'的诗句，那样的风够多么受人欢迎！要是'狂风又入江南岸'，还不把人全气跑了，谁有心肠还来写句诗！"

我听见这样的辩论，几乎想笑出来，但那个人立刻又发了一篇议，他说江南的春风固然好，但并不能因此证明北方的狂风就坏，北方既没有明媚的江南岸，自然不防狂吹一阵，吹得天昏地暗，岂不也另有一番景色！一位小姐听了心里不大满意，她说风如此的大究竟是不好，但究竟为什么不好？她说时大家似乎都没有听见；因为风声太大了，而且有沙子扑到脸上来。我心想这样的风就是不好，也还是挺起胸来好些；若是再因此发愁，那怎样还能活下去？好像连发愁这件事，也只有在江南的风里合适似的。

那两个人还在不停的争辩，好像他们已改了在讨论：风是喜欢在海洋里，还是在陆地上了。风声更大起来，我这时忽然想起那风中妖马的故事来，那是我小时一位远亲的表叔讲给我听的：

从前有个孤儿，母亲没有见过面便死了；因此自小就只依着他的父亲。他父亲非常的慈爱，每天挤了山羊的奶喂他吃，这孩便在父亲的怀里一天天的长大了。他父亲是一个武士，每到夜间要去守卫皇帝的宫门，孩子看见父亲走时，总是不答应的哭；父亲于是常指着天上的星告诉他说：那些不亮的星，都是父亲出去了；孩子一个人在家里，点一盏小小的油灯，所以那样的暗。那亮的便是父亲们在的地方，因为皇帝的宫中都点着顶亮的灯。孩子听说别人家的孩子也都是这样的，便不再哭了；他每天夜间便守着那些亮的星，他知道父亲是在那里，心里便不大觉得寂寞！

　　渐渐的他已是十五岁的半大人，父亲把他送到一个朋友那里去学剑；他每夜还是看着那些星，他选择了最亮的一个星，他想那应该是父亲在他的面前，于是每夜在这星光下习剑时，心里加倍的勤勉，但一夜他看见那颗最亮的星陨坠了！

　　孩子心慌的跑回家去，看见父亲的尸首端正的放在床上！他流着泪把父亲安葬在一棵大树下。他的邻人告诉他那仇人也是一个武士，因为嫉妒他父亲，在守卫时用弓把他父亲射死，现在还要请求皇帝连这孩也捉了去，于是这孩子流着泪走了。

　　十年后，一天那棵大树忽然从根折断，接着一阵狂风飞砂走石的吹进了皇帝的宫门，那孩子乘了一匹妖马来寻他的仇人了。那马猛烈无比，在空中狂奔咆哮，砂石便随了它遍处卷起；把王宫几乎踏成了平地，但竟没有找到他的仇人！孩子的泪遂流在脸上，取了他父亲的尸首走了。

　　他骑在马背上一直狂奔着，不分昼夜的要找那人，那匹妖马驮着他驰遍了天涯地角，但大仇还依然是丝毫未报！终于在经过一条小河时，他看见自己的须发已经白了！北风吹得遍山遍野，林中的树叶都纷纷落了下来，孩子在马背上看见满天的星摇摇欲坠，他泪如水的流下，拔出剑来，大喊一声，自刎了！割下的头立刻吹到天上去，从此便总带着那悲惨的号叫，随着狂风到处飞着。那匹妖马驮着无头的尸首，还以为是主人在背上；听见那孩子尖厉的喊声，便在风中疯狂般狂奔去，因此大风起时，尝听见呼呼的声响，与尖锐的号叫，飞砂走石的从山林间掠过。

　　这段故事从小时候家还住在南方时，听见那位表叔讲过，便一直的留在脑子里，那位表叔曾到过北方，后来不知又到哪里去，直没有再见着，我那时真还不晓得狂风吹起时是怎么一个样子。

　　等车的人似乎都在那里乱想，或谈论着这风是否从蒙古吹来的。有的人却在幻想着别的星球上，此刻该也有一丝的金风在围绕着紧吹？从这层层黄沙天，这种人似乎会直透视过去；又看见一个青的天体，那里有星，有风。

一队兵出来打野操，正从马路上走过，候车人的目光，又都被这新的事体所吸引；有人说这是西苑的驻兵，因为响应沪战准备收回东北，所以这样风中还加紧练习。我因此想起日来报上所载中国军士的壮烈，觉得这些兵一个个走过，真也令人羡慕。马队最后过去了，方才那位小姐大声的赞美着那马鬃被风吹起时的好看。

风声大时像虎啸，低时像狼嗥，也许是眼睛同嘴都乏了罢？大家不约而同的都用了耳朵来听，一片风声中听得远处吹起冲风号来时，就是方才过去的那一队兵吧？大家心里一样的想。

"上海的事到底怎样了"？

"你怎么也问起这事来了！"

那人觉得不好意思的笑着，他戴了一付深的眼镜，抱着一叠书，看去样子颇有点老夫子的神气；大概平时是不大过问国事的。但今天为什么会忽然关心起来呢？我觉得他脸色很红，眼睛很亮，似乎有一个新的感觉落在心上，那也许就是因为这风吧？它不容你不挺起胸来傲笑，大胆的看看这荒凉的世界！

我不禁又想到昔时燕赵多慷慨悲歌之士，觉得这带着砂石的狂风吹在脸上，有一种说不出的安适。

心里正模糊之间，忽然听见有人大声说道：

"空气能变成了狂风，怎么不好？若只是从狗鼻子被吸进去，再从狗嘴里呼出来，那才真是可笑呢！"

我忙抬起头来，原来方才那两位又在争辩了。风还是一样的大，但似乎并不怎样觉得冷，大家也都好像在想一点什么似的。

汽车终于到了，据说是在半路上坏了一个皮轮，修理好了才来的。整整的迟了一个钟头，但大家谁也没有觉得那车是来得太迟了；一齐爬上车去坐好，等着它在风中如飞的驰去。

一九三二，三，十一

《清华周刊》

北平国立清华大学

1932 年 37 卷 6 期

（李红权　整理）

察游回忆录

张碧笙　撰

一　恐怖的北平

本来是不愿意离开北平的，但是日本的飞机和可怕的风声，把同学、朋友们全都赶跑了。于是乎我也不得不为了自己的生命作打算——离开危险的北平。

在五月中旬，北平、滦东的战争，一天紧似一天，消息也一天坏似一天。日本的飞机，每天成队的在平市上空侦察示威。居民恐慌万状，人们见了面，总是担着心地问："消息怎么样？"负有折冲樽俎、安定华北之责的黄委员长，虽然在万众伫望中，到了北平，但是消息仍然不曾转好，反而更加紧张了。到了二十二日，传说和议已经破裂，明后日日军即将进占北平。同时谣言繁兴，人心动摇。这天下午，看见前门东西两车站的接轨工程告成，看见各冲要路口的沙袋和战壕，都告诉人们以局面的严重和可怕。晚上七点多钟，从西单牌楼回来，平日正是华灯初上、游人接踵的地方，这天却商店早已上门，行人寥寥无几了。只有许多的军警，在严重戒严着，黑暗下的人影幢幢〔憧憧〕，有如鬼城一般。因而感到此地不可久留，便决定次日离开了故都。

二　平绥车上

和同学董君到了广安门车站，见到有东北大学去太原的一列车。他们不但是人前去，并且连桌椅床凳，也都搬了去。这种情形，令我们觉得重回到北平，大概不是一件容易的事了。对此古城，不免有黯然之感。同时想到东大学生，于九一八之夜，在沈阳给日本人轰走，死里逃生的到了北平，现在又被赶到更远的地方去，不知道他们作什么感想？

这天车上，不消说是特别拥挤，天气又热，当然是受罪的很。好在许多相识的人们，不期而遇的坐到一辆车上，于是无形中造成了一个"布洛克"，保持着小小的地盘。

我走平绥路，尚是第一次。平昔对于青龙桥、八达岭、居庸关诸名胜，早已心向往之，这次本想一看这大好山河的，无奈人太拥挤了，不容许你动一动，更谈不到那些闲情逸致了。就这样的闷坐了五六个钟头，到宣化下了车，方才舒了一口气。

三　宣化

宣化是口北的重镇，地方颇称繁盛。虽然在内长城以外，但是风物却并不见得怎样有塞北的荒凉。城外水田甚多，有如北平西郊的稻田。城垣高峻，城内面积甚大，街道亦尚整齐宽敞。居民虽然不多，但是都会应有的设备，却大致粗具。城里有图书馆、阅报处、运动场，以及戏园、澡堂等。固然设置都极简陋，但是在偏僻之地，能有此种设备，也算是难能可贵了。

这里有一所中学，从前颇负盛名。因为是放假期间，并不曾见到多少学生。图书馆在鼓楼上。看他的书目，藏书尚不算少，而且比较新点的书籍，也很有几部。比起在山西所看见的县图书馆，只有几部官书局的十三经和些博物图表者，要强得多了。不过来馆的人，虽然不少，但是大都是看报的，尤其是看军事消息的，看书的人，却不曾多见。这也是人民智识程度的关系吧。

据说宣化是颇称富庶，但是因为常驻军队，给养浩繁，以致民生困难，大不如从前了。我想这个地方，如果政治能上轨道，则将来是颇有繁华之望的。

四　抗日救国军

到宣化是五月二十三日，正是方振武的抗日救国军到宣化的第三日。我们到的时候，宣化到处见到的都是兵。

首先遇到的，便是城门口严格的盘查。行人入城，行李必须被打开检查。我们伪说是他们政治部人员，方才免予麻烦，还博得了一声"对不起"。

第二件困难的事，便是住的问题，所有宣化几个客栈，全被兵给占满了。费了不少的事，方才勉强在一个小客店里，找到了一间小小的屋子。

方振武是北伐时候建立功勋的人物，这次出来，似乎仍然带有浓厚的北伐时代的那种风格。在总指挥部设有政训处，专门作宣传的工作。在宣化街市上，车站上，随处都可以看到花花绿绿的标语。据说在前一天还开了个民众大会，不过这种做法，在现在已经不能够刺激民众了。我们问起老百姓来，他们对于这部分军队，并没有什么特殊的感觉，只不过说"纪律还算不错"，但是总希望早些离开本地。

方氏毕竟算是个干才，对于军士的训练，非常严格。在我们住的那个客栈中，驻有该军一连，他们从早晨起来到晚上睡觉，简直没有两个钟头休息的时间，更没有自由的时间。在他这次毁家率军北上以后，闻风来归的人，颇不在少。这些人，颇有精神。但是，毕竟钱是最要紧的东西，方军因为经济枯窘，处处感受困难。在当时听内部人说，偌大一个总部军需处，时常只存有几百块钱，可见其窘状了。

方氏与蒋氏是对头，这次起事，多少总带点反蒋的意味。退一步说，纵然不反蒋，也非蒋之福。同时，中央军事当局，对他也力为抑制。据说，在唐县、定州时候，与白凤翔部几乎发生了冲突，在唐县尚有当时挖下的战壕。我们到宣化的次日，又有中央密令冯占海部接收宣化的消息，一时城中的军队，则〔差〕不多全都调出防御去了，则此种传说，当系事实。

五 宣化车站上的一夜

五月二十二日，动身赴张家口。下午三时半上车，但是等到下午七点钟，还没有开车的消息，最后索兴连车头也给摘了，并且把三辆车上的乘客，归并到一辆，于是乎前两三天拥挤的滋味，又不期而再尝了。

问车站上，据说在距站三四十里的沙岭子的电话断了，不知道前边的情形，所以不敢开车。但是同时有人说是在沙岭子方部与冯占海部发生了冲突。拿以前所得的消息证之，似乎后说比较可靠些。

坐在黑暗的、拥挤的要命的车上，又恰值淅沥的下起雨来。躁急，烦闷，同时袭击在心头。最后实在耐不住了，只好冒着雨下了车，走入车站。

在站长室里横七倒八的睡着几个人，当中有一个被我给惊醒了，两人便攀谈起来。他是孙殿英部下的军官，据说今天晚上孙殿英来到了宣化，和方振武会面。这个消息，颇为离奇，后来也不曾证实过，不知道究竟是否真实。但是因为有人说方派鲍刚军，孙派五团人，共同解决冯占海部，当时颇以为或有其事。

他谈到孙殿英之礼贤下士、财政公开，以及政训部主任韩麟符的能干。这位共党北方元老的韩麟符，在先前据说已由孙氏保释，却不知道又做了他的政训部主任。把他们二人拉在一起，我总觉得有些异样的感觉。

六 民众抗日同盟军

在宣化车站，一直等到次日十一点钟，方才有了开车的消息，昨夜空出来的两个车皮，载了方振武一同上张家口去。

快要到张家口的时候，车走的特别慢了，看见铁道两旁布满了军队。据说是冯玉祥派来欢迎方振武的。果然，车在半道上停住了，由车窗里我们看见了穿着蓝布短衣服的冯玉祥和方振武握手了，随后两个人步行着走了。早先看见冯氏照片，是个高大个子，果然真是不小，后来他路过北平，对记者们说他是十亩地一颗高粱。我想，他这颗高粱，是颗加大的高粱。

在车中又看见铁道旁广场中的群众大会，不禁透着奇怪。如果单是为了欢迎方振武，似乎不至于举行这么大的集会吧！下车后，首先映入眼帘的，便是民众抗日同盟军总司令的布告呵！原来冯先生由半下野平民又变为总司令了。今日的大会，当然是抗日的会了。

冯氏就总司令职是五月二十六日，我们是次日到的，方才知道昨天火车不通，原因在此。公安局的枪械，也被冯的卫队缴了械，公安局长张九卿，并被扣留。我们到后数日内，仍在严重戒备中，夜晚八时，街上便盘查行人。

同盟军成立，适当华北停战成功之时。在以前，我们早料到华北如果停战，冯氏必定有什么举动，要不，也必定有所表示，但是却不料想到有这样快。以冯之威望隆重，与此事业意义的重大，当然不能限于察哈尔一省，更不能只凭他几千卫队的，一定有个大规模的计划。当时我很怀疑他的计划是不是完成了，后来看到张作相等的通电，又看到前项通电列名将领的马上否认，因而知道他不是无计划的，但却是失败了。

七　宣传工作

冯老总与方老总大概俱有同样的脾气，对于宣传特别重视。在总司令部设有政治训练处，它的工作是贴标语，开大会，喊口号。

这些宣传在我们是早已司空见惯了的，不足为奇。不过在这里所遇到见到的，却有点令人感觉着不同从前。在这里的标语，有彻底抗日，有打倒卖国的南京政府，有废除苛捐杂税，有停止党费等等，在车站上，街市上，满布着花花绿绿的纸块。其中虽然有些是老生长谈，但是打倒南京政府和停止党费，却透着新鲜，是以前不大看见的。我那时想，冯老总预备怎么干呢？一方面要去打日本，一方面又要打倒南京政府，抗日同盟军，顾名思义，当然要抗日，这是没有问题的，但是怎样打倒南京政府呢？如果单凭口号、标语不能成功，是不是要诉诸实力？但是后来又看到了冯氏枪口不对内的宣言，却使得我莫名其妙。

有一次，我们正在听戏，来了警备司令部的宣传队，几个二十岁左右的青年，穿着中学生式的蓝制服，手里拿着小白旗，上台讲演。他说，日本是我们的敌人，我们要抗日，但是南京政府不抗日，我们的统治阶级，却拿上兵去杀中国的同胞"共匪"，所以要……要怎么样，却不曾说明白。

两次民众大会，我都不曾去观光。不过听人说，开会时颇多反国民党之论，只有方振武说道，我们不打倒国民党，要打倒的是南京政府派的国民党。

从这些宣传看来，同盟军的态度，颇令人不能得到明晰的印象，然而至少总是对于政府的不满的集团，则是无容置疑的。对于国民党，既不能彻底的拥护，又不能明白的打倒，终于成了个不左不右的东西。当时闻风归附的青年也着实不少，但是从其宣传品和讲演看来，还是幼稚的居多，没有什么特出有识的人才，也许有特出的，不过我不曾看见。

中国人真是善于说话的民族，有时候，不会说话的也必须被强迫去说。在这里，简直是标语世界，除了同盟军的标语到处皆是外，又有中央宣传队遗留下的标语，在街头巷尾的墙壁上，用白粉刷着，字体颇美术，可供鉴赏。各商店门口都有标语，但大都前面写着奉谕或奉令，并且梅红纸的居多，好像春联，令人见到，别起微妙之感。

八　萧索的张家口

记得从前读地理，说张家口是个内地商埠，是口北重镇。这话固然不错，但却不足以语现在的张垣。因为自外蒙商路断绝后，商业已极萧条；国都南迁以来，它的政府地位也低落下去了，否则，这次张垣政变的影响，恐怕要大的多吧！

如果拿欧美市政学者的眼光看张垣，那简直是个要不得的城市。因为它南北极长，而东西极短，南北两端的距离，要比东西长十余倍之多，对于交通，是极不便利的。

张垣虽是个商埠，但是商业并不见得发达，只不过下堡两三道街，尚算热闹。有个怡安市场，里边尽是些杂货小摊，活像北平的天桥。我们来时，正值戒严时期，晚间八时以后，街上便盘诘行人，这时本已入夏，在他处正该是游人如织，在这里却冷落不堪了。

在张垣，有两种商店，是他处见不到的。一种是蘑菇店，口蘑是举国闻名的食物，是此地的特产，旁处自然见不到这样的商店。一种是西货庄，对于西货二字，我是初次见到，我曾经猜想是西口皮货，但是看商店中，却空无所有，原来所谓西货，乃鸦片之别名。中国人是善于正名的，在河南称"特货"，在山西称"戒烟药饼"，在这里称做"西货"，可谓不负其才！西货庄颇多，想来销路也有可观。不知张垣法院对于刑法上的吸贩毒物罪中"毒物"二字，如何解释，我觉得这定是个好玩的问题。

我们来的时候，本来已经是夏天了。离北平的当儿，在车上热得直出汗。不料到了张家口的第一天，就下起雨来，顿时天气寒冷，如入冬季，街上行人，穿皮衣者极多。但我们至多只有夹衣，只好挨冻。据本地人说，此地气候变化极大，有时早晚须着棉衣，而午晌便炎热非常，真所谓"早穿狐裘午穿纱"，原来已经近乎沙漠地带的气候了。

提起下雨，想起一件趣事：从前冯玉祥所到之处，必遭天旱，故有"旱魃"之嘉名。但是这次他就总司令职的那天，便下起雨来，连绵不止，人都说老冯的运气好转了，定可成功。然而终究他是失败了，天究竟支配不了人！

张家口是无甚风景的，虽然在夏日，应该是花木扶疏、碧树成荫的时候，但在这里却觉得处处有萧索的景象，这也是塞外的风光吧。

九 各色的军队

同盟军是同盟而成的。既是同盟，当然由好几部分同盟而成，所以那时在张垣的军队，就有许多不同的来源。其在同盟军者，有冯之教导团与卫队，方振武部抗日救国军，邓文、李忠义之义勇军，及新编各军。其始同盟、旋即背盟者，有冯占海部，始终不曾参与同盟者，有晋军。

因为军队复雉〔杂〕，于是便不得不注意秩序，所以戒严特别来得厉害。担任戒严、维持秩序的，是冯氏嫡部。看起来颇整齐而有精神，人谓老冯善练兵，当非虚语。

晋军在同盟军成立之后不久，便开拔回晋了，但其维持张垣秩序之功，不可埋没。因为有晋军驻防，冯占海部始未能入张垣市内。以冯占海部与晋军比较，人民是爱好后者的。

冯占海部到达张垣左近，晋军为维持秩序，便限令该部兵士不得入市，否则解除武装。我们在大境门，曾经见到这种防卫的布置。那时候正是风雨凄冷，寒气逼人，冯部露营野外，仅商会每日送粮草若干。想到他们在东北抗日，流落数千里，受这〈冰〉冷凄楚待遇，不禁为之怃然。但是反过来看到他们军纪之坏，扰民之烈，又不禁使人发生如下感想：像这样好听的抗日军，有之反来招致人民对于军队之恶感！

在街上看见不少的女兵，服装整齐，面貌韶秀，别是一种风格，不知她们能不能真个打仗？

十 归去来兮

本来离开北平，是为了逃去，并非本意，身虽在张，然而心却仍在思想着故都——北平。所幸，我们的黄委员长，与倭子们交情不错，安定华北人心的《塘沽协定》，于五月三十一日签字。平、津受惠，不致沦入夷狄。我们的学校，也决定在六月十日举行考试了。平安之报既来，私心为之窃慰，在这里游兴早阑，于是检点行装，浩然作归计。

然而不料，在开发了旅馆房饭费以后，所余川资，竟然不够火车车票钱了。于是乎便只好硬着头皮，不曾买票，混上了火车，居然就这样的混到了南口。自张家口至南口二百余里，一次也不曾查票。路政如此，无怪乎平绥路嚷赔钱了。

这时候，北平当局与我们邻国谅解了，但对于张家口的集团军，却不予以同样的态度。于是我们也因之在西□子站，被中央宪兵盘诘。在青龙桥，又看见中央军的铁甲车，抖着可怕的威风。

前次所不曾赏鉴的青龙桥一带的风景，这次却不曾错过。虽然比走马看花还要快，然而却给了我很深刻的印象。山谷间蜿蜒着的长城，因山起寨的堡垒，都足以令人起怀古之思。而苍翠的高山，其峦峰起伏，怪石嵯岈，尤为大观。所谓"嵯峨"二字，在我所见的山水中，惟此地山峰，可以当之。

车过清河，万寿山、昆明湖、香山诸胜，历历在望，大好湖山，仍可供我游赏，其乐何如？不一会，西直门到了，随着大家出了车站，看见巍峨的城楼，伸了伸疲倦的腰肢，"呵！想不到还能回到了所眷恋的北平！"

《西北论衡》（月刊）

西安西北论衡社

1933 年 2、3 期

（陈静　整理）

塞外漫游随笔

方山　撰

秋序方兴，余有塞北之行，凌晨御车至西直门车站；旭日乍升，凉露犹湿衣也。既至其地，四顾嚣然。时当冯将军归政伊始，交通未复常态，车无等级，旅客猬集。余徘徊者久之，弥增怅惘。默念余生二十余年，几无日不与烦恼相往还，如烟往事，无限神伤，国难乡愁，日甚一日，尚何言哉？于是登车踞一隅，冥然遐思。

汽笛一声，亟别余友，载驰载驱，载骤骎骎，旁午入南口，秀峰障面，山翠欲滴。火车驰骋于山腰，依涧傍壑，轨道肠回。探首窗外，视车身恒作弧形，谷之深处多牛羊，长耳公列队涉水，俨然画中，乃顾而乐之；颠簸之苦，几忘却矣。午后时许过青龙桥，四壁飞垒，俯临深涧，站旁树詹天佑先生像，其左为大总统奖功碑。路线在站前转折成 V 字形，上下列车，入站后首尾倒转。西行里许为八达岭山洞，长三千五百八十尺，为世界著名工程之一。岭巅为内边长城蜿蜒最甚处。翘首瞻望，往事触怀，默念畴昔烟花日，偕余兄登临者六七人，余独南越重峰，断壁不可前乃归。芸且掠余面之蛛丝而谑曰："何来一苍头？"凝眸顾盼，启齿嫣然。曾几何时，旧梦杨花散矣。

夜九时抵张垣，街灯昏暗，黄土独多。宋将军始柄省政，青黄不接之际，殊觉紊乱，旅舍中咸报客满，赳赳武夫，触目皆是。

店主告予曰："设君于前三日来，将无以为寐。"斗室兀坐，引几而卧。翌晨税车漫游，市面萧条，名胜亦无足观者。云泉寺在赐儿山，去城十里，尚可人意。余于市中构影数帧，警士认为可疑，偕趋公安局，伸述而后已。

来何草草，去亦匆匆。在张垣作二日留，乃赴大同，路程三百余里，火车朝发夕至，较之牛车，快数倍矣。今之大同即古之恒安，乃北魏故都，街道广阔，古迹亦多，巍巍华岩寺，不愧名刹。曹福庙危立御河岸边，景致清幽。

大同产铜器，出美女。妇女夏日当户跌坐，棉裤红抹胸，双峰耸荡，谈笑生风。塞北俗淫，女多谐谑，客笑，妇亦笑，殊无酸气。

云岗石窟，一代胜迹，在大同城西三十里武州山云岗堡，乃一千五百年前北魏文成帝兴安二年之佛教美术大制作。拓拔氏佞佛，以举国之力，历百余年之岁月，方告成功，乃我国最悠久最伟大工程之一，与长城万里相颉颃，而闻名于世界，共赞为极东三大艺术之一。但以其远处塞上，湮没于黄沙白土之中，罕为骚人墨客所凭吊，平绥路通车之后，经法国美术家沙畹氏（Chavaune）之渲染，日人关野、木下、木村诸氏之考究，解说，图解，并广为介绍，始闻名于世界，共赞为东方之奇迹，外人之慕其名者，远涉重洋，争以一睹为快。其可贵之点凡三：

（1）其建造年代之确凿可考：《魏书·释老志》云沙门昙曜以兴安二年奏请文成帝于京西武州山开窟五所，镌造佛像，高者七十尺，次六十尺，雕饰奇伟，冠于万代，是为云岗窟寺草创之始。其后陆续开凿者不计其数，历时百年。

（2）其工师姓氏之确凿可考：《魏书·释老志》、《续高僧传》、《广弘明集》诸书咸称昙曜以帝命总持其事，并佐以胡僧数人，邪奢遗多、浮陀难提等五人各凿一窟。

（3）云岗寺乃历史建筑，一代文明之所寄托，靡无限之物力，历悠久之岁月，方造成功。按南北朝为中国文化巨变之期，南北朝以前为纯粹汉族文化时代，南北朝之后，为采纳印度佛教思想时代，云岗石窟确为两大艺术融和后之产物，足为史家之佐证。

大同距云岗三十里，自大同乘轿车出西门，循武州山①溯流而上，经观音堂，入武周塞口，便见石壁峭立，碑碣罗列，芳草山花，遍插道周；水泻声，羊鸣声，隐约可闻；峰回路转，山风迎面。更前行，第见崇楼叠阁，金碧辉煌。嗟夫，此非余梦寐之石窟寺乎？余速御者行，既抵山门，一跃下车，招寺僧为导游。

窟寺开凿在云岗堡北面武州山上，山势低平，窟高约当岗高五分之三。前方有宽广之溪流，水势和缓，四周风光，极其幽静而和平。堡中有数十家百姓，三四处"茶水方面，留人小居"。石窟之结构并非在山中凿洞而成，乃是把武周山掘空而构成一伽蓝，石窟千孔，临崖排列，东西连绵一里许。遵崖西行，山北向乃止。每窟分内外二室，亦有只一室者，外室恒作矩形，内室或方或圆，前有天窗，承以飞梁，窗牖楣拱，楹栏藻井，皆镌刻佛像及佛典故事，飞童舞女，俯仰伸蟜之态，无一不备，珍禽奇兽，鲜花异草，参配其间，益显灿烂之观。窟之下方，剥蚀模糊，去十余步，视之炳然，转近转微。窟之中央必有尊者，或趺坐，或倚或立，各尽其态，无雷同者。佛像分彩饰者，金装者，及全部石质者，鬼斧神工，震骇心目；佛之高者七十尺，窟之大者广百五十四尺，深六十尺。寺之中央，楼阁层凌，树木蓊郁。山门之上有横额曰"石佛古寺"。山门之内有佛堂，正殿在其后；殿门之内为洞窟，窟分二进，前矩而后方，洞口悬雕龙横额金书"庄严妙相"，上印

---

① 后文又作"武周山"。——整理者注

"康熙御笔之宝"。洞之中央有二重大支提（Caitya），贯穿开井。洞内薰黑，须炳烛以行，千佛万佛，孰知其数，视之凛然，其雕刻之生动，手法之巧妙，意境之奇伟，令人叹绝。正殿之东为本殿，重檐复拱，四壁丹青，楼阁之制悉同于本殿，洞门雕护法伽蓝像，足下麟、象各一。洞之中央为大佛跌坐像，两手置膝作定印。寺僧云金身五丈二尺五寸。背光作火焰纹，气势雄伟，刀法细劲，弥足珍贵。左右胁侍，倚壁对立，跌座之后有复道环，为绕佛赞礼之用。藻井雕天女飞舞之像，碧空浮游，长裙若云。天窗正对佛面，有飞梁焉。正殿之西有僧窟，亦置重楼，与前二者，复道相属，殿门有"西来第一峰"横额，顺治四年兵部尚书兼都御史马国柱题。是窟也，亦分前后二室，无支提或本尊，壁间佛像亦鲜少，盖僧窟也。更西为佛籁洞、五花洞，及昙曜最初开凿之五大窟；五花洞之第三洞名接引佛洞，后室左壁近南隅，花纹缺处，有太和七年（西历四八三年）八月三十日，邑师法宗，与邑义信士女等五十四人，共为国家镌造石庙形像九十五躯及诸菩萨之造像铭一首，在云岗石窟之考据上，殊足珍贵。其文曰：

　　邑师法宗

　　太和七年，宗〔岁〕在癸亥，八月三十日①，邑义信士女等五十四人，自惟往因不积，生在末代，世〔甘〕寝昏境，靡由自觉，微善所钟，遭值圣主，道教天下，绍隆三宝，慈被十方，泽流无外，乃使长夜改昏，久寝斯悟。弟子等得蒙法润，信心开敷，意欲仰训〔酬〕洪泽，莫能从遂，是于〔以〕共相劝合，为国兴福，敬造石庙形像九十五区及诸菩〈萨〉，愿以此福，上为皇帝陛下、太皇太后、皇子，德合乾坤，威逾

———————

① 应为"八月卅日"。——整理者注

转轮，神被四天，国祚永康，十方归伏，光扬三宝，亿劫不隧。又愿义诸人，命过诸师，七世父母，内外亲族，神栖高境，安养接光〔光接〕，托育宝华，永辞秽质，证悟无生，位超群首，若〔若〕生人天，百味天衣，随意餐服，若有宿歺〔歺史〕，随〔堕〕落三途，长辞八难，永与告别。又愿同邑诸人从今已往，道心日隆，戒行清洁，明鉴实相，晖扬慧日，使四流倾竭，过风堂扇，使慢山崩颓，生死永毕，佛性明鉴〔显〕，程阶住地，未成佛间，愿生生之处，常符法善知识，以法相亲，进止俱游，形容影响，常行大士八方诸行，化度一切，同登正觉，逮及累劫，先师七世父。

云岗窟寺主要洞凡三十余，中窟倍之，小窟无算，其中央九大窟尚完整无恙，余多摧毁，西部诸窟尤甚。余巡礼一周，流连不忍去，乃归旅邸，嘱御者返，约以一周后复来。野店客少，陋室二间，前后相贯通，前者较轩敞，余赁居之。店主年已不惑，有妇妙龄二十许，着红抹胸，如朝霞和雪。店主供杂役，妇人迎客甚殷勤。余设床于炕上，出糖果嚼之，连日劳顿，迄可小休；乃命妇割鸡俱〔具〕酒，食而美之。妇既烦毕，携杯伴余饮，故现劳悴之态，汗流粉面花含露，尘扑蛾眉柳带霜，撩人冥思，余不禁有鲜花牛粪之感，鹊巢鸠居之叹。今夕何夕，遇此粲者，子兮子兮，如此粲何？妇性挑达，语涉谑浪，厌厌夜饮，素面霞飞。眼色黯相钩，秋波横欲流，俯仰伸蹇无宁时；斜托香腮春笋嫩，向人微露丁香颗，燕语温存，暂引樱桃破。嗟乎！此魔女也。一双玉腕千人作枕，半点朱唇万人可尝。野花零露，焉有素心。余挥之使去。既而悔之，悸其谋己也。于是余有戒心。晚间又来村姑六七人，其语啾啾，刺刺不休。余炳烛，假寐卧床上，微启眼帘，窃窥之，虽有少艾，皆不若妇美。金乌〔鸡〕唱晓，旭日映窗，余振衣而起，默谢上苍，一夜升平。妇设面水，明眸俯注，意殊淡漠。已而寺僧遣徒来，年负薪矣，貌极清扬，孩提之童，有何伤心事，岂生而甘于黄卷青灯伴古佛耶？叩之以故，报曰："好善，不知父母。"余曰："无伤，陈玄奘蒙养于金山长老，名曰江流。天主圣母马利亚生耶苏于马槽。孔父与颜氏女野合而生孔丘，私生子故领袖人材也。"童殊明慧，善伺人意，尤贪余糖果，余亦爱好之。晨兴即来，为余携三脚架、镁粉灯，从余于古洞之中，猎影于山涧之下，日之夕矣，遣之始去。

余慕云岗之幽静，流连一来复。千载圣迹，无价珍宝，惜于保护之道不周，有数窟澌为民居，赵承绶氏且命兵丁百人，凿东部西端诸小窟之石，以为新建之别墅补壁。氓之蚩蛋〔蚩〕，无知乃尔，余亟书短简，扬诸报端，邦人君子幸共维谋护之道焉。

行行复行行，辞别大同往西行，夜车中绿绒椅，煤油灯，支颐假寐，不觉东方之既白。既至归绥，闹市中游人似海，无荒凉意。绥远有城二，旧城在北，名归化，商店林立，人烟繁盛；新城在旧城南之〔之南〕，名绥远，省政府及各机关在焉。二城相去五里许，马路穿通之。城外多牛羊，骆驼成群；古树参天，风光宜人。阿芙蓉着花妍媚，色分红、白、紫三种。临风婆娑，添色绝塞者诚非浅鲜。政府视为利薮，种烟一亩，抽税六元六角，水地倍之。行道迟迟，中心有违，暗伤国事，玄酱泣番秧。山西严禁毒品，犯者用重典，但在阎先生同一治下之绥远，烟禁则绝对公开，公买公卖，忝不为耻。军人之往返晋绥者必携烟市利，饮鸩止渴，何异伐民自肥！

归化有招七十二，按"招"为蒙语，即丛林之意。香火盛时有喇嘛万余人。清圣祖平定准格尔，返驾设重兵于此城。复崇信黄教喇嘛，以为怀柔蒙藏之策。旧城有皇招五：曰大招、小招、锡拉图招、卓尔齐招、五塔招。朱壁黄瓦，绝类宫中。装潢华美，锡拉图招云为之冠，额曰"阴山古刹"，笔法苍劲。清庭〔廷〕倾覆后，皇粮断绝，喇嘛皆作鸟兽散，庙宇崩摧，为小贩荟萃之所。

青冢在绥远城南三十里大黑河畔，余以番佛三头税人力车往焉。远望如山，高二十余丈，阔五十亩，天涯沦落，触处生悲，余且思且行，止于墓前。其碣曰"汉明妃王昭君之墓"，余免冠为礼，拱水〔手〕招魂，望风怀想，黯然神伤。于是垂首盘桓，抚摸碑文，默咏杜工部怀古之句："一去紫台连朔漠，独留青冢向黄昏。"长眠人有知，岂亦生无限怅惘耶？何抱琵琶，为余操芭蕉夜雨之曲，闻铃断肠之声？墓畔多长青草，余拮择□握，并采纳红豆蓝花于袋中，巡绕一周，乃攀登其巅，四顾悄然。遥望黑水萦带，阴山纠纷，浩浩乎，复不见人，利镢白骨，此非汉家之古战场乎？朔风人面，凛然赋归休。晚间治事，折简贻所思，谨献长青草一株、红豆双枚，示以坚贞，寄想〔相〕思也。午夜无寐，辗转反侧如烟往事，伊谁之咎，余不得不自承之。云破月来，秋花弄影，凉飙牵帷，游子兴悲。秋虫唧唧，如助予之叹息。

去归绥之包头，是地也，为塞外经济中心，依阴山为土城，南距黄河三里许。进南门，黄土没踝，车马过处，烟飞瘴起，市中货物堆集，烟土充斥，电灯、电话咸备。商店重楼者四五十家，粉面公司在城外车站东，独俱〔具〕三楼。

包头有名胜曰转龙藏，藏有甘泉，泉凡三口，各坎石质龙头一，水流终年不泻，亦不溢，全城皆取汲于此。日落三竿，余攀登藏后阴山上，俯视战马驰驱，数以百计，呜呼壮哉！南望黄河如练，渔舟隐约，牧童告予曰："河套鲤鱼金色，垂钓可得。"下山返逆旅，招侍者为余置渔具，市香饵。月落乌啼，天欲破晓，侍者起余行，凌晨之际，烘云托旭日，霞光万道射尘寰。渔舟三五，方张网于河上，循流抚岸，前行久之，举竿垂钓，竟晨无所获，惺松倦眼，腹且雷鸣。余咒侍者曰："何物香饵，鱼且不食。"侍者乃导余市金鱼一尾，归而烹之，其味鲜美。黄河岸边多舟楫，夏日水涨，聚集数千，往返于兰州、河曲间，舟身古拙，作规则之长方形，首尾同状，下方微圆。板厚仅一寸，麻实板缝中，以防水也。

　　漫游兼旬，言告言归，金风露冷，黄叶回旋，余于是知秋深矣。塞北气候昼夜悬殊，"早晨皮袄晌午纱，抱着火炉吃西瓜"。此行良苦，所获亦良多。置身软椅中，枕扶手而卧，二昼二夜乃抵北平。

　　作者属文既竟，谨殿之曰：旅行之益，岂可磬〔罄〕竹述哉？昔太史公西抵崆峒，北过涿鹿，东渐于海，南浮江淮矣，故其为文汪洋恣放，瑰玮雄兀。董其昌作画，王摩颉〔诘〕为诗，吴六奇治兵，莫不读万卷〈书〉、行万里路。嗟夫！人生菀荣，一如朝露，豪华春梦断，壮志回首空；留下古今愁，恨悠悠。盛年难再，逝水不归，百而〔尔〕君子，无我有尤，何税车而命驾，敖游乎匈奴之丘。

一号夜九时三十分

《南大半月刊》
天津南开大学
1933 年 5 期
（李红权　整理）

谈一谈去多伦的经过

祥瑞　撰

多伦是察哈尔省口北六县里的一个最大的县份，蒙古叫那个地方叫作"多伦诺尔"。按蒙古话，"诺尔"二字，是水池子的意思，多伦诺尔，是说多伦池，汉人取名多伦，是简单的译音，又名喇吗庙。因该县北卡门外有喇吗庙两处，土人呼之曰"北大仓"。多伦在张库交通没断绝的时候，也是陆路的一个商埠，左近各处的皮货和蒙盐，都从多伦出口，从张家口运来的货物，和库伦来的东西，有时也在这行销，也曾热闹过几天。后因张库断绝交通，商家倒闭的很多，未没倒闭，也苟延残喘而已。近来为人窃据，闻所用货物，均由伪国输来，取道热河，因可免税，致奸商甘愿为人作嫁。鄙人于民二十曾至多伦一次，街道湫隘，商家均呈半死状况，居民生计困窘已极，外来货物特别昂贵！本地土产，因行销困难，又特别的贱，农村就不堪其苦了。因为外货价高，商家也就不敢来了，来也卖不出去。所以我去多伦那一次，是有生以来第一次困苦的时期，别说是吃好的，连机器面粉都买不到。除了莜面而外，就是小米，再不然，就是本地面，沙土和面，大概可以对成。吸烟卷，只有大第一和哈德门，要想吸大粉包，那就得打听十几家商家，恐怕还买不到。我曾记得在县政府前边那个小饭馆，只会作羊肉水饺，至于滋味一层，那就谈不到了。若是要一个菜，除了牛羊肉而外，还有山药蛋（马铃薯），别的菜就得免开尊口。消遣的地方可是不少，不是破鞋（暗娼），就是烟馆。我从来就没有吸过一口鸦片，没有那种口福。破鞋，又苦于无人作向导，又怕警察把我抓去，没有法子，逛了一回东大仓（就是喇嘛庙），是甘珠尔瓦活佛住在的地方，庙内均系蒙古喇嘛，院内甚宏厂〔敞〕。到了客厅，喇嘛招待殷勤，先用果盘敬客，后来献茶，但不许吸烟。敬果盘时，我拿出生客的态度，没敢毫不客气的就吃。其实还算失礼，应当稍食，表示亲近，但不许食盘内干果的尖。我初到该处，哪里晓得一切规则。后经招待喇嘛引至佛殿，所供均奇形铜佛，殿宇清洁，且极严肃。佛前设坛，有十余喇嘛在彼讽经，且各执法器，虽有客至，亦均不转睛顾盼，其诚恳之至，从可见也。各殿均参观毕，余辞出，及回寓，夕阳在山，余疾驰，恐日落为犬所食矣。多伦街上，每日晚间，野狗成群，大者高二尺许，凶恶之状，令人恐怖。夜间行走，若持带铜铃、灯笼就不要紧，不然群犬即不令行，势必咬死。我听人说过几次，所以这番回来晚了，是特别的害怕，赶到跑到店里，已经汗流浃背矣。

《西北月刊》
张家口西北月刊社
1933 年 6 期
（朱宪　整理）

赴蒙日记

本社特约记者郑道一　撰

十一月十日

　　本来决定今天由绥远饭店出发赴蒙，所以一早便起床，急急的拼〔摒〕挡一切。我是住在绥远饭店内，当然便当得多。不一会，参加的人都来了，忙乱了一阵，纷纷上了指定的汽车出发，黄部长、赵副委员长、徐军长及随员卫队、中外记者共约百余人，汽车十余辆，连贯而行。我因为到绥远太迟，几乎没有车子可坐，幸而得到内政部杨科长的帮忙，才在黄部长随员的车上找了一个很好的座位。同车的有上海《晨报》记者刘君治平，财部税警团司令部顾问李君润叔，蒙藏委员会包委员、吴处长，同车中还有一位最有趣味的奇人，人都叫他自修先生。他姓什么？他自己从来不告诉人，据他说，他是忘记了，大概他是别有隐衷吧！他没有家，老是在外面流荡，足迹遍中外，而他的谈锋也极健。他叙述他的见闻，我们听了津津有味，他说他曾经横断外蒙的大戈壁，那儿不仅有风沙之险，据土人说还有一种奇异的鸟类。他们叫它做大鹏鸟，其爪能攫骆驼，嗅觉又最灵，凡行人及骆驼背上必有牛肉、干粮，它可从高〈空〉中嗅及其味，便突然下攫，因此有很多中外旅行的人，常常在无风无沙的行程中失踪。我们听了，真像读庄子的《逍遥游》一样。他还说了有许多趣味的事，使得我们私〔丝〕毫不感觉寂寞。车行约半小时，抵大青山，也便是阴山山脉，至此路极崎岖，汽车难于行走，我们都下了车，让空车前进。一共下了两次车，正午十二时，方才到达武川县。离开绥远省会只有一百四十里，因路上不好走，竟耗去四小时，平均每小时汽车只能行三十五里罢了。武川县政府、县党部均出城外欢迎，并备了午餐招待，席颇丰盛。饭后，休息半小时，又由武川出发，已是下午一时。这一段路较以前稍稍平坦，但因久不修理，车行其上，仍然颠簸〔簸〕得很利害。离武川县三十里以内，仍为汉人所居，荒地已多垦为熟地，路旁时见村落。从车窗中远眺，田中正有三三两两的农人，在忙着打麦。出武川三十里以外，便是一望无际的大草原，这正是塞上草黄的时节，眼前一片黄色，全车的目光都被这异样的风景凝住了。自修先生对我说，他还见过春天的草原，一碧千里，天地同色，其景较现在尤美。他的话，引起了我的遐思。天，能允许我明年春天再来么？谈开发西北的人，往往以为到边疆是一件苦事，其实，像这样丰腴的草原，这样奇丽的风景，岂是江南所能梦见的么？在上海租界上买十亩地，何如在这里开发百亩千亩的草原，今天逛瘦小西湖，明天游简单的青岛，何如到这里来一开眼界？在车子的前面有一群白点，车行近时，却是一个蒙人牧着几百只羊，像这一类的羊群很多，还有无人牧放的野羊群和他种兽类，呼俦结侣，自由吟啸，真是别有天地。人烟极稀，车行数十里，才能在路旁遇见一二村落。这是为在蒙古做生意的汉人所居，至于蒙古包，更属寥寥，由武川至百灵庙三百里中，不过遇见二三蒙古包罢了。

五时许，入一山峡，已见远处一片屋宇，蒙藏会的包委员指着告诉我，那便是百灵庙，下面一条白色是墙，屋瓦系五色，屋脊有巨大的金顶，夕阳光返射之下，极为美观耀目。约离庙里许光景，德王、云王及各盟、旗王公率卫队骑兵郊迎道旁，这些王公

由绥远饭店出发之情形

便偕黄部长、徐军长先行入庙。庙宇与内地的规模相似，因为天黑，已不及瞻仰，我便赴徐军长行辕安歇。卧室很小，三面都是土炕，炕上有矮脚条凳，屋顶系平面，与河北内地相似，站在炕上，头顶即可撞着屋顶。屋内没有桌子，便在炕上的条凳上点了一枝洋烛。稍稍休息一会，便有黄部长的招待员，引导我们赴部长行辕用晚餐，临时的食堂，便设在行辕院中的蒙古包内，因为厨夫系黄部长携带来蒙，吃的仍然是内地的风味，饭后，便再回到卧室休息。此时黄部长、徐军长已去赴王公的欢宴，我因微微觉得疲倦，便早一点睡了。

十一月十一日

天还没有大亮，便被庙中的喇叭声惊醒，在喇叭大鸣以后，接着便乐声四起；金铁之音，揉成一片，也分辨不出是哪几种乐器，拥衾凝神，倒也颇觉可听。披衣下床，虽是塞外，倒也并不怎样寒冷。蒙人都穿了三层皮，我只穿一件皮大衣，尚嫌过暖，又脱去一件绒绳衣。和我同室的，尚有绥远省政府咨议张宣泽君、十七军军部秘书王庭梅君、参谋刘兴门君、副官孙天放君，我们便相约出去游览百灵庙的风光。百灵庙几重殿宇，因为德王卫队警卫森严，所以不便进去瞻仰，我们便向郊外去散步。百灵庙的四面都是山，峰峦迭起中，突现一片平地，庙宇也雄大，班禅、活佛都驻锡于此，所以千里内外的人，都到此来拜佛。庙的正前方是一片大平原，有一条河流，便从庙的正前方绕到庙后，再由庙前流出去；据堪舆家说："此地藏风聚气，形势天然，中有一大龙穴。清康熙平准噶尔回，曾驻跸此处，恐蒙人葬此，出了一个真龙，摇动大清的江山，与己争一姓的天下，于是敕令在此建舍利塔及贝勒庙，后人便辗转误呼为百灵庙。庙前的大平原上，正前方有一座小石山，形如龟，又名龟山。此山原在河流的右岸，康熙恐水淹至龟山脚下，龟得了水，便要作怪，遂将河道移向龟山的左边。"关于龟山，还有一段神话，据说："从前每到黄昏，在附近牧羊的儿童，都听见石山里面有女子的歌声，但是成年的人跑去听，便听不见了，所以龟山又名女儿山。"百灵庙的右方，扎着十多个军队帐蓬，联贯如长蛇，整洁严肃，为绥远省府所派来的卫队，虽是朔风虎虎，兵士们却并没有穿大衣；而附近的山阜上散放步哨的兵士，执枪凝望，当风而立。这一种精神，很值得赞美。庙的左方，河流的对岸，有几家民房，即系汉人所开的商店。我们便过河去参观，河水并不深，河中垫着许多大石块，行人便都踏着石块渡河。我们渡登彼岸后，便见几只骆驼，捆载几十包商品出发。我们一打听，始知这大包小包里面装的完全是鸦片，预备运向绥远、察哈尔去销售。这一带民房，有一半被黄部长随员、绥远省政府职员及汽车队、钢甲车队占住。而所谓商店，也便只是有一个小小的玻璃窗子，窗内陈列少许物品，大部分仍然藏在室内；所售物品，如蒙人所着的长靴（约值八元）、黄油漆的木饭碗和银包的木饭碗（大概每一碗所值之银约需数元，为王公所用）、哈达（系蓝色绸子，如内地庙中偶像头上所披之红布；蒙人最通常之互赠物品，如被活佛赠以此物，则极为光荣）；也卖鸦片，大概鸦片的顾客，大多为汉人，蒙人因禁烟禁酒，所以不敢吸食。商人问我们，要不要抽两口？价值很低，愿意招待。我们只好摇首谢谢了。商店的字号，便是用纸写好贴在室门的横框上。商人多山西藉〔籍〕，所着服装都为老羊皮，也未用布缝缀，颇有古风。商人都没有携带眷属，原来蒙人不许经商的汉人携待〔带〕眷属，所以往往汉人在蒙古经营了数十年，最后仍然回返原籍，这是蒙人限制移民的办法。我们参观了一回，因为耽搁时间很久，已是十二时了，便匆匆回庙，但河已解冻，水流石滑，我们都不敢渡河；蒙人因着长靴，不怕落水，故仍来往自如。恰遇回来的蒋、谭二女士，乘马涉水而渡，我们便命蒙人过河将所乘之马牵回借用。我们共四人，尚须往返二次。我不愿久等，便鼓勇踏石而渡，鞋袜都被水溅湿，尚未落水，也算幸运了。蒋、谭二女士，仍乘马赴部长行辕。谭女士为部长随员，蒋女士则为绥省女中教员，特趁便来此考察。因为百灵庙的规矩，十里以内不准住宿女人，但因黄部长的随员，只好无法中设法，略事通融，遂令在河东商人屋内住宿。她们居然能冒风寒跑到塞外来，这一点精神，也颇值得赞美。午饭后，遂随黄部长、徐军长、赵副委员长去拜访班禅。班禅的头门外站着两名卫兵，手持喇叭；进门，便有一蒙古包，即系会客室的招待处；进二门，两排站着卫队，武装整齐，同中央军不相上下，左胸佩藏文符号，由此便直达班禅的住处；院中有两蒙古包，分列左右的廊下，即系班禅侍卫官居住之所。班禅所住处为平房，极整洁美观。班禅已先到院中迎候黄部长等一同入内，我们同各记者环立庭外，院中还有美国摄影师在摄制电影。班禅招待黄部长等茶点，所用的器具，都是洋货，极精致，茶点却为蒙古的土制。谈约十分钟，辞出，再赴德王处。德王住百灵庙正殿的左侧，警卫极为森严，卫队都为少年学兵，服装整齐，精神饱满，将来便是德王的军事干部。德王所住的是蒙古包，也极整洁。在德王处耽搁约十分钟，即辞出，再赴云王处。云王府在百灵庙的后面，平房，并无卫队。由云王府辞出后，黄部长、徐军长均回行辕，时已薄暮了。晚餐后，找了几个蒙人谈谈天，写了几封信，便睡了。

十一月十三〔二〕日

清早上，盥洗已后，用过了早点，我们便走出了行辕，随意的散步。转了几转，无意中遇着了昨夜和我们谈天〈的〉几个蒙古人中的那一个和善的老者。他正在一个蒙古包前跕着，一看见我们，便含笑地赶着招呼，又让我们到里面去坐。我想这大约是他的家里吧，一面也和他点头，一面也就和我们同伴的走了进去。那个老人，很客气的，让我们坐下。我们海阔天空的谈了一阵蒙古的风俗习惯，最后说到过年的形形色色上面去了。那是我们问答中最感兴趣，而且也谈得最久的一段。

当我问到蒙古的过年，他很高兴的说着："蒙古受了汉族文化的洗礼，早不是纯粹的遗风了，不过还有些地方保存那种习惯罢了，像过年前的祭火拜佛，很和内地人祀灶差不多。比如除夕，一家大大小小都向家长辞年，接着家长也欢喜的把压岁钱分给他们。这可以说，完全受内地的影响。至于新年的风光，模仿内地的也不少。在大年初一那天，每家的人都起得很早，烧着香，叩拜天地和佛菩萨，又遥拜了我们的盟王。大家又向家长拜年，此刻家长必定替他说了许多好话，大家欢欢喜喜地向家长道谢。于是全家围坐着吃饺子，来占卜当年的运气。吃完了，就到邻家拜年，也或一连走了多少家。在初五以前，除掉左邻右舍，彼此互相地贺年外，每天全家总要大吃大喝，尽量地谈笑话、唱歌，唱的纯粹有风趣的恋歌，一家都非常快乐的闹着。过了初五，凡是新夫妇，都拣一个好日子，到岳家去贺年，彷佛内地新夫妇双双回门一样，这天岳家也得设宴款待新夫妇，尽量地欢乐一天。一到初八，各家都忙着祭星，还要请喇嘛来，完全是祓除不祥的意思。"

"你说的，是有固定住处的蒙古人吧，还有些逐水草为生的蒙古同胞呢？"我又含笑地问着。

"是的，先生，那都是比较进化一些的蒙古人了。至于游牧的地方，过年的时候，都全身用布来包着，有的用大红布包起全身来。酋长和头目们呢？还有用很古的礼服，他们打扮整齐之后，便到本部落的年长者面前贺年，年长的人，也照例说一些祝福似的好话。随把一个预先杀死而已去了肠子〈的〉羊拿来，大家围坐一堆，用刀割下来烤着吃，又喝奶酒，又唱新年的歌，一连也闹个三五天。还有骑马比赛，也是他们新年中应有的娱乐。"

"那一定是很有趣味的。"我赞美的说着。

"最有趣的一种遗留古风，便是摸脸哪。在十六这一天，一家人可以随便把墨和各种颜色，往别人脸上摸，往往惹得哄然大笑。不过嫂子不准摸小叔，小姨子不准摸姊夫，儿女不准摸父母。即使新夫妇俩，夜晚在房里睡得很香甜的时候，也可轻轻偷进去，给他们的脸上摸上红的、绿的各样的颜色，第二天，又引得一家人笑得肚子痛，真是一种有趣味的玩意儿呢。"

他说完了，脸上不断的浮了一些的笑意。我们同他谈了许许多多的话，也便兴辞而出，赶回了行辕，进了午餐。一上午是这样消磨了。

十一月十三日

吃过了午饭，大家正在谈天，德王派人来请我们去参观"掼交"。那是蒙古人的一种竞技，今天临时的竞技场，就在百灵庙正殿前一个很大的天井里，我们走到那儿，差不多马上就要开始了，黄部长、赵委员长、徐军长、德王等都已在前排坐着，我们几个人也就随意坐了下来。那个大天井中，平荡荡的，好像一片大操场，左边的选手是从兵士中挑出来的，右边选手是从喇嘛中挑出来的，一边都有几十人，都是身强力壮的角色，还有些选手既非兵士也非喇嘛，就随便的左右跕着。德王一声吩咐，开始比赛，兵士的选手和喇嘛的选手，一边走出一个来，他们走到中间，在没有交手的时候，先把手向前伸了几伸，又抬起脚来踢了几踢，大约有二三分钟的光景，才正式来比赛。旁边一个蒙古朋友对我说："在比赛前的那一种动作，是选手们求神默佑的表示。"我想，这总是活动手脚和筋骨的作用，不过蒙古人迷信得太利害，总欢喜托之神权吧。他们的比赛，完全赤手空拳，一点武器不用，只彼此都用手相互的紧握着肩头，然后用力，推、搡、拉、扯，哪一个先倒在地下，就是哪一个输了，有的二三分钟的便见分晓，有的势均力敌，没有半个钟头也不能决胜负。初次试赛，接着是复赛，最后才是决赛。每次到了决赛，如若是喇嘛胜了，喇嘛队里的人都非常的高兴，兵士胜了，他们伙伴自然也非常的高兴，只是不会叫好和拍掌。有一次一个喇嘛已是扑倒地上，兵士认为已胜了，但是那个喇嘛不服，不肯归队，喇嘛队也跟着鼓噪起来，相持不下的约有三分钟，还是德王下命令再来一个，才算了事。决赛的最后结果，胜利是归于兵士队中的四个最利害选手，这时有四个官儿跕起来要求同这四个选手比一比，德王向参观的人们说明了之后，就下令教他们比赛，不过几分钟的时间，那四个兵士选手完全都失败了。蒙古的朋友又对我说："这四个官儿，都有多年不弹此调了，也居然得了胜利。"可见蒙古人的官，的确是要武技较精的。"掼交"完了，又参观"赛马"，德王就把来宾让到外边广场上，那马都在很远的地方，一直跑来，仿佛风驰电掣一般，滚滚而至，蒙人骑术真是很讲究的。后又演习"套马"给我们看，那是在散在原野的马群中，指定了一匹马，套马的人就另外骑上一匹马，拿了一个套马竿，追上就套，套马竿长约一丈光景，竿头有一根绳子结的活套，若是一套在那匹指定的马颈上，套马人就很快的把绳子一收紧紧握住，被套的马立刻拼命的狂奔，套马的人一面也夹着坐的马跟着狂奔，一面用力拉住，终于被套马人拉了回来。原来，蒙古万里旷野，许多野马，自会找水草丰美的地方，在那里孳乳生息，不久就成了一个很大的马群，那种野马是最猛烈而又最会跑的，蒙人也就练习这种套马的特殊技能，专找这些野马来套。我们的同伴张宣泽君告诉我："这野马的集团，也同栖息在太平洋边岸的海狗或者生长在非洲森林中的猩猩大〔大猩猩〕，一样有一个首脑的。这个首脑，一定是一匹雄壮的牡马，它们是完全服从它的，所以套马的人，止要一套着这一匹做首脑的牡马，就连这一个马群，算套住了。今天所表演的，不过演习吧。"夜间，班禅请我们吃晚饭，是一个全羊，那是很珍贵的酒席，可惜，我们吃不惯这塞外的佳肴，只好楞〔枵〕腹而归。

过了一歇，大家都一齐就寝。

十一月十四日

天初亮的时候，呜呜的庙中喇叭声就把我唤了起来，我扣好了衣，洗好了脸，信步走出了行辕，找着了一片平坦的空地，走了几蹚〔趟〕，便跕住朝东方的虚空，行了几度深呼吸，又随意做了几段柔软体操，觉得身体和精神的两方面，都非常愉快！此时一轮鲜红如血的太阳，刚刚从东方才消散的云雾中透了出来，澄鲜的空气、蔚蓝的长天、和着一望无边的旷野，一切一切，教人感着到自然界的伟大；我想，在东北沦丧、外患内忧交迫的当中，虽然内蒙自治的风云，经中央特派的几位专使和蒙古的王公中的领袖人物，开诚布公几次协商之后，结果和缓了许多，然而北方屏障的蒙古，它的安危影响到整个华北的存亡，未来的事更值得我们时时刻刻的注意。对此茫茫，真又有百端交集之慨啊！过了不多一会，我们同来的几个朋友，也都起来，赶到这一片空地上边，大家说笑了一阵，我想起昨天"掼交"比赛的许多喇嘛，就提议到喇嘛庙中参观。张宣泽君，先欢喜得拍掌赞成，还有的几位自然也很高兴，我们立刻就开始参观喇嘛庙的工作。本日一共走了五座庙，有的规模很大，建筑得也很考究，有的就比较差了些。蒙人的土语，把庙叫着"招"，我们今天所参观的，也可以说五个不同的"大招"、"小招"了。庙里所塑的佛像，多是金身灿烂，很是伟大而又庄严，尤其是各庙的中间那间大殿的佛像，分外的精美，并且用了很大的玻璃框子罩在佛像外面，来挡住风沙和灰尘，所以大殿上佛像，也分外要清洁些，至于小殿中间或是两旁的所塑的佛像，那不免也有红尘扑面之感了；佛像前面，除了香花供养像内地庙宇中所常见的外，又还有满盛清水的铜盘，从十几只到几十只，一行行的摆着。普通所常见的佛像外，另外还有"欢喜佛"，大约都供奉在最后一进的殿宇，用着红色布幔遮蔽着，它那种奇怪的无遮大会中人，比北平的雍和宫的所供奉的，更为离奇荒诞、匪夷所思。同行中有熟习蒙事的某君说："蒙古所崇拜的佛教，叫着密宗，密宗中才有'欢喜佛'的。"我记得，曾有一部很有名的著作，讨论到"欢喜佛"，有一段很长的理论，大约是说我国西北的各民族（包括着古代的鬼方、猃狁、犬戎，以及匈奴、鲜卑、羯、羌、土番〔蕃〕、土谷浑，而降及近代的蒙古），从有史以来，就散布在广漠的寒荒大陆，过他们的游牧的生活，养成了坚强的体魄和习于骑射的技能，除了他们与他们之间几千年来不断的战争外，而且时时有南下牧马的欲念，一直是不曾间断的，到了唐代的文成公主下嫁到西藏，因为她好佛，把佛教的种子，播种下去，恰因西北的艰苦的环境，不满足于今世的生活，而妄冀的来世的享受，轮回因果之说最易动人，所以佛教一盛，就把那种百炼之钢的各民族，化为绕指之柔了（成吉思汗，蹶起蒙古，震撼一时，虽是例外，但是元代也因佛教太盛的原故，终于不能保持他那种新兴的强悍之风，很快的便崩溃了下去），但是天下事的利害，是往往互为因果的，因为佛教在西北盛行以后，悍气是软化了，而人人都想成佛作祖，都闹着作和尚，不但无论什么事都是消极，连男女之间也都异常消极，人口便逐渐减少，渐渐就要灭种了。这时便有一个最有道行的高僧，眼看见这种不可避免的大危险，他本着大慈大悲的宏愿，创造了"欢喜佛"，留下一点生机，挽回了自行灭亡的厄运。像这一类话，故〔固〕然不可认为就是"欢喜佛"起源的成因，确也有一番相当的见解，止可惜那部书的名字，我早是忘记了。今天所走的几座庙，我们最先所参观的那一座是比较大些的一座，我们去的时候，正是庙里喇嘛在做早晨念经拜佛的功课，它的大殿上，有百多个喇嘛，在那儿一排一排盘着双膝，坐在蒲团上面，低着眉，闭着眼，合着掌，不住的低声默诵，他们的态度，很是虔诚的。忽然殿角里飞出了一声很宏亮的钟声，他们更觉得非常静穆，越发显出佛教的伟大精神。另外还有一座很大的庙，它的正殿上也有百多个喇嘛，一排一排的分列坐着，正中间摆了一张很大的椅子，坐着一个年纪老的喇嘛，装束也要特别些，大约是一个"道高腊长"的喇嘛了。他的面前站立一个生得很清秀的小喇嘛，一手拿了法器，一手拿了一顶莲花帽子，口中念念有词，少停了一会，他忽然绕到后面去了，一会子，他又绕到前面来了，他的声调很大，抑扬顿挫，圆转自如，很是动听。听说这是喇嘛练习诵讲，我们觉得很是有趣，流连了一个多小时，方才归去。

十七日

　　过去的几天，是没有事值得记下来的，只有十五的早晨，我们一同来的伴侣张宣泽，他因为有事便提前回到绥远去了，虽然是一个很短的离别，可是在这荒寒的边塞，客中送客，也就有携手河梁之感，分外地黯然魂消了。张君走了之后，匆匆地到了今天（十八〔七〕这天），这也是记者此次到百灵庙最末的一天。很早地起来，把我自己简单的行装，收拾得清楚，吃了早饭，早有此次同行的人来打招呼，便搭上汽车向绥远驶去。下午五点钟左右，到了绥远，仍是住在前次所住的绥远饭店。今天在车子上边有许多人谈谈笑笑地，倒也不寂寞，可是做了整整一天的汽车，中间又还下车走了好几次，很是疲倦，到了绥远饭店之后，很早地便休息了，这一蹚〔趟〕内蒙之行，也就从此完结了。

　　内蒙，值得我们注意的太多了，从历史上看来，塞外的一片广漠的平原，它据了高屋建瓶〔瓴〕之势，是和整个的中国盛衰，有莫大的关系，秦皇、汉武、唐太宗、明成祖，都用全力对付它，才能够立下了强盛的帝国基础，最可怜的宋代始终受它的蹂躏，在前的两晋，在后的五代，更不用说了，到了爱新觉罗氏代明而入主中原，康熙帝屡次亲征，深入朔漠，二百年来，总算是还算安定；于今物换星移，大非昔比，外蒙久陷于俄，东蒙又陷于日，这道最后一道防线，是不容中央与国人再漠视的了。内蒙百端待举，在国防上固然急待布置，丰饶的地利急待开发，尤其民智闭塞，卫生状况太不讲求，更要急急设法将它改变。要把蒙人智识提高，生活和习惯改良，使他知道我们整个中华民国民族之危机，内蒙是不能例外的，与中央占〔站〕在一条战线上边来抵抗外侮，应用时代的技术来开发利源。现在，我把这一次所见所闻的，拣几样写了下来，来结束我这篇《赴蒙日记》，来贡献给留心边事的读者。

蒙人迷信过深，总因其识字者太少，民智无处发启，遇有疾病，不知何物为医药，但由喇嘛祈祷而已，人死了也不埋葬，只把他抛在野外，任飞鸟的啄食，或供野兽的饱啖，假如是几天之后，吃得一干二净，家里人，彼此都互相道贺，以为死者也就和佛菩萨一样"舍身饲虎"，成就了很大功德，假如还是好好的摆在那儿，就要忧愁起来，还要请喇嘛给他念经超度。喇嘛僧在蒙古，既是最高阶级的人物，所以妇女往往欢喜和喇嘛僧私通，她家里人也毫不奇怪。

蒙人又欢喜生食，牛羊肉有时不等它煮得熟透，就拿来大嚼特嚼。所穿的衣服，很爱色泽浓艳的绸缎，但以愈脏愈破为美观，更以油垢愈多愈阔，原来他们吃饭，有时不用刀匕和筷子，止用手来撕扯，吃过了酒肉，也不盥洗，所有嘴上、手上的油，都在袖子或胸前的衣上去揩，所以他们衣服很容易脏的。

记者有一次在郊外散步，看见一个蒙古少女，从一个蒙古包走出来便蹲在地下小解，她顾盼自如的神气，觉得惹人好笑，听说蒙人差不多都是随地便溺。蒙人无论男女，整年的都不常沐浴，认为用多了水便有罪，本来蒙古的水的确太宝贵了，所以养成这种习惯，然而太不卫生了。

还有一种传说，因为蒙古风俗醇朴，行客可以随便去借宿或去吃饭，好像上古的行者不赍粮的遗风，到晚上，他的妻女也和客人睡在一个炕上，用一条绳子拉作界线，第二天起来，绳子风纹不动，他自然很是欢喜地殷勤的款待，绳子动了，就拿一杯冷水，非叫你吃下是不放你走的，但是蒙人性质忠厚，也就可想而知。

《老实话》（旬刊）

北平老实话社

1933 年 13、14 期，1934 年 18—20、22 期

（陈静　整理）

自北平至包头日记

陈擎 撰

一月六日下午三时，自北平正阳门东站乘平绥车赴包头。三时五十分过丰台，因机件损坏，修理历一时许，始出西直门，时已暮色沉沉，万家灯火，西望清华园，但见古柏苍苍，愈形崛健也。六时十分，过清河，五十分，过南口，灯光弥望，足以见人烟之稠密。昔张、冯构兵于此，冯氏坚垒相持甚久，亦军事上之一遗迹也。七时十分，过东源，夹道土坡起伏，下有茅屋数椽，灯火青荧。车停五分即开，历十分过居庸关，穿山隧而出，两旁峻岭雄峙，诚一要隘也。七时三十五分，过青龙湫〔桥〕，夹道皆山，奔突曲折，山麓沟塍尽成白色，与月光相映，益呈冷烈矣。八时十分，到康庄，庐舍鳞比，道之东有警署在焉。十时达宣化，夜色漆黑，朔风怒吼，蟀处车中，不敢伸头外瞩。子夜十分至张家口，为平绥路之重镇，居察哈尔与河北省交界之处，为两省交通孔道，环四面皆山，北临长城，所谓口者，盖指此而言。平绥车抵此，乃折而西入山西之大同。大同为一大镇，惜在深夜，弗能纵览。翌日八时三刻，过封〔丰〕镇。九时十分，过新家村，弥漫皆雪，愧无尖叉险韵，为此装点风景。三十分，到红沙霸。十时半，到平地泉，为此路甚严寒者。站西有山绵亘，东则砖砌房屋数十，东北微见山峰，矗入云际。沿站小贩颇夥，食物亦廉，卤鸡一尾，仅值钱三角余。站中堆积麦粉，待运往销售各地。十一时半，到三岔口。十二时五十分，过卓资山，站西平原，一望无际，寒鸦万点，树皆白色，宛若天然图画也。东即卓资山，依山结草庐数楹，间有砖砌之屋，缭以短垣，垣之端建一圆堡，铁路之工程处也。又有教堂一所，建筑颇壮丽，殆为此地之冠。下午二时，到旗下营，夹道皆雪，一峰危立，数屋毗连，亦一佳景也。二时半，到陶卜齐，大雪弥望，天地一色，寒气愈逼人矣。五时半，过陶思浩，风雪亦紧。六时三刻，到萨拉齐，冰雪塞途，万树如银，横亘路之东方。八时半，到包头，此地为平绥线之终点，分城内城外，城外一片旷野，泥雪积途，旅社二三，以砖土筑成，房皆平屋，内置土炕、火炉、椅桌各一，所余之地，值〔仅〕盈尺耳。城垣以黄土筑成，城堞尚完好。城内较为富庶，街道均属土路。房屋半为黄土所建，前大街为城内最繁盛之处，有商场二，居街衢内，犹北平之东安市场焉。商铺林立，建筑亦冠全城，旅馆设备，仍不脱北方积习，每屋皆有土炕，求其陈设雅洁者，殆不可得。烹饪之法，多带北方气味，且不清洁，南人初至此间，良苦无下箸处。而如厕尤感不便，旅社中无一定厕所，随处可撒，一入厕，但见累累隆起，几无容足地，盖北方人习为固然，并不知卫生之宜讲也。

《殖边》（月刊）

上海中国殖边社

1933 年 7 月号

（陈静　整理）

自包头至宁夏日记

陈擎 撰

一月十七日上午九时许，自包头泰安栈乘汽车出发，同行八九人，汽车大小二辆，从西门疾驶，颠簸至剧，益以载重逾恒，震荡更甚。行甫四十余里，车轮戛然脱轴，轴陷入泥沙，不能前进。修理历三时始竣，幸气候尚佳，鹄立路旁，尚不甚冷。极望平原无际，积雪未消。时已停〔亭〕午，复西发，道途起伏，车行亦苦，而又滞缓非常。下午四时左右，即觅住宿处。一以原定至五原之路程，不能于黄昏前达到；一以车行摇兀，甚感困乏，乃决就宿公庙（因附近有六郎庙，故名），计行二百四十余里。此地仅一土屋孤峙，至为古陋。屋内左右皆土炕，中置炉灶二，燃枯木取暖，兼以烹饪。屋前临旷野，扃以双扉，背负乌拉山，峥嵘突兀，蜿蜒无际。遥望古刹独立，盖一啦嘛庙焉。所居土屋，烟尘眯目，溲勃相望，同人席地而卧，因饥寒疲困，尚不觉其苦。查该地属蒙古治，因交通不便，以致人口寥寥，若以科学方法，从事耕稼，不难化荒区而为沃野。梁公集诸人共撮〔摄〕一影，亦足以志雪泥鸿爪也。余有诗附呈云："申江颜色始相亲，略分逾教见率真。自笑滥竽跻上客，终惭拔薤学前人。骈蟏咫尺容长附，青紫寻常孰与伦（公留别小诗有"青紫何尝足重轻"句）。经纬边荒资凤抱，龙堆草木尽生春。"

一月十八日八时一刻，离公庙，行数十里，机械微损，历半小时修毕复进，车震荡仍剧。沿途荒旷，一望无垠。行抵槐木及隆兴泉，始见数椽土屋，炊烟缕缕，盖时已近午矣。槐木地近河套，颇多农人从事稼穑。芦草盈田，随风波动，群牛自牧，相望于道。下午一时左右，抵五原。五原为绥西一大镇，城内东前街最为繁盛，商店林立，旅社及食堂皆在焉，建筑亦可称绥西之翘楚。五原道中余有句云："问我何为事远行？宁争寂寞后声名。闲居六月忧虚过（余卒业后，赋闲逾六月），远仕三年效一鸣。满幕飞沙教屏息，重衾泼水总忘情。白云万里休回首，起视炊烟意自平。"

　　一月十九日，拂晓即起，欲兼程，暮达三姓〔圣〕公。时正月色朦胧，天空皎洁，益呈野店之幽静。车行恐生危险，乃仍待至八时始发。沿途簸荡最剧，人在车中，宛若鸿毛，飘然欲仙矣。午达临河，村落良密，县治即设于此。街道以食铺为最多，皆木板堆砌而成。车甫入城，县人纷集，驻足而观，盖直视为异物耳。最堪奇诧者，即食堂前粘一纸，书云"本处收买大批烟土"，是烟禁至此已成公开，荼毒吾民，曷其有极，筹边者所宜厝意也。午后饭毕复进，满道泥沙浩浩，车行簸动无已，或入深沙，或陷冰窟，势须下车徒步，借免危险。晚息东塘，土屋数椽，枯林绕径，主人出山芋果腹，味颇不恶。屋内仅一土炕，烟尘迷漫，相视不见。农人高姓，一家八口，有牛、羊、鸡、豚，洵称富足。举家目不识丁，日出而作，日入而息，固不知其他也。余将就寝，见有捧烟具而出者，盖吞云吐雾已成为习惯矣。宿东塘，余有句云："人家半倚夕阳斜，黄耳声迟杂暮鸦。果腹山芋隆帝胙，安身土榻恍仙槎。殖边容缓菁莪化，作宦频惊岁月赊。飞砾弹窗如坐雨，不堪回首忆京华。"本日计共行三百余里。

　　一月廿日八时许，离东塘，历一小时，远见教堂魏立，整洁美好，盖即三圣公也。闻办理甚善，人蒙其惠者多。此堂为一比国神父所创，历有年所。凡向道者，即善为教育；有争讼者，更为理其曲直，颇得该地居民之心，人亦乐于听命，俨然称王斯土，有心于边陲者，闻之至堪悚惕焉。下午四时始达碛〔磴〕口，计共行百余里。沙窝阻梗，沿途颠簸至烈，因而滞缓如此。是晚寓商会，房屋差堪卧起，五人共住一室。室尚宽敞，土炕亦极大，共卧不觉其狭也。有同乡梁勖仁者来访，晤谈欢若平生，万里相逢，尤见难得。梁君任晋北碛〔磴〕口收税官七八年，财政、盐务情形，知之綦详。据云夏省财政岁入，约三百万元，其中清乡费占大部分，各地收税不能统一，无非拥兵者为之梗，故二三百万元之岁入，竟不能使建设稍有进展也。碛〔磴〕口道中余有句云："腊鼓频催近岁阑，饥驱万里路漫漫。无边河套沙如织，夹道东青草禾干。相视疑来鼃面国，却伤行作折腰官。申江春色知何似，莫把双拳子细看（沪上友人赠予手套，故云）。"

一月廿一日，拂晓即披衣洗盥，早餐后登车西发。载道沙滩最多，车轮时致深陷，而速率锐减。至下午四时，始达石嘴子，稍事勾留，街道朴陋，土屋旁列，独龙王庙及兵站处较佳，并有小学一所，办理如何，因限于时间，弗及参观。又有一屋，前悬一平罗税收总局匾额，旁书"古闽郭则建立"字样，岂闽人早已涉足至此耶？四时三刻继续前行，道途较前平垣〔坦〕，车行最速。于暮色苍茫中，到平罗城，宿张姓家，屋甚雅洁，为此行中之最。自磴口至平罗，余有句云："野店鸡声欲曙天，隔窗月白不成眠。两间小立伤无味，绝塞长征恐未贤。危嶂摩空浮日影（贺兰山），惊沙扑地断人烟。悄然暮色沉沉下，为语同车急着鞭（因至平罗时已昏黑）。"

一月廿二日上午九时离平罗，沿途平坦，车行极速。惟道旁积雪未消，颇觉寒气袭人。十时抵李刚堡，但见土屋数楹，至为简陋。附近有一塔，矗入雪际，亦一胜景也。至十二时过八里桥，以距城仅八里，故名。十二时半到达宁夏城，而千余里之旅程遂告终止焉。

《殖边》（月刊）

上海中国殖边社

1933 年 8 月号

（陈静　整理）

绥远旅行记

王日蔚　撰

十月二日

十月十九日①，包头河北新村村长段绳武君由包来平，谈及西北情形及移垦事甚详，并力赞《通俗读物》编刊社作法，希望由双方切实合作编刊适应西北大众之通俗读物，于是本社乃有旅行西北之议。但以社中职员事务烦忙，未能立即成行。后除社中职员因事务不能分身者外，日蔚与郑侃嬺及杨缤女士乃决定西北一行。顾颉刚先生又为介绍燕大同学三人共组织西北考察团，决于十月二日动身。

予等此次赴西北目的，约计有五：一、以代表顾先生在野学者地位之资格，拜见傅作义主席，鼓励及慰劳其为国努力、誓守绥远；二、调查西北社会文化及通俗教育，以为编刊适应西北大众通俗读物之准备；三、扩大通俗文化运动，宣传本社宗旨，求与西北教育当局合作；四、与段绳武君接洽，商榷关于通俗读物编刊上具体合作计划；五、参观段君所组织之河北新村明轩村，期对西北移垦有进一步之认识。至于对西北社会之详确考察，则以

---

① 原文如此。——整理者注

时日及经济所限，未敢有所期冀也。至燕大同学则着重在平绥沿线现在形势之考查，及向沿线学校报告北平学生运动概况。目的既定，乃拟在绥远、包头、平地泉、大同、张家口均行下车，非为浏览风景，盖如此始能略达上述目的于万一也。

是日上午十二时，顾颉刚先生在半亩园为予等饯行，计有燕大历史系李宗瀛君，社会系朱焘谱君，新闻系朱祥麟君，本社有杨缤女士、郑侃嬺女士及予。陪客有黎琴南君、李一非君、吴子臧君、张女士、朱南华君及顾先生长女公子。席毕，约一时半，予等六人乃共商赴西北日程及旅途中职务分配，议决共推日蔚为本团团长，与李君宗瀛负对外接洽之责，朱焘谱君负庶务之责，杨、郑二女士负会计之责，后以杨、郑二君坚辞，会计由予兼任。议既定，约于五时前在观音堂集合，同赴东车站。

至五时，同人已陆续至齐，送行者有杨、郑二女士之朋友五人，连予等共十一人，乃雇车十一辆同赴东车站。至站约五时半，入站时，顾先生已在站相候，并有燕大讲师冯家升君及本社编辑吴子臧君已为予等在车上占好坐〔座〕位。顾先生事务烦忙，终日无暇时，既为予等饯行，又亲自送上车站，其态度之诚恳与对人之热情，几使受者感情不能胜。

予等六人系购三等车票，买六睡铺，共占一房间，车上极清洁，侍役亦和蔼负责。予系第一次乘坐平绥车，据友人云：平绥车极肮脏，开行时振荡极剧，有火车跳舞之称。今所经验殊与传闻异，想系近年来之长足进步。六时十分车由前门开，七时至西直门，同人共用晚餐，三人一桌，四菜一汤，索价每人五毛，虽较市上饭馆略贵，然殊清洁可口，饭车布置亦甚优雅，同人均谓晚饭后当至饭车上写文章。

饭后，返车中闲谈，李宗瀛君为予等道丰台事变甚详，盖彼代表北平学联会曾亲赴丰台视察，继谈及东北义勇军及西北形势，均不禁感慨系之。至九时，同人等多赴饭车写文章，予则爱月色皎洁，俯窗外窥沿途景色。时为旧历八月十七日，月色清辉胜于往日，月光照山谷，发清白色，又似为烟霭笼罩。时虽车声隆隆，然几疑置身世外，使人起神秘静寂之感，蝉鸣声更寂，差近此时情况。过南口，凡数站，予均探头外视，不忍舍此大好景色不睹也。过康庄，同人均就寝，乃出纸笔写日记，然脑中仍未能忘车外月色。过怀来，同人均入睡，月色动人，使人忘眠，然为明日早起计，乃强就枕，沿途景况，恐须至明日记述矣。

十月三日

以昨夜精神太兴奋，故彻夜未能安眠。六时车至丰镇，已觉单被不胜寒矣。起视车中行客均已易棉衣，车外小河已结薄冰。路警着皮装在车站上缩手缩足，似不胜寒冷。塞北气候较之平市相差竟若是之巨。八时至平地泉车站（集宁），此地为平绥路最北之点，从此间西行成直角。平地泉为绥东重地，在军事上为伪军必争之地，闻车上人言，此地防御工程规模甚大，惜未能下车一睹，未知其具体情形若何也。

过平地泉，车向西行，路南北大青山脉绵延不断，山无树木，山上丛草经霜后已发红色，太阳斜照，似若此山均为红石构成者。沿路农民住屋均系土筑，自下至顶不见只瓦只砖，内地寒僻乡村亦无此苦况也。村庄甚稀且小，大无过十余家者，沿铁路线尚如此，其他可知。塞北人口密度，于此可见一斑矣。时秋禾已收割，但均捆置原田野中，地已有犁耕者，禾捆三五相架，禾穗朝上，可证明其割刈已当在两旬以上，此种习惯不知何所由来，一时又无处问讯，殊不胜闷闷。然由此一点，足证此地民风尚诚朴，小偷不多。忆内地禾苗初熟，主人踆〔逡〕巡田野中，防小偷采取禾穗，割刈后则赶速拉入场中，决未敢有捆置地中二十余日者。

车中与燕大三同学闲谈，得知燕大事甚悉。燕大同学谓，学生中有新倾向及新认识者颇不少，学生会组织最健全。学联会之为燕大所领导，盖有由矣。

十二时至绥远，住绥新旅舍。自清早至此时，尚未用饭，同人均觉甚饥，未及洗脸，即赶至饭馆用饭。至清真馆中吃羊肉涮锅，六人竟用洋四元，较之北平贵几一倍，盖以我等言语既异，服装又较奇特，奇货可居，不妨大敲一竹杠也。

饭后同人分两组分头工作，杨、郑二女士及朱祥麟赴绥新日报社探听消息，考询社会情况，予与李宗瀛君、朱焘谱君赴省府及教厅接洽。初至省府，由交际组李先生接见，谓傅主席外出巡视，回后当代转达。省府号房及李先生均甚和气，殊无衙门官僚以白眼视人、似理不理之态，想系受傅主席之态度与精神所感也。

出省府后，至"绥境盟旗自治指导长官公署"拜访燕大同学姚君，姚君为谈此处事甚详。彼谓平地泉防御工程费三百余万，沿铁道亦均有军事防御工作。绥远有高射炮二十门，均为甚新式者，有中央军五百名炮手在此驻守，但领章均已易晋绥军番号；沿绥远城外有石筑碉堡甚多，傅主席颇具抗敌决心。吾等深愿傅先生能以守涿州之决心守国土也。姚君在长官公署负蒙古组责任，彼谓绥盟旗王公国家民族意识均较薄弱，惟利是图；然以敌人过去于此方工作无甚根基，且王公等多存畏惧敌人心理，加以省府应付有方，故现今一般王公大致倾向于我，若能善自处之，敌人未必能达其目的也。姚君又言，前包头敌方筑飞机库，我军力加干涉，现尚未解决。敌人在绥有特务机关，然以我方不甚重视，不与之交涉，故在绥尚无若何表现。关东军司令部因此颇不满其工作，拟撤换之。予等将《松室报告书》及本社所出《民众周报》各一份赠之，乃兴辞而出。出长官公署后，至教育厅，阎厅长以甚忙，派厅中科长赵君接见。赵君人极和蔼，坦率无隐，予等告以来意，希冀合作，彼极表赞同。赵君言绥远现有省立民教馆一处，月经费约一千元，各省成立县立民教馆者凡十四县。但以民众衣食不足，多不能求学，即勉强入学，识得若干字后，于生活既无补助，且在日常生活上亦无重大需要，加以绥地人少，散居不成村落，成立学校殊感不易，故识字运动无大成绩。赵君谓此等鼓词唱本之类，颇能救学校所穷，故甚表欢迎。予又告以本社过去所编刊之丛书，或在形式上多直犯敌讳，易遭干涉，如认为不便时，嗣后当以形式较和缓者奉寄。赵君谓傅主席公开反敌，无此顾忌，始知此处较平、津殊属自由，非若报上所传之甚也。谈话时，偶及教育经费来源，言及烟土公卖，赵君谓教育经费大部即由烟土来。绥远种烟捐税及烟土稽征所得，每年约数百万，设厉行禁烟，则政、军、教费无着。政府机关之经济基础乃建基于大众吸毒身上，可笑亦复可怜。望绥方当局能开源节流、有所改易也。谈话既竟，乃请赵君为介绍参观民众教育馆及各学校，赵君均慨然应允，盛意可感。朱、李二君以天已晚，赶返旧城，欲为敌特务机关照像，予独自赴民教馆接洽，适馆长请客外出，未能晤面，乃徒步沿马路散步而归。适一羊群由牧场初回，入沿马路一民宅，一牧童守门数羊数目，毕共一百三十五，予入门内探视，童报以微笑。绥远都会之地，大街之旁有如此大羊群场圈，可见绥地游牧业之胜也。

归，姚君来寓回访，继谈甚洽。姚君谓此地大众生活殊苦，封建势力极浓厚，大地主土地以千百顷计，县官不与彼等结托，即不易存在，如此处某厅长即为包头一大地主，傅主席有时亦莫如之何也。学生于政治无甚认识，偶有风潮，亦为日常生活琐碎问题之争执，毫无政治意义。时已至晚饭之时，乃共赴外晚餐，至某一清真馆吃烧羊肉，席间七人除予外均为燕大同学，彼等话及往事，予未能参加一言。杨缤君笑谓，若予话及往事，彼辈六人亦均无言可参，不觉均大笑。

饭后由姚君领游旧城马路，参观烟馆数家，馆内主人及顾客均饥黄面瘦无人色，视予等至，殊惊讶。姚君言，此处烟馆多为下层苦力人吸食之所，长衫、西服之辈忽然驾临，自当受宠若惊。

绥远市上卖西瓜者甚多，乃买二枚归，颇欲一尝此"塞外围炉吃西瓜"之特殊风味也。至旅舍，剖视已将腐，乃与茶房伙计食用。

十月四日

今日本拟拜访傅主席及参观各学校，后思及系星期日，恐学校负责人及学生不在校内，乃中止。傅主席仍未返绥，自无从拜见。姚君约予等游昭君墓，予虽不爱名胜，然以家居无事，乃决赴其地一视。早六时起床，七时，同人等同赴新城访姚君。绥远至杀虎口新修一公路，昭君墓在其侧。省府今日派汽车验视公路，予等由姚君介绍坐车同行。复有省府林品君及郭文元君同车。二君均燕大毕业，招待殊周，燕大此种风气实为他校所不及。墓在旧城南，过河凡数道，始至其地。墓周围为一平原，忽中间突起高十数丈，其径百余步，据同行某君估计，其底面积约二十余亩。墓前有碑四五，多近代所立，无特别可记述者。《绥远方志》谓包头仍有一昭君墓，且汉时此地非匈奴属，昭君嫁单于，死后焉能葬此。按，昭君墓载于《辽史·地理志》，此地虽非匈奴所有，然实系汉及匈奴边境，昭君思汉，死后嘱其子孙葬此，非不可能，独念汉代君主以子女事敌人，求对方欢心，则此墓应视作国耻墓。登临凭吊，瞻念前途，不觉黯然久之。

归时至一农家视察，适其家中无他人，一农妇出应，谓其家种地百亩，弟兄三人均已成家，共十四人。此在内地已属富农，视其陈设及食用，不如内地贫农远甚，西北生活程度实远低于内地也。李宗瀛君问其为哪一国人，答系庄稼人。虽所答非所问，然在其意识上其受压迫之职业地位观念实远胜于民族观念，于此可见。归途与郭文元君偶谈及庄稼割后仍搁置地中之故。郭君为予言，此地一般贫苦农家，房屋既少，车辆又缺，故一时不能将禾苗拉入场中，以故此地乞丐势力甚大，盖偶一不如其意，彼可放火将禾苗烧尽也。知昨日所推测实大错误，对事不甚了解，而妄下判断，鲜有不错误者，后当力戒此病。

午十二时车始返寓，午饭同人等与姚君及郭君同用。饭后省府秘书处科长王斌君来访，谓主席仍未归，若予等明日至包头，彼可先电包头县长有所照拂。王君颇精干老练，于绥地现在情势，不欲有所申叙。

王君走后，小睡约半小时，郭、姚二君又来约游设利图召及五塔寺，喇嘛生活始得略窥一二。晚饭，姚、郭、林三君约予等在绥远饭店晚餐，肴馔丰盛，盛意殊可感也。

十月五日

晨七时起床，将行李略事摒挡后，即与归绥省立师范刘校长打电话，说明拟往该校参观。八时，同人均已起床，乃议决分三组出发，郑侃燧及杨缤二女士赴省立女师，李君、朱祥麟君赴省立中学，予与朱焘谱君赴省立男师，由男师出后，予个人赴省立民教馆。八时半，予与朱君由店动身，男师在平绥路北，离旧城甚远，故到时已九时余，第二小时已上课矣。刘校长为予旧同学，相见甚欢，予告以此次赴西北意义，彼颇表示欢欣，乃领予等参观全校。校址为康熙时某公主旧府，地址宽大，房屋虽旧，但均甚完整，即以康熙末年计，至此时已几三百余年，殊可异也。学生宿舍、盥漱室、寝室均甚整洁，衣着亦颇朴素，足见学风甚善。十时，刘校长召集全体学生至礼堂，以时间短促，予与朱君约各有十数分钟演说，将昨日所印之调查表发与学生添写，并将本社所出刊物散发。毕，已十一时；坐车返旅舍，已十一时半，朱、李、杨、郑四君相候已久，颇形焦急。即雇车至车站，至已十二时，离开车仅余二十分钟矣。

午前本拟至省师范后，再赴省立民教馆，今一校尚未工作完毕，省立民教馆只有俟再来时拜访矣。

予等此次赴省师所坐之洋车，有一洋车夫自云曾在羽山公馆（包头日本特务机关）拉包车八阅月；问羽山等终日所作何事，则云拉拢蒙古人。彼又谓日人清晨早起叩头念佛，问系何意义，则云恐系怕死。洋车夫所云虽未见正确，然足证高邻浪人多无知识之流也。

十二时二十分上车，开行后，问及李、朱、杨、郑诸君赴一中、女师情形若何，则均因时间短促，适值学生上课，未能获得公开讲演机会。

在路上翻阅省师学生所作之调查表，知彼等大多数平日多爱读旧小说，爱读张恨水著作者更多，虽间有一二读新书者，但由其所添表中他项表现，似未有深刻认识。惟由表中可知彼等关于时事问题似甚注意，足证国家危急，人人均不能不放在心头上也。

绥远至包头铁路两旁，土地平整，一望无际，但多使其荒芜。绥、包为绥省重地，其附近荒地尚若是之多，他处可知。

四时至包头，住绥西宾馆，即与段绳武先生打电话，告以已来包消息。段君谓已在站上令人接我等三次，且在绥远饭店已为我等找妥房间，嘱即搬入。段君事务烦忙，乃竟如此招待，盛情厚意，却之不恭，因即由绥西迁入绥远饭店。

略事安置后，有天津《益世报》记者西北旅行团团长阎树吾君来访。阎君八月一日出发，由绥东转阴山背后至包头，拟由包赴宁、青、甘、新转赴西藏，现正候入新疆护照。阎君系黄埔五期毕业生，云共产党"侵晋"时，彼随军作记者，为共军所获，因系与刘子丹相识得释放。阎君人颇精干，愿其伟大计划能实现也。

六时，段先生由河北新村来，相见之下，欢忻异常。段先生谓，自两广问题解决后，中央与晋绥当局决以全力守绥，故两月来，绥方军民均颇兴奋，不似前之恐敌心理也。晚饭后谈及通俗读物及年画事，意见亦均一致。画家孙之儁已来包河北新村工作，孙君为予在大名师范旧同事，明日赴新村时当可一诉阔别之情。

晚八时，阎君由外归，为予等道包头飞机事件甚详。初，日人在包头车站中航飞机场旁，占地筑屋二间，绥当局未加注意；后忽雇工人于其地建筑飞机场，我方乃派便衣队驱散之；后又派兵于其地作野外演习，以妨其进行工作，彼亦未敢力争。日方特务长羽山语绥当局，谓建筑飞机场系防俄防共，于中国利益甚大，中国不应干涉；我方以王英、李守信等伪军侵绥，请其解释，羽山语塞。现此事仍在搁置中，须俟中日整个交涉解决矣。

李君及朱君因事与新闻记者阎君外出至某妓馆，李君归谓，在妓馆时几尽见包头政军要人，若秘书、主任、局长、团长之类，娼寮本为封建式政客会议之所，至跳舞场及交际花者出，娼妓地位乃渐降低，包头为西北重要都市，颇甚繁华，不见落后，但此道则"进步"似甚慢，彼等乃得见古香古色旧政客之会议场所，颇自恨未能同朱君等同去，一扩眼界也。

予等所住之院落，北屋即为羽山所住，隔壁亦系浪人，高邻丰采，瞻仰殊便。据包头饭店侍役语予等，浪人等在包多住彼处，多时至一二十人，彼等来后，娼寮大为繁盛，抽鸦片、打麻酱〔将〕牌，无所不为，常令饭店为其浮开收据，高邻日常生活亦殊鄙污。

十月六日

今日段先生约予等参观河北新村，村距城十五里，段先生为雇轿车二，复由村内牵二马及一车来。《益世报》西北考察团长阎树吾君骑其马同行。予等连段君及阎君共八人，三人骑马，五人坐车，出南门先至中航飞机场。场占地数十顷，均系荒地，场旁置一日本飞机，有二警察为其看守，云日本飞机落此后，驾驶员弃之他去，官厅恐其飞机有受损伤，乃不得不派人看护。中航场之西北，有铁架如房屋状，旁置汽油二千余箱，即日强筑飞机场处，以半途中止，故房屋未完成而仅建一空铁架，汽油以无房屋储藏，故置旷场中，有警士三人昼夜为其看守。恐须至此问题解决后，此种自己承认之强迫性看守职务始能免除。

由飞机场南赴黄河北岸码头，时一牛皮筏方解卸，约工人数十余颇形忙碌。牛皮筏系数十牛皮囊所结合而成，以绳棍连系之，上平正若甲板，船夫工作、食宿于其上。牛皮囊系将牛头害〔割〕后，由颈往下剥退其皮而成，故除四腿及颈、尾处有空口外，余均完整若全牛。装毛类其中，将头、尾、四肢之口，缝扎甚固，用桐油油之，置牛皮河内不浸水，囊中储毛如船腹，上复可供船夫工作。至包头将毛取出，牛皮囊或按牛皮价卖出，或折叠携至宁夏、青海，仍作船只之用。故牛皮筏在河套内实一重要交通工具。

由码头车行而东，至河北新村之新式机器抽水场。场内起水机与南方之水车相同，惟由电力发动，数十架水车可同时拉水，水旺时该机一日可灌地四十顷。河北新村之土地地面既高且碱，非用机器大量拉水，不能改变其土壤性质。故段君不惜重资设此一电力拉水机，将来除供河北新村全村使用之外，复可灌溉邻近地亩。此种设置，不仅绥远一处可用，凡有河流之处均可安设，常见内地河道不修，上流患旱，下流患潦，设多安置此种拉水机，则将上流之水拉出河外，变旱地为水田，上流流下之水既少，则下流无患潦之虞，一举而两得，农村生产力增加数倍。惜以政治不上轨道，侈谈建设而民益困，殊可慨也。

河北新村之拉水机，以时近冬季，本拟于三日前拆卸，段先生为予等参观，特令晚拆数日。予等至时，电机一动，数十架拉水机同时转动，河水汹涌而上，转眼之间，沟渠为满，一日灌地数十顷实非难事。据段君语，一日电力及人力所费约四十元，若灌地四十顷，则每亩上水一次约合一分，一年上水十次始合十分，西北雨量较小，然一年上大水十次，庄禾当可足用。此一亩一角之水利费，禾稼多收所偿之数，当可数十倍于此也。

由拉水机场北行，逾铁道至河北新村。村围以土墙，高可丈余，四角筑有碉堡，仅南方正中留一大门，门外一小溪灌园数十亩，菜蔬青葱，畦行整齐，颇使人有世外桃园〔源〕之思。进门后，甬路两旁有小童二十余人方掘坑植树，着蓝色土布短服，精神饱满，体格壮健，视予等至，立正为礼，从容自若，非新村中儿童，不克若此也。继进一门，院内房皆南向，约二十余间，为村公所及村内公共机关所在，段先生即居于该处。时已下午三时，乃急用午餐。饭为稻米饭及糜子饼两种，稻系段先生试验成功自种植者，西北之有稻米，实不能不推先生之功。此时本已饥饿，又以其含有此种新意义，故倍觉香甜。段先生曾谓，种稻试验成功，在绥全省农品展览会得首奖时，其心中喜悦胜于在军队中时得上将衔时之乐。予食用时亦不禁为段先生庆祝也。糜子饼，为此地特产糜子面粉所成，与内地黍稷之类相近，颇觉香甜可口。肴馔虽甚简，但大部系特为予等购自城内者，以乡中除蔬菜、鸡蛋外无他物也。住房均系土屋，段先生过去生活甚优，今乃能安之若素，为理想而牺牲若段君者，实不多见也。

饭时，孙之儁君来，多年别离，相见之下，精神殊觉愉快。饭后，参观村内各处。村有合作社一，买卖村民所用及所有货物，其所自织截〔裁〕绒毯子、布匹及所打毛衣，均价廉物美特甚。有洋式织布机廿余架，村中妇女方正织布，机声轧轧，视彼等脸色均不胜喜悦之态。有武训小学一处，内可容百余人，为村民聚会之所。段君最服膺武训，谓此种人最可激发后进，期圣期贤，则每为天资及环境所限，不可以例后人。武训身为乞丐，目不识丁，天资亦属中庸，其所为事业，纯由努力及牺牲精神而成，此则任人可为，段君以武训名其小学，盖激励后进之意也。

河北村建筑，房皆南向，一排九间，每三间为一屋，间隔以土墙，门通中间内，每一里间住一户，中间供二家共公之用。房屋之前尚甚宽广，可作打禾场。时方秋收后，村民正忙于打禾，视予等至，均立正为礼。农民性最迟顿，不易接收新习惯与礼节，段君三年之内，能有若此成绩，颇非易易。村民住屋，虽均相同，但清洁程度则相差甚巨，段君谓此种日常生活习惯改正甚难，初来时，曾以全力干涉之，近则略行放任，拟从其思想上求根本改革。四角碉堡内，各住有居民一户，有事则易为警戒。村正中，设警钟一，为村民聚会之号令，一旦有事，乱击警钟，村民可于三五分钟内集合整齐。时天已入暮，乃归就晚餐。饭后与孙君话阔别之情，少间段先生来，乃共谈通俗年画作画时应注意之点。

燕大同学朱、李诸君，拟明日返绥远，暮时别予等归包头。予与郑、杨二君住村内，拟明日参加村民朝会，毕与段先生共赴五原。

十月七日

四时，闻钟鸣甚急，视绳武先生方正起床，乃急着衣起，外出如厕，已闻礼堂内点名声，距钟鸣时当不过五分钟。新村地基约一顷大，村民散居其间，五分钟之内竟能于黑夜站队集合，敏捷迅速，正式军队当不过如此耳。记予在中等学校任训育时，于敏捷方面一再注意，然绝无此种成绩。农民习性迟缓，绳武先生能于二三年之内改移其习惯如此，实不能不令人心服。倘中国大众均能有此种习惯，则一旦有事，其裨益于国家者，岂可以数字计量哉。

盥漱后，赴礼堂，村民已坐整齐，小学生坐村民之后，时天尚未明，室内点煤油灯数盏，村民着粗布短衣，朴素整齐，予等至后，鼓掌欢迎。在黑夜中，聚农民于一堂，整齐无哗，于予尚属第一次经验，故心中颇有无限感触。社会人士多谓农民无组织力，不易教导，似若中国之扰乱不宁，均应由此种傻阿斗负责，睹此景象，不知彼等作何种感想也。段先生为予等介绍后，予略作简短演说，以六时须坐车赴城内也。

段先生为备轿车一、大车二，郑、杨二先生坐一轿车，予与段先生坐一大车。出大门时，村民复排队相送，予等有何德能于国家社会，于彼等忠诚农民，受此敬礼，颇自觉汗下也。

七时至汽车站，段君以临时发生事故，不克同行，予与郑、杨二君乃登车出发。段君复嘱包头饭店侍役为送馒头及香肠共数斤，盖以路上不便买食物也。

包头西至五原共四百里，汽车约一日程，包头东多属已垦地，西则牧草遍野，多未垦殖。汽车道蜿蜒于荒草中，牛、羊、骆驼放牧于内，风吹草动，牛羊始见。谚语谓“风吹草底〔低〕见牛羊”，此时始知其况味也。

车至公庙站，打肩〔尖〕少息，荒野中土房数间，四无居邻，即来往旅客栖息之所。屋内有长炕二，中余隙地不及方丈，炕南北及屋之前后墙，东西长约数丈，西北土炕之伟大，今始拜领矣。车过公庙，见脑包二，蒙古女子持鞭立路侧，观汽车飞驶。予笑谓郑、杨二君曰："上海选标准美人，设真以健康为第一条件，当自彼等中挑选也。"

予等来时，段先生为介绍前五原商务会长李景芳君及义盛昌车理经。车至五原南门，问司机生李先生住处，则始知坐予等前面、中路上车之一乘客即李君也，殊不胜欣乐。

五原为河套中心区域，为绥远至宁夏必经之道，包头至五原每日开行汽车甚多，但该地尚无洋车，下汽车后雇人搬行里〔李〕至李君处。李君及车君均河北人，因略谈此地河北同乡情形。据李君云，此地商人，河北者占十分之六，山西者占十分之四，农民来去无定，晋、鲁、豫、冀各省均有，但以晋、冀为最多，约占十分之七八。河北省尤以冀南一带为最多，以开辟河套之王同春即系冀南人故也。冀南同乡于旧历二月二日由家动身，由山西过雁门，西北行，直奔河套，约须时二十日，晚冬农事毕，复返原籍。定居此处者，仍不甚多。

予等此来五原，目的在往明轩村一行，适遇该村副村长张君嗣贤购买木料至此，因纵谈及此处垦殖情形，颇觉津津有味也。

河套原无树木，近年始有栽种者，木材多采自阴山山内，蒙古人迷信，谓采集树木于彼等不利，故不乐汉人采伐，以故此地木材殊贵。按，河套气候及土质，均适宜于树木生长，惟无人培养，任此大好土地为荒草所占，殊可痛惜。记日间坐汽车至五原时，漫野中数十里始见一树，问之同车中人，云系瞎进财（即王同春）所栽，备其骑马游巡休息取凉之用，且云河套之有树木实自彼始。

入夜，侍役来，谓就寝时宜将予等所住之小院及住屋门户紧闭，盖彼有恶狗，夜间放出守夜，殊凶猛也。

十月八日

晨约六时半起床，听外院狗吠汪汪，惧不敢开门。腹内雷鸣，急欲如厕，所居院内又无棍棒之类可以防狗，焦急万状，非身受者，恐难想像其万一。不得已，乃坐床上强自振摄。七时，闻院内人语，知狗已锁闭，始得外出将此一段火急公事了结。

五原较包头近约百余里，晨起反觉不如包头寒冷，由平地泉西行，愈西气候愈觉温和。由北平过南口，初出塞外，气候较寒，至平地泉、卓资山，天气最冷。盖以此等处地势较高之故。愈西愈低，复有黄河横流境内，于调节气候上不无影响，故愈西反愈较温和也。

约十时，予三人共雇轿车赴明轩村，村在五原西约三十里，须四五小时行程。出五原城西行，荒草益高大，足证此地土壤之肥美。路上与车夫闲谈，知愈西草愈高，有及丈余者。车夫为河北完县人，云系孙殿英之四十一军所拉来者，在此已数年，或种地，或领工挖渠，或赶车，人颇精神，于此地情形甚熟习。彼云：内地来此者多不名一文，旧历年后，借亲邻高粮〔粱〕二斗，自推磨成粉，借大户锅代蒸为窝窝头，约四五十斤，用口袋盛之，负之而行，一路食用全仗此宝囊矣。内地来此者，远者二千里，少者千余里，多徒步行，无乘火车者，故一路所需盘费不过二斗高粮〔粱〕，及住店、喝水零用，共不过二三元也。此二三元者，尤系高利借自亲邻，俟初冬，回后偿还。到河套时，虽或有同乡引介，但此种穷措大，绝无能直接租地垦种者，以无人敢信赖出赁农具、牛马于彼也。故初来此地之人，多为人作雇农，或开挖沟渠，一年勤劳所得，或可剩二三十元，初冬返里，偿还前所借盘费及回时路上费用，所余当不过二十元。故能在内地觅得工作，绝无肯来此"吃苦"者。

在此地居留二三年，有五六十元积蓄后，始有人令其租地耕种。此地一人可种一顷，地租约四十元至六十元不等，水利十余元，赁牛赁农具约共须四十元，乡村及县政府摊派约须五十元，自己食用约须二十元，中年每顷收获所值约可二百元，故一年所获亦殊无多也。

此地耕作最为简单，秋后用河水灌地，地冻甚深，春期融化，松软如酥，耕耙一次即可播种，成苗后，锄理一次即可俟其收获，故一人能耕种一顷，若在内地，则非三人莫办也。

河套雨量甚少，全俟黄河灌溉，河水分春水、伏水、秋水三种。伏水携带淤土最多，约可半尺厚，性最肥美，故浇水一次即无异上大量肥料，然以其携带淤土甚多，禾苗必为其淤死。故上伏水之地，必系白地未种庄稼，俟次年始能下种，行隔年轮耕制。上过伏水之地，收获量倍于普通土地，虽隔年轮耕，然平均计算所获亦不少也。

车夫自云已赶车三年，西至宁夏，东至包头，南北至河套边界，故于河套地理甚熟：五原至宁夏轿车一辆约四五十元，须十日行；沿路居民甚少，故须自带食用物品；途中宿店均有一定，颇类驿站，故起息须有定时，否则夜晚即无住宿处；途中虽有土匪，然多劫船不劫车，以车上所带物品有限，不足动其心也。

河套地利最厚，牧养牛羊，年可倍息，凡百业务与此相同。惜苛政猛于虎，致使人裹足不前，佳土沃壤，听其荒废，良可慨叹。

由五原至明轩村，十九均系荒地。时方灌秋水，沟渠中水混浊如泥糊，可证其携带土量之多。荒草中以芨芨草为最多，约居十分之九。芨芨草多年生宿根，高者可五六尺，地肥美处可至丈余。草嫩时可供牛马饲料，衰老后或供燃料，或作编席之用，或缠结成细捆，用以覆房顶，可代陶砖。其根茸细，榨结之用作沟渠中闸旁护堤之用，最耐水冲，不异砖石。此地居民呼之为闸箱，非其根莫能为也。

约午后二时，始至明轩村，小学生男女两队约一百余排队迎接，手持镰刀，头戴草笠，似工作初完之状。彼等皆苗壮肥胖，喜形于色，真乐国天园子弟。进村围墙内，妇女约百人，老幼相间，复自动排队相迎，鞠躬为礼，虽行伍不整，然其天真诚恳之态殊足动人。

明轩村，大与河北村等，系今年所草创，方正修房屋。稍息后，副村长张君为予等述此村经营经过甚详，兹记述如次。

此村系河北移民协会主事人段绳武君所创，以移民经费出自河北省府，且宋主席赞助甚力，故名明轩村（明轩系宋哲元之号）以作纪念。初，陈村长世五及张桐茂君在此筹备，段绳武君及张嗣贤君赴河北长垣、濮阳两县移民。此地土民，性最"欺生"（即惯欺侮初来孤立之人），如问路多不以实告，与一般农民性质殊异。初来工作为作沟渠中之闸箱，以俟移民至后，即可灌田播种。作闸箱时，雇车夫人工，虽大价，均不肯出应，闸箱工人谎谓一闸箱须千元之费，故亘一月工作无法进行。不得已，始由包头河北村赶来三车及工人多名。工作开始后，一般人视此团体不无力量，乃肯出而帮忙，始有应工者。此种困难，殊出意料之外，故于原定计划颇多妨碍。作完一闸箱又二分之一时，由濮阳、长垣所移之民（约一百户三四百口）即至。妇女及十三岁以下之幼童留住五原，壮丁及十三岁以上之儿童则由包头坐汽车赶至此处。人多势众，此时帮忙者亦多，壮丁开渠，幼童刨芟芨草，此种工作约一月，乃得完成欲灌溉地之沟渠数段。此时尚无房屋，移民均住草庵及帐棚中，住五原之妇女儿童亦已迁至此处，男子种地挖渠，妇人孺子则拾材〔柴〕刨芟芨草做饭。至六月中，播种工作已确定，乃决分一部分人修筑房屋，于七月一号动工，先挖四井，筑墙修屋，土房土顶，工作甚快，故于八月一号已将大部迁移此处。

现村民仍营共同生活，共用一锅，主要食品为糜子饭，青菜则系自己所种。妇女儿童异姓相处，尚无大争执，壮丁均颇努力工作，安于其业，终日劳苦，绝无怨言。盖彼等在内地时均系穷无所归者，此地有工作有饭吃，子女得受教育，三五年后，房屋、土地、农具均归己有，每户一顷，由乞丐忽变为富农，宜乎彼等颇露感激之色。

于僻远荒地，凡百日用所需均缺乏之处，乃能于数月内将内地百户迁移至此，立村筑房，开沟渠，辟草莱，变荒原为沃壤，使男妇老幼三四百人有食、有住、有衣、有教育可受，段君及河北移民协会诸同人之魄力干材实令人钦慕。

饭后，张君携予等参观各地，一土窖内盛新收之秋粮。据张君云，挖掘土窖，储粮其内，上覆以土，可数年不坏。套内多匪乱，少房屋，故居民之粮食多藏其内，取其既便收藏，又可避匪乱抢夺。明轩村有地七百余顷，系以两万元购自王乐愚君者（王同春之子）。出村四望，不见边际，大好土地，以明轩村诸执事之干力与精力，三五年内必可使此地别具一番景象。张君复领予等至新中公参观王靖国之军垦区。新中公系蒙古语，乃多人聚集之意，今改为负暄乡，负责者为一王营长，营部即村公所。以天已晚，未得详看即归。

晚始得晤陈村长，以陈君赴田野工作，直至晚始归也。陈君和祥温文，衣着若农民，他且无论，此种态度与精神即足获农民爱戴。夜与陈君详谈此地垦殖前途，殊觉兴奋，颇使人有不欲归之念。

此地生产力极高，每户（以妇夫二人及小孩二人计）每年收获所得可有二百余元收入，除其生产费及消费必须开支外，尚可余一百二十元，一户一百二十元，千户则一年所余即十二万元，以此十二万元供作教育此千户之用，则其子弟均可受得中等教育。主其事者，若能政、教、卫合一努力工作，则以有具中等教育程度之人聚而为村，必能别俱〔具〕景象，成一自足自给近似社

〈会〉主义制度之新村，其习惯风尚当亦可为他村模范，惟苛政猛于虎，不知能允许有此一片干净土否？

今将套内普通一户收支情形简单统计如下，以供有心者之参考。兹以一犋牛、一农夫有妻一子二，耕地一顷为例。

收入项下：

一顷地年可平均收五十石粮，石以四元计，年共收入二百元。土地所产之柴草可供牲口饲料，折合银洋不便统计，支出时可不将牲口列入在内。

支出项下：

一、牲畜捐，一犋牛每头六毛，共一元二毛。

二、食盐捐，一户约二元。（此地系蒙古盐，自由贩买〔卖〕，政府直接向食户抽收）

三、水利经费捐，每顷四元。

四、水利费，每顷十二元。（水利经费及水利费系水利管理局所收，然沟渠开挖均系自办，此实无异抽收雨水捐）

五、县政府摊派，约二十元。

六、村公所摊派，约二十元。

七、种子，三石十五元。

八、牲口饲粮，六石约三十元。

九、四口人食用，十石五十元。

共支出一百五十四元二角，收支相抵，余四十五元八角。

然套内之地，均为大地主所有，农民多系租种，每顷租价约三十元至六十元，缴租后已一无剩余矣。上列支出，县摊派及村摊派之数目，殊足惊人，非亲至其地者，几难相信。缘套中各地无确定银粮，每年播种成苗后，县府派人戡查播种面积，为〔谓〕之"丈青"。县府每年支出，即以此丈青之数目平均摊派，荒地及未播种者，则免除缴纳。河套地僻人稀，天高皇帝远，地方官吏权势最大，县府派出之丈青小吏，到乡后便作威作福，有贿赂者，地多丈少，十顷可丈告五顷，无贿赂者，地少丈多，一顷可丈告两顷，故丈青委员一下乡，村民宰鸡鸭设宴相迎，彼等眼中视委员下乡不啻皇帝出巡。土地丈青时，既有此种弊病，缴纳摊派之村民目不识丁，视官府有无上权势，当惟县吏所求以应。河套之村庄，非若内地聚户而聚〔居〕，一村范围极大，方圆可数十里，村民散居其内，三五户一团，村公所有村长副各一、书记一名、工友一名、跑村者（类似县府之衙吏）若干名，故口外一村俨若内地一小县，村民视村长宛如内地之县长。故村公所之摊派，其数甚巨。

故河套垦殖，非自然条件问题，乃政治问题。政治不改良，则农民必裹足不前，大好良田听其荒芜；政治良善，则农民自趋之若鹜。东北四省之垦殖，并未加提倡，清室复有意禁止，屡加干涉，然关内农民移去者，年以数十万计，当必系该时政治尚清明，或政府放任不管，大利所在，人必趋之，故有此种成绩。饲牛食奶，不与以饲料，而尽量榨取牛乳，牛亡，将一滴乳而不能得；养鸡求蛋，杀鸡求蛋，蛋不可求而鸡亡，将鸡、蛋均无矣。望为政者，于此三熟思焉。

然俟河之清，恐无确日，团体移民，着重训教，使其有组织及自立能力，则十人团结可胜千人，千人团结可胜万人。从根本大众组织训教着手，以河套之大、人口之寡、散布之广，主其事者，五年移民，五年教训，必能使套地易色，另造一新社会。西欧小国不若河套大者甚多，然能于世界露头角者颇不少，望有志于此者，认清此点，努力作去，利国利民，移风易俗，实为社会别造出一道路也。

晚，郑、杨二女士睡张、陈、王诸君所睡之土炕，予睡一帆布床，陈、张、王诸君则睡在地下，喧宾夺主，心颇不安。

十月九日

晨未明，张、陈、王诸君均已起床，予等亦起床就道，主人强留早饭，食毕乃行。至门外，学生又排队相送，四体不勤，五谷不分，受此优遇，颇觉汗下。十二时，车至五原，午饭后，访王乐愚君。王君为予等言，其先父王同春，初在宁夏工作，乃于水利发生兴趣，至河套时，时套地尚未开辟，结合友朋，开渠垦地。今之干渠纵横数千里，皆其一人所经营。彼一生无暇时，终日骑马勘察地形，套地数万方里，彼之足迹几无不至者，夜间迷路，取土块及所生草细看便知所在，按地循路，百无一失。彼嗣后复亲至宁夏考查五次。世人皆知其有特殊聪明，不知彼之成功实由血汗得来。

中国地势西高东低，河套黄河西〔东〕流，当亦同此。由黄河开渠西北向至五加河（黄河即地图上之南河，为正河身，五加河即地图上之北河，今上流淤塞，不能通行），则水流至顺，以其大方向为由西向东，故套内各干渠、支渠，或东北向、东南向，从无向西南、西北或正西流者，今之各渠由黄河东北流入五加河，汇而东南流入原河。水有入口，有出口，入口高，出口低，故流行至顺。河套水利较他处特长者，即在于此有退水渠之故。宁夏水利日见衰落，其原因即以无退水口之故。前萨拉齐县开之民生渠，系用最新科学方法挖掘，然竟失败。王同春生前曾有测量，惜彼未能利用。科学方法非不可贵，惜主其事者未必真正了解；即了解矣，未必能真正应用；即能应用矣，以养尊处优之故，未必肯亲与其事，交之工友动手，差之毫厘，谬之千里，以最新科学方法得此等结果者，恐即基因于是。王同春君，虽目不识丁，然参酌考验，虚心用事，栉风沐雨，曾无少息，故能有此成绩，望新科学家能注意及此。

王同春君一人无丝毫凭借，能有此伟大成绩，望从事开发西北志士以此自勉焉。

由王乐愚君处出后，复至王同春祠堂处一游。祠堂在五原城东，孤处旷野，适守祠者外去，故未能进去一观。念此君之当年伟绩，及今日之满目荒凉，怅郁不能自胜。王君有知，不知其发生何种感想也。

由王同春祠堂，复至五原城中拜访王县长，适值其外出，乃投刺而归。

五原尚无书铺，有一小书摊买〔卖〕鼓词唱本数十种，视其出版处，乃北平泰山堂所出。伟大作家之作品，商务、中华出版之书籍，炫赫社会，几尽人皆知，然穷乡僻壤深入下层之读物，则仍为未知名之作品、未知名之书店，实足令我等深省也。

吃晚饭后，买鸡蛋及梨若干，拟明日在途中食用。

十月十日

今日为双十节，坐汽车返包头，昏黑始至城内，沿途除荒草、牛、羊、土房、小店外无长物，无一足表示今日之为国庆日者。车中与一商人闲谈，言及汽车路管理及屯垦区所出纸票，颇足示西北政治之一方面，兹记述如次。

汽车管理局本系政府一机关，司公路之修理及车辆之支配，其意至美至善。局中收支应实报实销，奈包头至五原之管理局，竟以每年五百元向政府呈包，宛如包商。包头至五原棚子车票局中定价洋四元，敞车价洋三元六角，管理局按此抽捐，棚子车七毛，敞车六毛，货物百斤二毛。实则车多客少，贱价竞争，难按定价出卖，故汽车上所出捐款为数颇不小。五原、包头汽车来往甚多，管理局一年收入约数万元。政府建立机关，抽取税款，政府虽所得无几，大众则受害匪浅，均饱入贪官污吏之囊中，概皆类此。

王靖国所主办之屯垦区，成立一合作社，经营者为其女婿张圣兴。按，合作社乃系图社员间生产及消费之经济，免除中间商人之剥削，意本至善。惟张氏所主办之合作社，则实系一官营商号，社中商品，"上至绸缎，下至葱蒜"，无所不有，非独非社员可以买用（实际上他们并没社员），且大量批发与小商贩出售。社中出合作社支付卷一种，强迫商民使用，名义上出三十万，实际约一百二十万之数，省府、塞北关不使用，现市面不见他种货币，尽为合作社支付卷所代替。合作社所卖买物品，不纳捐税，故物价较廉，商民营业大受影响。去年一年结果，政府货捐收入竟减少二十万元，合作社红利尚不足十四万元，较其轻重，政府所得反较减于前。

与民争利，仍用之于民，本无不可；与民争利，民疲而政府收入反减，乃尽饱贪官污吏囊中，实足令吾人深省。该商人所述虽不无夸大处，然当有百分之七十真实情，望负此责者深省也。

十月十一日

昨住包头饭店，知段绳武君已赴绥远，嘱我等至绥远相晤。晨起赴转龙臧〔藏〕。臧〔藏〕在包头东门外，流水涓涓，清冽可饮，包头城中多用之者。包头街上买〔卖〕牛羊肉者多挑架子沿街叫卖，不似内地以车推或以筐子担也。九时赴车站买票返绥远，站上遇同学谷君，相见颇欢，惜开车在即，未能多谈。

十二时至绥远，下车赴绥远新旅舍，车过跑马场，赛马已毕，恨未能参观。至旅社读朱焘谱诸君所留之信，知彼等已见傅主席，且允其赴陶林考查，其又一信系自平地泉所发，言因天雨，陶林之行，未能如愿，已买票南返。想彼等此时已在燕京矣。

段绳武君及安锡嘏君由交通银行来，乃同赴省府挂号，约定见主席日期。由省府归后，复至省立民教馆，适负责人均未在，乃将本社所出小册子及刊物留赠一份而归。至旧城访《社会日报》及《西北日报》编辑杨令德未遇，留刺而归。

晚与孙之儁君谈年画作法，段君由交通银行迁至旅舍，晚共榻而眠，继谈垦殖前途，颇恨相见之晚。

十月十二日

十时，予等见傅主席，傅君精神奕奕，谓抱抗日决心，想傅君必能言行如一，不失国家一寸土也。十二时，傅主席拟请吾等午餐，以欲急归，坚辞。由省府出后至跑马场，以今日为赛马决赛日期。至看台上见教育厅阎厅长及昨日未晤之杨令德君，惜时间短促，人声嘈杂，未能多谈。十二时余，上车西返，段绳武君车开后始离站，此行蒙绳武君如此招待，愧无以报，惟期力自振发，稍尽在社会上应尽之责，报社会亦即所以报段君也。

《禹贡》（半月刊）

北平禹贡学会

1936 年 6 卷 5 期

（李红权　整理）

绥远旅行记

素原　撰

是衙门的一个阍者吧，突然的来到我住的旅栈来，并且说处长请。我就如士兵们服从长官一般，很快地去接受这个请字下所吩咐或所给与的东西，出乎意料的，我接到了"明天我们一同到绥远去好不好"这样的一句话。对于去绥远作什么的答复，是随便看看，我对于这句当今人物最典型的说话，毫没加以研究，也就无意识的回答，"可以吧"。

在我们起身上汽车的当儿，我才发现了我们一行共有七人，二个人是属于侍役形式的劳动阶级，五个人是所谓先生了，在以后一个多月共同生活的证明，这五个人不但具有五个不同的面孔，而且具有五个绝不相同的内容，从多方面说，都是如此。

我们坐的车，是总部的小汽车，在我个人的经验，在山西坐小汽车，还算是第一次，这好像是我个人的政治地位，要比从前高一级，不然，哪里会有这样的资格。汽车的牌子是红色，不晓得在道途中的哪一个时间，有一个人说，汽车牌子的红色，是表示人民的血，但是这句话的形容，也不过是一种玩弄式的谈资，坐这样汽车的人，当然不会有其他的内心的反映〔应〕。

车抵阳明堡，停驶一时，全车的人都集在一处"打尖"，好像是这个栈房的人，已经明白我们五人，是他们的剥削者，于是就在算饭钱的当儿，来了个竹杠敲猪，因为在普通的例子，这一顿饭绝对不会算到那样大的一个数目。

阳明堡打尖后，接着行了四五个钟头，即抵大同，因为换乘火车的关系，在这里须停歇一个相当的时间，我们一行，通统停歇在山西省银行大同分行。大同虽是我的原籍所在，但因连年奔波的结果，对于当地情形熟悉的程度，与一个外籍人比较，是同样的不清楚，在我吃饭的当儿，我发现了省银行建筑之雄大与近代化，做中国经济论战的先生们，假使在僻处西北的大同，见了这样的东西，当然不能否认，在封建残余的中国，已经准备走资本主义的大路，还能否认这样近代化的建筑，不是代表统治资产阶级剥削劳苦群众的一个典型建筑么？

我因为一行五人中，须有团体的行动，所以回了自己久别的故乡也未敢抽暇一视阔别经久的老朋友，只托了一个工友请来一位必须见面或者喜欢会他的朋友，在模糊的电灯光下，我发现了这位朋友的身体，走向一个极端屠弱的途中，而在谈话的当儿，更发现他的精神上的衰颓与恐惧，摇动与犹疑，咀〔诅〕咒与嫉恨，在每一个动作中，都充分的表现出来，这无疑的是他的学究式的机会主义所招致的结果，当然他也再不谈他的乡村教育的主张了。

对于到绥远乘车的那件事，我无形中好像听到我们是买头等票到绥远去，不料我们的决定，是改变了乘坐大同警备司令某君的专车，这件事在一般的群众看来，或者会生出两个背驰的印象来，一个是偶像的羡慕士大夫阶级阔绰，另一个是站在普罗阶级的立场，痛恨统治阶级的浪费，而在仍然一迷梦富贵生活与希冀不劳而食的我，当然对于这个专车的乘坐，不会有什么反映〔应〕。

车抵绥远站，在车站上遇见了塞北关第一科科长田君，就由这位科长引导我们到了塞北关的办公室。这位科长，最老早在平绥是我们一处的同事，在这车站与塞北关的当儿，他尽了他极灵活极热心的招待，使的被招待的人称赞不绝，而在深刻的认识他的我，则感觉的绝对不是这么一回事，因为这样热心的招待，正表现他对于饭碗问题的恐慌，而在内心的深处，也表现他是在临死的前夕。我们俩本来是极端的好朋友，在这次当然又叙了叙不少的旧交情，对于他对于我热心的招待与爱护，我当然是感激的。

承塞北关的主人，招待我们吃这一天的第一顿饭间，我们就把我们的住址，由中西旅馆移到平市官钱局，因为绥远政治上的许多有力诸君，很客气地不欢喜我们住旅馆，这也无非是要尽地主之谊罢了，在穷小子的我，本来是住小店的客人，而这次竟然在省银行与官钱局的床上鼾睡，可见人们的居移气养移体了。

由车站进抵官钱局后，来会我们的客人，就绵绵不断，一直到吃晚饭为止，距离远一点说，或者一直到我们的回来为止，我们的客人，纵〔总〕是络绎不绝的，这些客人，当然不是访我的，可是，是访他们的么？恐怕也未必吧？在这里与其说是拜人，毋宁说是拜物，了当的说，是拜大官的权威罢了，在西洋的虚伪的民主主义，人的接头与应酬，多半是事务的，而在中国则恐怕是饭碗的吧？这本是官场中常见的例习，不过在我们认识统治阶级的建设能力当中，这件事也是必须把握的事实之一。

就在这一天的下午，我们正式的接到了绥远财政厅长苏君请我们吃饭的请帖，这是我们在绥远宴会的第一份请帖，现在我就不妨在这里把我们在绥远所赴宴会的数目，作一个详细的统计，一则作穷小子的登报声谢，免的被人说，吃了饭连个头都不回，一则这种宴会，是中国政治社会的一个典型现象，我们应有个相当的认识，现在且统计统计我都是赴了哪几个的宴会：一、苏厅长，二、李总办、张会办，三、傅主席，四、王军长，五、冯厅长，六、袁厅长，七、张监督，八、潘厅长、纪委员，九、潘委员暨省党部全体委员，十、苏厅长，十一、石总办，十二、于院长、焦委员，十三、平市官钱局，十四、白院长，十五、郑县长，十

六、苗校长，十七、贾秘书，十八、田科长，十九、垦务局孟、秦两先生，二十、李总办、张监督，二十一、张会办，二十二、胡先生，二十三、周先生，二十四、常先生，二十五、各厅及各机关公请，还有许多脑筋中一时记不起来。

每次宴会的地点，是古丰轩、麦香村。

每次宴会的陪客，总出不了上列做主人的那许多位，不过在其中少有变更罢了。

宴会的菜，除去很少的一二席外，大概都是很好的佳肴，什么鱼翅啦，燕菜啦，总是应有的东西，不然，那会对他们的官体，有什么不好看吧！

我们是十七号来绥远，二十六号到包头，三号折回来，六号离绥远，按算来不算走算的法，我们一共在绥远停留了十二天，十二天的当儿，我们真如一个大饭桶似的填了许多饭，雅一点说，也足够个"稚子何能，躬逢胜饯"？虽然我是由附骥尾的作用得到了这样的结果，但是脂肪质如果加多了，则又不能不感谢诸位。

记得二十年在广东出席国民党四次全国代表大会的期间，也一样的做过这么一回事，当时在广东的主人，也无非是感□到各地代表为党国奔波，不远千里而来，东道主之谊，是十分分内的事，但是骨子里却是露骨的表现，国民党的权威，已经放在酒饭的桌子上，几个月的工夫，开过几个具体的大会呢，哪个大会有过权威的决议，是哪个决议曾经实行过呢，国民党不是整个的与中华民国全体民众脱离关系么？假如有人骂我们作猪子〔仔〕代表，谁也不能巧辩。

我对这个宴会，赶到最后是非常的厌恶的，感情上，理智上，无觉的，直觉的，都是如此，我每天晚上，很用心的研究这个现象，为什么大家要如此呢？为什么一顿饭要花这样多的钱呢？你们的最高当局，不是命令你们要作有效工作么？这与"有效"发生什么联系呢？你们对朋友谈话，开口不是便说"子儿的"恐慌么？为什么作这样的浪费呢？一桌饭须洋三十元，每月请三次客，便须九十元，当一个厅长，不过月薪三百元，你们个人的经济，是不是要因这样浪费的应酬，要感到威挟〔胁〕呢？况且咱们这一行人，还有什么嫖啦，赌啦，——鸣〔呜〕呼建设！

晚上回来，我们的大喇嘛（指邱君，详后）说，明天咱们普通的拜一拜客；第二天早上，每人就包了一辆洋车，拜了许多必须或不必须的客，于是我们同各方面的往来就开始了。

大约是两天或者三天后，我才发现了这次到绥远的主角所负的使命是什么？原来是奉派调查绥远经济建设的材料，对于这件事进行的步骤，在一天的下午，我们决定了除用口头与各机关接头外，我们是要预备做许多表式，分送他们填报，两次谈话会，费了不少的时间，对于这个表册的制造是决定不了的，因为五个人的讨论，是很不容易一致的，这原因第一是因为五个人都没有受过会议的训练，都没有深刻的了解会议中处决事务，应该怎样的发言，应该怎样的不发言，应该怎样的把握住扼要的地方，应该怎样的放过无关重要的枝节部分，况且我们的一行中，尚有一位极端支离的先生，对每一个部分总要发挥他那杰出的理论，于是事务的进行，总是在无端的停顿中，本来这一件事的本身，已经就含有许多的矛盾，如坐在绥远城怎么会能找到建设绥远的材料，向各主管机关要材料，那不是在太原就可以办得到么？为什么要把一笔浩大的旅费，浪费在绥远呢？况且他们各主管机关，自有历史成立以来，也没有作过或调查过有关建设的事与材料，你们在他们的办公桌子上，怎么能找到许多山野矿层中的材料呢？

因为闹了好几天，没有闹出一张表来，所以就把这个起草的责任，交付了那位理论最杰出的先生，在下就被邀为一个帮忙的助手，——或者说是他的刽子手，本来在这些动摇犹疑、投机虚伪的分子当中，不曾作什么创造的东西来，反来复去，还不是那几句官乱谈么？而在那位典型的人物，必定要坚持非这么不可，非那么不可，结果弄得把从统计书本上抄下来的东西，都成了个非驴非马，这真是十足的虚伪的表现。

我对于这位典型人物还要说几句话，就是按他的资格说，本是一个中学生，按他的环境说，当然是一个穷光蛋，按他的年龄说，也在二十至三十之间，但不知从哪里学得到这样的官僚习气，与极端高贵生活的亨〔享〕受，他从太原起身时，就带了一位差人，当然关乎他的一切琐碎的事，都由这位差人办理，记得有一次上五当召去，汽车本来很小，引路的，开车的，以及到召内接头的人物，人数已经很多，汽车实现〔在〕放不下，而这位人物，为的虚伪与虚荣的促使，却非把这个差人带去不可，这真是使的人们十二万分的肉麻，我们当然不是反对差人没有上五当召去的资格，我们是对于这个带字表示不满，这个差人终于是没有带去的。

这些话最容易引起误会，说我是漫骂一切，殊不知我们俩也是有极深的关系的，我是深刻地感到这样的人物，最易把社会一般人给蒙被〔蔽〕了，使的人误信这是建设的人物，或者是有能力的分子，我们应该把这种虚伪的假面具，一足给踏破了，把那些浓〔脓〕水给留出来，假如我的话错误了，我还愿意得一个反纠正，我没有作了刽子手的工作吧？

有一天晚上，我们赴实〔宴〕会回来，官钱局的门口，车水马龙，非常的热闹，进庭子里首先发现的是两位粉白黛绿的美貌女多娇，当然受性的压迫的我们，犹其是我，对于她们是欢迎的，同时耳鼓里的震动，却是麻雀牌的响声，里屋子还有一摊凉州货的大烟灯。打麻雀的人物，除从山西来的一位高级军事长官外，其余都是当地政界的权威人物，还有一场，内中的人物，官级比较小点，当然他们是小么二了。对于这些事的我个人本来也是勾当中的人物，所以当时就感觉到在这一条战线上，咱们总是一丘之貉了，当然穷苦的群众们，期望我们建设，不如一个一半自摸双来的痛快，整天的怕无产阶级革我们的命，可是假如我们自杀，那又有什么办法呢，在以后的证明中，白天吃大菜，晚上来这一种勾当，是十分的例行公事，呜呼！伤心！

我们的表发出以后不多天，填好的表就陆续的寄给我们，当然在这上边要找精确的统计材料是不会的，不过建设厅送来的东西，总还差强人意，对那位老健的厅长，我们当然不能不表示敬意。

就这样吃饭、打牌、听戏以及无所得谈话，模糊得过了许多天，于是就为工作的催使——可以这样说，我实在不敢保证，这是为工作催使——就决定到包头了。

这次我们坐的车，比由大同到绥远的车，还要润〔阔〕气舒服的多，因为这是津浦的蓝钢车，车的所有者，是七十一师的王师长，我们得以乘坐的原故，是因为与王师长有私人的关系，我实在不明白为什么现代的中国军人，在各方面都有一种特权，军人主义为什么有这样特殊的权威。平绥、津浦的车辆，我都约略的晓得一点，记的有一次上南京，买三等车票，上车的当儿，我曾用了我身体最大的力量，也没有挤上去，为什么呢？因为车辆太不敷的原故。平绥线由西直门到张家口的一段，曾经有几次几个人被〈挤〉死在车上。从主观上说，为什么一个军人要占据一辆车，从客观方面说，为什么民众们都丝毫的不呵〔吭〕气呢？为什么你们要把责任单放在共产党的身上呢？我们国民党的同志，你们为民众呼嘘〔吁〕的是什么？说到这里，我要对我们党里的同志说几句话，本来我在党里也露过那中央决议的委员的资格，不过我现在对于这一行人，真是有点泄气，国民革命来一躺〔趟〕，没有产生别的来，只产生出一个空前无有的阶级层，不久的以前，我曾经开过玩笑说，这层阶级，是厕所里的砖，又灰又臭，你们到底是代表谁哩？你们与中华民国民众，发生了一个怎样的关系，对于革命与建设的前途作了怎样一个启示；这次在绥远与省党部同志，及绥远国民党在野的同志，接过了不少的头！除了一面的养尊处优，一面的咒诅漫骂外，实在再发现了什么，就是内讧的斗争，也只限于这个党阶级层的圈了，因为他们已深刻的认识到他们自己比较军阀、官僚，还是自郐以下的。

到包头以后，我们住在恳〔垦〕业银号，这当然与住山西省银行、平市官钱局，是一个出发点、一个归宿点。

在包头第一日，我们是参观了包头许多方面的东西，电灯兼面粉公司、黄河渡口、毛织毡子工厂，还有那极重要的民间的访问，反过来说，或者是一件极肉麻的事，现在我把他逐一叙来。

我到包头已经是第二次，这中间隔了五年的工夫，但是第二次见面的包头，与第一次的包头，实在没有什么显著的区别，这当足以证明中国人的建设能力，反过来说，也足以证明中国人的破坏能力。按包头的地理关系说，应该是西北的一个重要市场，按政治的关系说，也是个十分重要的都市，但是现在却完全不是这么回事，除去了汉、蒙、回人民在过去的历史关系下，自发的形成一个较自给社会下的市场，少变更其性质外，我们实在再看不出近代或政治扶助下的发展，往深里说，除了在洋货推销的方面，较过去几世纪算一点变更外，你还能再找出什么其他新的发现。

本来包头东达天津、西迄甘肃、新疆、蒙古，在贸易上说，他是汉、满、蒙三族一个最大的市场；在产业上说，他应该是轻重工业的中心地，这样广大集中的原料，不能利用，这样大量的制造品的要求，不能供给，是多么大的一个严重问题；再就边防上说，当然也急待设施，但是现在怕除去政府对人民自发的建设惨酷的摧残外，你还能见到什么，这话并不是空说，我们或可以举出许多的事实来证明。

不论重工业或轻工业，在包头你是找不见他的踪迹的，就是那个唯一的面粉公司，其产量也是微微无几，与输入品的比例，恐怕是九牛一毛吧。

干粹〔脆〕的说，包头是洋货的堆栈与帝国主义原料的搜集处，除研究帝国主义经济侵略一个重要事件外，实在再找不出其他的东西。

在包头南海子参观黄河的时间，我发现了两件事都有注意的必要，一件事是黄河的航行，究竟行不行，为什么扬子江那样的通畅，黄河就这样的没办法呢？一件事是南海子有许多旧式的船，在那里放着，这是从宁夏为帝国主义资本家的工厂没有原料而替他们搜集来的皮毛顺流而下的船舶，因为再不能上驶的原故，所以船主就在这里把船卖了带上钱回去，在渡口旁边的房子，是专门留从上驶下来的水手，这些地方其中的两个，我们是参观过的，在我们与一个水手谈话的当儿，我们发现了他们的惊人的水平线下的生活。

据说这些水手山西河曲藉〔籍〕的居多，他们总是阴历年初出来，年终回去，他们这一年的生活多半在水中，而他们的船，不但比不了加拿大皇后轮的头等舱，就是连太古、怡和水手所享受的一切，他们也是十二万分的不及，他们下边隔着一层板与水接触，上边不管雨天暗天、白昼夜晚，总是露天的，而他们的吃饭就与中国农民的饭食也是有霄壤之别，菜蔬不用说是没有的，就是连火食也是十分的困难，他们不过常年的吃那所谓干粮而已。他们是住在渡口旁边的那种专留水手的店内，这个店主东对他们是客气极了，借给他们米，借给他们面，房钱只是算好了，给地〔他〕们记在帐上，但是到收还的时候，却比马克思所说的资本家的剥削要凶的多，甚至于比中国一切形式的高利贷，还要高的多，他们的利率要高过大一分，这些水手赶到他们一年辛苦结终的期间，他们是一无所有的，或者他们还要残留一部分债务，没有法子偿还，准备他们明年被剥削的基础，或者他们竟还要把他们少昂贵一点的皮袄卖了，换一件破烂的棉衣，为的偿清债务，或者作他们归途的旅费，还有店主东所给他们预备的房子，实在是太肮脏不堪的。这个问题□曾仔细的研究过，为什么中国的劳苦群众，竟能这样的刻苦耐劳，而没有一点怨言呢？这问题的答复，当然是假如他们不耐劳，他们就解决不了这个活的问题；反过来说，那不愿意受这样的辛苦的人，便走入匪徒了，他们把刻苦耐劳易以性命的牺牲，以性命的牺牲，来解决生活的问题，方式虽不同，而其出发则一。领导中国革命的同志们，你们为什么尽在资产小资产阶级的学生身上给工天〔夫〕呢？劳苦的无产阶级，不是等着你们么？

在包头我们照例的赴过几个宴会，接受过不少的恭维。

本来我们到包后是决定了即赴后套各地——五原、临河——因为包头城内的参观，也须要一天的工夫，所以就把后套之行迟延了一天，不料参观包头那一天的晚上，这个决定是起了变更，原因是因为一则五人中，有几个人不愿意去了，而附骥尾的先生如我，当然自己是无主宰的。这几位先生变更了他们最初的雄状〔壮〕计画——毋宁说是虚伪虚荣的——我们要仔细的分析，还有原因的原因：第一，这些先生们，不过是在有汽炉的办公室内，谈开发西北的计画，或者也不过是对他们那有权威的统治者，膝下献策，他们本身对于这类的事件，既没有感到浓厚的兴趣，当然也就觉不到对这类事件实际调查的需要，这是一般政治界的人，在斗争逼紧的期间，一个打踏了的虚伪内容。

在一个极端的无味无秩序的讨论中，决了明天的行程，是上五当召的喇嘛庙了。

上五当召的路线是极端的崎岖不好走的，从前五当召与包头的来往，是骑马骑驴或徒步的，坐汽车去，我们这一行算是第二次，在这条路线上，试验汽车的哥伦布，是山西一般民众，所深切知道的某骑兵司令与中央委员刘守中。沿途的山沟中，经过不少的极端零落的村庄，有些村庄简直都迁徒〔徙〕一空了，所余的只是些砖石砌成的废墙颓壁了，但是厘金的卡子，则仍然间三隔五的可以看到，农村没落的途中，当然这些东西要长久的残留着。

山〔出〕沟的途中又见到一群羊、一群马，牧夫都是蒙古人，这是证明这些羊、马是蒙古人所有，在内蒙古土默特旗的地方，看到纯粹蒙古的牧场，以及散漫的村落，是一件非常不易的事，这重当然是第一次了。

在经过几里的路程〈后〉，就发现了与军队帐棚一样所谓蒙古包的那种东西，在我们归途的参观中，我们才知道了所谓蒙古包是什么样的一种东西，构造的复杂与价值，实在较汉人的房子还有过之无不及，而内部的设备与卫生、舒服，则又太难以言喻了。在我们进蒙古包的第一个刺激，便是嗅觉的难过，那种膻肉貉酱〔酪浆〕的腥味，是十分的碰鼻的，二个刺激便是视觉的紊乱，因为这个斗室之中是包括了储藏室、厨房、寝室以及一切方面的行动所在地。过了这几个蒙古包，便看到遍布在山谷中的五当召的高耸的楼房，这楼房在中国各地是看不见的，据说这纯粹是西藏式的，房子的外部除窗户是黑色的外，余均一律用白灰水冲刷，就走到跟前可以看到这个白灰水的冲刷法，是非常的一种进化的方法。各个楼房都是耸然独立，各不联系的，取游玩形式的我们，当然不晓的〔得〕一共有几座楼房，但只看见是很多而已。汽车快走到喇嘛庙，有不少的喇嘛狂热的来欢迎我们，这与其说是来欢迎我们，毋宁说是欢迎汽车，因为他们对了这个东西，还在奇异的探索中。下车后即由包头县所派的警察，替我们通报，拜见大喇嘛。这个大喇嘛随即亲自出来，将我们迎至他的住室，大喇嘛的年纪约有五十岁，他是绥远蒙边司令满泰的叔父，是土默特旗的蒙古人。在大喇嘛的屋子内，第一个印象的便是这个屋子的温度的适宜，在汉〔漠〕南这样严寒的天气，我们完全感觉不到冷，就是穿上什么样多的衣服，也完全感觉不到热，屋子靠墙的周围是炕，中间是地，炕火的火口多半是在屋子外，很少的例外，是在屋内生的。

　　我们进去略事寒暄后，侍候大喇嘛的小喇嘛，就给我们敬茶，随即奶皮子、貉〔酪〕蛋子、黄油、炒米，都跟着来。我们一行中，有的人对于这几种东西的一种，是非常的爱好的，但我却都感觉的不是味儿。用茶以后，他们就给我们用饭，马上就到来的，是一个盘内盛着整块的羊肉，据说这叫羊背子，是蒙古人的大餐，非十分客气恭敬的客人，是不会有这种享受的。我们五六个人，使用着三四把刀子，桌子上边另有一小碟盐，二小碟醋，这当然都是公用的，我们大家由大喇嘛的指导，都用刀子来割自己看中了的那块肉，除去很少的一点不干净外，这个肉是香极了，我在当时尽量的饱餐了一顿，但是有的朋友，他们是吃了很少的一点，很不应该的忘记了那种最美的洋〔羊〕汤大米粥。

　　用饭以后，我们就将我们的来意说明：一来前来拜佛，二来前来参观：这话是我们的大喇嘛——邱君年稍长，官略高，于是我们群呼之为大喇嘛——说的，这足证明我们的大喇嘛，是有许多捉糊人的方法的，以后我们还可以断续的见到。跟着我们就作谒见活佛的请求，经过了许多烦琐的手续，我们方得晋见，赶进到活佛所住的屋子的时候，活佛就下地来迎接我们，引导我们的是大喇嘛，招待我们的是给活佛讲经的几个先生，我们被让在沿墙的一列炕上，首席是邱君，活佛是坐在正中的宝座上，地下站的便是几个秃头喇嘛。这位活佛是一个年龄十四岁极聪明极美秀的一个小青年，他是住在百灵庙，三岁上就被拥护到这里了，名义上他是这个召内的最大的权威的统治者，但是在骨子里，一切事务的处决，都操在大喇嘛手内，他不过是一个形式的傀儡而已。现在有两个喇嘛每天教他念经，算是他的老师，或者也是他的监视者，亦未可知。他自从到召内，最近班禅百灵庙诵经，他是第一次的出门，此外恐怕除他所住的那个斗室而外，他是很少出门的。对这件事，我们也曾用心分析过，大喇嘛大权在手，惟恐活佛由傀儡的形式，复成实际的支配者，当然使他的智慧不得发达，是惟一的制服的办法，设使活佛智慧发达到与大喇嘛冲突的时候，这必定要见诸极惨剧的斗争，许多的活佛活到三十岁即死去，内中恐别有原因吧？

当我们大家坐好的时候，这个活泼的小青年，就对我们发表了几句很好的寒暄问答，这是不是大喇嘛事前教给他的，那就不得而知了。

本来我们要当天回包头的，但是因为我们的大喇嘛闹起病来，于是晚上就留宿在五当召内。晚上睡觉的时候，时〔伺〕候我们的是几个蒙民，这几个蒙民，有的是因为许下愿来服差役的，有的是在拉夫的形式之下，派遣来的，在与他们谈话的经验中，我们知道了喇嘛庙对一般的蒙民是如何的一个权威统治者，这在精神、物质两方面都是如此。

第二天清早，我们就乘原车走原路走上了回包头的路程，这儿我们看到了开车的这个小青年的杰出的天才，道路的左右不是峻极的峭壁高山，便是深而莫测的大沟，设有毫厘之差，不一定能出了什么样的意外，而这个小青年总是长时的维持他的六十里的速度，这是他的技术的把握，才使他免除了畏惧的心理。我们这样不劳而食的分子，对的他真是自惭且愧了。

回包头后，于是就发生了上后套、回绥远的两个问题的取决，这问题当然又作不了十分肯定或否定的解决，第二天早上，本来是决定要回绥远的，因为赴了一位先生的宴会，于是就把开车的钟点误了，结果就决定上西公旗。在蒙古从有清以来，政治上的系统，就有盟旗的编制，旗的地位就如我们的县一般，或者比我们的县还要大一点。

冷的天气，小的汽车，不平的道路，我们就走上了征途。出包头西二十里，荒芜的草地，就逐渐地展开，这一百多里的征途，我们才多少的领略到所谓荒地是一个怎样的情形，这对我们实在是一个新鲜的感觉。此处的荒地，有三种产物，一种是中国药内所常用的甘草，一种是"急棘"，就是汉人用作作"帚除"的东西，另一种是红柳，是一种灌木，但是包头与西公旗的中间，红柳却是不多见的。

这天出发的时间很晚，道路又不很熟悉，车也不大老好，所以赶晚上才走了一半的路程，宿在半途中一个蒙古游击队的团长家里，晚餐又给我们吃那最隆重的洋〔羊〕背子，第二天早上，又给我们吃那很香美的糕，对我们可算是客气备至了。团长是一夫一妻，有两个小孩，一男一女，他们是西公旗王爷统属下的蒙民。我们找不出任何的一种说法，来形容他们的忠实诚恳厚道。进化的民族，对这一方面，总是差事，这不是人类文化的演进，将使人类的道德，江河日下么？这个问题，只好让专门研究的人去研究吧！

这个团长管辖的士兵约有十名，蒙古藉〔籍〕与汉藉〔籍〕，各居其半，他们的饷是从附近的蒙民征收，但是西公旗的蒙民，也不过是四五千，这个团长所能辖及的人口范围，更是狭窄了。

第二天我们就向西公旗王爷府出发。王爷府为避免土匪的袭击起见，迁居玉狼山的深沟内，我们由他的卡子上的巡士的引进，就往着沟的深处走着。

王爷是四十左右的年纪，他住的房子是新建筑起来的，一半是庙字〔宇〕式，一半是住宅式，都是模仿中国的样子建筑的。他个人的各方面的生活习惯，也都中国化了，衣服、饮食都是如此，并且常备有帝国主义的哈德门香烟，招待客人们。他的中国语，大概是会说的，不过为的保持王爷的尊严起见，与我们的谈话，是有那个十足的滑稽的他的一个部下作翻译。他首先对我们说的，是蒙古人的生活的困难问题，他说近年来垦〔垦〕务局放地的工作愈逼愈紧，蒙民的草地，已经缩到一个不能维持牧畜的地位，耕稼是不会的，别种生产，也是不会的，而他们的负担，则与日俱增，中国政府的负担，盟旗的负担，活佛喇嘛的负担，就以这次班禅佛爷在百灵庙念佛说吧，西公旗曾经被摊派到四块银子、五千元洋钱、六十个骆驼、六十个马的差役，还有二百个羊、几百斤粉干、几十担炒米、几百块冻豆府〔腐〕，以及其他琐碎的东西。这是一个什么样的政治现象，固然蒙民由历史环境的遗传，是一个将要沉亡的民族，不足以应付自足自给经济打破了以后的环境，但是国民政府对蒙民的将来问题，没有一个整个计画，这实在推卸不过去，黄教在蒙人中的罪恶，政府早应急速铲除与纠正，为何老是还让这些黄教的领袖们，去作宣抚宣化的工作，这真是为虎作伥，表现得政府本身的工作，常是虚伪的，迷笼〔惑〕的，罪恶的。这还不是一件最堪痛恨叹息的事么？蒙人的挺而走险，附逆附日，政府本身，就作了撬动的。

简单的吃了饭，我们就往包头回，回包头第二日，就往绥远返。现在我们不能忘记的一件事，就是从绥远出发，一直到回了绥远，我们的伙伴中，加了一位新的分子，这位先生便是萨县新农试验场某场长。关于这个新农试验场的成绩，我们老早的就听过了不少，正如这位场长的建设能力一样，我们没见面，隔着大青山就极端的钦佩的。在回绥远的途中，任君竭力的请我们去参观，我们也渴望的想参观，于是便在萨县下车了，并且住了一宿，为的是发现一些在绥远的特殊的建设成绩。第二天早上，就由任君领导，对场内的一切，作了一个普遍的参观，但是参观的结果，我同我们一行中的一个伙伴，曾经不言而喻的，说了一个"没有什么，任何一个人都可以办到这样的成绩"的话。按试验场的规模、产业、经费，本来应该作一个农村科学生产方法的倡导，从政治方面说，也可以从农村的下层组织作起，做一番村治的工作，但是试验场的几百顷荒地，十九仍在荒芜未恳〔垦〕，假如这些地不拨归试验场所有的话，这地早自动的被人民开恳〔垦〕了。在与绥远萨县大都市的接壤间，还有偌大的荒地，这不能不说是试验场的罪恶。而在应用机器方面，除了花了大量的金钱，将机器闲置栈房外，试验场的先生们对我们的回答，是汽油太贵，不能引用机器呀。这是一句多么危险的话，养了许多美利坚种羊，蕃殖不蕃殖，咱们不用管，但是试验场从未把这些羊种介绍到民间去，周围有许多的地，都在荒芜空闲着，也从未把那劳苦的民众招进来让他们种地。最奇怪的是社会的一般舆论，对于这件事为什么这样的歌功颂德，就是我们的一行中，也分开两条战线，十分的背驰，经我们极力的正确我们的认识后，我们才统一了对这件事的评论。我常分析现在一般的政治场中的先生们消极方面，有一种为人不易察觉的罪恶，就是在谈话的时间，对于一件事或一个人的评论，常是盲目的好恶，大家如果说这一件事或这一个人好，他也必定说是好，并且是竭力的鼓吹，反之，他也必竭力的咒诅，表示他的疾恶如仇，事实上有时候或者对了，有时候或者太相反了，这当然是虚伪欺骗的另一种形式。

从离开试验场以后，还有许多的路程与时日，才能结束我们的旅行，因为没有记载的必要，就此打住。

文章里记载的人物，多半是我熟悉的朋友，假如错误的话，见面时当另行受教。

一九三三，三，一六，太原

《监政》（周刊）

太原山西民众监政运动会

1933 年 1 卷 2—7 期

（李红权　整理）

阿拉善额济纳往复记

徐近之　撰

本篇继《乌〈兰〉察布盟横过记》而作，同一长途旅行，未尝停顿，原无分述必要。惟地理不同，政治区异，加之往复同道，较有深刻认识，爰不惜费词措意缕陈之。过此路科学考察者，先我、同我、后我，正有人在：贝格曼博士自额济纳东归，曾徒步作路线图；中法学术考察团爬行汽车队经由路线，殆与此相若；杨健钟君之《西北剖面》，颇供我他山之助；今春袁希渊教授自新疆回转，亦出是道；明年项勒耳博士（Dr. Hörner）与陈道衡先生或仍沿此道而返，今我借镜抛砖，定引珠玉串串，他日宏文专著，当不只开我心胸也。

一　银根、额济纳间来回见闻

银根（海拔五四〇公尺）为东德公、阿拉善、外蒙古接界处，自其处环望，得见俄堡三处，乃其明证。蒙语"银根"为"母骆驼"。该处有井一，在沙丘、结干丛间，东北一二里有树多棵，红柳已全部枯槁，白刺亦无甚生气；去年十月八日夜深至该处，费时颇久，始将井寻获，又于其西不远，损坏载货大车，弃于路侧，误行期一日，今年回过，更死一驼于近处。凡此记述，非充篇幅，偶经提及，辄忆来去该处之遭遇。自此西行七十里，井名"呼冷薄湿",意为天赐泉,附近结干尚夥,但无蓬勃气象;蒙人居住移址犹存,可见自然环境日趋恶劣;回转时,井水殆枯渴〔竭〕矣。此七十里间,红色砂岩暴露,砾岩层薄,形状殊异,牧草极度缺乏;两遇外蒙逃出者,携牧群、眷属,时当国庆,徒增哀鸿遍野之感。阿拉善北部,草本不甚丰,闻十数年来雨量绝少,至有今日惨状,无记录,言传固难依据,然地形近于劣地(Bad Land)之状,即有少量之雨,其分配,其时间不匀,是可断言。

　　哈窝耳薄各(八八〇公尺),在呼冷薄湿西百里,仅有井,地位一大低陷地中心,结干林茂盛,沙阜之上,尤葱茏若滴,未至之先,下一弛缓长坂,可四十余里,有可望而不可即之苦。东北十余里,地名板定托耳改,系蒙语婴孩头意,遥望原上有残丘(monadnock)一,汉商汇集,为对外蒙贸易一要津。哈窝耳薄各向西北行,结干时有时无,要随地之高下、水之多少为定,如是可二十里。其间有路北出外蒙,南往三德庙、定远营,亦有井,泉特佳,地名未悉,返时胡振铎君在是迷路,经夜始告寻转。

　　是后入完全戈壁,石砾载道,几为侵蚀后山地,谷底偶生多刺如茶树之黑格连灌木,布豆等亦稀疏。百余里至一井,名罗哥窝耳薄各(一〇八〇公尺),意为绿色植物沙丘,因井畔略生白刺也。去时道旁有一圆锥形帐幕,二旅行喇嘛居之,团中蒙仆往问路,知当地水咸不能饮,饮则腹泻。伊辈自热河卓王府来,徒步或骑驼遍访内蒙各大寺院,前日由三德庙抵此,先至额济纳,然后转赴青海塔耳寺,再前往拉萨顶礼。蒙人只知库伦、拉萨,不知南京、北平;崇拜喇嘛,不远万里,毅力可敬!吾国青年,外畏艰险,旅行实习,能如彼惟鹄的是趋者乎?复前行,夜色昏迷中,遇郝德自额济纳所派来老蒙仆墨伦,云河上安置等情,甚为欣慰。二十余里过一小谷,南面有树多棵,已十足黄金之色,地名噶顺桃来,乃酸梧桐意,井水不宜饮。再二十余里为必耳及儿

（一〇八〇公尺），即指近处多小山，井水可用，有蒙人居数里外。西北十余里山中，有庙名茶咸阿那舒木，译言白山庙，有汉商居之，以地邻外蒙耳。

过必耳及儿，路穿行侵蚀残余小山脊中，层层封锁，层向倾斜（Strike and dip），极易量出，旅行其间，视线狭窄，然道途坦坦，不减原野，且有相对目标，进步速度反较大；岩石以类似石英岩绿泥石（diorite）者为普通，偶间花岗岩块，石英则成厚层，远山黑白掺杂，另有一番美丽。四十里至得尔胜乌苏（一〇五〇公尺），因附近蓨苣滋长而得名，地仍在石山中，有汉商数家居之；过此渐得戈壁平地，一处有小沙土垯，小灌木依稀，特萧疏之红柳也。亚干勒山高出地平二百公尺，行六十里而达；登其上，眼帘无限，戈壁之谜，不难揭穿：山形丘垯，原野准平，西北岗峦，皆具劣地轮廓，在在显奇异之状，爱戈壁如我者，不能无言，以岩石奇肖，咸宜应用为筑路之资，宁可等闲看待？因呼为士敏土厂之戈壁。亚干勒山本身，乃近似页岩而较坚实之岩所成，色黄褐适度；遐迩屹立，童山之雄伟者，凡此皆隶宁夏与外蒙之界山。亚干勒山下有二井，山口有梧桐数株，有路北出外蒙，牧草欠佳，遂无蒙人居焉。

好来公在一大盆地中央，仅有二井，为商贸停住地，附近发现石膏层，其为内海沉积无疑。亚干勒至北七十余里，盆地宽阔，驼队一日甫能渡过，此后四十里，路北麓有树多棵、蒙古包五六，回过时已他徙，闻地名噶顺乌苏。又十余里而至喀喀托耳改，有汉商多家，为阿拉善、额济纳交界处。正南有大干泊，说者疑为《汉书》上之居延泽云，项勒耳博士曾往测绘。再南沙岭怒起，锋芒可畏，由此一百二十里而至额济纳河上，途次较大盆地二，其一结干尚茂，其他直一广场，自余地段，概为侵蚀山丘，页岩尤多，石英偶见。银根至河上，路程可六百五十里，来回皆十一日，去年十月十九到达，今年三月十三离开，廿三日宿于银根。

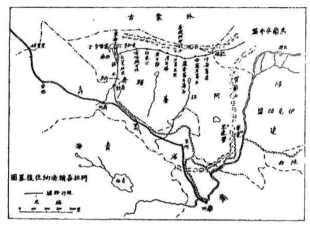

阿拉善额济纳往复略图

二　额济纳河测候五阅月

大队到达河上，郝德出而迎迓，测候园地，早布置完竣，开始工作。我等至后，仅于河西沙丘上添置一百叶箱，沙丘中数处安放地温度计。河水温度，亦行测定；高空测候之风筝，以十月廿八装好，即于当午正式演放，诚为戈壁中以风筝作高空测候之矫〔嚆〕矢。综计去年在内蒙，放演高度，逾一千公尺者有九十八次，洵今日世界仅有之戈壁高空气象记录也！

额济纳测候五阅月，亚洲高气压中心之天气已见一斑，最低温度，曾达摄氏零下三十二度，然去该地绝对最低，尚少十度。严寒之象，从可想见。气压最高时间，并非温度最低之一刹那。风向多西西南至北西北，最猛时每秒速度在二十四五公尺，居住之蒙古包，曾为所拔倒，不时亦有 NE、ESE 之强烈风，但最久持二三日耳，如此猛烈风起，风筝仍须演放，飞沙走石，线折追踪，来往每五六十里，镇日为之，谓非科学考察之魔力耶？云类以卷云、卷层云、高积云、高层云为最普通，冬雪次数，不如霜降，二三月之交，天气已甚温暖，闻夏令酷热，蛇蝎为害，不宜居人。

弱水雪后大霜微雾中写实（有叙，录《地理杂志》五卷二期拙著）：

> 漠中生活，单调之至，然天气遽尔转变，顿使人精神焕发，今年二月廿四日晨，弱水大霜，晓雾烟笼，白虹出现，一时河上顿呈异彩，年来驱驰朔漠，凡所遭遇自然景色，惟此最足称述，记存绝、律各一，以付高明一笑。
>
> 美景难逢霜雾雪，画图嫌少竹梅松。
> 爱河草木银包被，最展胸怀万丈虹！
>
> 一夜天公设计忙，爱情小姊着浓装。
> 晶莹六出丹青底，浩气长虹乳玉光。
> 草树枝条霜练白，冰沙河岸雪遮黄。
> 朝霞帐里花容美，长使王孙恋弗忘。

团中测候所地点，在瓦窑桃来北十余里，当东经一〇一度二十二分二秒，北纬四十二度三分六秒。西南去前次考察团测候所旧地葱多尔五十余里，沿河上索，南去甘肃鼎新县（原名毛目县）四百余里，时有信使往返其间。

三　额济纳窥管录

额济纳河　居张掖河（额济纳河之别名）五月，一切印象，较深于益恒公：浴其流，饮其泉，徜徉于其归宿之所（居延海）；红柳丛中，梧桐树下，当秋风瑟瑟之时，河渚洋洋之处，黄叶缤纷，顿成赤金世界，沙鸥惊起，堪破神秘寂寞，芦苇萧萧，水波森森，身居戈壁，情忘物外。偶闻信信〔猲猲〕而吠，知乃蒙古包近；继见蠕蠕而动，必为羊驼群来。"窝集"深藏，仙源堪羡，是又人间天上也。清泉饮之无尽，薪柴用之不竭，生人之乐，斯臻其极！无屋可僦，但毡裘为庐，久居已可。秋来遍是黄金水，辩得仙源入海流，索和、噶顺两淖尔之游丝，肇缠于此。

东西二海　迟至今年二月八日，乘暇跨轻骑，裹数日粮，于雪余向居延海进发，相距五十余里耳。先至东海索和卓〔淖〕尔，一支流自西南来注，夜宿于其西北里许，其经过瓦窑桃来一支流，未至海即淹没于沙丘中，河道之迹，尚能分别。索和淖尔形同等腰三角形，底面北，其西边向西南倾斜，海东南黄芦特盛，牧群猬集；离海一二里有小阜一道，仍生红柳，西南部红柳极密；近湖地作灰白色，盐、碱丰富，为内海特征；东部未去，自然植物状况莫明。海正北有山不高，开展如人字，上有俄堡，名博耳俄堡。曾过海西南隅，冰裂作声，心为之戒。实度冰天雪地生活，寄意如此：

> 荻草番波声瑟瑟，羊驼出没行人绝。
> 远山明灭云满湖，十里坚冰铺雪白。

额济纳部落旗王住处，在海南二十里，毗连为一大喇嘛庙，名为东庙，乃对其西百余里噶顺淖尔南之西庙而言，来往过而未入。

噶顺淖尔在索和淖尔西三十余里，二者合称为居延海，依项勒耳博士意见，二海原本连属，彼方实测其面积，研究其岸线（Shore Line），考核其沉淀物，鉴定其海拔高下，自当有所发明。著者离额〈济〉纳时，噶顺淖尔草图已脱稿，得先睹之快；比例尺与斯坦因（Aurel Stein）同，然形状迥异，新图成不规则长条形，位置约为东北向西南，旧图则形浑圆，地位之误，面积之差，得以分晓，就现情以观，水之盐碱质远多于索和淖尔，即此得知二海之长幼。

　　陈道衡君担任测绘额济纳十余支流，并随地定经纬度，爱情河风物，尽收其行箧之中，于发扬地学，厥功不让彼西人也。陈君有志地球物理学，测绘尚嫌违愿，赫定博士（Dr. Sven Hedin）已允由西北科学考查团助其出国精研；同住河上数月，承伊以莫逆看待，尝互道旨趣为叹〔欢〕，明年一归，定先将其旅行经历，发为《红柳之邦》（The Land of Tamavix Chinisis）一书，以其遍历亚洲三大内陆流域——塔里木河、苏鲁河、额济纳河——之闻见发明问世，岂徒嘉惠士林哉？吾方拭目以待。

　　索和、噶顺两淖尔间，地势平衍，全为戈壁，后者临水，有沙丘一例，东南隅干枯死尽之树木若干，破坏鸟巢不少，想皆候鸟所筑。往游之日，低处空气激荡如水，遂迷途西行，不得水涯，陆海烟波，失觇颜色。所经之地，靡不质松雪白，如是亘三十余里，其为年老水体退缩无疑。人谓其水族兴旺，则鱼跃鸢飞，情同海国，当亦属实。

　　大邂逅　求噶顺淖尔不得，途闻驼队铃声，久之，果有驼队自西北踏荒而来，俨然一大考察团组织。行近，有二人骑马来问，其一操英语，相询之下，各道一番，久仰之袁希渊先生随至，告以郝德在此东南不远，数日前伊曾游此……伊队赶至一支流近旁住下。特行往候，得悉新省情形与数年考察梗概，辞兴先返。约二日，该队过我辈测候处，一宿乃行。

　　别后又南往三得庙一带考查地质，竟前次未竟之功，我队回平以后，该队方到归绥，先出后回，往返经由戈壁，今番复冒险穿外蒙一隅；与必取道西北利亚往来新疆者，不能同日而语，随团未归，四五年于兹矣。地理、绘图、地质、考古、摄影等工作，只身任之，西陲情况，如示诸掌，天山研究尤深，外籍团员，咸以其将天山搬回北平者，纵观其采集品之丰富，益知非谬。门户洞开，学术品任人获取，可叹，国格卑下，事事仰人鼻息，固宜。

聊把居延当北海，此生能否学斯文？赏心悦目之游，偏逢伟大学者；三尺微命，一介书生，聆雅教，为薰浴，知所谨惕，求学术扬眉吐气，人无河汉斯言，以为非当务之急也。

汽车、飞机、驼队，惠临河上　去年十二月首日，瑞典人苏德本为新疆省政采购汽车，驰过河上，为团中初度显客，虽未作科学考察，但开普通汽车打通戈壁交通记录。同月廿日，欧亚航空公司第一号机由德人鲁慈大尉（Captain Lutz）驾艘，李景枞、史密德（Schmidt）两君统率，试飞迪化，初至额济纳之日，先闻机声轧轧，后见机向东飞去，次晨起飞，见所举烟火，始降测候所旁，停止一宵西去，漠中因此得读隔日《北平晨报》与《华北日报》。向使该机早寻获测候所所在，则读当日之报矣。戈壁亘古沉寂突破，添航空史光荣之一页，吾深幸得以观成。所可异者，欧亚公司先派孙瑞恒（George Soderbom）来河上，划定机场，伊对公司指定测候所处；孙瑞恒本知我队在河上，然初未知测候所即为其心目中飞机应降落之场也。再者，机到之后，考查团另一队自肃州来——约翰生（Johanson）、项勒耳、陈道衡君等继至，凡此皆邂逅之邂逅也。要之，考察团所肩责任奇重，工作固未完竣，促进飞航则已成功。据个人所知，试航时所用地图，河上至归绥一段，为贝格曼之路线图，他时必借重于高空测候，故仆每于演放风筝，辄翘首云天，若飞机之将至者。呜呼！余欲无言，与人合组考查团，供献世界学术诚巨，国防为所道破，事亦至大！治中央亚细亚地学泰斗海定博士，竭毕生之力，历万险，排大难，探讨亚洲玄秘，卒未能乘欧亚第一号机攀青云、跨长空，俯瞰其所谓《戈壁之谜》（Rätselder Gobi）。於戏！是非彼所求矣。

河上遇圣诞节与廿一年元旦　欧西各国，无不重视耶稣圣诞，是时作客他乡者，每动思家之念，成人若此，孩提无论也。去年十二月廿四夜，于额济纳河大庆此节，得稍习礼仪。事前郝德博士以一日光阴布置其蒙古包，他人不得先往窥悉。当晚聚餐畅叙其中，入座凡七人，即约翰生、孙瑞恒、陈道衡、项勒耳、郝德、米纶威、胡振铎与余。六时半，众聚门前候入，垂帘揭处，但见包内辉煌，壁间悬中、德、瑞三国国旗，及其他写意画多幅，圣诞树尤美丽，新鲜苍翠，满挂燃独〔烛〕，果何自而有此？盖欧亚机来时，准备在新疆省城度圣诞节，恐无松柏，遂由北平带小柏一株，以备不时之需，及闻该处易致，遂转送郝德，彼藏之巾笥，我等初未之悉也。圣诞树下，各人应得礼品分陈，余得瑞士 Wyler 银表一只，糖果、照片若干。表记时不差分毫，为随考查团工作永久纪念品。各人细玩所得，静听唱机者久之，餐品从丰，皆朔漠希世之珍也。总之，共乐陶陶，迄于深宵，为征程上一大盛会；虽非教徒，誓不忘却。廿五夜，项勒耳、陈道衡君宴请我队于其帐幕中，灯彩艳丽，多出心材，一切俱见匠心之苦，无怪花花絮絮，层出不穷，欢聚直至午夜。元旦平容度过，无可述者。戈壁萧条，"莺啼燕语闹新年"之事决难梦想；达观随寓，"马邑龙堆路几千"之非念全消；亭亭独立，默默含情，静把小轮，伫看风筝，正所谓"……劳其筋骨……"也。

国防缺口之额济纳　内蒙各旗、盟，平均自卫能力尚不弱，东德公游击队之截击外蒙赤党南下汽车，为一例证。宁夏北境，则一任哈尔汉蒙古（即外蒙）出没，额济纳王尤无能之甚，所属人口百余家，自有羊四五千头、马数百匹、骆驼千余只，牛最少，常备兵十数名，半为鸟枪。国防之单薄，令人笑至失齿，宜乎居延海以北，内蒙人直不敢居，国土日蹙，何止百里？长此以往，吾华胄子孙将安归！？

附《驼背行吟》（有序，曾载《地理杂志》）：

　　为人作嫁，弹指年终，嗟所见之无多，叹良辰之有限，西行短简，谨此以终。且将驼背行吟汇集，借当结论，分蒙情、塞外风光、到西北三项，都竹枝词体七绝四十二首；惟是雕虫技小，格律未工，不捉襟而肘现，尤害意而费词，重以阳关未扣，杭爱未登，对于西北堂奥，犹觉宫墙万仞。跨帕原以深探，攀萨彦而窥伺，启蕴阐精，树基开发，是有待于国人自辨西陲考察团诸君子之努力也。

（A）蒙情七首

喇嘛庙（蒙语曰"舒木"）
帏幕栖居古复今，连云画栋竟晨星。
巍峨舒木灵光殿，不值诵经深闭门。

"俄堡"（蒙人于山顶堆石，名俄堡，其大者插树为圈，如神敬之）
俄堡山头僧帽式，石堆插树等神灵。
北辰南斗浑同格，绝妙行人辨向针。

蒙人寻马
骑士威威把木竿，奔蹄逐逐立雕鞍。
革靴毛箬长衣服，四野纵横捉马还。

蒙妇取乳
羊头对角列长排，蒙妇持瓢取乳来。
稚子趋前系宠也，深情迎客不须猜。

三道边述怀
边墙亘古分三道，蒙汉而今是一家。
北望库伦无限恨，河山犹是大中华！

哀西北二首（遇外蒙逃民而作）

涂炭生民数外蒙，亲俄立异废王公。

让他放恣无多日，五族光荣有尽穷？

漠南漠北皆吾土，但见逃民使我忧。

红祸滔滔关不住，伊谁击楫渡中流？

（B）塞外风光——自然界（廿六首）

益恒公初夏景色

轻裁燕剪夏风清，草絮颠狂不避人。

沙漩腾空声习习，飞蛾阵起影沉沉。

盛夏见大黄羊群

连地青毡葱艳紫，羊群弥野体躯黄。

不知何事呼号起，电掣奔驰走四方。

蘑菇

鼎鼐调和席上珍，口碑饕餮国中闻。

草肥九夏铺云地，奄有蘑菇冒雨生。

沙鸡（类似水鸥，色斑褐）

日夜关关不住飞，沙鸡点点去还归。

传闻云集成蝗祸，纵不年荒馑也随。

鸣虫（草原鸣虫，有美皆备，"格咯"及绛翅蝗虫是。格咯为蒙语，形如蟋蟀而大至数倍。发声在腰部背上，仅能爬行。绛翅

蝗虫则鼓腿能歌，飞起似鸟）

　　一样虫声两样听，蝉歌不是自然音。
　　草原格咯真天籁，每趁良宵对月鸣。

　　绛翅蝗虫飞拟燕，腿弹曲调学流莺。
　　已凉天气吟尤劲，不耻寒冬乞比邻。

　　　　兔鼠之类，潜息沙丘白刺丛
　　机灵兔鼠没行踪，尽在沙丘白刺丛。
　　九窟门前悬美馔，葡萄滋味瑙珠红。

　　　　拒马庄（草名）
　　翠缫藤蔓实樱红，拒马庄犹小卧龙。
　　移植花盆陈几案，玲珑博得赏玩风。

　　　　马连草
　　塞外无兰有马连，道旁溪畔自鲜妍。
　　蓝花矢实苍蒲叶，潇洒临风意态闲。

布豆（草名，有红、紫、青、灰等色）与"茶咸时不格"（亦
草名）
　　布豆青红嗅可餐，探梅（蒙语骆驼）酷嗜甚刍粮。
　　茶咸时不格何丽！团簇灰绯尽兴看。

沙篷（草名，常与"茶咸时不格"生于一处）
　　沙篷真个斗芳菲，惹得行人看不颓。
　　赛过茶咸时不格，堪话梅妃递贵妃。

黑格连（为矮小多刺灌木，形如茶树）

山后山前黑格连，郭山枝叶武夷尖。

如何屏放来荒土，玉容人不伴云巅？

麻蕠与野大黄，塞外唯一厚叶阔叶草也

青萍结缘麻蕠少，药石大黄野产鲜。

玉律金科推阔叶，凤毛麟角选青钱。

　　别益恒公时，满野雏菊甚开

雏菊开时秋已临，含娇浓艳系离情。

益恒公野烟花景，欲唱骊歌怕泪倾。

戈壁石山中，偶见黄花，或曰名万寿菊

一片乌云万仞山，黄花晚节露凝香。

金球甲盏坚如许，愿与西风战一场？

席芭蒙语曰"得耳胜"，为芦草之属

万里长风送白云，萧萧蓆芭是秋声。

月明穗浪微微动，仿佛芦花满白汀。

中秋日过满谷榆树，地名"汉里苏扒"，亦即榆树之意

汉里苏扒绿荫浓，中秋时节我迟逢。

沿蹊步步不知远，畅也飞身朔漠中。

　　秋节前一日，过〔遇〕奇特之天气

濛濛烟雾夜深深，底事金秋愁杀人？

午雹才过淋粉雪，明朝佳节可还晴。

秋节后一日霜降写怀

宛隔蒹葭路几程，茫然乏术寄征心。
银霜不见梭云逐，是我飞船徐伯林。

库尔董晚眺，时初见结干

满堤结干碧澄澄，无干条长荫不成。
耸赤南岗黄土塔，晚霞辉映且多情。

阿宝虎即事

黄沙迷漫日鲜明，结干奇柯郁郁新。
咫尺云山胡马塞，短林商贸戍边营。

近沙漠

休道沙漠一片荒，沙坡原上正茫茫。
葱茏结干同秋水，枯可燃烧嫩可观。

入沙漠

天涯此处无芳草，原野山陵埋又少。
驼背轻航兴满腔，黄沙万顷无飞鸟。

沙漠之夜

明月明沙配镜屏，"碧天如海夜云轻"。
此生此夜胡凄寂？不听鸿声也断魂。

转变中之沙漠（？）

未见苍茫见萎黄，宜干结干尽雕残。

沙田气候沧桑否？不是专家不许探。

戈壁
寒来暑往气升华，秋罄冬藏砾变砂。
行见石英盐米垒，时逢粘土锦云遮。

（C）到西北（九〔七〕首）

驼队
驼队铃铿破寂寞，夜阑行止月轮高。
逢泉住定烹茶饭，卸货排陈列近郊。

驼商
野草频逢三晋客，寒天盛服大皮袍。
交言已悉经营苦，拓殖同胞志气豪！

西北好
古榆幽谷隔尘喧，西北桃源水草田。
寄语热忱开发客，人间道〔到〕处是清泉。

到西北喜见水和树（蒙人呼水为乌苏，树为毛杜）
乌苏毛杜两芳名，至庆人灵地杰生。
屯垦防边到西北，牧牲凿井《送穷文》。

西北健卫之阴山
昆仑分脉满蒙边，朔漠绵延势接天。
杭爱萨洋防更密，登临指顾极光圈。

　　西北旅行乐

自然地理书与图，气象天文美且都。

驼背动观皆自得，帐蓬安息甚阎庐。

西北旅行不难，国人应个个都去！

人人有路透蒙疆，坦坦平平一直看。

瀚海长空任来去，舟车飞棹利慈航。

　　弱水河（二首）

此河为沙漠中尤物，蒙语为 Eigin Gol，额济纳河，殆其译音而出，以风景优美，至慰征人，戏呼为爱情河；其古城 Edsinia，今名黑城，则称为爱情［呀］城云。

谁云弱水不胜舟？名士徐炳昶与海定博士居延海上游。

红树梧桐盈两岸，"秦川得及此间"不？

爱情河上是侬家，霜叶红于二月花。

大好名都今历落，美人香草化烟霞。

　　结论既终，感犹未已，草原浩瀚间，植物名称，辄以蓬或蒿对，如结干，汉名曰铁蒿，其例也，他若沙蓬、沙蒿等，则是边防沦落，何啻满眼蓬蒿！因效《获麟歌》，作《蓬蒿歌》一首，以为更进一步之哀西北；我心欲碎，坚忍书出，歌曰："汉唐士兮蓬蒿游，今兹国难没人求，蒿兮蓬兮我心忧！"

　　余按上列诸篇，确倚驼背呵成，非敢云诗，特意较收敛，甚读蒙古旅行记多篇，须知驼背而能推敲，环境绝对静寂之神秘，必有出人意者。又东北蒙难，版图变色，朔漠孤陋寡闻，沈阳失陷消息，迟至去年十一月十九乃得，积忿填膺，思之凄惨，失眠者兼旬；回溯舍东北地理考察团而往西北，致从此失白山黑水遨游之自由，偶读马君武博士伤时近作：

> 赵四风流朱五狂，翩翩蝴蝶正当行。温柔乡是英雄冢，那管东师入沈阳。

> 告急兵书夜半来，开场弦管又相催。沈阳已陷休回顾，更抱阿娇舞几回。

令人怒气横生，恨不能将其人咀嚼。是二诗者，固与中华史乘昭垂，安敢怀"一拳打破黄鹤楼，两足踢翻鹦鹉洲"之想哉？沙风怒号，由夜达明，填成《点绛唇》一首，借悼东北之亡，国人稍对西北猛省。词成之际，龙江犹未陷落：

> 一夜沙风，漠中吹聚愁多少?! 吉辽亡了，梦昧为颠倒；

群起冲锋! 扑灭扶桑岛!! 矮奴道，残民如草，早及收回好!!!

今也如何？凡所希冀，全成泡影。标榜长期抵抗，遑顾国土日促，聊资点缀之义勇军，将有以为多事者；西陲考察团诸君子跃跃欲试，其赖无人赞助何。噫!

廿一年十一月十日

《国风》（半月刊）
南京国风社
1933 年 2 卷 2 号
（陈静　整理）

平绥路沿线考察记

——张家口事变后之平绥现状

霸郎　撰

一　平绥路经过地区之地势概观

平绥为我国以自己之资本，自己之技师，自己之人力，所造成之完全国有铁道，尤以张家口到包头一段全由京张路之赢余展筑而来，车站及公事房皆甚简单，泥屋土站，大异于国中其他任何铁路，我中华民族坚苦奋斗之精神，有可使人深刻自信者。

北平西北行九十里至南口，地势突高，盖地壳断层作用之结果，使一部地面与他部分裂，突出地面，而成雄壮之山岭。蒙古高原本与我国本部诸省连为一致，在若干年以前，断层作用发生，由西北而东南，以阴山山脉为第一级断层，南口山脉为第二级，南口山脉切分海河平原与蒙古高原，雨量、热度、湿度皆相差甚大。平绥路即由南口山谷以升入内蒙高原。谷长四十里，中过居庸关，最北处为八达岭，山势险峻，不减三峡，京张路测量时，外国工程师对南口敷设铁路，皆认为不可能，后由国人詹天佑承办设计，利用山势，迂回曲折，而达青龙桥，再由青龙桥建折断车站，于八达岭下凿隧道以通康庄。青龙桥之折断车站为国内各铁路所无，至今詹天佑铜像尚巍然立于青龙桥站，此为中华民族创造能力之徽号，其意义正与纽约海岸之"自由神"同一伟大。

八达岭以北，铁道大体沿桑干河左岸溯流而上，至新堡安则溯桑干河支流洋河而至张家口，更溯南洋河西南至大同，此段地势高而平，故建筑无甚困难。大同以北至平地泉，为平荡之草原，无大工程之苦。平地泉西行至十八台，为黄河系之黑河及海河系之桑干河上游之分水岭，惟山势不大，稍加削平工作即可通行。再西入河套范围，平畴沃野，铁道工程至为便易。

二 风声鹤唳离北平

本年五月二十二日，日本军队迫近北平近郊。我是十五日刚由滦州回北平的，我们正在分头编制长城各口视察的报告书，准备公诸社会，忽然学校的斋务员到宿舍里来传话，说奉校长的命令，来通知大家，北平四大学校长去见军事当局的结果，奉命令各校学生即刻离开北平，至少离开学校，说不定日本军队要在今晚或明晨（二十三日晨）入城的，大家要是能走的话，越早越好！本来长城各口节节退兵以后，北平的军政界及工商界高级领袖，因消息灵通，首先搬家，一般社会乃至学生之稍有资财者亦多相随而去，故二十日前后几日中北宁和平汉两车站总是挤得水泄不通，车票预定到一星期以上，车站行李山积，无法转运，致停止行李运输。学校中一部分不甘逃遁和经济困难的学生尚勉强支持场面，现在学校公布这种"变相解散"的消息后，空气立刻紧张了，买藤箱，搬行李，别爱人，洋车夫生意数倍于平时，我们的报告工作因负责人星散的关系，无法进行，我个人又深感察、绥危急，有赶速前往考察的必要，二十三日中午的火车载我离开北平。

三 沙城到赤城

我本来的计划，是预备由沙城到赤城，出独石口，至沽源西转张北以入绥远，所以搭车到沙城下车。沙城乃三古堡联合而成，属怀来县之一镇，其东二十里为土木堡，明英宗被乜〔也〕先俘虏处也。此地特产为"煮酒"，其酒醇厚，味甘美，青梅煮酒尤为有名。

沙城的消息，并不怎么闭塞，北平的报纸当天可到，但是在平、津行将陷落，察东十分危急的辰光，此地民众若不感有任何事件也者，他们的头脑里面，充满了旧小说的人物，什么黄天霸、罗通、施不全……一流的人物，也就是他们每日谈话和争论的题材，偶然谈到现实的人物，不管阎锡山、蒋介石，在他们看来总不如黄天霸来得威风。这种不问政治和追慕中古封建骑士的情绪，无疑的是农村社会的本性，但在如此严重的时局，仍然如此漠不关心，不能不归咎于二十年来于民众有弊无利的腐败政治的结果。

沙城到赤城一百五十里，孙殿英驻防察东后，完成了这一百五十里的汽车路，我在沙城停了两天，二十五日搭四十一军汽车赴赤城，沿途景色，大非冬季之酷肃可比，青山绿水，更有一群一群的放牧的牛羊，点缀于高山深谷间，宛如图画。车于正午到赤城，我为避免招待的麻烦，下车后出东门外，拟住旅馆，因时局紧急，门禁检查甚严，我刚出城时，卫兵来检查行李，其势甚凶。我正在发急时，忽然来检查我行李的青年士兵换了和颜悦色的面孔叫了起来：

"唉?！范先生！"

"是！是北京大学代表的范先生！"

我点首向他们微笑，空气顿然亲密起来，因为上次我们北大视察团到赤城来开军民联合大会的时候，我是代表了一般民众和士兵们心里想要说的话而狂吼，所以他们认得我。现在他们不但不检查我的行李，反而殷勤的问我近况和此行的目标，并指示我旅馆的地址和旅馆中的一切情形。

这时候日本已占领多伦，汤玉麟进据沽源，沿白河而下的独石口和赤城，地位上牵制着多、沽前进的日军，而且有随时东入大阁、丰宁的危险，故日军对此线不得不加压迫，除由沽源发动向独石口的陆路压迫外，更派空军沿白河投弹，云州堡及赤城皆被炸，多伤无训练、无抵抗力的民众，甚至介处山间的龙门所，亦被日机找到，日人对我国地理知之之详，远在我国之上，我国自己问题之研究，尚多靠外籍之记载，其危险之状况，殊不忍想像！

四　赤城

赤城县是察东一个三等小县，县城在白河的西峰，全县所出粮食，为小米、高粱等，平时仅能自给，但地当独石口内要道，为沽源、多伦、张北诸县粮食入口必由之道，故城内粮店甚多，赤城到沽源大道上，“车马大店”尤夥，可以想见平日粮运之盛。口外粮食运至赤城后，或储屯粮栈，或售与此间收买商，然后再由赤城诸商转卖与延庆、永宁各城，故单以粮食转运税一项而论，为数已不少。自军兴以后，独石口内外交通断绝，粮运停止，税收无出，县中各局所、各学校经常费亦不能维持，一方面粮食山积，除供驻军食用外，转售无地，粮食商人几乎完全破产。

高利贷的情形，赤城和中国其他各地〔相比〕更为可怕，以“五分”之大利，仍不能得手。全县土地，十九山坡，故硗瘦特甚，加以雨量稀少，收获难丰，土城〔地〕所有权分配尚较接近，自耕农、半自耕农多，有二三顷地者甚少。燃料除用牛马粪及农作物收获后之草秆等外，山上之丛林杂草，皆为主要燃料，据乡农谈，赤城各山在四五十年前，皆为极大之森林，以后只知砍伐，毫无限制，今则尽变牛山，每年所生树苗亦被伐殆尽，森林既失，空气无法调剂，雨则山洪暴发，冲没田庄，晴则烈日当空，毫无阴蔽，农村之日不景气，此当为重要原因之一。在赤城县南、延庆县之东南本有八宝山煤矿，煤质甚佳，惟以开采技术甚旧，成本甚高，兼以交通不便，故赤城欲用八宝山之煤，非八角一百斤莫办。伐林问题之解决，当以燃料之供给无困难为先决，故用新法采煤，新法运输，乃为解决赤城造林问题之前提。

此地地价每亩平均四五十元，今则捐税奇重，二十元一亩，亦无人问津。每亩出产，平均年可收值二元之粮食，今年尚未到半年，每亩已出捐至一元八角有余，下等之地除赔人工、种子、肥料而外，尚须高利贷以取得现款，或变卖农具以完租税。

派兵一役，此间乡农，最感痛苦，某军在口外作战以后，所部损失甚大，除一面派人至山东之曹州及河南等处招募新兵外，更在察哈尔派兵，每县限缴民兵若干，决不宽恕。赤城县此次派二百五十名，皆须年富力强之青年男子，县区派人，专派有钱无势之家，而家中富有者决不愿为兵，于是不得不向县区人员私送贿赂以求免役，一面则雇贫家子弟以代役，每名大致四五十元不等。

赤城之婚姻制度，至为特别，除父母全权包办外，送礼办法，与各地不同，男方一方面付三五十元之聘金，再送六十二个每个二斤之茶饼，富有之家，茶饼用香油炸，贫者用麻油，富者每每在六十二个之外多打几个，而贫者往往折半（三十一个）。迎娶时，最阔者用人轿，次用驼轿，最下用轿车，总计费用多者三百元，少者百余元，此卖买式婚姻即告成功。惟外乡人及贫者，难为女家所信赖，故必特别花费。

五　沽源去不得！

在赤城住了几天，本想即刻赴独石口出沽源，照预定计划前进，后来听说沽源方面有激烈战事，四十一军向独石口方面移动的甚多，二十五、二十六这几天由独石口运回来的伤兵甚众，我以为是和日军接触，赶着想向沽源前进；但前方究和谁作战，四十一军中皆守秘密，到伤兵医院去探听，才知道是在沽源缴汤玉麟的械。双方战事甚烈，四十一军伤亡三四百人，营长一员阵亡。担任缴械之前头部队为一百十七旅丁绰旅所部，此次独建奇功，为孙殿英收获甚多，计骑兵万余，枪炮尤夥，汤尚率其炮兵团及董福亭旅之残余部分，分窜于多伦、沽源之间。

据曾任沽源县政府科长之周君谈，汤玉麟在沽源时，终日以赌博为乐，某次雀战方酣，汤立命县长寻一处女来。县长奉命后，派人至城厢附近遍索处女，久之始得一十三龄之稚女，因汤部在沽驻守，奸淫掳掠，无所不用其极，城中及乡间青年男女皆逃避一空，除无力逃散之老妪幼女任其蹂躏外，殆已至野无居人之境！十三龄而果为处女，在当时之沽源全县尚属难能可贵之事件矣！

汤闻政府通缉之令，愤然作色曰：

"通缉我？说我失了热河？放庇〔屁〕！我作热河主席多年，日本不敢来热河一次，就是南边派来些什么'委员'，什么'宣传队'，还有些年轻的'敢死队'，大家都到热河办他妈的鸟'义勇军'，才惹起日本来的，南方不来这般〔班〕家伙，热河包管没事！通缉我？我要通缉他呢！他妈的又说我扣留军饷，买老百姓的东西不给钱，这般〔班〕王八羔子真教〔叫〕胡说八道！我老汤有的是钱，他们怎么不对我说？就是离开承德的时候还丢了二十万现款，他妈的怎么不早说，也不至白白的送了日本人！"

四十一军奉军委会的命令，调离独石口、赤城之线，以表我政府对日停战的决心，独石口外的部队，也向口内撤退，转平绥线集中，口外治安无人负责，所以我赴沽源的计划也暂时不能实行，在赤城住了几天，随一一七旅旅部离赤城向土木堡进发。

这时已经五月三十日了。

六　涿鹿吊轩辕

在赤城时，即闻县政府接冯玉祥通电就抗日同盟军总司令，但原电在赤城没有公布，但闻有"抗日者皆为吾之友，妥协者皆不惜与之为敌"等语。心中异之，料西北有异动，故同行皆急欲早到铁道线以明时局真象。

五月三十日午前九时左右离赤城，向南出发，决定在行字铺宿营，计程六十里，旅部高级将领及参谋人员多不谙地方交通情形及距离之远近，临时就问于城中商民，如遇紧急事变，必无法处置；且我国今后惟有在扩大的游击战争之下，始可以破坏帝国主义之商品侵略与投资，困劳其军事力量，以收最后之结果，今不但不知彼，而我国自身之重要事项，亦不知之，可为中国前途深虑！大道两旁，平时人家尚称稠密，因军队移动派军、拉牲口的关系，人民逃避一空，村镇店铺，门窗多已打毁，家中或有老妪老叟勉强支应，多已疲惫不堪，军中所用牛车多自独石口等处派来，已有行七八日者，牛车平均每日载适中重量，可行四五十里，今则多载倍重之量，行加倍之程，兼以饲料无着，驶者及牲口每枵腹从征，牲口多有半途病倒或死亡者，然车及牲口为农民重要生产工具，无此则根本破产，故牲口病倒后，多自己代牛挽车，葡葡前进，望能保其车辆！或则弃车守牛，向远道山村乞草水以饲之，已则坐牛旁抚摩牛身，以待其兴起！中国农民每年几以全体收入以捐税及无名花销的形式交给政府，而军阀官僚尽以之入私囊，关于军队之给养运输，仍由各地民众直接负责，宁有是理！回忆热河民众"宁作亡国奴，不作汤氏民"之决心，当可了然于腐败政治下，社会问题之严重矣！

三十一日行一百二十里，宿新堡安南十里之经堂房。初本定宿土木堡，行字铺至土木铺只七十里，故动身甚晚，然行三十里至长安岭时已十二时，忽奉军部命令改宿涿鹿，因土木堡虽大，平时饮水仅足供民之用，一旦增加大部军队，则人马皆将渴毙，故前次开往土木之命令，乃毫无常识者之作品，今已日中始改方向，而宿营地尚有一百二十里之遥！试问徒步之兵，如何能达此致远之重任？然军令甚严，惟有连夜奔驰，长官有马骑，兵士既有枪弹，又有行李，再加筑城用之器具，急促行军，其愤怨之声，盈于道路！行九十里至新堡安，兵士实不支，乃宿营，旅部住经营房。此时人困马乏，下马后，到村中问长短，一遍嗟叹声，使人心神栗然。

次日行三十里至涿鹿县城，午前十时左右即到，沿途水田遍野，阡陌相连，村落中树林荫密，阡陌上豆苗成行，一望平畴，俨然成都溢〔盆〕地风味。城中街市整齐，商店殷实，盖地当洋河、桑干河之交，水利甚便，水稻出产甚富，每亩地年可收八元，比赤城之地高出四倍！

中华民族第一次对外来民族的克服，以黄帝战蚩尤之役为藁〔嚆〕矢。涿鹿战场在县城南二十里桑干河岸，今名保岱，有黄帝墓遗迹，惟仅存一片荒野，碑石庙宇，无有存者。此种在民族史上占重大位置之古迹，毫未闻有人议为伟大之建筑者，但见租界洋楼千橦〔幢〕，别野〔墅〕连山，我国上层社会之买办化到如何地步，于此可以洞见！

此地捐税情形，更为出奇，除一般苛捐杂税而外，又有电话捐、汽车捐、飞机捐等新式名目，以八十余户之经堂房一村而论，出飞机捐至三十元之多，合全省计之，则飞机捐总收入当在一百万以上，电话、汽车亦收捐数次，而终未见有汽车、电话、飞机之来临！

涿鹿县城乡各处，皆贴有唐聚五的义勇军告父老的宣言，他自己是东北义勇军第三军团"总指挥"，有好几个"副指挥"，另外是"指挥"一大批，外加"游击司令"、"挺进司令"等名义甚为繁多。据土人谈，唐军共六百余人，军官占四百余名，余为随从及杂务兵，战斗兵直无几人！初来驻乡间，县长以此等"转战轻〔经〕年"的对国家有功部队，恐在乡间招待不周，为民团所解决，故邀请来县城驻防。方振武部张人杰师过涿鹿时，唐部为息事宁人计，星夜向南遁去；四十一军到涿鹿时，则唐部更不知走往何方矣！

七　下花园到宣化

在涿留三日，四日乘轿车离涿赴下花园调查煤矿。下花园为察哈尔有名煤区，煤藏甚富，于普通残崖断壁间即可见其煤层。涿鹿至下花园沙路三十里，修汽车道甚易，惟路面多低于两侧之田野，水湿所聚，泥土松软，车轮过之，辄成区陷，若遇天雨，更为难行，将来但能提高路基，加宽轮辐，改换胶轮，则康庄大道，立可实现。

下花园煤区，夹洋河而存，其东北者为鸡鸣山煤区，而以鸡鸣山为代表，其在河西南者为宝兴煤区。宝兴煤矿卓著成效。鸡鸣山煤矿，为官有，煤质甚佳，开于光绪季年，先平绥路敷设至下花园时约一年，初由平绥路局采办，其煤槽大致成柱形，深而狭，故开采须深入地层，费工费料于煤洞之维护，尚感不易，且时有火灾，动辄伤二三十人，三年前，水出灾，矿坍，人畜湮没者甚众，遂停工。现在下花园尚在开采之煤矿，惟洋河南之宝兴煤矿。此矿为私人所有，经营完全由中国人自办，正经理为宣化人周君美崖，副经理为天津人，资本全由国人集股而来，故为纯粹之民族企业。矿中煤槽约成盘形，故开采甚易，现已开五槽，工人一千余，分两班日夜轮流工作，每年所获利息在百分之五十以上，最近更以二十余万修铁索运输道，长六七里，越山跨河，状甚奇观，近因铁索转动时绞毙工人一名，乡人以其"不吉"，强迫将其运煤筐没收，故运输暂告停止。

清时，下花园附近小煤窑甚多，有二三十元资本，雇工八九人，赤身裸体，匍匐于山洞之中，即可从事开掘，今则采煤须有执照，执照费每张百余元，否则不许开工，故旧日之小煤窑大半停业。

当日塔〔搭〕火车赴宣化，下花园距宣化五十里，中经辛庄子小站，车行约一小时即到。宣化为古之上谷郡，再古为沙陀国，历代边防，以此为要区，城周二十余里，方形，东西南北穿城街各长六里，街市甚整齐，人行道与马路亦能利用现有材料与环境，布置适宜。

方振武自揭抗日救国军之旗帜后，由山西沿平汉北上，入察哈尔，其第一军张人杰部驻宣化，第二军驻蔚县，其军队时时举行各种市民大会，"反对塘沽协定"、"反对麦棉借款"等标语，满街满巷。其总指挥部设一政治训练处，专司开大会、演说、标语等，空气甚为紧张，惟其动机如何，则尚待事实之证明。

八　张家口之新局面

到张家口是六日了，住桥东同兴客栈。此间自五月二十六日事变后，冯玉祥的抗日同盟军总司令部设于新村，即土儿沟冯任西北督办时的督办公署。冯的私宅"爱吾庐"则办有军事政治干部学校，并附设招待所招待各地投效之青年，全体皆席地而卧，每日小米粥加粗面馒首。冯窑厂之省党部，改为察哈尔省民众御侮救亡会，省党部办之《民国日报》，现已封闭，改组旧有之《国民新报》，仍存其名，另办《民众日报》，为救亡会之机关报，吉鸿昌之警卫司令部及其政治处为此间实际有力机关。冯氏直辖部队为吉鸿昌、张砺生、佟麟阁，及宋哲元拨冯之第二教导团，及其卫队，此外则方振武部，前为义勇军之李忠义、邓文等部。冯之总司令部设政治部，以张慕陶为部长，各军有政治处，统属于政治部。政治部及政治处工作人员，大半为共产党员，每日由政治机关出壁报及简报，对"红军"为公开之拥护。张家口原有铁路工会，工人在一千以上，现已自动改组成"工人自己的工会"，逐走以前负责人员，由工人自己的工会组织"纠察队"，并请领武装。对工人内部及车站之检查甚严，遇所谓"法西斯"分子，即行逮捕，送交警卫司令部或总司令部政治部。军队中亦由士兵组织抗日会，某部某团因士兵组织抗日会，该团团长不允，士兵遂认为反动，将其逐走。在张家口方面，又正筹备人力车工会、小学教师抗日会等。对旅馆检查极严，如无人或事的关系者，甚难立起。尤以南方口音者，盘查尤严，所谓"打蛮子"者，因西北军之势力崩溃于十九年中原大战，而其敌人为南方人所组成之军事集团，故恨蛮子特甚。张家口之行政、财政机关，多由西北军"旧人"包办，所谓"多年困苦，现在调剂调剂"者。公安局某主任，月薪仅四十元，但每日坐包车，令警察骑车作向导，择张垣之名妓而逛，白昼抽大烟、睡觉，黄昏后入妓院，宴游，午夜后始至局办公。警察白日既不得休息，夜间又不敢不恭候主任之归来，故多怨声载道，咀〔诅〕咒有加。西北军旧人，现多任此间显职，因"调剂"关系，致张垣之妓院、戏园、旅馆、饭店、洋货店等之生意，倍蓰于平时。惟张垣各学校之学生，率多不问时事，平日看报者，百人中不得一二人！男女生所读书籍，除应付学校之古老课本外，则为低级之肉麻的恋爱小说及爱情书等。据书店调查，张垣各书店所销售之书，百分之九十为低级的性问题作品，至政治的、经济的书籍，可谓绝无仅有。张垣学校几全体为中等学校，而学生以饮酒、打牌、逛窑子为常，国家环境如此纷乱危殆，而彼辈似毫未闻知，整个政治腐败到使人颓废失望，日趋于民族自杀之途，曷胜危惧！

我到张家口时，冯占海的军队才过去不几天。当冯占海部入张家口时，李服膺部尚在张家口，李恐其行动不轨，故严重战备，不许其停留，令其直贯张家口市街而过。冯部全为骑兵，四骑一列，鱼贯而行，其先头已达沙岭子，其后部尚在大境门以外，绵亘四五十里，为数当在二三万以上。冯占海部过张家口时，冯玉祥等本欲收缴其枪械，后以其部队过大，解决不易，乃令其过口而南，暂住宣化以西、涿鹿以北、阳原以东之村落中，惟地小不能相容，其四散逃劫者甚多。冯占海部过张垣时，随带大车甚多，每车七八套牲口（普通大车为三四套牲口），纪律殊不见佳，民多怨之。

九　大同

在张家口留到九日，决定赴大同，护照由蒙古青年胡凤山召代办。十日午前七时搭车西行。车道沿南洋河北岸山麓行，至永嘉堡入山西境，沿途黄土层极厚，古代堡垒络绎不绝，铁道之北为阴山系东西行之山脉，长城蜿蜒山阳，与张家口以东察哈尔及热河境内长城之切山而建者大异其风俗。沿途人烟稀少，往往十数里不见一村庄；又兼雨量不足，大同一带有"十年九旱"之谚，每年农作能收三成，即为丰岁，故土地每亩地价仅值一二元。

阳高以西，车贯黄土层之大原野中，心神开朗。此地之经济建设，将来将洋河夹成规则水道，筑坝蓄水，或凿井汲泉，以利灌溉，则一面造林，一面用大规模之机器耕种，未来之晋北黄土区，将为最富庶之地也。

同车遇一投考方振武随营学校之学生，叩以投考之目的，则谓"在本县（阳原）师范毕业后，无事可干，故去投考"。问其入校后有何好处，则答："每日两餐馒头，外加小米稀饭，很不错！"状似甚得意者！再问以："中国有无希望？"伊漫应曰："无希望！"我惊问之："中国真无希望？！"应曰："无希望！"此等尚在中等学校毕业之学生，其思想尚如此，一般民众之观念当比此更为可怕！真可痛也。

下午三时抵大同，入北门，见城楼上刊有"云中锁钥"四字，回忆历代对外用兵，云中向为重镇，多少勇将强兵出生入死于塞上草原者，皆为一姓一家之福利，今则民族阽危，四万万同胞将同归绝境，吾知必将有奋然而起者矣。

大同街市尚称整洁，马路如宣化，土面，阳沟，天晴时路面甚好，街景亦佳，惟遇天雨，大车往来，其泥泞之状，直难入目。大同城建于广大之黄土原野上，城楼及城垣皆甚巍峨雄伟，东临浑河，北控孤山，南蔽雁门，车站在北关外三五里许。十五年国民军南口之役败退后，晋军忽腰击于大同，国民军进退无路，不得已乃与晋军决战，炮击大同城，现城楼弹痕，尚斑斑可数，北关曾被地雷炸开一缺，今尚未修复。

交通方面，除火车东通张家口、北达平地泉外，更有长途汽车南通太原。太原至大同计四百余里，汽车一日即到，票价十余元，计有官办汽车公司及私办汽车公司数家，为免彼此竞争起见，组有一合作社，统一票价，发卖车票，以免竞争。

大同为北魏建都之地，故北魏时古迹甚多，城内四牌楼东街有九龙碑，其艺术之精巧，不逊于北平北海公园之“龙碑”，惟所用材料稍次耳。西街有大佛寺，亦建自北魏，规模甚大。城外西境三十里，有石佛寺，大小石佛数千，大者十数丈，小者寸许，皆凿石崖而成，为佛教文化之重要文献。

城周附近多菜圃，其所用灌溉方法，颇为进步，临河者，则利用夏秋之山洪及解冰，引之入低地中；其离河远者，则凿井汲水以灌溉，此法甚佳，惟未能大规模利用之耳。

十　平地泉

十二日赴平地泉，道经丰镇，长城沿浑河东岸而北，状如长蛇，雄霸朔方，惜今多颓圮，然我中华民族雄伟卓迈之精神，固因长城之敷设而表露于世界，初不以今日之倾颓而稍减其光采也。平绥路由堡子湾起北行须经过三道长城痕迹，丰镇以后，始真入塞外，沿途山低土厚，四望皆空，草原无极，牛马羊群，触目皆是，平日所想像之塞北崎岖之状，要为无识者之妄想而已。

平地泉为一新兴都市，新设县治，尚无城垣，最近多伦、沽源、宝昌、康保等县失陷以后，晋军王靖国部布防此间，始赶筑土围，并掘外壕，此种工事，对抗日战争，有何功效，当为识者所尽知，然当地民众已因此又受各种名目之剥削矣！市内有小学校一所，校舍为一中等土屋，学生寝室及教室多无门窗，商店亦无有较大规模者，旅馆仅二家，尽驻军队，再三通融，始得一席休息地。

平地泉北通滂江，东通商都，其通外蒙库伦之路程比张家口至库伦为近，且地势平易，将来修公路或铁路皆以此线为易，故未来之发展，至有希望。土产至为便宜，猪肉每元可买十四斤，白面可得二十五斤，筱〔莜〕麦可得四十斤，小米六十斤，至马苓薯则每元换百余斤；外来货物，因运费及捐税之结果，其价至为高昂。

平地泉东南有大湖，为蒙古高原中之内陆海，据土人云有大小二海，大海周三百余里，水可制盐，其盐粒白而细，不如四川井盐之粗粒结晶，每元可购六十余斤，然税捐过重，由造盐地之官村运至平地泉，仅道经六十里，而每元只能购三十斤矣。旱海四周，土地肥沃，适于农牧，碧波无极，孰谓塞外荒凉？

平地泉为绥远境内最冷之地，我六月中旬抵此，晨晚尚须着皮衣，普通农夫、牧者出外，亦多携皮服，虽日中酷热如盛暑，早晚立即变为严冬。每日午前三时天明，午后九时始日没，夏季夜间仅五六时耳。

某次在车站闲游，见一蒙妇持野菇求售，车站小贩欲以铜元三四枚易之，妇不允，一路警以铜元十二枚换得，彼亦欣然健步而去！平地泉本为蒙人旧时游牧佳地，今则汉人势力北侵，因文化、经济、政治力量之悬殊，故渐次北移，都市之内甚少蒙人住迹，平地泉附近村落之蒙人尽改土屋而居，无复"蒙古包"之风味。其北十五里有地曰马连滩，驻有蒙兵游击队。

晋军之在此间者，对体育甚为讲求，对篮球尤为普遍，但其官长之腐败者则甚多，军队家庭化，上级长官之家眷、戚属等，为其属下每日探讯谈论之资料，更为自己进身及夸示于他人之阶，无论于火车中，旅馆中，饭店中，所见所闻，鲜有谈及东四省之沦亡及抗日战争之事者，此则上层社会之生活表现之无民族性，无国家性，无振作性，及苟安性、腐败性所影响于一般民众意识之结果，而上层社会之生活，又为以都市为基础而发展之买办性的经济所形成的逻辑现象也。

十一　归绥

平地泉西行，过卓资山，其四境本极荒芜，村落稀少，而卓资山镇中却市廛栉比，人烟稠密，尤以基督教堂巍然峙立，刺人眼帘。帝国主义的侦探组织——教堂，对我国腹地，无孔不入，其在国防上之危险，在将来对外作战时当能知之！

十三日午后抵绥远站，绥远省城曰归绥，乃合绥远及归化二城之名而得，绥远城建自清代，建筑甚整齐美观，现在省政府及各行政机关多在其中；归化城历史甚古，名胜古迹大半在此城中，惟城垣已颓，商务以此为中心，人口繁密，市政亦差强人意，电灯、电话、汽车皆全，塞外有数之都市也，二城相距五六里，车站在二城之北，离归化四五里，离绥远城较近。

我因住于归化城内，而时间又迫，故只能对归化城中古迹，略略参观一遍。

（一）大招　"招"者，蒙语曰寺或庙，"大招"，盖大庙之意，其规模甚大，建筑亦甚工精，碧瓦黄砖，金顶铁脊，远处望之，固疑身临北平清□也？惟内部则已腐败不堪，为杂货、奇门、零摊麇集之所，市中则铜臭与汗污齐飞，晨夜则粪便与拉〔垃〕圾一色，四川各县城之城皇〔隍〕庙、南京之夫子庙殆或近之。

（二）小招　即"小寺"，现在内部住公安局，不能入内参观，其规模次于大招，而精致过之，建有乾隆①三出绝塞征服噶尔喀之记事，蒙汉文合璧。清室对蒙族，为极残酷的亡种政策，一方以重币高位羁縻上层统治阶级——王公，一方提倡黄教，力主禁婚，

①　应为康熙。——整理者注

推崇喇嘛，以愚乡民，更严禁蒙汉通婚及商业交往，以锢蒙民之智识，故三百年来，蒙族遂一蹶不振！今日本对我又师事满清，以奴役我民族，对东四省已行愚民政策、腐败政策，此则我国民所当猛醒者。

（三）锡拉图招　此寺为归化各寺中之最完整者，各殿建筑，略与大小招相同，而风采远过之，班禅活佛来绥时，驻节于此，绥远党部欢迎班禅之标语，尚贴满墙壁也。

（四）五塔招　五塔招在城之东南，寺后建有精砖砌成之高台，台上用琉璃瓦建五塔，光彩四耀，不能逼视。塔有墙，平日不开，故不能入内透彻参观。塔南有庙，山门、大殿左右廊大与全圮，神龛、祭器满地纵横，大佛眼腹皆被挖空，瓦砾遍地，野草杂生，然而屋上之金碧依然，蒙式石旗杆之炳耀如旧，阖目冥想，直疑置身罗马废墟中矣！过东抚廊时，龛上有破烂衣物一堆，污浊发恶臭，旁有破碗、缺桶数事，正疑似〔惑〕间，衣堆一端微动，有人头蠕蠕自堆中伸出，发长而健劲，面额黧黑，两目炯然发光；继而他端又现一人头，貌甚愤懑，似为大事不能平者，绥远连年丰收，粮食低贱，生活甚易，壮年之人，当不至沦为乞丐，此高卧破庙中者，其亦江湖飘泊之士，沦落此间，或塞外豪侠汉子被迫而寄迹于此乎？

归化之南二十里有香冢，相传为昭君埋香处，远望之，青丘突起如覆盆，惜经费、时间皆不许，不能亲临凭吊此建功绝塞之巾帼英雄，歉然久之。

城北约十五里大青山（阴山）脉，东西如屏障，闻山顶有长城遗迹，为秦始皇时长城真址，现存之长城乃明代之边墙也。阴山中森林密茂，野兽甚多，远望之，山色常青黑，故土人名曰大青山。

绥远连年丰收，生活甚贱，民十八年白面每元只可买五斤，今得二十五斤，其他筱〔莜〕面、小米、马苓薯等更贱矣！惟衣住及交通车辆等，反较平、津之同等程度者为昂。盐则来自阴山北诺尔中，粒粗色暗，与平地泉官村所出之盐相反。

鸦片为绥远特产，肥沃之地，多以种烟，政府为避人耳目计，大规模之种烟，皆在离铁道较远之地，如省境内东南之凉城、和林格尔一带，烟区辄以数顷为单位下种也。

十二　包头

平绥路尽头，当外蒙的库伦、唐努乌梁海、科布多和乌里雅苏台交通的总汇，又为通新疆哈密、宁夏和甘肃的孔道的包头，是多么令人神往啊！

十四日由绥远站西行，大青山的雄姿，令人观赏不尽，南则平畴一遍，村〔树〕林杂沓，山上常有拉萨式之庙宇出现，惜未能一一游览。过萨拉齐县，已近黄昏，微见一新建之土城，隐约于林木间，若干大车、轿车往来于泥道上而已。夜十时许至包头，见车站异常荒凉，站北电灯星耀于五六里之外，大致离城尚远也，乃住车站附近之旅馆中。

十五日晨起即离旅社入城，道路极坏，行五六里始入南门，街道污尘遍地，建筑多以土为之，无可称者。至南大街（东西行道）则多洋式门面之商店，水泥壁，厚玻窗，红绿纷陈，又是平、津风味。洋式商店内所卖者，几全为舶来品，瓷器、洋布、绸缎、化装品、机器，以及其他"高等华人"用品，无不齐备。帝国主义之威风，透过洋式商店而活跃于吾次殖民地之前，能不令人深省?！

包头纸币，其在本市发行者有二种，一为"平市"，此种纸币在包头与现洋同等使用；一为"随市价兑现"，则随市价之高下而异其兑现率，以时价计之，则现洋一元，可兑此种纸币二元五角。

包头为蒙、藏、汉交易之都市，故商店多用汉蒙文合璧或汉、蒙、藏三种文字合璧之招牌，蒙民之往来街市者，时所习见，但皆萎靡不堪，无复有蒙古族当日统一欧亚之气概，此盖从前统治者愚民政策、腐败政策之成功，而蒙民族所身受之巨毒深疮，亟宜起而自救者也。

出东门，有泉水自东北十余里阴山麓来，更汇龙泉之水成为东河，南注于黄河。包头金〔全〕城饮水几全取给于此。过东河，上北山，有龙泉寺，树林阴茂，殿宇清幽，有泉出自殿前山穴中，住持作水道引入池中，终年不竭不盈，流经暗道，西出寺院。泉水出口有三石龙头，名"转龙藏"，水自龙口奔出，水渚为池，汲水者取汲处也。

寺中空气清鲜，乌鸦争鸣，名书家元恺题"小南海"于大雄宝殿前，实足当之而无愧。

出寺登北山，南瞰黄河，洪涛淹漫，东望阴山，光怪如巨蟒之蠕行，包头全城，参错罗列于山坡间。下山后溯东河而上，河滩中，花岗岩沙砾闪闪发各种光彩，各只〔种〕美丽之碎石甚多，收不胜收。行二里许，见有水磨一座，纯系利用泉水之力而成，此种进步之工业发动力，在内地不过如是也。此泉之水量甚大，如能善治河身，造坝蓄水，则以终年不竭之水，储以供一季耕种之用，其可能灌溉之区域当必甚大，可断言也。

时天已正午，热灼如焚，乃寻道上正北山冈，转道入东北门，其街道全然顺自然之形势，高者建屋，低处为街，亦即雨季排水之所，屈曲狭浊，崎岖难行，盖与南大街相去至少一世纪之文明！沿南大街出西门，沿道有许多极漂亮之轿车，骡壮夫健，锦褥纱帘，此可见此间资产阶级富庶之一般！西门外路北有小贩甚多，大半为南方人，十五年西北军败退于此，故多流落此间而为小贩。

此辈绝不似土著及其他绝对的经济性质的移民之完全不问政治，我们相见后，频以平、津情况、张家口新局面，及东四省沦亡后之情形见问，其个人意见，颇多愤慨之辞，言谈［间］举止〈间〉常有跃然而起之慨。中国二十年来军阀纵横内讧不绝，然而一般军人于百战苟生之余，受事实之教训，对政治已有相当之了解，此于未来之政治中亦一大力量也。

某君为我言：绥远各财政机关，尽为山西人，包头因为水陆商埠，财政收入颇有可观，故山西人之争夺财政机关，视他处为更甚。封建的军事政治，其财政上必然的成为分赃的形势，其存在，其崩溃，皆必以此，此则验诸过去各军阀之覆辙而皆准者也。

西门出去，为通宁夏大道，有长途汽车通行，现仅有一线，西至五原、临河，包头至五原四百余里，又至临河二百余里，共约七百里，汽车至五原之票价为五元余。

阴山山脉在归绥一带者，本甚高峻，至包头则转低平，为通外蒙最平坦之大道，历代北方蛮族内犯，皆以包头为要津，苟能于此建造大规模之蓄水池，依阴山以建水渠，则山阳之地，皆可因水之灌溉而成沃野；其在山北之地亦可以大抽水机到〔将〕黄河之水向北灌注，逐渐培植森林，由南而北，今所谓沙漠不毛之地，将来皆可成为乐土。

西门外稍憩后，望南而行，十余里至黄河岸，所过尽肥沃之冲积地，除小部已垦种马苓薯外，大部尚为草地，牛、羊、马、骆驼等，群牧其间，时南风微荡，天气晴和，光景绝健。黄河自青海经甘肃，以入宁夏，始入平地，至绥远境，水势更缓，两岸尽沙地，故束水力甚薄，河身随时迁〔迁〕移，现包头附近河身逐渐北移，如治河无方，任其自然，则恐在若干世纪之后，黄河将循阴山东去入辽河，或由包头低地越阴山以来入黑龙江北合鄂毕河，亦未可料也。

包头水码头曰南海子，在黄河北岸，距包头城东南约十五里，距车站约十里，桅樯比栉，商务繁盛，水路只通宁夏，上水由包头至宁夏，须三十余日，下水亦须二十日，且河底因游沙无定，时浅时深，行使浅水汽船，亦至不易。

天晚回店，十六日搭车回张家口。

十三　归途

车到张家口，各处检查森严，车站月台贴满各色标语："反对棉麦大借款!"、"反对进攻红军!"、"拥护抗日同盟军!"、"拥护真正抗日领袖冯总司令!"、"民众自动武装起来!"、"武装保护察省!"、"集会结社言论出版绝对自由!"……满山满谷，红红绿绿，目不暇接，则张家口局势之严重化可想而知，下车后车站无旅馆伙友接客，后多方访查，始知近来各方来张家口甚多，大小客栈尽告人满，其中一部为各地来此投军之青年，一部为西北军旧部，谋"东山再起"者。我经多方努力，始在上堡一小店中得一席地，同店大半为察省各地之县长、公安局长、分局长、区长等，他们整日高谈阔论，喧扰不堪，初颇厌之，后细心听之，不觉津然多味：

"你们觉得中国的事情还弄得好吗？我看十九非亡国不可!"一位声音尖而细者侃侃而谈。停了一会，同声调的人继续着说："我们现在在旅馆里可以说老实话，用不着像初上任的时候，装腔作势，召集地方法团演说或者向新闻记者谈话那样，什么'施政方针'、'行政计划'里面所说的'财政公开'、'不用私人'、'安定地方'一些自欺欺人的鬼话；中国官场已形成整个腐败系统；除非是你不做官，不然就只大家一道同流合污!"

"妈的巴子!"一位东北口音的人发言了，由他的音调里面听出来大致四十多岁的年纪，"真他妈的没办法！我以前读书的时候，对古先圣贤所垂训的仁义道德也非常崇信。到了作官以后，最初还是'本良心'作去，亲见同僚的贪污，自己仍墨守规矩，以'尽其在我'之责，后来自己做了不到三个月的局长，赔累九百多元；同事们还要排挤我，说我'立异鸣高'，甚至诬我以种种罪名，要联名告发！他妈的，没法子！只好大家一块来干，虽然老百姓更吃亏，然而我的位置倒平稳了。"

"谁也不是父母生来就是贪官污吏！"尖细声音的人又发言了："环境如此莫可奈何！现在当官吏的并不是说只要具备某种资格，就会由国家来用你；要想做官全靠自己活动，就是说要设法交接有权有势的官长，这些大人们都是深居简出，左右侍随众多，你第一次要想见活动的对手方，非先得他的侍从的应许不可，这里面就有不少的花费；大人们的事情大半很忙，见面谈话很不容易，最有效的，是在他所喜欢的人，特别是女人，或者物件上想法，如果是沉溺女色的要人，你调查出最得宠的是谁，然后托人卑词厚币，请其'裁培'，只要少奶奶枕褥之余，稍一题〔提〕及，定能成功；喜欢东西的人，就送他称心的东西，也是求官的正道！比方张某吧！他最嬖爱他的三姨太太，要想到各县当公安分局长的，除了照例缴纳五百圆的见面礼给张某外，另外再给三姨太太在天津买一套最时髦的衣料，外加化装费二百圆，亲身送去，定能成功。到任以后，过年过节再送礼物、现款，就可安然留任。你想，花了这样多的钱来的差事，要不贪污，谁会来做?! 而且要不是有要钱不要脸的决心和修养，谁能受得下那种狗气?!"

"但是，拿钱也非易事呀！照法律规定，县政府每月经费不过八百圆，除了办公和职员薪水外，无论如何也剩不了多少，恐怕稍为多用一点，就会不够，要贪污又从何处贪污起呢？并且以这里的事情来说，要弄一个县长、公安局长缺，非花费三五千不可，就是小小的区长、分局长，也非一二千莫办，试问哪里去找如许多的钱来贪污呢?"有些书生味气的似乎"入世尚浅"的提出上面的疑问。

"老弟! 难怪你外行!"又是那位尖细音的人说话:"虽然你也在张家口的政界混了几年，但是总是沾他人的光，没有自己实际去负责，不知道政治内幕。告诉你罢，做了官，你就把老百姓当成猪狗，择肥而无力的连皮带肉的没命的刮，刮得几个，什么都有了! 我上次到张北去当公安局长的时候，先把地方上几个土豪劣绅请来，大家大吃一顿，打打牌，抽足烟，大哥、二哥的亲热一会，这样他们有了'上走衙门'的面子，可以作威作福于乡里;然后嘱他们'帮忙'，袒护他们几下，他们自然会给你找门路! 某家有牛几百头、马几百匹、现款大致若干……门路已开，然后命心腹人带队至乡间借口调查户口，或者查捕盗匪，至某家后，一面办例行公事，一面嘱人私藏违禁物于其家中，以后佯作发现，立予逮捕，飞解县狱，然后非刑拷打，并扬言将送省府严办，大有非枪毙不可之势，另一方面则令土豪劣绅，上下其辞，做好做歹，逼其将牲畜全行出卖，现款尽空，土豪及公人略分余利，而自己得其大部。这样办他几个，还怕求官的投资不会三四倍的收获?!"

"书生"声音的总是不大明白，又说:"他们老百姓不上告吗?""那就更无问题了!"这次是东北口音:"我们的官是买来的，当然上级机关会设法驳斥，实在太利害的案子，一方面再要地方官供献几个孝敬钱，一方面宣称派员调查，公文来回一转，就是好几个月，再强硬的老百姓也弄得他无力再追问了!"

《时事月报》

南京时事月报社

1933 年 9 卷 4 期

（李红权　整理）

包临旅途中

仲衡　撰

　　四月二十三日晨四时，记者搭大同公司汽车，由包头起程。序属春令，而塞外风威犹烈，出包头行未一钟，已觉足底冰冷，临时借得之老羊布〔皮〕大氅，此时方庆得计矣。时晨曦未上，大地茫茫，惟汽车疾驰，道旁景物，一无所睹，行约百里后，曙光始现。于风驰电掣中，记者探首窗外，只见黄野枯草，极目无涯，草极短，意者，或行人燃之以取暖耶？俱为烬余。

　　车行绝速，极目荒田　土地作黄色，因冬水已漫，表皮裂如龟背，百里内未见一耕田农夫，沃野荒芜，殊堪浩叹！途中多东行逃亡者，鸠形鹄面，鹑衣百结，有担挑者，一端置锅笼什物，一端置婴其中，妇人亦多背负幼子，厥状颇惨。

　　公庙子农民血泪谈　日中行抵公庙子，为包、五之中点，司机员等即于店栈中进午餐，记者亦下车，坐道边啖饼干。便中与在该地休息之逃荒者谈，据云：彼等系晋籍，十七八年时，因遭旱灾逃来后套佣工，时各地荒歉，粮价飞涨，独套内丰收，故数年中，颇饶私蓄，已各挂领荒田二三顷，自耕自食。乃王英匪徒二十年盘踞套地，肆行抢劫，损失不堪，继以粟贱伤农，孙军过境，去年因预征二十三年牲畜捐，支垫军差，将牛变卖，车马、余粮，均为孙军掠去，本年已无春耕之望，坐守困城，惟死而已。乃携老幼，谋回原籍，或可免饿殍乡云。

红灯点点，黑毒弥漫　一时登车复前行，六时半抵五原隆兴长镇，时街头已呈寂静，惟烟容憔悴之贫民，围聚于烟馆购烟，远望长街，红灯点点之处，烟馆林立，仅桥东一街，可二十余家。闻〈五〉原全城大烟馆有四十，每日平均可售大烟五两。富家尚不在此数中，其黑毒亦可谓惊人矣。

八时走访商会主席，适财务局代理局长亦在坐，与谈，知五原阖县二百余商号，去年因不堪赔累，已倒闭二十余家。地方财政极困杂〔难〕，牲畜捐已在去年预征完毕，地亩摊款，则在本年七月始能起征，现在维持地方各机关者，仅大烟灯捐及杂捐，月仅千数百元。故各机关，均将无形停顿，现税捐难收，政务棘手，拟就缩减办法五六项，但实行亦难。本年度农民俱无法春耕，丈青苗，后套粮赋，以每年丈青之数征收，不耕种者免之，地必减少，而税亦难起收，故地方行政，实觉危险。按去年每顷摊十五六元，农民已不支，本年地少税加，必更较困难云。

《道路月刊》
上海中华全国道路建设协会
1933 年 41 卷 2 期
（朱宪　整理）

平绥路一周旅行回忆录

远馨　伊凡　撰

I　序言

在开发西北的声浪高过一切的时候，平绥路局创办了一个西北考察团，往返路费及饭费共收二十元，路程是从北平到包头，日期是一星期——从一月二十一日至二十七日，据说用意在鼓励平、津各校的师生到西北去看看，希望能使这般久住在大都市的人们，借此移转一下他们的眼光和兴趣。这在开发西北的事上说，不能不说是一件有意义而比较实际一点的工作（因为空嚷的人太多了）。并且，在开发西北这件大事上，平绥路本身也确实比别人负着较大的使命，因此这也算是它分内的工作呢！结果参加的人并不多，共二十八人，还是由八个学校（清华、北大、燕京、工业、中法、财商、育英、津汇）集成的，内大学生占大多数，尤以清华占最多，计十一人，中学生只有三人，一个是北平育英去的，余二人就是我们。至于参加的人何以不勇〔踊〕跃，大概不出下列几个原因：㊀没有二十块钱；㊁怕西北冷和苦；㊂年关在即；㊃察事紧张；㊄根本没兴趣。但是据说却很引起日本人（也是学生）的注意！这次他们要求参加的有十几人，已经报名的有四人，结果经平绥路局婉转的拒绝了，也许是西北考察团五个字对于他们的兴趣反比对于我们浓的缘故吧！不然试把留在平、津两地的大电影院或舞场内的学生数和参加考察团的学生数来比，那不是太惭愧了么？时间很快，一星期的时光过去了，回来才知道考察的名目太大了。以一周的短期，走了五六个地方，连走马看花也说不上，何况"团"根本是个乌合之群，没有组织，加以我们本身也没有足当考察二字的学识，所以看看就是看看吧〔罢〕了，不会有所得的。可是现在校刊的编者非要我们写东西不可，于是便把这个题目来塞责，仅把一周间的西北旅行的经过，就所得而见、可得而知的一些事情，同时是回忆得出来的而写出。那么记事的凌乱，无系统，文笔的松懈，无趣味，都是定不可免的事情，自然我们也顾不得这些了，不自惭的说一句"有胜于无"吧！或者算替校刊补空子，也无不可啊！

II　平绥路的现状略述

a. 史略　平绥路的兴筑，始于京张线——从北京到张家口，那时是前清光绪三十一年。至三十三年八月时工竣。后议筑京绥线，宣统元年兴工，历经分次展修，数次因困难而停顿，但终于民国十年五月告成。后又以绥远至包头，相距不过百五十公里，其地为西北物产总汇之区，急应展筑，因乃续修至包头，十二年一月，全线竣工通车。此该路干线敷设之概况也。又平绥支线凡四：1. 平门支线；2. 环城支线；3. 大同支线；4. 宣化支线。皆为运输铁路附近之出产之便利而设。

b. 路线形势　平绥路线绵亘燕、察、晋、绥之间，计经过河北省之宛平、昌平，察哈尔省之延庆、怀来、涿鹿、宣化、万全、怀安，山西省之天镇、阳高、大同、怀仁，绥远省之丰镇、集宁、凉城、陶林、武川、归绥、萨拉齐、包头等二十县。总计全路干枝线共长八八六·二三公里。全路地势，由东南而西北，渐入高原，行于平原者十之七八，行于山地者十之二三。全路坡度，为百三十分之一。南口与康庄间，岗峦重叠，峭壁参天，最为险峻。其间开辟坚石山洞凡四处，共长一千六百四十五公尺。铁轨绕山腰而行，其绕圆半径有小至一百九十公尺者，坡度有三十公尺内高一公尺者。掘山凿崖，辄深至三十公尺，循沟筑堤，辄高至二三十公尺。工程之难，概可想见。然此线自兴筑以至完成，绝未借外国工程师之力，大部皆赖詹天佑先生之擘划。是又我国路界之一异彩也！

c. 运输设备　该路因地理关系，向来情形为货运发达、客运不发达，故运输设备亦以货车方面为重要。兹将该路所有机车及客货车辆数目，分三期列表如左，以备参考：

期别	机车辆数	客车辆数	货车辆数
第一期（民十七以前）	一三八	一四九	一五三七
第二期（民十七后至廿年）	八九	三九	五四七
第三期（二十三年四月）	一〇九	一一九	一〇八九

d. 复兴计划　该路现正准备整理，已拟具初步复兴计画，次第举办，兹分三部列左：

1. 属于工务部分者　一为抽换枕木三十六万余根，二为筹购大小工字钢梁六百余架，三为筹购八十五磅钢轨及加硬钢轨各五百根。

2. 属于机务部分者　一为装货车风闸，二为添购机车配件，三为扩充车房（西直门、康庄、大同、绥远四处）。

3. 属于车务部分者　一为筹设调度电话，二为装设电气路签。

总计以上三项共需洋二百五十余万元。现闻该路又有向宁夏进展修筑之议，但又一说现因已修筑包宁公路，故无向西展修之议。

e. 营业情形　兹将该路最近三年之营业收支及载运客货各数

字，列表如左，以兹明了：

（Ⅰ）营业收支数目比较表（收入包括军运记账）

年份	收入	支出	净收入	净支出
二十年	7，418，916	6，882，792	536，142	
二十一年	7，889，583	7，090，951	798，632	
二十二年	8，761，463	6，932，359	1，779，104	

（Ⅱ）载运客货数量比较表

年份	载客人数	比较上年		运货吨数	比较上年	
		增	减		增	减
二十年	975，226		3，282	1，352，436	334，617	
二十一年	957，867		17，359	1，638，257	285，821	
二十二年	1，201，667	243，800		1，649，290	11，033	

　　总括言之，平绥路在过去的数年中，和别路比较，地位是很低的。可是现在它确是有着长足的进步，自然铁路的路政好坏，设备周全否，并不是绝对单纯的，因路局本身的关系，那是和政局、军事……都有关系的。然而铁路当局本身的努力，无论如何是占着大部分力量的。年来铁路当局虽没有什么大规模的兴筑计画，可是局部的整顿也不无小小的成绩了。这次我们所见的平绥路有一个满意点，就是铁路上服务人员的精神的可佳。该路的员工薪金较之他路均低，可是从我们数次的交谈中（从处长、段长以至车上的待役），听他们说话都是很有希望的。处处表示着努力，干。自知本身的缺点而企望前途的进步，自然这也许是表面的，可是我们很望这是一点可望的光明呢！

Ⅲ　旅行中的见闻
——青龙桥、张垣、大同、归化、包头

临行之前

二十一日　那天是预定起程的日子，早晨四点多已经醒了，坐在床上，望了望窗外仍是黑沉沉的，什么都看不见。本来应该再睡一会儿，然而脑子里，总像有一件事没有办似的，心头的小鹿，跳上跳下，扰得翻来覆去睡不着。听了外面钟声，打过了五点，只好爬起床来，洗过脸，急急的整理什物、行李，也不顾吃早点，六点就急到前门车站。清晨的故都，天上仍悬着皓白的月亮，几颗残星，在半暗不明的空中，越发显得光亮。街上除了警察和几个无精打采的人力车夫外，几乎看不见行人，寒风飕飕的，使我们联想到西北的天气，和未来一周的命运。在车站等了半个多钟头，平绥路的车，才由别的轨道开入站台。这时站台上，还有几个人，带着很多行李，也是要到西北去的。于是我们找到"西北考察团专用车"，便一拥而上，满心欲望要找一个完好的睡铺，然而竟向失望了，车上早已横着、竖着，躺了十几个人，都在很得意似的看我们，而同时也发现所谓睡铺的，不过是几张极狭而长条椅子吧〔罢〕了。车顶悬着半暗不明的煤油灯，生着两个带烟筒的煤炉子，车内已拥挤非常，再也找不出一个地位来，满车上喊喊喳喳的充满人语。一会儿一位穿铁路制服的走过来招待，他是一个二十多岁的青年，英俊的气概，显然很是有为，满脸的笑容给大众一种安态。他是本路的列车长朱君，在铁大毕业，同时也是这次西北考察团的领导者，非常和气，据说车上睡的人，都是昨晚就搬上来的，凡现在没睡铺的，一会儿就能解决的。停了

一些时，表针指示我们已到七点了，汽笛一响，这辆西北考察团的专车，也随着整辆车，慢慢的蠕动向西驶去。这时我们和一位财政商业的马君，就被领到考察团专用的饭车上去安插。我和肇瑞，选了车项〔厢〕放行李的位置来睡，那位马君却在桌下将就了。外面鱼白色的天空，已然完全变白，车绕着环城铁路到了西直门车站，又上来几位去西北的同志，约摸一刻钟的光景，车就开了。这次车行的速度，加速了很多，由烦嚣的都市，渐到幽静的都落，两旁房屋由大而小，小到看不见，忽然间，又由小而大，大到无极。慢慢地到了田野，一片荒凉的平原，躺在淡淡的阳光里，道旁疏疏的树林，配合着稀稀的麦垄，别具一种风味。九点到清华园，饭车开上早餐。早餐是每人一碗面、两个馒头、一盘菜，因为大家没食早点的缘故，所以一顿狼吞虎嚼，早食光了。车身西行的当儿，渐入佳境，远处的童山，隐约连绵，极目千里，两旁除了几片荒田外，几乎看不见一所房屋。车陆续到清河、沙河、昌平县、南口，因为不是这次的目的地，所以每站停搁三两分钟，就开了。过了几十分钟，经过几个山洞，洞内非常黑暗，修筑者所费的心血，现在又有谁去纪念呢？不平之气油然而生。十点多，车到居庸关，关在宋时，称为太行第八径。此关是明徐达修的，它握着西北数省的命脉，同山海关负着一样的使命。居庸关过去不久，便到了青龙桥。

青龙桥

这是第一个目的地，大家都下车分散，定在下午三点以前一定回车聚齐。青龙桥的名字，在我耳里听过已不止一次了，不过这里只是一所荒凉的站台而已，既没有都市的繁华，也没有乡村的风味。平绥路的创建者，詹公天佑的铜像，就在站台上。詹老先生的铜像是四方的脸，略为有点发胖，一双大轮廓的眼睛，十二分代表南粤男儿的气概，一部遮住嘴的胡须，越发显出庄严来，像那样悲歌慷慨，作有益国家的企图的人，至今日，能有几个？凭吊了一会，顾了两匹毛驴去爬八达岭，观览这千古伟大壮魁的长城。由蜒蜿的城墙，登上了乱石山中的城头，暗淡飘忽日光下，迎风独立，四围充满了寂寞与凄凉，数千年前伟大建筑的长城！若干千万的前辈同胞热血造成的长城！呆呆的站在前面，竟一毫感慨都没想起！巨大的砖头所砌成的厚墙，经历代战争的蹂躏，已残缺不全，读陈琳《饮马长城窟行》"君独不见长城下，死人骸骨相撑柱〔拄〕"句，不觉有感，照了一张相片后，骑驴到"天险"。"天险"之所以险，已没人知道，那山石上所刻的"天险"两个大字，经日月消蚀，已残破得几不可辨，因为我们也不是地理学家，或军事学家，对"天险"似乎没有太留恋的必要，所以回车食午饭。饭菜有五盘，和一个火锅，尚能可口。下午因为大家都游玩够了，然而车还须三点才离开青龙桥，所以特别要求站长，提前开往康庄，两点车就到了。

康庄

这里名胜地点，有奇泉寺，和萧太后养鹅池。奇泉寺，是一个寺，寺内有泉，冬夏不息的向上喷水。萧太后呢？就是《四郎探母》中，北辽的主人翁。在有历史观念的中国人，这个地方是不能不到的，然而不巧的很，因为雇的毛驴走错了路，只好扫兴而返。这儿有驻的军队，盘问的也很严。回车后，下午三点多，车笛的响声，又带向西北去了。四时半过怀来，山势又险峻起来。五时余到土木堡，此地即明英宗被也先所俘处，侍臣及兵士们死难者极多。过土木堡，天已黑了，食过晚饭后，我们就先爬上行李架上去睡。车在当天晚上九点多钟，到张家口，有几个人下车去溜览夜景，我们因为一天的疲乏，始终没下车去。

张家口

　　翌晨六点起床，早点也放弃了，晨光牺〔熹〕微时，便出站去溜街市。这儿最大的街，算是怡安街，有怡安市场，其余还有戏园、电影院等，商店极多，如果你不仔细想，一定会错认是走到北平的大栅栏，或是天津的大胡同的。我们找了一家豆腐店去喝豆腐浆，他们的烧饼、馃子，都大过平、津的，用的钱币，有铜子票，一角换四张票，每票换十三枚铜子。食过后，街上已有几家商店开门，便顺便踱进去，问问蘑菇、葡萄干、干奶皮和毡子的价钱，都比内省便宜。十点多，到新城，又名上堡，又名来远堡，明万历四十一年建，教育区都在这城。参观了一所县立小学，设备自是毫不足观，据说全城有县立小学八处，每校平均百余人，师范男女校各一处。在街上顺便买了双旧蒙古靴，外面皮质，内裹毡绒，只用一元五角而已。上堡尚有两座桥：一是清水桥，桥名的匾额是张之江写的，建筑工程很大；一是漠乡桥，桥上都贴着字义浮浅的标语，什么"忠孝仁爱信义和平，你要切切实实去做"和"打倒帝国主义"等，幽默可笑。商业区还有下堡，又名旧城，明宣德四年所建。张垣的名胜远逊于他处，大境门、小境门、元宝山、朝阳洞、孤石儿等名迹，据说无甚出奇，加以路途遥远，遂作罢。午饭在一家天津馆吃的。饭馆内，预备有鸦片烟，供给客旅，据说在此地海洛因绝对禁止——前日已枪毙七名，鸦片则公开，街上门首凡有红灯的，都是贩卖毒品的标织〔帜〕。饭后，乘车游赐儿山，山为张垣唯一名胜，一名云泉山，上有云泉寺，寺为娘娘庙，顺治辛卯重修，求子者，多祷于此，香火很盛。娘娘庙旁有忠义宫，及袁公亭，前者祀关圣，后者则祀清粮厅袁某。寺中有二洞，一曰冰洞，终年皆冰，一曰水洞，虽冬日不冻，观之果然，鬼斧神工，莫测其所。赐儿山下，尚有察省陈列馆，馆内不见一人，除几架动植物标本外，四壁萧然，一无所见，下山后，乘原车回站。路上经过几家书店，窗外陈列的书完全是军事学方面的，如《步兵操典》、《行兵须知》等，几乎全是一类，真莫明其妙，好像在这里读书的人只有军人似的。车三时半西开，晚九点多到大同。

大同

大同曾作北魏的都城，历代也都是重邑大镇，车道可达太原，预料将来同蒲路修竣，一定更握军事和商业的中心。在平绥路上，大同也是最光荣的地方，遗留古迹甚多，尤其是云冈石窟，已早烩〔脍〕〈炙〉人口。云冈在石〔左〕云县界，石佛则建自北魏兴安，至太和才成，成为世界上伟大的艺术雕刻。我憧憬于兹，已好几年了。早晨大家一同乘汽车去云冈堡，车身颠簸得头晕心跳，十时到云冈，车停于石佛寺东的云冈别墅。这别墅是十九年，骑兵司令赵承绶氏所建，室内除电灯、气炉外，一切新式的设备，样样皆全。休息片刻，就到石佛寺。寺建自北魏，清顺治八年总督佟养量重修，康熙三十五年辇毂西征曾驻此，并书"庄严法相"四字。栋宇虽旧，金碧如新，寺首有口头念佛四字，衬着欢迎蒋委员长的标语，幽默有趣。寺内包括两个大窟，这两窟的前面，各有一楼，高各三层，第三层上，有游廊可相通达，三楼上更有最高的一层，仿佛有楼梯可通，却寻不到。第一窟，是大佛殿，殿前有明万历吴氏的碑，殿内阴气森森，黑暗逾恒，正中是一尊大佛，高越六七丈，身上却满装了金色，美妙慈祥的面姿，一切都隽妙可观。两旁和四壁，还有许多大小佛像或雕刻的人物故事，涂饰着不同的颜色。殿后有两个石洞，阴沉沉的怪怕人。第二窟是如来殿，也极黑暗庄严，布设和大佛殿却相差远甚，正中是一个方形立柱，每一面有一立佛，雕刻很细，但经日月侵蚀，风雨摧残，显然已大有损失。出大佛寺外，还有许许多多的洞窟，什么佛籁洞、石鼓洞、碧霞洞、弥勒殿等，多不及载。中窟顶有太和七年士女为魏主祈祷碑，文字间有剥落，内记敬造佛像九十五龛，元又增建二十龛。堡西第三窟的正中，一大佛像高约七八丈，是全堡最大的佛像，庄严古雅，身上毫不着色彩，越发显出洁白无瑕，脸部、眼睛、耳朵、双唇、手指、赤裸裸的上半身，几乎无一处不是美，袈裟半披在身上，那褶痕、线条，处处都是柔和，若最柔软的丝布一般，雕刻之美，天衣无缝。两旁有几坐立佛，高也有五六丈，其他小石佛壁立千仞，如来满山，鬼斧神工，震人耳目，更是数也数不过来。石壁上常看见有告示："奉谕！有破坏古迹者，枪毙不饶！"大家在佛像下留恋不舍，赞叹了一番，一同回云冈别墅。午饭已由路局预备好面包充饥。饭后，拉着那位马君，同去爬山，归途，肇瑞偏又拾了一袋石头，沉重讨厌。下午两点，坐汽车进城，略为停搁几分钟，又出来雇了人力车，去逛古迹。先到城外的曹福庙，这庙原先是玄都观，后来因曹福为主冻死在南天门，所以代他塑一尊泥像供奉着。庙址很完备美观。出庙后，到上华严寺，路过九龙壁，壁在阳和东街，是代王邸前的一道照壁。王邸现已沦为民居，仅此壁尚存。壁上九条龙张牙舞爪，处处生动，琉璃砖瓦，彩色斑斓，有碑曰"九龙神迹"，是乾隆重修时所立。上华严寺是西北有数的梵刹，规模极大，殿共有八十一间，还是辽代的建筑物，历经变乱，巍然独存。"大雄宝殿"四字是宣德二年写的，又有"调御大夫"一额，是明万历戊午，马林所题。殿内佛像，气魄伟大，金碧焕然，有题名"云中钟楼西街兴荣魁信心弟子画工董安"，油色尚鲜，此人当然是近代人了。出庙穿过一条街，再转几个弯，便到下华严寺。寺内前部分已辟为小学，大殿也锁着，显然是很冷静的，找了住持开开门进去，殿内非常阴森，佛像保存得很完整，泥像木偶的数目，非常多，翩翩欲活，有"大金国，西京，小华严寺，重修薄伽藏教记"，为金天眷三年，云中段子乡撰，才知道是一个藏经殿，然而打开来，里面却空空如也。出了下华严寺，便到明正德君游龙戏凤馆，这个传奇，大概常看旧剧的或对野史常涉猎的，一定知道，当年正德帝，到大同，就是在这馆里饮酒，到那儿，才知已改为久胜楼，最近又改为德华春，仍是营饭馆生意，楼阁依然，人物皆非，白云苍狗，变化无穷。叹息了一会儿，乘原车回车站，路经四牌楼，那儿也许因为年关的原故，摆摊售货的非常多，红男绿女十分拥挤。大同社会的情形，在外面上，远不如张家口，穷人非常多，沿途尽是乞儿，不过他们的民房，却很古雅，建筑颇具故都风味，总而言之，大同与北平在外表建筑上，处处相映对照，北平有内外城，大同亦有，北平有四牌楼、九龙牌，而大同亦有四牌楼、九龙壁。然而大同建都的年代，却远在北平以上，所以武断一句话说，北平的建筑，是由大同产出来的，也未曾不可。回车休息时，听说大同娼僚〔寮〕交际的方法，与他处迥异。出产方面，则烟煤和烟土特别贱卖，烟土完全公开，每年鸦片成熟时，烟商都在报上登广告宣传。晚上风大，窗外如万马奔腾，波涛夜驾。十时车离大同，在大同与归化的中途，是要经平地泉与十八台的，这两个地方，在平绥路上，是气候最冷、温度最低的地方。平地泉地当冲要，形势辽廓，冯玉祥曾驻军于此，十八台，地高于北平五千英尺，气候酷寒，终岁狂风，六月雨雪，可惜到的时候是在午夜，不及下车一餐西北风。二十四日黎明到归化。

归化

　　一名归绥，又叫绥远，在列国时，曾为魏都。早点甫毕，站长上来招待，他说：这里分为两个城，一是新城，四面环水，堤列杨柳，浓阴淡绿中，隐见雉堞，归绥八景中称曰"柳城阴绿"，政治机关、教育机关，都在此；一是旧城，又名三娘子城，完全是商业区，繁华之所，古迹也在旧城，其他如赵武灵王长城、北舆县故城、武泉故城、陶林故城，地点都很小。此地气候转变的很快，每年四月解冻，八九月是温和时期，到十月以后，即入寒境，转变无常，所以有"早穿棉皮午穿纱，围着火炉食西瓜"的谚语。旧城有绥远毛织工厂，规模很大，是西北唯一的大工厂。于是我们就规定早晨参观工厂，下午逛名胜。九点由站出发，街道宽阔，两旁多树，人力车夫，每人都发有一定制服——蓝地白字，秩序很整。到工厂后，蒙该厂工程师，导往各部参观，房舍高大，设备很是完备。据谈该厂系去年才成立的，现有工人百余，男工占多数，每日工作八小时，月薪不等，平均每人在十元左右，股本十分之一，来自天津海京洋行，十分之九，来自本地绅商。机器则全部购自海京洋行，原料全数采自本地。出产有毛线和毛毯。工程师是清华大学毕业的。参观完了，十一时出厂，又到新城一个国货陈列馆参观。馆内地势很小，然而各部的陈设，和物品的种类，还算差强人意。关于本省出产的类别，有驼毛、牛羊皮、羊毛、甘草、毛毡、土布、煤、高粱、大小麦、胡麻、谷、红豆等。西北物产的丰富，实在惊人。出馆后，本来预备雇几部人力车，可是无论如何也找不到四辆车，几里路，只好开步走，走着回去，路上经过"九一八"纪念堂，建筑宏丽。午饭后，雇了人力车去遐迩闻名的各"招"去游览。"招"就是西藏庙的名称。大招在大招街，即古无量寺，蒙语依克招，门口又悬有"九边第一泉"的匾额，相传清圣祖康熙至此，马渴不得饮，用蹄块〔抉〕地，忽然涌出泉水，所以赐名，现在又叫玉泉井，泉在寺前百余步。寺周围占四里余，全盛时，住有喇嘛数千，现在仅存百余人，所以把前殿和禅房，租与商贩，辟作共和市场，大类北平的隆福寺和土地庙。殿前有重铜的香炉、蜡台、水瓶，共五件。殿内装饰完全藏式，和普通佛教的庙宇，迥乎不同，菩萨的形态，都是细腰的。大佛像后，有铜欢喜佛一尊。出了大招，便去小召街的小招，一名崇福寺，蒙语叫把甲招，清圣祖西征时，驻跸于此，现在尚有纪念碑。碑文是："城南旧有古〔佛〕刹，喇嘛拖音葺而新之，奏请寺额，因赐名崇福寺。"经堂的柱，圆形，作殊〔朱〕红色，亦有龙围绕之。寺已颓败，两廊佛像皆塌，寂无生气。殿前有碑亭，纪圣祖平准功，用汉、番、蒙、满四种文字，碑云：

> 朕惟归化城，为古丰州地，山环水互，夙称胜境。城南〈旧〉有〔古〕佛刹，喇嘛拖音葺而新之，奏请寺额，因赐〈名〉崇福寺。丙子冬，朕以征厄鲁特噶尔丹，师次归化城，于寺前驻跸，见其殿宇宏丽，法相庄严，命悬设宝幡，并以朕所御甲胄、弓矢，留置寺中。夫朕之亲有事〈于〉塞外，非无故也。往者，厄鲁特、喀尔喀交恶相攻，朕悯念生灵涂炭，遣使谕解，而噶尔丹追击喀尔喀，竟掠我乌珠穆秦，爰命和愿〔硕〕裕亲王声讨，大败贼于乌兰布通。时噶尔丹盟誓佛前，永不入犯，乃班师而还。后喀〔噶〕尔丹蔑弃誓盟，复掠纳不查尔、拖音于克鲁伦河之地。丙子，朕亲总六帅〔师〕，由中路进剿，至克鲁伦河，贼众望见军容宵遁，适朕所期。会西路官兵，遇于昭木多，大败之，俘斩无算，丹木巴〈哈什〉哈等，率众来归，噶尔丹逃身走。是冬，朕复驻节鄂尔多斯，剿抚并用，厄鲁特人众，络绎归命，而噶尔丹仍未向顺。丁丑，率帅〔师〕独〔驻〕〈狼〉居胥山麓，官兵分道并进，噶尔丹计穷自毙，子女就获，余党悉平。方今中外恬熙，边境生民咸得宴然安堵，喇嘛拖音，请建碑，〈垂〉示永久，因书此勒石，俾后之览者，知朕不惮寒暑，来临绝塞，为民除残之意。时康熙四十二年，岁次癸未。

现在寺内还有圣祖留下的一副甲胄呢！昔日中央势力还能伸张

到边陲，然而今日呢！山河破碎，夷敌交侵，抚今思昔，不觉感慨系之也。寺门前有"绥远第二代用小学校"。再其次到锡拉图招，一名舍利图招，即在城南，距离小招仅数百步，康熙三十五年，拉锡图呼图克图，奏请重修，因而名之，光绪十三年被火又重修，因为年代很近，所以装潢华丽，飞棵〔梁〕雕栋，是绥远最整齐的一所庙宇，门前有额题"阴山古刹"。据说在招河附近，还有一所庙宇，为喇嘛夏日避暑的地方。大殿分前后部，前部完全是西藏式的"经堂"，为喇嘛哗经的所在，大类故都的雍和宫，殿内柱八，完全是方形朱红色，又有围楼，正中有大座椅，是活佛讲经的地方，现在尚有哈达数方——哈达以绢绫之类为之，长数尺，蒙古人以此为最敬的礼物，三面壁，都绘有画，除几身藏佛像外，全是画释迦佛的生平；后部是佛堂，供着五尊佛，三面壁却是藏经的高柜，殿后有楼，似乎是从前藏经的地方，但现在空着。中供观音，东边供着关羽，这样中藏合壁〔璧〕的庙宇，真是第一次见的。大殿以外，两廊配殿极整，房舍也多，寺西北隅，有一座白塔，式样完全与北平北海的一般无二，这个只是多装饰了些油彩。出了锡拉图召，便去归化市街的五塔召，即慈灯寺，藏语塔布斯普尔罕招。塔布是五的意思，斯普尔罕就是塔。全寺已颓败不堪，所存的就是那五塔而已。塔基周围十丈，上有五塔，皆建以炼砖，刻佛像，镀以黄金，光艳夺目，雕刻极其纤细，与北平的碧云寺，可相比拟。这时已到下午四点，有一部分人，都去买东西或游逛街市，这里繁华区，不亚平津。我和肇瑞就去一家"云华池"去洗澡。澡堂里，设备非常完备，官盆、池子，样样俱全，与平津并臂齐肩，真是意料所不及。绥远的古迹，据说还有汉王昭君墓——青冢，和明兀〔也〕先墓，因为道路很远，又是匪人出没之区，所以作罢。洗过澡，已七点余，万家灯火，急忙顾〔雇〕车回站，路上经着几条街道，极其冷静、寂寞，北风猛烈地吹着，暗淡的路灯，照过零星半点的行人，越发觉得塞外的冷淡。回车后，倒头便睡。廿五日早晨六点车开，十一点到包头。

包头

包头在西北上总算是一个商业总汇的地方，每年实业出入额数约在千万元以上，远超过张垣，在交通方面也是西北唯一便利的区域，东通归化，西往宁夏，北去蒙古，南过陕西，陆地、水道都还通顺，所以在我理想中，包头一定是很富庶的所在。十一时车就进站，站台上远望，包头不过一片土城而已，比着萨拉齐等地差远了。一会平绥路第七段段长上车来招待，他已把本地的游程规妥：名胜地方去转龙藏，经济机关参观交通银行，政治机关参〈观〉县政府，军事机关参观七十师司令部，商业方面参观商会，工业方面参观卍万字会的毛毯工厂，第二天早晨看黄河河套和飞机厂，预算的周到，使我们非常满意感激。他同时还介绍了一位车站总务处的王先生作向导。午饭后雇了人力车先去东门外的转龙藏。转龙藏一名龙泉寺，寺建在山阜上，也就是龙王庙，因为庙后有三个龙头，滴的水甘芳无比，终年不涸，全境水料，全仗着它供给。早年冯玉祥氏曾在这里"闭门读书"。进了庙门后还有一道门，额上是小南海，进去之后，便能看见所谓转龙藏了。旁边有道光廿九年的修庙碑记云："其水旋转之势曲折蜿蜒，有似乎龙。"所以叫做转龙藏。碑记中又提及建造"玉皇阁"。阁内以龙王、山神、土地、河神、风神、药王、孙祖师配祀之。玉皇阁在山的最高处，殿外贴着"漫〔漫〕道金身即如来，如来却在金身外；须从宝座求妙法，妙法即寓宝座中"。殿内佛像甚多，溜〔浏〕览片时，便下山进城到商会。商会在一个关帝庙的后身，院里宽阔整洁，中式的房间倒还萧洒。会中主席不在，由一位委员代表招待，据谓本地共有商号一千一百五十九家。以皮毛业、油粮业、布业、牲畜业、药材业、〔取消此字改〕蒙古业、运输业、米面业、钱业九类为大宗，每年输出入额，约千余万元。自外国经济恐慌，购买力锐减，加以旱灾、兵祸，以至一蹶不振云。辞出时，每人赠一本《经济年鉴调查表》。出了商会，便去交通银行，行长王德绥君是一位很胖很魁伟的南方人，说话也非常和气，据云，当地金融业以十五年为全盛时期，至后屡为旱灾、兵祸所累。如冯战，阎战皆是。去年孙殿英部属驻包八阅月，大军压境，支应繁难，损失尤甚〔改〕。汇款以天津、太原为大宗，且自废两改元后，金融业受特殊之影响，经济滞落已达极点。言时不胜嘘〔唏〕嘘。这时从外面进来一位戴皮帽、穿缎面皮袍子的人，燕翅的胡子，环圆的眼睛，显然是一个军政界的人物，经介绍后，知过〔道〕是七十师的参谋长兼交际主任吴泽先生。大家又问了几句本地风俗人情后，便离开交通银行，随着那位吴先生去七十师司令部。在未到司令部以前，先到一个万字会的毛毯工厂去参观，可巧现在因为冬令的缘故，不作工。只好出来，便去司令部。七十师师长王靖国氏因为到绥远送中委刘守中去了，所以由吴君和一位处长及一位副官长招待，大家要求讲屯垦的事情，于是那位处长侃侃而谈，氏谓屯垦酝酿甚久，民廿年即试办于五原县属之锦绣堂，由王师长出资经营，目的为：（一）测后套土地可否经营；（二）察现役官兵能否耕种。廿一年由七十师、七十二师、七十三师合办，各拨兵士一连，名为试办兵垦队，成立垦殖联合办事处，聘石华严为处长，在临河之祥泰魁屯垦。计画可分三期：（一）二十一年七月至十月为"调查时期"；（二）二十一年十月至二十二年三月为"准备时期"；（三）二十二年三月至十月为"试办时期"。至后，二十三年扩至二大围〔团〕一营，现有三十连，已开成六十里余之渠，水道颇好，可灌溉一千余顷之田地。

近更筑成一长百五十丈、宽百三十丈之土堡，内可居民百余户。五原现驻有三千余人，土地亦有三千余顷。一部分曾经耕种者，一部分则尚为新地。屯垦之地价，耕种之费用，概由绥省当局代垫，三年后付清一部，再过三年，则全部付清。如二十一年当局垫款三十万，现收回者已足十五六万矣。氏继谓屯垦之成否尚未可知，然其增加生产、减少消耗，则殆无疑义云。话说完时，每校送《屯垦第一年工作报告书》一本。然后后由吴氏导往后院参观礼堂，甚为清洁敞亮。出来时，在大门照了一张团体像。司令部的大门气象非常庄严，门上贴有一副对联，是："三军雄虎节，万里壮龙韬。"出了司令部，便到县政府，很巧李县长也去送中委刘守中氏，由第一科高科长招待，据谓本县计分四区：一、二、三区之保卫团经费由乡内均难〔摊〕，第四区则由县政府负责。每月县政府开销费用计须一千余元，而每年田赋收入仅七千余元，实际只收五千元，故抵除开销，入不敷〈出〉，总计其经费尚不及河北省之三等县之经费，然包头之在绥远固一等县也。教育机关甚不发达，全境有省立第二中学一所，中央政治分校一所，小学三十三处，县立者八处，经费年约一万三千余元。包头所属面积有四万七千四百方里，共编五十四村，一万七千三百户，县居民占半数。人口则因居民未脱游牧生活，故可分冬夏二季。春夏因草木茂生，山西各地人民多来耕种，这时人口约可多二万，冬天城内人口多——一九万七千八百余人。夏天城内的人因都去城外耕种，所以只剩五六万人。民国十二年因绥包铁路告成，立"设治局"，另分郡县，十五年一月县治成。十六年春设"绥西镇守使署"，十七年冬裁撤。至最近，二十一年十二月一日增设市政筹备处，筹备改县为市。说到这里，已近黄昏，于是告辞出来。七十师司令部已经预备了几匹马叫我们试骑，于是有几人便去骑马，我们却去街上闲溜。街上商店很多，热闹情形和绥远可相提并论。

在路上见了一家当铺，门上用石刻了几个字"活泼地"，又有一家米面铺，却刻着"务我本"，一家住宅门上刻着"振家声"，都非常新颖可笑，也许是少见多怪吧！后来，走到"中央政治分校"，门面很小，院里搭一个台子，台上覆有棚，台上挂着新生活运动标帜，棚上仅悬着党旗而已。院子分前后两部，旁边都是矮小的房间，设备甚简陋，一会儿校长张镇临君出来，招待导往各处参观。他是一位南方人，据说这里的政治分校完全是为蒙古人子弟设立，组织可分两部，一是小学部，一是师范部。学生二十岁以上，入小学部，二十五岁以上入师范部，每部程度和内地同。现有学生两部共八十余人，全体住校。校内房舍全是租赁的，预备将来扩大时，再行建筑新址。我们出校时已经五点半了，城西有杨再兴（宋岳飞偏将）载，听说重有二百五十斤，但因不识路的缘故，就不去了。又到杂货店内买了瓜子等。这里瓜子洋一角便可买到一斤，非常便宜。杂货店的伙计，大多为关内去的，在铺内恰好遇着两个蒙古人也进去买东西，很受伙计欺负。据铺里说，蒙古人有一个习惯，他们见着东西好，不买先偷，偷到手后再来买，所以现在已被汉人识破。在他们偷的时候可以装看不见，到偷后再大大的敲一下竹杆，自然利市三倍了。蒙古人的无智识，真是可笑而复可怜。归来时已七点过了。晚上八点段长康君开会欢迎，席间并报告平绥现况与未来之计画，由本团代表致答辞，十时始尽欢而散。

第二天清晨起来便去河套，河套地居狼山之南，黄河之北，东抵乌拉山，与包头县接壤，西至乌拉河与王爷地，面积约三千余方里，我们所能看到的只是一小部而已。河里水现在已冻成冰了，岸旁放着几只空船，有数个工人穿着光板皮的皮袄在那凿取天然冰呢！两旁还有结队西行的骆驼，朔风在猛烈地吹着，衬着这满地黄沙的平原，这才是塞外的特色。我们踏着冰送了骆驼几百步，回时仍是依依不舍。河套算是看过了，然而"黄河百害，惟富一套"的理由究竟在哪儿？一点也不知道，呜呼考察？！回车途上，又顺便走入飞机场，场内地势自然很宽大，不过去的时候没有飞机在那儿，十一时回来，下午三点，车笛一响，起始蠕蠕。

归途

东返路上经过萨拉齐，这地方是平绥路上粮食总汇的地方，城垣很大。离了萨拉齐，天已渐渐黑暗下来。第二天早晨一起来，哪里还是昨天的地方啊！古人说"千里江山一日还"，一点也不错。下午车过宣化，远望城墙非常高大，宣化从前是沙陀国李克用的国都，城内古迹极多，可惜不能去了。车六点到清华园，燕京和清华的同学都下车去了。一星期的同聚，分别时真有点儿恋恋不舍。六点三十分到西直门车站，又下去一部分团员，七点二十分车到前门，于是大家只好握手而别。这一星期车上的生活、塞外的风光，已与时光一同消逝，至于这一次旅行所谓考察，都是一些虚伪的口号罢了，倒是这一段游记也许可以供给读者一点兴趣罢？

Ⅳ　我们的感想和开发西北问题

从西北回来，很多人见了我们面便问："西北怎应样呢？"、"你们有什么感想呢？"这样问题，着实不易回答，记得去年张某将军游西北归时，有记者问："西北如何？"张答："伟大。"记者于是问："比东北如何？"张面红过耳，不能答。细想起来，这个问题让我们来回答，并不是一个难题。很简单的说一句：就是比不上东北。到东北去看，就像看见一个乡下土财主，虽然表面很土气，可是你准知道他富。到西北呢，你就像看见一位在私有财产制度还没有成立以前的一个游牧人，使你感到荒凉、冷静，而无从断定这位牧者的贫富，然而这并不是说西北没有希望，这不过是说东北和西北与我们第一次见面时所给的印象不同罢了！实在讲起来，我们的感想还不是对表面印象的感想吗？本来平绥路这次办的西北考察团，就是有点挂着羊头卖狗肉（不客气的说），不信请看下面的日程表，不是全写着游览名胜吗？难道游览西北的名胜，就是考察西北吗？在我们本身，一些自命为知识阶级的人们，虚骄，浪漫，不能吃苦，就是真的到西北去住，不久也定要跑了回来。记得到了张家口以后，更西行，每到一处，在街上走时，那些穿着光板山羊皮袄、满面灰尘的当地居民，便会用惊奇的目光望着我们的服装、行动，以为来了一群怪物似的，绝对的远避之而不肯接近。一次，我们在包头和一个小孩子问话，被他的家长看见了，便用土话骂了他几句，扯他回去。所以也曾有人往那里办教育，开了学校，使当地儿童官费入学，而无人入。由此可见你要想深入其地工作，第一你先得放弃自己的生活方式，换掉西服或者长袍马褂，而披上光板老羊皮袄，搁起西餐美味而捧起小米饭，只有这样才会有效力，他们——当地的人民——才会认你是他们的同胞，否则他只有到西北看一趟回来说一句伟大而已！

　　那么西北问题现在究竟怎样呢？是不是开发了呢？还是已经进行着呢？提起这个，令人想起中国人的宣传力确是大于一切，现在的宣传开发西北正像从前的宣传打倒帝国主义，往往无益而有害！正式开发计划既没有，实际的进行工作也很少，如说到移民，几年来也只有河北省的一批难民移到包头，说到屯垦也只有山西阎主任主持的一个三千军人屯垦，自由的移民开垦便没有人去，因为那里的生活既较之内省低，而生活又没有保障——土匪很多，何况目前边疆的风云紧张，就是开发好了，也难免有雀巢鸠占的危险啊！东北不就是一例么？因此现在要开发西北，又要兼顾着国防问题。现在西北各省县的人民都是稀少而且生活程度低下，所以各省机关的官吏薪俸都很小〔少〕。例如在绥远省的一等县的经费还没有河北省三等县的经费多；贯通西北的唯一铁路——平绥路——的员工薪金也和别路比不上，所以这一群为国家服务的人员，而且几乎全是从内省去的人，除了把赚得的薪金寄到家乡去，便没有第二个办法。这般作客他乡的人永远是作客，所以荒凉的西北也就永远是荒凉的西北！假如政府能够予这大批的为国家服务的人员以种种的便利，奖励他们把家眷移到西北去住，也未始不是一种有效的移民办法啊！什么是种种的便利呢？就如免费乘车，建官房子，予以荒地并暂时免其赋税，这样一来，大批的文化程度较高的人们去了，一切商业、工业、教育自然会应着他们的需要而产生，他们既领有荒地，自然也会为个人的经济利益打算，而思招些内地的劳工去开垦，渐渐的荒田成了熟地，招去的开荒人也会把他的家属移去而成为农户，地方政府也可增了一件〔份〕收入。这种办法是否不可以实行，或者根本狗屁不通，胡说，那我们没有想，也只是姑妄言之罢了。

　　自然，开发西北这件大问题、大事件，绝不是很单纯容易，而是很复杂难做的，其间有许许多多的问题，就如开发西北对于那般愚昧的还在过着游牧生活的蒙古人采怎样的方策呢？还是永远用活佛的招牌拢络呢？抑是用新的教育来开导呢？还是兼用呢？（中央政府现在似乎是兼用，如加封活佛，同时又在包头设中央政治分校以教蒙人，可是很像无用，老蒙古仍是愚昧，青年蒙古早已跑到苏俄受新教育去了！）不过到底有没有开发西北的决心，倒是很简单的一个问题，开发呢？放任呢？那就看中央政府要人的意向如何了！

V　后记

费了几天的功夫，把这篇东拉西扯的文字写成了，其中最主要的部分——旅行中的见闻——是远馨君在合作社改组事务百忙中写成的。其余的部分是我写的，都是很简单的。只是最后一段的我们的感想和开发西北问题不应该如此简单，然而还未写完，校刊已经要付印了，于是只得作罢，现在仅在这里声明一下，尚企原谅。

伊凡附识　二月九日

西北考察团日程表

日期	车次	时刻	行程
第1日	1 次	7.00	正阳门站开。
		8.00	西直门站开。
		10.51	青龙桥站到，车在该站摘下，游览长城，回站车上午餐。
	71 次	15.22	青龙桥站开。
		21.00	张家口站到，车在该站摘下，当晚宿于车上。
第2日	1 次		游览名胜。
		16.00	张家口站开。
		22.34	大同站到。
第3日	1 次		游览云岗，在云岗便餐，下午回同，游览其他名胜。
		22.44	大同站开。
第4日		6.57	绥远站到，车在该站摘下，游览名胜。
第5日	1 次	7.17	绥远站开。
		11.20	包头站到，游览名胜。
第6日	2 次		游览名胜。
		15.00	包头站开。

续表

日期	车次	时刻	行程
第 7 日	2 次	18.13	西直门站到。
		19.20	正阳门站到。

《津汇月刊》

天津汇文中学校学生自治会

1934 年 3 期

（李红权　整理）

西北纪行

王制五　撰

一　平绥道上

为了社里的事，七月三日的下午，同人决定让我到绥远一行。我当然很高兴，因为这一行，第一可以偿我西北旅行的宿愿；第二这几天北平正热的要命，我可以暂时离开溽暑的酷刑，到凉爽的西北歇伏几天。于是在四日下午两点半钟，便乘平包快车开始向西北出发了。

这次我对平绥路的印象，可以说是自坐平绥车以来第一次的好印象。过去虽然每年至少有两三次乘坐平绥车，但是每次所看见的车皮，总是破乱不堪的，每次乘车的人数，总是拥挤的，经常要超过座位一半以上。这次特别快车是按座售票，每位一铺，铺分上、中、下三等，购上铺或中铺，不论站数多寡，每铺加一元，下铺则加一元五角。上车后，对号找铺，秩序井然。

平绥路原为国有铁路中最坏的一路，每日只有通车一次，由平包对开，本无所谓特别快。自从沈昌氏接任局长以来，力加整顿，规定每礼拜合开特别快二次。据车上茶役说，这特别快的车皮是借用北宁路的，待收入增加后，即行归还，独自营业。车中旅客极少，非只上中铺寥若晨星，即下铺亦未满座。我和绥远面粉公司技士张文华君同座，一路相谈甚洽。关于绥远一带的民食及绥远市唯一的面粉公司的营业状况，我从张君的谈话中，得到不少地道的材料。

五时许，抵南口。南口前行，因系爬山越岭，必须增加马力，始克前进，故列车后又挂一加大车头，前拉后推，进行颇稳且速。过居庸关大洞，约六时许，空气骤觉凉爽，举目四眺，地荒草矮，回忆三小时前之北平，不禁心神称快！再西行，温度愈低，经度虽同，盖高低有易也。沿途怀来之甜果、沙城之煮酒，均负盛名。新保安附近的土地，有桑干河灌溉，较他处为肥沃，稻麦嘉禾，碧绿无垠，惟因气候稍冷，节气较迟，与我四月间南下旅行，在津浦路旁所见的麦苗相似，前后收获期要差两三个月。新保安往前一站，就是下花园，车站在鸡鸣山峪下，山上有大量的煤，由宝兴公司用新式开采法开发。更西行，至宣化。宣化为前清府治，过去属河北省，自察哈尔改省后，划归察省行政区域，现为察省文化的中心，有省立中等学校四处——中学、师范、女师范、职业，较省会尚多一处。宣化的葡萄，皮薄味美，驰名中外，每年出口者甚多，为农民一大笔收入。九时余，抵张家口，天色已晚。

二　张家口

张家口又称东口，与杀虎口（即西口）遥遥相对。在平绥路未修筑以前，凡是内地人到内外蒙古，东盟去的，大部分由张家口的大境门出发，西盟去的，大部分由山西右玉县的杀虎口出发。三十年以前，杀虎口与张家口是一样的繁盛；自平绥路修成以后，路线由大同北折，舍杀虎口，出德胜口，杀虎口的繁荣便从此一落千丈了。现在的杀虎口，仅有土著农户，直无商业可言，大有"昔年繁华地，今日荒凉土"的气象。张家口则不然，适居平绥路的重要地位，过去的输出入不但没有减少，同时因为铁路运输的方便，还能把远处的货物吸收来，由此实行输出入，所以它的商业地位是一天高似一天。据说在民国十一二年张家口商业极盛时期，仅皮毛业一行的贸易额，每年就在一千万元以上！但是自从民十三外蒙独立，张、库通商关系断绝以后，张家口的商业也表现出绝大的不景气来。据近年的调查报告，二十一年皮毛行业的贸易额，只有五十余万，与十年前比较，相差甚巨！

张家口的市形是长方的，以玉带桥分全市为上下两堡，桥迤北为上堡，迤南为下堡。相传在火车未通以前的张家口，下堡仅有现在的"堡子里"，上堡仅有现在的"圈里"，中间仅有现在的蒙古营、上东营、下东营……等地。下堡居住的是土著百姓，上堡系驻兵之区。自宣统年间京张火车修成，张家口便渐渐地发达起来，上下堡连成一起，形成一个长方条形的街市。下堡南端的桥东，距火车站最近，有许多大洋货店，为张家口最繁华的地带。下堡的堡子里，除住户以外，尽是银号、银行、金珠店，为张家口金融的中心地。下堡西端的深沟大街，有许多皮房，为张家口的手工业区。上堡的南端，有许多学校和机关，为张家口的文化区。上堡的南端直到大境门，中间所有的商号，大半用蒙、汉两种文字写招牌，所卖的蒙古货，如蘑菇、奶皮、黄油……也特别多。这一带在昔是蒙、汉交易之所，相沿下来，卖蒙古货物的仍然不少。

大境门外，有许多商号，建筑在半山坡上。向正北去的，叫正沟，西去的，叫西沟。这一带所有的商号，过去都是经营由蒙古运来的生皮毛业，与蒙古人直接交易，获利特厚，有时竟超过本钱的数十倍。因为赚钱容易，环境使他们自然养成了优越生活的奢耗〔豪〕习惯；张、库通商关系断绝后，首先失败的就是这班生皮行的商人。这一来，把张家口人视为"天之矫〔骄〕子"的牛皮贩子，竟变成了失业的游民。现在正沟、西沟依山建筑的大商号，几乎完全成为废墟了！

由下堡到上堡中间有很宽的大马路，据说连上堡的中山公园，同是民国十四五年国民军建筑的。这马路经过武城街、边路街，一直到大境门，计长六七里。马路两旁各商号的招牌，有蒙、汉、回、俄、英五种文字，这是在中国的其他都市所不易看见的。由这马路走过了玉带桥北，可以看见许多简陋的房屋，悬着各种机关名称的牌匾。据说，张家口的公产太少，所有的几个大机关，如民政厅、财政厅、建设厅、教育厅、省党部……都是租用民房。连各中学校址，也是因陋就简，租用民房。这是因为张家口在中国政治史上，比较发达在后，历史太短的缘故，这一点在中国其他各省会中，是绝少见的。

张家口的市面完全受山的包围，中间有一条清河，在军事上占有优越的形势。在明朝的时候即以张家口为边疆的第一道防线，万全都指挥驻节于此，指挥附近的各屯兵卫（注一）。俺答和乜〔也〕先的几次入冠〔寇〕，因为这种关系，终于没有成功。现在的张家口，又要与明时的地位相同了！我们抚今思昔，能不惕励！

三　大　同

大同是平绥路的中点，晋北的重镇。十九年中央缩小省区的计划中，曾拟以山西雁北十三县及河北省口北十县，合组一省，名曰大同，即以大同为省会，由此可知大同地位的重要了！车站之南有古城，遗迹尚存，较今城为大。古城中现有卧龙湾兵营及面粉公司等建筑。古城迤南为今城。城内人烟稠密，商业发达，除文武机关外，尚有师范学校三处——省立第三师范、省立第五女师、县立乡村师范。古建筑物有上华岩寺，系辽时所建，庄严宏伟，蔚为大观！西街有琉璃大照壁，相传为北魏遗物，不敢置信。西郊有省立第三中学，校址宽敞，风景秀丽，纯为近代式的建筑，完成于民国八九年时。过去学生的成绩，因为环境适宜，设备较善，曾一度为山西各中学冠。近年以来，校风败坏，学生成绩，每况愈下。惟闻今年会考，该校成绩独优。山西整个中等教育之成绩，于此可见一斑。

距城西三十里的地方为口泉镇，以产煤著名，有保晋公司、晋北矿务局、同宝公司等，用新式开采法开发，其余概系采用土法，用人力采掘。但是自从山西厉行经济统制以来，这般小本的民营煤窑，因为政府禁止自由买卖的缘故，大部分都已倒闭。这一来，靠掘煤吃饭的许多贫民，都变成了饥荒者！山西省统制经济的结果，如此而已，一般人民未受其利，先受其害！口泉附近的居民，十之八九是靠背煤吃饭，他们这一行统称为窑黑子。旧式的煤井，井仓极狭，黑暗无光，下去的时候，必须口衔油灯一盏，伛偻而降，力大者能负二百斤，普通亦百余斤。他们时刻有葬身窑中的危险，减少他们不少对社会留恋的成分。因为如此，所以除了一少部分而外，大多数是不要积蓄的。结果便形成了暗娼和小卖商极发达的口泉镇了。

历史上著名的云岗，也在大同城西三十里，口泉镇迤北的地方。石佛就云岗正北的小山雕凿，东西亘绵二里多长，满山皆洞，洞中尽佛，高者以丈计，低者以寸计。每洞中的中央佛，皆大于旁佛数十倍。据历史上的记载，建于北魏，时沙门统领（注二）善〔昙〕耀奏请："开山造佛，积德无量。"皇帝准其所请，遂由昙耀率领善男信女，开始雕凿，当时共凿成多少洞，亦无稽考。隋唐两朝，也是佛教盛行中国的时期，当然还有许多善男信女继续开凿，这个伟大的美术雕刻工程，绝不是短时间所能完成的。拿我个人的判断来说，在西的诸洞，佛像面貌仍属狰狞，当为初期作品；在东的诸洞，颜眉和霭〔蔼〕，当为末期所建。最大的一洞位于东边，中央佛高约五六丈，大拇指径亦四五尺！瞻仰之余，令人推想当时建造时的工程如何繁艰，耗费如何浩大！宗教魔力，诚不减于爱情。所可惜的，诸洞中到处有被窃的痕迹。据说，被窃的经过，大概先由认识价值的古玩商指定某洞某佛，继由当地居民趁机盗凿。最惊人的，前年各报纸登载，保护云岗石佛的某军，竟公开的大批盗卖。这实是美术考古史上最大的损失！

注一：明制，于沿边各处多置卫，卫兵均携眷，分驻卫内各村，无事为农，有事皆兵。张家口附近各卫，均属万全都指挥使指挥。清顺治十七年，卫均改县。

注二：沙门总〔统〕领，北魏官名，即和尚的领袖。

四　绥　远

由大同登车向北开，过得胜口，即入绥远界。再北行，经丰镇县。在平绥路未筑以前，凡口外的粮食输入内地时，大部须经过此处，所以丰镇县的商业到现在仍以粮行为最盛。丰镇再北行，经平地泉，现置集宁县，商业亦颇发达，更经八苏木、十八台、卓资山、福生庄、三道营、陶卜齐、白塔等站，到达绥远。

下午二时左右，车抵绥远市，经新城北，入车站而停。绥远市有两城，在北者曰新城，在南者曰旧城，两城同车站恰形成三角形。旧城市面繁荣，城垣已废，除一部分土著外，大部为商号、旅馆、饭庄。新城适成其反，除多数机关外，有则官寓僚台耳，商号几属乌有，小贩亦不多见。据说国民军时代，欲将绥远之新城、旧城、车站，仿照武汉三镇，将工业、商业、政治区域，分图〔画〕清楚，相沿至今，俨然有武汉之风！

由旧城到新城有一条斜着方向的大马路，马路的两旁现在正在大兴土木地建筑，将来大有将新旧两城像张家口的上下两堡连接成一起的可能。但是，现在站在马路上，却能看见许多的红白鸦片花。

绥远市虽在北纬四十余度，但因北面完全受青山的包围，所以气候尚属温和，霜期多在秋分后，附近尚可栽种内地的一般谷类，如高果〔粱〕、谷子。惟近年以来，农民病谷贱赔累，遂不择地质宜否，概皆植以鸦片，因其易于售出故也。据云，鸦片烟于开花后，最怕大雨，尤怕下急雨。一日余正由新城返旧城，中途忽闪电交加，风雨骤迫，途中行人，除余一人外，余皆高呼："天呀?! 大烟完了! 吃什吗?"异口同声，颇为关切，由此可以证明鸦片烟在绥远民生上所占的地位了。

绥远的不禁鸦片烟，由来已久。政府对鸦片烟所征收的税，可分两种：一为栽种税，以县为单位，每年由财政厅派员出包，全省所得额，年约一百数十万元，此宗款项，均按比例分配用于地方建设、教育、社会各种事业；二为印花税，凡烟膏交易时，均须纳印花税（即贴印花），每交易一元者，须纳税两角。征收此种税收者，有稽查处，据调查，该处旺月能收数十万元，淡月亦可收十数万元，为绥远市财政界首曲〔屈〕一指的征收机关。惟所有收入均须解晋绥财政整理处，供太原绥靖公署发饷之用。绥远省库如遇有支拙〔绌〕不能开交的时候，可以〔然〕向晋绥财政整理处筹借，但此种办法，可暂不可久。据闻绥远全省的税收，每月仅有八万余元，而财政厅每月经常的支出，党政教育费约十万元，供太原绥靖公署军费八万元，不计其他意外，即此两项已不敷十万余元。此不敷之数，概皆赖烟款弥补，故有绥市某校长尝笑称曰："绥远的公务人员，皆吃大烟，喝大烟，住大烟。"亦可谓"言之有理"!

绥市做贩烟土事业的，分为两行：一曰烟膏行，经理青、甘、宁、新各省货，零整批发，窗前置天秤为招牌，全业据二十一年调查共有九十三家，其资本额最多者五百元，最少者三十元，普通以五十元至三十〔百〕元居多数。全年营业最多者为七万八千余元（如大召前涌玉泉），最少者五十元，普通为三四百元。二曰上药行，此行与烟膏行不同之点，即系此行专收售甘州、肃州、宁夏及本地大宗货品，并以代客售货、抽收佣金为主要业务，而烟膏行则专以零售烟膏为业。此行现在共有十八家，亦组有公会，曰客店同业公会。各家资本最多者，为五千余元，最少者一百元。营业数最多者，在六个月中为五十一万四千六百余元。自十万至四十六万余元者有八家，最少者一万三千余元，普通均约三五万元。全行全年营业总额，约六百六十八万八千元之谱（以上均根据绥远民众教育馆二十一年前季调查）。在这个小小绥远市上，竟有了六七百万的贸易额，当然会使它变成黑世界！

绥远市除征收此大宗的鸦片税外，其余的特捐仍然特别多，我们不论在饭馆、在商号，时常可以看见收捐的警察向他们讨要。据闻绥远市民仅向归绥县政府一处即纳有十七种苛捐（乡民尤多）。兹附民众教育馆二十一年度调查表于后。

款别	征收方法
学款生息	由商会按四季分拨
巡饷生息	同上
田房学捐	由县政府征收
砖灰窑捐	由财政局征收
茶饭馆捐	由包商按月交纳
附加驼捐	由征收局代征
戏票附加	由戏园承包交局
商助巡饷	由商会按月分拨
商助学款	同上
粮租二五附加	由县政府征
契税附加	同上
屠税附加	同上

款别	征收方法
检验厂附加典礼费	同上
公安局代征国术费	由公安局征收
田房牙纪捐	由财务局征收
鼓轿及戏班捐	鼓轿房来区交纳

此外还有名废实存的塞北关，也在那里征收。现在全国废除苛捐杂税的明令，中央早已颁布，不知绥省当局有了准备没有？

五 归 途

我到绥远之后，正值平绥路轨被水冲断，绥远的东行车仅达陶卜齐站，北平的西行车达卓资山，中间相隔一百二十里，不相连接。我因□兴已尽，亟欲返平，得省政府交际处周子维先生介绍，乘省府派往卓资山迎接傅主席的轿子，于七月十八日由旱路东返。此行轿夫计四十余人，均系绥市土著，无一无鸦片嗜好者。询其原因，答以该行人自古皆吸，似有保存历史之意。去绥时，因为由大同搭火车径抵绥远省城，飞般的经过绥远乡村，所以对于绥远乡村的印像也就麻糊。这一百二十里的道路，虽然乘十八世纪以前的交通工具（轿子），在身体上觉的痛苦难堪，但是能使我身历五尺高的蓬草中，眼看蒙古人的家族，鼻嗅野草的芬芳，耳闻杂禽的妙歌，心胸中倒觉开阔。我本是生于乡村，深知乡村的乐趣，知此乐，益觉此乐！当日仅行三十里，轿夫发瘾，无力前进，宿于三道营站西的小村中，使我看到农民破衣糠食的苦况，回忆到日间五尺蓬草遍地皆是的情形，果能［人］"地尽其力，人尽其能"，还至于有如此景象吗？生无限感慨！翌日晨三时即动身，赶行九十里，沿路村庄稀少，荒芜甚多。当晚卓资山登火车，又飞般的返到北平。

绥市金融现状，颇为复杂，市上流行钞票，计有绥远平市官钱局、丰业银行、山西省银行、垦业银行，及中国、交通、平、津钞票，种类甚多，尤以平市官钱局的为最多。平市官钱局为地方官资，据调查原有资本仅十万元，在民国十六七年，曾发行钞票至四百六十余万元，遂致价格低落，每元仅折合现洋三四角，市民爱〔受〕其影响，因而破产者，不一而足。军阀之骗人，殊堪痛恨！自傅作义氏主绥后，历经官方及地方人士合力整理，由官钱局陆续收回旧钞，当众焚毁，借以提高票价。至二十二年一月，绥省府财政厅又令该局，凡旧有平市官钱局钞票，不论官民，一律以每元折合现洋四角使用，并令该局亦以此数兑现。此后该局所发行的钞票均能兑现，在市面流通，亦能当现洋行使，故刻下绥市流通平市官钱局一家钞票，即有兑现、折现二种。初旅绥市者，偶一不慎，即被欺蒙，亦可叹矣！丰业银行系商办性质，过去亦因发行钞票太多，不能兑现，曾被官方及地方人责令该行分期兑现，并禁止发行，今流通市面之钞票已少。山西省银行在该市者系分号，发行钞票，为数亦巨，目下尚能兑现，同现洋一律行使。绥西垦业银号在包头，绥市系分号，流通钞票尚少，亦同现洋一律行使。中国、交通各银行在绥均系办事处，流行钞票亦不多。此外以市面所流行者，均系现洋及单双枚铜元。

绥市著名的古建筑，有许多召庙，"召"庙即系喇嘛庙。在旧城西南隅有"大召"，建筑雄伟，面积宏阔，周围约四五里，据传系明代建筑。中央的大雄宝殿，画栋黄瓦，俨然皇居，宝殿的四周围，俗名禅房，喇嘛均住于此，据传极盛时，主持剌〔喇〕嘛曾及数千人，今仅百余人耳。我游大召的时候，在喇嘛丛中，曾闻有禅化的蒙人，用禅语说："某王爷，某喇嘛，去年到南京，求见太保捐款修召……"不知太保所指何人？亦怪闻也！在旧城西隅有名"小召"，系康熙帝西征凯旋驻跸之地，有御碑文记载。召内建筑亦颇宏丽，惟今颓败不堪，绥人谚谓"大召不大，小召不小"，盖两召规模宏伟，建筑壮丽，二者不相轩轾也！小召西数百步，又有舍力图召，内亦有康熙时之御碑，惜年代久远，保护不周，致字迹有损坏者！此外尚有"五塔寺召"，亦在小召东南，因召内有塔，上歧为五峰，同北平北海白塔无异，塔周罗列佛像，均镀金色，光艳夺目，余认为绥市最佳景致、极细工程。以上四召，均为蒙人圣地，凡游历西北者，无不以一睹为快！

综我在绥二十余日，看到绥远社会，在表面上一切的一切，虽然同好像在建设的过程中进步，但是，民族的危机，却一天一天的增加，因为绥远当道的后台，只顾到怎样维持军费，怎样进行表面的建设。欲解决这几个问题，当然必须提倡种烟，征收烟税……种种卑鄙的筹款手段，同时下手。

在历史上，西北的民族是强悍勇敢的，绥远也是西北民族的一部分，当然也应该强悍勇敢；但是因为政治不良，我这次所看到绥远大部分民族的表现，只有"懦弱"、"服从"，甚至于也来提倡种烟〔种〕收税，借以分肥，这点不能不为绥远民族叹、中国民族悲！现在国难日亟，少有国家〈观〉念的内地人同感到国家的危机、民族的险势。在国防第一线的绥远同胞更应该精诚团结；怎样促动政府当局修明政治、准备国防才对，这样明白的人，固然很多，然而尚有一部分所谓智识分子，不能屏除成见，仍作收买青年、分化社会的工作。这种人的心理，大盖〔概〕是愿意尝尝亡国奴的滋味吧！

《西北春秋》（半月刊）

北平西北春秋社

1934 年 10、11 期

（丁冉　整理）

绥远之行

安 撰

我久有赴西北考察的动机了，但无机会，此次出席开发西北协会，真是天假其缘，于是我在七月十八日午后往下关，届时与送行者景樾、孟周等握毕。我和安西、玉兰、宗贤等登车，当汽笛向〔响〕时，车已蠕蠕出站，余曰，暂与南京告别，我要回我第二故乡——北平。

翌日，车至韩庄车站时已过午，适查票者登车对号，时有一农人被路警驱逐，农人惧，即伏地叩头，而头犹未达车箱〔厢〕地板，有一护路军士即以足尖蹈该农人之后脑，正所谓一腿双向。时农人头已晕眩，后起，尚未站稳之际，诸护路军士复又拳头交加，一顿痛击！余等见之不忍，乃上前劝驾，询其原由，系该农人无钱购票，因被驱逐——而安江在旁随手给伊数元，以作购票之资，在此青天白日之下，我农村中之穷苦同胞犹受此残酷之苛责，而失却保障，破国亡家之四省同胞，在暴日铁蹄之下，其苦痛更何堪设想欤？思念及此，不禁为之悲愤！

在天津小住一日，二十日晚始到北平，下榻正阳饭店，翌晨又迁居西单牌楼舍饭寺胡同内之花园饭店。因此地交通较便，风景宜人，价虽昂，而房舍清洁。连日拜访别离数载的友人，同时又与故人谭些所要〔要〕说的话，并且重游故宫及其北海与中央公园。各处设备与建筑之美术化，而南方实不易得，但以自然山水之比较，则北方犹不及之也。

八月二日晨，全体会员均集中于西直门车站。八时，车始前进。本会共占头等包车三辆，约七十余人。未几，车到南口，该地山势雄伟，险要异常，昔日直奉战争之际，张作霖、冯玉祥两氏曾逞雄于此。不幸冯氏失败，但未扰民，而冯氏练兵有方，实为吾国善将败兵之能手。今所存者，仅一纪念塔与乎满山之骸骨为令人凭吊耳！

当车过南口之际，远远遥望居庸，而车身之后又挂一车头，向前推进，因此地峦岗重叠，峭壁参天，最为险峻！逾入山内，而道路逾高，曲屈回环，不易前进，故用推法，如不能进时，沿路均设有岔道，即可由此车头开往岔道，以免危险！其间有坚石山洞凡四处，共长一千六百四十五公尺。路线绕山腰蛇行，弯曲半径，有小至一百九十公尺者，坡度有三十公尺内竟高一公尺者，掘山凿产〔岩〕，辄深至三十公尺，循沟筑堤，辙高至二三十公尺，其工程之困难，借此可知。东〔车〕行山腰，俨如黑蛇在草丛中〔亦〕然。险峭之虞〔处〕，多建筑守望台及城堡，此即居庸关也。由下至上，均有石磴，遥想当年考察山势、建筑、运输之艰难，可见我中华民族忍苦耐劳坚决御侮之伟大精神，不禁肃然起敬。

穿过第一洞时，目睹万壑层叠中悠然流出一道涧水，大有杭州九溪十八涧之风景，但以山势陡峭高耸之雄伟，两相比较，则又过之无不及。迨经过第二洞，道旁有木兰点将台，该台系一天然紫色大粗石块，上凿梯磴数十级，足征儿女英雄有过须眉男子（据清朝严氏考据，木兰确是隋朝河南商丘县人，当时蒙古启秀可汗弟兄互争，而启秀迄〔岂〕援于炀帝，帝遂发兵助之，结果战胜，并非六朝或唐时征战之遗迹）。余希望我国现代之新女性，人人效法木兰，个个都要有木兰体魄，人人都应有木兰之志气，不慕摩登之虚名，而从事实际工作，势立决心，为民族争生存，兼雪数千年来妇女衰弱之耻辱，而献身边徼，树功异域，勿让木兰独步千古也。

当车至第三洞时，车役先燃煤灯，并关窗户，未几，车进洞门，骤然黑暗，同车者寂然无声，而车中温度亦渐增高，呼吸顿感不灵，几有塞窒之虞，人人身上之汗，涔涔欲滴。经约六分钟之久，方始出洞，若再延长，纵死不得，亦必致病。当窗户启开后，汗始止，而精神立见清爽，俨如久居牢狱中之囚犯，忽然出狱，快何如之！

至青龙桥站，站旁塑有广东人詹君天佑之铜像。当光绪三十二年初建此路时，因由南口至康庄一段，山岭纵横，高峻险要，建筑需资甚巨。即各国工程师来此测量者，莫不谓非耗巨款，不能成功。嗣由詹君天佑之测量，不仅经济省俭，且减少工程，故当局者乃聘詹君天佑为此路之工程师；平张段竣工于光绪二十三年八月，詹天佑后升为总办，乃建议由张家口展至绥远，此段至宣统元年九月兴工，中国经费困难，材料缺乏，停顿数次，迄至民国九年一月始过平地泉。至十年五月一日，全线方始告成。至绥〔绥〕包段于是年（十二年）一月全线竣工通车，此为我国资本、人才自造铁路之开端也。

惜未几而詹君逝世，传说系被外人毒害。然詹君思想之活泼，技术之高妙，诚非常人可比，能于艰难困境之中，用极经济之手腕，为国家建设，敷设此道，不仅为西北与中原交通、经济之联系，而于文化之沟通，亦有莫大作用。西北不亡，实此路之功，亦詹君天佑之力也。吾华有此人才，遭人嫉妒，则为意中之事。犹忆数十年来留学欧美者颇不乏人，而能以詹君为国家解决交通及他问题者，曾其几人耳？此又可为现在职司交通责任者之模范也。

八达岭下有古城，名曰岔道，为昔日南北通商麇集之所，今已形成败堞圮垣、荒草萋萋、寂寞无人之地，余触景生情，有人事沧桑之感！

沿线风景，不如江南，但农田又不如今年江南农作之干枯，膏粱茂盛，而芋、麦、小米苗秀甚佳。在宣化附近有许多稻田，其苗虽不如长江流域苗稼之美，但在漠北亦属可贵之物也。

至四时，抵张垣，宋主席（哲元）及各厅厅长均亲身到站欢迎。当未进站时，军乐宣〔喧〕大〔天〕，鼓号齐鸣，车停下站，宋主席及各厅长，与本会负责诸人一一握手，互道寒暄，同时该市各机关、法〔国〕团及民众团体均执旗到站，车站之拥挤，几无间隙。其标语口号为"开发西北协会是西北救星"、"开发西北协会会员是开发西北先锋队"。余见之，惶愧不安。未几，乘市府公用汽车赴广和栈，后为集会便利起见，移居章家呼图克图行辕，晚餐由省府招待，菜蔬甚丰，在漠北有如是大餐，询〔洵〕为上宾之食也。

是晚因本会太无组织，兼有其他团体参加，以致发生龃龉，几成笑柄，余闻之，不甚婉息〔不胜惋惜〕！

三日晨八时，察省府及全市民众团体在公共体育场开欢迎大会，余等临场，宋主席在台上指挥，各军民有条不紊，秩序井然，先由宋主席致词，次由省党部及各界代表致词，而本会亦由仇鳌及马鹤先等致答词，历二时始散。由宋主席亲身领导参观护围〔卫〕团，内分孝、弟、忠、信、礼、义、廉、耻八大队，内中物资陈设虽不如东南军营之华美，但其纪律与严肃则犹过之，壁上大书"抱铁血主义"、"宁为战死鬼，不作亡国奴"等字样，余读之，不禁肃然。各军士个个肩负步枪，背挂大刀，精神丰满，不减轻昔长城喜峰杀敌之风。喜峰一战，日人胆寒，倘我全国军人皆如此勇敢，捐弃私愤，而一致对敌，则华北焉有今日之危，而东北之恢复又何难哉?! 又何难哉?!

张垣各项建设正在前进,而交通公路亦正进行,环城马路差堪便利,兹所记者街市整齐而清洁也,至"孝弟忠信,礼义廉耻"八字,沿街沿巷,触目皆是,询其缘由,在数年前即以〔已〕张贴,而非今日所贴者,借此可见吾国旧有之道德,迄今犹存者,犹赖此坚苦耐劳之西北民众保存也。最使人伤心者,张垣市场全为日货所充满,而国货犹所罕见,查其原因,悉设〔为〕日货精而贱,国货劣而昂故也。今后国货再不加以改良,西北市场则将全为日商所操纵,此意中事。

在张垣共住三日,整个生活全为开会、赴宴所占去,未获去做实际调查的工作,虽于五日午后有数小时之调查,然亦仅知其张垣之外表,而其内幕,深为遗恨! 尤有一事使吾不满者,在此三日之中,而有少数同志前去狂窑子,甚至有位女同志同行。询其故,系去调查社会,然此事余决〔绝〕对赞成,并不反对,惟以此地风气闭塞,民智不开,男女之界仍如鸿沟,余意以为此行不独不能开通风气,而反给人民以不良印象,是则影响于将来,诚非鲜矣。

五日午后五时,全体登车再赴绥远考察。晚十一时抵大同,车停未几,而诸人皆沉沉睡去,余因数日来颇受西北当道及当地父老之热烈欢迎,良心自问,不能安眠,辗转反侧于车箱〔厢〕之中。适有路局招待员某君来座,余即与之共话,比时间及平绥路最近之营业情形,及其货运种类,彼乃从容逐一答覆。按平绥路横亘于燕、察、晋、绥四省之间,远通朔漠,近接边城,西抵新、青,南达甘、陕,适得地制之胜,西北往来货物,皆由于此。当开路之初,尚无起色,迄至民国肇兴,线路日长,交通方便,商贾云集,运输益繁,而中外人士往来游览者络绎不绝,故历年客票、货款递增。民国十四年之收入已超过一千万元以上,为最高之纪录。嗣后时受军事影响，路产迭遭损失与破坏，而张、库、绥、新交通，又复先后中断，以致进款锐减，至二十年以后又渐有喜色，本年上半年进款已至五百万，下半年货运较旺，大有突破一千万之希望。至于货运种类，据去年（二十二年）统计，输出之吨量，共计一百六十四万九千余吨，其中矿产占九十九万五千吨，农产品占四十万零八千余吨，工艺品约一十六万一千余吨，牲畜品共七万九千余吨，林产品占四千余吨。然以进款而论，共计六百二十三万余元，农产品占二百六十四万四千余元，工艺品占一百三十四万一千余元，矿产品占一百二十八万九千余元，牲畜品占九十三万二千余元，林产品占二万二千余元。慨以此路不能发达之原因，实受沿线各种捐税之害耳！在民国二十年以前，由丰台至包头，其机关名目多至二十余种，其征收手续又漫无限制，有名为落地捐者，而中途经过货物，无不抽捐，如土布十吨，竟有捐洋二千八百余元，杂物十吨，捐洋三千八百余元，其他如水烟、棉花等物，亦皆捐至一千数百余元之巨，农商困苦，路运停滞。自民国二十二年一月□日，奉部令实行裁撤厘金及类似厘金之一切税捐以后，除塞北关、张多关系归财政部管辖外，尚有河北等区矿产税局、察省矿税局、察省财政厅赋产税征收局、绥远省政省征收局、烟酒公卖局、蒙边税局、统税捐局、牙捐局、地方税捐局、出境粮捐局、煤厘局、牲畜检验所、牲畜税局等名称，或属省政府，或属县政府，其征收税率，除塞北、张多两关值百抽五或七五，其余均按百分之一至百分之五不等，而各关卡估定货物之价值又无一定标准，任意征收，以致货物担负太重，无法销售，此为该路沿线物产不能尽量发展及其运输不能推广之最大障碍也。

　　六日晨七时下车，在站上运动，作太极拳，因近日太疲乏，兼之早晨很冷。八时偕陈、刘诸人往站外小吃，当即雇洋车，往武周山云冈堡参观石佛。按大同为北魏建都之地，而云冈堡距站三十里，该地有石窟千孔，佛像万尊，皆为北魏时代之遗迹，备极奇观，较之笼〔龙〕门伊阙，年代尤古。故中外人士往游者，无不啧啧称赞，其可贵者，为一千四百余年前之古雕刻，其佛像之伟大优美，实为世界所未有。他如龙门石窟、敦煌石室〔窟〕，实为我国佛教美术之渊薮，惜龙门之残毁太甚，工凿〔艺〕亦较粗，而敦煌局面略小，惟云冈石窟宏大而精巧，且多完整，故可贵也。因此余等决往一观。今日因人太多之故，而车价颇昂，来回每辆一元五，茶资在外，于是我等登车前进，马车、洋车共计三十余辆，真是车水马龙，每辆车夫均为两人，余甚奇怪！但不知该地风俗，不敢发言；迄至大同街上，而两人不能将车推进，因街道太坏，车辙深约尺余，兼系泥沙，即汽车亦不易行走，余等无法，只得让车步行，如此只〈有〉出城廓〔郭〕，方可乘车，大同路政之坏，实出于吾人意料之外。及至城外，又被流沙所阻，车仍不能行，余又下车步行。如是沿途坐车之机甚少，其原因山路难走，且有流沙，又被小河所阻，每渡一河，均要车夫背负，否则不能过去。沿途所见之农人，皆为鹄面鸠形，面黄肌瘦，大有营养不足之慨。而妇人最为可怜！其足甚小，走路艰难，但又不能不做工作。该地裹足之风，有严格禁止之必要，一般农人生活，犹不如吾边徼邃远之西康人民生活为舒，良可慨矣。

　　十一时抵云冈堡，下车及〔即〕登山入庙，门首悬"石佛古刹"四个大字，内驻有少数军队把守，并负领导参观之责。余等进门见一佛，满身福金，貌甚庄严，高约十数丈，腰宽三十余尺；居于石层之中，旁亦刻有同佛高大之石像，惟身着非金而系颜色，当时余欲迈进，赖〔奈〕窟中黑暗无光，形同墨漆，而身旁又未带电筒，四顾无物，乃于神龛前香炉内取其燃清香一束燃之，照耀而进。其窟深约十数丈，广约二十丈，高约二百余尺，窟内无光，而四周雕刻有大小石佛无数，并涂有颜色。其像虽古，但皆生气勃勃，实可代表我国古代艺术之精神。惜香太少，不能作极详细之观察，形同走马看花，得其大概而已。嗣后登楼形〔往〕东，得见一佛上身，次往下视，此佛较西窟之石佛尤大，高约二十余丈，盘膝而坐，侧亦雕刻各式大小佛像无数。按此二洞皆为整个山石所挖空，于黑窘〔窟〕中雕刻佛像，其工程之浩大，由此可知，而佛之金身因年代久远，已渐破坏，然〈亦〉缘于乏人照管之救〔故〕耳。

在山之西，更有石雕大佛约六尊，惜皆未着金，而颜色俱无，为天然之云冈坚石，然以年代悠久，为风所化，竟有被土淹〔掩〕埋者，余见之，不甚〔胜〕太息！苟地方政府加以修茸，并售参观票价以资培修，借供中外人士之观摩，又为保管古代文化之良法；今后倘再不设法保护，则他日更不知坏至何等程度。至晚方归，是夜十一时开车向绥远前进。

七日晨，当车未到绥站之前，遥望着阡陌樱花，红白相间，态极美丽，在漠北花少之地，有此樱花点缀其间，而风景亦甚雅致，惟树木太少耳。目前绥省开垦事业未易从缓，然而造林尤为当前急务！苟政府能领导人民从事造林运动，则不为〔唯〕与畜牧无碍，且能调节旱潦，俾得青草易生，利于畜牧，而十数年后，全省荒草悉化为森林，则人财两省。有谓"蓄艾三年，治病七载"，而今日正其时也。

九时，车进绥站，当车未停之际，站中军娱〔乐〕齐作，迨车停止，余等均下车，傅主席作义及各厅长均趋步上前，逐一握手，互道寒暄。事后余等均往休息室，嗣由省府汽车分送绥远饭店、公医院及新城教育厅，全体会员共分三地居住，是午在绥远饭店由傅主席招待西餐。午后各组（国防组、教育社会组、农林畜牧组、矿产组）乘车驰往各地参观。余所参观之地，分述如次：

1. 柳城荫绿　绥远城四面环水，堤列杨柳，浓荫淡绿中，隐见雉堞，不啻扬州城郭也。

2. 杏坞翻红　东乌索兔村（一名五速〈图〉），傍山麓，红杏数千株，每值花开，灿如烂锦；山鸟鸣舞枝头，城市之士，携酒踏青，询〔洵〕称胜地。

3. 懿览亭　在怿园内。清慈禧后之父官归绥分巡道时，后随宦在署，常在此游玩。据人云"慈禧即生于此地"，后为太后，继任归绥道者，别建一亭，恭献匾额，题曰懿览，取太后曾游览于此之意，今亭前尚有后幼时坐卧玩赏之石二块。

4. 温泉　温泉有二，一在归化城南（即新城之南），一在五速图村北龙王庙左边，隆冬不冷，沍寒时，犹碧草油然。

5. 公主府　清康熙中，公主下嫁额驸策伦敦笃，建府于县城北五里。现为省立第一师范学校所占，近人建军民桥于旁，其坟在距城七十里之买岱村。

6. 王昭君墓　昭君墓在城南二十里，当大黑河之南，远望如山，高约二十余丈，阔五十亩，有石级可登。墓顶有七屋一间，四壁皆庄〔装〕瓦瓷，传系喇嘛所为，不识用意何在？墓前有碑，题"汉明妃昭君之墓"。又有石碑三座，刻诗其上。清初张鹏翮《漠北日记》载，其时有享殿、石狮、石虎等，然今皆无存，惟荒冢一堆、宿草离离而已。惟以大黑河畔，地多白草，而此草独青，故名曰青冢。杜甫《咏怀古迹》诗曰"一去紫台连朔漠，独留青冢向黄昏"，即指此也。

余参观之召有几，惟小召有历史之价值，故记之。

7. 小召　小召即崇福寺，蒙古语曰巴甲召，巴甲者，小也。清康熙三十六年，纳依齐托音呼图克图所建，即康熙帝西征凯旋驻跸之地，寺内建筑宏伟，殿宇峰立，雕梁画栋，碧砖绿瓦，历历可观。谚云"大召不大，小召不小"，盖两召大小不相上下也。

今已颓败，惟殿前左右有碑二，上刻御制碑文，纪康熙平准功绩，用汉、满、蒙、藏四种文纪述，今尚识别，其文曰："朕惟归化城，为古丰州地，山环水绕，夙称胜境，城南旧有佛刹，喇嘛拖音，葺而修之，奏请寺额，因赐崇福寺。而〔丙〕子冬，朕以征厄鲁特噶尔丹，师次归化城，于寺前驻跸，见其殿宇宏丽，相法庄严，命悬设宝幡，并以朕所御甲胄、弓矢，留置寺中。夫朕之亲事塞外，非无故也。往者，厄鲁特、喀尔喀交恶相攻，朕悯念生民涂炭，遣使谕解，而噶尔丹追击喀尔喀，竟掠入我乌殊穆塞，爰命和碣〔硕〕裕亲王声讨，大败贼于乌兰布过〔通〕，时噶尔丹盟誓佛前，永不入犯，乃班师而还。后噶尔丹蔑弃前盟，复掠纳木查尔拖音于克鲁伦河之地。丙子，朕亲总六师，由中路进剿，至克鲁伦河，贼众望见军容宵遁，适朕所期会西路官兵，遇于昭木多，大败之，俘斩无算，丹木巴、哈什哈等，率众来归，噶尔丹脱身走。是冬，朕复驻节鄂尔多斯，剿抚并用，厄鲁特人众络绎来归，而噶尔丹仍未向顺；丁丑，率师〈驻〉狼居胥山麓，官兵分道并进。葛〔噶〕小〔尔〕丹计窘自毙，子女就获，余党悉平，方分中外恬熙，边境民生，咸得晏然安堵，喇嘛拖音，请建碑寺〔示〕永久，因书此勒石，碑〔俾〕后之见者，知朕不惮寒暑，来临绝塞，为民除残之意。时康熙四十二年，岁次癸未。"上述碑文可供使〔佐〕证，故记之，以飨读者。

　　八日，今天早晨九时省府及各机关、民众团体假绥远饭店开欢迎会。当时傅主席对本会建议：政府开发西北，都望要求先由绥远着手。因西北有远近之分，今日若不先从进〔近〕西北着手，则远西北也无办法。嗣由马鹤天、仇鳌等答词，约十一时散会。同时有部分会员要求赴包头，但因理事会不允，因是而内部发生意见。有人说，来绥远，不去包头，是来混饭吃，是来逛的，而不是真正来考察的。余听后当场不便发言，但我以三者的资格来

　　说，你到包头最多不过二日，你既到包头而不到凌〔临〕河、五源〔原〕、民生渠……等地去作实际工作，那末与来绥不去包头者，不过是以五十步笑百步耳！

　　是日天阴下雨，不能出街考察，仅能去从龙家稍坐，问问绥远民生疾苦！同时默念到，此次到西〈北〉来，军政当局及西北同胞均热烈欢迎，而我将来与〔究〕竟要做一些什么事方能对得起西北民众，而不至于使他们失望！我时时刻刻的怎〔这〕样想着，直到晚间九时上车，除一部分赴包头者外，尚有三十余人，其时老天的雨仍然不停的下着，好样似不忍与开发西北协会会员分离，我们终究是含泪而别了。

《康藏前锋》（月刊）
南京康藏前锋社
1934 年 1 卷 12 期
（丁冉　整理）

绥远之行

黄丽泉　撰

出发之前

友人中之曾去绥远者，无不盛称绥远天然条件之伟大，如土地如何肥沃，地势如何辽阔，物产如何丰富，并有道及蒙古人民之奇风异俗者。耳食既久，兴趣遂生；且绥远地接晋北，朝发而可夕至，"到绥远去"之决心，遂不觉为之鼓起。惟自壬申迄今夏，历时两载，此久蓄而未发之兴致，几至终无实现之机会。幸在今春，早作绸缪，如暑期间工作之挪移，考察团人员之结合，终在出发一月前，百事妥当。出发期，定在阳历七月一号。考察团，为五人之组织。三男两女，男性除我而外，尚有岱岳实验小学时子中、关子溥二君，女性为教育学院薛、刘二生。薛、刘二生以荏弱女子，竟欲身临荒野，虽缘平时受我之薰感，亦由二生意志、胸襟不与寻常女子同也。彼等于出发之前，即至大同，申言治装，实则谋事。不意天降霆雨，汽路被毁，致我久守太原，出发延期，比及我与关、时二位到临大同，薛、刘二生却早已改变计画，遣返太原。噫嘻！畏难苟安，终是女子故态，狐疑怯弱，犹自侈言解放。在彼等虽亦言之有故，在事实却终因"发展西北"之口号，敌不过女子之怯弱心理。于是预定之五人组织，出发时结果了三人成众。

大同小住

到大同为阳历七月十五。下榻于城内靖安客栈。翌日买票，始知平绥路之被水冲毁者，已逾旬而尚未修复，交通机关，延误如此，官僚习惯，抑何难除，事实如是，只可坐候。惟大同为我第二故乡，曾一连住过六载，今阅十二稔，而复临其地。以交通断绝，假我时间，去重温旧迹，洞悉其沧桑之变，计亦良得。于是早饭后，出门拜访故旧，拟先至米及秭处，不期恰相值于中华书局，坐谭过午，始知大同社会近年情况，较之清末民初，真有所谓沧桑之变也。及秭为绥远二师校长，校址虽在平绥线上之平地泉，但彼家眷，常川住同，故于寒暑假期，必返大同，见闻亲切，所谭当是事实。

风俗淫靡　大同风俗，旧即淫靡。以清季论，城内居民，非业商，即当兵，罕有务农业者。以故妇女居家，无事可作，从晨至午，惟洗脸、梳头、缠脚而已。妆扮既毕，则作午餐，从容整治，十分精细。即食莜面，其蔬菜亦可多至十数种。餐毕，则坐门外，谓之"瞭街"。游浪子弟，评头论足，资为笑谭。其被品评之妇女，引以为荣，不以为辱。习俗如此，即其家人丈夫辈见之，亦不见怪。每年清明前后，则出城"踏青"。妇女辈尤重视此节，盖一争美斗艳之盛会也。贫家妇女无鲜美衣服者，出资赁租，甚至纤纤金莲，亦可赁来红花绣履。闻诸城内人云，租绣履必不容以履着地；鞋底着泥，归不还原主，仅许坐在轿车之前，陈列于膝上耳。此风于民六前，我犹亲见，六政施行后，稍杀风景。大同习俗，旧即如此，淫风可见一斑。及秭言，近来风俗之坏，更不堪言喻。良以两次战事，居民积蓄已空；农村破产，影响商号倒闭。旧日淫靡，多缘饱暖，今日败坏，实由贫穷。"破鞋"之多，已如过江之鲫。故有诮为"逐户上捐，恐有冤枉，隔户计数，实多遗漏"。又有"除去大仙没神，除去当龟的没人"之谣。惟供给过于需要，价廉亦难求售。"破鞋"！"破鞋"！竟有有鞋而破不得者焉。

商业不振 大同商业，素以煤炭、米粮、皮毛为大宗；平绥通车后，尤见发达。煤炭产量甚旺，近以运费过高，大见滞销。米粟多销售于河北各地，惟近二年，洋米、洋面倾销于平、津，东三省杂粮运售河北各县，大同米粮贸易，一落千丈。往年粮店数十家，资本雄厚，即在出口停滞之时，各粮店亦自行屯积，居奇待售，多者数万石，少者亦数千。以斯非特附近各县杂粮，以大同为聚积之处；即口外（即归绥一带）大批米谷，亦多源源而来，故农民无"有谷无钱"之感，农村经济活动，亦有几成赖此多数粮店为之调剂也。近年销地被夺，资金阙少，多数粮商无力营业，农民粜粟，惟一待诸外来买客，农村经济塞滞，此亦要因。农村经济塞滞，一般购买力因而减低，市面整个为之不振。皮毛贸易，除沪战发生，经营江南贸易者，遭受一次损失，余尚差强人意。

大同市面，虽甚萧条，但鸦片贸易，甚觉活跃。考其原因，殆有三种：一、邻近归绥，运输便利，且火车代运，更觉保险；二、"走破鞋"、"吸大烟"，二者似有关联，"破鞋"既甚充斥，鸦片销路自易推广；三、闻大同有禁烟稽查处之组织，名称是否如此，我未曾记忆真确，但有此种性质之机关，却属事实。理由我亦不甚了解，惟经验可告吾人，禁之之机关愈多，被禁之事实，当愈发达。大同烟禁，想不例外。

在大同小住三日，见闻未周。前所述者，半得诸及秭，半闻自军界友人，真确虽不便于保险，造谣却敢自命不屑。

平绥道上

十七晚间，时君提议翌晨出发，惟火车仍未通行，仅能买票至卓资山。嗣以便于沿途视察，觉何处下车，均无不可，事乃定。十八早八钟，乘平绥特别快车，由大同出发。乘客甚觉寥寥。同车遇一施姓大同人，经商于归绥者，态度娴雅，而谭锋甚健，询之始知受过长期之学校教育，因不屑在地方争权夺利，遂改事商业，盖一有心人也。据谭平绥乘客，在通车时亦甚稀少。往往一列通车，抵包头时，仅下三等客数人。惟大同、丰镇段较为起色，今兹寥寥，缘车不通耳。余曰若然，则货运必多，否则资何养路。施君乃大笑，谓养路何待货运，鸦片一项，已足够矣。又云平绥路，在班局长任内，路员薪饷尚拖欠十月，然在各路员视之，已为空前之良好长官，今盖有长期不给薪者。枵腹从公，竟可维持，外人视之，真亦怪极。实则由绥到平，夹带烟土，路员路警，固皆腰缠累累矣。余等闻之，始恍然其中之奥妙。在余等载言载笑中，车行忽慢，施君遥指一圆顶土山，曰是即"孤山"也。

孤山凭吊　　"孤山"乃平绥小站，站位路西，山位于路之东侧，其山圆顶陡峻，四面不连，因以"孤山"名。民十五，晋、国之役，丰宝璋先生，曾以两连手掷弹队，肉搏冲锋，攀登山颠，使国民军数日血战获得之要隘，复失于晋军。今睹高山，回忆战况，且弹尽援绝，得而复失，丰将军身作俘囚，雁北十三县随同遭劫，能不令人唏嘘慨叹者乎？余，雁北人也，当冯军长驱深入，驰聘〔骋〕雁门之时，适余因病乡居，遂饱尝敌军蹂躏之苦。设于丰将军复夺"孤山"时，曾遣一旅援师，则孤山保而雁北安。第事恰相左，今对此山，尚觉余痛，余不为丰将军悲，而不能不为雁北哀也。因语施君曰："即此荒山，亦曾牺牲数千性命，大同城且被围三月，兵凶战危，信不诬焉。"施君乃大骂当时总指挥某，且述大同民歌一则，趣味横生，无非描述指挥某之挟妓打牌、吸烟、不理军情，并深及某之身体特征。韵谐而调整，余等闻之尽皆捧腹。但事关私人名誉，不便抄录原辞。施君亦为丰将军鸣不平，且谓丰驻大同，曾受委查烟而辞谢，殆不愧为廉洁忠勇之模范军人也。"孤山"至丰镇，仅隔一堡子湾，瞬息即至。

满目罂粟　此处气候较冷，鸦片将及放花之期，夹道栽植，粲若云锦。鸠形鹄面、鹑衣百结之老农，往来踽踽其间。有拔除杂草者，有戽水者，但于播种五谷之田地，则绝少工作农夫，可见绥民视种植鸦片为不二之财源也。车中人有熟习绥地情形者，谓沙县鸦片，此时将及割完，丰镇地带，才届花期，两地气候，相差能到一月。从北平来者，谓沿途加衣。在北平时衣纱衣，至南口易单衫，至大同易夹袄，今到丰镇，须穿毛衣，但一过丰镇，则又逐渐和暖。

路阻卓资山

丰镇为由晋入绥之第一大市镇，在昔为米粮聚积之处，粮店营业，颇称发达。南口战后，西北军二十万，过绥入陕，沿途搜括，芦苇席片，亦蒙丘八爷赏光携去，绥远同胞，遂真一贫如洗。丰镇繁荣，当亦随付东流。读者诸君，或疑鄙人过分描述，笔诛军阀；实不知塞北社会，异诸内地，虽"不扰民"、"真爱民"之冯军同胞，亦势有不得不"见物即取""一个不留"也。缘绥地幅员辽阔，人烟稀少，在车中遥望，每约有三四十里之间隔，始发见一黄泥平房院宇，错综组合之小小村落，大约能至十户者，即算大村，然什不一二，五六户者属普通，而数居十九。以如此地带，通过食粮不给徒步行军之大兵二十万，民间虽已鸡犬不留矣，而士兵尚有数日不食者。储粮、家畜，固须供作军食，衣被、席片，岂可不用以宿营。故大军过后，绥民坐毙。读者诸君，当能记忆民国十六、七年绥远荒灾之惨酷，秋夏两季，颗粒未收，而不知春季播谷，固属颗粒未种也。耕牛已绝，籽种未备，资何耕种。各省"人贩"，率皆赴绥，女孩以岁论价，岁给一元，二十以下者，用正比例；但年届三旬，则岁为价累，一达四十，更当贱售克己，如此景象，亘古少闻，而赐其惠者，乃为由俄归来、满怀农工神圣之冯将军。绥远土匪，深入民间，且更普遍社会。今虽剿捕尽力，无成千整万之大股，而零星小伙，按季节出动者，则随处皆是，下此种，培此根者，固亦由席片不留，冯军一次之大扫除也。虽事隔八载，但与绥民言及，率皆及今犹痛，去岁孙军攻宁，马鸿逵坚壁清野，故孙军失败，纯非军力利钝问题，完全由马之善因地理而定战略。然五原、沃野、宁夏一带人民，又遭受一次浩劫。所利赖者，在政府之战后急赈，与结束迅速，尚未误尽人民之播种期也。

　　火车过丰镇后，经新安庄、红沙坝、官村、苏集、平地泉、三岔口、八苏木、十八台、马盖图而至卓资山。阅时约四小时，道经约三百里。一路丘陵起伏，间逢河流；惟山皆童顶，水不灌田。塞北多风沙，此殆其要因欤。沿路村落，甚形零落，远望布置，率皆一式；即富有都市性质之平地泉，亦一黄泥平房之集合体。其接近路线之小村落，往往见房屋栉比，而无门窗与屋顶；不第屋阒无人，竟至村乏鸡犬；亦有久经无人之村庄，有一二家新建屋而居者。此中原因，自属畏匪迁居，其少数构新屋而居者，或系极贫，或系夏来冬去。早闻绥远朋友，知有此种情形，惟先时意料，总在荒区僻壤，而不谓在紧接火车路线之附近，亦往往出现，绥地匪患之深，亦可骇人听闻矣。路侧田地，阡陌犹见，足证早已垦过，自属熟田，惟种有禾苗者，未能及半；亦有黄花满地，远望如禾稼，比及临近审视，则又知系茂草者。人云宜在绥地倡导垦荒，实则先须恢复旧状，努力提倡种熟田也！耕田虽少，而禾稼则茂，土地肥沃，于野花杂草上，亦足证明。上帝特造之乐园，不良动物的人类，强行造成一个匪国，还来"倭鬼"重视此地，意殆奉上帝之意旨，粪除此一般秽物。

店东之竹杠　车至卓资山，路断不能前进。下车后，发生寓所问题。缘此站，本非宿头，安有客栈。嗣经路警介绍，下榻于站西之小粮店。店东系一年约五十余岁之老头子，晋省五台籍，酬应十分周到，虽四人同居一小土炕，潮湿窄狭，但此种物质之缺陷，已全为店东之殷勤小心、嘘寒问暖之情谊弥补过去。同居者有绥远平市官钱局某职员，意欲吸烟，店东立即购回新烟奶，亲自煮好，双手送来。饭食虽系莜面，而频频劝酒。食间彼告余等在绥远经商，已二十余载，绥远情形，非常熟习，如有询问，彼当尽量告知；并询余等至此，是否负有政治使命，如有则彼亦能保守秘密，嗣经余等告以纯系游历，彼又似有不信者；随即改变口腔，申述彼弃儒业商之志趣，彼所交游之友朋，如赵总参议、省银行徐前经理、续西峰等，皆彼之总角交，如赵银甫、王治安等，皆彼之世交子侄辈，即总座阁公，亦有交谊，惟以性过孤介，不欲攀高附势，近年略觉疏远耳。彼虽滔滔，惜座中无一置答，官钱局那位职员，似有忍不胜忍，而欲作捧腹之快者，赖有莜面在口，终未显形。此位店东，实属非常人物，无论言辞如何令人不信，而神色态度间，宛若至真且确者，且用语典雅，非好秀才不易办。余在饭后，询以绥地出产，则又实在了如指掌，且能谭到某产物宜如何改进，某销路因何滞塞，政府如何措施，始能补救，均有见地，殆一留心事实问题之有心人，较之专门大学卒业之各色秀才，似有足多者。晚间临睡时，已得知明日三道营能接车之消息，旅客快愉，自不待言。一宿已过，同居者率皆令掌柜结账，以备起身。首结者为官钱局某职员，"二人三元"，店东之申明。盖每位房金一元，饭酒零费五角，故二人合三元也。一人一宿，花一元半，本来不能算多，惟一□及鸽巢式之小屋，潮湿之土炕，四人挤在一处，睡眠不容伸膝，按乡村规矩，仅可铜元二十枚之房金，而竟令消费大洋一块半，同居旅客，无不哑然失笑，谓店东敲竹杠也。而店东亦嘻嘻哈哈，谓"此为千年不遇之机会，脱非路断，诸位如何能足踏贱地，咱们好朋友，哈哈就这么吧"。余等众人尽皆做声不得，只有失笑。不意余等刚要出门，隔壁房间，顿起争吵。只听一山东口音者，高声叫骂，谓："十块也行，但要说明，昨天问你，你说'好说'，今天硬要一块半，岂有此理。"又听一五台口音者，谓："一块半，还不'好说'，大家都是如此，你不想出，是不成的。"后经调查，知系一当兵者，但结果终竟也出一块半，未讨得丝毫便宜。

溜达卓资山　余因此位店东十分有趣，不觉言之过长，兹再就卓资山之各方，略一叙述。卓资山从前系一小村落，平绥路通车后，因系站口，商务遂渐发达。全市长有五里，但仅在铁路两旁，零落布置。当余等初下栈时，尚在下午一钟左右，草草一饭，即出外闲游。见全市商号，不过数十家，而住户约略倍之。错杂建筑，买卖并不集中一处。院各孤立，街面亦并不联络。但不论住户、商号，每家门前，俱有新筑土坝，坝前淤泥水泊，铺满地面，盖山洪初过，方受水患之后三日。余等闲游间，路遇同乡史君，询之，始知为此地征收局征收员。史君在绥作事，已五年之久，去岁方充今职。询以此次水灾始末，彼谓："此地向来如此。因铁路依山傍水建筑。市面住户，均占铁路两侧，每年夏秋之交，必发山洪，发则多少必有损失。重则铁路亦被冲断，轻则住户、商号，院内入水，非倒墙，即塌屋，最轻时沿河沟田地，亦有被冲毁者，不过受害如不普遍，则不以灾视之耳。今年受灾奇重，全市商民损失约数十万，铁路被毁一周，尚未修复。平绥路自通车至今，已受水灾三次，以民十九与今年为最严重。"卓资山四面皆有山陵，惟皆童濯。"山无林木，水发成灾"，殆为绥远之普遍现象；亦抑中国北部之普遍现象也。中央有职司林矿之部，省府有负建设责任之厅，而山水利用，仍属千百年以前之现象。"政府不作事"，然则吾侪老百姓，纳钱粮，交赋税，果何所为者，言之令人浩叹。史君有事他行，余等由市前趋转市后。见小麦、莜麦，十分修茂，一片绿茵麦田中，星罗棋布，点缀以红、紫、白、黄各色鸦片花。在夕阳晚照中，登高一望，其美丽真有描述不尽者。

烟田中之谭片　余等在山坡遥望，见有烟田一块，已发灰暗色，且有数人伛偻其间。知该烟已花落实成，届收割之期矣。乃下坡循渠道前进，至则三人正在收烟，见余等至，皆辍工趋来扳谭。询之，知烟主李姓，浑源人，每春则来绥种烟，秋则饱载还乡。余始以为李某必系吸烟者，否则何须间关私行，冒此危险。后姑〔始〕悉纯为营利，并不吸食。且据李某言："毋论外路人，冒险前来，意在求利，即本地人，凡种烟者，谁忍的食，谁舍的食；起春季，租田地，凑税捐，早起迟睡，锄草灌溉，一旦能收入几两烟土，谁肯白白地自己吸去。"余骤听之下，虽觉言之有理，但亦不敢尽信，后在绥远各地调查，确实如此，即凡种者不食，而食者多为城市长袍阶级。绥远烟民虽多，然大多限于城市；乡民吸食者，非膏粱子弟，即无业游民，彼虽吸食，但无辛苦去种植。"吸者不种，种者不吸"，在绥地现在农村破产之情状下，几成不易之定论。余询以"地租若干"，彼答"一亩七元半"。此等大租价，余实不解，随问以"绥远上好土地，买价不过一元，何至租价能到七元半"。彼谓："买价一元，是离城市较远之地带，如在城市附近者，与'口里'一样。"彼又言："如我所租之烟地，买价当在二十元左右。"余曰："如你所述，租价七元半，买价二十元，亦不相当，地主人卖地，不过得三年之租价，与其卖地，不如借债。"彼谓："二十元放账得利，比七元还多，但仍不易借到。"又谓："此地真穷极了，七块租价，卖二十块，还不易找到买主。"据此，则知绥远之地价，不是以地之好坏定标准，乃是以地方之平安与不平安定价格。而银钱缺少，高利贷盛行，则亦一当前问题也。余又问："今年此地夏田如何？"彼答以"好"，随以手指一块莜麦田说："看这块就不差，还不至长的过高了。"余茫然不知所谓，彼随又解释说，"咱'口里'是愿意田禾长的高，此地是愿意长的低，因为'口里'地壤，不易长高，此地过于肥美，不愁不长，但莜麦、小麦长的太高，则易铺地，一铺地，即不能结实。"余始明了苗低好收成之理由。但由烟地返寓所时，路经麦田数块，均高过人腰，"口外"视为不过高者，在"口里"已属绝无仅有，土地之肥沃，实有令人意想不到者。"口外"，"口外"，乐园乎哉！

美哉熏鸡，乡亲之犒〔犒〕劳　余等抵寓所时，屋内已燃灯火，适同乡史君来寓拜访，候问毕，即询余等："食晚膳也未？"余答"未曾"，史君乃将携来食筐打开，内有熏鸡一对，熏蛋二十余枚，悉陈桌上；并令店东备酒一壶，且啖且谭，甚饶趣味。同行时、关二君，均健饭者；史君亦正壮年，咀啖亦豪。四人中，惟余见弱，第因行路，亦在饥渴之际。然食来食去，竟未将一对熏鸡，完全用罄。食毕，余始问："此地熏鸡，何以为此鲜嫩肥大？"南京板鸭，各地驰名，然以之比此熏鸡，实不逮远甚。油厚肉鲜，堪与并门填鸭媲美。"价值几何？"一并探询。史君莞尔而笑曰："卓资山熏鸡，亦平绥路上之一绝，与南口水果，同脍炙人口，先生等固未之闻乎。三角大洋，买鸡一对，价值之小，当更为先生等所奇焉。"余思二斤重之一只熏鸡，仅售大洋一角五，农家产物，何便宜若此。至其所以肥大异常，当然由于五谷价低，食料充足。史君更谓："绥远肉贱，往昔已然。清季归化，一颗羊头，仅值制钱三文，较今日之熏鸡，不尤便宜欤？"

设公司计算发财　绥远即内蒙之伊、乌二盟、归化位〔城〕土默特旗。蒙民生计，全恃畜牧，蒙汉交易，只以米、面、茶、换马、牛、羊，绥远肉贱，往昔已然，职斯故也。汉民虽恃耕稼，惟以耕地广大而粟贱，以粟贱而猪鸡副业亦甚发达，虽平、津肉商，多往来于平绥道上，然以饭庄肉铺，贩买少数食用猪羊，实无补于整个绥远牧畜前途也。西人于屠宰事业，多组织大规模之公司，良以分工既细，成本自低；应用科学，制造粮食〔精良〕；包装合适，易于转运；数量既大，副产便于处置（屠宰副产为皮毛、骨骼）。绥远为大量之产肉区，往昔限于交通，输出他省，已感不便，输出外国，更不可能，今平绥路直达包头，沿线畜产仍停滞于手工制作，以致二斤重之一只活鸡，只得售洋数分，非惟利微，实亦有亏负。于此一铁路，择一适宜地点，购买新式机器，组织一大规模之屠宰公司，实今日绥远不能不有之实业计画。冬季输出牛、羊、猪、鸡各种鲜肉，夏季可制造各式罐头。即不能大量输出外洋，亦可销售各地，抵制洋货输入中国，比现在仅运输少数活的猪羊于平、津一隅，为益多多矣。

晚膳已毕，史君尚在，大家遂以组织屠宰公司为题，尔一言、我一语的讨论。咸以为事虽重要，实现无期。私人提倡，无此经济力量，期诸政府，则政府恐尚无此注意。绥人无福，畜牧虽盛，发财尚难。便宜的是火车乘客，一角钱可吃熏鸡一大只也。

史君去时，已近午夜，一觉醒来，应付竹杠，店主东哈哈满意，旅行团呜呜北上矣。

归绥观感

　　七月十九早六钟，由卓资山起身，行向福生庄。沿途，崎岖沟壑，越岭度桥，蜿蜒曲折，徐徐前进。平绥路过居庸后，多属垣途，间有丘陵，俱远路线；惟此段系山路，临崖傍水，故山洪发时，每易冲击。过福生庄，至三道营，则前日被水冲毁、尚未修复一段，即在此处。所幸运者，本日已可两端接车，只须步行里余耳。旅客下车后，笨重行李，悉由路局雇用之大车搬移。余等行李单简，为图省事，自行负荷；但爬山度岭，里余路，已汗透衣衫。登车后，休息片刻，喘息方定，由接车处至旗下营，距离虽近，第以路基新修，车行至缓。及陶八旗始放快车，瞬息至白塔，而目的地之绥远城，隐约可望矣。白塔亦系一站，但无村落，更非城郭，仅于站西南遥望中，有一高数丈、色苍白之棱圆浮图，直立约在十里之外，其下是否亦有村堡，适在阴晦气象间，望而不见，惟站以此名，则属毫无疑问。绥远本内蒙地带，故地名多蒙古音，不则亦军事化。如各地乡民，询人住址时，不曰君属何庄或何村，而曰"营"或"合少"。营即村之意，哪一营？为吾人之问哪一村也。"合少"即地方之意，什么合少？如吾人之问什么地方也。前已言，绥远村落稀疏，而住户又少，惟归绥城附近，百户左右之村庄亦甚多，特距离仍远。绥远树木甚少，但非土地之不宜造林。偏远乡区，只见白泥平房，绝少树木森郁景象，惟归绥城附近，树木亦甚荫郁。故火车行过白塔站时，不第归绥省城，已在望中，而有荫树覆被之较大"营子"亦时接眼帘，使人顿感绥远亦一文化区也。比及近站时，则见雉堞齐整，簇新砖城，前此之在遥望中者，为归绥"新城"也。新城清季始建，为驻防旗人住扎之地，今则省政府各厅处在焉。甫越新城，旧城毕现，此始为昔日之所谓归化城。车站去城甚远，约有三四里，幸有马路，直达城内。旧城无城垣，而由车站入城时，则须经一城门焉。城之为城，实赖有此一门，实赖有此仅有之一门。城内街道，虽稍窄隘，但旧式店铺间，亦时见有新式洋楼矗立空际，象征此城亦已日向资本主义途径中迈进也。市面上除有两三特殊现象外，亦与其他都市无甚区分。其特殊者，一为暑天毡笠毡靴、穿紫缎长袍之蒙古人；一为烟灯、烟枪、烟盒陈列全副烟具之小摊商；一为行路娇娜、莲步绰约、红缎绣鞋、三寸金莲之国粹女子。此三者特殊诚特殊矣，然而于边防、民族、文化上，俱有重大关系，负政治责任者，果能亦认此为绥远与别省不同之所在，而予以特殊注意与措置，其贡献于国家前途，亦正特殊而非等闲。余等三人皆系初次到归化者，坐马车中，一路行来，耳目接触，感应弥深，比及置身寓所，已深觉此行之为不虚矣。抵寓后，沐浴用饭，时已不早，拜访故旧，拟俟来朝。（未完）①

《新农村》（月刊）

太原农村教育改进社

1934 年 16、17 期

（李红权　整理）

---

① 　经核查，此刊现藏只至 1933 年 29 期，1933 年 18—29 期皆无续文。——整理者注

绥远之行补记

——察绥教育状况

安　撰

张家口教育近状

初抵张家口时，余即探听该区教育状况，当地人云："察省教育因地区特殊关系，故其教育所表现之精神颇不一致，如口内十县之教育颇具近代化之精神，口外六县，则似中古时代之教育，蒙边各旗则如上古时期之教育也。"余为明了真相起见，乃特约几位同志趋赴教厅请询，适有该厅第一科王科长及李秘书会晤，谈约半时，余等即要求领导参观，幸王科长、李秘书不辞而同往。余等先参观女子师范及省立第一中学，女师约一百零四人，每月经费二千余元，该校创立于民国十四年，因长校者迭次更换，加以时受政局之影响，故成绩欠佳，但近来颇有进步。该校待遇纯为官费，学生每人每月食费三元五角，闻菜蔬大体不错，因校舍太窄，近租蒙人之家庙为女生之宿舍。该校学生之床铺，全为连铺，如炕然，不过床下皆空，不能生火耳。每床大者能卧数人或十人不等，惟该室年久无人而霉气颇重也。

嗣后参观省立第一中学。该校学生全数约二百人，每月经费为一千八百七十七元八角三仙，全校共分五班，教室五个，其宿膳费亦全由学校供给，学生每月伙食三元五。该校创设于民国四年，惜由民国十〔四〕年至十四年一段期间，均为政客主持，换言之，即为县长候差所，故成绩不佳。近因该校校长为本省人，对教育颇具热心，现正积极进行，从是〔事〕建设。关于学生之健康卫生亦很注意，如球场开辟、运动器具购置颇称完善，而图书馆之书籍亦复不少，观其现状，实大有进步也。

民众教育馆之规模虽小，而民众去者颇不乏人，朝夕络续不绝，其书籍杂志亦称完备，惟关历史之物稍差耳。该馆设馆长一人，各组主任三人，每月经费仅二百八十元，而职员每月仅得十八元之谱，幸该地生活程度尚低，否则不易生活也。

总观察省全市学校，中等学校四个，男女师范各一，普通中学二个，都为省立，小学五个，亦为省立，完全小学九个，每校约一百八十余人。本日并参观第三小学，惜为放假期间，不但学生无人，即负责者亦不在，仅观其一空校而已。隔窗望其室内陈设之桌椅，均为成年人所坐，若以六七岁之儿童坐之，则颇不合卫生，此点急待校正而改革之。

绥远教育近状

余到绥远首次参观者，即为省立第一中学，该设〔校〕创设于光绪二十九年，在绥远城中此校为最老之资格，学生约二百余人，高中、初中各三班，高中男女合班，初中则否，学生每人每月食费仅三元，而绥远生活之低落，借此可知。该校学生之宿费及学费均免不收，每人年有数十元即够开支，与内地如平、京较之，相差太远也。该校宿舍有楼二层，共六十四间，每间仅坐三人，其建筑费亦低，闻每有一百八十元即够，惜余等到时，该校校长新易人，并是暑假，一切很乱，未能悉窥其全豹也。闻绥远城中之私立正风中学尚优，本年会考之成绩，俱在各校之上。由此观之，而官立犹不如私立也。兹为明了该区教育起见，分述于次，以资参考。

中等教育　　（甲）师范学校　经费约占中等教费百分之六十，超出部定应占百分之二十五以上，以后不求量的增加，先求质的改良。办法：（一）确定学制。即自二十三年度起，定省立一师为完全师范，师范、附中各办三班；第二师范，定为四年制简易师范，完成四班规模，女师亦然；中山学院（五族学院改办）师范班，毕业后不再续招，改办职校，至二十五年度，完足班次，为必成量。（二）充实设备，即筹措经费，令各校尽先购买图书、仪器、标本等物，以期增加教学上之效率。（三）增加乡村师范学校，即在乡村设立乡师数处，如用省款，超出比例数更多时，则令各县联合兴办，以设立三处为必成量。

（乙）中学校　绥省设立中学，为时最久，学生程度，初中较内地各省，尚无大差，惟校数太少，高中则太浅。其改进办法：（一）扩充初中。现有初中三处，每年毕业三班，不敷高中及师范、职业等校招生之用。拟自二十三年度，于省立一师内，附设初中一所，限满三班；二十五年度，女师及二师，均各设附中，亦以三班为限，至二十七年度，每年可毕业初中六班，是为必成量。（二）改进高中，暂不增加班次，先求充实内容，庶免赴平、津升学者不及格之虑，至如学风嚣张，时起风潮，动辄停课，亦为应行整饬改进之一端也。

（丙）职业学校　旧有初级职业一校，内有农科四班，拟即逐渐扩充，广储生产人才，以为经济建设之用。其办法：（一）整理旧有职校。即自二十三年度起，添设畜牧科，并在省垣近村，置设农牧工场，建筑校舍，校址移入，以便学生实习，教学上所用仪器、标本、图书等物，逐年添补之。（二）添设工科职校。因绥省为出产毛革之区，每年以原料输出外国，复将制成呢绒、皮货来省销售，实非经济之道，拟自二十三年度，于中山学院内，筹办工科职校，内设高级毛织科二班、初级制革科二班，以养成生产人才为必成事项，并抽出教育基金一部，开办毛织、制革工厂，以本省人才，制本省原料，而将制成品输运于外，以建造本省经济基础。（三）设立各种职业补习班。上述职校以农、工两科为主体，他如家畜、烹饪、洗濯、缝纫、修理钟表、安置电话、助产、测量、造胰等简易职业班，视各地需要，递次举办，中以造胰、助产、安置电话等班，提先开办。

高等教育　绥省高中毕业生，为数甚少，设立专科以上学校，暂时尚无必要，为培养专门人才计，先规定留学津贴额，以奖励学生升学及出洋。办法：（一）留学。指定国内各大学生，至二十五年度以前，暂定津贴为一百元，以培养农、工、理、医四科为目标，定额共五十六名，次教育十二名，文科十名，余科共二十二名，以年级较高，尽先补领，同年级者，以成绩较优者尽先递补。（二）为国外留学。暂定为西洋五名，每名每年给津贴二千四百元，亦以造就农、工、理、医四科优越人才为目的。（三）筹设专科学校，在需要上，似可暂作缓图。

小学教育　（甲）改进小学校　绥省公私立小学校，大半设备不完，课本复杂，经费漫无标准，拟自二十三年度起，规定整理办法：（一）划一经费标准，即令各县教育局，对于所属小学经费，以划一平均为原则，教员待遇，应以当地普通一人生活费之二倍至四倍，为教员最高最低薪俸标准。（二）统一课程。应设编审委员会，专事审查小学所用课本，合于部定标准者，方准应用，否则禁止，以期增加教育效率。（三）检定教师。（四）甄别私立小学。绥省私立小学多由教堂设立，名为小学，实则以传教为宗旨，儿童毕业〈只〉知有宗教，对于国家观念、民族思想，概非所知，亟宜详加考查，如课程不合部定、实系传教者，即严行取缔，以重国民教育。

此外创设幼稚园，自二十三年度，先在省会创设二处，渐次推及各县，其师资暂由外聘。扩充社会教育，则实施成年补习教育，筹办民众补习学校，充实推广民众教育馆及图书馆，务期于十年之内，使全省十九岁以上、五十岁以下之失学民众，用最经济之金钱与时间，均得受一种补习教育，最低限度，亦须达到能阅读通俗书报之目的云。

《康藏前锋》（月刊）

南京康藏前锋社

1934 年 2 卷 1 期

（丁冉　整理）

半农家信（民国二十三年）

蕙英吾兄（朱惠）：

　　昨日到包头，即发一电，计达。此间生活状态虽极苦，然事事新奇，又工作已与第二中学贾校长接洽妥当，当可顺利。大约再留此二日，星期日（二十四日）可回到绥远。所带"六乘九万利胶卷"，因须兼照人情风俗，不敷用，请再请研究所侯先生代买二十卷，即日设法邮寄"绥远塞北关白文渊先生"转弟为荷。家中及亲友家想大小均佳也。

弟农

六月二十一日

蕙英吾兄左右：

　　昨午到绥远，即发一电，并于车中写名片二张，交车役隋姓带平，所要胶卷、胶片、名片，想已交彼带来矣。在包头工作三整日，成绩十分圆满，故即来此，此间气派大与包头不同，饮食起居，一切无苦，所寓绥远饭店，至少可以比得上无锡饭店，然价值比上海一品香、南京中央饭店还贵，其余一切生涯费用，亦较上海、南京相若也，拟在此间工作四五日，再往百灵庙一看蒙古情形，往返须二日，总共要一星期，然后乘车赴大同。家中大小想一切佳也。即请

日安

弟农

六月廿五日

《人间世》（半月刊）

上海良友图书公司

1934 年 17 期

（李红菊　整理）

内蒙见闻

何 必 撰

一说起蒙古来，就是谁都会知到这是近年来日本帝国主义与苏联冲突的一个重要的地方，因为蒙古是日本帝国主义为了要完成它的"东亚大帝国"必然要攫取的地方。而且，日本帝国主义为了要避免目前与美、法、意等帝国主义在华利益的冲突，同时还要高举起进攻苏联的旗帜去博得各资本主义国家的同情起见，它对于攫取蒙古的野心是更加急切了！因为日本进攻苏联的道路，是只有两条：其一是由海参崴，其二就要由蒙古的了，所以最近日苏在蒙古的冲突是日益尖锐化。

蒙古是分为内外蒙古的。外蒙早就已经成了苏联的势力范围，而且，年来因为要防范日本帝国主义的进攻，已经在外蒙各地作种种战争上的准备了。至于日本帝国主义又为了要加紧执行它的进攻苏联的任务与急速的实现它的大陆政策起见，它年来在内蒙各地也经已〔已经〕有了种种的战争上的准备了。内蒙的东四盟地方早就已掌握在日本帝国主义的手里，现在内蒙的西边，则是西蒙地方，虽然还可〔不〕是正式归它的势力所统治，但是它已经进行着种种的侵略准备了。听说，在去年初旬在百灵庙举行的内蒙王公自治会议，是有日人在其中怂恿，想利用这个组织以作为对抗苏联在外蒙的势力，后来因为某种原因，日人这种企图是不能得到实现。但是日人对于攫取内蒙的阴谋是仍然未有中止，不仅未有中止，而且反是日益发展着，日本帝国主义最近是集中了许多蒙古青年，在百灵庙、呼伦等地加以武装的训练，这是日本帝国主义为了要完成它的大陆政策，及执行进攻苏联的任务的一种最重要的工作，因为蒙古这个地方是非常寒冷的。在冬季的时候，不要说冬季了，就是春秋两季吧，若然是有战争发生了，日本帝国主义的军队开到这里作战是必定挨不住这样寒冷的天气，所以，日本帝国主义目前最重要的工作是积极以武装来训练大批蒙古青年，以作为将来与苏联作战时最前线的军队。听说只在百灵庙附近的地方已有二三百蒙古青年是受着日人的武装训练了！

据一个在内蒙做生意的山西人对我们说，日本帝国主义在内蒙的西边已有了制造枪械的工厂了，受日人训练着的蒙古兵的枪械就是由这个兵工厂供给的了。我们当初是有些不相信这个山西人所说的话，于是详细的反问他在这个兵工厂做工的人是什么地方人，他说完全都是广东人。这，我们对于他的话是有些相信了，因为广东人断不会走到蒙古这样荒凉的地方来做工，虽则有也不会有这样多的。所以是证明了这个兵工厂是日人所设立的了。在兵工厂里面做工的人，实在完全都是日本人，不过，因为广东人的样子有些似日本人，而且广东人在西北各地以做机器工作著名的，所以，他对外面的人这样的宣传是可以欺骗得西北的老百姓的。据说，现在这个兵工厂所制造的枪大都是马枪，每个月可以制造三四十枝。但是，所制造出来的枪是很不坚固的，时常会有爆炸的危险，蒙古兵牺牲于此的生命也不在少数。

日人除了在内蒙作种种军事上的工作准备外，为了便利将来作战时宣达军事消息，所以最近在内蒙王府里是设立了一个很大的无线电台，这是我们所亲眼看见的。当我们抵达内蒙的地方傍〔滂〕江的时候，那两个到王府里去建筑无线电台的日本工程师正在从傍〔滂〕江经过，我们本来是不会想到他们是日本派到这里来建筑无线电台的工程师，这是由于傍〔滂〕江的电报局里的一位职员对我们说的。他连那两位日本的工程师的名字都告诉了我们，但是，我们现在已经忘记清〔精〕光了。

其他，日本帝国主义在内蒙还要利用种种软化的手段。日人最近在百灵庙及其他多蒙古人居住的地方是设立了许多医院，凡是蒙古人有了病都可以进去医治，而且是完全免收一切医药费的。我们从各方面侦察得来的种种事实，知到〔道〕现在内蒙的王府也已被日人收买了的！内蒙王府最近整天的叫着要实行地方自治，实在其中是有日本帝国主义作祟的。我们抵达傍〔滂〕江的时候，曾被当地的蒙古兵扣留了三天，他们扣留我们的理由，是说不准我们在内蒙各地到处乱跑。这，就是恐慌我们知到〔道〕了他们其中的秘密情形了！

因为内蒙王府有了日本帝国主义作背景，他的力量就从此扩大起来，于是对于中国的劳动的车夫就加以种种的无理的剥削，比如，从前由张家口运货到外蒙乌得，经过傍〔滂〕江的时候是不要再纳税的了，但是现在的情形，就完全不同了，凡由张家口运到外蒙乌得的货物，都要再行纳税（因为运往外蒙的货物在张家口已经纳了一次税的），不仅货物要再行纳税，就是连车、马、车夫都要纳税的哩。我们抵达傍〔滂〕江的时候，正有许多运货往外蒙的汽车、马车，因为不肯再行纳税而被德王府扣留了！案照我们调查所得：知到〔道〕了凡一部车经过傍〔滂〕江就要纳税二元，其他是一只马二元，一个车夫一元。他们的名目是叫做水草费，则是说牛、马、人经过他们的地方喝了他们许多水，食了他们许多草，现在要抽税的。至于货物是更加抽得重，他是不理载得货物贵重与否，总之一部马车载满一车货则要抽税二十五元，普通城市中所用的货车，载满一车货则要纳税三十五元。

据车夫们说，这种无理的剥削，是从来都没有的，是从今年一月起才有的。内蒙王府特于今年增加这种重利的剥削，一方面固然是想增加他财政上的收入，但是其主要的目的是在对外蒙苏维埃势力的威胁，因为自从外蒙实行统制了张、蒙的贸易后，张家口对外蒙的贸易是完全垄断在外蒙苏维埃所经营的德华洋行的了，从张家口运往外蒙的货物是完全由这一间洋行包办了。尤其是最重要的是外蒙的人民现在日常所用的东西如靴子、烟管、烟包等还要由张家口供给的，所以，德王府之所以有这种无理剥削，其主要目的是在威胁苏联，想断了苏联在张家口的贸易。这又可以表示现在内蒙王府已被日本帝国主义收买了，同时是已经替日本帝国主义执行着反苏联的任务了！当我们从内蒙返来的时候，在傍〔滂〕江被德王府所扣留的汽车、马车还未有解决，然而德华洋行的办事人是天天都奔走着。因为这一次运往外蒙的被扣留的货物是完全都是蒙古人所穿的靴子，在外蒙冷天没有靴子穿是不成的。但是天气就快要冷起来的了，然而这些靴子还是被扣留着，所以，这是外蒙苏维埃受了日人的威胁而有些着急的事啊！

　　以上我所说的是完全关于日本帝国主义在内蒙的军事上、政治上的设施，以下是要说述一下内蒙人民生活的情形了。内蒙的土地是沙质成分很多，除了东南部稍为可以耕种外，其他大部分的土地不是因为沙质成分太多，就是因为气候及灌溉的关系分是不适合于农业生产。我们在内蒙草地上旅行，只见到一遍〔片〕平坦的青绿的草地，没有看见过有种植农产品的田园。但是蒙古人既然不种植了，他们是吃什么东西的哩？有人说，蒙古人是以畜牧为生的，他们每天所吃的当然是脱不了羊肉、牛肉的了。可是，以我们所见过的许多的蒙古人家，见到他们并不是天天都在吃着羊肉、牛肉的。不过，天天都以羊肉、牛肉来充饥的蒙古人也有，这是指较为富裕的蒙古人而言。至于大多数的贫穷的蒙古人都吃不起羊肉、牛肉这些珍贵的东西的。但是他们究竟又吃什么东西的哩？他们是把他们所畜养的牛、羊、马卖掉，将所得到的钱来买油面、炒米这一类的东西返来充饥的了。

蒙古人性好喝茶，而且他们所喝的茶大都是很浓厚的。他们每当早晚或者要到远的地方去的时候，必定要喝饱一肚茶，我以为蒙古人试〔嗜〕好喝茶的原因，一方面是由于他们生活上太过枯燥，一方面是因为蒙古的天气干燥。至于找水困难也是造成蒙古人试〔嗜〕好喝茶的部分原因。我们在蒙古沙漠中步行，有一天因为找不到水，同行的李君差不多是被喝〔渴〕死的了！

蒙古是一个很好的牧场，早已著名于世的了，蒙古的牛、羊、马、皮毛的输出是从来都占着中国输出额的重要数字，这是照现有的旧的畜牧法上说，若然是能够采用新的畜牧法，那是更加了不得了了。蒙古的牛、羊、马、皮毛的输出在从前是有两条路，一条是经过外蒙运往苏联去的，一条是运往青海、新疆、甘肃等省以及中国内地各大城市。但是年来因为外蒙的贸易已经被苏联统制着，这一条路已经是走不通了。然而中国内地又因为农村破产，都市工商业倒闭，人民购买力薄弱的影响，对中国内地的输出也见减退。所以年来内蒙牛、马、羊、皮毛等贸易业，是已经陷落了极度衰落的境地。

《十日谈》（旬刊）

上海第一出版社

1934 年 47 期

（朱宪　整理）

蒙古城访问记

张沅恒　撰

为了希望欲知道一些关于蒙人生活的状况，我们在从包头到宁夏省城的翌日，又继续去二百里外访问蒙古城——定远营，往返七天，但其中有六天却费去在途中。

定远营又称做王爷府，是内蒙阿拉善旗和硕亲王的驻在地。城是土墙，周围有一千四百多尺，城内除了华丽的王府和一所喇嘛庙外，更住着几百户蒙民，商号都设在城外，一共有五六十家，其中大半是汉人开设来收买山货的，此外就是些售布匹、杂货的小商铺了，全城人口在三千左右，汉人占全数三分之一。

由宁夏赴定远营，沿途除了大半是荒凉的戈壁外，中间还须越过贺兰山脉，我们本计划乘马去，但携带行李大累坠，故结果是雇骡车出发的。

路程的第一天只到贺兰山麓，第二天就开始上坡绕那曲折的山谷，拳石挡道，路极崎岖难行，车前进时一颠一歪，把坐车人的脑袋几乎震裂，半谷经过一所亲王设立的卡关，我们走近这矮屋前看了墙上黏贴的告示后才知道。原来阿拉善最大的出产是吉兰泰盐池的盐和牲口、皮毛，此外贺兰山的煤和木材也占出口的大宗，亲王在各处要隘设卡征税，这收入就充做全旗的经费。

第三天经过的全是一望无际的戈壁，只有蜿蜒起伏的贺兰山脉点缀着这原野。沿途除了偶然遇到几轮载运木材的大车外，简直是人迹罕见。但有时极目四望，每能在遥处望见驼队像蛇那样蠕动着，一阵一阵的铃声由风中传来，这是塞外的音乐！

到定远营是在第四天的早晨了，车经过市廛时，每个人都用着惊异的目光注视我们，这正像我们用惊异的目光注视他们一样。市廛的尽头是城门，门外站着留发辫、穿长袍的亲兵，我们叫一位懂蒙语的汉人向他申述了来意后，他又去问明了长官才放我们进城。

城内的景象和西北常见的县城一样，到处是低矮的土屋，并找不出一所帐幕来。原来这里的蒙人已完全汉化了，在外表上他们还保存着原来的服装——皮靴、长袍——和乳酪、油酥作主要食品外，否则我们简直无从辨别他们了。

亲王府邸是一所西式的洋楼，四周围绕着花木，环境十分幽静。邸内附设一中学校，这是全旗蒙民的最高学府。亲王自己年纪还很轻，他是生长在北平的，在平时他曾受过高等教育，回这里承袭王位还没几年，但对于全旗设施和改善却有莫大的供献，在内蒙王族中，他是值得仰慕的一人。

喇嘛庙汉名叫延福寺，这是阿拉善旗的总寺，所以建筑得特别富丽堂皇，全寺规模极大，共有喇嘛数百人，我们去游时恰巧逢到一年一度的哗经节，附近善男信女拥满了全寺。这天除了喇嘛哗经祈福外，还有十几对盛装的童男女跳舞酬神，那热闹的情形，全城中是不易遇到的。

在定远营留了一日，归途走的是下坡路，所以车也快捷得多，只二天半便送我们回宁夏城了。

《良友》（月刊）

上海良友图书印刷有限公司

1934 年 97 期

（李红菊　整理）

忆蒙古

董景安牧师　原稿

我们的教士任大龄先生们自西北寄来的信，使我深切地回忆起我曾一度过了几天的蒙古生活诸情形来了。

一九三二年的初夏，我为了本会萌着欲派教士去蒙古布道的心志，我暂别了江南的亲友，仆仆风尘地北上，去探访漠北的蒙古。所谓有志者事竟成，本会的教士，现在果然跨上了征程，到了蒙古的腹地在着手进行圣工了。我不禁要开口高声地感谢赞美主！

当我去调查蒙古时，我脚跟踏到的地方，我心中轻轻地对自己说：上帝必叫他所选召的人工到这里来撒天国的种子。现在思之，我怎能不高唱哈利路亚赞美荣耀归于主基督。

现在，我合上眼来，便在我的意识中浮上一幅辽阔广漠的大地，面积有万里的蒙古，荒山、野岭、平原、沙漠，历历如在目前。面扁额凹、鼻低口大、性鲁质钝的蒙民，仍伴着他们的友侣，牛、马、羊、豚，狼藉在茶杯、烟枪间，杂乱地酣睡在兽皮所制的蒙古包中，一阵阵令人作呕的气味，不仅在牲畜的兽粪中透出，而且在他们所穿的衣层里喷来。因他们不但以兽粪作燃料烹煮食物，而且他们的衣服，一自制就着上身后，直到破烂不再更换下来做一番浣洗的工作。尤其是一般懒惰肉食者，他们把食后指间染有的油污，就涂在衣服上。

在那里，要是遇着御用红、黄两色的贵人，一望可见他们不是上自王公下及庶民所尊敬的喇嘛，便是尊贵的王族之一，因为平民绝对禁用这两种色彩，这是他们两种阶级所专有的。

在我调查蒙古时，我所特别注目的，自然是两点：教育和宗教。谈起这两件，真使我目击心伤。

（1）教育　在蒙古丝毫谈不到教育问题。你看吧，蒙古是属我大中华的版图，但是蒙民没有人识得汉字，因为他［不］禁忌读汉书，他们从小便学会骑术，不是跨在牛背上唱山歌，就是坐在马背上驰骋；他们所注意的只是能度游牧的生活，并不把读书识字放在心上；他们只需要说得上蒙古话，因为他们所接触的全是蒙古人，偶然遇见了几个旅客，若不通蒙古话的，他们也便不与交谈，也很不乐意接待。所以除了几个民众的领袖喇嘛们识字外，甚么文他们都不懂。喇嘛教子弟啤经，也都是蒙字写出的几卷喇嘛经。虽则国府为普及蒙民教育起见，在内蒙几个要区，设下了寥若晨星的小学校，但为了交通不便，和土匪猖獗的两大原因，而使教员都裹足不前。如此，如此，谈什么教育来！

（2）宗教　蒙古的宗教，一言蔽之，大众蒙民都迷信喇嘛教，他们崇拜喇嘛，听从喇嘛的片言一语，虽则贵到王公国戚，也不可以违背的。他们家中的男儿，至少有半数或三分之一须出家入沙门。要是本人不肯去，有种种强迫手段对付。做儿子的不愿入沙门，他们的父母引为生平一件极大的憾事，因为他们迷信，以为家中一个人出了家，进了沙门，那末九族的先祖后孙都可以登仙上天了；所以他们希望其后代入沙门的多多益善。民间不问婚丧喜庆都非请喇嘛来家主礼不可。有患病者不论重轻或畜瘟等，亦非要请移喇嘛的大驾到家祈福消灾不可。喇嘛来家中，非但不能慢待，而且得事事奉承，他们污辱妇女之事亦时有所闻，迷信之毒害蒙民，真不是我片纸只字所能言喻。他们死后，更迷信尸体要弃在野外，任山狼、野兽、飞鹰来噬吞，愈速愈佳，若等到三日后，尸体仍是整个的，他们便要谣传非非，都认为死者生前犯下天条不赦的大罪，飞禽走兽亦不愿食他的尸，势必又去请喇嘛来哼一番赦罪经。

实在的，从蒙民宗教的迷信，社会的黑暗，民智的昏沉，真真需要我们基督的光照！

地广万里的蒙古，居民五百万的大地，现在仅有我们遣去两位教士，哪里够担负得了这许多的灵魂。诸位读者，愿你们的代祷，追随着他们去救蒙古的同胞。我们的人才缺乏，经济困难，都需要你们的代祷和帮助，来解决这一切难题。真的，我们着手开工时，我们只记得他们的需要，忘却了我们的棉薄的能力。到蒙古的两教士，初次到那边，以基督的光明高擎去照破遍地的黑暗，困难的多，是意中事；但他们不顾一切地去了，当然是由于他们热诚爱主而愿救人灵魂为专任而奋勇前进。你我在后方的，当尽什么本分，我们各自在主前静坐问良心吧。

忆记蒙古完稿的现在，我寄语蒙古的两教士以主对保罗所说的话："不要怕，只管讲。"愿基督——得胜一切的王常与你们同在，亚们。

《福音钟》（月刊）

上海中华国内布道会福音钟编辑处

1934 年 119 期

（李红权　整理）

陕坝素描

——五原通信

罗修 撰

陕坝属临河县的市镇，这处虽是绥远鄂尔多斯右翼后族〔旗〕的地方，但是他一切的风俗和地方上的情形，等于外国了。

那里最大势力的，是天主教，当地的民众，平均有十分之七八是教徒，每逢星期日，教堂钟声一响，他们信徒，便如蚁附膻般到教堂跪下祈祷，静听神父的演讲去了。他们的幼童，自三四岁而至十多岁，都在教会学校读书，受那白发老太婆或老头儿的讲解《圣经》。试问一个年纪很幼稚的孩童青年，受了几年注入宗教式的教育，他的思想，他的知识怎样，也可以知道了。

原来在光绪二十年的时候，这地的主权，不知怎的沦落在外国教会之手，因此一般无知愚夫愚妇，纷纷的盲从宗教，无形的造成教会的一种特殊势力。要是你不是教徒，不特找不着田地耕种，就是居住也有许多不自由，所以就成了这种畸形地带。直至国民军退守五原而后，这种恶势力，才渐渐的崩溃，至今日只存些有名无实的教徒了。

这里还有一种的怪物，就是妓女，妓女差不多占当地人口十分之三，别处的妓女，都是穿红着绿、搽脂抹粉，独有这里的妓女，是鸠盘茶〔荼〕般绝不修饰的。他的住处污秽到比厕所还不如，每一个客人到来，总是一干了之，除非当地人，才有住宿，价钱极贱，一夜之费，只要大洋七八角，最多也不过一元，最便宜的，只有一二角便够了。这里的名词，叫做"踢开门"，就是一踢开门，什么事都可办妥的意思。

他们的食品，多以"山药"为主体，每一角钱，可以买十斤，每人每顿吃半斤，就可充饥。他的吃法和番薯相同，咸甜随便，不用别种肴菜。也有人好吃一种酸饭，统是把些酸料和在饭里来吃，一日三顿，都是如此，这种做法，是很特别的。

还有他们对于鸦片，也是成了家常便饭，当地的人们，十岁以上以至白发老头儿，每天生活，差不多有一半时间在那吞云吐雾里。这里的抽鸦片，比之上海的人们吃卷烟，来得普遍，十人之中，只有一两个人没有烟瘾，但是也懂得抽烟，因为这里的雅片价钱很贱，家家户户都视做消遣品，于是黑牙瘦脸之半鬼半人的动物充斥镇上了。要是一到郊外去看看，尽是罂粟花，那么，陕坝又怎得不沦入于黑窟世界呢？

《礼拜六》（周刊）

上海礼拜六报馆

1934 年 580 期

（李红权　整理）

环海倚松楼西北日记

林竞　撰

　　林竞先生倡开发西北，垂二十年，曾二度西域，四游陇右，足迹遍西北，著有《西北丛编》、《新疆纪略》等书，其他论文，亦累散见报章。今承将闷〔秘〕藏之民国十四年第五卷由北京经察、绥、宁夏、甘肃至青海日记发表，以光本刊。日记内容包括西北之社会、经济、风土与地理等部门，尤其关于政治之记载，足供今日经营西北者之资助，至可感焉。

编者

由北京至包头

　　八月十五〔三〕日，晴　今日由北京出发赴绥远。西北边防督办冯玉祥，欲开发西北，以余曾经往来西北数次，略知该地情形，特派余向宁、甘、青、新各当道及社会人士，先为接洽，预定路线西进，经包头、宁夏、甘肃、青海至新疆，听后取道西伯利亚回北京。数日来整理行装，预备礼物，颇为忙碌，决定于今晚由北京启行。

　　下午到钱孟材兄处，稍谈新疆情形，返寓后，黄伯樵、林硕田、宫碧澄三兄先后来送别。此行于京中友朋多未通知，惟约王剑南兄相助整装。晚饭，余饮葡萄酒数杯后，向同居殷肃详先生及吴慎洛、殷公武诸兄眷属辞别，各有黯然之意，内人静金尤现于辞色。六年夫妻，别离不计其数，最不堪者，当为十一年被某当局缉拿出走，及此行矣，自维斯行不特关系开发西北前途，且负有宣传三民主义之使命，故只有硬着心肠，掉然不顾而已。七时，赴西真〔直〕门车站。八时，登车，别宫碧澄、王剑南、费书纶三兄。夜三时，至张家口，督办署职员梁式堂、刘伯轩二兄来送行，深情厚意，感激难忘。

八月十四日，晴　今日到绥远。同车有印度人大天明主君，其同行有延国符及冯督办所派之褚宝衡二君，其随行之印度人七名，各携长枪保护。闻此君系由威廉第二介绍于阿富汗王，自后遂助阿独立，在外鼓吹印度革命，奔走十四年，此次将往尼泊尔联络印人，作革命运动，英公使前曾请求引渡数次，彼仍倡言因〔无〕忌，毫不隐避，此次是否能入藏境，尚在不可知之数也。余欺〔钦〕佩之余，并为担忧不置。在车中，君曾两次来谈，知余将之青海，乃相约偕行。

下午三时半到绥远，李都统鸣钟派李副官、马参谋，韩实业厅长竹坪派昝科长来接，意殊殷勤。住中西旅馆，将行李各物交书记白受之及工人韩某先带往包头。白乃新疆伊犁人，自张家口来从余者也。走访财政厅长邓宗哲，谈颇久。又访警察厅长李炘、教育厅长沙月坡、道尹邓鉴三，均未遇。

八月十五日，晴，华氏表八十四度　今日住绥远。早访韩竹坡〔坪〕厅长及老友周颂尧君。九时，李炘君招饮，同席为冯欣农、尤鹤亭、唐佛哉、赵冠臣、石敬亭、章炳照、吴某等，席散，听尤鹤亭君讲《聊斋》，妙不可言。下午四时，邓宗哲、邓鉴三、章炳照三君公宴，旋至五族联欢社参观。又至崇福寺，俗称小招，观清圣祖遗留之弓矢、甲胄、键〔箭〕囊、靴等物：甲系青缎面，蓝绫里，领及两袖、前裾俱各分制，附以长约二寸、宽约一寸五分之钢片，编排如鱼鳞，战裙则附以长约三寸、宽约一寸之刚〔钢〕片，前后均绣金丝团龙；靴为黄缎，绣以花纹；箭袋为青丝织成，极精致，甲及箭袋复缀以珠宝镶嵌之金花，惟胄则不知去向，询之喇嘛，吞吐不言，未知有无落于外人之手也。晚与李炘、邓宗哲二君同至新城，访李都统，谈新疆及甘肃事颇久。

八月十六日，晴，华氏表八十四度　今日由绥远赴包头。早，周颂尧、汉炎武、王赞庭兄来，同至义德成午餐，旋乌有兰君亦来，以蒙文题词赠别。

今日以照片赠李都统，题句其上云：“国接扰攘，非和平不足以救国；经济困穷，非开发西北不足以裕民生。十年来，怀抱此志，自冯督移节张垣，晓东、之江二公相助为理后，以渐见端倪。乙丑秋，余又将有三度西域之举。此行也，益将以此相号召。将发之前夕，与晓公畅谈此旨，彼此圆融无碍。爰持此以赠，并志数言，悬为息壤。”

下午二时五十分，由绥远出发；七时五十分，抵包头。沿途阡陌相望，五谷丰实，平铺如锦，真大好河山也。车抵站，沈厚卿兄以车来迎，至其家晚膳，齐逵臣、孙雅忱二兄候亦于此。晚下塌直鲁客栈。

八月十七日，晴　今日住包头。早访刘师长郁芬，与谈颇久，知前途尚有匪警，因苏有生、赵有禄二股巨匪，抚而又变也。其大股均在河西，现在围剿中，此外另〔零〕星小匪，亦时出没于大道间。若需人护送，非以骑兵不可，而骑兵均开往剿匪，故为安全计，最好乘汽车，以行驶迅速，匪不能及也。余乃决定遣从者先押送行李赴五原，而本人则携要件乘汽车行。

大天明主来云，明早先赴五原；刘晓黎、继子成二君亦来谓将赴新疆，以新疆将设纺纱厂，二君为押运纺纱机器者也。同时刘师长亦来，谈新疆情形。余告之曰：“西北将来之安危，责任全在我辈身上，无论如何，在今日总不可使西北内部发生破裂，一破裂，则收拾难矣。"

下午访孙良诚旅长，据云："此间土匪有三种，曰独立队，曰牛腿队，曰拔浪队。拔浪队无枪枝，以棍棒劫行旅；牛腿队系持土制之枪，此种枪任何种子弹，均可适用，惟不能耐久耳。当苏匪有生再变时，此间遣派之团长，赖匪中之某连长通信，幸得逃归，同时随之逃者，尚有数人，均不愿为匪者也。闻匪之生活极苦，饥饱无常，冷暖不定，为之首者，精神尤为痛苦，坐卧均以手枪自随，维对妻子，亦常怀疑惧之念，其快乐处，即在自由奸人妻妾，与掳掠财物而已。"余问何以复变，即曰："当时因比国神父被掳，不得已，权为收抚，不料此辈不知安分，又复屡请添械，冀增势力，一不之应，遂起叛变矣。"

八月十八日，晴，华氏表八十三度　今日住包头。早九时，刘师长郁芬约饮，同席为王铁珊、孙良诚二君。下午，至京绥车站，访京绥旧同事张震生、张芗泉、卢祖尧、梁星泉、张殿臣、张纯元诸君，君复邀至其寓午饭。晚，陈振先、黄季弼二君来访，陈昔曾任农林部次长，此次将来西北调查水利者也。

民国七年，由包头至宁夏，轿车车价，每辆不过三十余元，现已加至一倍，闻系沿途物价增涨之故，而军队拉差，亦为原因之一。军队因打匪，不得不拉差，拉差之价，自比平常为少，于是车辆均避匿不敢出，而车辆之数乃愈少，车辆愈少，拉差乃愈急，而车价亦愈昂。余拟雇大车，每辆索价达百元，不得已，乃请包头设治局为拉三辆，将来给价，当比一般定价为高也。

八月十九日，晴　今日住包头。早张震生、张芗泉二君来，约至定襄巷洗浴，又至义聚成便酌。七时，沈厚卿兄邀至其家吃羊头肉，此肉苟烹调得法，其味最佳。

八月二十日，晴　今日住包头。交通部派赴新疆为无线电台局长之吕保如君，此次在包头见面，相约同行。今早与吕君访刘师长郁芬，适陈振先先生亦在，与谈包头情形，余曰："包头有三害，曰水，曰蝇，曰匪。包头市街水道未设，每遇暴风雨，时有淹没之虞，近有人拟集款办理，倘能实行，此害亦尚易除。近日官军剿匪甚力，此害不久想能解决。惟蝇之为害，以其为患不迫切，遂不易引起其防御之决心，故其害似微而实巨，治之似易而实难。盖包头为西北皮毛荟聚之区，腥膻之味，充溢街衢，而乡村耕作粗陋，复不使用肥料，公家既无厕所之设备，居民又乏排泄之器具，遂致空场僻巷，布满人粪。斯二者，实为蝇之最大来源。此害不除，包头人民生命，乃永远在危险之中矣。"陈君谓西人有用土坑以消灭人粪者，其法掘深坑丈或数尺，其下填以碎砖瓦数尺，上覆以盖，一面开洞，为倾粪与水之用，一面置一圆筒，俾其冒气，粪经风化作用，日久化为乌有，虽经数十年无恙也。

八月〔十〕二十一日，晴，晚雨　今日住包头。早六时，余之大车三辆与吕保如兄之大车二辆先发，令白受之君及韩、王二工人押送，闻自大余太往前一站，地方不靖，由此间警察局派马队三人保护。

下午，李锐夫、李紫光二君约饮于福聚成饭庄，为余饯别。李锐夫君，系居此办理直、鲁、豫农民来河套开垦者，此事倡议于山东王鸿一、直隶胡志刚诸君，目前正在筹备中也。

连日阅消费合作纲要，大别可分三种：一、为洛须道儿法，其社员无限制，所定物价与市价平等，非社员亦得购买，余利除分红外，以之作各种公益事业；二、为个人主义合作，其社员均在中等阶级以上，其目的完全在得廉价之物品，故物价不与市价同，亦无分红之规定；三、为社会主义合作，其社员则限于工人阶级，物价虽同于市价，而余利则专办社会教育，及进行社会革命运动之用。余意在西北当以采取洛须道儿之方法为宜。

八月二十二日，雨　今日住包头。张勤九、杨煦斋二君邀饮于丰业银行。晚，接内人来书，谓患血痢，将住医院，语极伤悲，使余精神大受刺激。此行苟为个人利禄计，则余宁舍利禄，而回北京一视为快，无如所负使命甚大，不得不守公而忘私之戒，乃作书安慰，措词不敢显示焦急之状，一面函肃详先生及王剑南兄，如有缓急，请其来电。

八月廿三日，晴，华氏表最高八十八度，最低七十八度　今日住包头。昨晚心念内人之病，时时醒来，睡后频作恶梦。九时，访吕保如君，因恐书信迟缓，乃拟一电与肃详先生，托电局沈海珊君代发。步行至西门一带，见新建筑颇多，其他各处亦然，足见地方比较安静，而人口增加也。国民会议颇认真举行，墙壁间贴有选民单甚长，闻运动此席，已有六七人之多，运动费有用至四千元云。

国民军所到之处，墙上必书许多格言及标语，早间到电报局，见墙上所书者，其文为"疑艰转移甚大无确据便当未减从宽休养几人性"，颇令人费解，后又见两段，其文为"莫忘祖父积阴功须知文字无权全凭阴骘最怕生平坏心术毕觉主"、"静以修身俭以养德入则"，似通非通，亦觉可笑。余以格言如方剂，对症下药即可，若寒热并进，未有不败事者。古人作格言，均系对自己下药，本非公之于后世也；今人苟欲采用，以治地方之病，必须先察地方人民弊病所在，与夫我所欲提倡者何在，立一标准，然后选其浅显者若干条，榜之通衢，其收效胜于满街格言。而格言与格言冲突，况词句又复〔又〕支离判〔灭〕裂，使人无所适从者多矣。例如此地人民有懒病，则治之以勤；有吸烟缠足之病，则力除其害；缺乏公共之心，则提倡合作精神；缺乏爱国之心，则引起国家观念；实业不发达，则举农林、牧畜、矿产之利；道路卫生不改，则举其害及改良之方法，能如是，则政有正轨，民易从风矣。

抑有进者，我国民风向重上行下效，在上者苟能身体力行，则格言、标语，等于具文，满壁涂鸦，徒乱人意耳。

包头银行计六家，曰中国、交通、晋胜、丰业、西北、金城，此外有钱庄数家，组织合作曰裕丰社，该社团体颇坚，彼此有互相维持之义务，有颠扑不破之根基，故无论何种商店，如不与该社内之钱庄往来，彼必有方法使其不能存在，往来之后，钱庄对商店，有查账之权，考察其营业之情形，以定放款之多寡。其放款也，无须现款及凭据，只由钱庄口头允诺，便可随意使用，或购货，名曰拨兑，例如甲钱庄许借一千银子与乙商号，乙欲向丙商号购办货物，而丙与丁钱庄有往来，甲钱庄便通知丁钱庄，声明乙有存款，丙知乙有存款在丁钱庄，亦可放心交货，无须现银交易。裕丰社既有钱庄数家，无论何家，必有与商号往来者，辗转相拨，必能流通，不用一文现款，而钱庄能坐食其利，亦妙矣。

八月二十四日，晴，华氏表七十四度 今日住包头。印度人大天明主，自五原来信云："二十五动身赴宁夏。"余覆电，请其毋候。

税务之坏，全国当以包头为最。塞北关征收出入税无论矣，杀虎关昔日本设于山西之杀虎口，系专收边墙税者，自火车通后，乃移设于丰镇，以收通过税；乃又设关于绥远之包头，专收河西、河东往来之税；近且设分卡于五原一带。至明代设此关之意，系因其时明与蒙古，俨然两国；蒙人入关购质〔货〕，征收其税，犹今之海关收入口税也。清代相沿，以绥远一带无其他税卡，故收其税，犹今之收过省税也。民国以来，绥远改为特别区，如同内地，不特最初之意义已失，且既有塞北关存在，则后者之意义亦失矣。而况半路收税，行同拦劫，又况遍设局卡于包头、五原等处，其荒谬可谓无比。

包头又有清源局，即旧日厘金性质，近李都统改为统捐，名异而实同。若以统捐二字解释，似经统捐一次，便可通行全境。今不然也，每县均有一收税局及无数验卡，而五原一县便有收税局三，分卡无数，甚且设分卡于包头，故包头一城，可称税卡之陈列所，东、西、北三城门，除本县及商会之税捐局卡外，又有萨拉齐县及五原县之局卡。由五原至包头，水道不过四百余里，凡经税卡八，曰官渠口、西山嘴、打马苏台、昭君坟、黄草洼、南海子等，有收税卡，有验票卡，各验票卡均有虎狼之巡查，非行贿，必多方刁难，不肯放行，盖在僻野之地，唯彼独尊，商人无处呼吁，故任其所为。且此种巡查，均与匪通声气，否则，便不能存在，其本性本非善类，故得鱼肉者便鱼肉之。闻尝有商人不听其需索者，中途则引匪行劫，亦可谓无天良之极矣。

包头尚有一虐政，即已税之货物，经过四个月，如出城，必须再捐。例如武当召粮食来包，至石拐子收税一道，车捐一道，至前营子，再收车捐一道，入城又须车捐一道；如过四个月后出城，又再收税、收车捐各一道；如由火车出口，又再收粮捐一道，每石收七毛、六毛、五毛不等，此则近来所新设者也。总之，包头数百里之内，在在荆棘，处处陷阱，行商之难，如上青天矣。近来又闻当道为奖励增收起见，许征收人员分红，益足助其苛细，小民真无法生存矣。夫国税非营业之比，分红之不当，一也；税收之多寡，乃随货物而增减，非征收人员所能为力，此乃事实使然，减固无庸惩罚，增又何须奖励，二也；果欲定惩奖之法，当在应征不征、行贿不受方面求之，方始为允当。至于薪俸之增加，必须视服务之年龄以为准，如是，税务前途，方有起色也。

李锐夫来言："高阳白布，此间每年可销百余万，近因火车缺少，加以沿途税卡重重，乃改用邮包，邮政七八日可到，火车二三月不等。火车经杀虎口、塞北两关，税值百抽七，邮政值百抽五，火车脚价六元二毛，邮政三元二毛，近日塞北关又欲拆包估价，商人均以为不便，将来必相率停运，而洋货利用子口，反可畅销矣。"余谓："今日国家兴革一事，处处宜顾虑，否则徒与外人以机会，不特税务如此，特以税为甚耳。即如余到绥、包以来，见各官吏或有身份之绅商，均有一套新制羽毛纱长衫，及羽毛纱或哔叽之马褂，余异而问之，即云：'冯督办不愿人穿绸缎，而除绸缎外，又无适当之国货可穿，故不得不如此。'余闻冯督办言，反对穿绸缎有二义，一则恐人习于奢华，二则本古人衣帛食肉之义，必使父母有绸缎穿，然后人子方敢穿，今人只顾自己，不顾父母，故彼不以为然。且举每到年节必购若干绸缎以送部下之父母，以证彼并非反对绸缎，乃反对先父母而穿绸缎者。其义颇可取，乃一经人误会，遂使洋货大得其所，可叹已！"余又举前清陕西某巡抚喜布衣，僚属争以此逢迎，某吏独服绸衣进，巡抚面责之，吏曰：绸价贱，布价贵，某无力为也。巡抚异而询其故，即曰，自公倡布衣，积布为罄，价大涨，绸缎无人过问，故反廉也。余述毕，锐夫为之哑然。

八月廿五日，晴，华氏表七十二度　今日住包头。早得殷肃详先生来电云：内人病轻，据医生言，旬日可愈，嘱勿回。余虽明知系安慰征人之语，但此心究觉稍安。

访包宁铁路督办王铁珊先生，谈至午刻，留余饭，席间论及用人问题。余曰："凡一领袖之下，必须有二三敢言之士，以正其非，更要有二三宽宏大量、深识大体之左右，为长上网罗人才，如萧何对于汉高之类，然后始可成大业。"先生曰："今人均有成大业之心，而无成大业之行，是以兴亡相继，而未有已也。"

史琴舫君现为乌兰察布盟乌喇特东公旗游击营营长，昨来谈，因询内蒙情况，据云："乌、伊两盟军队，人数约及万人，枪械多半系俄国式，因前数年外蒙派人勾引，以枪相助，此枪均俄式也。乌盟东公、西公两旗各一营，四子王旗有两营，中公旗有一团，白灵旗、茂明安旗均百余人，伊盟之达拉、杭盖、乌审、札萨克、乌托、郡王诸旗，均约一营人。惟准噶尔有精兵两团，该旗颇倾向阎锡山，阎派人助其训练，并助以饷械，该旗地势介在晋、陕、绥之交，举动颇足以影响大局也。各旗均行征兵制，一家壮丁二人，必须一人应征，平时散居各处，有事即行召集，除准噶尔外，队伍多不训练，亦不给饷，而且自备马匹，故士兵颇有怨言，而王公除达拉旗外，殊少觉悟，民众以是逃往他旗者甚多，然他旗仍收为兵丁，故于原额之外，常有溢出者。蒙兵一般均精善骑，马上放枪尤准，吃苦耐劳，均为汉人所不及；惟汉人亦有入伍者，但须其有家眷，然后可。各旗中以中公旗及准噶尔旗为最富，达拉旗近年被匪掳掠一空，已成赤贫矣。各蒙旗均拥有多数土地，近年颇有报垦者，而垦务局往往积欠荒价，不能照付，甚失蒙人之心，李都统来，信用稍见恢复，仍未能使全部了解也。乌、伊两盟，人口不过十万，逐年有减无增，盖喇嘛制度，固为最大原因，而男子不讲节操，任意配合，以致发生梅毒者，比比皆是，尤为生殖之障碍。"

八月廿六日，晴　今日住包头。早，黄勒庸、黄鹤卿二君来，据云："包宁路现已定线，由包头经乱水泉、孔都昆河、加尔各气、西山嘴、扒士补隆、西槐木等处，至五原县之隆兴长，计一百七十三基罗米突，共需土方四万公方，坡度极佳，平均三人每天可成一公方，如有两万人工作，则今年不待地冻，便可完成；现在刘师长郁芬，因大部分队伍在河西剿匪，又有一部分在乌兰脑包盖造营房，故仅拨一营先行动工，将来当可全部从事兵工也。土方经费，系由京绥铁路局拨来，每月十万，京汉每月五万，自七月份起，所有作工兵士，均归工程司调遣指挥，按工发价，一如寻常修路办法，兵士、路局可谓两得其利，果能推行无碍，西北交通，指日可望厥成矣。"旋黄君邀余至义聚成用饭。

包头至兰州汇兑，惟有中国银行一家，故汇水任意抬高，无与竞争。日前吕保如兄往询，每百元需汇水三元；西北银行马杰甫君往询，亦然；今日余托汇，则非五元不可，询其故，即云："少数之款，只要三元，多则不能也。"可谓无理之极矣。

八月廿七日，午雨　今日由包头出发赴五原，因车坏，复折回。昨得八旅留守处候〔侯〕军械官电话云："今早五时，汽车开赴五原。"余四时许即起床，至广成公，见汽车尚在修理，十时始出发。寻常此种道济汽车，只能坐六人，连开车可八人，今日则坐十三人，搭客因羡慕汽车之迅速，有已购票而候十余日者，因人数太多，被阻不能坐。其实如坐平常大车，只须四日，为图迅速，反致延迟，殊不值也。余与吕保如君及其夫人、小儿，以及黄芭孙①君，一行计五人，此外尚有搭客七人。车行时，以道路不良，颠簸跳荡，如乘轻舟于大海中，吕夫人晕呕不堪，其小儿因神经不能抵抗震动，反朦胧睡去。车夫与二押车者，大吸其司令牌纸烟，不提防车陷入泥淖中，众下车推挽，车轮旋转，泥浆溅余满面，仍不行，乃拔田中高粱〔梁〕铺填，始得出。此地常陷车，大都均用此法施之。余见高粱〔梁〕已去半亩许矣。行者故未得汽车之益，农民更受无妄之灾，推行一事，苟不先为周密之设计，其结果往往如是，今日之举行新政者，何独不然。正午，车抵麻池，汽门忽落，车停摆时，大雨骤至，乃奔投斗大之土屋中以避之，挨肩叠踵，状极狼狈，吕夫人谓此种情形，与去年江浙作战时之难民无异。噫！非亲历其境者，不能道也。

下午一时，押车者发令，吕君及其夫人、小儿，坐车载归包头，余等均须步行，以减车重，因思留宿此间，恐遭土匪侵袭，

① 后文又作"黄芭苏"。——整理者注

只得遵从，回想此汽车如系商办，至少必须就地为余等雇一大车载送，因系官办，故可不管也。遂与芭荪相伴步行，十余里遇水坑，不得过，适乡人骑马至，乃请其负渡；其时两足疲乏，候汽车至，欲附之归，而司机不停，芭荪勉抢上车，只余余一人踽踽而行，乃与适间之乡人交谈，乡人问余是否到麻池听戏，余漫应之；又问余是否在队伍吃粮，余伪称在包头充当教员。所以然者，恐遭匪人，故惟有假作清苦之教员，以杜其觊觎。旋见乡人，尽称军队纪律之佳，知其非歹人，乃悔向之伪托为多事。乡人怜余行，涩马借余骑。至乱水泉，入一小店，见主人和面，问之，知非卖品，锅中有热糜饭，乃赶牛车者所造。余示意乡人，愿尝其味，主人慨然飨余一碗，腹未果，又饮米汤两盂。早间四时以后，未进食物，腹馁甚，视此无异甘露珍馐也。下午五时，至包头西门外之脑包村，乡人不进城，余还骑，并赠一金。步行进城，至丰业银行用晚饭，又至澡堂洗浴。入夜，约银行练习生赵、杨二君来谈，知系有志之青年，乃教之读书及作人方法，遂忘其疲。十一时许，就寝。

八月廿八日，下午大雨　今日复由包头出发赴五原，晚宿西山口。早起有人来报"十时汽车开"，乃步至车站，见众人已登座，今日系一载重一吨又四分之三之新车，坐八人，与押车、司机共十一人，连同物件，仍过分量。搭客王敬止君未来，司机不肯候，余怒责之，始停。及开至脑包，押车者因遗下酱油，复折回取，往返费半时，贵物贱人，司机者，诚可恨也。新车弹簧较佳，而颠摆仍甚，吕夫人大吐，其小儿受寒，吐泻交作，母子呻吟，芭荪继之，情景极惨，而司机者，遇坎坷，毫不注意，驰骤愈急，砰硼愈甚，头破肤伤，无一幸免，可谓忍矣。下午二时，至公口，见西北角云黑天暗，车仍前进，须臾大雨如注，视北面峰岩，悬瀑数十道，水浊势急，平地刻成汪洋，急雨入车，衣褥尽湿，状如水鼠，欲前进则河道阻隔，乃憩于二峦洞店。店无人，惟有赶牛车者数人，亦避雨其间，屋内如水坑，土墙势欲塌，不得已，复蜷伏于车中。车夫谓此地近西山嘴，多匪徒，进既不能，退又不可，方在危难之际，而西北角复放光明，雨稍霁，决心前进，至西山嘴始住，以该处有驻军也。讵车甫动，复陷水坑中，相率下车，呼赶牛车者来，用力推挽，且行且陷，费时许久。须臾，遇一山沟，水势颇恶，司机一冲而过，胆大殊可佩！未几，又过西山口水沟，山水汹涌，临流浩叹！无已，惟有候水退乃渡。然夕阳已下，细雨又至，正踟蹰间，见隔岸牛车来渡，知水不深，押车之卫兵，跣足而涉，探水深浅，插标岸上，余等下车，开足马力，一冲而过，卫兵负余等而渡，甚可感也。方庆诸险均脱，应可畅行矣；不料不数里，车又陷泥中，黄芭荪、吕保如、原颂周诸君，均跣足下推，仍无济于事，卫兵奔至营中，邀兵士二十余人来，始抬出。其时天既黑，雨又至，去营中仅一里许，因系泥淖，车轮失其效用，直至九时许始到达。余与王敬止君及吕君小儿，均赖士兵负之而行，吕君跣足步行，吕夫人坐车中，到甚迟。吕君子见父母均不在，大哭，闻者心酸！余至，抱入连长王心德室中，屋顶透漏，地下泥淖，土炕无席，群踞其上，情状尚不如内地乞儿之下宿，然各人心中，已莫不以天堂视之矣。清早至今，除在哈彦色气饮面汤二碗外，一物未入口，至是亦不知饿，亦无办法，然求一点开水而不可得；幸汽车上卫兵与营中兵士相稔，兵士为煮面条相飨，余始得分食两碗。

　　此地只有一破烂之土店，住第八旅第一团兵一连，机关枪两架，营部去此地数里，盖以防范土匪也。燃烧极感困难，概由兵士樵采，各种设备，极不完全，士兵衣敝面垢，与在张家口一带所见者，迥不相同，戍边之苦，古人尝见之歌咏，非无故也。晚，吕君一家宿车内，余与王敬止君与士兵同宿，一土炕卧数十人，拥挤本已不能翻身，忽添余二人，益觉迫窄，兵士颇有怨言，以连长命，不能抗也。此行余随身只带一毯，送给吕君用，余借兵士破棉袄附体而卧，下半夜冷甚，瑟缩一团。夜间，兵士每一小时即换岗，惊扰不能睡，此种生活，亦生平所不易遇者也。

八月廿八日，晴　今日由西山嘴至五原县之隆兴长。早起，原颂周君为众人拍照纪念。七时十分发，道路颇佳，车行顺利。十一时，到隆兴长，住永盛店。民国八年，余到此，尚无宿店，不过数年，铺户已增加一倍，今有居民及商店约七百余家。

西北边防督办署同事韩周伯君在此测量，预备开渠屯垦，余约之来谈，欢洽逾恒，复同至其寓用午饭。旋访旅部参谋长徐世光君，武进人，军官学校学生也。据谈，督署已有电通知余来也。下午五原县教育局长于瑞庭君邀饮于城内，距此三里许，因骑往。席上见有甜瓜，俗称绵瓜，此地土产也，其味香甜，形状比京、津一带为大。城内人烟寥落，无异于昔。知事王文墀亦在座，民国八年余在此与之见面后，君又两度来知五原，顷正交代，新知事为刘必达君。

八月卅日，晴　今日住五原县之隆兴长。早徐世光君邀饮。下午，韩周伯君约饭，同座有周君颂尧、吕君保如，饭后步行至义和渠，摄影纪念。此间产芨芨草，土人编为门帘、炕席或顶棚之用。草产于原野，采取之后，顺渠流放下，其人即附之而行，满渠皆是，煞是奇观。渠水深约四尺，可通舟楫，近年渠道失修，已不如前此之畅行矣。南方之运河，北方之渠道，皆用人工疏凿，昔人以艰苦成之者，今人往往不能保存，而日见其淤塞，民族创造力之衰败，览此慨然！

余谓尝中国今日之大患，莫过于毒品流行、洋货充斥、水利不兴，此三者不能兴革，无论任何主义、制度，均不足救民之衰减。毒品足以摧残民族之健康，又为内战之媒介，并促成政治、社会、道德之坠落，人人能知之；洋货每年入超十数万万元，精枯血竭，生计斩绝，人人亦能知之；至于水利，识者莫不知为河流淤塞，气候失调，致招灾害，而不知西北尚有一大患直接影响于水利，即大漠之南迁是也。河套一带，汉为九原，设县十余，西夏据宁夏，奄有河套，称雄一时，赫连勃勃之都城，遗址尚在，至今犹想见当时繁庶之景象。今则自包头西南直抵兰州，沿途流沙不绝，而以磴口、中卫为最盛，甘肃西路张掖、武威、酒泉、敦煌，汉所谓河西四郡，再西出阳关，经楼兰、且末、婼羌诸国，直通于阗、和阗，其时驿道平夷，轺车相望，虽至清初，阳关一道，犹为通天山南路所必经，今则河西甘、凉、肃一带，流沙地段逐见增加，所谓阳关故道，绝鲜行人，流沙茫茫，无异汪洋大海，天山南路，西域古国，十之二三，已瘗埋于沙丘寒漠之中矣。其遗址虽足供今日考古之士，以为探掘之源，而其影响于国本，则甚大也。盖沙之为害，其势所及，土壤失其效用，河流、井源为之断绝，人民遇此，惟有迁避，虽欲一刻淹留而不可得，图再开发，更不可能，任何灾患，无过于此也。近年黄河下流，暨永定河流域、平绥铁路沿线，村庄城邑，亦数见流沙弥漫，接屋连城，而磴口、中卫流沙终年倒灌于河中，尤为黄河淤塞之原，此害不除，窃恐百年之内，黄河流域有变为沙漠之可能，非过言也。近年"开发西北、救济西北"之声浪日高，"建设水利、救济农村"之说，亦洋溢盈耳，所望国人，高瞻远瞩，力除三害，以大禹之精神治水，以林则徐之精神禁烟，以甘地之精神提倡国货，不特西北可望复兴，则民族生存亦胥于此是赖也！（民国廿三年钞稿随笔附识）

八月卅一日，晴，华氏〈表〉五十度　今日住五原之隆兴长。早访陈振先先生，前次晤面于包头，今又重逢，喜极。下午，吕君约徐世光、韩周伯二君便饭，属余作陪，吕夫人烹黄河鲤鱼相飧。鲤鱼为此间特产，每斤价仅一角，豚肉一斤亦仅三十余枚，面每元可购廿六斤，较北京均廉数倍。近来军队所至，物价较涨，平日尚不止此也。饭后与韩周伯君散步渠岸，周伯谓今年山东移民来此颇多，气焰嚣张，往往夸张，谓系段执政、冯督办请来的，与寻常农人不同，凌侮土著人民之事，层见迭出，将来结果，恐未必佳。天下事有利必有弊，信然。惟此非不可救济之事，惟在地方官吏及当事人能持平办理耳。

《开发西北》（月刊）

南京开发西北协会

1934 年 1 卷 1、2 期

（丁冉　整理）

N